지구를 공경하는 신앙

문명전환을 위한 종교윤리

지구를 공경하는 신앙
지은이/ 래리 라스무쎈
옮긴이/ 한성수
펴낸이/ 김준우
초판 1쇄 펴낸날/ 2017년 9월 20일
펴낸곳/ 생태문명연구소
등록번호/ 제2016-000061호 (2016년 4월 8일)
경기도 고양시 일산동구 무궁화로 43-50, 우인 1322호 (우 10364)
전화 031-929-5731, 5732(Fax)
E-mail: honestjesus@hanmail.net
Homepage: http://www.historicaljesus.co.kr.
표지디자인/ 디자인명작 (031-774-7537)
인쇄처/ 조명문화사 (02-498-3017)

Earth-Honoring Faith: Religious Ethics in a New Key.
Copyright © Oxford University Press 2013
All rights reserved. Korean Translation copyright © 2016 by Korean Institute of the Christian Studies. The Korean translation right arranged with Oxford University Press through EYA (Eric Yang Agency).
Printed in Seoul, Korea.

이 책의 한국어판 저작권은 EYA(Eric Yang Agency)를 통한 저자와의 독점계약으로 한국어 판권을 한국기독교연구소가 소유합니다. 저작권법에 따라 국내에서 보호받는 저작물이므로 무단전재와 무단복제를 금합니다.

ISBN 979-11-958240-3-8 04230
ISBN 979-11-958240-2-1 04230 (세트)

값 24,000원

생태문명 시리즈 002

지구를 공경하는 신앙

문명전환을 위한 종교윤리

래리 라스무쎈 지음
한성수 옮김

생태문명연구소

Earth-Honoring Faith

Religious Ethics in a New Key

by
Larry L. Rasmussen

New York, New York: Oxford University Press, 2013.

Korean Translation by SungSoo Hahn

> 이 책은 청파교회(담임 김기석 목사)의
> 출판비 후원으로 간행되었습니다.

Ecozoic Institute of Korea

이 책을
성 올라프 대학(St. Olaf College),
산타페 연합교회(The United Church of Santa Fe),
그리고 녹색신앙(GreenFaith)
앞에 헌정합니다.

우리의 전체 삶은 놀랍도록 도덕적이다.

― Henry David Thoreau, *Walden*

지수화풍(地水火風)이라는 오래된 똑같은 물질 재료들을 사용해서, 매 24시간마다, 하느님은 그것들 가운데서 뭔가 새로운 것들을 창조하신다... 매일 아침 당신은 잠에서 깨어나, 영원 속에서 일찍이 전에는 없었고, 앞으로도 다시 또 없을 그 무엇을 만난다. 그리고 잠에서 깨어난 바로 당신도 이전과 똑같지 않고, 앞으로도 다시는 똑같지 않을 것이다.

― Frederick Buechner, *Wishful Thinking: A Theological ABC*

목차

전주곡 __ 11

제1부

1장: 피조물인 우리들 __ 23

2장: 우리가 살고 있는 세계 __ 77

3장: 우리가 찾는 신앙 __ 137

4장: 우리에게 필요한 윤리: 변화와 상상력 __ 191

5장: 우리에게 필요한 윤리: 좋은 이론 __ 217

6장: 우리에게 필요한 윤리: 공동체 기반 __ 271

7장: 우리에게 필요한 윤리: 경작하기와 보존하기 __ 319

간주곡 __ 376

제2부

8장: 금욕주의와 소비주의 __ 395

9장: 성스러운 것과 상품화된 것들 __ 425

10장: 신비주의와 소외 __ 479

11장: 예언자적-해방적 실천과 억압 __ 513

12장: 지혜와 어리석음 __ 557

13장: 맺는 말 __ 597

후주곡 __ 611

참고문헌 __ 613

감사의 말씀

성 올라프 대학(St. Olaf College), 산타페 연합교회(the United Church of Santa Fe), 그리고 "녹색신앙: 지구를 위한 행동의 종교간 동반사역자들"(GreenFaith: Interfaith Partners in Action for the Earth)은 모두 할 수 있는 대로 이 지구의 가장 좋은 시민들이 되기 위해, 소중한 전통들에 비판적으로 접근해왔다. 그들 각자는 현재와 미래 세대들을 위해서 지구를 공경하는 사명을 길러왔다. 그리고 각자는 이런 일을 위한 각성을 불러일으키고 보살핌에 있어서 모범적인 지도력을 보였다. 나는 감사와 기쁨으로 이 책을 그들에게 헌정하는 바이다.

그 밖에 다른 이들에게도 감사한다. 뉴멕시코 주 아비퀴유에 있는 고스트 농장(Ghost Ranch)은 매해 6월에 "지구를 공경하는 신앙"(Earth-honoring Faith) 세미나를 주관해왔다. 뉴멕시코 주 산타페에 있는 베이트 티크바(Beit Tikva) 회중은 그들의 "경외의 날들"(The Days of Awe: the High Holy Days) 합창 행사에 나를 초대해주었고, 이 책에서 내가 사용한 자료들을 소개해주었다. 여러 친구들이 이 책의 원고를 읽고 좋은 충고를 했다: Andrew Black, Rita Nakashima Brock, Thomas Christensen, James Cone, Jacquelyn Helin, Dieter Hessel, Karen Marrolli, Kevin O'Brien, Aana Vigen, Steven Rockefeller, Cynthia Moe-Lobeda, Brandon Johnson, Glen Stassen, Chester Topple, 그리고 Andrew Rasmussen과 Oxford 대학출판부의 Charlotte Steinhardt와 Cynthia Read는 원고준비 과정에서 나의 질문에 매번 신속하게 응해주었다. Making Words Behave 회사의 Andrew Attaway(www.makingwordsbehave.com)는 소중한 편집 논평을 제공하였

고, 뉴멕시코 주 Los Alamos의 직물 예술가 Nicole Dunn(www.dunnquilting.com)은 이 책 표지를 위한 퀼트(quilt)를 만들어주었으며, 산타페의 Wendy McEahern 사진연구소의 Wendy McEahern(www.wmphotosantafe.com)은 그 퀼트를 사진으로 찍어주었다. Nyla Rasmussen은 이 책을 만들고 개정하는 전 과정에 함께 해주었다.

이 책의 여러 생각들이 준비되는 동안 이를 공유하도록 초대해준 단체들에 감사드린다. 그런 재료들 가운데는 the Robert McAfee Brown Lectures, First Presbyterian Church, Palo Alto, California; the Batalden Lectures, Augsburg College, Minneapolis, Minnesota; the Grounds for Hope Conferences, Drew University, Madison, New Jersey; the Picard Lectures, United Theological Seminary, New Brighton, Minnesota; the Kellogg Lectures, Episcopal Divinity School, Cambridge, Massachusetts; the Geering Lectures, St. Andrews on the Terrace, Wellington, New Zealand; the William Weber Lectures on Governance and Society, Kalamazoo College, Kalamazoo, Michigan; the McAllister Inaugural Lecture, Carroll College, Waukesha, Wisconsin; a conference plenary address, Gadjah Mada University, Yogjakarta, Indonesia; the Zerby Lecture, Bates College, Lewiston, Maine; the Zabriskie Lecture for Peace and Justice, All Souls Cathedral, Asheville, North Carolina; the University Lecture, Great Theologians Series, Seattle University, Seattle, Washington; the Killeen Chair Convocation Address, St Norbert College, Du Pere, Wisconsin; the Heritage Lecture, St. Olaf College, Northfield, Minnesota; the Heritage Lecture, Lutheran School of Theology at Chicago, Chicago, Illinois; the Brenneen Guth Lecture in Environmental Philosophy, University of Montana, Missoula, Montana; the Donohoe Lecture, Arizona Council of Churches, Phoenix, Arizona; a plenary address, the Nobel Science Conference on Water, Gustavus Adolphus College, St. Peter, Minnesota; commencement address at Trinity

Lutheran Seminary, Columbus, Ohio, and the Lutheran School of Theology at Chicago, Chicago, Illinois; and the Prayer Breakfast Address of the Festival of Faiths, Louisville, Kentucky이 포함된다. 그 밖에도 수많은 출판된 논문들, 에세이들, 책들 모두는 각주에 인용되어 있다.

사용 허가를 받은 것들로 다음의 인용들도 있다. Denise Levertov, "Beginners," *Candles in Babylon* (New York: New Directions Publishing Corporation; Tarset, Northumberland: Bloodaxe Books); Dietrich Bonhoeffer, *Letters and Papers from Prison* (New York: Simon & Schuster; London: SCM Press); *The Animals' Lawsuit Against Humanity* (Louisville, KY: Fons Vitae); Simon Weil, *Two Moral Essays* (Wallingford, Penn.: Pendle Hill Publications); Hayim Bialik, "After My Death," *Songs from Bialik: Selected Poems of Hayim Nahman Bialik* (Syracuse: Syracuse University Press); W. Steffen et al., *Global Change and Earth System: A Planet Under Pressure* (Heidelberg: Springer Verlag); Thich Nhat Hanh, *The World We Have* (Berkeley, Calif.: Parallax Press); Mary Oliver, "The Summer Day," *House of Light* (Boston: Beacon Press); Fyodor Dostoyevsky, *The Brothers Karamazov* (New York: Alfred A. Knopf); Larry Rasmussen, "Asceticism and Consumption," *Crosscurrents* 57, no.4 (2009): 498–513; Martin Luther King Jr., "The World House," *Where Do We Go From Here: Chaos or Community?* (Boston: Beacon Press). 필요한 곳에서는, 각주와 복사 허가 페이지에서 인용 허가를 표시해 두었다.

Larry Rasmussen,
Reinhold Niebuhr Professor Emeritus of Social Ethics,
Union Theological Seminary, New York City,
Santa Fe, New Mexico

전주곡

보이저 1호(Voyager I)는 1990년에 그 사명을 끝냈다. 그 우주 탐사선이 태양계를 벗어나는 길에 들어섰을 때, 지상 관제소는 U-턴을 해서 그것이 지나는 각 행성들의 사진을 찍으라고 명령했다. 그 사진들 몇 개에선 "하나의 창백한 푸른 점"(a pale blue dot)이 나타났다.

1994년, 칼 세이건은 코넬대학교에서 지금은 유명해진 그의 연설을 통해 그 멀리 있는 점(dot)을 설명했다. 그는 이렇게 말했다. "아! 저기 있군요. 저게 바로 집(home)입니다. 저게 바로 우리에요. 여러분들이 일찍이 들었던 모든 사람 그리고 일찍이 살았던 모든 인간 각자가 저 위에서 삶을 살았지요. 우리의 모든 기쁨과 고통, 확신에 찬 수천 가지 종교들, 이념들, 경제이론들, 모든 사냥꾼들과 약탈자들, 모든 영웅들과 겁쟁이들, 모든 문명의 창조자들과 파괴자들, 모든 왕들과 농부들, 사랑에 빠진 모든 젊은 짝들, 모든 희망에 찬 어린이들, 모든 어머니 아버지들, 모든 슈퍼스타들, 모든 최고의 지도자들, 인류 역사상 모든 성인들과 죄인들이 공중에 매달려 태양빛에 걸린 저 작은 먼지 티끌 위에서 살았던 것이지요."[1]

호모 사피엔스(*Homo sapiens*)—지혜로운 영장류, 두뇌가 발달한 종(種), 세이건이 말한 "우리"—는 옛날 어느 땐 고작 600 개체에 불과했을 것이다. 그 600여 개체의 부족이 유일하게 생존한 영장류였다. 그 이전에는 다른 영장류들도 꽤 많았다(*Sahelanthropos tchadensis, Australopithecus afarensis,*

---

[1] Carl Sagan, "A Pale Blue Dot," 1994년 10월 13일 코넬대학교에서 행한 공개강연에서 발췌. The Big Sky Astronomy Club, http://bigskyastroclub.org/pale-blue-dot.html.

Kenyanthropus platyops, Australopithecus africanus, Australopithecus garhi, Australopithecus sediba, Australopithecus aethiopicus, Australopithecus robustus, Australopithecus boisei, Homo habilis, Homo georgicus, Homo erectus, Homo ergaster, Homo antecessor, Homo heidelbergensis, Homo neanderthalensis, Homo floresiensis.) 그들의 집도 역시 그 창백한 푸른 점이었다. 그러나 그들은 모두 멸종되어 이젠 영원 속에 묻혀버렸다. 이와는 대조적으로, 그 튼튼한 600 개체는 이제 70억이 넘게 불어나서, 모두가 "공중에 매달려 태양빛에 걸린 저 작은 먼지티끌" 위에서 살아가고 있다.

보이저 호의 창문을 통해 보이는 그 행성은 별 특징이 없어 보인다. 모든 굽어진 곳과 모든 구석이 다른 행성들과 별 다름없어 보인다. "거대하게 펼쳐나가는 우주의 암흑"2) 속에서 그 행성은 다른 많은 황량한 작은 조각들과 다름없어서 우리는 혼동할 수도 있다. 이만큼 떨어진 거리에서 보면, 그 지구 행성의 독특한 특징―생명―을 알려주는 것이라곤 아무것도 없다.

그러나 가까이에서 보면, 이 우연한 행성은 성 아우구스티누스가 "영속적인 기적"(standing miracles)이라고 부른 오직 지구만 보여줄 수 있는 활력에 넘친다. 가령 그것이 뉴욕시에 있는 미국 자연사박물관(American Museum of Natural History) 안에 전시된 생일축하 풍선 크기만 하고, 각가지 자기 색깔로 드러낸 모든 특징들을 지니고 있다면―제트기류와 희고 회색인 구름들, 얼음 덮개와 도자기 빛 푸른 바다들, 맑게 혹은 흙탕물로 흐르는 강들, 곡창지대와 도시들이 이리저리 교차하는 다양한 형태와 색깔들의 대륙들, 불을 뿜는 화산들과 회오리바람들과 지진들과 태풍들, 해안선을 드러내는 빛들, 거의 모든 것들을, 심지어 바다 물을 포함해서, 초록색의 무성한 초목들, 그리고 수십조의 피조물들, 그들 가운데 어떤 것들은 상상할 수도 없이 괴상하고, 또 어떤 다른 것들은 하느님의 눈을 제외하고는 아무의 눈에도 보이지 않을 만큼 깊고 어두운 곳에 있는―그리고 이런 모든 것이 전시되고 있다면, 그것을 관람하겠다고 입장권을 지닌 사람들의 행렬이 문 밖으로 뻗쳐서, 빌딩 구역을 넘어, 센트럴파크 서부 도로를 가로질러 쉬프 초원(Sheep Meadow)

---

2) Ibid.

에 까지 멀리 늘어설 것이다. 사람들은 박물관 안에 매달린 작은 공이 바로 자신들을 낳아준 경이로운 것, 자신들의 삶에 가능한 모든 것들을 만들어준 똑같은 경이로운 것, 그 구역에 뻗친 행렬의 앞과 옆 그리고 뒤에 있는 모든 생명들을 가능하게 한 경이로운 것, 그리고 지금 이 순간까지 모든 호기심어린 구경꾼들을(그들이 모두 들여 마신 숨결과 씹어 삼킨 음식으로) 지탱시켜 주고 있는 경이로운 지구의 보잘 것 없는 모형임을 거의 잊어버리고, "아! 이와 같은 것은 이 세상 다른 어느 곳에도 없다!"고 놀라움으로 외칠 것이다.

살기 힘들고 새로운 지구

우리의 집인 지구 행성은 지금 지질학적 시간 속에서 지나간 여러 "시대들"과 비슷한 하나의 변혁적인 순간을 겪고 있다. 그러나 이번 것은 단지 지질학적인 시간뿐만이 아니라 인간의 시간이란 점에서, 적어도 우리들에게는 다른 순간이다. 더구나 두뇌가 발전된 생물학적 종(species)이 이 순간에 나타날 뿐만 아니라, 오히려 그 지구물리학적 변화의 원인이자 이유이다. 일찍이 알려진 인간의 모든 문명들을 주최해준 이 행성의 충분한 안정성의 "최적점(最適點, sweet spot)"3)인 충적세(沖積世, the Holocene—대략 현재 이전 11700년부터 현재까지—역자주)는 그 위상이 너무도 벗어나버렸기에, 우리가 태어났고 익숙해왔던 이 행성이 돌연히 "살기 힘들고 새로운 곳"4)이 되어서, 전혀 다른 생활방식, 즉 산업화된 자연이 구원했지만 지속시켜줄 수 없게 되어버린 생활방식과는 전혀 다른 생활방식을 냉혹하게 요청한다. 그래서 우리는 화들짝 놀라 깨어난다. 이 행성이 지탱해주기에는 우리가 너무 많아졌고, 우리들 가운데 많은 사람들이 너무 부요해졌고, 너무나 많은 물자들과 완전히 잘못된 종류의 경제를 갖고 있기 때문이다.(2017년 8월말, 허리케인 하비는 휴스턴에 나흘 동안, 1300mm의 폭우를 퍼부었다. 그 지역 1년 강수량보다 훨씬 많고, 나이아가라 폭포 수량의 15일치 분이다.—역자주).

---

3) Bill McKibben, *Eaarth: Making a Life on a Tough New Planet* (New York: Times Books, 2010), I.
4) *Eaarth*의 부제목에서 인용.

새로운 노래

그래서 우리는 낯선 땅에서 새로운 노래 부르기를 배워야 할 전환기를 맞은 난처한 처지가 되었다(시편 137:4). 단지 이번에는 그 낯선 땅이 바빌론이 아니라 지구 행성이며, 또한 우리는 이스라엘이 아니라 모든 인류인 것이다. 이제 파종과 수확의 정상적인 계절들에 대해, 거대한 강들의 발원지인 빙하에 대해, 거대한 도시들을 건설해도 좋다고 신뢰할 만한 해수면에 대해, 새로운 곤충 포식자들과 질병들, 혹은 가뭄과 대홍수에 동물들과 식물들이 적응하기에 충분한 시간에 대해, 정부당국이 자원들을 잘 조정하여 절망적인 사람들이 대량으로 집 없이 떠돌고 난감한 지경을 당했을 때 발생하는 갈등들을 완화시키거나 혹은 엄청난 숫자와 강력하게 닥치는 재난들을 처리할 수 있는 능력에 대해, 미래 세대들이 파괴된 지구 행성에서 생존하고 번영하도록 확신시켜줄 충분한 강우량, 강설량 그리고 자원들에 대해, 그리고 길고 긴 시대 동안 해저의 식물계들을 유지하기에 충분히 안정적인 바다의 생화학적 환경조건에 대해, 태양에서 떨어져 나온 세 번째 바위덩어리(수성, 금성 다음으로 지구란 뜻—역자주)는 이런 문제들에 대해 더 이상 믿고 기대할 수 없게 되었다.

그렇다면 우리는 어떻게 대지(지구)를 다르게 찬양할 것인가? 우리의 대지가 이처럼 낯선 땅이 될지라도, 우리는 어떻게 여기에서 새로운 노래를 쓰고 부를 것인가? 지구가 "뜨겁고, 평평해지고, 과밀해지고,"5) 경계들과 벽들이 더 이상 우리를 보호하지 못할 때, 우리는 어떻게 우리의 이웃들과 우리의 모든 이웃들—인간과 인간이 아닌 것들—과 함께 새 노래를 부를 것인가? 산업기술공학적 시대, 즉 영원하고 기하급수적인 급격한 경제성장의 시대가 등장한 이래로 우리가 믿어왔던 종교가, 실제로는 환상이며 상식을 가장하여 의지의 힘만으로 버틴 교리에 불과하다는 것을 깨달았을 때, 우리는 도대체 어디로 향해야 하는가?6)

---

5) Thomas Friedman's *Hot, Flat, and Crowded* (New York: Farrar, Straus & Giroux, 2008)의 제목에서.

기후변화, 중요한 장소들(산호초, 열대우림, 영구동토층 등)에서 자연의 죽음 같은 위험한 문제들, 그리고 다른 종류의 사회적-경제적-정치적 질서를 필요로 하는 것 등은 그것들을 만들어낸 삶의 방식들과 동일한 수단으로는 결코 해결할 수가 없는 문제들이다. 낡은 가죽부대에는 새 포도주를 담지 못하고, 낡은 부대는 찢어질 뿐이다(누가 5:33-39). 새로운 책임의 시대는 다른 생활방식을 찾아낼 새로운 능력을 요청한다.

그건 용기를 필요로 한다. "베일을 걷어 올리고"[7] 지구를 퇴화시킨 인간적인 원인들에 대하여 가차 없이 정직하게 되는 용기 말이다. 즉, 그런 원인들의 세계로부터 정상을 참작하고 물러설 용기, 파괴된 지구 행성의 괴로운 고민을 지니고 살아갈 용기, 지금껏 걸어보지 못한 경로들을 통하여 알려지지 않은 위험들을[8] 통과하면서, 그 결과를 볼 수 없는 모험을 시작할 용기, 짧게 말해서, 새로운 노래를 작곡하고 노래할 용기 말이다.

내게 새로운 시대의 종교를 달라!

우리는 처음부터 새로 시작하는 것이 아니다. 이미 오래된 세계 속에서 새로 시작하는 것이라곤 없다. 이는 새로운 시작에 대한 것이 아니라, 다시 시작함에 대한 것이다. 그리고 내적 외적으로 삶을 형성할 도덕적 권위를 가지고 인간의 특성과 행위의 기초들에 대해 작업하기 위한 변혁의 전통들은 바로 가까이에 있다. 그 전통들이란 죽음과 갱신, 탄생과 재탄생에 뿌리를 박은 것이고, 또한 통과의례들과 긴밀한 공동체로 특징지어진 삶의 방식들을 유지할 수 있는 것들이다.

바로 그런 전통들 가운데 세계의 종교들이 있다. 과학이 반드시 필요한

---

6) Alex Doherty and Robert Jensen, "A World in Collapse?," The New Left Project, an interview online at: http://www.newleftproject.org/index.php/site/article-comments/ a-world-in-collapse/
7) "apocalypse"에 대한 그리스어 뜻은 "끝"이라기보다는 "베일을 걷어 올리기"다.
8) Washington 주 Chelan에 있는 루터교회 피정 센터 Holden Village에서 공동 기도문 "The Holden Prayer"에서 인용. *The Lutheran Book of Worship* (Minneapolis: Augsburg, 1978), 137에 있는 아침기도의 일부(Matis).

이유는, 변화하는 우리의 지구 행성에서 지금 무슨 일이 벌어지고 있는가를 말해 줄 수 있기 때문이다. 과학은 어떻게 우주가 작동하는가에 대해 건전한 자료들과 거대한 아이디어들을 제공한다. 종교는 물론 과학을 대체할 수 없다. 종교는 경험적인 것들에 대하여 덜 정확하고 덜 신뢰할 만하며, 그 주장들의 진위를 가릴 시험에 보다 덜 엄밀하다.

그러나 파이 도표(pie chart: 원을 반지름으로 구분하는 도표—역자주)를 두고 애태우는 사람은 별로 없다. 심지어 건전한 과학의 좋은 데이터들일지라도, 데이터들이란 그 자체로서는 역기능적인 방식들을 포함해서 습관적이고 소중히 여기는 방식들을 뒤집지는 않는다. 혹은 어떻게 사물이 작동하는가에 대한 거대한 아이디어도 그렇게는 못한다. 뭔가 보다 완강한 끈기, 헌신 그리고 충성심이 있는 것, 뭔가 희생을 각오하도록 충분히 깊은 견해, 뭔가 우주적인 의미를 주장하고, 우리로 하여금 이기적 자아들(egos)을 초월하고 우리의 시대 속에서 간소한 순간을 넘어서는 공동체에 속하도록 하는 것, 뭔가 우리의 삶 속에서 그리움과 신비를 말해주는 것, 뭔가 어려운 전환들을 이루어내기 위해서 갱신할 수 있는 도덕적이며 영적인 에너지를 제공하는 것, 그리고 뭔가 희망의 문을 열어두는 것—그런 능력을 지닌 뭔가가 모든 좋은 과학과 좋은 공학기술이 가져오는 것에 결합될 필요가 있다.

물론 그런 뭔가가 종교만은 아니다. 변화를 일으킬 다른 행위 담당자들도 있으니, 그중에서 특히 교육, 예술, 그리고 건강한 가족들이 있다. 그러나 종교가 지닌 놀라운 능력을 무시하면, 물결이 높아지고 있는 똑같은 바다 위에서 똑같은 작은 배 위에 타고 있는 사람들이 위험에 빠진다. 수천 년 동안 유창하게 말해온 삶의 교훈과 갱신의 기술들에서 도움을 받지 않는 것이 어리석은 것처럼, 지구 행성 위의 사람들 85%와 수만 가지 종교들에 바치는 종교적 충성을 간과하는 것도 어리석다. 문화적으로 소위 "세련된 경멸자들"이 종교를 무시하는 것은 어쨌든 경거망동한 언동이다. 그것은 어쩔 수 없이 인간의 종교적인 기질에 역행하는 것이다.

무엇이 사람을 움직이는가를 알고 있는 사람들을 무시하는 것도 어리석은 일이다. 우리는 두려움과 공포와 사랑과 아름다움에 의해서 움직인다.

종교들은 이런 힘들을 알고 있다. 공포를 감지하고 두려움 속에서 행동하지만 그러나 아름다운 세계를 경험하지 못하거나 이런 세계를 사랑하지 못하는 호모 사피엔스에게 나타나는 고통과 파멸도 종교들은 알고 있다.

그러나 세계의 종교들은 대부분 그 현재 형태들로는 당면 과제를 감당할 능력이 매우 부족하다. 그 이유는 부분적으로 그 종교들의 과학 이전의 세계관들이 현대가 등장하기 훨씬 전에 형성되었기 때문이다. 그러나 또 다른 이유가 있다. 그런 신앙들은 다른 나머지 부류들과 마찬가지로, 지구물리학적 변화와 지구 행성 위의 임계점들(tipping point: 이 시점을 지나면 돌이킬 수 없는 퇴행이 지속됨―역자주)에 대한 실험이나 시험을 거친 경험이 전혀 없기 때문이다. 세계 종교 대부분은 생태학적 고려들을(적어도 산업화된 자연의 이쪽 편에서는) 해본 적이 없었다. 그런 신앙들은 불사조(Phoenix)가 다시 일어서는 것처럼, 탄생과 재탄생을 알았기에, 그들은 항상 자연의 신빙성을 믿었다. 그러나 이제는 더 이상 그렇지 않다. 더구나, 그런 종교들은 사람들로 하여금 "지구의 시들어 말라감"[9]을 그냥 방관하도록 만들었다. 다른 변혁의 주관자들처럼 그런 신앙들도, 살기 힘들고 새로운 지구 행성의 현실들에 대해 회심할 필요가 있다. 종교 공동체들도 변화된 지구 행성에 대한 새로운 책임성들을 위한 새로운 능력들을 만들어내야만 한다.

낯선 세계에서 "주님의 노래"를 부르는 것, 변화하고 있는 지구 위에서 우리 자신의 노래를 부르는 것은 "새로운 기조의 종교 윤리"(religious ethics in a new key, 이 책 부제목)를 뜻한다. 전혀 새로운 시대의 종교 말이다. 그렇다, 살아있는 전통들의 광범위한 레퍼토리가 새로운 창조적 정신을 기다리며 바로 가까이에 있다. **경제성장과 취득과 소비라는 정설**(orthodoxy)이 우리로 하여금 보고 듣게 한 것보다 훨씬 더 많은 것이, 또한 현대가 고려하고 보살펴주었던 것보다도 훨씬 더 많은 것이 그런 전통의 레퍼토리 속에 들어 있다. 그렇기는 해도, 이 책이 취급하는 전통들 가운데 어느 것도 그 현재의 형태대로는 적당하지 않다. 그런 형태의 전통들은 과거가 더 이상 미래로 될 수

---

[9] "The Greening of the World's Religions," Mary Evelyn Tucker and John Grim, in *Religious Studies News* (May 2007): 15에서 재인용.

없고 미래는 아직 분명하지 않을 때, 그리고 종착점이 분명하기보다는 아직 불확실할 때 일어나는 하느님과의 씨름(God-wrestle)에 속한 것이다. 그러다가 전체 시대가 야곱의 투쟁(Jacob's struggle), 즉 그에게 새로운 정체성과 새로운 이름—이스라엘, "하느님과 씨름했던 자"란 이름—을 부여했던 하느님과 드잡이를 강변에서 벌인 야곱의 투쟁을 경험한다. 과거에 야곱/이스라엘에게 그랬듯, 현재의 투쟁도 우리들에게 절름발이 후유증, 축복, 서로 의가 상했던 형과의 예상치 못한 화해를 가져다줄 수 있으리라(창 32-33장).

노래

우리들의 시대는 많은 사람들에게 견디기 어려운 시대다. 이런 시대는 마음이 약한 자들을 위한 것이 아니다. 우리의 시대는 점점 더 나빠질 시대다. 그러나 노래를 부르도록 태어났으며 노래 부르기를 그만둔 적이 없었던 인류에게는 유쾌한 노래의 시대이기도 하다. 인간의 언어 자체가 노래 소리에서 발전된 것으로, 그 노래 소리란 초기의 영장류들이 그들의 주변 환경에 기쁨이나 고통으로 응답했던 것이었으리라.[10] 어찌 되었든, 그 노래라는 것이 영가(靈歌)든 블루스든, 복음성가든 칸츄리 뮤직이나 서부영화 노래든, 챤트(chant)든 아리아든, 합창이든 교향곡이든, 클래식이든 현대음악이든, 록 음악이든 자장가든, 탄식이든 찬양이든, 인생은 끝없는 노래로 이어진다. 우리는 노래를 안 할 수가 없다.[11] 우리는 그런 피조물들이다. 더구나 이 책 전체를 통해서, 전주곡으로부터 간주곡을 거쳐 후주에 이르기까지, 성경의 아가(Song of Songs)가 이 책의 모티프인 이유이며 가장 좋은 특성이다.

노래는 한탄이나 위안 이상이다. 노래는 영감이다. 노래는 인간의 정신을 가장 풍부하게 표현하고 거리낌이 없게 드러낸다. 그러나 이번에 우리가 부를 노래는 겸손하게 또한 우리가 살고 있는 변화하는 지구로부터 깊게

---

10) Steven Mithen, *The Singing Neanderthals: The Origins of Music, Language, Mind and Body* (Boston: Harvard University Press, 2008).

11) Robert Lowry, "How Can I Keep From Singing?" in *Bright Jewels for the Sunday School* (New York: Biglow and Main), 1869에서 찬송가 참조.

배워야만 한다. 그 멜로디와 화음들은 인간의 손들에 의해 위험에 처해 있는 파괴되어가는 지구 행성을 위한 냉정한 책임감에 합당한 방식으로 지구를 지향하는(Earth-oriented) 것이어야만 한다. 이번에는 우리가 죄책감을 지니거나 무죄한 구경꾼이나 청중이 아니다. 우리는 재즈가수들과 악기를 다루는 음악인들처럼, 혹은 작곡자들이자 연주자들로, 우리의 가장 위대한 작품을 연주하도록 초대된다.

그 가장 위대한 작품이 지구 행성 위에 파괴적인 인간이 출현한 시기로부터 결국엔 생명 공동체 속에서 서로의 생명을 북돋아주는 시기로 어려운 전환을 하도록 영향을 주고 있다.12)

잘 살아가기

이것은 종교적 윤리학의 과제다. 그 가장 시급한 질문은 모든 윤리학의 질문들이다: 즉, 우리는 어떻게 살 것이며, 무엇을 위해 살 것인가? 무엇이 생명들을, 어떤 생명도 그리고 모든 생명을 잘 유지하게 만들 것인가? 무엇이 좋고, 올바르며, 적절한 것인가? 그리고 이 책이, 다른 어떤 책처럼, 그 자체로 무엇이라도 소중한 것이 될 수가 있다면, 그건 이런 질문들에 달린 것이다. 그것의 정신은 나바호(Navajo)/디네(Dine)의 대지의 노래(Song of the Earth)의 정신이다.

정말 나는 그것의 자식이야,
절대적으로 나는 대지의 자식이라네.

그리고 데니스 레버토브의 시, "바빌론의 촛불"(*Candle in Babylon*)의 "시작하는 자들"(Beginners)의 정신이다.

---

12) Thomas Berry의 "the Great Work" 토론 참조. "The Faith We Seek" 3장의 토론을 보라.

전주곡 *19*

그러나 우리는 이제 겨우 이 지구를 사랑하기 시작했을 뿐이네.
우리는 이제 겨우 생명의 온전함을 상상하기 시작했을 뿐이네.
  어찌 우리가 희망을 내던질 수 있으랴! 너무도 많은 것이
  봉오리 속에 들어 있다네.
어찌 욕망이 실패할 수 있으랴? 우리는 이제 겨우 정의와 자비를
상상하기 시작했을 뿐인데.
  어떻게 하면 억압자들이 아니라 단지 동물들과 형제자매로
  살 수 있을지 이제 겨우 마음속에 그려보기 시작했을 뿐인데.
분명코 우리의 강은 이미 비존재의 바다 속으로 성급히 흘러갈 수는
없겠지?
  분명코 모든 무죄한 것을 진흙탕 속에서 질질 끌지는 않겠지?
아직은 아니야, 아직은 아니라고. 고쳐야 할 부러진 것들이 너무 많아,
  우리가 서로에게 저지른 해로움이 너무도 많아,
  아직은 용서받을 수 없어.
우리는 우리들 안에 있는 능력을 이제 겨우 알기 시작했는데,
만일 우리의 고독함을 함께하는 투쟁 속에 결합한다면.
  너무도 많은 것이 펼쳐지면서 그 몸짓을 완결해야 하는데,
  너무도 많은 것이 그 봉오리 속에 들어 있는데.13)

---

13) Denise Levertov, "Beginners," *Candles in Babylon* (New York: New Directions, 1982), 82–83.

제1부

1장

피조물인 우리들

땅위에 걷는 동물도, 두 날개로 나는 새들도 너희들과 마찬가지로 공동체를 이룬다.

— 꾸란, 가축 6:38 (Quran, Sura 6:38)

거룩하신 분은, 이 세계에 있는 모든 것들 가운데, 아무짝에도 쓸모없는 것이라곤 단 하나도 창조하지 않으셨다.

— 바빌론 탈무드, 안식(Shabbat) 77b.

사랑하는 하느님, 사랑하는 별들, 사랑하는 나무들, 사랑하는 하늘, 사랑하는 사람들, 사랑하는 모든 것, 사랑하는 하느님.

— 앨리스 워커, *The Color Purple*, 마지막 편지

소속된 관계 속에 태어남

이제 명성 높은 사람들과 우리의 역대 선조들을 칭송하자. 주님께서는 그들을 통해 큰 영광을 나타내어 옛날부터 당신의 위대하심을 보여주셨다.

그들 중에는 용맹함으로 유명해진 사람도 있고,
슬기로써 현명한 조언자가 된 사람도 있으며,

하느님 말씀을 받아 전하는 예언자도 있었다.
또 어떤 사람들은 결단력으로 백성을 영도하였고, 슬기로써 백성을 지도하였으며 지혜로운 말로써 백성을 가르쳤다.
아름다운 음악을 만든 사람들, 노래를 지어 읊은 사람들,
재산이 풍부하여 가정에서 평화롭게 지낸 사람들,
이런 사람들은 모두 당대에 큰 명성을 얻고 그 시대의 자랑이었다.
어떤 사람들은 후세에 명성을 남겨 아직도 사람들이 그들을 칭송한다.
그러나 어떤 사람들은 사람들의 기억에 남지 않고 마치 이 세상에 없었던 것처럼 사라지고 말았다. 그들이 이 세상에 살았던 흔적이 없으니 그 뒤를 이은 자손들도 마찬가지였다.
그러나 훌륭한 사람들도 있었으니, 그들의 업적은 잊혀지지 않았다.
그들의 자손들도, 그들이 남긴 훌륭한 업적을 간직하고 있다.
그들의 자손들은 하느님과의 계약을 지키고 있으며 그들을 이어서 그 후손들도 잘 지키고 있다. 그들의 후손은 영원히 존속할 것이며 그들의 영광은 쇠퇴하지 않을 것이다.
그들의 몸은 땅으로 돌아갔지만, 그들의 이름은 만대에 살아 있다.
만백성은 그들의 지혜를 칭송하며 회중은 그들을 찬양한다.

― 구약 외경 시락서(Sirach 44:1-15)

우리는 모두 "소속된(belonging) 관계 속으로 태어난다."[1] 우리가 태어나는 울음소리를 다른 사람들이 들었을 때, 우리는 걸을 수도 없었고, 스스로 먹을 수도 없었고, 옷을 입지도 못했고, 뜨거움이나 차가움, 혹은 우리를 해치려는 것들로부터 우리 자신을 보호할 수도 없었다. 마치 다른 사람들이 스승으로 우리의 삶의 첫 기술을 가르쳐주었듯이, 오직 다른 사람들의 돌봄만이 우리를 살아있게 한다. 어른들이 된 우리도 우리들 손으로 간단한 노란

---

[1] Mab Segrest의 책 제목은 *Born to Belonging: Writings on Spirit and Justice* (New Brunswick, NJ: Rutgers University Press, 2002).

색 연필조차 만들 수 없다. 우리는 우리의 조상들의 어깨 위에 심어졌기에 키가 커졌고, 대체로 우리가 모르는 그들의 인생 여정들은 유명한 자들 그리고 잊혀진 자들의 유산 속에 박혀 있다. 우리가 죽을 날이 다가오면, 그리고 삶의 열기가 사라지고 나면, 우리를 이곳에 데려온 지표면 흙으로 돌아가서, 우리를 출생시키고 유지해주었던 위대한 공동체에 또 다른 방식으로 결합될 것이다. 우리는 소속된 관계 속으로 태어나고, 그 속으로 죽어간다. 우리의 생명들은 그 모든 것 속에 짜여 진다. "생물사회적"(biosocial) 존재로 우리는 창조된다. 즉 우주 공동체 속에 있는 지구 공동체 속에 심어진 인간 공동체를 떠나서는, 우리가 존재할 수도 없고, 존재하지도 않는다.

우리 각 개인에게 해당되는 것은 제멋대로 날뛰는 생물 종자의 구성원으로서 우리에게도 해당된다. 다른 만물과 우리가 교제하는 것(communion)은 진화의 이야기와 "우주의 찬미"[2)]에 의해서 더욱 깊어진다.

텍사스에 살았던 데이비드 힐리스(David Hillis)와 그의 동료들이 1천만여 가지 동물들, 식물들, 버섯들, 그리고 미생물들 가운데서 3천이 채 못 되는 종자들의 관계들을 표시하고자 했을 때, 그들이 선택한 가장 좋은 이미지는 "생명의 나무"(Tree of Life)였다. 이것은 찰스 다윈이 그의 중대한 저작 『종의 기원』(*On the Origin of Species*, 1869)을 끝내면서 선택한 것과 동일한, 고대의 종교적 상징의 하나였다. "같은 강(綱, class)에 속한 모든 존재들의 상호 유사한 것들은 때로는 거대한 나무처럼 표현된다. 나는 이런 비유가 대체로 진실을 말한다고 믿는다… 새싹들이 자라나서 새로운 싹들을 만들어 내고, 이런 것들이 무럭무럭 자라나면, 많은 더 약한 가지들을 뒤덮고 그 위에 치솟듯이, 내가 믿기로는 여러 세대를 거쳐서 위대한 생명의 나무도 그러했을 것이고, 그 죽고 썩은 가지들이 땅을 채우고, 더욱 가지를 치고 아름답게 분화된 것으로 그 땅의 표면을 덮는다."[3)] 그리고 다윈의 마지막

---

2) "Hymn of the universe"는 천주교 신부이자 고생물학자인 Pierre Teilhard de Chardin의 책 제목이다. Teilhard de Chardin, *Hymn of the Universe* (New York: Perennial Library, 1972).

3) Charles Darwin, *On the Origin of Species*, 1869년, 런던, 초판본. 여기 다윈의 마지막 문장을 인용한 것은 Steven Jay Gould, "This View of Life,"

말은 이렇다. "이렇게 생명을 보는 것은 원래 소수의 형태들 속에 혹은 하나의 형태 속에 숨결로 불어넣은 몇 가지 권능(힘)을 지닌 것으로 숭고함이 있다. 그리고 이 지구 행성이 고정된 중력의 법칙을 따라 순환하면서, 그토록 단순한 시작에서부터 가장 아름답고 가장 경이로운 끝없는 형태들이 진화되어왔고, 진화되고 있는 중이다."4)

힐스와 그의 동료들의 생명의 나무는 약간 기이한 모습인데, 나무라기보다는 자전거 바퀴처럼 생겼다. "가장 아름답고 가장 경이로운 끝없는 형태들이" 진화되어 온 것은 "소수의 형태들 속에 혹은 하나의 형태 속에 숨결로 불어넣은 몇 가지 힘들로부터" 가지들 같은 바퀴살이 테두리에 이르도록 끼워 넣어져 있다. 이렇게 개정된 그래프는 여전히 나무들을 너무도 빽빽이 만들었기에, "당신은 지금 여기에 있다"는 시각적 화살표 표시가 테두리 위한 점에 호모 사피엔스(*Homo sapiens*)가 대략 20만 년 동안 자리를 차지한 곳을 가리켜줄 필요가 있다.5) 나무 가지 위의 그 한 점에서 가지를 타고 아래로 내려오면 침팬지에 이르고, 그 아래 더 큰 가지에서 우리의 포유류 동물 공동 조상에 이르고, 척추동물들, 그리고 모든 동물들, 그리고 마침내

Natural History 12 (1992): 19에서 재인용.
4) 이것이 *On the Origin of Species* 초판본의 마지막 말이다. 이 책에 의해서 야기된 엄청난 종교적 논쟁 다음에, 다윈은 "창조주에 의해서(by the Creator)"란 문구를 제6판에서 뒤늦게 삽입했다: "몇 생명들 혹은 하나 속에 창조주에 의해서(by the Creator) 처음에 숨결이 불어넣어진, 여러 가지 능력들을 가진, 생명의 견해에는 장엄함이 있다; 그리고 이 지구 행성이 중력의 고정된 법칙에 의해서 순환하고 있는 동안에, 너무도 간단한 시작에서 가장 아름답고 가장 경이로운 끝없는 형태들이 진화되었고, 되고 있는 중이다." 제6판은 GRIN Verlag, Norderstedt, Germany에서 구할 수 있다.
5) 애리조나 대학의 Michael Sanderson과 그의 동료들이 어떻게 대략 50만 종의 식물들이 서로 관련되어 있는지 알아보고자 수천종의 식물들 DNA 데이터를 처리하고자 슈퍼컴퓨터를 사용했다. 그들은 식물들의 진화 전모를 나타내는 나무 도표를 얻기를 희망했다. 그러나 "우리는 당장에는 그런 나무 모형 도표를 볼 길이 없었다"고 샌더슨은 말한다. 식물들은 자체로는, 심지어 다른 생명체들 없이도, 알아볼 수 없이 뚜렷하지 않은 서로 얽힌 덤불이 되고 말았다. "Crunching the Data for the Tree of Life," *New York Times*, February 10, 2009, D1.

거대한 등치에 자리 잡은 가장 크고 깊은 줄기에 이른다. 여기 이런 나무의 붉은 중심에 모든 생물들의 조상의 본향이 있으니, 생물학자들이 이르기를 "LUCA," 즉 최후의 보편적 공통 조상(the Last Universal Common Ancestor)이라는 것의 본향이다. 단세포 유기체들인 LUCA들은 지구가 처음 수십억 년 만에 처음 본 유일한 생명체였다. 다세포 생물들은 대략 6억 년 전에 나타났다. 가령 아메바 같은 단세포 생물은 "1인 밴드"요, 다세포 생물은 이미 "거대한 오케스트라"이다.6) 그 둘 모두 "세포의 인지상태"(cellular awareness)를 전달한다. 그것들은 주변 환경을 탐지하고 해당되는 의미를 그 생물체에 전달하는 수용기관(receptor)을 갖고 있다(아메바의 수용기관은 부패하는 음식의 분자들을 탐지한다).7) 그러나 뚜렷한 특징은 이들 모든 피조물들 가운데 가장 기초적인 것들이 생명의 모험을 시작한 것도 35억 년의 세월 동안 진화하면서 가지를 친 것이란 점이다. 여기가 바로 우리들도 생명 공동체의 "회원들이자 평범한 시민들"(Aldo Leopold)로 소속된 곳이다. 거대한 나무의 한 가지에 불과하지만, 인간들도 활발한 교제(communion)에 접합된 것이다.8)

시편 139편이 이것을 잘 표현했다. 우리는 한 개의 자궁에서 나온 것이 아니라, 두 개의 자궁, 즉 어머니의 자궁과 대자연(어머니 지구)의 자궁에서 나온 것이다. 시편의 노래하는 자는 하느님을 찬미하여 이렇게 말한다.

> 주님께서 내 장기들을 창조하시고,
> 내 모태에서 나를 짜 맞추셨습니다.
> 내가 이렇게 빚어진 것이 오묘하고 주님께서 하신 일이 놀라워,
> 이 모든 일로 내가 주님께 감사를 드립니다.
> 내 영혼은 이 사실을 너무도 잘 압니다.

---

6) Ursula Goodenough and Terrence W. Deacon, "From Biology to Consciousness to Morality," *Zygon* 38, no.4 (December 2003):805.
7) Ibid.
8) Carl Zimmer, "You Are Here," a review of Richard Dawkins, *The Ancestor's Tale: A Pilgrimage to the Dawn of Evolution*, in *New York Times Book Review*, Sunday, October 17, 2004, 30에서 재인용.

은밀한 곳에서 나를 지으셨고,
땅 속 깊은 곳 같은 저 모태에서 나를 조립하셨으니
내 뼈 하나하나도, 주님 앞에서는 숨길 수 없습니다.
나의 형질이 갖추어지기도 전부터, 주님께서는 나를 보고 계셨으며,
나에게 정하여진 날들이 아직 시작되기도 전에
이미 주님의 책에 다 기록되었습니다.9)

"내가 이렇게 빚어진 것이 오묘하고 주님께서 하신 일이 놀랍고"(To be fearfully and wonderfully made), 생명의 드라마와 숭고함에 소속된 것이 우리의 영광이다.

그러나 지구(the Earth)는 어디에 소속되어 있는가? 그 지구의 느릿느릿한 자궁은 어디에 있는가? 그리고 우리는 스스로 노란색 연필조차 만들 수 없다고, 슬쩍 지나치며 언급한 것은 어떤가? 처음부터 하나 만들어나가기로 해보자. 연필 둘레의 주름잡은 금속 띠를 만들기 위한 금속을 어디에서 얻을 것인가? 어떻게 그런 금속 광석을 어디에서 찾을 줄 아는가? 당신은 어떻게 광석을 캐어내고 그것을 유연하게 만들어 지우개와 연필 둘레에 둘러싸게 하겠는가? 지우개를 위한 고무는 어디서 얻을 것인가? 어떤 나무속이 우유 같은 진액을 내는지 누가 알려줄 것인가? 당신이 그 나무를 찾았을 때, 당신은 어떻게 그 끈적이는 희끄무레한 액체에서 고무를 추출할 것인가? 그리고 어떻게 당신의 연필이 글씨를 쓰게 만드는가? 만일 연필 자체가 글씨를 쓰지 않는다면, 당신은 어떻게 그렇게 쓰도록 만들 수 있나? 어쨌든 누가 알파벳을 발명했는가? 그리고 말(언어)은 어떻게 생겨났는가?

그리고 연필 몸통이 있다고 하자. 그러나 지름이 1cm 되는 매끈한 육각형 나무, 혹은 플라스틱 원광, 합성 원광 같은 것은 없다. 그리고 게다가 페인트를 칠하는 것도 잊지 말아야지. 무엇으로 페인트칠을 하나? 도대체 페인트가 뭔가? 그런 문제라면, 색깔이 뭔가? 누가 색깔을 발명했는가? 미국인들이 많이 사용하는 No.2 연필이 더러운 연두색이 아니라 노란색이 되

---

9) Psalm 139:13-16.

도록 알맞은 색조를 지닌 액체를 어떻게 얻나? 이런 연필은 명백히 당신 스스로 할 수 있는 작업이 아니다. 그것은 수만 명의 유명하고 잊혀진 사람들이 여러 세기에 걸쳐서, 지역적 혹은 전 지구적 지식, 발명, 기계, 무역, 그리고 싸구려 잡화점 등의 광범한 체계를 조직하고 활용한 작업으로 이루어진 것이다.

만일 No.2 노란색 연필이 인간의 천재성과 협동만의 산물이라면, 우리는 여전히 아무것도 갖지 못할 것이다. 아무것도. 어떻게 금속 원광이 형성되었고, 어디에서 그리고 언제, 얼마나 오랜 기간에, 그리고 어떤 지구의 힘으로 만들어졌는가? 목재를 위한 나무와 플라스틱을 만들 석유(petroleum)는 어떻고? 만일 당신의 화학 교수나 생물학 교수가 당신에게 나무를 하나 만들어보라고 과제를 준다면, 당신은 어떤 화학물질들을 모아서 그것을 섞어서 특정한 식물의 형태 속에 생명이 나타나도록 만들 수 있겠는가? 마찬가지로 어떻게 고무, 흑연, 페인트, 그리고 색깔을 만들어내겠는가? 어떤 거의 영원에 가까운 힘들과 과정들에 의해서 이런 것들이 생겨나겠는가? 당신의 변변치 않은 연필을 위해서도, 당신은 땅, 공기, 물, 햇빛과 그리고 수백만 년, 심지어 수십억 년을 두고 끝없이 정밀하고도 엄청난 처리들에 대하여 감사할 수 있다. 사실은 당신이 문자 그대로, 그들 가운데 일부는 폭발하는 초신성(超新星, supernovas)들인(이것들에 대해서는 나중에 좀 더 언급하자), 당신의 행운의 별들에 대해서도 감사할 수 있다. 결국 당신과 당신의 No.2 연필 모두가 오래전에 소속된 관계 속에 태어났던 것이다. 정말로 당신과 당신의 연필 사이의 진짜 다른 점, 당신은 유명한 자들과 잊혀진 자들의 일련의 연쇄(chain) 속에 당신의 자리를 차지하면서, **당신의 가슴, 마음, 그리고 영혼 속에서 그 위대한 모험을 경험한다는 것**이다. 당신은 자기반성과 자기의식을 지닌 두뇌가 발전된 피조물이고, 당신의 연필은 그렇지 않다.10)

---

10) "born to belonging"(소속된 관계 속에 태어남)에 대한 여기까지의 내 자료들은 수정된 형태로 나의 "Creating the Commons," in *Justice in a Global Economy*, ed. Pamela K. Brubaker, Rebecca Todd Peters, and Laura A Stivers (Louisville, KY: Westminster John Knox Press, 2006), 101-12에도 나온 것을 인용허락 받음.

그러나 이것은 지구 자체는 어디에 소속되고, 또한 어떻게 존재하게 되었는가 하는 질문에 대답이 되지는 않는다. 지구 행성 본향(Planet Home)도 소속된 관계 속에 태어났는가? 허블(Hubble) 망원경에서 내려 받은 처음 사진들을 회상해보자. 하나는, 황금색 그리고 주황색의 어마어마한 가스 기둥을 보여주는 것으로, **창조의 기둥들**(Pillars of Creation)이라고 이름 붙여졌다. 다른 것은, 암흑의 공간을 가로지른 나선형으로 흩어진, 빛들의 성운(星雲, galaxy)을 보여준다. 만일 우리가 이런 성운을 우리의 은하계(Milky Way)라고 생각한다면, 우리는 거기에 "당신은 지금 여기에 있다"는 친숙한 화살표로 표시된 것을 상상할 수 있다. 이번에는 생명의 나무 위의 어느 가지를 가리키는 것이 아니라, 한 작은 얼룩점—지구(Earth)—을 가리킨다. 생물의 각 종자는 생명의 나무 위의 한 가지일 뿐만 아니라, 그 각각은 훨씬 오래된, 130억 내지 140억 년 전에 일어난 대폭발(Big Bang)에서 생겨난 별들의 먼지의 후기 성운의 이형(異形, version) 인 것이다. 우리의 근원은 별에 있다. 월트 위트만의 표현을 빌리자면, 우리는 "별들의 여행 작품들"(the journey-work of the stars)이다.11)

그 여행 작품은 이렇게 이루어진다. 태양에서 떨어져 나온 세 번째 바위(지구) 위에 있는 모든 것들과 마찬가지로, 우리는 별의 씨(starseed)들이다. **만물**이 별의 먼지(stardust)들이다. 유기물 복합체를, 그래서 생명체를 만드는 데 필요한 가스(gas)들은 우주 전체에 걸쳐서 공통 원소들이다—수소, 산소, 질소, 탄소 가스들 말이다. 그것들은 우리의 태양계에서만 온 것이 아니다. 사실은, 우리의 태양은 너무 냉각되었고 또 너무 젊어서 지구상에서 발견되는 대략 90여 가지의 무거운 원소들을 만들어내지 못한다. 무거운 것들은 더 멀리 떨어진 곳에서 왔다. 어떤 것들, 가령 우라늄이나 플루토늄 같은 것들은, 폭발하는 거대한 별들(supernova) 속에서 만들어질 수 있다. 이것이 뜻하는 바는 행성의 시작은 성운(星雲, nebulae)—별들의 못자리(종묘원), 별

---

11) Walt Whitman, *Leaves of Grass*, Stanza 31, 인용처 www.Battleby.com. Great Books online. The Stanza begins: "I believe a leaf of grass is no less than the journey work of the stars. And the pismire is equally perfect, and a grain of sand, and the egg of the wren."

을 형성하는 발전소들—속에 있다는 말이다. 그런 별들의 종묘원(nursery) 속에서 형성된 초신성에 의해서 흩어져 나온 원소들로부터 마침내 생명이 생겨났다.12) 당신의 진화 생성은 이리하여 특별한 소우주(galaxy)에 의하여, 결국 수십억 개 혹은 더 많은 별들 가운데 하나인 태양계 속에서 수십억 년 동안 만들어지고 있는 중이다. 은하계의 시민권(Milky Way citizenship)은 우리 인종과 우리 행성이 나타나기 훨씬 전에 우주 공동체 속의 회원이 된 것이고, 그리고 우리 행성이 잿더미가 된 뒤에도 오래 오래 남을 것이다.(생태철학자 조안나 메이시의 명언처럼, "나는 단지 내 나이만큼 행동하고자 한다. 내 몸의 원자들은 140억 년이나 오래 된 것들이다"라고 했다.)13)

그 과정 모두에는 놀라운 것들이 있어왔는데, 그건 거의 모든 것이 가능하지만(possible), 어느 것 하나도 그럴 법하게 여겨지는(probable) 것이라곤 없는 꾸준한 진화의 놀라움이다. 130억 년 전의 우주는 지금의 우주와는 아주 판판이어서 조금도 닮지 않았다. 지구 행성도 10억 년 전에는 지금 우리가 알고 있는 것과 같은 것으로 인식될 수는 없었다. 산소는 희박했고, 지구 표면에는 아무것도 자라날 수 없었으며, 거기 무슨 바다라는 게 있었다면 얕았을 것이다. 심지어 100만 년 전만 해도 이 지구 행성 위의 생물체들은 지금 우리 주변에 있는 생물체들과 뚜렷이 닮은 데라고는 없었다. 한 가지만 지적한다면, 그 기간 동안에 우연히 살았던 생물 종들의 90% 이상이 지금은 더 이상 존재하지 않는다. 이런 것 가운데는 너무도 사납고, 거대하고, 있을 법하지 않아서 인간이 거의 상상할 수 없는 포유류 동물들도 포함된다. 또한 멸종된 유인원(類人猿) 계열, 인간의 먼 친척들도 포함된다. 우리가 갖고 있는 것이라곤 고작 "지구 행성 바닥 위/ 이곳에 머물렀던 것들의/ 메마른 증거물들 뿐"이다(Maya Angelou).14) 혹은 애니 딜라드의 표현처럼, "진화는 당신과 나를 사랑하는 것보다도 죽음을 더 사랑한다."15)

---

12) William Bryant Logan, "Stardust," in his *Dirt: The Ecstatic Skin of the Earth* (New York: W.W. Norton, 1995), 7, 125.
13) Cited from "Letters," a feature found at www.joannamacy.net.
14) Maya Angelou, *On the Pulse of Morning: An Inaugural Poem* (New York: Random House, 1993), n. p.

그럼에도 불구하고, 질서를 이루는 것이 분주하게 작동했고, 모방하는 것이 형태를 이루었고, 때로는 엉뚱한 돌연변이 형태로 나타냈다. "자연에서는 있을 법하지 않은 것들이 상투적으로 일어난다. 삼라만상 전체가 어이없는 일탈이기도 하다"(Dillard).16) 그러나 창조성과 우연성은 지속적인 보편적 원리로 상호보완적이다.

한 가지 원리는 **분화/차별화**(differentiation)다. 우주 속에서 그리고 지구 본향 위에서는, **존재한다는 것**(to be)은 곧 **다르게 되는 것**(to be different)**이다**. 다윈이 언급했던 "몇 가지 힘들"은 "원래 오직 몇 가지 형태들 혹은 하나의 형태 속에 불어넣어진 것"이었는데, 그러나 그것들이 번성하면서 "계속적인 가지치기와 아름다운 분화들"을 이루면서 서로가 뚜렷하게 달라져서 "끝도 없는 형태들"(endless forms)을 만들어 내었다.17) 이것이 독특함을 낳는다. 인간들을 포함하여, 모든 피조물들은 그들의 존재에 근원적 방식으로 별개의 구별을 띤다. 이것이야말로 자연의 "신기한 것을 위한 별난 편향성(경향성)"18)인데, 자연은 이것을 이용하여 생존, 가지치기(분화), 그리고 발전을 이룬다. 다양성, 복잡성, 변이, 불균형, 엉뚱하고 끝없는 차별화는 그런 것들이 지속하는 한, 독특함의 꾸준한 번창을 보장한다.

늘 이래왔던 것이다. 딜라드는 다시 말하기를, "터무니없이 과도한 태도는 바로 창조의 역량이다. 처음에 창조의 한 과도한 태도를 취한 뒤에, 공허

---

15) Annie Dillard, *Pilgrim at Tinker Creek* (New York: Harper Collins, 1974), 178.
16) Annie Dillard, *Pilgrim at Tinker Creek* (New York: HarperCollins Perennial Classics, 1998), 146. d. 인용문의 남은 부분은 이렇다: "If creation had been left up to me, I'm sure I wouldn't have had the imagination or courage to do more than shape a single, reasonably sized atom, smooth as a snowball, and let it go at that. No claims of any and all revelations could be so far-fetched as giraffe."
17) Charles Darwin, *On the Origin of Species*, 1869년 London 초판본. 다윈의 마지막 문장은 Stephen Jay Gould in "This View of Life," 19에서 재인용.
18) Brian Swimme and Thomas Berry, *The Universe Story: From the Primordial Flaring Forth to the Ecozoic Era* (San Francisco: Harper SanFrancisco, 1992), 74. * 토마스 베리의 책들은 전부 번역되었다(역자주).

함의 시대들 속에 복잡하고 거대한 것들을 던져 넣으면서, 그리고 항상 새로운 활기를 지니고 넘치는 풍요로움을 거듭하면서, 우주는 터무니없는 과도함을 전적으로 다루기를 지속해왔다. 시작하라(go)는 말이 떨어짐과 동시에, 전체 구경거리가 항상 흥분으로 넘쳐났다"19)라고 한다.

자체 생산(*Autopoiesis*), 즉 자연이 스스로를 조직하는 능력은 두 번째 보편적 원리다. 자기표현 혹은 자기 현시를 하는 놀라운 힘은 원자와 세포로부터 생태계와 생물계와 별들과 성운에 이르기까지 적용된다. 우리가 한 친구에게 물리학자가 원자를 그린 도형과 천문학자가 우주를 그린 도형을, 같은 크기와 색깔로 그리되 표시를 하지 않은 것으로 보여준다면, 그녀/그는 어느 것이 원자를 그린 것이고, 어느 것이 우주를 그린 것인지 구별해 말하기가 어려울 것이다.

혹은 전혀 기대하지도 않은 선물이자 경이로움인 생명의 구조물을 생각해보자. DNA를 발견하기 훨씬 전에, 물리학자 쉬뢰딩거(Erwin Schroedinger)는 우리가 알고 있는 생명의 범람은, 여러 가지 표현의 가능성들을 반복적으로 되풀이하는 형태로 정돈된, "불규칙적인 결정(結晶)"의 성질들을 필요로 할 것이라고 결론을 내렸다. 그게 바로 진흙의 구조를 이룬 분자들뿐 아니라 DNA에 정확히 들어맞는다.20) 세포들의 세계에서든, 별들의 세계에서든, 창조적인 패턴(도안 무늬)이 지배한다.

생명 자체는 자기조직화(self-organizing)와 자기지속화(self-perpetuating)를 하는 비선형적 체계(nonlinear system)를 갖고 있는 것으로 보인다. 유기체들 사이의 진화된 되먹임고리들(feedback loops)을 지닌 복잡한 그물망들(networks)이 생명의 지속을 위한 조건을 유지한다. 이들 그물망들이 연속성과 안정성을 창조하는 동시에, 새로운 조직이 발생하도록 한다.21)

---

19) Dillard, *Pilgrim at Tinker Creek*, 11.
20) Logan, *Dirt*, 124-25.
21) Peter G. Brown, Mark Goldberg, Nicolas Kolsoy, and Robert Nadeau, from a working syllabus, "Civilization and Environment," 6. Made available to the author at the Yale Conference on The Journey of the Universe, March 24-26, 2011.

세 번째 보편적 원리는 **상호 친교**(Communion)이다. 그것은 피조물들의 내적인 관계성과 능동적 상호의존성과 동의어인데, 불교 승려 틱낫한이 "연결존재(interbeing, 혹은 중간존재—역자주)"22)라고 부른 것이다. 원초적 물질의 친족관계가 행성들과 우주 진화에 나타나는 그 형태를 만들어내는 힘들 속에 있음을 곳곳에서 발견할 수 있다.23) 역동적 관계들은 존재의 본질이다. "다른 모든 것이 없이는 아무것도 존재할 수 없다." 이런 "사물들의 함께함"(togetherness of things)은 진화의 체계적 특징이다.24) 수리생물학자 마틴 노와크는 심지어 임의의 돌연변이와 자연선택을 결합하는 진화의 "주된 건설자"는 협동이라고, 그리고 다른 원소들을 이렇게 결합하는 것은 이미 분자(分子)들의 수준에서 이루어진다고 주장한다.25) 우리들은 참으로 **통일된** 우주(uni*verse*)다. 비록 **"하나에서 많은 것이"**(out of one, many)가 **"많은 것으로부터 하나"**(from many, one)보다 정확할 것이지만, "많은 것으로부터 하나"(*E pluribus unum*)가 그 모토가 될 터이다.

달리 말하면, 창조는 매 고비마다 결속되고 엮어 짜는 것이지만, 그러나 아직 존재하지 않았던 것에 개방되어 있다. 이것이 현재의 보통 과학인데, 히브리 성서는 나중의 논의를 위해 중요한, 그 과학에 대한 뜻밖의 전개를 하고 있다. 즉 인간 행위자의 관점에서 볼 때, 일단 **호모 사피엔스**(*Homo sapiens*)가 진화 이야기에 들어가면, 창조는 **도덕적으로** 매끈하게 이루어진다. 인간의 삶의 번성과 퇴락은 땅, 바다, 그리고 하늘의 번성, 퇴락의 한 조각을 이룬다. 인간의 올바름과 정의로움이 그러하듯이, 인간의 심술궂음과 불의는 전체 공동체의 삶에 영향을 미친다. 이는 처음에 카인이 아벨을 죽임으로써 시작되었고, 이에 대한 항의와 고민으로 땅 자체가 울부짖는 것으로 이어

---

22) Thich Nhat Hanh, *The World We Have: A Buddhist Approach to Peace* (Berkeley, CA: Parallax Press, 2008), 99.
23) Swimme and Berry, *Universe Story*, 70-78.
24) Ibid., 72 and 79 for the respective quotations.
25) Martin A. Nowak과 Roger Highfield 사이의 논쟁을 보라. *Supercooperators: Altruism, Evolution, and Why We Need Each Other to Succeed* (New York: Free Press, 2011).

진다(창세기 4:8-12). 그리고 기독교 성경에서는 인간의 제국의 손길에 의하여 땅이 거의 파괴되는 것으로 끝까지 이어 간다(요한계시록). 이와 반대로, 의로운 삶은 땅과 백성들을 위하여 풍요로움을 낳는다.

퇴락과 풍요를 위한 이유는 똑같다. **만물은 서로 친족**(kin) 간이며 또한 소속관계 속에 태어난다. 모든 것들이 관계를 맺고 있다. 피조물들과 땅을 유지하거나 혹은 뒤엎어버리는 관계들 속에서, 인간의 종류와 다른 종류가 서로의 삶들 속에서 살아가며 서로의 죽음들 속에서 죽어간다. 다른 것들이 없이는 아무것도 존재하지 못한다. 그런 것이 바로 "계약"(Covenant, 관계를 맺는 삶을 뜻하는 성서의 용어)의 길이다. 계약적인 유대(covenantal bonds), 즉 하느님과 땅 사이, 하느님과 인간 사이, 인간과 다른 인간들 그리고 나머지 생명체들 사이의 유대는 우리가 알고 있는 삼라만상을 성립하고, 질서를 주며 유지하게 한다. 좋든 나쁘든, 계약의 방식이 만물의 **존재 방식**이다. 생명을 탄생시키고 유지해주는, 지질학적, 생물학적, 생태학적, 그리고 우주적 과정과 동떨어진 생명은 없다.

정의의 길도 마찬가지다. 성서적으로는, 정의란 존재하는 모든 것과의 올바른 관계다.26) 인간 사이의 관계보다 더 많은 것을 포함하고 있기에, 그건 "피조물의 정의"(creation justice)라고 불러야 할 것 같다.

그러나 행성들과 우주적인 체계의 전체를 구성하는 데 필수적인, 관계적 기능으로서의 삼라만상의 "온전함"(integrity)에 대한 놀랍도록 자세한 설명은 오직 현대과학이 제공한다. 이런 정합적인 기능의 빛에서 호모 사피엔스를 생각해 보라. 지구가 생명을 품어온 시간의 최후 0.001% 기간에 등장한 우리 인간은 아직 유아기의 생물종이다.27) 게다가 우리는 제우스(Zeus)의 머리로부터 완전히 성장한 모습으로 튀어나온, 분리 독립된 생물종으로 돌

---

26) Beverly Wildung Harrison이 이 문제를 종교적 윤리와 윤리 일반에 가장 잘 설명했다. *Making the Connections* (Boston: Beacon Press, 1985) and *Justice in the Making* (Louisville, KY: WJK Press, 2004).

27) David Suzuki, Foreword, in Tim Flannery, *Now or Never: Why We Must Act Now to End Climate Change and Create a Sustainable Future* (New York: Atlantic Monthly Press, 2009), vii.

연히 나타난 것이 아니다. 여기에도 놀라움이 있다. 그 창조 과정 내내 인간은 조잡했고, 놀라웠고, 그리고 뒤에 남겨진 것들(leftovers)이었다.

당신 안에 있는 동물원

예를 들어, 우리는 물고기다. 비록 물밖에 나온 물고기이긴 하지만 말이다. 생물학자 니일 슈빈(Neil Shubin)은 그의 책 『당신 내부의 물고기』(*Your Inner Fish*)에서 인간이 고정된 특성들을 지닌 불연속적 생물종이란 견해를 무너뜨렸다. 현재의 우리와 같은 피조물이 되기까지 우리의 몸들은 35억 년이란 기간의 여행을 거쳐 왔음을 보여준 때문이다. 화석과 현대 유전자 연구들을 사용하여―기본적으로 뼈들과 유전자―그는 우리의 내부 귀(內耳, inner ear)는 물고기 머리통이 변형된 것임을 논증한다. 우리의 수중동물 사촌들 가운데, 우리의 내이(內耳)가 된 뼈들이 상악(윗턱)을 뇌를 둘러싼 껍질에 연결하고 있다. 그리고 우리의 팔다리들은 변형된 지느러미들이다. 이런 두 가지 경우들―귀와 팔다리―에서 인간의 태아 속에서 형성되고 어린 아기 속에서 발전되는 새로운 뼈들이, 사실은 인간이 아닌 피조물들로부터 온 오래된 뼈들인데, 다른 목적을 위해 새롭게 개조된 것들이다. 특히 놀라운 것은 현재의 우리들을 만든 변형을 위해서나, 어떤 물고기를 다른 물고기나 다른 피조물로 바꾸는 변형을 위해서나, 매우 비슷한 유전자 처리 방법이 작동했다는 점이다. 약간만 달리한 유사한 처리가 매우 다른 결과를 만들어내었다: "몇 개의 유전자로부터 무수한 생명들이 형성된다."28) **존재한다는 것은 다르게 된다는 것이다**(To be is to be different). 그러나 그것이 똑같이 재순환된 물질(recycled stuff)에서 분화되어 나온 것이다. 똑같은 유전자들, 똑같

---

28) June 26, 2007, D1-D10, *New York Times*의 진화론을 다룬 Science Times 부분 제목. 이 제목으로 다룬 논문은 유전자가 무엇이며 그것들이 어떻게 작용하는가에 대한 설명을 포함하고 있다. "유전자들은 바꿔치기를 해서 단백질로 알려진 분자들을 생성할 수 있는 DNA를 늘인 것이다. 단백질 분자들은 세포 안팎에서 몇 가지 작업을 하여, 유기체들의 부분들을 만들고, 다른 유전자들로 바꿔질 수 있다"(D4).

은 부분들이 생물종들에서부터 다른 종들로 계속 또 다시 나타난다. 더구나 세포들의 기본적 기능들은 모든 생명체들에서 동일하며, 박테리아에서부터 인간에 이르기까지 모든 살아있는 유기체들의 특성을 DNA 분자들이 구별해준다. (이것이 모두 좋은 소식만은 아니다. 무릎의 문제들이 우리를 고통스럽게 하는데, 이는 물고기가 원래 걷도록 디자인된 것이 아니었기 때문이다.)29)

그러나 왜 똑같은 유전자들의 작은 집단으로부터 서로 다른 결과들이 생겨났을까? 우리와 인간이 아닌 우리의 친족들이 어떻게 진화(했고) 하는가? 예를 들어, 우리의 눈을 보자. 곤충들, 조개들, 가리비들, 인간들 그리고 많은 다른 동물들이 빛을 감각하는 기관들을 갖고 있다. 그들 모두가 빛을 모아들이는 같은 종류의 분자들을 이용하고 있는데, 그런 분자들은 고대의 박테리아에까지 거슬러 올라갈 수 있다. 인간의 경우, 우리 눈의 망막(網膜) 안쪽에 고대 박테리아가 변종된 것이 자리를 잡고, 우리로 하여금 보는 것을 도와준다.30) 그러나 대부분의 다른 피조물들과는 달리, 인간들은 풍부한 색깔 시각 능력을 발전시켰다. 왜 그럴까? 아마도 우리의 선조들이 살았던 곳에서 벌어진 땅의 식물들의 변화들 때문이었을 것이다. 최선으로 말할 수 있는 것은, 대부분의 다른 포유동물들처럼 두 가지 색깔 감각 수용체(color receptors)가 아니라 세 가지 색깔 감각 수용체를 갖고 있는 우리들의 색깔 시각 능력은 대략 5천5백만 년 전 우리의 유인원(영장류) 선조들 가운데서 일어났을 것이다. 만일 우리가 이런 유전자 변형들을 화석 기록과 연관시켜 고려하면, 숲 속에서 중요한 변화가 일어났던 시기를 발견한다. 이 시기 이전에는, 우리의 먼 친족들이 살았던 숲은 종려나무들과 무화과나무들—맛이 있고 먹기에 적당했지만 대체로 같은 색깔을 지녔던—이 많이 있었다. 삶은 따분했었다. 그런데 초목의 세계가 다양화되어 더 많은 색깔들의 배합이 일어났고, 그러니 더 많은 먹을 것들의 배합도 일어났다. 먹을 것들이 바뀌면

---

29) Neil Shubin, *Your Inner Fish: A Journey into the 3.5 Billion-Year History of the Human Body* (New York: Random House, First Vintage Books, 2009), 184-85.
30) Ibid., 152-53.

서 더 많은 색깔의 먹을 것들에 맞추어 시각의 돌연변이를 선호하는 자연선택이 생겨났다.31) 변화하는 생태계들이 변수들을 설정했고 또한 도전했다. 자연선택과 사회적 학습이 이에 반응했다.

우리의 눈은 단지 하나의 실례일 뿐이다. 우리의 코와 냄새를 맡는 감각(嗅覺)도, 환경과 미세 조정을 한 유전인자들의 진화를 위한 상호작용 속에서 또 다른 매력적인 변화를 겪었다. 그런 변화들에는 피부와 촉감, 이빨과 음식물, 그 밖에 수많은 육체 형성의 진귀한 경험들, 가령 직립 보행과 우리의 머리통이 앞으로 내밀지 않고 위로 얹혀진 것 등도 있다. 그러나 이야기의 진행은 다 똑같다. 즉 여러 생물종들 가운데 유전자 도구들과 법칙들이라는 공통 세트는 우리의 몸이 역사 이전의 온갖 이상한 동물들로 격세유전(되돌아감)임을 드러낸다.32) "당신 안에 동물원"이 있고,33) 우리는 모두 놀라운 난잡한 집합체, 장차 무엇으로 변할지 알지도 못했던 괴상한 신종 선조들의 얽히고설킨 후대 자손들이다. 슈빈(Shubin)의 말을 빌리면, "우리는 단지 지구상에 있는 거의 모든 것들에서 발견되는 부스러기들의 모자이크다."34) 더욱이, 우리의 전체 몸을 위한 뼈대는 단세포 동물들, 즉 그것들로부터 모든 생명들이 진화했으며 또한 위대한 생명의 나무(Tree of Life)의 속살 깊이에 있는 단세포 동물들이라는 가장 오래된 피조물들 속에 이미 나타났었다.35) 당신과 나는 행성 지구에 일찍이 거주했던 변변치 않은 피조물들에서 나온 있을법하지 않은 결과물이다.36) 그것은 기적, 곧 "생명"이라고 부른 기적이다.

이는 단지 한 어린 아기를 기르는 데 문자 그대로 전 우주가 참여한다고 말하는 것이나 다름없다. 인간의 모든 이야기는, 당신의 이야기도 포함해서,

---

31) Ibid., 152-54.
32) Ibid., passim
33) The title of Shubin's chapter subsection, ibid., 173-78.
34) Ibid., 149.
35) Ibid., 123.
36) "초기의 생명체들은 생명이란 현상 안에서 점증하는 유연성과 자유를 위한 기반을 세웠다." William Hurlbut, "From Biology to Biography," *The New Atlantis: A Journal of Technology and Society* 3 (Fall 2003): 50.

지구 행성과 우주의 깊은 역사 속에 써진 것이다. 거기에서 우리는 "두렵게 또한 놀랍게 만들어졌다."

나중의 논의를 위해서 두 가지를 말해두어야 하겠다.

첫째, 우리의 주변 환경이 우리에게 하는 것과 우리가 주변 환경에 하는 것 사이에는 분리가 없다. 특히 오늘날, 누적된 인간의 출현과 능력이 뜻하는 바는 우리가 외부의 자연에게 건네는 것이 자연이 우리에게 건네주는 것만큼 중요하다는 것이다. 혹은, 그보다는, 똑같은 난잡함과 경이로움의 모든 부분들이 서로 상호작용을 하는 것이니까, **되돌려**(back) 건네주는 것이다. 생물종들은, 그리고 그 종들 안의 각 개체들은, 항상 그들의 환경에 대응하는 관계(a responsive relationship)를 지니고 있다.

둘째, 우리의 진화 경력에 대해서 알고 있는 바를 고려할 때, 현대세계가 인간에 대해 느끼고 있는 것은 매우 축소된 것이다. 우주를 가로지르는 성운들과 행성들의 궤도를 마련한 똑같은 질서에 소속되고 싶어 하는 인간의 동경이 있지만, 우리들을 출생시킨 우주적 그리고 생물학적 과정 자체는 대부분 우리 자신들에 대한 인식 속에 들어와 있지 않기 때문이다. 우리의 일부로서 생명의 나무와 그것의 일부로서의 우리들은 현대적 자기인식의 외부에 살고 있다. 현대가 소중하게 여기는 둥근 돔(bubble)—우리의 실제 거주지로 건설한 환경—은 생물종들의 수준에서는 "인종분리정책"(apartheid) 의식을 만들어내었다. 남아프리카 인종분리정책의 백인들처럼 우리는 "우리의 종류"가 따로 떨어져서 발전될 수 있다고 생각한다. 집단적으로 인간은 다른 모든 것들을 필요에 따라 끌어오는 중심과 초점이 된다. 우리는 다른 모든 것들도 지구와 우주 속에 끼워 넣어져서 살아가는 서로 공유하는 불가결한 공동체로서 우리 자신들이 그들과 친족으로 **내부적 관계**를 지니고 있다고 여기지 않는다. 우리들 자신에 대한 이렇게 옹색하고 소외된 의식은 자아도취의 한 유형인데, 이에 대해서는 우리가 나중에 "자체를 향한 심장"(heart-turned-in-upon-itself, *cor curvatum in se*)으로 논의할 것이다. 그리고 본성상 생물사회적(biosocial) 피조물들로서, 우리의 가장 깊은 인간적 필요는 헌신적인 관계들 속에서 사회적으로 유대관계를 맺는—자아도취에 반대되는—것임을 인정하면서도, 무슨 까닭에서인지 우리는 이런 유대관계와 헌신들을 인간 이외의 생명체들에게는 연장하지 않는다. 그 결과, 우리들 인간이란 피조물에게는 **우주애**(cosmophilia)와 **생명애**(biophilia)가 본래적인 것인데, 이런 사랑들을 덮어 묻어버리는 인간중심주의(anthropocentrism)를 낳아버렸다. 인간 이외의 생명체와 접촉하려는 동경인 생명애, 그리고 별들과 동일한 질서에 소속되려는 동경인 우주애가 이처럼 쇠퇴하면서, 우리의 골수와 뼈가 진화와 우주적인 과정 안에 속박된 인간들임을 잊어버린다.

이런 점을 더욱 강조하고자 슈빈(Shubin)의 저작에 린 마굴리스(Lynn Margulis)의 저작을 덧붙여 보자. 첫째로, 마굴리스는 우리 각자가 공생관계들을 통해 여러 가지 생물종들이 한 몸을 이룬 공동체임을 보여준다. 예를 들어, 우리의 위장과 내장은 식물과 동물들로 만든 식품들을 에너지와 몸의 구성체로 전환시켜서 우리로 하여금 살고 발전하도록 하는 공동생활체(a commune of life forms)다. 둘째로 그리고 더욱 놀랍게도, 마굴리스가 말한 일련의 내부 공생(serial endosymbiosis)이 진화 과정에서 의외의 여행 중 때로 거듭해 일어난다. 예컨대, 왜 식물의 엽록체와 포유동물들이 DNA를 공유하는가? 그리고 왜 생물계의 네 가지 왕국 가운데 세 가지—식물, 동물, 원생(原生) 생물—는 진핵세포(핵을 가진 세포)를 공유하고, 네 번째 것—박테리아—은 원핵세포들, 즉 훨씬 단순하고 보다 원시적인 형태로, 모든 생명체들이 진화되어 나온 첫 세포들과 닮았을까? 마굴리스는 식물세포 속의 엽록체들과, 모든 포유동물의 진핵세포 속에 있는 미토콘드리아(Mitochondria)도 원래는 박테리아였을 것이라고 의심한다. 그럼 무엇이 일어났나? 한 세포가 다른 세포를 집어삼킨 공생을 통하여 보다 복잡한 진핵세포의 부분들이 발생하고, 그러면 그 두 세포들은, 하나는 안에 그리고 다른 것은 밖을 둘러싸서, 서로의 기능과 장점들을 사용하여 두 가지(혹은 더 많은) 서로 다른 종들(내부 공생)의 병합을 통해서 분화된 생체 구성요소들을 만들어낸다. 슈빈과 마찬가지로 마굴리스도 고정된 특성을 갖는 구별된 종들이 각각 별개의 생명체들로 발전해 나간다는 견해를 철저히 무너뜨렸다.[37]

---

37) Rob Dunn, *Every Living Thing: Man's Obsessive Quest to Catalog Life*,

피터 보크(Peter Bork)는 또 다른 역동성을 보고한다. 유전자들은, 두 개의 생물종들이 함께 모험을 감행하여 새로운 종류를 만들어낼 때까지 기다릴 필요는 없다. 말하자면, 유전자들은 간단히, 생명의 나무의 한 가지에서 다른 가지로 뛰어 옮겨간다. "각개 유전자는 자기 자체의 진화를 갖고 있다. 그건 어머니에서 딸에게로 물려주는 것이 아니다. 그건 이웃에게서 물려받는다"38)고 보크는 말한다. 그래서 예를 들면, 하나의 바이러스(virus)가 전에 머물렀던 숙주(宿主)에서 그 유전자들을 갖고 새로운 종류의 숙주로 침입한다. 그 후에 유전자들은 때로는 바이러스가 그곳에 머물든 혹은 이동해 가든, 그곳에서 새로 판을 벌이기도 한다.

이처럼 분주한 과거는 단지 서론만이 아니다. 그것은 또한 현재인 것이다. "당신 안의 동물원"은 당신이 잠자거나 깨어나는 매 순간들을 점령하고 있다. 대략 4천5백만 년 전에 생겨난 세포들의 직계후손들이 우리의 혈류(血流) 속에서 아직도 남아 활동하며, 또한 우리의 피 속에 있는 이온들(ions)이 여전히 그들의 소금기 있는 바닷물의 기원을 무심코 드러낸다. 그리고 우리의 체중의 10%는 인간이 아닌 피조물들의 것인데, 대부분이 우리 안에서 우리를 먹고, 우리와 함께 있는 세균(細菌)들이다. 세균들의 세포 수가 특별히 인간의 세포들에 대하여 10:1로 숫자가 더 많다. 그러니 우리 몸의 대략 백만의 4제곱(10의 24 제곱) 정도의 세포들 가운데서 대략 90%는 인간이 아니라 미세한 자체증식을 하는 유기체들로서 그들 자신의 생명을 지니고 우리의 일부로 살아가고 있다. 우리는 내부 생태계를 갖고 있어서 그 속에서 우리 각자는 100조(10의 14제곱) 세균들의 집 노릇을 한다.39) 예를 들어, 당신의 입 속에서만도 400여 종류나 되는 세균들이(400개가 아니라 400 **종류**) 살고 있다.40) 또 당신의 창자를 보면 또 어떻고? 모든 소화기 계통은

---

    from Nanobacteria to New Monkeys (New York: Collins Books, 2009), 138-43 속에 있는 Margulis가 설명한 부분을 참조하라.
38) Shubin, *Your Inner Fish*, 123.
39) Carl Zimmer, "Our Microbiomes, Ourselves," *New York Times*, Sunday Review, December 4, 2011, 12
40) 지구 위에는 대략 1억5천만 종류의 세균들이 있을 것인데, 이에 비해 포유동

사실상 붙어있는 구석 식당을 가진 부엌이라고 할 수 있다.41)

그런 세균들 유기체가 없이는 우리가 몇 시간 내에 죽을 것이다. 기본적으로 세균들의 태업, 혹은 보다 정확히는 세균들의 성공적인 파업으로 인하여 몸의 작동 과정들이 정지되어 우리는 죽을 것인데, 왜냐하면 인간의 몸은 대략 4천억 개의 분자들이 "수십조의 원자들 사이에 수백만 과정들을" 끊임없이 수행하기 때문이다. "한 인간의 몸속에서 일어나는 전체 세포들의 활동은 어마어마하다... 어느 순간에도 대략 자(秭: 10의 24제곱 septillion)42) 단위의 행동들이 진행된다... 1000분의 1초 사이에도, 우리 몸은 우주 속에 있는 별들보다 10배는 더 많은 과정들을 겪는데, 이는 찰스 다윈이 정확히 예언한 것으로, 그는 각 생물체는 '수많은 자체복제를 하는 유기체들(self-propagating organisms), 생각할 수 없을 정도로 작고 또한 하늘의 별들만큼이나 수많은 자체복제를 하는 유기체들로 형성된 하나의 작은 우주'임을 과학이 발견해낼 것이라고 말했다."43) 한마디로, 우리는 우리 속에 존재하는 수없이 많은 낯선 자들의 친절함 때문에 겨우 살아 있는 것이다.

우리의 몸들은 동떨어지고 격리된 공동체가 아니다. 우리의 몸들은 전적으로 지구의 비생물적인 덮개(abiotic envelope)에 의존하고 있다. 우리가 숨 쉬는 공기, 식물들이 무료로 베푸는 선물인 산소는 모세, 예수, 부처, 무하마드, 도로시 데이(Dorothy Day), 그리고 데릭 지터(Derek Jeter: 미국 뉴욕 양키스의 유명한 야구 선수-역자주)가 숨 쉰 공기와 똑같은 공기다. 지구 행성의

물들은 약 5천4백 종류쯤 있다. 그것들은, 가령 인간들 같은 대부분의 고등동물들이 생존할 수 없는 환경에서도 존재할 수 있고, 그리고 분명히 지구상 유기생물들의 대부분을 이루고 있다. "Scientists Start a Genomic Catalog of Earth's Abundant Microbes," *New York Times*, December 29, 2009, D3.

41) Logan, *Dirt*, 55.
42) 백만 십억 십억(million billion billion), 혹은 0이 24개 붙은 10(10의 24제곱-역자주).
43) Paul Hawken은 다윈을 인용한 문장의 참조도서 자료를 제공하지 않았다. Hawken을 여기 인용한 것들과 앞의 단원에서의 자료들은 그의 University of Portland 졸업식에서 행한 연설문 "Commencement Address to the Class of 2009," May 3, 2009에서 인용했는데, 이 연설문은 다음 인터넷 온라인으로 조사해보라. www.paulhawken.com/paulhawken-frameset.html

물도 마찬가지로 재순환되어, 설사 그것이 형태를 변화해도—액체, 고체, 기체로—그 총량은 고정되어 있다. 둘 다—대기와 물—우리의 몸들이 지구 행성의 다른 것들과 공유하는 생명 필수요소들이다. 공기와 물 말고도, 우리가 지구의 다른 주요 요소들인 흙과 불(에너지) 속에 파고들어가 보면 마찬가지 놀라움을 발견할 것이다. 그들의 은혜로 우리가 살고 있는 수많은 낯선 자들이 우리 안에는 물론, 우리 주변에, 위에, 그리고 아래에 존재한다.

그러니 우리가 생명의 나무 안에 살고 있듯이, 생명의 나무도 우리 안에 있어서, 옛날 4세기의 카파도키아 신학자들44)은 이렇게 옳게 지적한다. 즉 인간은 각자 하나의 작은 우주로서, 대우주(macrocosm)의 소우주(microcosm)다. 우리는 우주 안에 자리를 잡고, 우주는 우리 안에 자리를 잡는다. 우리는 지구 행성의 피조물이며, 그 지구 위에는 행성의 피조물들이 우리의 내부와 외부에서 살면서 우리를 유지해준다.

그러나 그 신학자들은 시편 기자와 마찬가지로 과학을 잘 몰라서, 인간 이외의 **다른 모든 것들**(all else)도 대우주의 소우주임을 몰랐으니, 모든 것들은 그들의 순례 기간 별들에 의해 씨 뿌려졌고, 더욱 개략적으로는 그들이 현재에 이르기까지의 여정에서 흙, 공기, 불, 물의 원소들에 의해 파종된 것이었다.45) 대우주의 소우주(microcosm of macrocosm)라는 말은 옳지만, 그 신학

---

44) Gregory of Nazianzus, Gregory of Nyssa, Basil, Macrina. 그러나 대우주의 소우주로서 인간을 주장한 신학자에 Nemesisus of Emesa도 있다. 그의 시대의 과학엔 상당히 나쁜 과학이 있었지만, 그의 저서 *On the Nature of Man*은 주로 진화에 대한 이야기와 대체로 조화되는 방식으로 논증한다. 즉, 피조물의 더 높은 질서들은 더 낮은 질서들에 근거하고 있어서, 창조에서는 한 단계에서 다음 단계로 존재론적 도약이 없다. 참조: Nemesius, "On the Nature of Man," in *The Library of Christian Classics*, vol. 4, *Cyril of Jerusalem and Nemesius of Emesa*, ed. Wm. Telfer (Philadelphia: Westminster Press, 1955). 또한 닛싸의 그레고리는 인간을 대우주의 소우주인 단일 존재로 이해한 것도 주목할 만하다. "우리를 구성한 근원적 원인은 몸이 없는 영혼도 아니고, 영혼 없는 몸도 아니며, 영혼을 지닌 살아있는 몸들로서, 우리의 본성은 처음부터 살아있는 영혼을 지닌 존재로 발생된 것이다." From Gregory of Nyssa, *The Making of Man*, as quoted in Francis M. Young, "Adam and Anthropos," *Vigilae Christianae*, 37, no.2 (1983): 118.
45) 창조 이론으로써 빅뱅을 처음 제안한 우주론학자, 조지 르메트르(George

자들도 시편 기자들도 모든 방향들 속에 무한히 우리를 둘러싼 모든 것들과 또 우리 앞에 간 모든 것들에 우리를 완전히 결속한, 우리와 오랜 시간의—수십억 년—관계를 추적할 과학적 능력을 지니지는 못했었다. 그것을 세계교회협의회(WCC)가 부른 대로, "피조물의 통전성"(integrity of creation)이라고 하자. 혹은 단순히 그것을 "원생적인 소속성"(aboriginal belonging)이라고 부르고, 우리를 **본성적으로** 생물 공동체적(biocommunal) 피조물, 그리고 지구 공동체적(geocommunal) 피조물"이라고 부르자. 그것을 기적적이라고도 부르자. 성 아우구스티누스는 이렇게 말한다. 땅과 하늘의 "영속하는 기적"은 "가장 희귀하고 가장 들어본 적이 없던 놀라운 것들보다 더 위대한 기적"이다.46)

혹은 랍비 아브라함 헤셸의 반응을 보자. "우리는 결코 별들을 비웃거나, 새벽을 조롱하거나, 혹은 존재 전체를 코웃음 칠 수 없다." "숭고한 장엄함이 주저함 없이 단호한 경외감을 불러일으킨다. 그런 거대함을 떠나서, 우리 자신의 개념들에 틀어박혀 있으면, 우리는 모든 것을 경멸하고 욕을 할 수도 있다. 그러나 땅과 하늘 사이에 서 있으면, 우리는 그 광경에 그만 침묵하게 된다."47)

그러나 심지어 성 아우구스티누스조차도 그것이 얼마나 기적적인지를—혹은 얼마나 이상스러운지를—상상할 수 없었다. 예컨대, 투구새우(*Triops*)는 괴상한 사막의 수중 유기체인데, 사막 새우(desert shrimp)다. 크레이그 차

Lemaitre)가 성직자였다는 것은 우연이긴 하지만 그렇다고 전혀 안 어울리는 것은 아니었다; 우리를 진화의 서사시적 드라마의 한 복판에 끌어들인 고생물학자 삐에르 떼이야르 드 샤르뎅(Pierre Teilhard de Chardin)도 성직자였고, 유전학의 아버지 그레고르 멘델(Gregor Mendel)은 수도사였다. 거룩한 코스모스를 공동체로 본 그들의 종교적 감각은 그들을 경외하게 만든 과학의 세목과 병합되었다. 여러 세기들 동안 종교적 신념을 지닌 수없이 많은 사람들이 그렇게 생각함으로써, 하느님의 일차적이고 원초적인 계시는 우주 자체요, 공동체로서의 창조는 우주의 찬송이라 할 것이다.

46) St. Augustine, *City of God*, trans. by Henry Bettenson (New York: Modern Library Classics, 2000), I 10:12.
47) Abraham Heschel, in *I Asked for Wonder: A Spiritual Anthology*, ed. Samuel Dresner (New York: Crossroad, 1983), 20.

일즈가 보고하기를, 공룡의 시대에서 살아남은 이런 새우들은, 생명에 대한 우리들의 대부분의 생각들에 도전한다. "토끼나 사람들 모두 목화송이처럼 바짝 말라서 물기를 모두 내보내고" 오그라져서 "모든 토끼들과 인간들을 죽였을" 엄청나게 오랜 기간 동안 지속된 사막의 가뭄을 이들 투구새우는 견뎌냈다. 이런 일은 "물 없는 생명체(Life without water, *anhydrobiosis*)라는 희귀한 상태. 기본적으로 그들은 죽지만, 그러나 생명에로 되돌아오는 빠져나갈 길을 가진 것이다."[48] 투구새우의 수명은 알에서부터 죽기까지 전부 해도 3주간을 넘지 않을 것 같은데, 그러나 필요하면 자체 봉합된 용기 안에서 조건들이 좋아져서—사막에 물웅덩이가 생겨나고 온도와 빛이 적당하도록—생명의 시계가 다시 작동할 때까지 수백 년을 기다릴 수 있다. 그렇다면 생명을 정의하는 것이 무엇인가? 촤일즈가 지적하듯이, 투구새우의 신진대사는 거의 없는 것에 가까워서, 만일 이 생물이 인간이라면 그 심장이 1년에 3번 맥박을 치는 셈이다. 한 과학자는 무심코 "우주적 신진대사"(cosmic metabolism)라고 말했지만, 단지 1개월 이내의 수명을 지닌 생물체에겐 그게 거의 의미가 없음을 발견했다. 그가 의미했던 것은 이런 신진대사는 우리가 알고 있는 생명에 대한 모든 것과 너무도 동떨어져서 생물학적 이해의 범주들에 잡히지 않는다는 점이었다.[49] 그건 우주의 서서히 진행하는 자궁에 더 닮았다.

투구새우(*Tripos*)나 물 없이 사는 생명체가 그다지 신기할 것도 없다면, 태양 에너지나 빛이나 광합성도 없이 초고온에서 사는 "초호열성(超好熱性, hyper-thermophiles) 생물체"를 생각해보라. 과학자들은 깊은 바다 밑바닥의 화산 분화구 근처에 사는 한 떼거리의 생명체들을 발견했는데, 그들 중 일부는 물의 비등점보다 두 배나 되는 화씨 575도(섭씨 302도)의 액체 온도를 견디고 있었다. 이런 초호열성 생물에게 초(超, hyper)란 말을 붙이는 것은 너무나 과소평가한 말일 것이다.

---

48) Craig Childs, *The Secret Knowledge of Water* (New York: Little, Brown, 2000), 61.
49) Ibid., 64-65.

이런 심해 고온 지점들 말고도, 지구 껍질의 "어두운 생명권"(the dark biosphere)은 빛이 없이도 살아가는 미생물들의 거대한 서식지를 포함하고 있다. 과학자들은 지구 표면에서 밑으로 여러 마일 파고 들어가도 표면에 사는 생명체들과 맞먹을 정도로 많은 생명체들이 존재하지 않을까 의심한다.50)

그러니 우리는 뭐라고 말할 수 있나? 다이안 액커만은 이렇게 잘 표현하고 있다. "다양성이야말로 물질이 생명체들을 두고 말하는 보증이다. 어떤 구석이든 생각해보라, 그러면 생명이 그곳을 채울 것이며, 어떤 형태든 생각해보라, 그러면 생명이 그것을 답사할 것이며, 어떤 드라마든 생각해보라, 그러면 생명이 그것을 무대에 올릴 것이다." 온통 경이로움, 드라마, 그리고 혼잡스러움으로 가득 차 있다.

"나는 개인적으로 선인장이야말로 물질이 습득하기엔 도저히 있을법하지 않은 상태에 이른 것으로 여기지만, 그러나 큰 꿈을 꾸는 두 발 달린 외로운 동물(the lonely bipeds with the giant dreams)인 우리 인간들보다 더 낯선 자들은 세상에 없다고 여긴다"51)고 그녀는 말한다.

큰 꿈을 꾸는 두 발 달린 동물

그러나 이런 큰 꿈을 꾸는 두 발 달린 동물이 누군가? 비교해부학(발생학을 포함하여)으로나, 유전학, 화석들의 기록, 생물지리학, 혹은 고고인류학의 관점에서 보아서든, 당분간 대답은 이렇다. 우리는 우주적으로 심오한 공동체 속에 소속된 처소 안으로 태어난 생물사회학적 피조물들이다. 즉, 지구 자체가 낳은 생물사회적 피조물로서, 부식토(humus)에서 나온 유머(humor)와 겸손(humility)을 가질 만한 존재인 인간이다(저자는 여기 hu로 시작된 영어 희롱을 하고 있다—역자주). 그리고 인간은 생물사회적 피조물들로서

---

50) "Deep under the Sea, Boiling Founts of Life Itself," Science Times, *New York Times*, September 9, 2003, F1, F4.
51) Diane Ackerman, "Worlds within Worlds," *New York Times*, December 4, 1995, sec. 4.

그들의 존재는 무한히 큰 것(우주적 공간)과 무한히 작은 것들(아원자 입자들과 미세유기체들) 사이에 끼워졌고, 또한 무한히 느린 존재(수십억 년에 걸친 우주적 진화)이자 무한히 빠른 존재(원자들이 1초에도 수십억 회 충돌하고, 천 분의 일 초 동안에 진행하는 육신의 과정)로서 말이다.52)

이어지는 논의를 위해서 가장 중요한 것은 웨스 잭슨의 놀라운 결론인데, 즉 살아 있는 생태권(ecosphere)이야말로—지구 행성계 자연의 생물과 무생물의 세계를 아울러서— "이 세계 안에서 작동하는 유일하게 진정한 창조적인 힘이다."53) "책상 앞에 있는 과학자나 이젤(easel) 앞에 있는 미술가는 문명이라는 맥락 속에서만 창조적인데," 모든 문명은 오직 "생태권이라는 밑천(자본)"54)이 있기에 가능하며, 또한 그 생태권 안에서 문명이 갱신되고 있기에 문명도 가능한 것이다.

잭슨은 스탠 로우(Stan Rowe)의 통찰, 즉 유기체들이 "생명"을 소유한다기보다는 "생명"이 유기체들을 소유한다는 통찰에 의존한다. 우리는 우리보다 훨씬 더 많은 것에 소속되어 있으며, 우리는 그 덕분에 존재한다. 그는 "이런 가설에 의해서 '생명'의 비밀은 내부적으로 혹은 생리학적으로보다는 (혹은 그와 동시에) 외부적으로 또한 생태학적으로 찾아야 한다"55)고 말한다.

외부적으로 그리고 생태학적으로 본다는 것은 생태권이 **"시간적으로 더 크고**(우리가 여기에 있기도 전에 생태권이 있었다), **포합성**(inclusiveness)**에서** 더 크고(우리는 그 안에 끼워 넣어진 것이다), **보다 복잡하게** 조직되었고, 또한 **진화의 창조성**에서 더 우월하고(생태권이 생물종들을 발생시켰고, 이에 비해 우리는 고작 선택적인 배양을 통해서 생태권이 제공한 몇 가지 종류들을 변경시켰을 뿐이다), 그리고 보다 더 위대한 **다양성**(진화의 창조성의 산물)을 지녔음을 인정하는 것이다."56)

---

52) Hurbut "From Biology to Biography," 49.
53) Wes Jackson, *Consulting the Genius of the Place* (Berkeley, CA: Counterpoint Press, 2010), x.
54) Ibid.
55) Jackson이 인용, ibids, 64.

이리하여 잭슨과 로우는 우리의 생각에서 혁명적인 변화의 무대를 마련했다. 우리들 자신에 대하여, 세계 속에서 우리의 장소, 또한 어떻게 우리가 사는가에 대하여, 새로운 방식으로 생각하는 것이다. 그것은 인간 주체로부터 광범위하게 자연을 생각의 출발점과 척도로 삼는 변화일 것이다. 그렇다, 우리는 여전히 생생하게 상징적 의식(symbolic consciousness)을 지닌 피조물이다. 그러나 그런 의식의 내용은 현대 공학기술시대의 도덕과 견해와 선입관과는 똑같지 않을 것이다. 이것은 새로운 포도주를 담을 새로운 자루요 새로운 노래가 될 것이다.

의미를 지니도록 태어남

"새로운 세포들은 매일 새로 태어나고 낡은 세포들은 죽어가지만, 그것들에게는 생일축하도 장례식도 없다."57) 우리는 소속될 곳에 태어난다. 또한 우리는 의미를 지니도록 태어난다. 액커만이 말하는 "거대한 꿈들을 지닌 두 발 달린 동물들"은 의미를 만들고, 주의를 기울이는 일("장례식과 생일")에 끈덕지고, 또 정교한 인식작용을 지닌 어떤 종류의 의식과 마음을 소유하고 있다.

이런 마음은 큰 질문들을 한다. 그런 질문들이 어린이의 질문일 수도 있다. 즉, 나는 어디에서 왔는가? 아빠는 어디에서 왔는가? 이 세계는 어디에서 왔는가? 우리가 죽고 나면 어떤 일이 생길까? 우리는 어디로 가고 있나? 내 금붕어들도 거기에 함께 있을 것인가? 왜 할머니가 죽으니까 그녀의 목소리도 사라진 것인가? 왜 사람들은 병에 걸릴까? 왜 사람들은 착하고 또 버릇없지도 않은데 남을 해치는가? 모든 것은 죽을 것인가? 왜 사람들은 참된 것을 말하지 않는가? 왜 사람들은 뭔가 나쁜 것을 숨기려고 하는가? 모든 것은 말하자면 좀 불가사의하지 않은가? 왜 우리는 다른 곳이 아닌 이곳에 있는가? 우리는 할아버지나 할머니처럼 살아야 하는가, 아니면 우리

---

56) Ibid., 65.
57) Tich Nhat Hanh, *World We Have*, 43에서 재인용.

동네 거리에 살고 있는 사람들처럼 살아야 되는가? 모든 것이 정말 경이롭지 않은가?

이런 질문들이 오랜 세월동안 서서히 어른들의 수준으로 올라왔고, 그리고 철학자들, 시인들, 어버이들, 신학자들, 그리고 과학자들의 생애의 일들로 되어버렸다. 하느님은 존재하는가? 왜 인간들은 서로 미워하고, 기도하고, 노래를 부르는가? 왜 그들은 사랑도 하고 전쟁도 하고, 때로는 그것을 같은 날에 하기도 하는가? 내적인 공허, 참된 비극, 혹은 운명의 부침에 대한 해답이 있는가? 왜 의로운 사람이 고난을 당하고, 사악한 사람이 번영을 누리는가? 왜 나쁜 사람들에게 좋은 일들이 일어나고, 좋은 사람들에게 나쁜 일들이 일어나는가? 평화란 가능한 것인가? 정의란 무엇일까? 비꼬기, 어리석음, 그리고 희극이 마지막 말인가? 무엇이 사실이며, 또 우리는 그것을 어떻게 아는가? 우리의 감각이 우리들에게 실제 세계를 말하는가, 아니면 우리를 속이는가? 우리의 마음이 사건들을 만들어내는가? 무엇이 참으로 맞는 것인가? 우리는 진정한 행복을 얻을 수 있는가? 만일 그렇다면, 어떻게? 우리는 어떻게 좋은 결심을 하게 되는가? 어떤 형태의 정부, 사회, 경제가 가장 좋은가? 어떤 삶의 방식이 가장 좋은가? 이 세상은 어떻게 끝날 것인가? 우주는 무엇이 될 것인가? 그 우주가, 아니면 다른 그 무엇이 영원할 것인가? 무엇이 생명과 물질의 **궁극적인** 기원일까?

이런 것들은 모두 의미에 대한 질문이며, 심지어 우주적인 의미를 묻는 것이다. 명백히 이런 질문들에 대하여 어느 누구에게 지속적인 만족을 주는 대답을 얻거나 못 얻거나, 우리는 그런 질문을 하지 않을 수 없다. 기다리고 있는 위엄어린 신들의 현현 앞에서 만월(滿月)을 향하여 검은 팔들에 첫 아기를 안고 처음으로 높이 치켜든 이래, 모든 것들에 인간적인 흔적을 남겨 가차 없이 의미를 추구해왔다. 그것은 단지 우리들에게만은 아니다. 우리는 멸종된 영장류 속에서도 어렴풋한 흔적을 발견한다. 매우 오랜 세월동안, 기록된 문서가 있기 훨씬 전에도, 신학자들과 시골 학교 건물이 생겨나기 훨씬 전에도, 이런 저런 인간들이 의미를 만들어 왔다.

달리 말하자면, 영장류들은 살아가면서 이야기를—혹은 많은 대답을 갖고 있는 몇 가지 이야기들을—필요로 하는 것 같다. 우리는 의미를 찾도록 태어났고, 그래서 경이로움을 느끼지 않을 수가 없다. 혹은 우리는 설명하고 가르치지 않을 수 없다. 우리는 심지어 심층의 무의식적 충동들과 순간적 판단에 근거를 둔 행동들도 설명할 것을 요구한다. 우리는 이성적인 동물들이라서, 심지어는 불합리한 것들에 대해서도 그럴싸한 설명을 요구한다.

질문들과 대답들이 쓸데없거나 하찮은 것은 아니다. 종교들과 도덕들이 그것들에서 나왔고, 삶의 전반적인 방식들이 그것들에 달렸다. 시간을 초월하는 고전적인 성취들은 그것들을 구체화한 것들이다. 수많은 고통들을 당한 것도 역시 그것들을 구체화한다.

삶의 방식과 이야기들이 더 이상 흥미를 돋우는 힘을 지니지 못하고, 그래서 그들의 의미가 더 이상 확신을 주지 못하면, 많은 질문들과 대답들이 사라져가는 것도 맞다. 그러나 질문을 하고 대답을 하는 것은 결코 사라지지 않는다. 삶의 어떤 질문들과 일시적인 대답들을 떠나서 인간의 문화라는 것이 결국 무엇이 될 것인가? 더 이상은 이야기꾼들이나, 음악가들, 예술가들, 건축가들, 혹은 작가들도 없어질 것이고, 의식도, 통과의례도, 조상 전래의 보물들도, 유산도, 혹은 기념비들도 없을 것이고, 가르칠 훈육도 매우 적고, 기억될 것들도 별로 없고, 그리고 뭐 언급할 것도 없어질 것이다.

그러나 우리가 진술을 시작했던 것은, 우리의 삶의 방식과 이야기들은 어떤 종류의 의식, 어떤 종류의 마음, 경이로운 예술을 함양하고 의미를 만들고 그 의미에 주의를 기울이기를 요구하는 것이었다. 이런 상당히 독특한 특징을 기술하는 한 가지 방법은 이렇다. 즉, 우리는 "상징을 만드는" 피조물, 자기성찰적인 상징적 의식(symbolic consciousness)의 피조물이다.

그 증거는 매우 일찍, 호모 사피엔스의 여명기에 혹은 심지어 그보다도 더 먼저 있었다. 남아프리카 피나클 포인트(Pinnacle Point)에 있는 동굴에는 16만 4천 년 전의 조개껍질들과 연장들 가운데 붉은 황토가 남아 있다. 그 붉은 황토는 아마도 몸에 색칠을 하거나 고대 문화 유물을 색칠하기 위한 것이었을 것이다. 매우 오래된 인간들에 대해 알려진 다른 것들에 이것을 덧붙여, 고고인류학자 커티스 마레안(Curtis Marean)과 그의 탐사팀은 결론

을 내리기를, 이 시기에 벌써 인간들은 "상징들로 풍부하게 장식된 세계 속에서 살았다"고 한다.58)

상징들은 우리로 하여금 상상적으로 "주의 깊은" 연상들을 하도록 만드는 이미지들, 표상들, 의사표시 형식들이다. 누가 처음으로 돌을 주의 깊게 관찰하고 도끼를 보았을까? 혹은 돌을 세심히 관찰하고, 포도넝쿨, 꺾어진 나뭇가지, 망치, 혹은 사냥 도구를 보았을까? 누가 물물교환을 위한 조개껍질을 보고서, 어떤 다른 것들 그리고 관계되지 않은 대상들 얼마에 대하여 조개껍질 몇 개를 말하는 숫자 헤아리기를―상징으로서의 숫자―개발해내었을까? 누가 나무 하나를 보고서 모든 생물체들의 가지치기가 커다란 참나무처럼 가지가 합쳐지는 것을 상상해냈으며, 혹은 그녀/그의 조상들, 형제자매들, 자녀들로 된 가족 "나무"를 상상해냈을까? 누가 산을 바라보고서 신(神)들에게로 올라가는 길 혹은 조상들이 처음으로 이 세계 속에 나타났던 장소를 보았을까? 누가 나일 강이나 아마존 강 혹은 콩고 강이나 미시시피 강가에 서서, 그 거대한 강의 신비, 힘, 생명에 대한 반응으로, 단지 노래를 부르거나, 시(詩)를 짓거나, 이야기를 하거나, 사당이나 신전들을 짓기 시작했을까? 그리고 공기 속의 소리를 내어 행동들, 감정들, 관계들, 교훈들을 대신 표현하는 광대한 상징체계인 언어를 누가 발명하였을까? 누가 소리를 가지고 성례전을 하는, 즉 노래로 성례전을 만들었을까?

어원이 말해준다. 상징(symbol)에서 '신'(*syn*)은 "함께"(together)를 뜻하고, '볼레'(*bole*)는 "던지다"(throw)를 뜻한다. 상징(symbol)은 어떤 대상이나 행동 그리고 그를 위한 어떤 이미지를 "함께 던져서" 그 상징이 속기(速記)로 전달하는 의미를 만들어낸다. 상징은 철저히 실용적이다―정지신호를 위한 빨간 8각형, 병원을 뜻하는 푸른 방패에 하얀 H자, 6이니 12니 하는 것으로 사과 몇 개를 사야할지 등등 매우 실용적이다. 혹은 상징은 무엇을 환기시킨다―결혼반지, 가족 유품, 귀중한 사진, 기억되는 석양 낙조, 전쟁 기념품 등을 환기시킨다. 혹은 상징은 무시무시하다―swastika(독일 나치 기장), 목

---

58) "Key Human Traits Tied to Shellfish Remains," *New York Times*, October 18, 2007, A6.

매다는 올가미, 사형(私刑)을 가하는 나무 등이 그렇다. 상징은 권위를 표시한다. 왕관, 헌법, 의사봉 등이 그렇다. 상징은 초청과 허락을 뜻한다. 열린 문, 환영 발판, 악수가 그렇다. 상징은 심지어 한 민족의 전체 이야기와 여러 세기를 두고 겪은 순례의 길을 뜻한다. 메노라(menorah: 유태인들의 7개 가지 [혹은 9개 가지]로 된 촛대-역자주), 회교사원의 첨탑, 부처의 조각상, 십자가, 세례용 성수반, 불꽃, 새털 깃 등이 그렇다. 이런 목록은 인간의 상상의 끝없는 꼬리만큼 길고도 살아있는 것이다. 그러나 그 목적은 항상 똑같다. 즉, "사물들을 함께 던져서"—이미지들과 표상들, 의사표시 형식들과 행동들 혹은 대상들을 던져서—의미를 만들고, 전달하고, 표시하고, 유지하거나 혹은 변경하는 것이다.

이 모든 것이 우리들에겐 너무나 "자연스러워서" 우리는 그 의미를 얕본다. 상징을 하는 피조물들은 그 대상들로부터 이미지들을 효과적으로 분리시킨 다음에 그 이미지들을 서로 연관시켜서, 주의 깊은 상상을 거쳐서 의미의 세계를 창조한다. 우리는 실제적 물질세계로부터 한 걸음 혹은 그 이상 떨어진 가상의 세계(virtual world)를 창조할 수 있다(또 실제로 창조한다). 이처럼 자극을 주는 것은 황홀한 매력을 위한 미끼요, 그 이야기의 목표는 기분 좋고 유쾌한 재미만을 위한 것이다. "반지의 제왕"(*Lord of the Rings*), "아라비안 나이트"(*The Arabian Nights*), "나니아 연대기"(*The Chronicles of Narnia*), 해리 포터(Harry Potter)의 모험들, "아바타"(*Avatar*), "스타트랙"(*Star Trek*) 같은 것들을 즐기지 않은 사람이 누가 있겠는가?

사물을 함께 던지는 상징화는 더욱 진지한 스토리텔링의 형태를 띨 수도 있다. 인간의 기원이나 최후에 대한 이야기들, 나라와 민족의 발생, 영웅적 서사시, 그리고 결정적 역사 등은 거의 항상 상징들을 통해 전달하고 있다. 즉, 언덕 위에 세운 도시, 한 민족과 그들의 약속의 땅, 투쟁하는 왕들에게 특혜를 베푸는 전쟁 신들, 델라웨어 강을 건너는 조지 워싱턴이 상징하는 국가 건설의 혁명과 같은 진진한 스토리텔링 등이 그렇다.

상징들은 심각한 음모나 계략을 위해서도 사용될 수도 있다. 즉 우리가 추구하고 성취하고자 하는 것에 대한 일종의 예행연습을 하도록 상징적 의식(symbolic consciousness)을 갖게 하는 것이다. 우리는 예측한 행동들과 제휴관계들이 가져올 가능한 그리고 있음직한 결과들을 시험할 수 있다. 우리는 미묘한 차이의 표현과 소통의 목적을 위한 의미들을 겹겹이 쌓을 수도 있다. 우리는 다른 시대와 장소들에 들어가 살고, 다른 사람들의 입장이 되어보고, 그리고 어느 정도는 적어도, 그들의 눈을 통해 그들의 세계를 여행할 수도 있다. 우리는 우리의 과거를 회상하고 미래를 계획할 수 있다. 우리는 세계들을 상상으로 떠올리고, 이상들을 만들어내고, 목표를 세우고, 좋든 싫든 그것들을 성취시킬 방법들을 계획할 수 있다.

상징적 의식은 또한 우리로 하여금 확실하고 직접적인 경험이 없이도 지속되는 교훈들을 배우게 한다. 늑대가 나왔다고 거짓 경고를 한 소년에 대한 소설 내용을 듣고, 그 소년에게 무엇이 일어났는지를 기억한 어린이는 그런 교훈 따위는 잊어버리려고 할지도 모른다. 그녀/그는 어떤 일이 생겨날지 알아보자고 늑대가 나왔다는 거짓말을 할 필요가 없다.

그러나 상징을 만드는 정신은 또한 위험한 정신이기도 하다. 상징들은 처음에 그 상징들이 표현했던 실재들로부터 분리되어서, 새로운 의미를 부여할 수도 있다. 그러면 그런 상징들은 그들 자체의 생명을 지니고, 절반 상상이 된 세계는 그 실재와 접촉을 상실한다. 지도가 영토를 대신하고, 진짜인 것과 문제가 되는 것에 대한 그림 속에서 우리는 살아가게 된다.

그러면 우리는 지도에 근거해서 자연을 만들어내고 또한 원래의 것보다 자연에 대한 인간의 해석을 더 좋아하게 된다. 마틴 노와크(Martin Nowak)의 『최고 협력자: 이타주의, 진화, 그리고 우리는 왜 성공하기 위해 서로를 필요로 하는가』(*Supercooperator: Altruism, Evolution, and Why We Need Each Other to Succeed*)란 책에는 작곡가 구스타브 말러(Gustav Mahler)와 지휘자 브루노 발터(Bruno Walter) 사이에 주고받은 말들이 포함되어 있다. 그는 말하기를, 말러의 제3 교향곡은 "자연 그 전체가 울리고 다시 울려 퍼지게 하도록 노력했다... 나 자신의 방식으로, 나는 자연을 도와서 자연의 목소리를 내도록 했다고 생각하고 싶다"고 한다. 그는 그처럼 위대한 작품을 만들었다. 1896년에 말러는 발터를 초대하여 그 악보를 보여주었다. 그들이 산에 걸어 들어가면서, 발터는 말러에게 산들의 웅대한 광경을 보라고 권고했더니, 그에 대해 말러는 이렇게 대꾸했다. "그 꼭대기에 올라가서 바라볼 것 없어. 내가 이미 어쨌든 내 교향곡 속에 모두 작곡해 버렸으니까."59)

말러의 경우에는 좋은 결과가 뒤따랐고, 또 하나의 위대한 작곡이 고등문화의 목록에 추가되었다. 그러나 때로는 잘못된 행동이 뒤따라서, 인간의 지도(地圖)들에 근거해서 자연이 새로 만들어지고, 그리고 지도 제작자들은 본래의 환경보다 만들어진 환경의 결과를 선호하게 된다.

많은 지도들이 현대의 정신에 의해 제작되어 자연 세계를 해석하고 그 주체성과 의미를 박탈해서 자연은 이제 더 이상 거룩한 것이 스며들어 있지 않고 우리는 그런 자연을 향해서 더 이상 공동의 느낌들을 지니지 않는다. **관계의 관점**(relational view)에서 보면, 자연은 효과적으로 죽어버렸다. 현대 정신은 자연에 대하여 오직 쓸모가 있나 없나 하는 도구적 연결을 상상할 뿐이고, 그에 따라서 우리는 그렇게 행동한다.

그래서 우리는 상징을 만들고, 상징을 이용하고, 상징을 남용하는 동물들이다. 우리가 생각하는 것을 생각하고 우리가 말하는 것을 말하는 상징들을 나열하지 않고 지나가는 날은 단 하루도 없다. 그렇다, 우리는 또한 기계적인 흉내 내기에 의해서 배운다. 그러나 다른 사람들의 경험과 삶들이, 그 가운데 상당 부분이 언어인 상징체계 안에 기호로 들어 있기에, 오랜 시간에 걸쳐서 그것들에 의존하면서 우리는 그보다 훨씬 더 나간다.

다른 동물들도 우리 인간과 마찬가지로 상징을 이용하는 피조물일지도 모른다. 예를 들어, 침팬지는 나뭇가지를 부러뜨려서, 그 껍질을 벗긴 뒤에 구멍을 파는 도구로 사용하며, 고릴라들도 신호 언어를 배우고 또한 그것을 어린 것들에게 가르친다. 고래와 새들도 소통하기 위해서, 유별난 소리를

---

59) From the review, "A Little Help From Your Friends," by Oren Harman of Martin A. Nowak with Roger Highfield, *Supercooperators: Altruism, Evolution, and Why We Need Each Other to Succeed* (New York: Free Press, 2011) in *New York Times* Book Review, April 20, 2011, 18. Harman does not give a page number and simply says "near the end of the book" for the story about Mahler and Walter.

내는 노래를 이용한다. 아마 수달들도 돌을 들어서 조개와 같은 연체동물의 껍질을 깨뜨려 먹이를 삼으니, 그런 정신을 갖고 있는 것 같다. 그러나 이런 동물들을 포함해서, 대부분의 동물들은 환경에 즉각적으로 대응하면서 살아가는데, 그런 즉각적 대응은 다른 세계를 만들어 내거나 구상하기 위해서, 혹은 과거를 달리 상상하거나 변화된 미래를 달리 상상하기 위해서, 그 환경과 자신을 분리하는 능력을 내보이지 않는다. 좋든 싫든, 인간 이외의 다른 피조물들의 정신과 상상력들은 그다지 발랄하고 광범위하지 않은 것 같으며, 열매를 맺는 것 같지도 않다. 그런 피조물들은 그 진실이 너무나 크고, 너무 중요하며, 너무 신비해서 단순한 사실이나 즉각적인 세계의 긴급사태들에 포함될 수 없는 진실을 다루지는 않는다.60)

물론 다른 동물들도 열정적으로 산다. 그러나 그들이 열정적으로 꿈을 꾸는가? 그 동물들은 기발한 방식으로 그 환경에 반응하는데, 어떤 것들은 우리 인간들보다 훨씬 더 예민한 감각을 가지고 반응한다. 그러나 그들은 환경을 온통 다른 것으로 그려보지 않으며, 유토피아적인 생각, 즉 새로운 화합(New Harmony), 새 예루살렘(New Jerusalem), 천년왕국(Thousand Year Reich)과 같은 유토피아적인 생각을 하지 않는다. 인간 이외의 다른 동물들은 "거대한 꿈을 지닌 외로운 두발 달린 동물들"이 아니다(Ackerman). 기발하게 상징을 만드는 피조물들로서 결국 "가능성의 피조물들"이 아니다.61) 예를 들어, 영성(靈性)의 추구는 다른 동물들의 레퍼토리의 일부로 보이지는 않는다. 신전(神殿)에 다니는 동물들은 거의 없다. 혹은 그 동물들이 인격을 알아보기 위해서 점성술을 사용하지도 않는다.

우리의 친척들 가운데서 우리를 진짜로 그들과 구별되게 하는 것은 우리의 몸 때문이 아니다. 그것은 우리가 이 세계에 대한 경험을 전달하며 이를 시간과 공간을 넘어서 다른 사람들과 더불어 나누는 상징적 소통의 광범위한 연결망을 사용하는 능력 때문이다. 내성(self-reflection)과 상징을 의식하

---

60) Robin R. Meyers, *Saving Jesus from the Church* (San Francisco: HarperOne, 2009), 102. 신화에 대한 토론으로부터.
61) 무엇이 상징을 만드는가의 단락은 William Hurlbut, "From Biology to Biography," 50-53을 참조했음.

는 것은, 인간이 아닌 다른 친족들과 비교해보았을 때, 우리를 위한 자유와 일정한 초월을 의미한다.

우리는 이런 것들을 외로운 개인들로서 하는 것이 아니다. 우리는 항상 의미를 함께 창출한다. 우리는 함께 상징화를 한다. 우리는, 마치 우리 주변과 우리 안에서 광범위한 자연의 세계에 꼭지를 대고 있듯이, 유명한 사람들 그리고 잊혀진 사람들이 남겨놓은 것들과, 우리의 다른 세대들과 문명들이 산출한 것들이 우리에게 전수된 것을 사용한다. 상징화를 하는 정신능력은 생물사회적(biosocial)이고 생물공동체적(biocommunal)인 정신이라서, 그런 상징들이 격리된 개인들에 의해서 아무것도 없는 데서 창조되지 않은 것은, No.2 노란색 연필이 그렇게 창조되지 않은 것이나 마찬가지다. 상징들은 인간이 함께 이해하고 함께 서로 알리는 방식으로 함께 던져지기 전까지는 상징들이 아닌 것이다. 상징들은 공유되지 않으면 의미를 전달하지 못한다. 심지어 가령 아인슈타인의 유명한 방정식들 같은, 고도로 창조적인 상징들도, 아인슈타인이 소속되어 있었던 지식 공동체 속에서 이미 공유된 것들을 떠난 별개로서는 뜻을 알 수 없는 것일 뿐이다.

여기서 반드시 주의할 것이 있다. 우리들의 정신이 자유롭게 또한 창조적으로 뻗쳐가지만, 우리들의 의식이란 태생적으로 유한하며 선택적인 것이다. 상징은 그 본성상 단지 우리에게 익숙한 실재의 일부만 포획하고 여과한다. 어떤 상징들도 전체를 나타낼 수 없으며, 심지어 그것들이 나타내는 부분에 대해서도 진리의 전모를 말해줄 수는 없다. 사실상, 상징들의 능력은 정확성과 통찰력과 강조를 위해서 다른 모든 것들을 옆에 밀쳐두고, 오직 필요한 초점을 맞추고 제한하는 능력이다. 초승달(무슬림의 상징—역자주), 십자가, 메노라(menorah)가 그러하듯이, 하나의 연꽃도 심오한 메시지를 지닐 수 있다. 이들 각각은 삶을 형성하는 의미를 담는 그릇이다. 그러나 어느 하나가 다른 것을 대체할 수는 없다. 연꽃이 메노라를 대체할 수 없고, 십자가가 초승달을 대체할 수 없으며, 그것들은 신봉자의 가슴 속에서 동일한 감정의 영역을 차지할 수 없다. 각각은 각각의 의미 분담 영역을 지닌다.

상징들이 본래 지닌 제한성은 또 다른 함의를 갖고 있다. 각각의 언어와 문화를 대체할 수 있는 보편적 언어와 문화가 없듯이, 어떤 하나의 상징이나 상징 세트에는 진정한 보편성이 없을 뿐 아니라, 본질적으로 유한한 상징들이 또한 우리의 인식을 형성하고 우리의 견해를 왜곡할 수도 있다. 우리는 보통의 편견(선입견)을 지닌 피조물들이라서, 우리가 세계를 읽고 그에 대하여 추론(판단)을 하는 방식에는 항상 이념적인 오점(폐해)으로 얼룩질 수 있다. 우리의 관점이란 그저 하나의 **관점**일 뿐이다. 우리는 지평선을 분명히 본다. 그러나 그 지평선이 그곳에 있는 전부는 아니다. 뭔가가 지평선 너머에 있고, 뭔가 우리가 보지 못하는, 그리고 여기에 서 있는 우리로서는 이해할 수 없는 그 무엇이 있다. 우리는 움직여서 또 다른 지평선을 볼 수 있다. 그러나 상징적 의식은 모든 장소에 동시에 설 수가 없고, 혹은 심지어 한 장소에 서 있어도, 거기에 있는 모든 실재를 어떤 포괄적이고 여과되지 않은 모습으로 받아들일 수가 없다. 상징들은 유한하며, 상징적 의식은 제한적이고 상황에 의거한다. 편견(선입견)과 편파적이고 왜곡된 관점이 우리 나름의 정신과 함께 나타난다.

달리 말하면, "우리가 보는 방식"은 "우리가 존재하는 방식"과 함께 맺어져 있다.62) 만일 우리의 존재방식이 변경되면, 만일 환경이 바뀌고 우리의 삶이 바뀌면, 우리 나름의 보는 방식도 마찬가지로 바뀔 것이다. 우리는 역사적인 피조물들이라서 우리의 삶의 세계들과 기관들이 우리의 정신적인 지도(地圖)를 형성한다. 상징적 의식이 항상 우리의 인식을 구성하고 그것을 제한하지만, 그것은 변경 가능하다. 그것이 항상 의미 있는 전체들을 인식하기 위해 노력하지만, 그런 인식들은 편파적이고, 본질적으로 편견(선입관)을 지녔으며, 임시적이다. 그럼에도 불구하고, 우리는 절대적 범주들을 찾으려고 애쓰며, 우리의 인식과 판단을 거룩한 전형(canon)으로 인정하기를 좋아한다.63) 자동차 뒤에 붙은 다음과 같은 범퍼 문구가 건전하다. "당신이 생각하는 모든 것을 그대로 믿지 말라!"(Don't Believe Everything You Think!)

---

62) Robert Pogue Harrison, *Gardens: An Essay on the Human Condition* (Chicago: University of Chicago Press, 2008), 115-16.
63) Meyers, *Saving Jesus from the Church*, 105.

종교에 대해서는 특별히 언급할 필요가 있다. 앞에서 우리는 삶의 큰 질문들과 상징화하는 정신이 종교와 도덕을 만들어낸다고 말했다. 지금 이 시점에서 우리가 결론을 내고 싶은 것은 모든 종교와 도덕 역시 의미 있는 전체들과 진리를 얻고자 노력하지만, 그래도 편파적이고, 본질적으로 편견(선입견)을 지녔으며, 임시적이고, 변경 가능하다는 점이다.

종교를 믿도록 태어남

제임스 밀러는 그의 글 "종교와 생태학을 연결하기"에서 태국의 불교 승려 파르크루 피탁(Pharkru Pitak)의 이야기로 시작하는데, 그 승려는 1990년에 나무들에게 "성직을 임명"(ordaining)하는 아이디어를 냈다. 그와 그의 이웃들은 산림벌채로 인해 토양이 못쓰게 되고 그 땅이 가난하게 되어, 그 대신 생계를 구하기 위해 활동능력이 있는 자들을 도시로 내보냄으로써 가족들을 분산시키는 사태에 절망했다. 피탁은 거대한 오래된 나무들—목재 회사들이 가장 좋아하는 나무들—을 노란 샤프란 천들로 둘러싸서, 그 나무들에게 불교 승려들의 신분을 부여하는 의식을 집행하였다. 그는 또 그 나무들 위에 팻말을 내걸었다: "산림을 파괴하는 것은 생명을 파괴하는 일이다." 지역 마을의 권위자인 수아이 시솜(Suay Sisom)은 설명하기를, 성직임명을 받은 나무를 자르는 것은 불교 승려를 죽이는 것과 마찬가지의 악업(惡業)을 짓는 일이라고 했다. 업(業, karma)을 도덕적 질서의 하나로 이해하는 그들의 문화의 심오한 상징을 포함하는 그런 선택의 기로에서, 사람들은 그들 자신이 나무를 자르지 않고 또 남들이 나무를 자르는 것도 허락하지 않는 것을 선택했다.64) 노란색 샤프론 옷이 전달하는 거룩한 가치가 시장에서 목재의 화폐가치를 이겨버린 것이다.65) 그런 선택은 쉽지 않았지만—이미 부족한 일자리가 관건이었기에—그들은 거룩한 가치를 선택했다.

---

64) Harrison, *Gardens*, 115-16.
65) James Miller, "Connecting Religion and Ecology," 1-2. 미출판 논문, 저자의 허락을 받고 사용함.

나는 종교와 상징의 결합에 대해 더 많은 예들을 들 수도 있지만, 여기서 우선 하나 더 들어보자. "지구는 하느님의 목둘레에 매달려 있는 성상이다" (Earth is the icon that hangs around God's neck.)라고 알라스카 주 코디악에 사는 성상 연구가 다니엘 오간(Daniel Ogan)은 말한다. 그는 땅, 바다, 하늘의 창조가 풍성한 "알라스카 정교회(Orthodox Alaska)"66)의 우주론을 설명하고 있는데, 그곳 정교회들의 성직자나 평신도들 대부분이 알라스카 원주민이거나 크레올(Creole: 원주민과 러시아인들의 혼혈족)들이다. 성 헤르만 교회(St. Herman's Chapel)와 코디악의 신학교에서, 성찬식용 빵과 포도주를 든 성직자가 통과하는 "특별 출입문"(Royal Door)에는 전통적인 정교회 성자들의 성상들뿐만 아니라 원주민 종족들의 네 가지 토템(totem)들—수달, 연어, 장미, 까마귀—을 세워놓고 있다. 연어는 그 껍질에 별들과 행성들의 무늬를 지니고 있다. 연어가 우주 속에 거주하고 우주가 연어 속에 거주한다. 여기에 "성상" 연어에 대한 사람들의 존경과 연어의 영혼과 그들의 일치감을 덧붙이면, 이제 너무도 풍부한 의미를 지닌 상징을 갖게 되어, 그 상징은 기도와 신앙적 숭배를 불러일으킨다.

또 다른 예를 들어보자. 1990년 7월의 어느 오후, 학교 어린이들이 수업을 끝내고 돌아간 지 한 시간쯤 지나서, 리히터 지진계(Richter scale) 강도 7+의 지진이 필리핀의 소나무들이 많은 도시 바기오를 강타했다. 대량파괴는 엄청났고, 사망자수도 급증했다. 첫 지진이 강타한 후 40분 뒤에 강력한 2차 지진이 닥쳐왔기에 더욱 그러했다. 지진으로 인한 파괴를 살펴보고 계속 쏟아지는 폭우를 피하기 위해서 이미 약해진 집들로 사람들이 이젠 돌아가도 좋다고 여길 만한 시간이 경과했기에 더욱 피해가 컸다.

매리놀 수녀회(Maryknoll Sisters)의 62년 된 수녀원도 폐허가 된 곳 가운데 하나였다. 비상대책을 강구한 뒤에 나온 질문은 곧장 "이제 무엇을 할까?"였다. 어찌되었든 그들이 예전에 했던 활동—주로 초등교육과 시골의 가난한 사람들 및 주변 산악지대의 부족공동체들과 함께 일한 권리옹호 등

---

66) 이것은 Micael Oleksa의 책 제목이다. *Orthodox Alaska: A Theology of Mission* (Crestwood, NJ: St. Vladimir's Seminary Press, 1992).

―을 다시 세워나가야 하나? 아니면 다른 사목을 찾아야 하나?

그 이후 7년 동안, 그 대답이 모습을 드러냈다. "창조 보전 센터"(Center for the Integrity of Creation), "우주 여정의 14 처소"(Fourteen Stations of the Cosmic Journey), "환경 극장"(Environmental Theater), "생명 쉼터"(Bio-Shelter)를 거느린 "매리놀 생태성소"(Maryknoll Ecological Sanctuary)다. 이 "생태성소"는 주변에 남아 있는 늙은 소나무들을 보호하고, 빗물과 재처리를 한 물들의 물길을 전환하여 늪지대들을 복원한다. "창조 보전 센터"는 일자리, 주택문제, 가난 구제 등에 초점을 둔 많은 회의를 주관한다. 옥외의 "환경 극장"은 농아학교의 학생들에 의한 춤과 기도로 대부분의 회의가 시작되는 곳이다. "우주 여정 처소"는, 성역을 이룬 산들을 통과하는 길들로 연결되어, 우주의 빅뱅(대폭발)으로부터 현재에 이르기까지 우주의 진화를 표현한다. 그리고 "생명 쉼터"는, 지진 때문에 쓰러진 나무들과 폐허에서 재처리한 것들을 사용해서 건축되었는데, 수녀들의 숙소다. 그것은 단순하고 잘 다듬어진 그리고 첨단기술로 지은 "녹색" 건축물인데, 성역의 태양 볕과 소나무 냄새를 느낄 수 있도록 통풍이 잘 된다.

이 모든 것들이 로마카톨릭교회의 성례전 전통들 속에 이루어졌으니, 그 과정이 최근 수십 년간 토마스 베리 신부와 브라이언 스윔 같은 사상가들의 영향을 받은 것이었다.67) 베리 신부가 우리 시대의 **"위대한 과업"**(the Great Work)이라고 부른 것, 즉 "지구의 인간적 황폐화" 시대로부터 "인간들이 서로 도움을 주는 방식으로 지구 행성에 출현했던" 시대로 돌아가는 것을,68) 수녀들과 그들의 생태성소가 전례 의식과 실천으로 구체화한 것이다.

한 가지 더 예를 들자. 짐바브웨의 마스빙고(Masvingo) 지역, 무헤케(Mucheke) 마을의 시온주의자(Zionist) 회중의 주일 오후예배는 활기에 넘쳤다. 강력하고 농담이 없는 색깔들, 북소리와 깡통들이 쨍그렁거리는 요란한 소리에 맞추어 예복을 입은 사람들이 빙글빙글 돌아가고, 행사 설명의 시간,

---

67) 예컨대 Swimme and Berry, *Universe Story*를 보라.
68) Thomas Berry, *The Great Work: Our Way into the Future* (New York: Bell Tower, 1999), 3.

성경 봉독자와 또 이를 구절구절 해설하는 자, 더 많은 노래와 춤과 더 밝은 햇빛이 천막을 하얗게 비추고, 한창 찬양이 진행되고, 마린다(Marinda) 감독이 등 뒤에 "지구를 지키는 교회들의 아프리카 연합"(African Association of Earthkeeping Churches)이란 로고를 새긴 녹색 예복을 입은 모세(Moses) 감독을 환영한다. 한 아프리카 농부가 무릎을 꿇고 나무를 하나 심는다. 그 나무 아래에는 골로새서 1:17, "그리스도 안에서 모든 것이 함께 존재한다"라는 말씀이 있다.

"모세 감독"(Bishop Moses)은 부여된 직위 명칭이다. 그것은 땅을 치유하는 민초 운동을 통하여 쇼나(Shona) 사람들을 빈곤과 궁핍에서 일으켜 세운, 이누스 다니엘(Inus Daneel)의 특별한 지도력을 인정(그리고 상징)하는 것이다. 생계 농민들과 땅 사이의 유대는 매우 강하다. 로데지아로부터 독립을 위해 투쟁하는 투사들은 스스로를 "흙의 아들들"(Sons of the Soil)이라고 부른다. 이런 유대감은 생명의 공동체 전체의 우주론 속에서 기독교인들의 목소리를 종교적 전례(典禮)로 만들었다. 그래서 나무를 심는 것이 성례전의 맥락에서 이루어진다. 씨를 봉헌하는 것도 마찬가지다. 수확의 첫 열매들은 장막절 축제 속에 거두어들이는데, 이것 자체는 히브리 성서에서 빌려온 것이다. 냇가에서 나무를 자르는 것은 허락되지 않는데, 이는 성경에 공통적인 생명의 생수, 세례, 그리고 조상들의 거룩한 숲들을 인정해서 그런 것이다. 젊은 이들은 지역의 원예농업과 땅 보전을 그들의 청지기 훈련으로 배운다. 이들 화강암 언덕의 땅이 포괄적인 보호의 종교적 초점이 되었기에, 사람들은 함께하는 작업에 이름—"지구를 지키는 교회들의 아프리카 연합"(AAEC)과 표어(slogan)가 필요했다: "잃어버린 땅을 되찾고, 지구에 다시 옷을 입히기"(Regaining the Lost Lands, Reclothing the Earth).[69]

이런 실례들—성직 임명된 나무, 알라스카 정교회의 성상들, 생태성소 안에 있는 우주 이야기의 매리놀 처소들, AAEC 등—은 사람들이 상징과

---

[69] 더 많은 설명은 Larry Rasmussen, "Bishop Moses and the Trees," in *Frontiers of African Christianity: Essay in Honor of Inus Daneed*, ed. Greg Cuthbertson, Hennie Pretorius and Dana Robert (Pretoria: University of South Africa Press, 2003), 69-74을 참조하라.

영혼의 영역 안에서 활동하고 있음을 보여준다.70) 그것들은 밀러(Miller)가 말하는 종교의 과업들을 행한다. 상징들과 상징적 의식의 작용을 통해서, 종교는 이 세계 속에서 인간의 경험들을 해석해서 그것에 의미를 부여하고 동기, 에너지, 방향을 제공하고자 한다. 이런 과업 대부분은 엄청난 규모로 의미를 제작하는 것이라, "우리 마음의 비종교적인 내용들을 이치가 닿는 전체로 되도록 재배치하는 일이다."71) 이는 그 범위에서 우주적이고(기원, 운명, 목표 등에 관한 질문들), 그 가치에서 거룩하며(도덕과 궁극적인 입장 등에 관한 질문들), 그 추진 경향에서 통합적인(일관성 있는 전체, 추가되는 이야기들) 의미를 지닌 종교적인 것이다.

자연에 대한 인간의 경험이 그 과정에서 모아진다. 지속적이고, 범문화적인 상징들은 종종 자연에서 직접 얻어진다. 거룩한 산들, 수정처럼 맑은 물의 강들, 생명의 나무, 신들이 거처하는 동굴, 인생의 사막들, 그 속에서 우리를 새겨낸 바위, 생수의 샘물, 어머니 지구, 아버지 하늘과 같은 상징들이 그렇다.

예를 들어, 유태인들의 "경외하는 날들"(the Days of Awe)인 축제일들(High Holy Days)이 시작되는 개혁 전통 속에서 신년 축제(Rosh Hashanah) 저녁예배를 주목해보자. "우리는 당신을 잊지 않을 것입니다"라는 기도문 속에서, 다소간 성급한 백성들이 산자락 아래에 모여서 했던 고대의 새로운 시작을 수천 년 뒤의 사람들이 다시 회상한다.

> 우리 백성들의 하느님, 우리의 기도를 들으소서:
> 말씀드리고 있는 우리는 유태인들입니다.
> 기억하소서,
> 옛날 사막의 공기 속에서 불을 붙였던 그 가시덤불,
> 오래 전, 호렙 산 외로운 모래 더미에서,

---

70) See the work of Charles Taylor s reported in "Canadian Is Awarded Spirituality Prize," *New York Times,* March 15, 2007, A10.
71) David Sloan Wilson, as reported in "The Origin of Religions, From a Distinctly Darwinian View," *New York Times,* December 24, 2002, F2.

당신께서 붙이신 불이 그 이후 여러 세기 동안 밝게 불타게 하셨도다.
그리고 우리들에게 말씀하신 당신의 무한한, 완전한 이름,
"나는 내가 되고자 하는 바로 나다"
그 불길은 영원한 지금도 타고 있고,
그것은 밤을 배경으로, 우리의 제단을 지금도 비추고 있나이다.
그리고 여전히 사막들이 있고, 우리는 유태인들입니다.
우리는 잊지 않습니다.
기억하소서,
당신께서 돌과 천둥 속에 하신 말씀들,
산은 연기를 뿜었고
불안해진 군중들은 멀찍이 서서,
그들이 거절할 수 없는 말씀들을 처음으로 들었고,
그들을 역사 속에 던지신 하느님과
그들에게 부과된 책임을 두려워하면서 들었습니다.
그리고 여전히 산들은 있고, 우리는 유태인들입니다.
우리는 잊을 수 없습니다.
그래서 우리는 여기에 옵니다.
그러나 뭔가 훨씬 더 깊은 것이, 우리를 강요하고 있습니다:
하느님에 의해 감동된 백성들인 우리,
우리는 그 옛날 사막의 꿈을,
당신에 대해 말하고 있는 은혜이기도 한 그 꿈을 지니고 있습니다.
우리는 그 오랜 정체성에 당신과 함께 결속되어 있습니다.
그곳에서 일어났던 번개를 기억하면서,
마치 우리들 속에 있는 당신의 두려운 뜻,
마치 뭔가 그 산의 천둥인 듯, 아직도 기억합니다.
우리를 사랑해주소서, 우리가 당신에게 바라는 것만큼.
우리는 당신의 유태인들입니다.
우리는 당신을 잊지 않겠습니다.72)

이것은 종교와 자연이 함께 하는 언어다. 그 결속과 유대는 종교의 담론에서 가장 오래된 것일 뿐 아니라, 시원적(primordial)이기도 하다. 즉, 대부분의 종교적 상징들은 자연에 근원을 둔다―여기서는 산, 불타는 가시덤불, 사막에서의 꿈들, 돌과 천둥 속에 말해진 말씀들, 불, 모래, 그리고 그곳에 내린 번개 같은 상징들이 그렇다.

신년축제(Rosh Hashanah)의 언어는 또한 정체성의 언어이기도 하다. "우리는 당신의 유태인들입니다," "그 오랜 정체성에 당신과 함께 결속되어"라고 회중들은 기도한다. 종교적인 언어는 변함없이 그렇다. 그것은 우리가 소속된 관계 속에 태어났고, 우리가 시간 속에 축소된 순간을 훨씬 넘어서는 우주적 공동체 속에 시민권을 갖는다고 말한다. 상징적 의식의 상상력은 종교를 통해서 정체성, 즉 "자연에 대한 인간의 경험 속에 태곳적부터 상징으로 뿌리박은"73) 정체성을 제공한다.

종교적 상징들은 또한 인간의 손들에 의해서 변경된 자연, 즉 다중적 가치와 영속적 의미를 지니도록 환경으로 재구성된 자연의 상징들―새 예루살렘(the New Jerusalem), 성전 산(the Temple Mount), 피라미드(the Pyramids), 앙코르 와트(Angkor Wat), 골고타(Golgotha), 언덕 위의 도시 등―을 포함한다. 그러나 모든 경우들에서, 기원전 1만 년 내지 8천 년 전의 신석기시대 혁명 이래로, 오랜 기록들을 지닌 인간 문화의 보편적 측면으로서의 종교는, 정교한 상징체계들―예식들, 성례전과 이야기들, 가르침과 훈련, 예술, 건축, 의상, 예배 의식, 축제, 준비되고 나누어진 음식 등―을 통해 삶의 큰 질문들을 다루고 있다. 종교는 의미를 찾도록 태어난 피조물들에게 주어진 세계들에서 의미를 증류해내게 한다. 종교는 자연세계의 현존과 능력을 가지고 그렇게 한다. 그리고 그것은 모든 곳 어디서나, 쉬지 않고, 좋든 싫든 그렇게 한다. 호모 사피엔스는 어쩔 도리 없이 종교적이다.

---

72) "We Will Not Forget You," *Gates of Repentance: The New Union Prayerbook for the Days of Awe* (New York: Central Conference of American Rabbis, 1978), 21-22.
73) James Miller, "Connecting Religion and Ecology," 4. 미발간 논문, 저자의 허락으로 사용.

도덕성을 지니도록 태어남

경외의 날들(the Days of Awe)은 신년 축제 아침예배로 계속된다. "우리는 온 우주를 하나의 위대한 조화 속으로 통합하는 권능을 예배합니다"라고 회중들은 증언하고, 이어서 이렇게 말한다. "그러나 그 하나 됨에 아직 이르지 못했습니다. 우리는 불완전하고, 무질서하며, 모든 것에서 사악합니다. 그러나 우리의 비전 앞에는 완전함, 질서, 그리고 선함이 있습니다. 이런 것들도 우리는 어느 정도 알고 있습니다. 가슴을 찢을 만큼 악함도 있고, 영혼을 높여줄 만큼 선함도 있습니다. 우리 백성들은 말로 다 못한 고통과 놀라운 구원을 경험했습니다. 우리는 과거에 겪은 어느 것보다 더욱 찬란하고 더욱 지속적인 구원을 기다립니다."74)

"가슴을 찢을 만큼 악함, 영혼을 높여줄 만큼 선함"은 종교의 언어이자 도덕의 언어다. "말로 다 못한 고통"과 "놀라운 구원"도 역시 그렇다. 그런 극한들 때문에, 제프리 클루거는 "우리를 도덕적이게 하는 것"이란 수필을 쓰면서, "만일에 전 인류가 단 하나의 개인이라면, 그 사람은 오래 전에 제 정신이 아니라 미쳤다고 선포되었을 것이다"75)라는 말로 시작했던 것이다. 미쳤다(제 정신이 아니다), 단지 인간의 마음이 모두를 마구잡이로 파괴할 수 있는 들끓어 소용돌이치는 가마솥 같기 때문만은 아니고, 미쳤기에, 우주 전쟁과 지구 종말의 비디오 게임을 만들어내고, 진짜로 홀로코스트를 만들어내는 그런 종류이기도 하다. 그리고 미쳤으니(제 정신이 아니기에), 그 반대의 극한, 즉 "초월적인 선함을... 너무도 고상해서 우리는 그것을 더 큰 '영혼'(soul) 속에 접어 넣고 말았으니 말이다."76)

전 세계의 재앙들—아시아의 해일(tsunamis), 아이티와 칠레의 지진들, 미국의 허리케인, 세계무역센터나 가자(Gaza) 지구에 가한 잔학한 공격 등—은 전 지구적으로 전혀 낯선 자들로부터 자비, 연민, 물질적 자선들이 쏟아

---

74) *Gates of Repentance*, 102.
75) Jeffrey Kluger, "What Makes Us Moral," Science section of *Time*, December 3, 2007, 55.
76) Ibid.

져 나오게 했다. 학교 어린이들을 살해한 만행을 공포 속에서 목격했던 바로 그 똑같은 아미쉬(Amish) 공동체가 그 가해자의 가족들을 용서하면서 포옹한다. 그리고 독일의 라벤스브루크(Ravensbruck)에 있는 강제수용소의 갇혀 있는 포로가 한 죽은 어린이 시체 옆에 남긴 기도문은 또 어떠한가? "오, 주님, 착한 남자들과 여자들만 기억하지 마시고, 악한 뜻을 가진 자들도 기억하소서. 그러나 우리들에게 그들이 행한 모든 고통은 기억하지 마옵소서. 이런 고통 때문에, 우리가 얻은 열매들을 기억하소서—우리의 동지애, 우리의 충성심, 우리의 겸비한 마음, 우리의 용기, 우리의 관대함, 이런 모든 것에서 자라나온 위대한 마음, 그리고 심판의 자리에 나올 때 우리가 맺은 모든 열매들이 그들을 용서하는 것이 되도록 하소서."77) 어떻게 이런 관대함이 원수의 진영에 이토록 깊이 숨어들어갈 수 있단 말인가? 혹은 또 다른 예를 들어보자. 우리의 육신의 장기들, 가령 콩팥 같은 것을, 우리가 아직도 살아있는데도 서로에게 기증한다. 살아있는 유기체는 서로를 위해 희생한다.

아니, 야만성도 고상함도 그 자체로 미친 것을 진단할 이유는 아니다. 그보다는, 이런 극한들이 동일한 피조물 안에 동시에 존재하고 있다는 사실이다.78) 우리들 안에는 선함과 기쁨의 천사들이 있듯이, 살인자 성향도 들어있다. 신성한 것들이 악마적인 것들과 안팎에서 서로 경쟁하고 있다. 형태, 아름다움, 절제를 지닌 아폴로적인 것(Apollonian)이, 열광, 불합리, 폭력성을 지닌 디오니수스적인 것(Dionysian)과 대결하고 있다. 우리는 도덕성을 지닌 채 제정신이 아니라 미쳤다. 도덕성을 지닌 미친 것이 우리들 같은 피조물들이다.

왜 그럴까? 질문은 대답을 요구한다. 그러나 그 대답은 다른 곳에서 다른 질문과 함께 시작된다. 즉 무엇보다도 우선 무엇이 도덕적 경험을 일으키는가? 어떤 피조물이, 그가 본성상 도덕적이기 **때문에**, 그런 극단적 일들을 저지를 수 있단 말인가? 혹은 극단적인 것들만에서 조금 떠나서, 어떤 피조

---

77) United Church of Santa Fe 주보에 실린, Memorial Day 주말에 드린 3개의 묵상들 가운데 하나로, 원래의 자료 출처는 주어지지 않았음.
78) Kluger, "What Makes Us Moral," 55.

물이, 그가 도덕적이기 때문에, 보통, 매일, 도덕적 가치를 일상적 행동으로 할 수 있단 말인가?

신년축제(로쉬 하샤나)의 한 단문이 그 실마리를 제공한다. "우리는 불완전하고, 무질서하며, 모든 것에서 사악합니다. 그러나 우리의 비전 앞에는 완전함, 질서, 그리고 선함이 있습니다." 이는 반성적이고 상상적인 상징의 의식이 이루어 내는 것이다. 우리는 한 가지 종류의 세계, 있는 그대로의 세계를 경험한다. 그러나 우리는 다른 세계, 있을 법한 세계와 당연히 그러해야 할 세계를 상상한다. 이것이 곧 지금의 현실과 당위와 실현 방법 사이의 격차에 걸친 긴장에 싸인, 그리고 살아가는 인간의 삶의 현주소다. 그런 긴장과 격차들은 인간에게 도덕적 경험을 일으키는데, 즉 선택과 행위의 경험 말이다. 도덕적 행위는 우리가 직면한 세계와 우리가 소망하는 세계 사이의 차이에 대해서 크고 작은 방법으로 행동할 능력을 말한다. 욕망과 꿈들이, 심지어 DNA보다도 더, 우리를 행동에로 내몬다. 우리는 어쩔 수 없이 도덕적이다. 혹은, 이 책 맨 앞에 인용한 말처럼 "우리의 전체 삶은 놀랍도록 도덕적이다"(Henry David Thoreau).

물론 선택들과 가능성들은 때로 심각하게 속박되어 있다. 종종 우리는 우리가 욕망하는 것을 시작하지도 못하며, 또한 우리가 욕망하는 모든 것을 결코 할 수 없기도 하다. 설사 동기가 있다 해도, 우리에게는 기회도, 수단도, 재능도 없다. 볼프강 사무엘(Wolfgang Samuel)은 그의 저서 『독일 소년』(German Boy)에서 전쟁 중 그의 어린 시절을 회상한다. 그것은 1940년대 초기에서 중반에 걸친 그의 삶의 이야기였는데, 그의 어머니, 누이, 할머니 할아버지, 그리고 대부분 부재했던 아버지와 모두 동진하는 러시아인들을 피해 다닌 것이었다. 십대 이전, 그리고 십대 시절의 소년으로, 그는 전쟁에서 패한 조국의 여러 다른 마을들을 짧게 혹은 길게 머물며 다닌 피난민의 하나였다. 그 소년은 그들의 생존에 대하여 점점 더 책임을 지게 되지만, 그러나 힘이 부족함을 느낀다. 다음의 인용문 한 단락은, 많은 단락이 그러하듯이, 어린이의 감성을 반영하는 자연으로 시작한다.

가을날이 나뭇잎들을 황금색으로 바꾸었다. 이윽고 햇빛이 사라지고, 예외랄 것도 없이 비가 내리고, 구름 낀 흐린 하늘이 지배했다. 우리를 또 다시 위협하는 겨울을 정면으로 바라보면서, 나무에 붙어 남았던 이 파리들은 떨었고, 마을 사람들은 암담하고 우울하게 변했다… 학교에서 잔혹하게 얻어맞은 사건 이후로, 나는 내 원기를 아직 되찾지 못했다. 그건 내가 인간으로서 아무런 권리도 갖지 못했다고 생각하도록 나를 우울하게 만들었다. 권위를 지닌 누구든 그들이 원하는 것이면 뭐든 내게 할 수 있었다. 만일 그들이 내 할아버지를 데리고 가서 죽이고자 했다면, 그렇게 할 수도 있었다. 배고픔을 면하고자 원당(raw sugar)을 훔쳤다는 이유만으로, 만일 그들이 어떤 배고픈 어린이들을 폭행하거나 감옥에 쳐 넣고자 했다면, 그렇게 할 수도 있었다… 만일 그들이 내 어머니를 성폭행하고 우리 집을 폭파하고자 했다면, 그들은 그럴 수도 있었다. 그들은 뭐든지 할 수 있었다. 나는 아무것도 할 수 없었지만, 그러나 극기와 자제심이 강하게 내 운명을 받아들였다. 그리고 만일 내가 그렇게 하지 않았더라면? 나는 그 결과를 알고 있었다.[79]

    그러나 그는 그의 운명을 "극기와 자제심으로 받아들이지" 않았다. 여러 가지 이유로 무력함을 느끼기는 했지만, 그는 그 전쟁에서 살아남아 그의 꿈들이 이루어질 어떤 곳에서 자유롭게 살아갈 것을 꿈꾸는 것을 멈추지 않았다. 혹은 그는 그의 가족과 자신을 구원할 수 있는 것이면 무엇이든 멈추지 않고 해나갔다. 볼프강의 이야기는 우리가 심지어 "가슴을 찢기에 충분한 악"을 경험했을지라도, 결코 없어지지 않는 "완전, 질서, 그리고 선함"의 (로쉬 하샤나) 꿈들을 지닌 또 다른 실례다. 인간들은, 그 당시로는 전혀 갈 길이 나타나지 않는 곳에서도, 기어코 길을 창조해낸다.

    선과 악 사이의 차이를 의식함, 그리고 선을 추구하고 악을 회피하기 위한 의무감이 우리들 인간을 도덕적인 피조물들로 그려낸다. 만일 우리가

---

79) Wolfgang W. E. Samuel, *German Boy: A Child in War* (New York: Random House, 2001), 253.

식물들처럼 비도덕적인 피조물들이라면, 우리는 도덕적으로 사악한 것과 구별되는 도덕적으로 선한 것에 대한 감각을 갖지 못할 것이다. 그럼 세상은 단지 "존재"하는 것이고, 또한 지금은 그렇지 않지만 그렇게 될 수도 있는 세상에 대한 비전도 없이, 우리도 그냥 이대로 "존재"하는 단순한 상태에 편안하게 될 것이다.

우리는 확실히, 그런 세계 속에 소속되는 경험을 할 것이다—벌집이나 흰개미 무덤, 원숭이 집단 혹은 비버(weaver)들의 둥지에 그냥 실제로 소속되어서 말이다. 그러나 무엇인가와 비교할 수 있는 동경(그리움), 평화로운 왕국, 정의로운 세계, 그리고 마침내 죽음에 대한 동경에 의해서 우리의 소속감이 억지로 수행되지는 않을 것이다. 우리네 같은 피조물들로서는 깊고도 부단한 동경이 소속감을 동반하고 있다.

우리들의 삶 속에 있는 현실/당위/방법(is/ought/how)의 긴장이, 동경심으로 새겨져, 미래를 만들어낸다. 우리가 아는 한, 다른 동물들은 현재와 매우 다른 미래를 상상하지 못한다. 혹은 그들은 무제한적인 상상력을 사용하여 예상을 하거나, 기회와 위험들에 대한 예견되는 범위(시야)를 탐지하지 않는다. 그들은 지금과는 다른 미래를 만들어내지도 않고, 더 나은 다른 무엇인가를 희망해서 그런 미래를 손에 넣고자 애쓰지도 않는다. 우리 인간들은 그렇게 한다.

물론, 모든 상징들이 전부 종교적이고/이거나 도덕적이지는 않듯이, 선과 악, 완전과 질서, 현재와 미래에 대한 모든 담론이 전부 도덕적인 담론은 아니다. 만일 우리가 죠슈아 벨(Joshua Bell: 1967년생 미국 바이올리니스트 및 지휘자—역자주)이 "좋은"(good) 혹은 "탁월한"(superb) 음악가라고, 또한 항상 "맞는"(right) 음조로 "틀린"(wrong) 음계가 아닌 "옳은"(right) 음계를 연주한다고 인정한다면, 우리는 도덕적 판단(맞다, 틀리다는)을 하는 것이 아니다. 우리는 "좋다," "맞다," 혹은 "틀리다"는 말을 비도덕적인 의미로 사용하고 있는 것이다.

만일 내가 "렘브란트(Rembrandt)는 훌륭한 화가다"라고 말한다면, 나의 판단은 미학적인 것이지 도덕적인 것은 아니다. 그러나 만일 내가 "렘브란트는 의심스러운 성격의 사람이었다"라고 말하면, 내 판단은 도덕적인 것이지, 미학적인 것은 아니다. 또 만일 당신이 대꾸하기를 "당신은 틀렸네. 렘브란트는 올곧은 성격의 사람이었어"라고 하면, 누구의 판단이 옳건 관계없이, 우리는 도덕적인 논쟁을 하는 것이다.

이 모든 것이 중요한 것은, 우리가 본래 불가피하게도 "도덕적인" 동물들이기 때문이다. 우리는 삶의 한 행동, 경로, 혹은 전체적 방식이 도덕적이냐 부도덕적이냐를 두고 끝없이 논쟁할지도 모른다. 그러나 둘 다—도덕적이든 부도덕적이든—독특하게도 도덕적인 피조물들의 도덕적인 우주에 소속되어 있다.80) 확실히 우리는 도덕적인 우리 자신들보다 더한 것이지 결코 덜한 것은 아니다. "도덕적"이란 우리의 피조물 됨이다.

많은 다른 피조물들도 마찬가지로 도덕적이다. 그들도 사회지향적 피조물들이라서, 그들의 삶이 도덕적 특질을 보여준다. 예를 들어, 감정이입(공감능력)—중요한 도덕적 특징, 아마도 유일한 도덕적 특징—은 많은 영장류(유인원들)가 공유하고 있다. 러시아 영장류학자 나디아 코츠(Nadia Kohts)는 그녀의 집에서 침팬지를 기른다. 침팬지가 지붕 위에 올라가서, 부르거나 야단치거나 혹은 먹을 것을 주어도 내려오지 않을 때, 코츠가 앉아서 우는 시늉을 하면, 침팬지는 곧 내려온다. "그(숫놈)는 내 턱을 그의 손바닥으로 부드럽게 잡는다… 마치 무슨 일이 벌어졌는지 이해하려는 듯이."81) 혹은 세 살 먹은 소년이 잘못해서 고릴라 우리에 떨어졌을 때 이를 구조한 빈타 후아(Binta Jua)라는 고릴라도 있다. 그 고릴라(암컷)는 겁에 질린 그 소년을 팔에 안고 흔들며 안심시키다가, 출입문으로 데리고 와서 사육사가 들어가 데려 내오도록 넘겨주었다.82)

이아인 더글라스 해밀톤(Iain Douglas-Hamilton)은 보고하기를, 케냐의 삼부루 보호구역(Samburu Reserve)에서 코끼리 무리는 그들 가운데 다리를

---

80) 이런 구별은 나의 논문 "Moral Community and Moral Formation," in *Ecclesiology and Ethics: Costly Commitment*, ed. Thomas F. Best and Martin Robra (Geneva: World Council of Churches, 1995), 54-55에서 인용.
81) Kluger, "What Makes Us Moral," 57.
82) From Frans de Waal as reported by Kluger, ibid.

다쳐서 겨우 천천히 걷는 암 코끼리 바빌(Babyl)을 항상 기다려준다고 한다. 그 코끼리 무리들은 정지하기도 하고, 바빌이 어디에 있는지 둘레를 살펴보고, 바빌이 따라잡으면 다시 전진한다. 바빌은 소속되어 있다. 그리고 그들은 바빌을 돌본다. 그 대신 그들은 자신들의 행동을 조정한다. 마르크 베코프(Marc Bekoff)는 빨간 여우 암컷이 그녀의 짝을 파묻는 것을 보았다.[83] 아마도 "장례식과 생일,"[84] 그리고 그리워함은 결국 인간들만 지닌 것은 아니다.

감정이입(공감)은 우리들 이외의 다른 동물들 가운데서 발견할 수 있는 도덕적 장점들의 목록의 시작일 뿐이다. 취약한 것들을 보호하기, 자기네 그룹(무리)을 방어하기, 상처를 입었거나 올가미에 걸린 것들을 돕기, 짝을 향한 성실성, 고통당한 자들을 동정하기, 어린 것들에게 친절하기, 모임에서 즐기기, 사라진 자들에 대해 관심 갖기, 우정 어린 사귐, 애정을 표시하기, 제멋대로인 자들을 훈육하기, 상호 호혜주의를 표시하기—이런 장점들을 비롯해서 다른 동물들의 더 많은 장점들이 우리가 공유하는 뚜렷하게 도덕적인 특징들을 증거한다.

동물들도 아픔들을 알며, 또한 어떻게 그 아픔들에 대처해야 하는지를 알고 있다. 많은 동물들이 우리가 도덕적 감정이라고 규정하는 것들, 즉 분노, 질투, 기쁨, 슬픔, 원한, 동정 등을 보여준다.[85] 때로는 그들의 눈이 내부의 상태를 보여준다. 제인 구달(Jane Goodall)은 어미를 잃고 슬퍼하는 어린 침팬지의 푹 꺼진 눈들에 대해 쓰고 있다. 콘라드 로렌쯔(Konrad Lorenz)는 슬퍼하는 거위의 눈들은 머리 뒤를 향해 쑥 들어간다고 말한다. 조지 맥코너리(Jody McConnery)는 상처를 입은 고아 고릴라들은 "그들의 눈들에서 빛이 사라지고, 그들은 죽는다"고 말한다.[86] 동물들이 "사슬에 묶여서 작은 우리

---

83) 여우와 코끼리의 실례는 Marc Bekoff, "Animal Passions and Beastly Virtues: Cognitive Ethology as the Unifying Science for Understanding the Subjective, Emotional, Empathic, and Moral Life of Animals," *Zygon* 41, no.1 (March 2006): 73 (inclusive page nos. 71-104).

84) From citation above at the outset of the subsection "Born to Meaning."

85) Bekoff, "Animal Passions and Beastly Virtues," 74-75.

속에 밀어 넣어지고, 기절시키거나 가족들이나 친구들로부터 떼어져 고립되는 것"을 좋아할 리는 만무하다고 마르크 베코프는 쓰고 있다.87)

이는 어떤 유인원(영장류)에게서도 놀라운 일이 아니다. 왜냐하면 만일 다른 동물들도 우리들처럼 사회지향적이고 생물사회적이라면, 그리고 만일 그들도 그들 각자들에게 필요한 것들이 제한되면, 공동체가 생겨나고, 유지되고, 그리고 보호받아야 한다. 그리고 그런 일이 일어나기 위해서는, 사회적 규칙들과 특성들을 배워야 하고 양육되어야 하고, 그래서 훈련이 필요하고, 보상과 처벌이 이루어져야 한다.

달리 말하면, 나의 공동체의 이해관계가 우리들의 생존과 안녕을 위해서 고려되어야만 한다. 그리고 공동체의 이해관계를 고려하는 것은, 정글 속의 족속으로서나 시카고 거리 위에서나, 순전히 도덕의 항목인 것이다.

다윈은 동물들의 경우에 이런 도덕적 능력이 결과적으로 집단적 선(collective good)을 초래한다고 생각했다. "가장 동정적인 구성원들이 가장 많은 공동체들이 가장 잘 번성하고 가장 많은 자손들을 길러낸다."88)

그러나 다른 동물들은 똑같은 방식으로 도덕적인 것은 아니다. 혹은, 더욱 정확히는, 그들이 똑같은 정도로 극단적으로 도덕적이지는 않다. 그들은 도덕성으로 미치지는 (제정신이 아닌) 않는다.

다른 동물들도 문화를 갖고 있다. 영장류 연구학자들은 예를 들어 침팬지들 가운데서 문화적 다양성을 보여주는 40여 가지 서로 다른 행동양태들을 찾아냈다고 한다. 도구를 사용하기, 털을 빗어주기, 짝짓기 의례들이 그런 것들의 일부다. 서로 다른 원숭이 종족들은 지역마다 서로 다른 행동양태들을 갖고 있으며, 이것들을 그들의 후손들에게 가르친다.89) 한 무리들 가운데도 뭔가 다른 개성들을 지닌 개체들이 있다. 어떤 것들은 외향적이고, 어

---

86) 이런 연구들은 모두 Bekoff, "Animal Passions and Beastly Virtues," 83에 보고되어 있음.
87) Bekoff, "Animal Passions and Beastly Virtues," 76.
88) Charles Darwin, *The Descent of Man and Selection in Relation to Sex* (New York: Random House, 1936), 163. 원래 초판은 1871년 출간.
89) Bekoff, "Animal Passions and Beastly Virtues," 80.

떤 것들은 내향적이며, 어떤 것들은 유쾌하고, 어떤 것들은 신경질적이다. 일괄적인 범주들로서 "원숭이들," "침팬지들," 혹은 "고래들"은 물론, 하물며 전형적인 원숭이, 침팬지, 혹은 고래라는 의견도 인간이 추상화한 것들이다. 이것은 차이를 거부하는 추상적 분류―백인들, 흑인들, 인디언들, 유태인들, 무슬림들, 기독교인들, 여자들, 남자들―를 도맷값으로 "그들"로 부르는 것과 같다. 진화의 연속성에서 미묘한 구별이 있으며 실제적 차이가 있다는 다윈의 주장은 동물 연구들에 의해 확인되었다. 존재하는 것은 차이가 있는 것이다. 존재하는 것은 또한 생명의 똑같은 공동체에 소속되는 것이다.

그러나 자기네 종족과 문화의 순수성과 신성함을 보호하기 위해 "다른 것"의 모든 흔적을 없애려고 궤도를 이탈하는 동물들은 거의 없다. 우리들의 이웃 그룹―침팬지―이 이에 가깝다. 때때로 그들은 서로를 파멸시키기도 한다. 그러나 그들은 제국을 위한 경제적 이익을 축적하기 위하여, 혹은 그 엘리트들의 여가를 즐기기 위해 강제노동이나 억압을 하는 대규모 기구들을 설치하지는 않는다. 그들은 대륙간 탄도미사일들을 만들어 그것들을 "평화를 만드는 것들"(Peace-makers)이라고 부르거나, 자신들의 영역을 보호하기 위해서 치명적 독가스를 만들거나, 범법자들과 더불어 무죄한 자들도 함께 박멸지는 않는다. 가학성변태(sadism)를 행사하거나 전혀 불필요한 폭력을 행사하는 것들도 거의 없다. 비록 침팬지가 이와 비슷한 짓을 하기는 하지만.

다른 극단의 경우로, 다른 동물들은 자선행위를 위한 큰 기구를 조직하거나, 지구를 반 바퀴나 돌아서 다른 문화나 인종들의 알지도 못하지만 궁핍한 어린이들을 입양하지는 않는다. 그들은 자기들이 알지도 못하고 결코 만나지도 않을 자들을 위하여 대규모 원조와 구호활동을 벌이지도 않는다. 좋든 싫든, 그들은 인간들이 그러하듯 동일한 방식과 정도로 도덕으로 미치지는(제정신이 아닌) 않는다. 이게 바로 그들은 "위대한 꿈들을 지닌 외로운 두 발 달린 것들"이 아님을 달리 말하는 것이기도 하다. 그들은, 화가 되든 복이 되든, 모든 능력을 자기들 마음대로 사용해서 예측한 현실/당위/방법의 격차를 좁히기 위해 거대한 질문들을 살아가는 우리들처럼, 그렇게 상징을 만들고, 상징을 사용하고, 상징을 악용하는 그런 피조물들이 아니다.

우리가 어떤 종류의 도덕적 피조물들인가에 대한 질문들은 여러 가지로 쉽게 들 수 있다. 어린 아기가 말을 배우는 복잡한 능력을 지니고 이 세상에 태어나듯이, 우리는 도덕적 "문법"을 지니고 태어나는가? 양육, 문화, 공동체가 어휘, 언어, 도덕의 특수한 것들을 상세히 설명하지만, 그러나 우리는 뭔가 "시작" 프로그램 같은 것을 생명 속에 가져와서, 그래서 가령 이기적인 것("내 것 먼저")과 사심 없는 것("남이 네게 해주기를 바라는 대로 너도 남에게 해주어라")이 둘 다 우리의 유전자들 속에 써진 것일까? 왜 우리는 매우 욕망하는 것과 극도로 혐오스러운 것에 대하여 근원적으로 감정적인 반응 같은 것을 경험하는 것일까? 그건 우리의 조상들이 소중히 여기는 것을 보호하기 위해서나, 또는 단지 위험한 세상에서 생존하기 위해서 즉각적인 결정을 내려야만 했기 때문일까?90) 이런 최초 대응의 도덕적 감정들이 이어지는 결정과 심사숙고를 위한 조건들을 세웠기에, 그래서 이성이 이해관계의 하인노릇을 하는 것일까?

이와 관련된 질문들도 있다. 즉 문화의 다양성이 무엇이든, 우리가 지고 다녀야 할 일종의 도덕적 배낭인 평가(가치판단) 기준들의 공통적 준거가 있는가? 조나단 헤이트(Jonathan Haidt)는 그런 것이 존재한다고 말하고, 도덕적 영역들을 다섯 가지 도출되고 공유된 요인들로 나누어 해석한다: 순결성과 신성성, 그룹 안의 충성도, 권위에 대한 존중, 네게 이루어졌으면 하고 바라는 대로 행하라, 그리고 육체적인 해악을 가하지 말라가 그것들이다.91) 그래서, 예를 들면, 네 살배기 아이들도 어디서나 다른 네 살배기와 동등하게 취급될 그들의 "권리"와 공정함의 의미를 알고 있다. 서로 다른 공동체들은 도덕적 요인들을 서로 다르게 저울질하고 규정하며, 또한 다른 도덕적 지도들과 문화를 발전시킨다. 그런 차이들이 문제가 된다. 그러나 헤이트의 다섯 가지 요인들은 인간들이 삶을 함께 하는 곳 어디서든 일어나고 반복되는 것들 같다.

---

90) "An Evolutionary Theory of Right and Wrong," *New York Times*, Science Times, October 31, 2006, D1-2 에 이런 질문들이 제출되었음.
91) "Is 'Do Unto Others' Written into Our Genes?," *New York Times*, Science Times, September 18, 2007, D1.

왜 본질이 상하게 되는가? 왜 도덕이 부패하는가? 왜 우리가 노래하는 도덕적 구절들의 일부는 그토록 음정이 어긋날까? 왜 도덕적 판단은 보편적 특성이자 또한 보다 나은 세계를 위한 도덕적 에너지요 열성이지만, 그러나 도덕적 행위는 온통 그 도표 전체를 덮고, 때로는 그 도표를 말할 수 없이 멀리 벗어나기도 하는가? 왜 우리의 마음은 분명 부정적인 선입견을 가지고, 또한 좋은 뉴스보다는 나쁜 뉴스를 더 강하게 새겨두며, 혹은 아첨하는 말보다 날카로운 비판을 더 오래 기억하는가? 왜 우리는 독성도 없는 뱀이나 크게 나는 쾅 소리에는 놀라서 반응하면서, 한편 훨씬 더 중대한 것들, 가령 기후변화나 특정지역의 부패 같은 것들은 무시하는가? 왜 우리는 심지어 그룹 "안"과 그룹 "밖"의 구성원들에 대한 경계선들이 정기적으로 바뀌어도 강력하게 종족 중심적이면서, 다른 종족들은 의심하는가? 왜 출입문이나 열린 공간들 대신에 벽들을 세우는가? 심지어 모든 측면에서 행동이 거의 같은데도, 왜 "다른 편"을 악마화하면서 우리 자신들은 정당화하는가? 왜 내부자들과 외부자들 사이의 차이가 때로는 그토록 잔인함에 이르도록 되어, 많은 사람들이 전쟁을 신바람내서 하고 잔학행위들을 즐겨하는가? 왜 도덕적으로 극단적인 것들이 동시에 같은 환경들 속에서 일어나서―이타주의와 전쟁에서의 희생이, 잔학행위와 속임수와 맞먹게 동반했는가?

질문들을 계속할 수 있다. 악의 신비도 확실히 계속되며, 왜 좋은 도덕적 본질이 부패하는가 하는 신비도 계속된다. 그러나 여기서 우리는 무엇에로 태어났는지에 관한 기본만 다루는 서론(introductory chapter)이다. 그래서 우린 겨우 변죽만 건드렸을 뿐이다. 우리는 도덕적 비극, 역설, 혹은 파토스(비애감) 등은 말하지 않았다. 우리는 도덕적인 삶의 기본적인 요소들―인간의 본성과 행동, 악덕과 선덕, 의무와 책임, 비전과 가치, 공동체들과 그들의 실천들, 기구들과 그들의 정책들 등―은 검토하지도 않았다.

그래서 훨씬 더 많은 것이 남아 있다. 우리 인간이란 피조물들에게 주어진―소속된 관계 속으로 태어난, 의미를 찾도록 태어난, 그리고 도덕성을 지니도록 태어난 피조물―우리가 사는 세계를 위해 우리에게 필요한 윤리와 신앙에 대해서 별도의 장들에서 다룰 것이다. **본성상** 우리는 피조물들, "도덕적이고 믿음을 지닌 동물들"[92])이고, 또한 "가능성들 지닌 피조물"이며, 위대한 꿈들을 지닌 외로운 두 발 달린 것들이다.

그 다음엔...

아담과 하와의 진화에 대한 설명들은 우리의 상호의존성, 능력들, 그리고 자연 속의 나머지 것들과 맺는 관계에 대해서는 별로 말해주지 않는다. 그 설명들은 오늘날 우리들의 세계에 대해 상세한 것을 말해주지도 않는다. 우리 인간성에 대해서 말하지만, 인간의 손들에 의해서 변경되는 자연 자체의 변화에 대해서도 말해주지 않는다. 우리 시대의 드라마가 미래의 시간을 어떻게 변경시킬 것인지, 심지어 먼 미래의 것에 대해서도 말해주지 않는다. 좀 더 말해야 한다. 그렇지 않으면 우리는 다루기 힘들게 거칠고 새로운 지구 행성 위에서 엄청나게 향상된 인간의 능력과 변경된 자연 속에서 우리가 무엇을 해야 하고, 이제 어떻게 살아가야 할 것인지를 모르게 될 것이다.

---

92) The title of Christian Smith's *Moral, Believing Animals: Human Personhood and Culture* (New York: Oxford University Press, 2003).

2장

우리가 살고 있는 세계

세상은 어디서나 모든 것이 서로 맞물려 있는 세상이다. 우리 서로 잡아먹는 동물들은 이들 기독교인들을 도와주어야 한다.

— Herman Melville, *Moby Dick*

유태인들의 바다, 루터교인들의 태양, 불교도들의 강, 도교인들의 숲, 그리고 로마카톨릭 교인들의 옥수수 밭이란 것이 있는 것은 아니다.

— Matthew Fox[1]

허만 멜빌(Herman Melville)의 소설 『백경』(*Moby Dick*)에 나오는 당당한 작살잡이 퀴케그(Queequeg) 곁에는 그의 우상 도조(Dojo)가 항상 가까이 있었지만, 열성적인 젊은 선원 하나가 그를 "악마"(devil)라고 부름으로써 그를 괴롭혔다. 별안간 폭풍우가 몰아쳐서 그 젊은 선원을 배 밖으로 휩쓸어가자, 퀴케그는 뱃전을 뛰어넘어 몇 차례 자맥질을 한 뒤에 그 젊은 선원을 끌고 온다. 두 사람 모두 폭풍에 난타당한 배 위로 끌어올려졌고, 그 젊은 선원은 되살아났으며, 퀴케그는 칭찬을 받았다. 그러나 퀴케그는 그런 건 잊어버린 듯 보였다. 그는 단지 신선한 물을 달라고 했고, 마른 옷들을 챙기고 나서 담배 파이프에 불을 붙였다. 그는 "자기 자신에게 이렇게 말하는

---

[1] Matthew Fox interviewed by Jeffrey Mishlove on "Creation Spirituality" for the program, *Thinking Allowed, Conversations on the Leading Edge of Knowledge and Discovery*. The interview text is available at http://www.intuition.org/txt/fox.htm.

것 같았다. 세상은 어디서나 모든 것이 서로 맞물려 있는 세상이다. 우리 서로 잡아먹는 동물들은 이들 기독교인들을 도와주어야 한다."2)

"세상은 어디서나 모든 것이 서로 맞물려 있는 세상이다"라는 말은 앞장 전체를 간단히 요약한 말이다. 우리 모두는 현재에 이르기까지 모든 사람과 만물의 언덕 아래, 바람 부는 아래쪽, 개울물 하류에 살고 있다. 그리고 모든 사람과 만물의 언덕 위쪽, 바람 부는 위쪽, 개울의 상류를 따라가며 산다.

이처럼 모든 생명이 "사이"(betweenness)에 있다는 점—즉, "관계들이란 삶이 만드는 음악이라는 것," "생태환경, 가족, 공동체, 종교... 이들 모두는 연결, 소속, 목적을... 모색하는 것"이라는 점3)—을 전체적으로 충분히 인식한다면, 마음과 의식의 다른 습관들이 나타날 것이다. 그렇게 되면 우리가 사용하는 단어들 중에 "자연"과 "문화"는 "자연문화"로, "자연"과 "사회"는 "자연사회"로, "생물학적"과 "사회적"은 "생물사회적"으로, "생태학적"과 "사회적"은 "생태사회학적"으로, "경제학"과 "생태학"은 "생태경제학"으로 합성될 것이다. 물론 처음에는 좀 어색할 테지만 말이다. "인간보다 더 넓은" (more-than-human), "인간과는 다른"(other-than-human)이란 말은 매우 부정적인 "비인간적"(nonhuman)이란 말을 대신할 것이다. "공동체"란 말은 그 협소한 인간적 연관성을 깨뜨리고 나머지 생명들도, 심지어 우주조차 포함하고, "이웃"이란 것은 "**존재에 참여하는 모든 것들**"(all that participates in being), 즉 유기체와 무기체, 과거, 현재, 미래를 포함할 것이다.4) 지구 행성 자체가 인간의 출현에 의한 영향 때문에 큰 변화를 겪고 있는 중이기 때문에, 지구적(geological)인 것과 사회적(social)인 것이 통합된 단어 "지구사회적" (geosocial)이란 말로 된다. 이런 합성어들이 좀 어색하기는 하지만, 이 책의

---

2) Herman Melville, *Moby-Dick* or, *The Whale* (New York: Moder Library, 1992), 90.
3) Carl Safina cited by Browning, *New York Times Book Review*, January 16, 2011, II.
4) H. Richard Niebuhr, *The Purpose of the Church and Its Ministry: Reflections on the Aims of Theological Education* (New York: Harper & Row, 1956), 38. Itatics are mine.

남은 부분에서 이를 종종 사용할 것인데, 단지 그 단어들을 우리의 속박된 의식에서부터 해방시켜 보다 나은 의미를 찾고 싶기 때문이다.

만일 그렇게 수정된 이해를 받아들인다면, 새로운 다른 상징적 의식이 형성될 것이다. 우리가 단순히 "비인간적"이라고 범주적인 분류를 한 것들이 분해되어, 이윽고 번성하여 꽃으로 피어나고 가을에 황금색으로 변할 것이다. "비인간적"인 것들이 숨쉬고, 젖을 먹고, 기어오르고, 축연을 베풀고, 놀고, 그리고 죽는다. 그러면 우리와는 다른 생명체들이 독특하고, 소중하게 보일지도 모른다. 설사 그들이 매우 오랜 시대 전에 왔거나—혹은 뒤에 오거나 말이다.5) 참으로 "서로 맞물려 있는 세상"(mutual, joint-stock world)에서는 다른 종교적 윤리가 새로운 기조(基調)로 들릴 것이다. 지구 행성의 창조 자체가 광범위한 인간의 책임을 수반하는, 광범위한 사랑의 주체가 될 것이다. 작살잡이 퀴케그라면 이런 점을 이해했을 것이다.

첫 번째 과업들을 다시 하기

우리의 모든 환경들 속에서 "모든 것이 서로 맞물려 있는 세상"의 상태는 무엇인가? 우리들 주변에서 어떤 조건들이 치솟고 있는가? 그런 질문에 대답하기 위해서는 길고 지루한 설명이 필요하지만, 그 결론은 간단하고 짧다. 즉 우리들의 현재 생활방식으로는 지속가능한 미래가 없다는 사실이다. 그러나 변화는 쉽게 일어나지 않을 것이다. 모든 생활방식은 굳어버린 편견들과 이제까지 보호받아왔던 특권을 옹호하기 때문이다. 이것은 우리로 하여금 인간의 인식이 작용하는 방식과 우리가 자연에 기대하는 방식에 대하여 정확하게 분별할 것을 촉구한다. 우리가 어떻게 세계를 받아들이며 또한 어떻게 힘을 조직하는가에 대한 분석이 요구된다. 어떻게 변화가 일어나는지에 대해서도 주목해야 한다.

제임스 볼드윈은 그의 책 『입장권 값』(*The Price of Ticket*)에서 우리의

---

5) Larry L. Rasmussen, *Earth Community, Earth Ethics* (Maryknoll, NY: Orbis Books, 1996), 127에서 재인용.

"첫 번째 과업들을 다시 하기"에 대해 이렇게 쓰고 있다.

> 내가 다녔던 교회—그 교회는 지금 미국 백인들이 소속된 그런 교회가 아니었다—에서는 때때로 우리는 첫 번째 과업들을 다시 하도록 배웠다. 네가 출발했던 곳으로 돌아가라, 혹은 할 수 있는 한 먼 과거로 돌아가서, 모든 것을 조사하고, 네가 걸어온 길을 여행하고, 그에 대한 진실을 말하라. 노래하든지, 소리를 치든지, 증언을 하든지, 아니면 너 자신만 알고 있어라. 그러나 **네가 어디에서부터 왔는지는 알고 있어라**.6)

첫 번째 과업들을 다시 하라는 것은 처음부터 모든 것을 다시 조사하고 또한 할 수 있는 한 최선을 다해 진실을 말하는 것을 뜻한다.

우리의 지구사회적 구원(geo-social salvation)을 수행하기를 기대하는 첫 번째 과업들은 정신(심리)과 사회의 내면 깊은 곳에 묻혀 있다. 그것들은 "규범적인 시선"(normative gaze)7)을 만들어내어, 우리의 감정과 사고를 모두

---

6) James Baldwin, *The Price of the Ticket: Collected Nonfiction*, 1948-1985 (New York: St. Martin's Press, 1985), xix. 볼드윈은 미국 백인들이 첫 번째 과업들을 다시 할 능력에 대해 별로 낙관적이지 않았다. 민권운동 시절에 라인홀드 니버와 가진 대화에서, 그는 이렇게 말했다: "지금 이 나라에서 기독교를 믿거나 이 나라를 믿는 유일한 사람들은 가장 멸시를 받는 소수들이다… 그것이 참 역설적인 것은… 여기서 노예들이었고, 가장 많이 매 맞고 멸시를 받은 사람들이… 지금 이 순간에… 이 나라가 가진 유일한 희망이라니… 지금 니그로들(Negroes)이 하려고 하는 것을, 유럽인의 후손들 가운데는 아무도 그것을 하거나, 혹은 하려고 그것을 떠맡을 사람이 없다. 그리고 이것은 맹목적이거나 인종적 사고방식이 아니다. 그건 아마 생명 자체의 본성과 관계가 있을 것이다. 그것은 어떤 극단에서도 당신이 살아갈 방도를 발견하도록 강요하는데, 미국인들은 너무도 오래, 너무도 안정하게, 너무도 잠자듯 해왔기에, 그들은 더 이상 그들이 무엇에 의해 살아오고 있는지 모르고 있다. 나는 그들이 사실은 그것이 코카 콜라(Coca-Cola)일 것으로 여긴다고 생각한다." From the audiotape of the dialogue, n.d., as reported by James H. Cone in *The Cross and the Lynching Tree* (Maryknoll, NY: Orbis Books, 2011), 54.
7) 나는 이 구절을 코넬 웨스트에게서 가져왔다. Cornel West, *Prophesy Deliverance! An Afro-American Revolutionary Christianity* (Philadelphia: Westminster Press, 1982), 53ff.

형성하고 인도한다. 그것들은 우리의 개인적 습관들과 우리네 기관들의 관습들을 뒷받침한다. 그것들은 우리의 생산과 재생산의 방식들 속에 나타난다. 또한 우리의 문화적 감수성들, 우리의 기본적인 미학, 지성, 도덕적 가치들에도 나타난다. 그것들은 우리의 상징들과 의식의 내용을 제공하고, 마침내 우리의 생활방식을 구성한다.

첫 번째 과업들이 오랫동안 구체화되는 과정에서, 어떤 생활방식은 "자연스럽게" 보이게 된다. 최소한 그렇게 보이는 것이, 문화란 우리들에게 사실은 "제2의 자연"이기 때문이다. 문화란 우리가 자연을 가지고 우리 자신들의 목적을 위해 조직하고 또한 우리가 살아가는 방식에 맞도록 자연을 변경하는 것이다. 문화는 자연문화(nature-culture), 즉 자연을 우리가 번역하는 것이다. 문화는 그 신봉자들에게 하나의 생활방식을 너무도 분명히 그리고 확고히 자리 잡도록 만들어주기 때문에, 그 생활방식의 혜택을 누리는 자들로서는 그것이 고통스럽고, 비싼 대가를 치르며, 임의로 구성된 것임을 거의 알아차리지 못한다. 그 생활방식의 지혜는 인습적이며, 그 좋은 점은 일반적으로 받아들여진다. 단지 변방에서 온 다른 방랑자들인 낯선 자들이나, 혹은 어느 한 세계에서 생존하기 위해서는 두 세계들(two worlds)을 알아야 하는 사람들에게 요구되는 "이원성"(two-ness)[8] 속에 거주하는 자들만이, 그 생활방식이라는 것이 속임수가 많은 논리와 변덕스러운 성질을 갖고 있음을 깨닫는다. 자신들의 첫 번째 과업들에 대해 따로 배울 필요 없이 그냥 타고난 사람들은 자신들의 문화를 마치 물고기가 물을 대하듯, 혹은 식물이 표층토(top soil)를 대하듯 대한다. 그들은 자신들이 가진 것 속에 태어나 성장하고, 조정하고, 일하며, 자연스럽게 닥치는 일을 하면서, 할 일에 열중한다.

---

8) This is the term of W.E.B. Du Bois in *The Soul of Black Folks* (New York: New American Library, 1960; original publication, 1903). "Two-ness"(이원성)이란 Du Bois의 설명에 의하면, 미국 흑인들이나 눈밖에 벗어난 소수자들도 그들 자신의 생존을 위해 필연적으로 알아야 하는 두 세계들, 자기 자신의 세계와 백인들의 세계를 뜻한다. It also refers to the consequences for their souls and psyche of living on this ledge. "One ever feels his two-ness—An American, and a negro; two souls, two thoughts, two unreconciled strivings; two warring ideals in one dark body"(ibid., 5).

이런 현실이 어떤 객관적 진실 말하기(objective truth-telling)를 어렵게 만드는데, 이것은 우리의 첫 번째 과업들이 애당초 세계를 바라보는 우리의 사고구조와 감수성들을 구성하기 때문이다. 만일 우리가 그런 세계로부터 이익을 얻으면, 우리의 첫 번째 과업들은 또한 우리에게 혜택을 베푸는 선입견들을 통해 우리 자신들을 부추기고, 또한 우리의 행운과 유리한 고지를 우리가 성취한 것으로 여기도록 만든다. 우리의 하드웨어는 우리가 욕망하는 결과들을 좋아하도록 되어 있다.

이 모든 것들이 히브리 예언자들 이래로 인간의 본성을 공부하는 학생들에게는 잘 알려져 있다. "만물보다 더 거짓되고 아주 썩은 것이 사람의 마음이니, 누가 그 속을 알 수 있습니까?"(예레미야 17:9). 유인원들(apes)은 가끔씩 서로 장난삼아 속이지만, 장난의 시간이 지나면 그들은 서로 잔꾀를 부린 것에 대해 낄낄거리며 감정을 나타낸다. 그들은 자기들의 거짓을 믿지 않으며, "마땅히 해야 할 것 이상으로 (자기 자신을) 더 높게" 생각하지도 않는다(로마서 12:2). 이에 비하면 인간들은 자기기만을 일종의 정교한 예술로 여긴다. 마크 트웨인은 진실한 자서전 쓰기를 원했는데, 몇 차례 시도했다가 포기하고 말았다. "나는 자서전을 쓰지 않기로 한다... 자기 자신에 대하여 진실을 쓸 수 있는 사람은 아직 태어나지 않았다. 자서전은 항상 흥미롭지만, 그러나 그 사실들이 아무리 진실이라고 해도, 그것들을 해석하는 것은 엄청난 오차를 갖고 해야만 한다."9)

영향력이 있는 편견이 빚어내는 결과에 대해 볼드윈만큼 간명하게 말한 사람은 거의 없다. 항상 가게 앞에서 설교했던 생활을 그만 두고 난 후에 『흑단』(*Ebony*)지에 실은 글에서, 그는 "역사가 그들을 기분 좋게 만들어주었다고 (실제로 그랬으니, 그들이 그 역사를 썼기에 말이다) 상상했던 사람들은 나비가 핀에 찔려 꽂혀 있듯이 그들의 역사에 꿰여 박혀서, 그들 자신이나 세계를 제대로 보거나, 변화시킬 수가 없었다"10)고 말했다.

---

9) *Autobiography of Mark Twain*, ed. by Harriet Elinor Smith and other editors of the Mark Twain Project, vol.1 (Berkeley: University of California Press, 2010), 16에서 인용했음.
10) James Baldwin, "White Man's Guilt," reprinted in *Black on White: Black*

새롭게 보기

그렇다면 우리는 어떻게 우리의 생활방식과 그 첫 번째 과업들을, 아마도 처음으로 다르게 볼 것인가? 우리가 나비처럼 핀에 찔려 꽂혀짐으로써 건설적 변화가 불가능하게 되는 것을 어떻게 피할 수 있는가? 어떻게 우리는 전혀 다른 지점에서 보고, 이해하고, 대응할 수 있는가? 다루기 힘들게 거칠고 새로운 지구 행성 위에서 현재 첫 번째 과업들에 도전하는 "사악한 문제들"11)을 우리는 어떻게 다룰 것인가?

한 시대에서 하나의 세계보다 더 많은 곳에서 살기를 배우는 것이 한 방법이다. 남의 입장이 되어보는 것, 그들의 환경 영역을 탐구해보는 것, 그들이 무엇을 보며 또 그것을 어떻게 보는지를 알아보는 것이 그것을 감행해보려는 자들에게 공감의 통찰력을 나누어주는 인간의 능력이다. 우리는 "이원성"(two-ness)을 배울 수 있고, 이중적인 소속됨의 혹독한 어려움을 통해서 통찰력과 지혜를 축적할 수 있다.

과거로 하여금 새롭게 말하게 하는 것이 둘째 방법이다. 이것이 바로 볼드윈이 말하는 "할 수 있는 한 먼 과거로 돌아가서, 모든 것을 조사해보고, 네가 걸어왔던 길을 다시 여행해보고, 그에 대해 진실을 말하는 것이다."

월터 라우쉔부쉬는 19세기가 끝나고 얼마 안 된 1907년에 『기독교와 사회의 위기』(*Christianity and Social Crisis*)를 발표했다. 독자들로 하여금 그 소란스럽던 여러 해를 다시 회상하도록 만들기 위해, 라우쉔부쉬는 상상력으로 지나간 세기들의 영령들(the Spirits of the Dead Centuries) 회의를 소집했다. 죽은 영령들이 최근 100년의 보고를 받기 위해, 과거의 둥근 천정 회의실 화강암 보좌들 위에 모여들었다. 18세기의 영령이 19세기의 영령에게 부탁하기를 "당신의 이야기를 해보시오, 형제여. 우리가 당신에게 남겨준 인류에 대한 말을 들려주시오"라고 했다.

Writers on What It Means to be White, ed David R. Roediger (New York: Schocken Books, 1998), 321.
11) See the Prelude.

"나는 경이로운 세기의 영령입니다"라고 19세기의 영령이 시작한다. "나는 사람들에게 자연을 정복하도록 했소. 발견들과 발명들이 나의 규칙을 따라서, 마치 검은 공간을 비추는 사랑스런 별들처럼, 빛을 내는 은하수에 모여 있소. 일천 명의 노예들의 수고로움으로도 할 수 없을 만한 일을 한 사람이 그의 손을 대는 것만으로도 해냅니다. 지식이 부(富)와 재물(財物)의 광산들의 문을 열쇠로 열었고, 오늘 축재(蓄財)한 부가 내일의 더 큰 부와 재물을 창조합니다. 사람은 숙명(宿命)의 노예에서 탈출했고 이제 자유롭습니다. 나는 사람들의 사상을 자유롭게 만들었습니다. 그들은 사실들을 직시하고 그들의 지식이 모두에게 공통임을 알고 있습니다. 동방에서 저녁에 한 행동들이 아침이면 서방에 알려집니다. 그들은 자기들의 속삭임을 바다 밑과 구름을 건너서 보냅니다. 나는 편협함의 사슬과 독재정치를 깨뜨렸습니다. 나는 사람들이 자유롭고 평등하게 만들었습니다. 각 사람이 그의 인간됨의 가치를 느낍니다. 나는 역사의 정점을 찍었습니다. 나는 인류에게 당신들 아무도 이전에 해주지 못한 것을 해주었습니다. 그들은 부유하고, 그들은 지혜롭고, 그들은 자유롭습니다."[12]

영령들은 "당황스런 눈들을 하고" 침묵 속에 앉아 있다. 마침내 1세기의 영령이 말한다. 1세기 영령은 19세기 영령의 주장에 대해 질문을 제기한다. "당신은 사람들을 부자가 되게 만들었소... 당신은 사람들을 지혜롭게 만들었소... 당신은 그들을 자유롭게 만들었소... 당신은 그들을 하나가 되게 만들었소."[13] 19세기 영령이 오래 듣고 나서, 고개를 가슴에 떨구고 응답한다.

"당신이 수치스럽게 여겼던 것이 내게도 다가왔소. 나의 대도시들은 당신의 도시들이나 마찬가지입니다. 나의 수백만 명은 그날그날 겨우 벌

---

12) Walter Rauschenbusch, *Christianity and the Social Crisis* (New York: Macmillan, 1907), 211.
13) Ibid.

어먹고 삽니다. 가장 오랜 시간 고생하며 수고하는 자들이 가장 적게 갖습니다. 나의 수천 명 사람들은 그들의 수명의 절반도 채 살지 못하고 죽어갑니다. 나의 파괴된 인간들은 점점 더 많아집니다. 계급이 계급을 서로 언짢은 불신으로 마주 대합니다. 그들의 자유와 지식은 단지 사람들로 하여금 더욱 고통을 통렬하게 느끼게 만듭니다."14)

이제 당황한 눈으로, 19세기 영령이 겨우 이렇게 부탁을 한다. "당신들 가운데 나도 앉게 해주시고, 나로 하여금 왜 이 지경이 되었는지 생각하게 해주시오."15)

만일 과거에서 배우는 것이 두 번째 수단이라면, **시대의 징표**(signs of the times)**를 분별하는 것**이 세 번째다. 당신이 도대체 어디에 있으며 무엇을 보는지에 관한 문제를 풀어보려면, 위, 아래, 그리고 둘레를 살펴보라. 무엇이 일어나고 있는가? 무엇이 그 원인들이며, 현상들이며, 결과들인가? 과학자들과 역사가들에게 상의해 보라. 원로들과 시인들, 예술가들, 농부들, 의사들, 영양학자들, 기술자들 그리고 어린이들과 상의해보라. 현재의 배열들에서 이익을 얻는 자들과 상의해보라. 특히 혜택을 받지 못하는 자들과 상의해 보라. 현재의 삶을 살아가는 방식에 대해 무엇이 두드러진 것이라고 그들은 보고하는가? 집단적인 증언에 비추어볼 때, 어떤 첫 번째 과업들을 유지해야 하며, 어떤 것을 수정해야 하며, 어떤 것을 포기해야 하는가?

만일 우리가 어디로부터 왔는가를 아는 지식과 현재에 대한 판단 및 두 세계들을 함께 살아본 경험과 결합해 보면, 그 설명은 아마도 이럴 것이다. 그건 라우쉔부쉬와 그리고 19세기의 다른 사람들이 "사회적 질문," "사회적 문제," 혹은 "현대사회적 문제"라고 한 것을 가지고 시작한다. 이런 말들은 라우쉔부쉬와 동시대 사람이었던 에른스트 트뢸취의 표현들이다. 트뢸취가 1911년에 해석한 것은 라우쉔부쉬를 겨우 몇 년 뒤에 따라간 것이다.

---

14) Ibid.
15) Ibid.

이런 사회적 문제는 광범위하고도 복잡하다. 그것은 자본주의 경제적 시기의 문제와 그것에 의해 생겨난 산업노동자들의 문제를 포함한다. 또한 군국주의적이며 관료주의적인 거대 국가들(giant states)이 성장한 문제, 식민지와 세계정책에 영향을 줄 심각한 인구증가의 문제, 그리고 엄청난 양의 물질들을 생산하고, 무역의 목적을 위하여 전 세계를 연결하고 유통하는 문제, 그러나 또한 사람들과 노동력을 기계처럼 취급하게 만드는 문제를 포함한다.16)

어떤 이름을 붙이든지, "사회적 질문" 혹은 "현대사회적 문제"는 급속히 발전하는 산업사회의 착취적인 본성과 계층 분열을 일으키는 효과들을 이름 붙이려는 노력이다. 그것의 추진 동력은 애덤 스미스의 업적을 유명하게 만든 경제다. 스미스가 1776년에 『국부론』(國富論: *An Inquiry into the Nature and Causes of the Wealth of Nations*)을 썼을 때는 그의 경제 이름이 아직 "자본주의"는 아니었다. 그 이름은 그 후 70여 년이 지나서, 유럽의 철학자들이 붙인 이름이었다. 많은 사람들을 배제하고, 단지 상대적으로 소수의 자본가들이 생산을 위한 자산과 그것이 만들어내는 이익을 독점하는 경제체제를 기술하기 위해 붙인 이름이었다. 그러나 스미스는 그 동력—신생 부르주아지의 난폭한 방식—을 알아차렸고, 이미 그것은 세계를 형성하는 권력이 되었다. 그로부터 몇 해 지나지 않아서, 카를 마르크스 자신이 자본주의에 관해 놀라고 충격을 받았다.

지난 100년이 채 안 되는 동안 부르주아지들의 지배는 모든 앞선 세대들 전부가 생산했던 것보다도 더욱 대량으로 더욱 어마어마한 생산력을 산출해내었다. 인간에게 정복당한 자연의 힘들, 기계장치, 산업과 농업에 화학을 적용하기, 증기기관, 철도, 전기 송신, 경작을 위해서 전 대륙들을 깨끗이 벌목하기, 강들에 운하를 만들기, 전체 인구를 토지에

---

16) Ernst Troeltsch, *The Social Teaching of the Christian Churches* (Chicago: University of Chicago Press, 1981), 2:1010.

서 몰아내기 등이다. 그 이전 세기들은 그런 생산력들이 사회적 노동의 책임 아래 졸고 있다는 것에 대해 불길한 예감이라도 가졌던 적이 있었는가?17)

그것은 1848년의 일이라, "산업과 농업에 화학을 응용하기... 경작을 위해서 전 대륙들을 깨끗이 벌목하기, 강들에 운하를 만들기, 전체 인구를 토지에서 몰아내기"는 고작 시작 단계에 있었다. 또한 프롤레타리아들이 부르주아지들을 묻을 무덤을 파는 자들이 될 것이며, 장차 일어날 사회주의 혁명이 자본주의를 완패시킬 것이라는 마르크스의 예언은 놀랍게도 틀렸지만, 그도 역시 트뢸취와 라우쉔부쉬와 마찬가지로, 사회가 원자들로 분해되고(atomization), 산업사회 질서가 착취적이며 소외시키는 한편 엄청난 생산성과 점증하는 물질적 풍요라는 유혹을 통해 사람들의 정신을 노예로 만드는 특성을 갖고 있다는 점에 대해서는 매우 정확했다. 라우쉔부쉬, 트뢸취, 그리고 마르크스, 이 세 사람이 모두 2000년에 나타나서, 20세기의 영령의 보고를 받았다면, 그들은 "사회적 질문"의 지속적인 힘이 여전한 것에 대해, 혹은 그것이 전 지구적인 것이 되었다는 사실에 대해 놀라지 않았을 것이다. 정착된 공동체에 대한 비난이 여전히 우리 세계를 정의한다. 부자들과 그 밖의 나머지 사람들 사이의 간격이 더욱 넓혀지고 있는데, 한편으로는 가족, 공동체, 국가는 여전히 변천하는 정체성과 불안한 통치권 가운데서 사회의 원자화를 겨우 모면하기 위해 악전고투하고 있다. 이것은 초기 자본주의의 이들 학생들을 화나게 하거나 슬프게 만들었을 법하지만, 그러나 아마도 그들을 놀라게 만들지는 못했을 것이다.18)

---

17) Karl Marx, *The Communist Manifesto* (Chicago: Henry Regnery, 1954), 23.
18) 곁길로 나가서, 2008년은 세계인구가 충분한 식량이 없이 상향된 비율이 기록상 최초를 이룩한 해다. 단 1년 만에 2억5천만 명 인구가 증가한 것은 인류 역사상 가장 큰 것이다. 전 지구적 자본주의 경제의 식량 안전이 충분한 안전 에너지, 충분한 안전 물에 더하여 21세기의 가장 큰 문제로 등장했다. 프레데릭 카우프만, "The Food Bubble: How Wall Street Starved Millions and Got Away With It," *Harper's* 321, no. 1022 (July 2010): 28.

20세기의 영령은 그 밖에 다른 무엇을 보고하는가? 그렇다, 그리고 그것은 대체적으로 라우쉔부쉬와 트뢸취의 주의를 끌지 못했고, 뭔가 약간 덜한 정도로 마르크스의 주의도 끌지 못했다. 20세기의 마지막 3분기에는, "생태사회적 질문"이 "사회적 질문"에 가세했다. 지구의 생명체들과 생태환경의 퇴화는 어디서든—공중에서, 땅 위에서 그리고 바다 수면 아래에서도—생명의 공동체들을 위협한다.19) 원인들이야 여러 가지이고 복잡하지만, 사회적 질문과 마찬가지로 생태학적 질문도 주로 현대 산업공학기술사회의 조직, 관습, 착취적인 요구들의 내리막 부분이다. 그것이 스스로 드러낸 것은 맘몬(mammon: 재물의 신)을 추구하느라 자연을 끝없이 변화시킨 것, 이와 병행하여 사회를 끝없이 변화시킨 것, 즉 자연문화와 자연사회, 두 가지 모두를 변화시킨 것이었다. 그것의 경고신호는 서식지들의 축소, 생물종들의 사라짐, 토양 침식, 유전인자 집단의 변화, 단일 농작물과 산업화된 농업, 어업의 붕괴, 더러워진 공기, 환경에 의한 질병, 삼림의 감소, 환경 난민과 인구의 내부 이동, 더 큰 도시화, 기후변동 등이다. 사회적 질문과 마찬가지로, 생태학적 질문도 전 지구적인 것이 되었다. 이미 진행 중인 사회적 변화에 덧입혀, 그것은 21세기의 세계를 전신 문신(full-body tattoo)처럼 만든다.20)

획기적인 이해의 네 번째 돌파구는 **인식의 충격**이다. 그것이 이 책의 남은 부분에서 우리가 채택하는 길이다. 예를 들어, 맨해튼계획(Manhattan Project)의 민간인 책임자였던 로버트 오펜하이머(Robert Oppenheimer)를 생각해보자. 1945년 7월 17일 뉴멕시코 사막에서 트리니티(Trinity)21) 핵폭탄의 최초

---

19) 내가 이 글을 쓰는 동안, 멕시코 만에서 BP 유조선 재난으로 지금껏 가장 많은 기름 유출을 했다. 이게 바로 여러 해 동안 "Beyond Petroleum"(석유를 넘어서)라고 그에 대한 대안의 챔피언이라고 자체를 광고했던 거대회사가 저지른 것이다.

20) 사회생태적 질문들에 대한 이 부분은 원래 다음 것에 출판되었었다: Larry Rasmussen, "Give Us Word of the Humankind We Left to Thee: Globalization and its Wake," *EDS Occasional Papers* 4 (August 1999): 1-3.

21) 첫 원자폭탄(Trinity) 시험 장소는 오펜하이머가 선정했다. 그것은 기독교의 하느님을 지칭한다. 오펜하이머는 원자폭탄 시험 거사를 앞두고 최후 점검이 진행되었던 그해 여름에 잠을 못 이룬 밤들 동안 John Donne의 시를 읽었다

폭발 장소에서 그는 핵 시대의 시작을 목도하면서, 힌두교의 비쉬누(Vishnu) 신의 말을 떠올렸다. "나는 세계의 파괴자, 죽음이 된다." 오펜하이머는 계속해서, "나는 우리가 모두 이런저런 식으로 그것(세계의 파괴자)을 생각했다고 본다"22)고 말했다. 그렇다, 그러나 스페인 사람들이 "죽음의 행로" 혹은 "죽은 사람의 행진"(Jornada del Muerto)23)이라고 이름붙인 광활한 사막의 해골 언덕 위에 청자 빛 하늘로 치솟아 오른 버섯구름을 보았을 때 그들도 역시 어리벙벙해진 침묵 속에 서 있었다. 오펜하이머와 그의 팀은 새로운 시대를 열었다. 그들은 그것을 알았고, 그들의 계획이 엄청난 성공을 거두었음을 생각했지만, 불길에 휩싸인 구름이 그들에게 남긴 숙제는 그들이 무슨 일을 저질렀는지 그 의미를 모색하는 것이었다.

또는 1989년 11월 9일 베를린 장벽(Berlin Wall)의 붕괴를 생각해보자. 그해에 동유럽의 정부들이 연달아 비폭력적으로 붕괴했다: 소련 연방, 폴란드, 체코슬로바키아, 독일 민주공화국(동독) 등이다. 파괴된 장벽은 두 독일의 통일보다 더 많은 것을 의미했다. 그것은 전대미문의 획기적인 발전에 대한 극적인 상징이었다. 즉 자본주의에 대한 세기적인 대안으로 국가가 지원한 사회주의가 비극적으로 실패했다. 그 장벽의 소멸은 자본주의의 승리를 선포하였고, 영국의 수상 마가렛 대처(Margaret Thatcher)가 "대안은 없다"(There Is No Alternative)라고 외친 시대의 도래를 선포한 것이었다.

그런 다음에, 1990년 2월 넬슨 만델라(Nelson Mandela)의 모습이 전 세계

고 한다. 그에게 영감을 준 시 구절은 다음과 같다:
    Batter my heart, three-personed God: for you
    As yet but knock, breathe, shine, and seek to mend;
    That I may rise and stand, o'erthrow me, and bend
    Your force, to break, blow, burn, and make me new.
Jennet Conant in *109 East Palace* (New York: Simon & Schuster, 2005), 237에서 재인용.

22) Ibid., 308.
23) Jornada del Muerto는 뉴멕시코 주에 있는 횡단하기 대단히 위험한 사막이다. "Jornada"는 사람이 하루에 걷는 보통의 여정을 지칭한다. 그 사막의 끝에 있는 종착 작은 마을 이름은 Socoro--"succor," "consolation"(위안)이다.

에 텔레비전으로 방송되었으니, 그는 27년 동안 감옥살이를 마치고 빅터 버스터(Victor Verster) 감옥을 나서서, 환호하는 남아프리카 군중들 속으로 걸어 들어가, 이윽고 인종차별정책(apartheid) 이후의 국가에서 처음 실시된 선거로 처음 대통령이 되는 길로 걸어 나갔다. 그것을 빼놓고는 아름답기 그지없을 나라의 가장 추악한 특징이었던 인종차별정책도, 베를린 장벽과 동부 유럽처럼, 놀랍게도 비폭력적으로 무너졌다.

이런 사건들―대량학살 무기의 등장, 베를린 장벽과 국가 사회주의의 붕괴, 인종차별정책의 법적인 종말―이후의 삶은 그 이전의 삶과는 달라야 될 것이었다. 그것들은 획기적인 것이었기에, 그 이후의 사고와 행동의 참고 지점들과 공유된 의미의 통용이 된 상징들 속에 넣어졌다.

이런 인식의 충격과 그 계시들은, 비록 다른 맥락이긴 하지만, 우리의 경우에도 계속된다. 본질적 배경은 위대한 변혁의 순간들을 강조하는 인간/자연 관계들의 짧은 역사다.

출발점들

인간/자연 사이의 관계들의 첫 단계는 인간이 사냥을 통해 식량을 구하는 방식, 혹은 수렵채집자들로서 살았던 오랜 시기다. 그것은 기록의 95%를 차지한다. 그러나 지구 행성에 준 충격으로 말하자면, 그 95%는 기원전 1만 년경에 시작된 첫 번째 진정한 변혁인 **신석기 혁명**의 서곡에 불과하다. 아시아 남서부, 중국, 중앙아메리카 지역에서 동시에 일어난 신석기 변혁은 광범위하고 깊고도 지속적인 영향을 남긴 혁명이었다. 처음에는 **농업혁명**이었는데, 그것은 정착된 사회들을 초래했다. 기원전 3천 년에서 기원후 1천 년에 이르는 기간 동안, 도시들의 발생과 수공업의 특수화, 강력한 종교들과 철학들 그리고 마찬가지로 강력한 사회 지배층의 등장, 문자로 쓰기, 원예농업, 도자기, 뜨개질, 많은 예술들, 동물들 길들이기와 식물들 재배, 인구증가가 이루어졌다. 비록 농업체계들이 나중엔 극적으로 변하게 되었지만, 현재 전 세계의 농업체계에 속한 주요 곡식들과 동물들을 키우게 된 것은 사실상

기원전 2천 년 경이었다.24)

이런 혁명은 사회를 위해 자연을 의도적으로 재구성했고, 자연사회가 보다 효과적으로 생산하도록 재조직하였다. 이제부터는, 그리고 사냥을 통해 식량을 구하던 자들의 사회와는 대조적으로, 자연사회라는 것이 인간에 의해 계획된, 인간적으로 질서가 잡힌, 자연을 인간적으로 연출한 것이 되었다. 다른 여러 가지 변화들 가운데서, 인간들은 오직 몇 가지 곡식들만 심어서 지역의 생물종(生物種)들의 다양성을 축소시켰다. 이처럼 다양성의 축소와 단지 몇 가지 곡식들만 심어서 자연적인 풍경을 단순화시키는 것이 그 이후 이어지는 농업과 함께 계속되었다. 사냥을 통해 식량을 구하던 자들과 비교해보면, 인간들은 상황을 벗어나는 생물종이 되기 시작했다.25)

사냥을 통해 식량을 구하던 자들은 확실히 그들을 둘러싼 환경에 수동적인 사람들이 아니었다. 모든 종(種)들처럼 이런 사람들은 환경에 대응하였고, 비록 극적으로 변화시킨 것은 아니었지만 환경을 변화시켰다. 그들은 바구니를 만들고, 천을 엮어 짜기도 했으며, 소규모 관개시설을 만들고, 심지어 개들과 돼지들을 가축으로 길렀다. 그들은 또한 신성한 것을 숭배하고, 성스러움에 대한 감각을 키우기도 했다. 그러나 인간사회가 더욱 증가하는 사람들이 더 이상 직접 음식을 생산하는 데 종사하지 않아도 되는 방법을 발견하기 전까지는, 우리가 알고 있는 예술, 과학, 문화, 농업의 세계가 아직 발전되지 못했다. 그 후에야 비로소 농부들뿐 아니라, 건축가, 예술가, 성직자, 철학자, 회계사, 그리고 과학자들이 생겨나 각자의 작업을 할 수 있었다.

과거와 대조되는 생활방식들은 눈부시게 극적이었다. 수렵채집자들은 "광범위하게"으로 살았다. 그들은 광범위한 지역을 이동하면서, 그 지역의 자연 자원들을 활용하였다. 이와는 대조적으로, 신석기와 이어지는 시대의 농부들은 땅을 "집중적으로" 활용했다. 그들은 정착사회를 건설했고, 정착한 인간들의 필요에 맞도록 땅의 풍경들과 자원들을 활용하였다. 도시들이

---

24) 신석기 혁명 시대의 조목들은 Rasmussen, *Earth Community, Earth Ethics*, 55에서 인용.
25) Jackson, *Consulting the Genius of the Place*, 75.

생겨나자, 사람들은 더욱 집중적으로 살게 되었다. 사람들은 주로 농토 위에 새로운 거주지를 만들었다.

오늘날, 역사상 처음으로 인구 대다수가 도시에 거주하게 되어, 나머지 자연과의 마찰이 근본적이다. 자연의 방식은 광범위하지만, 현재 인간의 방식은 더욱 넓은 영역에서 더욱 고도로 집중적이다. 우리는 흙으로부터 물과 에너지에 이르기까지 거의 모든 것을 효과적으로 사용하여 고갈시키면서, 매우 집중적이다. 그러나 자연의 "광범위한" 방식들은 대량 사용과 집중적으로 짜내는 경제들에 맞추는 그런 방식으로 진화되지 않았다.

인간/자연의 관계에 대한 웨스 잭슨의 설명이 도움이 될 것이다. "호모 사피엔스를 위한 도전은 지각(地殼) 위에서 작용하는 힘들이 자연적으로 재충전하는 비율을 초과하지 않게, 분수에 맞게 사는 것을 배우는 것이다."[26] 생태권(ecosphere)의 자원들은 지질학적 시간 속에 생성된 것이지만, 인간은 그런 자원들을 농업과 도시의 시간 속에서 사용하고 있다. 이런 근본적인 시간차가 문제되지 않는 조건은 인구가 적고 공급(비옥한 토양, 좋은 화석연료, 깨끗한 공기, 신선한 물)이 수요에 비해 외관상 무한대일 경우다. 그러나 토양의 손실이 토양의 재생산을 초과하고, 바다가 산성화하고, 에너지 자원들이 감소하는 추세라면, 자연의 자연적인 재충전 비율은 사라진다. 적어도 인간들이 생활방식을 바꾸거나 그들의 숫자가 극적으로 감소하지 않는 한, 재충전은 이루어지지 않는다.

여기서 인식의 충격은 우리의 현재 생활방식이 지구의 재충전 비율을 능가한다는 것이다. 에드워드 바비어의 결론은, 우리가 이제 처음으로 전 지구적인 생태학적 결핍의 시대(Age of Ecological Scarcity)로 진입한다는 것이다.[27] 만일 사정이 그러하다면, 지혜의 시작은 웬델 베리처럼 질문하는 일이다. "여기 무엇이 있었나?" 이건 "인간의 광범위한 환경파괴가 있기 전에는 생태계가 무엇과 같았나?"라는 뜻이다. 그리고 잭슨이 지적한 것처

---

26) Ibid., 68.
27) Edward B. Barbier, *Scarcity and Frontiers: How Economies Have Developed through Natural Resource Exploitation* (Cambridge: Cambridge University Press, 2011), 665.

럼 유치한 질문인 "벌 받지 않고 무엇으로 모면할 것인가?"28)라는 것보다는 "여기서 자연이 우리에게 요구하는 것은 무엇인가?"라고 질문하는 일이기도 하다.

위에서 언급한 "성직자들"과 "강력한 종교들과 철학들의 등장"은 나중의 목적을 위해서 여기서 한 마디 해두어야 하겠다. 기독교와 이슬람교는 그들의 선배인 유태교와 함께, 그들의 거룩한 경전들과 실천들의 거의 모든 곳에서 신석기 혁명으로 초래된, 땅과 인간 사이의 관계를 당연한 것으로 가정하고 있다. 창조설화는 순진하게도 인간 이야기의 95%를 무시하고 있어서, 하느님이 태초에 야생 동식물뿐 아니라 가축들과 재배식물들도 창조하고, 또한 인간들은 이미 동식물을 재배한 것으로 묘사한다(창세기 1:24, 2:15). 생태계 파괴로 인한 적자가 얼마나 엄청난 것인지, 또한 그와 동시에 발생하는 지구와 인간의 친밀감의 상실, 성스러운 자연과 조화를 느끼는 인간의 감성적 손실이 얼마나 엄청난 것인지 우리는 결코 알 수 없을 것이다. 사냥을 통해 식량을 구하던 사람들이 우주에 대해 지니고 있었던 마음은 지금은 거의 사라졌다. 우주에 대한 사랑(cosmophilia)과 생명 사랑(biophilia)이 여전히 우리의 혈관 속에 흐를지 모르지만—결국 "생명의 나무"는 아직도 우리 안에 있고, 우리는 그 안에 있다—그러나 "당신의 나라가 오시기를" 하는 기도와 "당신의 정원이 계속되기를" 하는 기도 사이의 차이는 작지 않다. 혹은 책의 사람들(the People of the Book)이라는 정체성과 자연의 사람들(Nature People)이라는 정체성 사이의 차이도 작지 않다. 혹은 지역적이며 부족적 동물들, 동료들의 작은 무리 안에 갇혀 사는 존재(이것은 사냥을 통해 식량을 얻던 자들과 신석기 시대 거주자들 모두에게 다 맞다)29)와 부족적이면서 동시에 지구적인 존재 사이의 차이도 작지 않다.

그러나 지구/인간 관계에서 두 번째 위대한 변혁30)은 유태인, 기독교인,

---

28) Berry의 질문을 Jackson이 인용, *Consulting the Genius of the Place*, 69.
29) David Suzuki, Foreword, in Tim Flannery, *Now or Never: Why We Must Act Now to End Climate Change and Create a Sustainable Future* (New York: Atlantic Monthly Press, 2009), vii.
30) Karl Polanyi, *The Great Transformation: The Political and Economic*

무슬림의 거룩한 책과 전통을 **형성한 것**(formation) 속에 나타나지 않는다. 거기에 나타나지 않고 빠져 있다는 사실도 중대한 자료인 이유는 그 사실이 바로 거의 모든 종교가, 멜빌(Melville)이 말한 "어디서나 모든 것이 맞물려 있는 세상"의 부분들로 사방으로 흩어질 때, 경전의 종교들에게는 생태학적 각성이 매우 이상스럽고도 새로운 것이었다는 점을 강조하기 때문이다.

그 두 번째 위대한 변혁은 **산업혁명**과 그 결과로 생겨난 모든 것들이었다. 그 혜택은 엄청났다. 평균수명이 절반도 안 되었던 시대로 되돌아가기를 원하는 사람은 아무도 없다. 수백만 수천만 명을 가난의 비참함 속에서 구출해냈던 현대 이전의 시대로 돌아가 살기를 원하는 사람은 아무도 없다. 아무도 전국적 유행병의 형벌과 흑사병의 응징이라는 "엄청난 죽음"에로31) 돌아가기를 원하지 않는다. 그리고 다른 시대에는 심지어 부자들도 알지 못했던 창조물의 안락함을 포기하려는 사람은 아무도 없다.

환상들

지구/인간 사이의 관계들에서의 위대한 변혁은 화석연료들—석유, 석탄, 천연가스—형태로 압축되어 저장되었던 에너지를 아낌없이 사용한 공학기술 덕분에 가능해졌다. 그러나 이런 공학기술들은 방대한 양의 저장된 에너지와 결합하여, 우리가 아직도 믿고 있는 몇 가지 환상들을 부추겼다.

첫째, 화석연료들이 인간들로 하여금 **자연의 리듬과 요구들**을 못 본 체하게 만들었는데, 그런 자연의 리듬과 요구들은 산업시대 이전의 인간들이 계절의 변화에 따라 필연적으로 지켰던 것들이다. 산업시대는 사람들로 하여금 그들 자신이 조성한 환경을 그들이 선호하는 거주지로 삼도록 하였는데, 그것은 명백히 그들 나름의 방식으로 그들 자신의 이미지대로 창조한 세계였다. 이윽고 인간 이외의 자연이 그 자체의 복잡하고도 절대적인 조건

Origins of Our Time (Boston: Beacon Press, 1944), passim에서 재인용.

31) 우리가 유행병(역병: Plague)라고 부르는 것을 당시엔 "엄청난 죽음"(Great Mortality)이라고 했다. 무슬림 국가들은 유럽만큼이나 인구 비율을 잃었는데, 그런 해를 "멸절의 해"(the Year of Annihilation)라고 했다.

들에 따라 재생산과 갱신을 요구하는 것에 대해 심지어 질문하려는 사람조차도 거의 없게 되었다. 지구의 경제(Earth's economy)는 항상 모든 인간 경제(human economy)를 위한 하부구조라는 사실에도 불구하고, 모든 인간 경제는 항상 어디에서나 철저히 자연의 경제에 의존하는 한 부분일 뿐이라는 사실은 사람들의 기억에서 사라진 것 같았다.

이처럼 그 자체의 조건들에 따라 재생산을 요구하는 자연의 리듬과 요구를 모른 체하는 것은 두 번째의 환상과 결부된다. 즉, 인간들이 생태권(ecosphere)을 자신들의 통제 아래에 둘 수 있고, 인류를 하찮은 일과 수고로움에서 해방시킬 수 있다는 확신 말이다. 자연의 무제한적인 풍요함과 복종을 예상하면서, 인간들은 프로메테우스의 목표로 자신들의 세계를 계획할 수 있다는 것이다. 우리는 그렇게 생각했었다. 우린 지금 그와는 다르게 알게 되었다. 지구 행성의 과정들은 우리가 생각하는 것보다 훨씬 더 복잡하고도 예측할 수 없을 뿐만 아니라, 그 과정들은 아마도 우리가 일찍이 생각할 수 있었던 것보다도 더 복잡하다.32) 지구의 과정들은 확실히 어느 한 생물종(生物種)이 정복하고 통제할 수 있는 것보다 더 복잡하다.

세 번째의 환상은, 규모(scale)는 어쨌든 문제가 되지 않는다는 환상이다. 2010년에 25세 이하의 젊은이면 누구라도 인간 역사에서 모든 화석연료의 절반을 태워버렸고, 또한 인간의 손들에 의해 방출된 온실가스의 절반 이상이 하늘로 올라간 시대를 살았다.33) 1936년에 태어나서 2003년에 아직도 살아있는 사람이면 누구라도 모든 석유의 대략 97.5%를 퍼 올려 태워버린 시대를 살았다.34) 1950년에서 2000년까지 반세기 동안 전 지구적 소비경제는, **그 이전의 전체 역사를 통해** 생산하고 소비한 물자와 서비스만큼을 생산하

---

32) A paraphrase of Michael Crofeet as cited by Sam Bingham, *The Last Ranch: A Colorado Community and the Coming Desert* (New York: Pantheon Books, 1996), 345. 빙햄은 크로피트에서 인용출처를 밝히지 않았다.
33) Randy Udall, "The Big Bonfire," *High Country News*, December 21, 2009, 21.
34) Wes Jackson, "Where Are We Going," The Land Institute, 2, n.d. Available at www.LandInstitute.org.

고, 유통하고, 소비해버렸다.35)

이렇게 빠른 박자는 계속된다. 우리는 아직도 유한한 지구 행성 위에서 무한한 성장을 계획할 수 있고, 또한 그 규모를, 그것이 얼마든, 관리할 수 있다고 상상한다. 심지어 한계가 있다는 **생각** 자체가 우리의 생활방식을 거스르는 것이다. 한쪽에는 부자들 그리고 다른 쪽엔 가난한 자들로 비교되기보다는, **그만하면 충분하다**(enough is enough)고 성경이 말하는 판단(잠언 30:8-9)은 사람들의 마음에 새겨지지 않는다.36)

이런 환상들이, 인간의 목표들을 위한 추출, 생산, 소비를 지향하는 산업 패러다임을 지원하는 과학과 공학기술의 힘들과 저장된 에너지의 대량 공급과 결합하면, 인간이 아닌 다른 자연의 어느 부분도, 즉 유전자들에서부터 초원, 빙하들에 이르기까지, 인간이 유발하는 변화에서 제외될 수 없다는 것을 뜻한다. 마치 인간 이외의 자연의 일차적인 지위는 동료로서의 주체라기보다는 오직 "객체"(대상)로 되었듯이, 자연의 나머지들과 인간의 우선적인 관계도 오직 "이용"을 위한 것으로만 되었다. 자연이 생명의 영혼을 지녔고 성스러운 것들을 중개했던 그런 깊고도 긴 관계가 끝나버리면서, "그것"(it)으로 상징화된 자연이 "당신"(thou)으로서의 자연을 대체해버렸다.

우리의 의식 속에서 "그것"으로서의 자연은 또한 우리의 도덕성 속에서 "당신"으로서의 자연을 밀어내고 대체해버렸다. 자연은 도덕적 방향과 안내의 **대표적** 원천(the source)이기는커녕, 더 이상 힘 있는 원천도 아니다. 욥(Job)의 권고는 무시된다: "그러나 이제 짐승들에게 물어 보아라. 그것들이 가르쳐 줄 것이다. 공중의 새들에게 물어 보아라. 그것들이 일러줄 것이다. 땅에게 물어 보아라. 땅이 가르쳐 줄 것이다. 바다의 고기들도 일러줄 것이다"(욥기 12:7-8). 하느님의 피조물들은 더 이상 우리들에게 교훈을 주지 않는다. 우리네 인간 종(種)을 넘어 어떤 종(種)들도 우리에게 교훈을 주지 않는

---

35) Alan T. Durning, *How Much is Enough?* (London: Earthscan, 1992), 38.
36) "허위와 거짓말을 저에게서 멀리하여 주시고, 저를 가난하게도 부유하게도 하지 마시고, 오직 저에게 필요한 양식만을 주십시오. 제가 배가 불러서, 주님을 부인하면서 '주가 누구냐'고 말하지 않게 하시고, 제가 가난해서, 도둑질을 하거나 하느님의 이름을 욕되게 하거나, 하지 않도록 하여 주십시오"(잠언 30:8-9).

다. 다만 "자원들"(resources)과 "자재들"(capital)로서, 단지 이용만을 위한 것이라, 그것들은 아무것도 할 말이 없다. 친족관계와 목소리는 없어져버렸다.

이런 세 가지 환상들—우리가 생태권을 전체적으로 알고 통제할 수 있다는 환상, 자연 자체의 리듬과 요구들을 무시하거나 우리의 고안대로 바꿀 수 있다는 환상, 그리고 규모는 초조해 할 문제가 아니라는 환상들—에 대한 반갑지 않은 충격은, 중요한 생명체계가 모두 무너지고 있으며, 전혀 예상하지 못했던 냉혹한 현실로서 극도의 기후변화가 더욱 악화되고 있다는 충격이다. 이것이 모든 생명계에 장차 무엇을 뜻하는가를, 우리는 단지 그을린 유리를 통해서만 감지하고 있을 뿐이다.

공학기술시대인가, 아니면 생태대인가?

어떤 이들이 간단히 "현대"라고 부르는 산업시대의 소란스러운 활동은 이처럼 지구/인간 사이의 관계들의 또 다른 변혁의 문턱에 우리를 데려왔다. 토마스 프리드만은 이를 일러 "에너지-기후의 시대"(Energy-Climate Era)라고 한다. 그것은 토마스 베리 신부의 말대로 **"공학기술시대"**(technozoic era)**에서 "생태대"**(ecozoic era)**로 이동하는 "위대한 과업"**(Great Work)이다.

모든 문명과 사람들은 그 나름의 역사적인 과제를 갖고 있다. 베리 신부의 설명에 의하면, "고전 그리스 세계의 위대한 과업은 인간의 정신과 서구 인문주의적 전통을 이해한 것이었다. 이스라엘의 위대한 과업은 인간의 세상사에서 거룩한 신(神)을 새로 경험한 것을 명확히 표현한 것이었다. 로마의 위대한 과업은 지중해 세계와 서부 유럽 사람들을 서로 질서 있는 관계로 모아들인 것이었다… [인도의] 위대한 과업은 인간의 사상을 시간과 영원의 영적인 경험에로 그리고 그들 서로 속에 나타남을 독특하고 정교한 표현에로 인도한 것이었다… 미국에서 처음 원주민들의 위대한 과업은 이 대륙을 점령하고 이 대륙을 이토록 장엄하게 존재하도록 만든 힘들과 긴밀한 공감의 신뢰를 형성한 것이었다." 그리고 우리 세대와 다음 몇 세대가 감당해야 할 위대한 과업은 "인간이 지구를 황폐하게 만든 기간으로부터 인간이 지구와 서로 혜택을 주는 방식으로 존재하는 기간으로 전환하는" 과업이다.37) 프리드만에게는 이것이 "밝은" 역사적 순간—우리 시대—에 전 지구적 수평화, 전 지구적 온난화, 그리고 전 지구적 인구과잉으로부터—으로부터 "다른 것들과 서로 협력하는 새로운 방식들, 새로운 사고방식들, 새로운 하부조직(기초구조), 새로운 연장들"의 시대로 전환하는 것을 의미한다.38)

그러나 이것은 이런 변혁이 일어나고 있음을 가정하는 것이다. 우리 자신이 새로운 "위대한 과업" 가운데 있는지, 아니면 "에너지 기후시대"(ECE = Energy Climate Era)39) 원년에 있는지를 알아보기 위해선, 지구 행성 위에서 무슨 일이 일어나고 있는지를 좀 더 자세히 살펴볼 필요가 있다. 전 지구적 추세들을 추적하는 과학자들이 수집한 그래프들이 그 자료를 제공한다. 모든 그래프들은 "하키스틱"(hockey sticks)처럼 급증하고 있는 모습이다.

국제 지권-생물권 프로그램(International Geosphere-Biosphere Programme)이 아래의 그래프로 나타낸 각 영역들의 주요 추세들을 수집하였다. 이들 과학자들이 이것들을 이전의 지구 행성 조건들에 대한 지식들과 비교하고 내린 결론은 이렇다: "몇 단계 천년기들(millennia)에서 얻은 증거가 보여주는 바는 인간이 지구의 환경에 일으킨 변화들의 크기와 비율이 많은 경우에 전례가 없다는 점이다. 지구 체계의 현재 작동하는 것에 비하면 이전에는 이와 유사한 것이 없었다."40) 그들은 지구의 지질학적 역사에 "**인류세**"(Anthropocene)라는 새로운 기간을 선언하기까지 했다. "지구 행성은 이제 인간의 활동들에 의해 지배된다."41)

이런 그래프들은 산업공학기술 패러다임(그림 2.1과 그림 2.2를 보라)의 승리에 의해 영향을 받은 위대한 변혁을 도표로 나타낸다. 그들은 모두 산업

---

37) Berry, *The Great Work*, 1-4.
38) Friedman, *Hot, Flat, and Crowded*, 26-27.
39) E.C.E. is Energy Climate Era. See *Hot, Flat, and Crowded*, 26.
40) Springer Science + Business Media의 친절한 허락으로 인용: W.L.Steffen et al., *Global Change and the Earth System* (Berlin and New York: Springer, 2004), v. 도표 2.1은 원래 도표 3.66이었고, 도표 2.2는 원래 도표 3.67이다.
41) Steffen et al., *Global Change and the Earth System*, 81.

혁명의 시발점을 1750년으로 통상적인 연대를 잡으며, 그래서 그것들은 모두 산업화된 자연문화로서의 현대를 반영하고 있다. 두 가지 특성이 놀랍다.

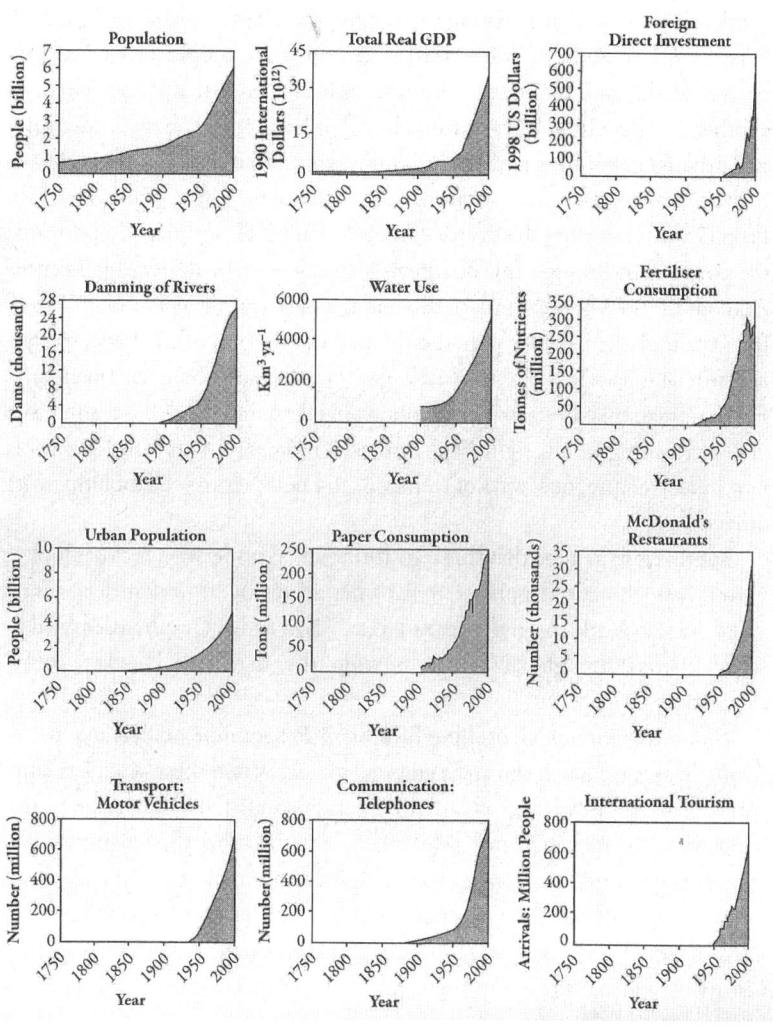

그림 2.1

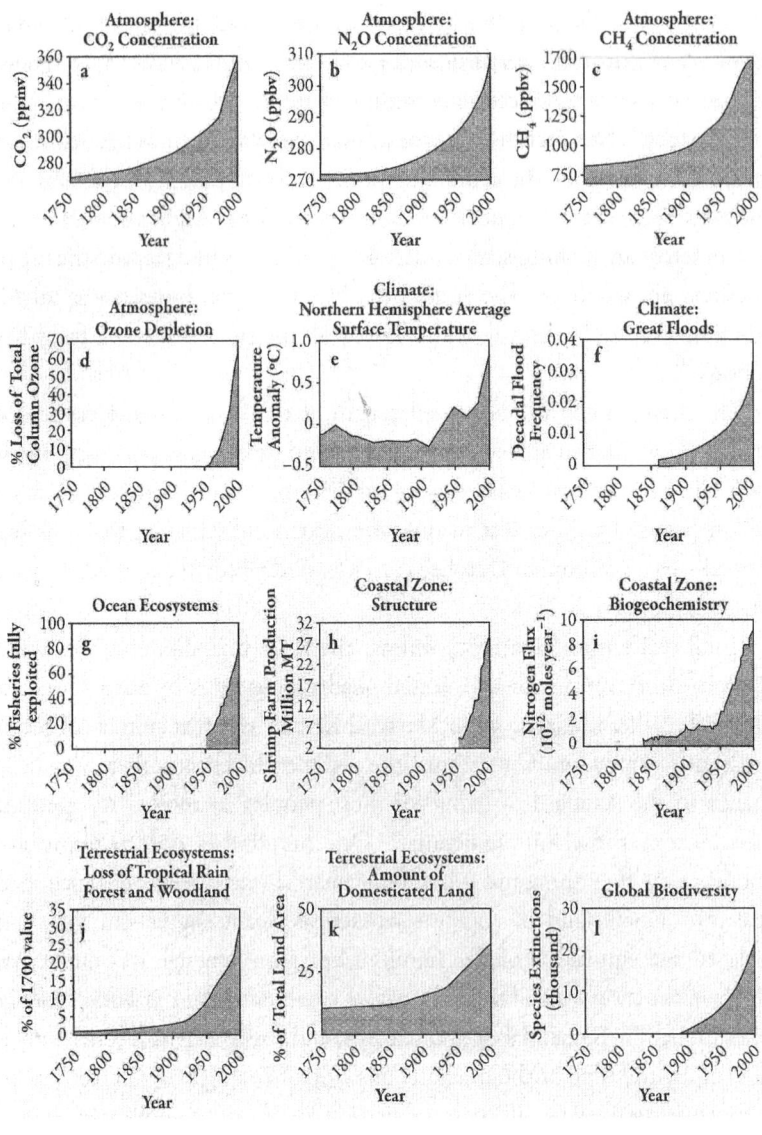

그림 2.2

첫째, 모든 그래프들 위에서 서로 긴밀한 공통점들이 없는 주제들임에도 불구하고 "날카로운 가속도"[42]가 똑같다. 외국인 투자, 강들을 댐으로 막기,

비료와 종이 소비, 오존 고갈, 인구 증가, 맥도날드 음식점들, 어업의 붕괴, 그리고 생물종의 멸종들에서 공통으로 가질 수 있는 것이 무엇인가? 그러나 한 그래프를 바로 옆에 있는 그래프 위에 올려놓아보라. 그러면 당신은 똑같은 지난 50년 동안 똑같이 급격한 곡선의 변화 그래프를 볼 것이다. 숨겨진 선들이 공통의 손에 의해 그려진 점들을 연결하는 것처럼 보일 것이다.

둘째로, 1750년에서 1950년까지의 변화는 그래프들이 보여주는 대로 서서히 이루어진다. 그러나 1950년 이후엔, 인간들이 정말로 과거의 도덕적 지주를 팽개치고 또한 그 이전의 경제, 인구, 에너지 체제의 안정성과 압박을 박살내버린다.[43] 산업세계의 많은 곳에서 1950년은 제2차 세계대전 이후의 산업자본주의와 사회주의라는 전 지구적 소비경제 속으로 폭발한 것을 나타낸다. 앞에서 지적했듯이, 1950년부터 2000년까지의 기간에는 그 이전 역사 전체보다도 더 많은 상품들과 서비스 산업이 생산되었고 소비되었다.[44] 전쟁 기간의 군사 경제가 뒤로 빠진 것이 아니라, 그 증가에 동참했다. 한국전쟁, 냉전, 베트남전쟁, 그리고 이어진 이라크, 아프가니스탄의 충돌, 테러와의 전쟁으로 인한 경제는 결코 작은 부담이 아니었다. 국방비와 자원들의 사용은 아직도 엄청나다. 가장 큰 예산인 미국 국방성 예산은 2008년도에만도 6963억 달러나 되어,[45] 45개국의 국내총생산액(GDP)을 합한 것을 초과하고 있다.[46]

운전자들은 처음 그래프 세트의 맨 왼쪽 위 그래프에 앉아 있었다─전례 없는 인구증가가 전례 없는 전 지구적 경제 활동에 발을 맞추고 있었다. 호모 사피엔스의 전체 역사─대략 20만 년─를 경유한 끝에, 1900년에 세계 인구가 16억 명이 되었다. 그러나 그 다음 단 100년이 경과하자, 2000년

---

42) J. R. McNeill, *Something New under the Sun: An Environmental History of the Twentieth-Century World* (New York: W.W. Norton, 2000), 4.
43) Ibid., 6.
44) Durning, *How Much Is Enough?*, 38.
45) *Pocket World in Figures:* 2011 Edition, 103. *Pocket World* is a publication of *The Economist*.
46) Bill McKibben, *Eaarth: Making a Life on a Tough New Planet* (New York: Times Books, 2010), 144.

인구는 61억 명이 되었고, 2010년 10월에는 70억 명을 통과했으며, 이제 90억 내지 100억 명을 향해 나아가고 있다.

전체 실제 경제활동도 같은 노선을 따르는데, 1960년 이후 세계 경제가 2배가 되는데, 2050년에는 4배가 될 것으로 예상된다. 그것을 그 이전의 증가와 비교해보라. 존 메이나드 케인즈가 말하기를, 그리스도(Christ) 이전 수천 년부터 18세기에 이르는 동안에는 대부분의 사람들을 위한 생활수준이 거의 변하지 않았으니, 고작해서 이 4천 년 동안에 대략 100% 증가를 보였다.47) 4천 년 동안에 100%란 별로 인상적인 숫자가 아니다. 그러나 토마스 뉴코멘(Thomas Newcomen)이 1712년에 새로운 엔진에 석탄을 퍼 넣어서―실제적 증기기관―약 500마리의 말을 대신하였을 때, 새로운 시대가 전개되었다. 산업시대의 초기에는 전 세계 에너지의 94%가 인간의 노동력과 동물들에 의해 제공되었고, 수력과 화석연료는 단지 6% 정도를 제공했었는데, 1950년대 약진의 시대에 이르자 모든 에너지의 93%는 석유, 석탄, 천연가스에 의해 제공되었다. 자동차 한 대가 2천 명의 인간 노동력, 그리고 한 대의 제트 엔진은 70만 명의 인간 노동력에 상당하는 에너지를 사용한다.48) 그러나 우리들이 이 더러운 연료혁명의 마지막 사용자들이라서, 지금은 각 사람이 "한 마리 푸른 고래(blue whale)만큼 영향을 주는 활동을 하며, 전체 체계를 위협한다"49)고 과학자 조프리 웨스트(Geoffrey West)는 지적한다.

제임스 구스타브 스페스는 『미래를 위한 경제학』(*The Bridge at the Edge of the World*)50)에서 이 그래프들을 사용하여 그 제목을 "거대한 충돌"

---

47) John Maynard Keynes, *Essays in Persuasion* (New York: W.W. Norton), 358.
48) Cited from Fareed Zakaria, "Fueling the Future," a review of Daniel Yergin, *The Quest: Energy, Security, and the Remaking of the Modern World* (New York: Penguin Press, 2011), in New York Times Book Review, September 25, 2011, 15.
49) "Thinking Big," *New Mexican*, November 13, 2007, C1. At the time West was the director of the Santa Fe Institute, a science think tank on chaos and complexity theory.
50) James Gustave Speth, *The Bridge on the Edge of the World: Capitalism, the Environment, and Crossing from Crisis to Sustainability* (New Haven:

(the Great Collision), 즉 전 지구적 인간 경제와 생태권 경제의 충돌이라고 했다. 인간 경제는 "생태학적 비용들(ecological costs)에는 병리적 무관심"을 가지고 굴러왔다.51) 인간 경제는 인간에게 엄청난 혜택을 주면서, 자연 경제가 그 자체의 갱신을 위해서 냉정하게 무엇을 요구하는지를 결코 물어보지도 않음으로써, 인간의 경제적 야만행위를 생태학적 야만행위에 결합시켰다. 이처럼 "거대한 변형"이 가능했던 것은 단지 어떤 자연적 요소들(에너지가 화석연료 형태로 집약적으로 저장됨) 때문이었지만, 그러나 어디에서도 자연이 필요로 하는 것은 염두에 두지 않았다. 지구의 존재와 우리들의 존재에 필수 불가결한 발생(생식) 요소들—흙, 공기, 불, 물, 햇볕—은 이런 설명에서 간단히 빠져 있다. 그 대신 그래프들은 이런 발생 요소들의 감퇴와 자연 경제의 불안정화(destabilizing of nature's economy)를 산업자본주의와 산업사회주의 모두의 부차적인 피해(collateral damage)로 보여준다. 우리는 "자연이 우리로 하여금 무엇을 하도록 도와줄 것인가?"라고는 물었지만, 우리가 거의 묻지 않은 질문은 "자연은 우리들에게 무엇을 요구하고 있나?"였다. 지구의 관점에서 보아, 그 결과는 "통제되지 않은 거대한 실험"52)이 실시되었는데, 그 속에서 생물체계들은 가속도가 붙은 비율로 감소하고 있다.

그러나 심지어 스페스의 충돌 설명조차도 지구/인간 사이의 관계들에서 일어나는 변화를 과소평가하는 것일 수 있다. 사냥을 통해 식량을 구하던 인간들과 신석기 혁명 기간 동안에는, 인간의 이야기가 지구 이야기의 표현이었다. 인간들은 자신들의 능력보다 훨씬 더 강한 것에 적응하고, 또한 자연의 리듬에 따라 살아야 했었다. 그러나 산업혁명과 전 지구적 자본주의와 소비주의의 급격한 충격에 의해서, 지구 이야기는 인간 이야기의 표현이 되었다. 지구 자체가 인간의 손들에 의해 뚜렷하게 변했다. 빌 맥키븐(Bill McKibben)은 "살기 힘들고 새로운 지구 행성"을 강조하기 위해서 심지어 철자를 변경하여 (Earth 대신에) "*Eaarth*"라고 쓰기도 했다.53) "새로운 지

Yale University Press, 2008), 4.
51) Heather Eaton, "Reflection on Water," unpublished paper, n.p. made available by the author.
52) McNeill, *Something New under the Sun*, 4.

구 행성은 새로운 습관들을 필요로 한다"고 그는 덧붙였다.54)

인간 이외의 나머지 다른 생태권과 비교하여 호모 사피엔스의 급진적인 변화를 가장 광범위하게 기술하고자 웨스 잭슨은 "34억 5천만 년의 명령과 다섯 가지 웅덩이"라고 표현했다. "34억 5천만 년"은 지구 위에 생명이 존재했던 시간을 말하고, "다섯 가지 웅덩이"(Five Pools)는 "흙과 농업, 삼림, 석탄, 석유, 천연가스의 탄소 웅덩이"들을 뜻한다. 인간들은 그들 모든 것들을 불태워왔는데, 최근에는 더욱 빠른 속도로 태우고 있다.

웨스 잭슨의 결론은 우리가 호모 사피엔스 역사상 가장 중요하고도 도전적인 순간을 살고 있다는 것인데, 이 순간은 우리의 어떤 전쟁들보다, 우리가 아프리카를 벗어난 순간보다, 우리의 어떤 개념적 혁명들보다 더 중요하다고 한다. 우리는 "다 없어질 때까지 쓰자"는 생활방식을 끝내도록 의식적으로 자제하는 것을 실천해야만 한다. 우리는 생태권이 적자가 나도록 무조건 사용하는 것을 중지하고, 만일 우리가 광범위한 사회정치적 대격변을 예방하고자 희망한다면 우리의 그런 사용량을 줄여야만 한다.55)

토마스 프리드만의 말이 잭슨의 말을 더 보충하고 있다. 지구 행성 자체의 생성 요소들에 대한 새로운 주의가 없이는, 평화와 안전도 없고, 지속가능한 경제성장도 없고, 인권의 향유(享有)도 없다. 우리가 변화시킬 수 없는 것에는 우리 자신들을 적응시키면서, 필수불가결한 물에 대한 사용권 주장들의 갈등을 다루고, 필요한 생명다양성의 손실을 중단하고, 이 땅은 다른 나머지 생명들과 함께 우리를 낳고 유지해주는 변함없는 기적이라고 여기는 정치경제적, 사회적 구조들을 만들면서, 우리가 할 수 있는 최선을 다해 깨끗한 에너지를 발전시키고, 가속화된 극단적 기후변화를 완화시켜야 비로소 정당한 평화는 이루어질 수 있다.56)

과거에 서양에서는 대체로, 원주민들은 분명히 예외였지만, 이처럼 모든

---

53) McKibben, *Eaarth*, title page.
54) Ibid., 47.
55) Jackson, *Consulting the Genius of the Place*, 81-82.
56) 이렇게 크고 방향을 지시하는 아이디어에 대한 토론과 프리드만이 보기에 필요하다고 여긴 반전은 *Hot, Flat, and Crowded*, 18-19에서 인용되었다.

생명을 낳고 길러주는 어버이 요소들에게 정당한 권리를 부여하는 것이 반드시 필요하다는 점을 고려하지 않았다. 존 롤스가 주장하는 타당성으로서의 정의(justice as fitness)라는 잘 알려진 이론에서는, "일차적 재화"(primary goods)로 지정된 것들은 수입, 재산, 기회다.57) 그러나 이것들은 사실상 2차적인 것들이라, 모두 진짜 일차적 재화인 땅, 공기, 물의 건강에 달려 있는 것들이다. 이런 재화들은 당연하다고 여겨져 왔고 쟁취하는 것이었지, 그것들이 요구하는 대로 길러진 것이 아니었다. 또한 종교적 윤리도 그런 주요 요소들과 그들의 건강을 신학적으로 또한 도덕적으로 중심에 두지 않았다. 이제는 그것들이 중심을 차지한다. 이는 첫 번째 과업들을 다시 한다는 뜻이다. 만일 2008년 오바마(Obama) 미국 대통령 취임사에서 "세계"라는 단어를 "지구 행성"으로 바꾸어 본다면, 이렇게 된다. "왜냐하면 지구가 변했으니까 우리도 그와 함께 변해야 합니다."58) 지구에 끼친 우리의 영향과 지구에 대한 우리의 새로운 관계를 생각할 때, 그 변화라는 것은 대통령이 계속해서 이렇게 말한 것을 의미한다: "지금 우리에게 요구되는 것은 책임질 새로운 시대입니다… 하느님이 우리로 하여금 불확실한 운명에 대해 정신을 차려 처신하라고 부탁하십니다."59)

역대 미국 대통령들은 우리의 운명을 "불확실하다"고 결코 말한 적이 없었다. 운명은 언제나 불확실한 것의 반대로 "확연히 드러난"(manifest) 것이었다. 그러나 세계의 현재 조건들로는 더 이상 가능하지 않고, 또한 새로운 첫 번째 과업들이 아직 성취되지 않은 세계를 위해서는 "불확실하다"는 것이 옳다. 그것은 "책임질 새로운 시대"(a new era of responsibility)이면서 또한 새로운 책임을 질 시대(an era of new responsibility)이기도 하다.

생태계의 지속가능성을 도외시하는 우리의 자기 파괴적인 생활방식을 철저하게 자제하라는 명령을 위해서 이성적으로 생각하지 않는 것은 나쁜

---

57) John Rawls, *A Theory of Justice* (Boston: Belknap Press of Harvard University Press, 1971), passim.
58) "The Address: All This We Will Do," *New York Times*, January 21, 2009, P2.
59) Ibid.

기획이다. 만일 당신이 가령, 테러, 태업에 취약한 체계를 만들기 원하며, 또한 자연을 불안정하게 만드는 위험한 방식들을 만들기 원한다면, 당신이 기획할 것은 그 범위가 전 지구적이며, 기술적으로는 복잡하고, 경제적으로 또한 인구 분포 상 주로 해안선을 따라 위치한 메트로폴리탄 지역들의 네트워크가 중심이 되도록 만드는 체계일 것이다. 이처럼 광범위한 취약성을 만들자면, 당신은 또한 생산과 소비의 산업 패러다임을 사용할 것인데, 그것은 대체로 화석연료 형태로 저장된 에너지를 사용함으로써 공기, 물, 토양을 더럽히고, 극단의 기후변화를 발생시키는 패러다임이다. 당신은 다음 것들을 성취한 체제를 디자인하고 싶을 것이다.

* 매년 공기, 물, 토양 속에 수십억 톤의 유독성 물질을 넣은 체계.
* 물려받은 유산보다는 활동에 의해 얻은 번영을 측정하는 체계.
* 사람들과 자연 체계들이 너무 빨리 독성물질로 오염되지 않도록 하려면 수많은 복잡한 규정을 필요로 하는 체계.
* 엄청난 양의 쓰레기를 만들어 낸 체계.
* 지구 행성 곳곳에 구멍을 파고 소중한 물질들을 넣어서, 다시는 꺼낼 수 없도록 만든 체계.
* 재생산을 하기보다 표층토의 손실을 가져오는 농업방식들을 사용한 체계.
* 생물종들의 다양성, 문화적 실천들, 그리고 장소에 잘 맞도록 조절된 삶의 방식들을 쇠퇴하게 만드는 경제적 실천들을 추구한 체계.[60]

마지막으로, 당신은 전 세계 인구의 1/5인 최고 부자들에게는 가장 좋은 영향을 주고, 인구의 바닥 2/5와 그들의 환경에게는 나쁘게 영향을 줄, 그런 전 지구적 경제를 조직하고 싶을 것이다.

---

60) 이것은 William McDonough and Michael Braungart in "The Next Industrial Revolution," *Atlantic Monthly*, October 1998, 85에 있는 목록을 약간 변경한 것이다.

장엄한 역사

알프레드 크로스비는 변화된 지구에 대해 훨씬 더 많은 자료들을 제공한다. 그는 다른 시간대와 자료들을 사용하여, 옛 역사를 새롭게 읽는데, 이것은 적어도 어떤 이들에게는 긴장시키는 통찰력을 제공한다.

크로스비는 "자체-반복하면서 세계를 변경시킨 사태"에 대해 말하는데, 이 엄청난 사태는 유럽에서부터 밖을 향해 미끄러져 나가서 모든 대륙들(남극대륙 제외)에서 문화와 자연에 함께 충격을 준 사태였다. 사실상 그 사태가 판게아(Pangaea: 현재의 대륙들이 원래 함께 붙어 있던 초거대 대륙—역자주)의 봉합선들을 붙였던 것인데, 판게아는 대륙들과 아(亞)대륙들(인도, 그린랜드 등)이 지각판들을 새로운 장소로 밀어내기 전에, 함께 모여 있던 거대한 땅덩어리였다. 이제는 서로 떨어져 나간 대륙들에서 자연 자체가 서로 다르게 진화했는데, 심지어 같은 위도 상의 비슷한 기후를 가진 대륙들에서도 서로 다르게 진화했다. 따라서 남극대륙을 제외한 각각의 대륙들 위에 신유럽(Neo-Europe)형 사회들이 형성된 것은 생명 전체의 공동체에겐 거대한 서사시(epic)였다. 크로스비의 생생한 묘사는 이렇다.

판게아의 봉합선들이, 돛을 깁는 사람의 바늘로 꿰매듯이, 서로 가까이 닫혀 가고 있었다. 닭들이 키위(kiwi)들을 만났고, 소떼들이 캥거루를 만났으며, 아일랜드 사람들이 감자를 만났고, 코만치 인디언들이 말들을 만났고, 잉카족이 천연두를 만났으니—이것들 모두 처음 생긴 일들이었다. 철새 비둘기(passenger pigeon: 지금은 멸종—역자주)들과 앤틸리스(Antilles) 제도(서인도 제도의 일부)의 원주민들과 타스마니아(Tasmania)의 원주민들이 멸종되는 초읽기가 시작되었다. [그 대신에] 판게아의 봉합선 건너편 땅들과 접촉함으로써 처음 혜택을 입었던 옛 세계의 사람들과, 어떤 병원균들에 의해서 돼지들과 소들을 비롯해서 어떤 다른 생물 종들의 숫자가 이 지구 위에서 크게 불어나기 시작했다.[61]

---

61) Alfred W. Crosby, *Ecological Imperialism: The Biological Expansion of*

몇몇 학자들은 이런 엄청난 사태들에 주목했다. 크로스비 자신은 네 명의 학자들에 의존하는데, 그 학자들은 서로 75년 이내에 살았던 학자들이다.

첫 번째는 애덤 스미스의 『국부론』(*The Wealth of Nations*, 1776년)이다. 1492년 콜럼버스의 항해로 상징된 발견의 시대와 거기에서 시작하여 신흥 부르주아지의 분주한 사업에로 움직여나간 것을 심사숙고하여, 스미스는 놀라운 확신을 가지고 "아메리카의 발견과 희망봉을 돌아 동인도에 이르는 항로를 발견한 것은 인류 역사상 기록된 가장 중요한 두 가지 사건들이었다"라고 썼다.62) 그러나 그 대가를 지불한 것에 대해 스미스는 잘 알고 있었다.

> 세계의 가장 멀리 있던 부분들을 어느 정도 통합함으로써, 그들로 하여금 서로의 필요를 채워주고, 서로의 편의를 증가시켜주고, 서로의 산업을 북돋아주도록 함으로써, 그들의 일반적인 경향은 상호혜택이 되는 것으로 보였다. 그러나 동인도와 서인도의 원주민들에게는, 이런 사건들의 결과로 얻어진 모든 상업적 혜택들이 그들이 겪은 무서운 불행들 속에서 침몰되고 상실되었다… [유럽인들]은 그 가장 멀리 떨어진 나라들에서 벌을 받지 않고도 각종 불의를 자행할 수 있게 되었다.63)

이 인용문보다 좀 앞의 페이지에서 스미스는 각종 위대한 모험적 사업에 종종 동반되는 도덕적 종교적 요소들을 주목했다. 스페인의 카톨릭 왕조와 그들이 콜럼버스로 하여금 정복, 식민지화, 그리고 상업을 하도록 재정적 지원을 했던 것을 뒤돌아보면서, 스미스는 "[토착 원주민들을] 기독교로 개종시키려는 성스러운 목적이 그 과제의 불의함을 종교적으로 정당화했다. 그러나 그곳에서 황금을 발견하려는 희망이야말로, 이를 실천하려는 진짜 유일한 동기였던 것이다"64)라고 썼다.

Europe, 900-1900 (Cambridge: Cambridge University Press, 1986), 131.
62) Adam Smith, *An Inquiry into the Nature and Causes of the Wealth of Nations* (New York: Modern Library, 1994), 675.
63) Ibid., 675-76.
64) Ibid., 605.

반세기가 조금 지나, 찰스 다윈은 『비글호의 항해』(The Voyage of the Beagle, 1839)에서, "유럽인들이 발을 디딘 곳 어디서나 원주민들에게는 죽음이 늘 뒤쫓아 다녔던 것 같다. 아메리카라는 광대한 대륙, 폴리네시아, 희망봉, 오스트레일리아에서 그 결과는 늘 같았다"65)

그리고 다윈 이후 단지 9년이 지나서, 카를 마르크스는 우리가 앞에서 언급한 그의 『공산당 선언』 속에 이런 말을 포함시켰다.

아메리카의 발견, 희망봉을 돌아가는 항로는 부르주아지의 등장에 신선한 토대를 열어 주었다. 동인도와 중국 시장들, 아메리카의 식민지화, 식민지들과 무역, 교환 수단과 물자들의 증가가 일반적으로 상업, 항해, 산업 등에 전례가 없었던 추진력을 주었고, 그리하여 위기에 놓였던 봉건제 사회 속의 혁명적 요소들에 신속한 발전을 제공했다.66)

그러나 마르크스 역시 사람들과 지구가 지불한 대가를 인식하고 있었다. 비록 그가 말하는 이른바 "농업과 산업의 합작" 이전은 아니지만, 공장식 농업과 단일작물재배 농업보다 훨씬 이전에, 마르크스가 관찰했던 것은 여기서 진보란 "노동자들을 착취하는 기술뿐 아니라, 토양을 착취하는 기술의 진보다. 주어진 시간에 토양의 생산성을 증가시키려는 모든 진보는 그 생산성의 지속적인 자원들을 파괴하는 방향으로 진보하는 것이다." 그런 진보는 "모든 재화의 원초적 자원—토양과 노동자들—의 기력을 짜내어 쇠퇴시킨다. 한 나라가 현대산업의 기반 위에서 그 개발을 시작할수록, 예컨대 미국처럼, 이런 파괴 과정은 더욱 급속히 진행된다"고 그는 1867년에 썼다.67)

---

65) 내가 Crosby 저서에서 Darwin을 인용하였을 때, 그 원자료는 Chapter XIX, "Australia," Darwin's diary account in *The Voyage of the Beagle*, first published in 1839에 있었다.
66) Marx, *Communist Manifesto*, 13-16.
67) Karl Marx, *Capital: A Critique of Political Economy*, vol.1, trans. Samuel Moore and Edward Aveling, ed. Frederic Engels (New York: International Publishers, 1967), 507.

그의 동료인 프리드리히 엥겔스는 이런 점을 도덕적인 것으로 지적했다. 엥겔스는 모든 것을 시장에서 이윤을 얻기 위해 매매할 상품들로 만들도록 자연과 상호작용하는 방식에 뒤따르는 것이 인간의 소외와 토지의 착취라는 점을 확신했다. "팔아넘기기"가 널리 행해졌다. "땅을 팔아넘기기의 대상으로 삼는 것—땅은 우리 존재의 처음 조건이며, 하나이자 전부인 조건이기에—은 우리 자신들을 팔아넘길 대상으로 삼기 직전의 마지막 단계였다"고 엥겔스는 단언하였다. "그것의 부도덕성을 능가하는 것은 오직 자기 소외의 부도덕성뿐인데, 그것은 옛날에도 그랬고, 지금도 그러하다. 처음의 사유화(私有化)—소수에 의한 땅의 독점, 그리고 나머지 다른 사람들에게서 그들 삶의 조건을 배제하는 것—는 그 부도덕성에서 땅을 팔아넘기는 것으로 이어질 따름이다"68)라고 그는 덧붙였다.

크로스비가 네 번째로 인용한 사람은 다윈, 마르크스와 동시대 사람인 찰스 라이엘(Charles Lyell)이다. 라이엘은 1832년에 출판한 『지질학 원론』(*Principles of Geology*)에서, 유럽이 이끈 자연과 문화의 변혁을 다루면서 말하기를, "그러나 만일 우리가 전진하면서 멸종의 칼을 휘두른다면, 우리가 만든 황폐함에 대하여 불평을 할 이유가 없다"69)고 했다. 나중에 테오도어 루즈벨트는 그의 베스트셀러가 된 책 『서부를 점령하기』(*Winning of the West*)에서 거의 같은 것을 말하고 싶어했다: "정주자와 개척자는 그들의 심중에 각자 그들 나름의 정의를 지녔다. 거대한 대륙이 단지 지저분한 야만인들의 사냥터로만 남을 수는 없었다는 것이다."70)

---

68) Frederic Engels, "Outlines of a Critique of Political Economy," in Karl Marx, *The Economic and Philosophic Manuscripts of 1844*, 210, as cited in *Marx and Engels on Ecology*, ed. Howard Parsons (Westport, CT: Greenwood Press, 1977), 173.
69) 내가 Crosby를 인용한 원자료는 Charles Lyell, *Principles of Geology* (New York: Penguin Books, 1997), 276에서 볼 수 있음. *Principle of Geology*는 1830년에 처음 출간되었다.
70) Theodore Roosevelt, *The Winning of the West: From the Alleghenies to the Mississippi, 1769-1776* (Middlesex, UK: Echo Library, 2007), 59. 초판은 1894년에 출간됨.

도덕철학자가 새로운 경제학을 추적하고, 생물학자가 진화를 이론으로 발전시키고, 사회 역사가와 산업자본주의의 학생과 지질학자가, 이들은 서로 남의 것을 읽지 않는 자들인데도, 모두 아메리카 대륙의 발견과 희망봉을 우회하는 항로 발견을 문화와 자연을 통틀어 획기적인 변혁들이라고 언급한 것은 참으로 흥미로운 일이다. 더욱 흥미로운 것은 "인류의 역사에서 기록된 가장 중요한 사건들"(Smith)을 유럽 사회의 혁명적인 변화와 발전과 연결시키고(Marx), 그리고 이 둘 모두를 원주민들과 그들의 생태사회들 및 자연문화들의 죽음과 연결시키고(Darwin), 이런 강탈하는 정의에 연결시키는 것(Lyell)으로 증언을 완결하는 것이다. 이 모든 것들은 서로 독립적으로 저술한 것으로서, 콜럼버스가 카디즈(Cadiz)에서 범선을 출항시킨 후 500년이 지난 1992년에 지난 일에 대한 통찰력으로 한 것이 아니라, 산업사회의 시작과 연대를 맞춘 1776년에 시작하여, 75년 이내에 발표된 저술들이다.

크로스비는 다섯 번째 자료로, 박물학자 찰스 마쉬를 포함시켰으면 좋았을 것이다. 마쉬는 1864년에 『인간과 자연』(*Man and Nature*)을 출판했는데, 그의 관점을 보다 정확히 강조하기 위해서 1874년에는 책 제목을 『인간의 행동에 의해 변경된 지구』(*The Earth as Modified by Human Action*)라고 고쳤다. 마쉬는 유기체들 "그 자체들"보다는 자연 속에서 갖는 복잡하고도 역동적인 **관계들**을 강조했기 때문에, 당시에는 약간 별난 사람이었다. 그는 우리가 지금은 "의도하지 않은 결과들의 법칙"(law of unintended consequences)이라고 부르는 것을 경고했다.

> 사람은 그 자신보다 더 높은 힘에 의해 미리 확립된 제도들에 간섭하기를 원할 때면, 언제나 위험한 무기들을 만지작거린다. 동물과 식물들의 생명의 방정식은 인간의 지성으로 풀기에는 너무도 복잡한 문제이기에, 유기체 존재들의 바다에 매우 작은 조약돌을 던질 때 우리가 자연의 조화 속에 발생시키는 교란(攪亂)이 파급하는 원(圓)이 얼마나 큰지 우리는 알 수가 없다.[71]

---

71) From Charles Marsh, *The Earth as Modified by Human Action* (New

크로스비의 자료들과 이야기는, 마쉬의 것들을 합하여, 샐리 맥페이그가 "오만한 눈"(the arrogant eye)72)이라고 부른 것을 암시한다. 오만한 눈이란 보는 자가 차지하고 있는 통제의 중심에 대한 관계에서 다른 것들을 보고, 또한 보는 자의 고귀함과 우월감을 당연한 것으로 여기는 그런 시각으로 인간과 인간 이외의 세계를 보는 관점을 말한다.73) 자기 자신의 동료들—여기서는 유럽의 부족들—이 가치의 중심이고, 다른 사람들은 중심이 아니며, 또 다른 곳이 아닌 바로 이 중심에서 모든 값어치와 가치가 결정된다. 자신을 지시하는 "우리"(we)는 그 자체의 기포(bubble) 속으로부터 세계를 보고, "우리의"(us)의 방식대로 "그들을"(them) 측정한다. 여기서 편견들과 처음에 언급했던 특권의 힘이 작동한다. 이것이 바로 볼드윈(Baldwin)이 말한 요점이다. 즉 역사는 그것을 쓴 사람들이, 나중에는 아무리 수정이 필요해도, 결코 극단적인 수정들을 할 것 같지 않은 방식으로 역사를 쓰는 그런 사람들을 우쭐하게 만든다.

York: Charles Scribner, Armstrong, 1874), as cited in William Ashworth, *The Economy of Nature: Rethinking the Connections between Ecology and Economics* (New York: Houghton Mifflin, 1995), II. Ashworth does'nt cite the page number from *The Earth as Modified by Human Action*.

72) See the discussion in Sallie McFague, *Super, Natural Christians: How We Should Love Nature* (Minneapolis: Fortress Press, 1997), 67-69.

73) John Milton, in *Paradise Lost*, puts in verse from the arrogance he traces to Adam's fall. In this section of the epic poem he writes of the consequences for Earth: by [Adam] first,

> Men also, and by his suggestion taught,
> Ransacked the center, and with impious hands
> Rifled the bowels of their mother earth
> For treasures better hid. Soon had his crew
> Opened into the hill a spacious wound
> And digged out ribs of gold. Let none admire
> That riches grow in hell; that soil may best
> Deserve the precious bane.

John Milton, *Paradise Lost*, 2nd ed. (New York: W. W. Norton, 1993), 29. 원본은 1674년에 출판되었음.

그렇게 일관된 오만함의 도덕은, 인류와 나머지 자연에 끼친 결과와 함께, 크로스비의 글 속에 포착되어 적나라한 진실처럼 우리를 놀라게 한다. "거듭 거듭 유럽의 제국주의 세기들을 통하여, 모든 사람들은 형제들이라는 기독교의 견해가 비(非)유럽인들을 박해하게 되었다—나의 형제인 그가 죄를 저질러서 그는 이제 나와는 같지 않다."[74] 처음엔 진지한 신학적 신념을 확인하고(그는 나의 형제요, 우리는 모두 하느님의 자녀들이다), 그리고 나선 그 규범(우리들 부족)에서 벗어났다고 그들을 처벌한다.

이렇듯 현대세계를 형성한 것은 정복, 식민지, 상업, 기독교 그리고 (백인의) 문명의 힘들에 의해서였다. 현대세계는 발견의 시대(Age of Discovery) 위에 건설되었고, 산업과 "돛을 깁는 바늘"(크로스비)과 결탁한 현대과학과 공학기술의 힘들을 통해서, 인간과 그 밖의 나머지 자연에 대한 전 지구적인 건설에 영향을 주었다. 물론 이것은 1950년 이후에 전 지구적 대량 소비주의가 급격히 상승하기 훨씬 이전이다. 그러나 지배적인 인간 능력들의 과도한 자만심은 마찬가지이고, 그런 자만심이 경제와 통치방식들에 너무도 일반화되어서 그 지지자들은 자신들의 방식을 오만하다기보다는 자연스런 것으로 여기게 되었다. 그것은 우리가 살아가는 방식으로 여겨질 뿐만 아니라, 또한 우리가 그럴 권리가 있다고 여기는 방식이기도 하다.

마지막 증인은 그것에 대한 설명을 20세기로 가져온다. 디트리히 본회퍼는 젊은 신학자요 목회자로서 1930년대 초에 독일 파시즘의 큰 소용돌이에 휩싸였다. 나치당이 뜻밖에 정권을 장악한 것이 본회퍼로 하여금 그가 깊이 사랑했고 당연히 여겼던 독일식 삶의 방식을 비판적으로 평가하도록 했다. 머지않아 그는 히틀러정권에 저항하는 데 자신의 생명을 바치고자 했다. 그러나 그의 분석은, 비록 1932년과 1933년 베를린의 정치적 소요사태에 의해 시작되었지만, 독일 문화를 넘어서 밀고 나갔다. 그것은 1932년에 공과대학에서 행해진 별로 알려지지 않은 연설, "자기주장을 할 권리"(The Right to Self-Assertion)와 함께 시작되었다. 부분적으로는 그의 할머니의 영

---

74) Alfred Crosby, *The Columbian Exchange* (Westport, CT: Greenwood Press, 1974), 12.

향으로, 본회퍼는 간디(Gandhi)에 깊이 매혹되었다. 그는 또한 점증하는 국가사회주의자들의 공격적인 우익 포퓰리즘(populism: 비정통적인 정책 제기로 대중에 호소함―역자주)에 의해 불안하게 되었다. 그래서 집단적 자기주장이라는 주제들을 다루기 위해서, 그는 서로 다른 정치적 향방을 수반하는 두 가지 우주론적 틀을 비교한다. 첫 번째 틀은 우파니샤드(Upanishad)와 산스크리트 어구 *tat tvam asi* (번역하면, "그게 바로 너, 너 자신이다")에 근거한 것이다. 현인(賢人) 우달라카(Uddalaka)는 그의 아들 쉬베타테쿠(Shvetateku)를 가르치는 데 이 어구를 사용하는데, 그의 참된 본질은 다른 모든 존재의 본질과 동일하다는 것이다. 인간은 우주 속에서 대우주 속의 소우주로서 편히 거한다.75) 간디는 이런 방향을 기본으로 삼아 우주 공동체의 윤리를 발전시키는데, 그 속에서는 모든 피조물들에게 최소의 해로움을 가하고, 전체의 행복을 존중해서 선택적인 자발적 고난을 받아들인다. 이런 자발적 고난은 거듭 거듭 점증하는 해악을 낳는 폭력/대항폭력의 악순환을 끊어버릴 방법으로 선택된다. 이리하여 집단적 자기주장은 **능동적 비폭력**(active nonviolence)으로 표현된다. 이것이 바로 저항 형태로 표현된 공동체적 자기주장인데, 이는 결단코 수동적인 것이 아니다. 본회퍼는 이윽고 간디에게서 배운 교훈을 독일교회의 투쟁을 위해 적용하기를 희망했다.

    1932년에 독일의 거리를 행진한 파시즘은 또 다른 집단적 자기주장의 견해를 지니고 있었다. 본회퍼는 파시즘을 별도로 분리해서 말하지 않고, 보다 폭넓게 "유럽-아메리카 문명"을 말한다. 인도의 고난의 역사와는 대조적으로, 유럽-아메리카 문명은 "전쟁의 역사"로서, 그 속에서는 "전쟁과 공장들"이 자기정체성, 자기주장, 그리고 문제 해결의 주된 수단들이다.76)

    그 다음에 등장하는 것이 우리들에게 중요한 문제다: 이런 전쟁-산업 정체성(war-and-industry identity)은 서양인들의 "자연을 정복하고, 자연에 맞서 싸우고, 자연으로 하여금 [그들을 위한] 봉사를 하도록 강요한... 투쟁 속에 뿌리를 박고 있다. 자연을 정복하는 인간의 위치는 유럽-아메리카 역

---

75) Bonhoeffer, "The Right to Self-Assertion," *DBWE* II: 250-51.
76) Ibid., 251-52.

사의 근본 주제다."77) 나중에 본회퍼는 감옥 속에서 말하기를, 서양의 목표는 자연에서 독립하고, "기관"(organization)을 만들어 직접적이고도 통제된 인간의 환경으로 삼아서 자연을 대체하는 것이라고 했다. "자연은 영혼들에 의해 정복되곤 했다. 우리들 때문에 자연은 온갖 종류의 공학기술 기관을 통해 정복된다. 우리에게 직접 사용되고, 주어진 것은 더 이상 자연이 아니라 기관들이다." 그는 또 말하기를, 성숙된 세계(the world coming-of-age) 속에서는 모든 것이 인간에게 의존하고—"결국엔 모든 것이 인간에게 달렸다"—"영혼의 힘"은 이제 인간의 손 안에 있는 공학기술과 기관의 힘을 책임적으로 잘 다루지 못한다78)고 한다. 이리하여 "성숙된 세계 속에서 어떻게 그리스도를 말하고," 또한 "인간의 출현과 능력이 열어놓은 새로운 시대를 위한 실행 가능한 책임성의 윤리를 어떻게 형성할까" 하는 것이 본회퍼가 감옥 속에서 지낸 세월 동안의 중대 관심사가 되었다.79)

1932년 강연에서는, 서양문명의 투쟁이 자연에 대한 것일 뿐만 아니라, "다른 인간들에 대한" 것이기도 하다고 지적했다. 본회퍼는 유럽인들에 대하여 솔직하게 "가장 근본적인 의미에서 그들의 삶은 '죽임'을 뜻한다"고 말했다.80) 서양문명은, 그 의식 속에서 나머지 자연들로부터 분리되어서, 아무런 영적이나 도덕적인 제약이 별로 없이("영혼의 힘"이 없고) 집단적인 힘을 행사하여 자연과 인간 공동체 모두를 파괴한다. 말할 필요도 없이, 본회퍼는 이런 집단적 주장, 집단적 정체성, 그리고 공격적 문제 해결을 거부한다. 서양, 혹은 유럽-아메리카의 영성, 윤리, 정치가 기력이 빠졌다는 확신이 자라면서, 그는 계속하여 간디에게 마음이 끌린다.81) 다른 세계를 위해서

---

77) Ibid., 252.
78) Dietrich Bonhoeffer, *Letters and Papers from Prison*, *DBWE* 8:500.
79) 그의 편지 속에 이에 대한 많은 언급이 있는데, 여기선 앞에서 말한 "Outline for a Book," in *Letters and Papers from Prison*, *DBWE* 8:499-504를 보라.
80) Bonhoeffer, "The Right to Self-Assertion," *DBWE* 11:32.
81) This section on Bonhoeffer is a modified excerpt of a chapter I authored for a book edited by Peter Frick, to be published in 2012 by Peter Lang Publishers, Frankfurt, in the series, International Bonhoeffer Interpretations, ed. Ralf Wuestenberg et al.

는 영적-도덕적 형성(spiritual-moral formation)을 새롭게 시작해야만 할 것이다.

공격적인 전쟁-산업 정체성은 자연으로부터의 근본적 소외(fundamental alienation from nature)의 표현이라는 본회퍼의 확신과, 유럽-아메리카 문명의 본질은 단지 죽이는 것이라는 그의 주장은 처음엔 지나친 것처럼 보인다. 그러나 70년이 지나서 우리는 지금까지의 인간 역사에서 가장 치명적이었던 세기를 뒤돌아볼 수 있게 되었다. 더구나, 우리는 의식적으로 거의 모든 것에 대해 전쟁을 벌이게 되었다. 심지어는 대단히 좋은 일을 하기 위해서도 전쟁을 선포한다. 그래서 빈곤에 대한 전쟁, 집 없음(homelessness)에 대한 전쟁, 혹은 HIV/AIDS나 암에 대한 전쟁, 고난을 끝장내자는 전쟁을 말한다.

다니엘 매과이어의 말대로, 이런 정신 자세로는, "문제가 해결되는 것이 아니라 **공격을 당하고**, 질병은 치유되는 것이 아니라 **퇴치되는** 것이다. 우리는 질병과 사회적 문제들에 대해 **전쟁을 벌인다**. 주식시장에서도 **죽이기**(killing)가 자행된다. 기독교 십자가는 **승리**의 장소가 되고, 하느님은 **굳건한 성채**가 된다. 체제는 **물리쳐야** 하고, 지식의 전선은 **뒤로 물러나야** 한다. 심지어 시(詩)조차도 **다듬어지지 않은 것들에 대한 습격**(a raid on the inarticulate)이다. 사업상의 언어는 사냥의 두려움을 풍긴다. 당신은 시장에서 **상품을 매접**하고, 경쟁을 **쓸어버리고**, 그리고 황소가 곰을 밀어낸다(주식시장에서 낙관적 혹은 비관적 상황에 따라 형성되는 bull market, bear market를 뜻함—역자주)."[82]

그리고 산업은 확실히 집단적 생활방식의 중심이요 영혼이며, 모든 영역 속에서 선도하는 패러다임이다. 산업시대/산업시대 이후의 전 지구 경제가 채취, 생산, 소비, 그리고 생태권과 대기권 모두에 끼친 파괴적 영향은 모든 그 이전 세기들을 능가했을 뿐 아니라, 산업은 우리의 삶을 조직하고 이해하는 방식으로 어디에나 존재한다. 방위산업에서부터 병원산업에 이르기까지, 그리고 식품산업에서 건강관리산업, 연예산업에서 광산산업, 광고산업에서

---

82) Daniel C. Maguire, Whose Church? A Concise Guide to Progressive Catholicism (New York: New Press, 2008), 38. 이탤릭체로 강조한 부분은 매과이어가 한 것.

암 치료 산업과 생명공학산업에 이르기까지, 모든 것이 다 산업이다[83]. 그러니 "전쟁과 산업" 혹은 "전쟁과 기계"를 말하는 것이 지나친 것은 아닐 것이다. 그것이 바로 현대가 더 이상 땅에 뿌리를 둔 것이 아니라, 어느 정도까지 공학기술과 기관에 뿌리를 둔 것인지 그 정도를 재는 정확한 잣대일 것이니, 이 둘(공학기술과 기관) 모두는 우리들로 하여금 자연세계에 관계없이, 더군다나 자연을 적극적으로 돌보지 않고도, 의미 있는 삶을 살 수 있게 한다.

여기서 충격으로 인정해야 할 것은, 심지어 현대의 도덕적인 이상들과 십자군과 같은 정책들—빈곤, 수고로운 일, 고통, 질병을 퇴치하고, 궁핍한 자들에게 문명을 가져다주는 정책들—이 보여주는 것은 공격적인 정체성이라는 것이, 식민지주의 방식이든, 자본주의 방식이든, 아니면 공산주의 방식이든 간에, "현재 땅을 파헤치고 세계를 파괴하는, 자연에 대한 폭행이라는 점이다... 우리는 그리스도의 모습을 가장한 올란도(Orlando)[84]를 풀어놓아 주었는데, 그는 인간의 고통에 대한 지대한 관심을 지닌 듯한 표정으로 그 땅을 황폐화시켜버렸다.[85]

변화하는 방향을 위한 자극으로서, 인정하면 충격이 될 또 다른 마지막

---

83) Wendell Berry, "Does Community Have a Value?" in Home Economics (San Francisco: North Point Press, 1987), 179에 있는 목록 중 단지 일부분만 인용함.

84) Robert Pogue Harrison은 주장하기를, Ludovico Ariosto의 *Orlando Furioso* 는 현대의 몇 안 되는 장대한 서사시의 하나이지만, 그것은 "우리 시대의 행동장애"(behavioral disorder)에 대한 통찰력으로 가득 차 있다고 한다(Robert Pogue Harrison, *Gardens: An Essay on the Human Condition* [Chicago: University of Chicago Press, 2008,] 151). 지나간 시대를 뒤돌아보면서, 매우 뛰어난 올란도 기사(knight Orlando)를 중심에 놓고 보는데, 다른 기사들처럼, 그도 자신을 희생하며 끊임없이 새로운 도전들과 공적을 필요로 하며 살아가는 행동의 사람이다. 그의 행동의 결과들에는 별 관심 없이, 이런 사람은 "경쟁(contest), 싸움(conflict), 정복(conquest)을 통하여" 자기 확인을 하는 정체성을 갖는다(Harrison, *Gardens*, 155). 그러나 문제 자체는 동요하는 가슴 혹은 올란도와 다른 기사들에게서 보이는 불안함의 서양 영성이 아니라, 비록 신사적이고 호인적인 기사들에 의해 이루어진다 해도, 이런 정체성과 행동으로 인한 파괴로 땅 자체가 고통당한다는 사실이다.

85) Harrison, *Gardens*, 158-59.

실례를 들자면, 기후의 변화다. 그것도 또한 "거대한 역사"를 새롭게 보도록 촉구하는데, 그 거대한 역사란 지구 행성의 역사에 대한 설명으로서, 그 안에서는 인간의 이야기가 자연의 행로에서 떠나본 적이 없었고, 그것의 일부로 읽혀졌던 적이 없었다.

"하키스틱"(hockey stick) 모양의 그래프들이 보여주는 무한정한 경제성장은 대체로 에너지집약적 세계가 노동집약적 세계를 대체해버렸기 때문에 가능했었다. 1배럴(barrel: 42갈론, 약 159리터—역자주)의 석유가 "인간 노동력 2만5천 시간을 대체한다—1배럴이 한 사람의 십년 노동보다 더 많은 일의 양을 제공한다."[86] 가속화된 극심한 기후변화는 화석연료의 에너지 사용과 정책의 직접적 결과다. 예를 들어, "휘발유 한 갈론(gallon: 약 3.8리터—역자주)은 100톤의 고대 초목들을 대표하는 것이어서,"[87] 휘발유를 태우면서 탄산가스(CO^2)를 방출하지 않을 수는 없다.

그 그래프들은 기후변화에 대한 일차적 증거를 제공한다. 그것들은 탄산가스 농도, 평균 지표면 온도, 대홍수들, 해양생태계들, 해안지역의 생화학과 전 지구적 생태다양성 등을 표시한다. 모든 그래프들이 다른 그래프들과 똑같은 가속도를 공유한다. 그러나 이들 그래프들의 가장 최근 연도 2000년은 단지 현재의 영향력들을 예시했을 따름이다.

2001년에서 2010년까지 10년 동안은 기온관측 기록을 시작한 이래로 가장 더운 10년이었다. 2010년은 역사상 가장 비가 많이 온 해였고, 또한 가장 덥기로는 2005년과 함께 동점을 이루었다. 이것들은 서로 연관되어 있다. 더운 공기는 찬 공기보다 더 많은 물을 지니고 있다. 습기를 많이 품은 대기와 더워진 해양들이 기후를 극단으로 몰아간다. 그래서 굉장한 눈폭풍, 전례가 없는 가뭄과 재앙이 된 홍수들, 하얗게 변한 산호초들(물고기들의 중요한 양육 서식처), 만년설과 빙하가 빠르게 녹아내린다. 홍수의 피해는 전 지구에 걸쳐서 현재 연간 5%씩 증가하고 있다.[88] 미국 버몬트 주에서는,

---

86) McKibben, *Eaarth*, 27.
87) Ibid., 28.
88) McKibben, *Eaarth*, xii, citing Richard Ingham, "Act Now on Floods, Drought, Says Forum," *Age* (Australia), March 18, 2009.

결코 기후변화의 중심지가 아닌데도, "1960년대에 세 차례 홍수 비상사태, 1970년대에 두 차례, 1980년대에 세 차례―그리고 1990년대에 열 차례,"[89] 그리고 21세기 들어서 처음 8년간에 10번 더, 그리고 2011년에는 최악의 홍수 비상사태를 겪었다. 아이오와 주에서는 15년을 사이에 두고, 100년만의 홍수, 500년만의 홍수를 겪었다. 2010년 여름 러시아에서는 가장 높았던 온도들과 최악의 가뭄, 수백 건의 산불, 밀농사의 대흉작을 겪었고, 파키스탄에서는 기록적 몬순으로 수천 명이 죽었고, 수백만 명이 집을 잃었으며, 농산물의 손실과 수많은 도시 기반시설들이 파괴되었다. 한 번은 파키스탄 국토의 1/5이 물 속에 잠긴 적도 있었다. 2011년에 태국 인구 1/5이 직접적으로 홍수 피해를 입었다. 오스트레일리아는 미증유의 가뭄과 이어서 미증유의 홍수를 겪었고, 이어서 퀸즈랜드에서는 거대한 사이클론 폭풍우가 닥쳐와서 심지어 해안에서 수백 킬로미터 떨어진 오지에도 홍수를 가져왔다.

극심한 가뭄과 홍수만이 기후변화의 유일한 영향은 아니다. 해빙(解氷) 현상도 그런 영향이다. 북극과 남극지방의 만년설들, 그린란드의 빙상들, 그리고 거의 모든 곳의 빙하들이 이전의 시나리오가 예언한 것보다 훨씬 빠른 속도로 사라져가고 있다. 히말라야의 빙하들을 생각해보자. 그 빙하들의 기록적인 해빙에는 세 가지 이유가 있다: 증가된 탄산가스의 방출로 인한 전반적인 온난화, 강우량과 강설량의 변화로 녹아 사라지는 눈을 대체할 새로운 눈의 양이 더 적음, 그리고 자동차들과 매연 공해로 인해 빙하 표면을 덮는 탄소막이 그 표면을 더욱 검게 만들어 열의 반사를 적게 한 결과 보다 빨리 해빙하게 된다.[90] 그 여파가 정확히 어떤 영향을 줄지는 분명하지 않다. 그러나 이들 빙하들은 아시아의 모든 큰 강들에 물을 대주고 있다. 아시아의 농업과 인구의 중심들이 그것에 의존한다.

그리고 시간의 문제가 있다. 이제는 계절들이 바뀌어, 예를 들어, 사하라 주변 아프리카의 농부들은 언제 작물을 심어 비가 내릴 것을 기대할지를

---

89) Ibid., xii.
90) Cited by Nicholas D. Kristof, "Our Beaker Is Starting to Boil," *New York Times*, Week in Review, July 18, 2010, 10.

모른다. 또는 장기적 가뭄 때문에 아예 비를 기대하지 못한다. 자연의 포식자들이 없는 새로운 해충들이 나타난다. 농작물의 종류 선택은 무엇을 해야 하나? 농부들은 전통적인 작물들을 심어야 하나, 아니면 새로운 품종들로 바꿔야 하나? 그것이 생존수단의 농부들에겐 도박처럼 되고, 변경된 지구 위에서 살아나가기 위한 예행연습이 되어버렸다.

만일 우리가 해양의 온난화를 살펴보면, 생태다양성의 부수적 손실과 함께, 우려스러운 것이 단순화됨을 발견한다. 어떤 곳에서는 이런 다양성의 손실이 또한 원치 않는 것들의 증가다. 해파리들이 그 한 실례다. 그들은 따뜻한 물에서 더 빨리 성장하고 더 많은 새끼들을 낳아서, 노무라 해파리들이 이제는 일본 어부들의 그물에 달라붙어서 두통꺼리가 되었다. 베링 해의 일부는 해파리들이 하도 많아서 "점액 대륙붕"(Slime Bank)이라고 다시 이름을 붙이게 되었다. 점액을 말하자니, 엄청난 점액 같은 물질이 나타났는데, 어떤 것은 224km나 된다.91) 우리 인간의 생명을 포함해서 지구의 생명을 주었던 복잡한 생태다양성의 물의 세계가 이제는 질적으로 변하고 있다. 이들은 우리가 여러 세기들을 두고 알아왔던 똑같은 그 바다들이 아니다.

아마도 가장 불길한 전조를 지닌 변화는, 대기 중에 내뿜은 더 많은 탄산가스를 흡수하는 바닷물의 결과로 인한, 해양의 산성화일 것이다. 해양들은 지난 80만 년 가운데 그 어느 때보다 더 산성이 되었다. 만일 1950년대의 비율이 그대로 지속되면(그래프들을 기억하라), 지난 2천만 년 가운데 그 어느 때보다 더욱 산(acid)에 의한 부식이 심하게 될 것이라고 고대해양학자들은 말한다.92) 태평양 굴 양식업자들은 2009년에 보고하기를, 굴의 유충(幼蟲) 폐사율이 80%로 증가했는데, 아마도 해수의 산성도에 의한 것으로 추정한다. 많은 갑각류 어종이 충분히 두꺼운 껍질을 만들지 못하며, 또한 산호초는 금세기 말경엔 사라질지도 모른다. 이런 변화의 수준은 여러 시대

---

91) McKibben, *Eaarth*, 26-27.
92) 역자주: 바다 표면이 30% 산성화되어 식물 플랑크톤이 1950년 이후 40%가 줄었다. Bill McKibben, "This is Fucked Up—It's Time to Get Mad, and Then Busy," in *The Global Warming Reader* ed. by Bill McKibben (New York, NY: Penguin Book, 2011), 251.

를 거쳐 유지되어온 체계들을 압도한다.

마지막으로, 바닷물은 열을 서서히 흡수하여 서서히 사용한다. 이것이 의미하는 바는 바닷물이 더워지면 앞으로 오랜 세월 동안 기후변화가 진행 중일 것이고, 비록 계속되는 탄산가스 방출은 먼 미래를 더욱 악화시킨다고 해도, 인간의 탄산가스 방출은 가까운 미래에 중지되거나 감소되지 않을 것이다. 기후변화는 당분간 더 더워질 것이다.

강조할 점은 세 가지다. 첫 번째로, 1750년에서 시작하여, 특히 1950년부터 2010년까지 지구가 겪은 경험은 한 가지의 결과다. 즉 250년 동안 더러운 연료들로 세계에 동력을 제공한 에너지 종류의 결과다. 두 번째로, 우리가 지금 살고 있는 지구는 오늘에 이르기까지 인류의 전 기간 동안 있어왔던 그런 지구가 아니다. 빌 맥키븐의 표현대로, "충적세(沖積世, Holocene)가 비틀거리고 있다."93) 세 번째로, 되먹임 순환과정(feedback loops) 때문에 서사시적인 변화는 더 이상 중지시킬 수 없다. 얼음이 녹은 북극해의 검은 물은 얼음이나 눈처럼 태양 빛을 반사하기보다는 더 많이 흡수한다. 그래서 해빙은 더 많은 해빙을 발생시킨다.94)

물론 우리는 사태를 더욱 악화시킬 수 있다. 북극지방은 전 세계 미발견 석유의 20%를 갖고 있어서, 석유와 가스산업들이 구멍을 뚫으려고 줄을 이어 기다린다. 영국석유회사(BP), 코노코필립스(Conoco-Phillips), 쉘(Shell) 회사들이 북극지방의 4백만 에이커를 임대해 놓고 있다. 영국석유회사는 심지어 연안 밖의 바다로 나가 천공을 금지하는 규칙을 모면하기 위해서 해안 가까이에 인공 섬을 만들어 놓기도 했다. 섬 안에 세운 유정굴착 장치에서부터 바다 쪽으로 밖에 있는 유정으로 길게 수평으로 굴을 뚫을 것이다. 동시에 캐나다와 미국에서는 천연가스, 세일(Shale) 가스, 그리고 타르를 포함한 모래에서 원유를 얻는 새로운 공학기술을 서두르고 있다. 이런 모든 것은 탄소의 더 많은 용량이 그린란드, 북극, 히말라야의 빙하들을 더 많이 녹이

---

93) Ibid., 5.
94) "U. S. Clings to Climate Disbelief." *New Mexican*, September 26, 2011, A-5.

는 것을 뜻한다.

그 결과는? 지구 행성은 변했으며, 그와 함께 우리도 변해야 한다. 우리들의 종착점은 단언할 수 없는 것이, 새로운 지구는 옛날의 지구가 작동하던 방식으로 작동하지는 않기 때문이다. 우리에겐 새로운 포도주와 새로운 천이 있으나, 오래된 포도주 부대와 오래된 옷에 사용하기에는 이미 너무 늦었다. 맥키븐의 이미지를 사용하면, "사방의 전선에서 몰려오고 있는 변화에 대항해서 바윗돌 위에 바윗돌을 (성채로) 쌓기엔 이미 너무 늦었다."95) 우리가 필요로 하는 것은, "우리의 삶과 이념들의 어느 부분들을 버려야만 우리 사회와 문명의 핵심을 보호할 수 있을지 생각해내는 것이다. 이런 대화에는 짐짓 점잖은체하거나 공리공론적인 것은 있을 수 없다. 그건 불편하고, 단언적이고, 직접적일 수밖에 없다."96)

변화의 어려움을 과소평가해서는 안 된다. 특히 기업권력이 개입하기 때문이다. 1989년, 미국의 부시 행정부가 기후과학의 결론들을 물 타기 하려고 그 과학자들의 증언을 편집했던 바로 그해에, 석유회사와 석탄회사들이 "지구적 기후대응 연맹"(Global Climate Coalition)을 구성해서, 화석연료 사용을 줄이는 방향으로 경제를 바꾸려는 것에 맞섰다. "영국왕립학회"(Royal Society of Britain)의 조사를 통해 발견한 것은, 세계에서 가장 큰 회사 엑손(Exxon)이 기후변화에 대한 과학적 합의에 대하여 의심하도록, 두뇌집단들(Think Tanks)과 전문가들에게 수백만 달러를 제공했다는 사실이다.97)

이처럼 어려운 현실은 우리가 지닌 마음의 상태에 의해 강화된다. 삶의 방식에 대한 거대 규모의 위협들에 대해 우리가 대응하는 처음의 반응은 명백한 증거에 대해 의심하는 것이다. 사실, "위협의 규모가 증가하면서 이를 믿고 싶지 않은 욕망도 깊어지게 된다"고 경제학자-윤리학자인 클라이브 해밀톤(Clive Hamilton)은 기후변화를 부정하는 것에 대해 설명하면서 말했다.98) 우리는 전 지구적 "섬뜩한 전조"에 대한 그럴싸한 다른 설명들을 제공

---

95) McKibben, *Eaarth*, xiv.
96) Ibid., xiv.
97) "U. S. Clings to Climate Disbelief."

하기 위해서 할 수 있는 모든 것을 시도할 것이다—동료들이 재검토한 보고서들 속의 사소한 잘못들에 초점을 맞추기, 공해물질 방출 말고 다른 요인들의 힘, 가령 태양 흑점, 제트 비행기 비행운들, 우주선들(cosmic rays), 자연 주기들, 장기적 추세를 무시하고 단기적 변동들에 주목하기, 우리의 이데올로기적 신봉과 맞추어진 정보의 자료들에만 의견을 구하기 등이 그렇다.99)

그럼에도 불구하고, 반대되는 사실들의 충격 아래에서는, 기후변화를 부인하는 것이 결국엔 쇠퇴하고 말 것이다. 2011년 현재, 전 세계에서 하나의 산업국가 안에 기후변화를 부인하는 다수로 구성된 단 하나의 주요 정당이 있는데, 곧 미국의 공화당이다. 변화된 기후들을 이해하는 당원들이 경제성장보다 더 급한 뭔가 일들을 하도록 요구해야만 한다.

그런 요구를 하지 않으면, 아마도 대재앙의 모습으로 끝나는 것을 그냥 지켜보는 일일 것이다. 심지어 무엇을 *할 수 있느냐*는 것도 1990년에서 2010년에 이르기까지 때맞추어 행동하지 못한 것 때문에 제한된다. "엉망이 되는 것도 정도에 따른 급수가 있다"고 "개발, 환경, 안보를 위한 태평양 연구소" (Pacific Institute for Studies in Development, Environment, and Security) 소장이었던 피터 글라이크(Peter Gleick)가 말했다. "그리고 아무리 나빠도, 더욱 나빠지거나 덜 나빠질 수도 있다. 해수면이 2피트 상승하는 것과 10피트 상승하는 것 사이에는 엄청난 차이가 있다. 온도가 섭씨 2도 상승하는 것과 5도 상승하는 것에도 큰 차이가 있다. 그래서 관리할 수 있는 것과 관리할 수 없는 것에 대한 생각이 문제다. 왜냐하면 어느 한 시나리오는 1천만 명을 죽일 수 있고, 다른 시나리오는 1억 명을 죽일 수도 있기 때문이다.100)

토마스 프리드만(Thomas Friedman)에 의하면, "엉망이 된 정도"를 인정하면, 바로 거기에 우리가 지금 처해 있는 것이다. 우리는 더 이상 "그 무엇-이후"(post-anything)에 있는 것이 아니며, 식민주의 이후, 전쟁 이후, 냉전 이후, 혹은 냉전-이후-이후에 있는 것이라기보다는, "그 무엇-이전 완전히

---

98) Ibid.
99) Ibid.
100) Cited from Friedman, *Hot, Flat, and Crowded*, 44.

새로운 곳"(pre-something totally new)에, 즉 "에너지-기후 시대"(Energy-Climate Era)에 있는 것이다. 화석연료들은 "소진될 수 있고, 점점 더 비싸지고, 또한 정치적으로, 생태적으로, 기후적으로 독성이 있는 것이다."101) 더구나 새로운 시대의 "기후" 부분은 다른 경계선을 넘어간다—잠재적으로 관리할 수 없고 불가역적인 영향으로 넘어간다. 프리드만은 결론을 내리기를, 우리는 이미 "회피할 수 없는 것"(unavoidable)을 관리하고, 정말로 "관리할 수 없는 것"(unmanageable)은 회피하도록 해야만 한다고 말했다.102)

반응

이런 모든 것들에 대한 반응으로 우리는 무엇을 기대해야 하는가?

최초로 시도해볼 노력은, 예수를 기억하고, 오래된 천에 새로운 천 조각으로 기워서 때우고, 또 오래된 포도주 가죽부대를 믿고 새로운 포도주를 부어 넣는 것이다. 이에 대한 성경 본문은 잘 알려져 있다:

예수께서는 그들에게 또 비유를 말씀하셨다. "새 옷에서 한 조각을 떼어내서, 낡은 옷에다가 대고 깁는 사람은 없다. 그렇게 하면, 그 새 옷은 찢어져서 못 쓰게 되고, 또 새 옷에서 떼어낸 조각은 낡은 옷에 어울리지도 않을 것이다. 새 포도주를 낡은 가죽 부대에다가 넣는 사람은 없다. 그렇게 하면, 새 포도주가 그 가죽 부대를 터뜨릴 것이며, 그래서 포도주는 쏟아지고 가죽 부대는 못 쓰게 될 것이다. 새 포도주는 새 부대에 넣어야 한다. 묵은 포도주를 마시고 나서, 새 포도주를 원하는 사람은 아무도 없다. 묵은 포도주를 마신 사람은 "묵은 것이 좋다"고 한다. (누가복음 5:36-39)

예수는 그렇게 하는 사람은 "아무도 없다"고 말하지만, 사실은 이런 불

---

101) Ibid., 37-38.
102) Ibid., 41.

행을 가져올 대어 깁기나 포도주 붓기를 하는 것은 자주 일어나는 일이다. 사실상, 의도하지 않은 결과가 일어날 것에 대한 예수의 지적은 "아무도 없다"기보다는 최소한 "누군가가" 시도해보았음을 말하는 것이리라. 그런 일이 종종 습관적으로 일어난 것이 아니었다면, 그의 제자들에게 그렇게 가르쳤을 이유가 별로 없었을 것이다.

결정적으로 중요한 역사적 순간들은 흔히 표준적 영역 밖에서 생각하기를 요구한다. 그러나 그 처음 시도는 언제나 새로운 경험과 지식을 알려진 상자들과 틀 안에 맞추어보려는 시도다. "묵은 것이 좋다"(누가 5:39). 이 말은, 근본적인 문제들은 그 문제를 발생시킨 동일한 사고의 틀을 가지고선 우리가 풀 수는 없다는 아인슈타인의 지혜를 무시하는 것이다.[103]

이것이 맞는지를 보기 위해, 1998년 6월 2일, 미국 자연사박물관이 "종다양성 홀"(Hall of Biodiversity)을 개관하면서 "뉴욕타임스"에 실은 전면광고문을 보자. 그 광고는 전 세계에서 수집한 동식물들 사진과 그 위에 큰 글자로 쓴 광고문을 실었다: "우리는 인종, 신념, 성별, 왕국, 어족(語族), 계급, 서열, 가족, 부류, 혹은 종(種)들에 관계없이 균등한 기회를 믿는다." 이어서 각종 피조물들을 열거했고, 작은 글자로 이런 설명을 덧붙였다.

모든 생명은 서로 연결되어 있다. 그래서 서로 돕고 있는 수백만 생물들의 지원이 없이는, 인간의 생존도 보장될 수 없다. 생물들의 이런 다양성과 상호의존이 이른바 종다양성(biodiversity)이라고 부르는 것이다. 그리고 특별히 몬산토(Monsanto: 미국의 유기화합 산업, 1901년 창립—역자 주) 산업이 중요한 이유다. 우리의 산업은 유전공학정보 세계에서 하는 발견들에 의존한다. 그런 정보는 한 생물종이 멸종되면 영원히 없어지는 것이다. 농업, 영양학, 의학 문제를 해결하는 정보들이 전례 없이 가능할 것으로 여겨졌다. 증가하는 인구로 보면, 지구 행성 위에서는 그

---

103) Albert Einstein as first cited in "Atomic Education Urged by Einstein," *New York Times*, May 25, 1946 and quoted a month later by Michael Amrine in "The Real Problem Is in the Heart of Man," *New York Times Magazine*, June 23, 1946.

게 가능하지 않을 것 같다.

그리고 "몬산토: 식량 건강 희망"이라는 이름과 특허표지 옆에는 로고(logo)—자라나고 있는 식물—가 붙어 있다. 광고의 마지막 줄은 이렇다: "몬산토는 미국자연사박물관 종다양성 홀의 후원자가 된 것을 영예롭게 생각합니다. www.monsanto.com."

이런 광고는 현대과학들, 즉 유전공학, 분자생물학, 생태학, 특히 컴퓨터 과학과 그것들이 주는 충격을 고려하지 않고서는 생각조차 할 수 없다. 그런 사고의 세계는 좋은 과학에 근거한 통전적(holistic) 사고라고 여겨진다. 생물들의 복잡한 상호의존성에 대한 이해가 핵심적인 것처럼 보인다. 처음부터 그 광고는 심지어 성 프란체스코에게 어울릴 평등주의적 생태민주주의의 음조를 치기도 한다. 그러나 광고 문구를 벗어나면, 우리는 산업과학과 공학기술의, 그중에서도 특히 새로운 생물공학기술의 많은 것에 대한 세속적 약속—성취의 신학과 아련한 유토피아주의에 익숙하다. 즉, "몬산토: 식량, 건강, 희망" 그리고 "이전에는 가능하리라고 생각도 못했던 농업, 영양, 그리고 의학적인 해결"과 같은 광고 문구가 그런 익숙함을 보여준다. 우리는 또한 윤리학에서 인간의 주관주의에도 익숙하다. 이런 도덕적 우주는 인간들이 **유일한** 도덕적 행위자들이라는 것을 당연시할 뿐 아니라, 결국엔 진정 문제가 되는 유일한 행동들은 인간들에게 영향을 주는 것들뿐이라고 여긴다. 인간 주체를 넘어서는 어떤 상소법원은 존재하지 않는다. 그리고 그 페이지 오른쪽 구석 맨 밑에, 우리는 좋은 과학과 생활방식("식량, 건강, 희망")을 전 지구적인 영농산업의 손에 확고하게 맡겨두었다.

이것은 새로운 포도주와 새로운 천(옷감)처럼 들리겠지만, 사실은 "생태-현대성"(eco-modernity)[104]이다. 현대성은 유명한 이원론 세트를 가지고 작동했는데, 그 이원론 세트는 정신과 물질, 인간의 문화와 그에 저항하는

---

104) The term is Aiden Davison's in Aiden Davison, *Technology and the Contested Meanings of Sustainability* (Albany: State University of New York Press, 2001), passim.

자연, 그리고 인간과 다른 피조물들 사이를 선명하게 구별하는 오래된 경계선들을 갖고 있다. 이런 경계선들은 이제 지워졌으며, 대신에 모든 생명이 서로 연결된 세계 속에서 "인종… 어족(語族)… 계급… 생물의 속(屬, genus)… 혹은 종(種, species)들에 관계없이 동일한 기회"를 갖고 있다고 보게 되었다. 현대성은 사물이 어떻게 작동하는가에 대해 대체로 기계론적 이해를 반영하였다. 이제는 생태학적 언어가 기계론적 언어를 대체해버렸다. 간단히 말해서, 이것은 새로운 지식, 새로운 인식, 새로운 단어로서 명백히 새로운 포도주이며 새로운 천(옷감)이다.

그러나 생태-현대성의 근본 편견들은 여전히 현대성의 편견들로 남아있다. 과학, 공학기술, 산업의 일상적 행태는 인간의 정신과 문화를 창조자들, 통제자들, 첨단 공업기술의 생태 카우보이들로 다루어, 생태계들과 게놈(genom)을 가지고 마치 목장에서 일하듯 다룬다. 더군다나 그 페이지에 실린 피조물들은 총칭적(generic)인 것이지 특수한(particular) 것이 아니다. 그 피조물들은 심지어 생물학적 개체들로서의 진정한 피조물들이 아니다. 그 피조물들은 휙 날아가지도 않고, 꽃을 피우지도 않고, 젖을 빨거나 가을에 황금빛으로 변하지도 않는다.105) 그 피조물들은 범주적으로 또한 간단히 "정보"와 "자원들"이다. 따라서 인간들은 아무런 제한도 없는 주인들로서 그 중심을 차지한다. 비록 상호의존성의 그물망뿐 아니라 생태학, 분자생물학, 유전공학, 진화 자체 등은 하나의 도덕, 즉 "크건 작건 모든 피조물들은 밝고 아름답고," 심지어 "만물이 현명하고 경이롭다"106)고 보는 도덕을 위한 정보, 자원들과 자산으로서—간단히 말해서 순전한 자재(capital)로서 봉사하고 있음에도 불구하고, 인간들은 아무런 제한도 없는 주인들로서 그 중심을 차지한다. 그러니 오직 단 하나의 인상적인 페이지 속에서, 생태-민주주의(bio-democracy)에 대한 고백으로 시작한 것이, 이윤을 위해서 또 (인간의) 희생 없이 잘 해내어 좋은 것을 하겠다고 다시 한 번 더 약속하는 사용자

---

105) A reference to the earlier discussion.
106) The phrases are from the Anglican hymn, "All Things Bright and Beautiful."

중심의 착취로 끝난다.

　과학으로서의 유전공학은 우리 인간들이 기린과 보노보(bonobo)가 "당신 안에 있는 동물원"107)을 반영하는 친족임은 말할 것도 없고, 회충(蛔蟲)과도 친족관계라고 설명할 것이다. 생태학은 생명의 놀라운 연결망을 매우 상세하게 지도로 그려낸다. 또한 대문자(E)로 시작하는 진화론(Evolution)은 아직도 순례의 길 위에 있는 역동적 우주를 보여주는 것이라, 그 진화 역사에서 단지 찰나에 지나지 않는 우리들일지라도 그 엄청난 순례과정을 표현한 것이다. 이런 것이 바로 최근 발견한 정말로 새로운 포도주며 새로운 천(옷감)이다. 그러나 이런 과학들은 기업가적인 용기와 공학적인 자신감과 결합한 현대성의 지나친 자부심을 지니고 있는 윤리를 위해서 오늘의 정치경제학에 그만 포획되고 말았다. 생명은 흔히 생산, 경영, 안보의 문제로 되어, 엄밀한 과학과 시장의 마술에 근거한 공학적 구제의 대상이 되었다. 생명은 더 이상 생물종(生物種)의 문제가 아니며, 인간의 영혼이나 잘못된 정체성, 혹은 악과 불의와 일상적으로 실패하는 것들의 문제가 아니다. 인식하는 시선은 아직 오만한 시선뿐이다.

　이런 통념의 아이러니를 우리가 잘 파악하지 못하는 이유는 그 통념의 내용과 사고의 틀이 우리에게 너무 익숙하기 때문이다. 몬산토의 광고는 종 다양성에 대한 공개적 승인이라서, 그 광고 전시관에 마땅하고 모든 박물관 관중들의 주목을 받을 만하다. 그러나 몬산토의 목적은 그들이 통제하는 단지 몇 가지 곡물 씨앗들을 위해서 될 수 있는 대로 많은 시장을 획득하는 것이다. 그 목적은 이윤을 내기 위해 상품을 다양화하는 것이 아니라, 단순화하는 것이다.108) 몬산토 영역 속에서 자기들이 씨앗을 보존하여 독립적으

---

107) See chapter 1, "The Creature We Are"(피조물인 우리들).
108) Norman Wirzba, who does not categorically oppose genetic modification and patenting of food needs, offers this comment: "Far from signaling an end to genetic research, appropriate research will respect the integrity of creatureliness and honor the divine logos (the principles of life and intelligibility) in things. Research that serves the narrow purposes of profitability and power (the glorification of a corporation) rather than the nurture and health of the world, is a desecration." Norman Wirzba, *Food*

로 살아가려는 농부들을 쫓아내기 위해서 일군의 소속 변호사들이 늘 대기하고 있다. 그래서 그 회사가 말하는 것처럼 지역의 종다양성 보전을 강조하는 새로운 전시관을 지원하기보다는, 몬산토의 행태는 그런 일을 꺾어버리는 것이다. 광고에서 말하는 생태-현대적인 단어들이 생태학의 언어를 말하고는 있지만, 사실 그 회사가 실제로 하는 짓은 변화하는 환경들에 성공적으로 적응하는 진화의 방식을 지원하거나 배우려고 하지는 않는다.

이런 사고방식은 이미 1963년, 즉 환경운동을 시작하게 만든 레이첼 카슨(Rachel Carson)의 『침묵의 봄』(Silent Spring)이 출판된 당시에도 있었다. 당시에 몬산토는 "황량한 봄"(Desolate Spring)이라는 제목으로 카슨의 표현을 패러디해서 놀렸다. 그것은 미국을 그리되, 카슨이 주장한 것처럼 농약 살충제에 의해 황폐해진 것이 아니라, "땅의 매 평방피트 위와 아래에 살고 있는 곤충들에 의해… 그리고 심지어 인간 내부에 있는 벌레들에 의해"109) 황폐해진 것으로 그려내었다.

몬산토는 단지 하나의 예에 불과하다. 우리가 더욱 깊이 들어가 보지도 않고, "식량 건강 희망"이란 설명을 비난하는 것만으로는 아무 소용이 없다.

만일 우리가 하나의 생활방식으로서 현대의 문화, 생태-현대성의 문화, 그리고 산업문화가 무엇이냐고 묻는다면—"웬델 베리의 목록을 사용해서,110) 전력산업, 방위산업, 언론산업, 교통산업, 농업산업, 식량산업, 건강산업, 연예산업, 광산산업, 교육산업, 법률산업, 정부산업, 그리고 종교산업 등"—그에 대한 대답은 아마 이럴 것이다: 그것은 가난, 질병, 수고로움을 밀어내고 풍성하게 만들고 확장된 선택을 하도록 하는 풍요로움으로 대체하

---

and Faith: A Theology of Eating (Cambridge: Cambridge University Press, 2011), 204n49.

109) Reported in "Starting Over," New York Times Book Review, September 2, 2007, 12. It was not only Monsanto, however, but the chemical industry as a whole that berated and attacked Carson's work, Silent Spring (New York: Houghton Mifflin, 1962). For more details, see Paul Hawken, Blessed Unrest: How the Largest Movement in the World Came into Being and Why No One Saw It Coming (New York: Viking Press, 2007).

110) Berry, "Does Community Have a Value?" in Home Economics, 179.

는 꿈과 약속이다. 그런 꿈, 약속, 그리고 부분적인 성공은 거부할 수 없게 되었다. 그리고 그런 일이 아직 매력적이긴 하지만, 그것은 지구의 현재 조건들이 우리로 하여금 자세히 조사해보도록 강요하는, 생태계에 관한 다음의 가정들에 뿌리박고 있다.

자연은 인간이 사용하기에는 사실상 무제한한 자원의 저장창고다.
인간은 자연을 사용하고 통제하도록 위임을 받았다.
자연은 유연성이 있어서 인간의 목적을 위해서 재구성될 수 있다.
인간은 삶의 물질적 표준을 향상시키기 위해서 문화자연의 자원들을 사용할 권리를, 아마도 심지어는 사명을, 갖고 있다.
삶의 물질적 표준을 향상시키는 가장 효과적인 수단은 지속적인 경제성장이다.
삶의 질은 끊임없이 확장되는 물질적 풍요를 이루도록 하는 경제체제에 의해 진전된다.
미래는 열려 있고, 전 인류를 위한 체계적인 물질적 발전은 가능하며, 인간의 능력을 조심스럽게 사용함으로써 인간은 역사를 바로 세우도록 돌릴 수 있다.
인간의 실패들은 효과적인 문제 해결을 통해서 극복될 수 있다.
문제해결은 만일 이성과 선의가 있으면 효력이 있고, 과학과 공학기술은 자유로운 환경 속에서 발전되고 적용된다.
과학과 공학기술은 선택된 목표들을 위해 봉사하는 중립적 수단들이다.
현대과학과 공학기술은 민주주의와 결합하여, 처음에는 서양에서 그리고 나머지 세계에서 우월한 문명을 성취하도록 도와주었다.
과학적으로 알려질 수 있고 공학적으로 이루어질 수 있는 것은 꼭 알려지고 이루어져야만 한다.
우리가 창조해낸 것들은 우리의 통제 아래에 있다.
좋은 삶은 생산적인 노동과 물질적 행복의 삶이다.
성공적인 사람은 성취한 사람이고, 그 자신의 힘으로 이를 이룩한다.

사회적 발전과 개인적 이해관계는, 경쟁적이고 기업가적인 환경에서 성취 지향적 행동에 의해 가장 잘 충족된다.
노동윤리는 인간의 만족과 생태사회적 발전에 가장 근본적이다.
부지런하고, 열심히 일하고, 모험을 감행하고, 또한 교육을 받은 사람들은 그들의 목표들을 획득할 것이다.
물질적 풍요 속에 자유가 있다.
사람들이 더 많이 가질수록, 그들의 선택의 자유는 확장되고, 또한 그들은 더 많은 것을 가질 수 있고, 갖게 될 것이다.111)

이 모든 것은 프레데릭 모톤의 『도시횡단 안식일』(*Crosstown Sabbath*)의 첫 사촌이다. 모톤은 뉴욕시 42번가를 따라 도시를 가로지르는 버스를 탄 경험을 설명하면서, "고전적 유태교인-기독교인들인" 승객들의 얼굴들에 나타난 피로한 기색을 묘사한다. 모톤은 우리가 우리 문명의 신을 흉내 내고 있다고 말하는데, 그 신은 "이 세계를 공장의 조건들로 조립한" "신적인 일벌레"(Workaholic Supernal)이다. "히브리인들 이전에는, 어느 백성들도 안식일을 가진 적이 없었다. 다른 어떤 민족도 그것을 필요로 하지 않았다"고 모톤은 쓰고 있다.112)

우리가 살고 있는 이 세계를 이해하려면, 좀 더 주목할 것이 있다. 모든 지방적 국가적 경계선들을 넘어서는 기업자본주의 속에서 전 지구적 회사들의 거대한 역할, 정보혁명과 그것이 산업 패러다임을 변화시킴, 생물학적 체계들을 산업화하기에 이른 생명공학들 속에 자연 자체를 암호화하고 암호해독함, 나노 공학기술(nano-technology)의 등장, 지구 행성 지질공학의 매력 등을 비롯해서 더 많은 것들에 주목해야만 한다. 지난 250년에서 300년 동

---

111) This is an adaptation from the list Bruce C. Birch and I used in *The Predicament of the Prosperous* (Philadelphia: Westminster Press, 1978), 44-45. I also used it in the volume with Daniel C. Maguire, *Ethics for a Small Planet* (Albany: State University of New York Press, 1987), 88-89.
112) Frederic Morton, Crosstown Sabbath: A Street Journey through History (New York: Grove Press, 1987), 31.

안엔 우리가 몬산토 분석에서 본 것과 똑같은 인간중심적 우주와 똑같은 사고방식을 보여주었다. 즉, 오만한 시선과 일방적 지배의 윤리라는 문화적 쇼비니즘(chauvinism: 맹목적 배타주의), 인간적 주체와 쓸모 있는 객체, 살아 있는 것을 포함하여 모든 것들을 자본(capital), 정보, 자원으로 생각하는 방식이다.113)

위에서 보았듯이, 우리는 이런 집단적인 곤경을 인정하고 필요한 변화를 만들어 내기 위한 효과적인 방법들을 알고 있다. 그것은 하나 이상의 세계에서 살아보기, 역사를 통해 뒤로 돌아가서 역사로 하여금 새롭게 말하도록 하기, 시대의 징조들을 분별하기, 그리고 인식의 충격을 경험하기 등이다. 여기 우리가 지금껏 배운 것들을 요약한 다음의 결론들은 장차 다룰 장들을 예상하는 결론들이다.

* 우리는 세계를 현재 **있는 그대로** 보지 않는다. 우리는 세계를 **우리 나름으로** 본다. 상징적 의식(symbolic consciousness)을 지닌 피조물들은, 그들 자신들의 자연을 포함하여, 자연에 대한 직접적 견해를 갖고 있지 않다. 자연 그대로가 아닌, 자연에 대한 우리의 **개념들**이 우리의 반응을 형성한다. 이는 다른 인간에 대한 우리의 견해에도 해당한다. 어떻게 우리는 다른 사람들을 평가하는가? 우리는 그와 협력하는가 아니면 그를 무시하고 멀리 하는가? 그녀는 친구, 원수, 혹은 대수롭지 않은 사람인가? 그녀는 수단이나 목적인가, 때로는 수단이었다가 때로는 목적이었다가 하는가, 아

---

113) *The Economist*, Mary 26-June 3, 2011 표지와 특집 이야기인 "Welcome to the Anthropocene: Geology's New Age"는 이런 입장을 잘 표현하고 있다. 이 특집은 인간의 생태 스트레스 아래에서 지구의 전례 없는 시기를 묘사하면서 말하기를 그것이 "의미하는 바는 사람들과 그들의 세계의 관계에 대해서 새롭게 생각하고, 이에 합당하게 행동하는 것이다"라고 한다. 그러나 그런 이야기는 낡은 가죽부대에 새로운 포도주인 것이, 표지의 그림에 완벽히 표현되었다. 일부 비어있는 미완성의 부분들을 제외하고는 전체 지구의 표면이 모두 강철판들로 함께 접합되었다. 남아있는 구멍들도 주인 생물종들에 의해 이런 인간의 계획이 완성되기를 기다리고 있다. 이것이 산업적 생태-현대로서 인류세(Anthropocene)다.

니면 둘 다인가? 우리의 인식에 대하여 깊은 수준에 이르도록—우리의 가정들, 공통적 편견들, 인간에 대한 그리고 인간이 아닌 것들에 대한 현행의 욕망들을—질문해 보기 전에는, 우리의 삶의 방식이나 우리가 갖고 있는 세계를 이해할 수 없다.

* 지구는 품위 있게 늙어가지 않는다. 새로운 첫 번째 과업들을 의무적으로 해야만 한다. 구스타브 스페스를 인용하면, "지구의 기후와 생물들을 파괴하고 황폐해진 세계를 미래 세대들에게 남겨주기 위해서 우리가 해야 할 모든 것은, 인구와 세계 경제의 성장 없이, 그저 지금 하고 있는 대로만 계속하면 된다."114) 묵시록이 요구하는 것이라곤 단지 2000년의 추세를 그대로 평평하게 지속해서 거기서부터 밀고나가는 것이다. 그러나 그것들은 그대로 평평하게 지속되지 않는다. 곡선이 여전히 상승한다. 1950년에 경제가 7조 달러(7곱하기 10의 12제곱)에 도달하기까지 인류의 전체 역사가 걸려서 이루어내었다. 지금은 매 10년마다 7조 달러씩 더해진다. 오래지 않아, 단지 조만간, 생태권의 경제(the ecosphere's economy)는 전지구 자본주의 경제가 따라잡지 못하게 된다.

* 지구는 작고 또한 자연의 체계들은 성장하지 않는다. 발견하고 댐을 쌓을 더 많은 강들도 없고, 물고기를 잡고 구멍을 뚫을 더 많은 바다도 없으며, 거주하고 경작할 더 많은 땅도, 숨 쉬고 공해를 끼칠 더 많은 공기도 더 이상 없다. 그러나 인간의 영향은 지구상 자연의 체계들에 비해 점점 더 커져간다. 우리는 이미 너무나 많은 물을 사용해버려서, 우리가 의존할 나머지 생명들을 위해서 남겨줄 물이 너무 적다. 우리는 이미 자연이 만들어내는 광합성 생산물의 40%를 포획했다. 산림 벌채와 표층토 손실이 재조림이나 토양 형성을 초과해버렸다. 자연이 새로운 첫 번째 과업들을 해달라고 간청하고 있다.

* 산업혁명 이후로 세계의 세속종교의 신은, 산업사회주의와 산업자본주의의 후원을 받은 물질적 경제성장이 되어버렸다. 그것은 무기한 상연하는

---

114) James Gustave Speth, "Towards a New Economy and a New Politics," *Solutions* 5, available online at http://thesolutionsjournal.com n.p.

대성공의 브로드웨이 쇼(Broadway Show: 뉴욕의 극장 중심가 쇼—역자주)가 되었다. 그러나 승리한 자본주의가 전반적으로 "생태화"(ecologize) 되지 않는 한, 그리고 자연의 경제가 그 토대를 이루지 않는 한, 자본주의는 그 자신이 의존하고 있는 것들을 모두 파괴할 것이다. 불행하게도, 어머니 자연(Mother Nature)은 다른 긴급대책으로 우리에게 원조를 하지 않는다.

* 에너지, 교통, 건축, 농업의 새로운 공학기술들이 절대로 필요하고 가능하다. 자원들을 미리 선취하여 보호 관리하면서, 우리가 이미 갖고 있는 것에서 대량으로 효과적인 짜내기를 하는 것도 절대로 필요하고 가능하다. 그러나 경쟁과 노후화로 위협을 받는 사람들과 회사들의 완고한 저항에도 불구하고, 혁명적인 공학기술들이 얼마나 멀리 그리고 얼마나 신속하게 작동 중에 널리 보급될 수 있는가 하는 것은, 공학기술에 맹목적인 신뢰를 하고 그 제단에 필사적으로 간청하는 것이 어리석다는 뜻이다. 인간의 욕망들과 습관들의 변화를 포함하여, 다원적인 대책들이 필요하다.115)

* 첫 번째 과업들을 다시 한다는 것은 몇 가지 장기간의 전환을 필요로 한다.

관점의 전환(perspectival transition)이 필요한데, 이는 호모 사피엔스가 생물종들 가운데서 한 생물종으로서 더 이상은 오랜 기간 동안 알아왔던 곳과 똑같은 지구 행성에서 살지 않는다는 것을 이해하는 것이다. 이런 변화된 인식은 막스 베버가 세계에 대한 "주술(마법)에서 깨어남"(disenchantment)이라고 부른 것, 즉 자연은 인간의 이용을 위한 자원의 저장고나 마찬가지로 여겨졌던 것에 반대로 하는, 어떤 "다시 매혹됨"(reenchantment)을 포함한다. 다시 매혹됨은 인간의 의식과 감정에 자연을 복원하는 것, 즉 자연은 주체들의 공동체, 신비와 영혼의 소유자, 우주의 에토스, 그리고 모든 생명의 자궁으로 여기는 것이다.

---

115) 여기 별표를 붙인 단락들은 처음 것을 제외하고는, 모두 스페드(Speth)와 나의 논의들을 결합한 것들이다. 직접 인용하지 않은 때에도, 그 출처는 James Gustave Speth, "Towards a New Economy and a New Politics," Solutions 5, available online at http://thesolutionsjournal.com. passim.

경제적 전환(economic transition)은 그 안에서 경제학과 생태학이 "생태경제학"(eco-nomics)으로 병합되는 것이다. 생태경제학은 모든 경제 활동을 자연 경제의 생태학적 한계 속에 넣어두고, 생산, 상대적으로 공정한 분배, 생태학적 재생식이라는 세 가지 실천과제를 추구한다. 효용(效用)의 성장을 배제하지는 않지만, 그 조건은 그것이 생태학적으로 지속가능하며, 장기간에 걸쳐 재생 가능하며, 거대한 풍요와 소득 격차가 발생시키는 생태사회적 불안정을 증가시키기보다는 감소시키며, 지방적이며 지역적 공동체들과 문화들을 축소시키기보다는 북돋아주어서 그들의 문화적 생물학적 다양성을 함양하고 격려하는 것이다. 그 모든 경우에, "경제학의 제일 법칙은 지구의 경제(the Earth economy)가 보호 되어야 한다"는 것이다.116)

인구의 전환(demographic transition)은 그 안에서 인간의 인구가 꺾여 수평으로 되거나 감소하고, 또한 개인당 나머지 자연에 끼치는 부정적 영향이 사라지고 다른 생명과 상호간 고양시킴에 자리를 내주는 것이다.

정치조직의 전환(polity transition)은 그 안에서 만일 정말로 민주주의적 자본주의가 계속 유지되려면, 민주주의적 자본주의의 기초 개념이 바뀌는 것이다. 그것은 (1) 부(富)와 획득하고 즐기기 위해 실질적으로 무제한한 자유를 조장하는 사회, 즉 균등분배의 힘을 지닌 정부의 역할보다도 재산권과 그 사용의 권한이 더욱 기본적인 사회로부터 (2) 서민들을 위한 기초적인 이익들—땅, 공기, 불, 물, 빛 등—이 인간과 다른 종류들의 현재와 미래 세대들 모두를 위한 이익, 공유되는 이익을 돌보기 위해 필수적인 것이라는 방식으로 사회적, 정치적, 경제적 능력들을 민주화하는 과정을 통해서 공통의 이익을 조장하는 사회로 바뀌어가는 것이다.

정책의 전환(policy transition)은 그 속에서 정책들이 자연 자체로 통합되는 것이다. 기후변화, 가난, 에너지, 식량, 물 등이 모두 지구 행성의 경제 속에 얽혀 짜진다. 그것들은, 그리고 그것들이 대표하는 "고약한 문제들"

---

116) Thomas Berry, "Conditions for Entering the Ecozoic Era," *Ecozoic Reader* 2, no.2, (Winter 2002): 10.

은 한꺼번에 사일로에 넣고, 분석이나 해결을 위해 각각 별도로 목표를 삼을 수는 없다. 통합된 정책들은 자연 자체의 통합적 기능의 체계적 특성을 반영할 필요가 있는데, 마치 인간의 공학기술들이 자연 세계의 공학기술들과 서로 모순되지 않아야 하듯이 말이다.117)

종교적 및 도덕적 전환(religious and moral transition)은 그 속에서 윤리의 중심이 자기(self)로부터 우리들의 생활과 책임의 관계적인 모체(matrix)로서의 생태계로 바뀌어야 하는데, 이는 지구 행성의 건강이 우선적이고, 인간의 행복은 이차적이기 때문이다. 인간이란 피조물은 자연 속에 자연으**로서** 살아가는 존재들로, 그것에서 우리가 진화했고, 그것에 우리가 의존하고, 그것의 운명을 우리도 공유하는 나머지 자연과 불가 분리한 것이다. 자연과 그 경제는 우리의 최종적 근거일 뿐 아니라 우리의 안녕과 그것에 대한 책임을 질 능력에서 가장 최종적인 근거다. 이것 때문에 지구 행성을 지키는 것은 모든 종교들의 공통적인 소명이며, 동시에 도덕적 뼈대가 확대되어 인간 생물종에 고정된 것을 넘어서서 생태사회적, 생태물리학적 책임과 지구의 지질에 대한 책임을 포함하도록 해야 한다.

그 다음엔...

우리가 이제까지 살펴보았듯이, 우리들 앞에 놓인 "위대한 과업"(the Great Work)은 우리가 지금 살아가고 있는 것보다 더욱 관대하게 도덕적인 우주와 지구를 공경하는 신앙을 요청한다. 어떤 신앙이 참으로 지구를 공경하는 신앙인가? 어떤 윤리가 그 동반자일 것인가? 어떤 종류의 신앙과 윤리가 어려운 전환들을 거쳐서 생명을 위한 열정으로 나타날 것인가? 무엇이 여러 세대를 두고 선한 행동을 필요로 하는 과업을 담당할 갱신 가능한 도덕적-영성적 에너지를 창조할 것인가? 다음 장들에서 그런 것을 차례로 다루자. 우리가 찾는 신앙과 우리에게 필요한 윤리를.

---

117) Thomas Friedman, "Connecting Nature's Dots." *New York Times*, Week in Review, August 23, 2009, 8.

3장

우리가 찾는 신앙

당신이 철학 안에서 생각하는 것보다 더 많은 것이 하늘과 땅에 있다.
— Hamlet to Horatio in William Shakespeare's *Hamlet*

자연이 진공을 싫어하듯이, 역사도 막다른 종점을 거부한다. 많은 종교들과 철학들—성서의 유일신론, 힌두교와 불교, 유교와 도교, 그리스의 인문주의적 합리주의—이 대략 기원전 900년에서부터 기원전 200년 사이의 오랜 고통과 혼란의 세월을 통해 등장했다. 이 시대의 창조성은 대단히 중요하고도 지속적이어서, 철학자 카를 야스퍼스(Karl Jaspers)는 그 시대를 "차축시대"(Axial Age)라고 이름 붙였다. 그로부터 여러 세기 뒤에, 유럽에서 중세기는 르네상스(Renaissance)에 자리를 내주었고, 종교개혁과 이어진 종교전쟁들은 계몽주의(Enlightenment)에 자리를 내주었다. 더욱 최근에는 노예제도, 여성들의 선거권 박탈, 그리고 마지막으로 법제화된 인종차별주의는 투표함과 법 앞의 평등에 의해 무너지고 말았다. 1980년대 후반에 냉전이 종식되었고, 국가사회주의가 붕괴했으며, 새로운 국가들이 민주주의와 자본주의적 시장경제를 향한 전환 속에 일어났다. 우리 자신들이 너무도 망가져서 인간의 필요들을 다루고 또 지구의 고난을 해결하지 못함을 발견하였듯이, 원자폭탄, 수소폭탄, 대륙간탄도미사일들이 전혀 무의미한 것들로 되었다. 특히 역사가들이 "화석연료 중간기"(fossil-fuel interlude)라고 부를 에너지 지배로부터의 전환은 통신혁명—정보공학기술들—과 동시에 발생했는데, 그 통신혁명은 매우 단기간에 집단적 의식 속에 널리 확산된 변화를 가능하게

137

하였다. 인류는 항상 부족중심으로 살아왔지만, 이제는 우리가 전 지구적인 존재가 될 수도 있다. 줄어드는 오차 범위를 지닌, 파괴되어가는 세계 속에서 우리가 전 지구적인 존재가 될 필요가 있다.

한 마디로 말해서, 역사의 무게란 것이 불사조(phoenix)가 자신의 재를 흔들어 털고 있는 것보다는 훨씬 더 많은 증거를 제시한다. 죽음과 갱신, 탄생과 재탄생은 실제적이다. 그런 일들은 일어난다.

이제 우리는 또 다른 획기적 전환기에 직면해 있다. 산업시대가 그 종착점을 바라보고 있다. 그것에 이어지는 결과 속에서, 사회적인 것들과 생태적인 것들이 통합되고 있으며, 세계는 아직 준비되지 않은 생태시대(ecological age)로 들어가야 한다. 지구는 더 이상 우리 조상들이 알았던 그런 지구가 아니고, 혹은 심지어 우리들의 살아계신 어른들이 성장하면서 익숙해졌고 사랑했던 그런 지구가 아니다. 만일 사망-갱신-재탄생이란 전환이 이 시대에 일어난다면, 그것은 필연적으로 산업문명에서 생태문명(ecological civilization)에로, 혹은 토마스 베리 신부의 말대로, "공학기술시대"(technozoic age)에서 "생태대(ecozoic age)"[1]로 길을 만들어 낼 것이다.

자연과 역사와 마찬가지로, 신앙도 진공과 막다른 종점을 모두 싫어한다. 신앙은 쉬지를 않는다. 신앙은 포기하지도 않는다. 특정한 신앙들은 쇠퇴할 수도 있고, 일부는 심지어 죽기도 할 것이다. 그러나 다른 것들은 이스라엘의 경험을 흉내 내어, 잘라서 쓰러뜨린 후 죽으라고 내버려둔 나무의 뿌리들에서 새로운 생명을 일으키려고 할 것이다. "이새(Jesse)의 줄기에서 한 싹이 나며 그 뿌리에서 한 가지가 자라서 열매를 맺는다"(이사야 11:1). 당신이 믿어도 좋을 것은, 누군가가 새로운 포도주 부대를 만들고 새로운 천을 짜기 시작할 것이라는 점이다(누가 5:36-39).[2]

그러나 이 시대가 당면한 전환과 "위대한 과업"을 위해서 우리가 지금 추구해야 할 신앙은 무엇인가? 그 대답은 질문들로 시작하는데, 그런 질문들

---

1) Thomas Berry, *The Great Work: Our Way into the Future* (New York: Bell Tower, 1999), 7-8.
2) 앞의 장에서 누가복음 5:36-39 예수의 비유에 대한 논의를 보라.

이란 오늘까지 우리의 철학 속에 머물고 있는 것들보다는 하늘과 땅 위에 있는 더 많은 것들로 우리를 이끌어 간다.

어떤 종류의 신앙이 생명의 전체 공동체, 생물권(biosphere)과 대기권(atmosphere)을 모두 합한 생태권(ecosphere)을 포함하는 도덕적 우주를 지닌 생명중심적이고, 정의에 전념하고, 지구를 공경하는 그런 신앙일까? 어떤 신앙이 중요한 원소들—흙, 공기, 불(에너지), 그리고 물—을 도덕적인 우주 속에 가져와서 그들을 중심에 둘 것인가? 어떤 신앙이 영성의 과거 전통들을 조사하여 새로운 첫 번째 과업들에 공헌하기를 요청하는가? 어떤 신앙이 우리들에게 과거의 함정들에 대해 경고하는가? 어떤 신앙이 모든 욕구들과 염원들을 재는 다림줄로서 단 하나의 엄중한 판단기준—지구 윤리와 건전한 지구 공동체에 대한 공헌의 관점에서 판단하는—을 사용하는가? 어떤 신앙이 우리의 책임을 비추어주고, 희망의 샘터를 제공하며, 다가오는 어려운 계절에 대비하여 갱신할 수 있는 도덕적/영적인 에너지를 생성하는가? 어떤 신앙이 우리 인간이라는 피조물과 우리가 살고 있는 세계에 비추어 권력과 특권에 대한 사리를 제대로 이해하는 것일까? 지구는 우리가 탈취하기에 무한하며 자연은 공짜로 보였을 때 우리가 지녔던 굳건한 토대와 확실한 신뢰가 언제 없어지게 될지 모를 그런 모험을 허락할 만한 안전을 도대체 어떤 신앙이 제공하는가? 어떤 신앙이 엄청난 이익을 본 화석연료들과 약탈하는 소비주의가 끝나는 것을 감히 환영하겠는가?

지구를 공경하는 신앙(Earth-honoring Faith)의 노래들 중의 노래가 우리가 찾는 신앙에게 말해준다. 노래들 중의 노래(Song of Songs)[3]는 이중적인 의미를 지닌 이중적 언급이다. 물론 그것은 히브리 성서에서 사랑의 시를 실은 작은 책(아가서)[4]을 가리킨다. 아가서는 타나크(Tanach=히브리 성서) 가운데 가장 많이 "주석(註釋)이 된" 책이고, 동시에 시편을 제외하고는 가장 많이 노래로 불러진 것으로서, 두 개의 사랑 이야기들을 하나로 엮은 것이다. 그

---

3) 어떤 성경에선 솔로몬의 아가(Song of Solomon)라고 제목을 붙였고, 다른 몇 군데선 송영성구(Canticle of Canticles)라고 제목을 붙이고 있다.
4) 8개의 짧은 장들로 되어 있다.

중심에는 한 젊은 여인("내가 검어서 예쁘단다," 아가 1:5a)과 한 젊은 남자 ("그 남자의 그늘 아래 앉아서, 달콤한 그 열매를 맛보았어요," 2:3b) 사이의 육감적인 사랑이, 무대 뒤에서 들려오는 예루살렘의 딸들의 합창과, 그 젊은 여인의 사랑 선포들을 돋보이게 장식하는 그녀들의 해설과 함께 나온다. 다른 사랑은 심지어 선포된 사랑이 아닐지라도, 어디까지나 현실적인 사랑이다. 그것은 이 연인들이 그들의 땅과 그 땅의 생명에 대해 지닌 사랑이다. ("꽃 피고 새들 노래하는 계절이 이 땅에 돌아왔소. 비둘기 우는 소리, 우리 땅에 들리오," 2:12). 연인들은 사실상 서로의 매력적인 이미지들을 그 땅에서 가져온다: "바위틈에 있는 나의 비둘기여, 낭떠러지 은밀한 곳에 숨은 나의 비둘기여, 그대의 모습, 그 사랑스런 모습을 보여 주오. 그대의 목소리, 그 고운 목소리를 들려주오"(2:14). 그리고 서로를 향한 그들의 사랑을 높여주기 위해서 그 땅을 묘사한다: "나는 임의 것, 임이 그리워하는 사람은 나. 임이여, 가요. 우리 함께 들로 나가요. 나무 숲 속에서 함께 밤을 보내요. 이른 아침에 포도원으로 함께 가요. 포도 움이 돋았는지, 꽃이 피었는지, 석류꽃이 피었는지, 함께 보러 가요. 거기에서 나의 사랑을 임에게 드리겠어요"(7:10-12).

이런 사랑들은 하나다. 히브리 성서 전체를 통해서 그러하듯이, 여기에서도 생명과 피조물이 매끄럽게 연결되어 있다. 동물들과 새들, 과일과 동물들, 이슬과 태양빛은 그 연인들을 칭송하기 위한 단어들이요 담는 그릇들이며, 그들의 세계의 거룩한 신비들이다. 생명이 강렬하게 드러난다. 그리고 그 모든 것이 조용히 땅을 지향하고, 땅을 존중하고, 땅을 긍정하고 있다. 비록 그들의 존재는 지구 행성의 단지 작은 조각에 불과하지만, 그것은 많은 노래들 중의 노래다.

두 번째 언급은 덜 분명한, 별로 잘 기억되지 않는 말의 일부인데, 디트리히 본회퍼가 한 말이다. 그는 스페인 바르셀로나에 있는 이주 독일인 교구의 목사로서, 1929년 2월에 "기독교 윤리의 기초적인 질문들"에 대해 회중들에게 말했다. 거기에는 이런 말이 포함되어 있다.

오직 땅의 깊은 곳들을 통해서만 영원의 창문이 우리들에게 열립니다… 거인 안타에우스(Antaeus)에 대한 오래되고 심오한 전설이 우리들에게 이야기해주는데, 그는 이 세상의 모든 남자들 전부보다도 더 힘이 세었답니다. 그를 이길 사람은 아무도 없었지만, 드디어 한번은 그의 대적자가 그를 땅에서 번쩍 들어 올렸더니, 그 거인은 그만 힘을 잃어버렸는데, 그의 힘은 땅과의 접촉을 통해서만 그에게 흘러들어오는 것이었기 때문이랍니다. 땅을 버리려는 사람들, 현재의 위기에서 도망치려는 사람들은, 영원하고도 신비한 힘들에 의지하여 그들을 여전히 유지시켜주고 있는 모든 힘들을 잃어버릴 것입니다. 하느님이 우리의 아버지로 남아계시듯이, 이 땅 지구는 우리의 어머니로 남아있는 것이며, 그래서 어머니에게 오직 진실하게 남아있는 자들만이 그녀에 의해서 아버지의 팔에 안기게 될 것입니다. 이 땅과 그 고난(Earth and its distress)—그것이 기독교인들의 "노래들 중의 노래"(Song of Songs)입니다.[5]

본회퍼가 이렇게 말한 것은 이상하다. 그것이 이상한 것은 우리가 존재하고 있으며 또 우리가 존재하도록 창조된 유일한 장소이며, 우리를 유지해주는 힘들을 경험할 유일한 장소이며, 신앙이 살아있어 진정한 것일 수 있는 유일한 장소로서 지구를 긍정하기에 그런 것은 아니다. 또한 그것이 본회퍼에게 개인적으로 이상한 것도 아니다. 그는 삶을 사랑했고, 지구의 은혜로운 기쁨과 능력들에 대해 끊임없이 감사했다. 그의 옥중서신(獄中書信)은 대략 그로부터 14년 뒤에 쓴 것으로, 그가 숲과 약혼녀 마리아(Maria)를 꿈꾸며, 색깔들, 꽃들, 새들의 노래를 그리워하고 있음을, 가족들을 행복하게 기억하고 있음을, 음악과 좋은 담배를 즐겼던 것을 그리워하고 있음을 알려준다. 그는 감옥에서 석방되어 그들이 만날 것에 대해 마리아에게 이렇게 쓰고 있다.[6] "우리의 첫 재회를 그려보면서, 나는 우리가 방 속에서 함께 이야기

---

[5] Bonhoeffer, "Basic Questions of a Christian Ethic," *DBWE* 10:377-78.
[6] 그는 석방되지 않았고, 나치정권을 전복하려는 음모에 가담한 죄목으로 1945년 4월에 교수형에 처해졌다.

3장. 우리가 찾는 신앙 *141*

하고 있으리라 보지는 않소. 나는 본능적으로 우리가 숲 속을 걸으며 땅과 실재에 접촉하면서, 주위의 것들을 함께 보고 경험할 것을 내다보고 있다오."7) 다른 편지에선 이렇게 말한다. "우리의 결혼은 하느님의 땅에 '예'(Yes) 하는 것이어야 하오. 그건 땅 위에서 뭔가를 성취하려는 우리의 결심을 증진해야 하오. 내가 두려워하는 것은 땅 위에서 오직 한 다리로만 서겠다는 기독교인은 하늘에서도 오직 한 다리로만 서게 될 것이라는 점이오."8)

본회퍼는 바르셀로나 연설에서만 "노래들 중의 노래"(아가)를 언급한 것이 아니었다. 옥중서신에서 그는 기독교인들이 너무 서둘러 신약성서로 넘어가는 것에 대해 주의를 주면서, 히브리 성서가 하느님의 복 주심(blessing)을 계속 강조하는 것 "자체가 모든 지상생활의 선함을 포함하고 있다"고 지적한다. "이런 복 주심은 지상생활이 하느님을 위한 것임을 주장하며, 또한 그것은 하느님의 모든 약속들을 담고 있다"9)라고 본회퍼는 그의 영혼의 동반자 에버하르트 베트게(Eberhard Bethge)에게 쓰고 있다. 그에 앞서 베트게에게 보낸 편지에서, 그는 "노래들 중의 노래"(아가)에 대해 분명하게 말한다: "영원하신 하느님은 우리의 전 영혼을 다한 사랑을 받으시기를 원하시는데, 이는 땅 위의 사랑을 손상시키거나 감소시키는 것이 아니라, 이를 하나의 기초선율(*cantus firmus*)로 삼고 이에 대하여 생명의 다른 목소리들이 대위법적 선율로 울리고 있다. 이들 대위법적 주제들의 하나가 **완전히 독립적이면서도** 여전히 기초선율에 관련되어있는, 땅 위의 사랑이다. 심지어 성경 속에서도 솔로몬의 노래(Song of Solomon)가 있어서, 여기서(아가 7:6!) 말하는 것보다 더 불타는 사랑, 더 육감적이고 더 뜨거운 사랑은 상상할 수도 없을 지경이다.10) 기독교인이 된다는 것은 자기의 열정들을 진정시키는 것

---

7) Dietrich Bonhoeffer and Maria von Wedermeyer, *Love Letters from Cell 92*, ed. Ruth-Alice Bismarck and Ulrich Kabitz, trans. John Brownjohn (Nashville: Abingdon Press, 1995), 162.
8) Ibid., 64.
9) Bonhoeffer, *Letters and Papers from Prison*, DBWE 8:492.
10) 아가 7:6은 "오 나의 사랑, 나를 기쁘게 하는 여인아, 그대는 어찌 그리도 아리땁고 고운가?"

이라고 생각하는(구약성서에서 그렇게 진정시키는 곳이 어디 있는가?) 사람들에게는 반대가 되지만, 이런 것이 성경 속에 있으니 정말 좋은 일이다. 기초선율이 분명하고 독특한 곳에서는 대위법적 선율이 원하는 만큼 강하게 발전할 수 있다."11) 2주일 뒤에 그는 이렇게 썼다: "솔로몬의 노래에 대해서는 내가 이탈리아에 가서 쓸 것이다. 나는 사실 그것을 땅 위의 사랑(earthly love)으로 읽는데, 그게 아마도 가장 좋은 기독론적 해석일 것이다."12)

"노래들 중의 노래"(아가서)에 대한 이런 논의 속에서, 본회퍼는 땅 위의 사랑에 결속된 하느님의 사랑에 대한 새로운 이미지를 발견했던 것이다. 기초선율(Cantus firmus)은 고정된 노래(fixed song), 고정된 선율(fixed melody)을 뜻하는데, 하나의 음악 형식으로 그 뿌리는 중세기와 르네상스 음악에 있다. 흔히 교회에서 부르던 단순하고 평범한 기존 선율들을 사용해서 교회 음악의 전체 기조(基調)를 매우 정교하게 만들었던 새로운 다성(多聲) 악곡들의 기초로 사용된 고정된 선율들이었다. 기초선율은 종교개혁 시대에 유행한 것으로, 바하(Bach)가 그의 칸타타와 푸가에서 하나의 기법으로 확립했다. 여기서 기초선율은 미리 주어진 선율이고, 그 선율에 맞추는 대위선율(counterpoint)이 만들어졌다. 그 결과는 새로운 작곡이었는데, 아무리 그 장식음이 화려해도, 항상 그 중심 선율인 기초선율로 되돌아 갈 수 있다. 본회퍼의 해석에서는, 이런 기초선율인 하느님의 사랑에 대한 대위선율 속에서 "생명의 다른 목소리들이 울리고 있다." 그 중 하나가 "땅 위의 사랑"(earthly love)이고,13) 그 한 실례가 아가서 속에서 연인의 에로틱한 정열이다. 하느님의 사랑이 고정된 점, 고정된 선율이고, 이에 맞추어 땅 위의 사랑들은 그들 나름의 풍부한 다양성 속에 관계되어 있어서, 각각의 대위점은 "그것이 원하는 만큼 강력하게 발전될 수 있다."14) 이와 관련된 음악적 이미지를 가지고 본회퍼는 말하기를, 그 결과가 다성 음악 대위법으로서 기독교인들의 삶이

---

11) Bonhoeffer, *Letters and Papers from Prison*, *DBWE* 8:394. *cantus firmus* 이탤릭체는 본회퍼가 강조한 것임.
12) Ibid., *DBWE* 8:410.
13) Ibid., *DBWE* 8:394.
14) Ibid., *DBWE* 8:394.

라고 한다. 다성음악(polyphony)은 "많은 음조들" 혹은 "많은 목소리들"을 의미하는데, 각각이 나름대로 중요하고 독립적이면서도 동시에 다른 음들에 불가결하게 정합적으로 연결되어 있다. 기초선율에 기초한 작곡은 그 자체로 "다성 음악의 가장 분명한 실례다. 즉, 각각의 주제가 독특하게 발전하여 그 나름으로 독립적이지만, 그러나 각각의 주제는 그 기초적인 조직구성 요소들—기초선율—에 복잡하게 얽혀 있다."15) 다성음악은 이처럼 동시에 다양한 조화를 이룬 주제들의 풍성함을 존중하는 정합적인 상호연결의 음악이다. 이 경우에는, 땅을 사랑함과 땅 위의 사랑들이 하느님의 사랑, 즉 그들을 내내 이끌어갈 사랑 안에서 근거를 지니고 상호 혼합되어 있다.16) "오직 이런 다성음악이 당신의 삶에 총체적 건강함을 주고, 그래서 당신은 기초선율이 계속되는 한 당신에게는 어떤 재앙도 내리지 않을 것을 안다"17)고 본회퍼는 베트게에게 쓰고 있다.

이 세상적인 기도

1932년에 본회퍼가 "당신의 나라가 오소서: 땅 위에 임할 하느님 나라를 위한 교회의 기도"에 대해 강연한 처음 시작부분은 주기도문의 첫 번째 청원을 누가 제대로 기도할 수 있을까를 규정하고 있다. "오직 떠돌이들... 이 땅(지구)과 하느님을 하나로 여기고 사랑하는 사람들이라야 하느님 나라를 믿을 수 있다."18) 본회퍼는 저세상(피안)적인 기독교를 거부한다. "이

---

15) From Virginia Cover, "Dietrich Bonhoeffer: A Wealth of Themes," unpublished paper, 18.
16) 나는 Santa Fe에 있는 그리스도연합교회의 Jacquelyn Helin and Karen Marrolli가 음악 형식으로서 기초선율(cantus firmus)에 대한 조사연구를 도와준 것을 감사드린다. 특히 중요했던 것은 *The New Grove Dictionary of Music and Musicians*, vol. 3, ed. Stanley Sadie (New York: Macmillan, 1980), 738-41에서 cantus firmus에 대한 지침이었다.
17) Bonhoeffer, *Letters and Papers from Prison, DBWE* 8:394.
18) Bonhoeffer, "Thy Kingdom Come! The Prayer of the Church-Community for God's Kingdom on Earth," *DBWE* 12:186.

땅을 내버림으로써 종교적이 되는, 심지어 '기독교인'이 되는 교활한 속임수에 넘어간 이후로, 우리는 저세상적인 사람들이 되어왔다… 삶이 어려워지고 압박을 받기 시작하면, 사람은 과감하게도 공중에 뛰어올라, 근심걱정에서 풀려나는 이른바 영원한 영역 속으로 솟아오른다. 사람은 현실을 피해 지나가고, 이 땅(지구)을 경멸한다. 사람은 땅보다 더 낫고, 정말로 순간적인 좌절들 다음에 그토록 쉽게 얻어지는 영원한 승리들을 갖고자 한다."[19] 이것이 바로 니체(Nietzsche)가 기독교를 비판한 것이고, 본회퍼는 그것을 자기 자신의 것으로 만들었다.

나중에, 히틀러를 암살하고자 기도한 것이 실패하고, 감옥 속에서 자기 자신의 죽음을 헤아려야만 했던 어느 날, 본회퍼는 이렇게 쓰고 있다: "지난 수년간 나는 기독교가 심오하게도 이세상적인 종교임을 깨닫게 되었다… 나는 13년 전에 미국에서 젊은 프랑스인 목사와 나누었던 대화를 기억했다. 우리는 단지 우리들이 삶에서 정말 무엇을 원하는지 물었다. 그는 성자가 되고 싶다고 말했다. 그 때 그 말은 나를 매우 감동시켰다. 그럼에도 불구하고, 나는 그와 의견을 달리하면서, 이렇게 말했다: 나는 신앙을 갖기를 배우고 싶다. 오랜 세월동안 나는 이 반대테제(antithesis)의 깊이를 이해하지 못했다… 나중에 와서야 비로소 나는, 사람이 완전히 이세상적인 삶 속에서 살아감으로써만 신앙을 갖게 되는 것을 배운다는 것을 발견했고, 오늘날까지도 여전히 발견하고 있는 중이다."[20]

본회퍼가 감옥에서 깊이 깨달은 주제, 즉 기독교인의 삶의 이세상적인 성격에 대하여, 그리고 신앙생활이란 이 지상의 컵을 남김없이 다 마셔야만 한다는 것은 유명하다. 그러나 기독교인의 삶의 이세상적인 성격은 그가 마지막에 생각한 주제만이 아니라 처음부터 생각한 주제였다는 사실은 흔히 간과되고 있다. 그의 생애를 통해서, 또한 그의 모든 신학에서, 하느님에게 성실(충성)함은 이 땅 지구에 성실(충성)함으로 살아가는 것이다.

그러나 그는 "피와 흙"의 노래를 한낮의 성가(chant)로 부르듯 그런 식으

---

19) Ibid., *DBWE* 12:286.
20) Bonhoeffer, *Letters and Papers from Prison*, *DBWE* 8:485-86.

로 이 땅을 낭만화하지는 않는다. 본회퍼는 이 땅의 고통과 퇴화를 알고 있어서, 그것을 땅의 "저주"21)라고 불렀다. 그러나 그는 "당신의 나라가 임하소서"에 대한 논평에서, "오직 이 땅을 완전히 긍정하는 곳에서만, 땅의 저주가 철저히 무너지고 파괴될 수 있다"고 말한다.22) 간단히 말해서, 만일 당신이 땅에 대한 갱신과 구원을 이루려는 하느님의 사랑에 함께 하려면, 고통에 빠져있는 이 땅을 치열하게 사랑하라. 우리는 우리가 사랑하고 존경하지 않는 것을 구원할 수 없다.

이것이 바로 "고통에 빠진 땅"(Earth and its distress)을 기독교인들의 "노래들의 노래"(아가)로 여기는 본회퍼의 주장의 특이한 요소다. "노래들의 노래"(아가)는 노골적이고도 구원된 에덴동산으로서 땅과 육체를 축하하는 육감적인 사랑을 성서적인 기쁨의 노래로 부르고 있다.23) 연인들이 알고 있는 순전히 색정적(erotic)인 축복을 손상시키는 아무런 고민도 없다. 땅은 순수한 욕망이요 쾌락이다. 지구 행성은 발견된 천국(paradise)이다. 그러나 본회퍼에게 이 지구는 그 아름다움, 축복, 그리고 환희와 마찬가지로 고통, 비참함, 그리고 타락을 지닌 땅이기도 하다. 사랑을 받는 땅은 그것의 고통과 고뇌를, 그리고 그 땅이 너무도 잘 알고 있는 십자가형태의 고난을 포함한다.24)

지구는 우리가 그 위에 살면서 **일시적인** 배역을 맡아 하는 **일시적인** 무대가 아니다. 이런 식으로 생각하는 저세상주의는 "당신의 나라가 임하소서"라고 기도하는 사람들에게 어울리지 않는 것이다. 지구는 오히려 **우리들의 살 중의 살이요 뼈 중의 뼈**이며, 모든 우주 안에서 우리 인류에게 조율이 잘

---

21) 본회퍼의 *Creation and Fall*과 그 밖의 곳에서.
22) Bonhoeffer, "Thy Kingdom Come!," *DBWE* 12:292.
23) 이것이 Phyllis Trible의 획기적인 저서 *God and the Rhetoric of Sexuality* (Philadelphia: Fortress Press, 1978) 속에서 행한 그녀의 주석이다.
24) 때로 십자가형태란 말은 문자 그대로다. 노예제도가 행해진 250년 동안 미국에서 5천5백 명의 아프리카계 미국인(흑인을 말함—역자주)들이 린치(사사로운 형벌:Lynch)를 당했고, 숫자를 이루 헤아릴 수 없이 많은 아메리카 토착민(인디언)들이 죽임을 당했거나 그들의 땅에서 쫓겨났다. 참조: James H. Cone, *The Cross and the Lynching Tree* (Maryknoll, NY: Orbis Books, 2011).

맞추어진 유일한 장소다. 그러나 이 단 하나의 참된 거주처가 퇴화되고 파괴되어, 가능성들과 아름다움의 껍질만 남았다. 그리고—여기에 본회퍼가 그의 『윤리학』(Ethics)과 『옥중서신』(Letters and Papers from the Prison)에서 말하는 일관된 주장이 있다—지구에 대해서 진실로 성실한 사람들이라면, 그들의 책임이 어떤 희생을 치루더라도, 지구의 안녕을 위한 그들의 책임에서 물러서지 않을 것이다. "구원의 신화를 믿는 사람들과는 다르게, 기독교인들은 지상에서의 과업과 어려움을 벗어나서 영원 속으로 도피해 가는 궁극적인 길을 갖지 않는다. 그리스도처럼('나의 하느님... 당신은 어찌하여 나를 버리시나이까?'), 그들은 지상에서의 삶의 잔을 마지막까지 마셔야만 한다."25)

이 땅 지구를 완전히 품어 안는 삶과 떨어진 별도의 삶은 없다. "사람이 생명과 이 땅 지구를 너무도 사랑해서 생명과 함께 모든 것을 잃어버리고 마지막에 이르렀을 때에만, 사람은 죽은 자들의 부활과 새로운 세계를 믿게 된다."26) 본회퍼는 감방에 갇혀서 그렇게 썼다. 이 땅 지구는 그 고통을 포함해서 기독교인들의 "노래들 중의 노래"(아가)다.

힘과 특권

그러나 우리가 지금 살고 있는 세계와 같은 이 땅 지구를 품어 안는다는 것은 무슨 뜻인가? 변화된 지구 행성 위에서의 삶을 위한 장소의 윤리를 창조하면서, "공간적인" 회심(spatial conversion)을 한다는 것은 무슨 뜻인가?

확실히, 그건 생명의 맛을 내는 것이다. 랍비들은 가르치기를, 우리가 피조물들의 모든 기쁨들을 누리지 못하는 것에 대해 하느님이 우리들에게 책임을 묻는다고 한다. 피조물들은 낭비해도 안 되며, 모른 체해서도 안 되는 것들이다. 좋은 것의 힘을 감사하지 않고 지나쳐서도 안 된다. 지구를 공경하는 신앙의 기본음은 생명이란 선물과 그 좋음에 대해 감사하는 것이

---

25) Bonhoeffer, *Letters and Papers from Prison*, DBWE 8:447-48.
26) Ibid., *DBWE* 8:213.

다. 애니 딜라드의 말보다 더 적절한 이미지도 별로 없을 것이다: "마지막에 죽으면서 드리는 기도는 '해 주소서'(Please)가 아니라 마치 손님이 떠나면서 집 주인에게 인사를 하듯이, '감사합니다'(Thank you)여야 한다고 나는 생각한다."27)

그러나 지구와 그 고통을 품어 안는다는 것은 단지 생명의 맛을 내는 것만이 아니다. 그것은 또한 생명을 구원하는 것이다. 그것은 지구의 고통의 원인들에 대하여 가차 없는 정직함을 요구한다. 그것을 인간의 힘과 특권이 지금 택한 경로라고 부르자. 혹은 지구 행성의 물질적인 요소들에 대한 존경과 사랑을 포함하지 않는 공격적인 정체성이라고 부르자. "자기주장을 할 권리" 속에서 본회퍼가 분석했듯이, 자연으로부터 근본적인 소외를 표현하는 서양의 "전쟁과 산업"이라는 정체성은 자연과 사람들 모두에 대해 파괴적이었다.28)

여기에다 윌슨은 생물종들의 멸종을 추가하였다. "생물권의 연속 살해자인 호모 사피엔스(*Homo sapiens*, serial killer of the biosphere)의 발자국은 세계의 가장 먼 구석들에까지 이른다."29) 만일 그 피해가 이토록 대단하고 이처럼 널리 퍼져 있다면, 우리로서는 그 원인들이 멀리 본회퍼와 윌슨의 뒤로, 심지어 계몽주의 이전 그리고 콜럼버스 항해 이전에 있는 것이 아닌지 살펴보는 것이 좋을 것이다.

4세기의 주교이며 신학자였던 두 사람, 암브로시우스(Ambrose)와 아우구스티누스(Augustine)의 통찰력을 살펴보자. 암브로시우스는 로마가 포위되어서 임시로 제국의 수도로 삼았던 밀라노 땅의 고통에 대한 의문을 제기했다. 이처럼 그는 밀라노의 주교이자 동시에 제국 황제의 주교였다.(그는 또한 그 지역의 총독으로 봉직하기도 했다.) 암브로시우스의 질문—그리고 불평은 이렇다.

---

27) Annie Dillard, *Pilgrim and Tinker Creek* (New York: HarperCollins Perennial Classics, 1998), 278.
28) 앞의 장을 보라.
29) E. O. Wilsom, *The Future of Life* (New York: Knoph), 94.

도대체 왜 자연이 입은 상처들이 당신들을 기쁘게 한단 말인가?

세계는 모두를 위해서 창조되었는데, 당신네 부자들은 그 세계를 당신들 자신들을 위해서만 가지려고 한다. 땅을 소유하는 것뿐만 아니라, 하늘, 공기, 바다를 소수의 부자들만 사용할 것으로 주장한다... 당신 자신들의 것으로 가난한 자들에게 베풀지는 않고, 가난한 자의 것으로부터 도로 찾아와 당신 자신들의 것을 만든다. 모두가 사용하도록 공동으로 주어진 것을, 당신들은 자신들만의 것으로 사유화한다. 이 땅 지구는 모두에게 속한 것이지, 부자들에게 속한 것이 아니다.30)

암브로시우스는 아우구스티누스의 스승이었다. 아우구스티누스는 로마 제국의 북아프리카 베르베르(Berber) 사람으로, 일자리를 찾아 지중해를 건너 로마에서 또한 밀라노의 제국 궁중에서 수사학을 가르쳤다. 암브로시우스의 설교에 감동받아 아우구스티누스는 387년에 암브로시우스에 의해 세례를 받았고, 이윽고 그가 로마에 오기까지 지니고 왔던 마니교의 우주관(Manicaean cosmology)을 내버렸다. 아우구스티누스에게는 우주가 더 이상 선과 악의 서로 반대되는 천구(天球)로 나뉘어져서, 그 안에서 지구와 세계가 선하신 하느님에게 적대적인 그런 곳이 아니었다. 암브로시우스와 마찬가지로, 아우구스티누스는 이제 영적인 선함과 물질적인 악함의 우주적 이원론에 대한 **대안으로서** 구원된 피조세계를 이해했다. 아우구스티누스는 창세기에 대한 한 주석에서, 천국(paradise)은 마치 "씨앗이 정의와 자비의 빛을 기다리듯,"31) 천지창조 이래로 이 땅 지구 **속에** 감추어져왔다고 쓰고 있다. 정의와 자비가 빛나는 날엔, 세계가 곧 "웃음의 장소"다.32)

---

30) *De Nabuthe Jezraelita* 3, 11, cited from Rosemary Reuther, "Sisters of Earth: Religious Women and Ecological Spirituality," *The Witness* (May 2000): 14-15.
31) 이 구절이 바로 Brock and Parker가 아우구스티누스의 창세기 주석을 묘사한 것이다. From Nakashima Brock and Rebecca Ann Parker, *Saving Paradise: How Christianity Traded Love of This World for Crucifixion and Empire* (Boston: Beacon Press, 2008), 104. 암브로시우스와 아우구스티누스에 대한 설명은 *Saving Paradise*, 99-100에서 가져온 것임.

그러나 아우구스티누스는 또한 제국의 부자들과 그들이 땅을 취급하는 것에 대하여 그의 스승이 지녔던 의심을 공유했다. 힙포(Hippo)의 주교가 되어 북아프리카로 귀향한 뒤에 지은 책 『하느님의 도성』(*The City of God*)에서, 아우구스티누스는 정의가 없는 제국들에 대한 괴로운 경험에 대해 성찰하면서, 수사학적인 질문을 제기한다. "정의를 제거하고 나면, 왕국이란 것이 규모가 큰 범죄인들의 무리가 아니면 도대체 무엇이란 말인가?" 그는 계속해서 말하기를 "타락한 귀족들"은 "수많은 졸개들"의 근원이고, 그 휘하 졸개들은 대신에 그들의 지도자들이 내어주는 보상을 위해서, 영토를 획득하고, 도시들을 점령하고, 사람들과 토지를 억압한다. 그리고는 "왕국"이라는 거대한 명칭을 주어, 이 모든 것들을 웅대한 것으로 포장한다. 그는 덧붙여, 그 명칭은 침략을 포기한 것에 대해 준 것이 아니라, 침략을 무죄로 판결하여 처벌받지 않음으로써 준 것이라고 지적하고,33) 키케로(Cicero)의 말을 빌어서 그의 견해를 매듭짓는다.

왜냐하면 그것은 알렉산더 대왕 앞에 잡혀온 한 해적이 말한 재치 있고 참된 답변이었다. 대왕이 그에게 물었다. "바다를 떼 지어 휘젓고 다니는 네 생각은 무엇이냐?" 그 해적이 노골적으로 오만하게 대답했다. "땅 위를 떼 지어 휘젓고 다니는, 당신의 생각이나 똑같소. 그러나 나는 작은 규모로 하니까 나를 해적이라 부르고, 당신은 강력한 군대를 지니고 있으니까, 당신을 황제라고 부를 뿐이요."34)

암브로시우스나 아우구스티누스나 모두 제국과 유착관계에 있기는 하지

---

32) Augustine's Sermon 169.4, as cited by Johannes Van Oort in *Saving Paradise*, 104. Van Oort's text is available at http://home.um.edu.mt/philosophy/activities.html.
33) 이것이 Max Weber가 민족국가에 대한 간명한 예상이었다. 민족국가의 특징적인 구별은 폭력의 포기가 아니라, 법의 강제력으로 폭력을 조절하는 것이다.
34) 아우구스티누스는 이런 대화 자료를 키케로의 De Rep., 3.14.24에서 인용한다. 전체 문장은 아우구스티누스의 *The City of God*, Book IV, chap.5. sec. 4.139 of the Penguin Classics Edition, 1984를 보라.

만, 제국의 불의에 대하여 통렬히 비난하기를 주저하지 않는다. 암브로시우스는 사실 테오도시우스(Theodosius) 황제를 파문했는데, 이는 테오도시우스 황제가 데살로니카에서 자기의 경호원 하나가 살해되었다고 이에 대한 보복으로 대량학살을 명령한 뒤의 일이었다. 암브로시우스 주교는 황제에게, 공개적으로 회개를 하거나 아니면 그의 세례를 포기하고 공동체를 떠나든지 하라고 말하면서, 성찬식을 베풀어주기를 거절했다. 오직 테오도시우스 황제가 8개월에 걸친 고된 회개를 하고난 뒤에야―금식, 자선행위, 그리고 다른 참회자들과 더불어 평복으로 예배참석하기―그는 성찬식에 참여하기 위해 공동체에 다시 돌아올 수 있었다.

아우구스티누스는 유세비우스(Eusebius)의 아첨하는 설명을 거부했는데, 유세비우스는 콘스탄티누스 황제와 제국이 기독교화 된 지상 천국으로서, 그 안에서 그리스도가 콘스탄티누스의 칼의 도움을 받아, 그리스도의 원수들에게 승리를 했다고 아첨했다. 암브로시우스나 아우구스티누스에게는, 구원된 지구가 곧 천국으로서 제국의 **대안**이었다. 로마가 주장하는 것과는 반대로, 천국은 제국으로 현실화된 것이 아니었다. 교회를 통해서 불완전하게 표현된 "하느님의 도성"은 "사람의 도성"으로서의 제국의 권력에 대한 비판이요 심판이었다.35)

도대체 무엇이 암브로시우스나 아우구스티누스로 하여금 궁정의 특권적 불의를 비난하게 만들었나? 그들이 궁궐의 회랑에 참여해 있었음에도 불구하고, 무엇이 그들로 하여금 제국의 권력에 대항하여 일어설 용기를 갖게 하였는가? 한편으로는, 우리로서 짐작하기엔 그건 단지 지금 현실(무엇이 어떠함)과 당위(마땅히 무엇이 되어야 함) 사이의 도덕적 분리요, 그런 도덕적 간극에 만족하기보다는 솔직하게 지적해야 마땅하다고 그들이 느꼈던 책임감이다. "희망은 두 사랑스런 딸들을 갖고 있는데, **분노와 용**기다. 분노는 마땅히 그래서는 안 되는 것에 대한 것이고, 용기는 마땅히 그래야만 하는 것을 현실로 만드는 것이다"(아우구스티누스가 한 말로 여겨짐).

그러나 더 심오한 이유가 있었다. 그 이유란 현실/당위 사이의 차이(the

---

35) Brock and Parker, *Saving Paradise*, 102-5.

is/ought gap) 자체를 인정하지 않고, 또한 분노와 용기를 가지고 희망을 만들어내는 것이다. 두 주교들 어느 누구도 이 땅 지구를 위한 성서적인 꿈을 포기할 수 없었다. 그 꿈은 정의, 공동체, 좋은 제도들 속에서 좋은 삶을 사는 "의로움"을 지닌 공동선(the common good)의 꿈이다. 두 주교들 모두가 상상한 지상의 공동선이란 각각의 피조물이 개별적으로 추구할 수 있는 "개별적 선을 위해 반드시 필요한 최소한의 생활조건"(the minimal livability necessary so that [the] individual good)36) 그 이상도 이하도 아니었다. 따라서 두 주교들 모두 예언자들의 분노, 즉 다른 누구보다도 일부 인간들―여기선 부자와 오만한 자들―의 손에 의해 훼손된 땅과 더럽혀진 피조물들에 대한 예언자들의 분노를 참을 수 없었다. 두 주교들 가운데 어느 누구도 상상할 수 없었던 것은, 이 땅 지구가 "모두가 사용하도록 공동의 것으로"(암브로시우스) 주어지지 않았거나, 에덴동산이 다시 이루어질 수는 없다고 상상하는 것이었다. 성서적인 꿈이 그들의 행동들에 추진력을 주었다.

그러나 정말로 우리의 뇌리를 떠나지 않는 질문은 암브로시우스의 질문이다: "도대체 왜 자연이 입은 상처들이 당신들을 기쁘게 한단 말인가?" 혹은 아우구스티누스의 말로, 왜 "땅 위를 떼 지어 휘젓고 다니는가?" 도대체 왜―인간이란 동물들, 다른 동물들, 나무와 풀들, 물과 산의 계곡들을―죽이고 해를 끼치는가? 그런 파괴는 인간의 선택과 행동의 결과로 나타난 것이다. 따라서 도덕적 책임이 문제인 것이다.

다니엘 퀸(Daniel Quinn)의 공상적인 책 『이쉬마엘』(*Ishmael*) 속에서는, 한 고릴라(이쉬마엘)가 어떤 청년의 선생이 되는데, 그 청년은 변화된 세계에 대한 그의 희망이 모두 사라지고, 너무도 많은 현실 때문에 그의 이상이 무너져서 환멸을 느끼게 된 청년이다. 마치 아우구스티누스의 설명 속에 나오는 정의가 사라진 제국의 시민들처럼, 그도 도덕이 무너진 사람이다. 고릴라 이쉬마엘이 그 젊은이와 말을 주고받기 시작한다.

---

36) Daniel Maguire, *A Moral Creed for All Christians* (Minneapolis: Fortress Press, 2005), 5에서 약간 수정하여 인용.

이쉬마엘은 잠시 생각했다. "너의 문화에 속한 사람들 가운데 과연 어느 누가 이 세상을 파괴하기를 원하는가?"

"누가 파괴를 원하느냐고요? 내가 아는 한, 특별히 아무도 세상을 파괴하고 싶어하는 사람은 없어요."

"그런데도 너희는 세상을 파괴하고 있잖아. 너희 각자가 말이다. 너희들 각자는 매일매일 이 세상의 파괴에 공헌하고 있어."

"예, 그건 그래요."

"왜 너희는 딱 중지하지 않는가?" "도대체 왜 자연이 입은 상처들이 당신들을 기쁘게 한단 말인가?" "왜 너희는 땅 위를 떼 지어 휘젓고 다니는가?" "왜 너희는 딱 중지하지 않는가?"

도대체 왜 그런가? 아마도 그 이유는 우리들이 애완동물, 집에서 기르는 화초들, 좋아하는 오락시설들, 또는 아마도 우리가 전혀 가본 적 없는 매력적인 장소의 원시적 자연을 보여주는 컴퓨터의 배경화면(screen-savers)에서 느끼는 감정 이상으로는 우리가 자연에 대해 진정한 느낌을 거의 갖지 않기 때문일 것이다. 우리는 접시에 담긴 고기가 어디서 오는지, 또 그것을 만들어낸 기업농장들과 도살장을 주목하지 않는 것 같다.(2010년에 미국에서 생산된 계란의 97%가 암탉 한 마리당 생활공간이 가로세로 18cm인 닭장 속에서 낳은 것들이다.)[37] 우리는 조립된 환경 속에 너무나 갇혀 있어서 그것을 우리의 거주지로 여기기 때문에, 자연의 작은 둥근 돔 안에서 마치 벽에 걸린 미술품이나, 구석에 쪼그리고 있는 고양이처럼, 또한 인터넷 공간 안에서 살아가기를 더 좋아하는 것인가? 생명에 대한 우리의 본능적 사랑(biophilia)과 별이 빛나는 하늘에 대한 사랑(cosmophilia)이 너무도 퇴화되어서, 우리는 단지 인공적으로 처리된 자연만 알고, 그것을 진짜 자연과 혼동하기 때문인가? 다른 피조물들이 우리들 대신에 겪는 고통으로부터 우리를 보호해주는 도덕적 굳은살을 키워냈기 때문인가?

---

37) "A Hen's Space to Roost," *New York Times*. The Week in Review, August 15, 2010,3.

결국에는 과학이 지적한다. 우리는 수많은 생명들과 그들의 거주지를 엉망으로 파괴하고 있나. 우리는 생명의 공동체 안에서 철저하게 **창조를 지우는 자들**(uncreators), **창조를 거꾸로 뒤집는 자들**(decreators), **멸종을 통해 탄생 자체를 끝장내는 자들**(terminators)이 되었다. 정확히는 여섯 번째 거대한 멸종이 인간의 손에 의해 이루어지고 있다. 우리는 묵시록에서 창세기로, 창조를 거꾸로 뒤집으며, 시간을 거꾸로 타고 달린다.

멸종과 생물종들의 홀로코스트의 직접적인 이유는 신비 속에 싸여 있지 않다. 최근에 거대한 운석(隕石)이 떨어진 것은 없다. 과도하게 극적으로 자연이 일으킨 기후변화의 치명적인 사이클이 전면적으로 덮친 일도 아직 없다. 땅 속에서 크라카토아(Krakatoa)38) 화산폭발이 솟아올라 태양과 생명을 지워버린 일도 없다. 생물종들이 사라지는 것은 그들의 서식지를 인간의 주거지가 점령하고, 인간 산업이 방출하는 독극물 하수가 흘러내려 그들을 지구 표면에서 쓸어버리기 때문이다.

그런데도 왜 우리는 즉각 중지하지 못하는가?

보다 단순한 세계

아마도 그 이유는 인간 이외의 것들에 대한 공감능력이 무디어지고 또한 동정심이 없는 것과는 전혀 무관한 다른 이유일 것이다. 카스티유와 리용(Castile and Lyon)의 왕이었던 현자 알퐁스(Alphonse the Wise, 1221-1284)가 한 가지 설명을 했다. "만일 전능하신 주님께서 창조를 시작하기 전에 나와 상의를 하셨더라면, 나는 보다 단순한 것을 추천했을 텐데..."라고 말이다. "보다 단순한 것"을 우리는 갖지 못했다. 그 대신 우리가 갖게 된 세상은 생명이 모든 방향들로 무한하게 솟구치고, 모든 생태적 지위(niche)를 채우려는 드라마가 펼쳐지는 세상이다. "피조물 전체가 하나의 열광적 집단들이다"라고 표현한 애니 딜라드는 알퐁스의 말을 메아리로 이었다. "만일 창조를 내게 맡겼더라면, 부드럽기가 눈덩이 같고, 한 가지 적당한 크기의 원자

---

38) 1883년 8월 인도네시아에서 일어난 가장 큰 화산폭발.

를 만드는 정도로 그쯤 해두고, 그 이상을 할 용기나 상상력을 갖지는 못했을 것이다."39)

한 가지 종류의 적당한 크기의 원자를 만들고는 그쯤 해두는 대신에, 우리는 원자를 쪼개고 대량살상무기(WMDs) 시대를 열었다. 우리는 또한 엄청나게 단순화시키기도 했다. 1만 년 정도의 기간 동안, 우리 호모 사피엔스는 인간 사회의 목적에 맞도록, 혹은 더욱 정확히는, 계층 사회들 속에서 더욱 강력한 세력들의 목적에 맞도록, 종자가 다양한 자연과 지질이 다양한 자연을 가지고 이리저리 오려내고 풀칠하고 마름하는 짓을 해왔다(예컨대, 특정한 곡물들만 재배하기 위해 단순화시킨 것을 지적하는 것이다—역자주). 이처럼 자연이 단순해짐에 따라, 종다양성이 줄어든 것이 인류에게는 더 많은 소출을 낼 수도 있고, 이것은 부자들만이 아니라 흔히 가난한 자들을 위해서도 더 유리한 것일 수 있다.

환경주의자들 가운데 돌아다니는 비꼬는 말이 대략 맞을 것이다: 복잡하기로는, 인간 사회와 열대우림과의 관계는 생쥐가 찍찍거리는 소리와 음악 역사에 대한 관계와 마찬가지다. 혹은, 앞에서 우리가 지적했던 대로, 토양 과학자들의 말을 인용하면, "생태계는 우리가 생각하는 것보다 더욱 복잡할 뿐만 아니라, 우리가 감히 생각해볼 수 있는 것보다도 더 복잡하다."40)

그러니 아마도 인간의 목적들에 보다 효과적으로 봉사하도록 무한히 복잡한 자연을 침묵시키는 우리들의 집요한 습관이야말로 자연에 끼친 피해(상처)들을 기뻐하는 주요한 원인일 것이다. 그러나 제임스 마틴 쉬람과 로버트 스티버스가 그들의 책 『기독교 환경윤리』(Christian Environmental Ethics)에서 이런 엄연한 현실 문제들을 들고 나왔을 때, 우리는 그것을 죄라고 부르거나 혹은 법을 제정하는 사람들에게 그것을 범죄로 입법하라고 압력을 가하지 않았다. "최근에 이르기까지, 지구의 위대한 생태환경 체계는 인간들에게 문제꺼리였다. 이제는 그 반대가 오히려 맞다"41)고 그들은 쓰고

---

39) Dillard, *Pilgrim at Tinker Creek*, 146.
40) Michael Crofoot as cited by Sam Bingham, *The Last Ranch*, 145. 이탤릭체 강조는 원전에 있었던 것. Bingham은 인용 출처를 밝히지 않았음.
41) James Martin-Schramm and Robert Stivers, *Christian Environmental*

있다. 혹은 이 "문제꺼리"가 비록 이제는 계획되지 않은, 그리고 통제되지 않는 지구 행성에 대한 실험으로써시 바뀌어셨지만, 우리는 이를 중지하지 않는다.

유일한 회원권

그러나 이처럼 생태계를 엄청나게 단순화시킨 것은, 우리가 자연이 입은 피해들에 대해 "기뻐하는 것"의 원인으로 설명하기엔 여전히 충분하지 않다. 오히려 인류가 "떼 지어 휘젓고 다닌 것"에 대해서 더 잘 설명한다. 어찌 되었든, 암브로시우스와 아우구스티누스에게는 그 피해들이나 침탈이 우리들에게 닥쳐온 규모의 정도로 일어난 것은 아니었다. 또한 그 불평은 그들이 한 것이지 우리들이 한 것이 아니다. 그래서 아마도 그들에게는 알려졌지만 우리는 아직 모르는 더 많은 이유들과 다른 원인들이 있었을 것이다.

그럴법한 한 가지 이유가 서양 도덕철학에서 등장했다. 최근 수십 년 그리고 수 세기 동안에 도덕철학이 주목한 것은 도덕적 입장에 관계가 있는 인간의 주체성(human subjectivity)과 작용(agency)이다. 누가 혹은 무엇이 도덕적 입장을 지니는가, 그리고 어떤 관점에서? 누가 혹은 무엇이 도덕적으로 포함되며, 또한 배제되는가? 누가 중요성(가치)이 있고, 누구는 없는가? 한 문장으로 줄여서 말하자면, 현재의 문화 속에서는 인간을 제외한 하느님의 모든 피조물들에게는 **도덕적 시민권**이 없다는 것이 그 대답이다. 이 문제는 현대 초기부터 확고하게 인간중심적이며 기계론적인 우주관 속에서 더 이상 논의되지 않았다. 즉 확실히 인간의 목적만을 위해서 자연을 오직 수단으로만 취급한 것에 대해 베이컨, 뉴턴, 칸트, 로크, 데카르트는 아무런 사과를 하지 않았으며, 어느 누구도 형사피고인으로 삼은 적이 없었던 이유는 확고하게 인간중심적이며 기계론적인 우주관의 어리석음 때문에, 다른 피조물들의 도덕적 시민권 문제를 더 이상 논의하지 않았다. 앞장에서 이미 지적했듯이, 우리들의 관점은 생태-현대성(eco-modernity)이다.[42] 인간은 공통의 상

Ethics: A Case Method Approach (Maryknoll, NY: Orbis, 2003).

호의존적 피조물들에 속해 있음을 우리는 예민하게 깨닫고 있는데, 이 피조물들의 세계는 억겁의 시대를 거쳐 진행되고 있는 광대한 우주의 과정들과 생물학적 진화의 물결들에 의해 특징지어진다. 그러나 계몽주의와 산업혁명의 기계론적(mechanistic) 세계로부터, 생태학자와 우주론자의 물질 교대의 신진대사적(metabolic) 세계로 바뀌었음에도 불구하고, 도덕적 우주는 이상스럽게도 변함없이 여전하다. 우리가 바로 인정하는 깊은 의존관계에도 불구하고, 인간들은 자신들의 행동들에 대한 유일한 심판자요 행위자로 여전히 그대로 남아있다. 인간들은 자신들의 목적에 따라 선택하고 욕망하는 것에 대하여, 자신들을 넘어서는 어떤 상소 법원에 구애됨이 없이—자연이 아니고, 하느님도 아니고—자신들이 유일한 심판자로 남아 있다. 결정적 행위는 여전히 현대성의 회전축 둘레를 돌고 있다: 정교한 과학과 공학기술에 의해 힘을 얻은 인간의 정신과 기능이 한 끝에 있고, 정보와 자원으로 해석되는 복잡하고 살아있는 자연이 다른 끝에 있다. 이것은 모든 실제적 목적을 위한 것이라 할지라도, **자연을 도덕적으로 죽인 것**이다. 즉 인간이 아닌 자연은 도덕적으로 말해서, 그 자체로서 생명이 없고, 우리들에게 아무런 구속력도 없다. 자연은 인간의 목적들을 위한 수단으로서만 가치가 있다. 더욱 나쁘게도, 자연의 도덕적 죽음은 문제가 되지 않는 것처럼 여겨진다. 최소한 우리는 그런 유쾌한 인간 기능을 "죄"라고 부르지 않으며, 우리의 당당한(절대적으로 확고한) 자세를 한두 눈금 내려 움츠리지도 않는다. 그 대신, 우리의 이런 지배하는 관리자의 자세에 대해 우리가 사용하는 도덕적 언어는 "청지기직"(stewardship)과 이에 수반하는 "책임"이란 단어다. 그것은 미국 역사상 인간이 일으킨 최악의 환경재앙을 "(원유) 유출"(spill)이라고 부르는 것과 닮아 있다. 좋은 청지기로서 우리가 할 수 있는 최선은 그 더러워진 것을 깨끗이 청소하고 우리의 광대한 제국을 보다 현명하게 다스리는 것이다. 그 이상 대안은 없다!(There Is No Alternative)고 주장한다.

인간 이외의 자연에게 이런 도덕적 시민권이 없는 것이, 우리가 자연을

---

42) 이 말은 Aiden Davison이 그의 책 *Technology and the Contested Meaning of Sustainability*에서 쓴 말이다.

남용하는 것에 대한 설명이 된다. 비록 자연에 끼친 피해를 "기뻐한다"기보다는 아무런 느낌을 갖지 못하는 셋이기는 하지만 말이다. 자연이 피해를 당하는 것이 우리들에게 아무런 느낌을 주지 않는다. 우리는 아무런 동요도 느끼지 않는다. 공감능력이 거기까지는 미치지 않는 것이다.

너무 작은 두뇌들

아니면 그 이유가 우리가 지닌 두뇌의 종류 때문일 것 같다. 첫 장에서 보았듯이, 우리는 직접적이고 임박한 위협들—크게 나는 꽝 소리, 풀 속의 뱀, 고층건물을 향해 충돌하는 비행기 등—에는 재빨리 반응한다. 그러나 수십억 개의 피스톤들(각종 엔진들이 내뿜는 공해—역자주)이 우리가 숨 쉬는 공기 중에 하루에도 그와 마찬가지 혹은 더 큰 해악을 저지르는 것, 생명을 위해서 가장 좋은 지구의 온도는 우리 마음에 새겨두지 않는다. 심지어 그래프를 그려서 우리들 앞에 내어놓아도 그런 위협은 우리에게 경종조차 울리지 않는다. 우리 행동들의 결과를 우리들의 마음이 받아들일 수 없는 일이 가능한 경우는 우리들의 행동들의 알려진 결과의 규모가 우리가 잘 알고 있는 세계를 은밀히 넘어설 때, 그리고 그런 결과들이 내는 소리가 얼음이 녹는 소리보다 더 크지 않을 때다. 아마도 우리가 자연을 해치는 것은 우리가 특권을 보호하는 데 필사적이기 때문이라기보다는, 단지 우리의 큰 두뇌들이 결국 그다지 좋지 못하기 때문인 것 같다. 아마도 **그다지 지혜롭지 못한**(not-so-sapiens)이란 말이 (*homo sapiens*라는 말보다—역자주) 우리에게 더 잘 어울릴 것이다.

보다 날카로운 신학적 논의가 우리의 이해를 도와줄 것이다. 암브로시우스와 아우구스티누스는 모두 신학자들이었으니, 그런 분석이 우리로 하여금 그들이 품었던 생각에 더 가까이 가도록 도와줄 것이다. 다음에 설명할 신학 작업들을 한 것은 개신교 신학자들이었지만, 그들은 바울, 아우구스티누스, 그리고 암브로시우스의 분석을 사용했다. 1세기와 4세기의 해설 능력이 나중에 신학적 사고 속에서 다시 떠오른다.

오그라든 심장들

루터가 죄를 "심장이 자신에게로 굽어진 인간의 조건"(cor curvatum in se)이라고 묘사한 것을 보자. 이것은 다만 어떤 개인의 심장이나 교황의 심장이 아니라, **인간의** 심장이다. 이것이 바로 루터의 **인간** 분석이다. 칼빈도 우리가 어떻게 "행동을 하는지"에 대해 거의 같은 것을 말한다. 하느님과 피조물 속에서 우리의 삶의 중심은 우리에게로 뒤틀려 돌아와서, 우리의 심장(가슴)들은 자기잇속만 차리는 우상(idol) 만들기에 점점 번성하는 사업을 진행하도록 한다. 그래서 죄란 곧 자기 자신과 동업자들은 동일한 가치로 확인하지만, "타자들"은 동일한 가치로 여기지 않고, 타자들을 단지 자기 자신과의 관계에서만 인정하는 것이다. "우리"는 "그들"과는 대립적 관계에 있어서, 규칙을 만드는 일은 집단적인 "우리"의 수중에 확고하게 들어 있다. 최근의 세기들엔 표준적인 백색이 다른 인종들을 판단하는 기준이고, 유럽인과 신유럽인(neo-European) 사회들이 다른 사람들과 문명들을 (항상 더 열등하고, 심지어 야만적인 것으로서) 판단하는 기준이며, 기독교가 참된 종교의 기준척도요, 남자의 신분이 여자에게 결정적 기준이고, 이성애(異性愛)가 동성애(同性愛)의, 그리고 강건한 육체의 사람이 장애인들에 대한 기준임을 의미했다. 이처럼 자기를 가리키는 "우리"(we)는, 우리가 갇힌 세계의 껍질 안에서 밖으로 내다보면서, "그들"(they)을 "그들"(them)의 관점이 아니라 "우리"의 관점에서 측정한다.

겸손과 거짓된 온순함의 유혹을 포함하여, 교활한 형태들의 현란한 과시로 나타나는, 이런 배제와 오만함을 개신교도들은 "자만심"(pride)이라고 설명한다. 라인홀드 니버가 우쭐대는 개인적, 사회적, 도덕적, 종교적인 자만심은 바로 죄라고 날카롭게 분석한 것은 정평이 나 있다.43) 니버도 단지 우리가 좋아하지 않는 특정한 이웃의 기이한 버릇이 아니라, **범인류적**(pan-human) 본성을 뜻했던 것이다. 그러나 니버를 포함하여 개신교인들도, 카톨

---

43) 이것은 니버에게는 반복되는 주제다. 그러나 Reinhold Niebuhr, *The Nature and Destiny of Man* (New York: Charles Scribner's Sons, 1943)의 "The Kingdom of God and the Struggle for Justice"란 장을 특히 참조하라.

릭교인들, 정교회교인들 그리고 다른 사람들과 함께 동일한 논리적 결론에 도달한다: 즉, **범인류적 죄란 것을 인간이라는 종자의 자만심과 오만함**(pan-human sin as species pride and arrogance)이라고 설명한 것이다. 죄를 짓는 "우리"라는 종자는, 죄를 범하는 대상인 "그들"이라는 나머지 자연에 맞서 있지만, 우리가 죄를 범하는 대상들도 비교적 중대한 도덕적 주장들을 할 수 있다는 점을 인정하지 않는다. 범인류적인 "우리" 자체는 스스로를 하나의 종(species)이란 관점에서 생각하지 않으며, 하나의 공통된 생명 공동체 속에서 다른 생물종들과 함께 살고 죽어가도록 결속된 하나의 생물종으로서 생각하지 않는다.

우리는 스스로를 뚜렷한 예외라고 간주한다. 우리는 자신들을 별도로 분리된 종자(a segregated species)로, 특별하고 다른 것들과는 구별되는 것으로 여긴다. 따라서 우리는 도덕적 관점과 신학적 관점에서 볼 때, 결국 매우 기이한 위치에 있다. 중병에 걸린 지구가 그 자칭 청지기들에 의해 위태롭게 되고 있지만, 그들은 이런 실상에 대해 심지어 눈도 깜짝하지 않기에 결국 그들은 창조파괴자들이 되고 말았다. 범인류적인 제멋대로 함을 죄라고 여긴 전통신학의 분석은, 호모 사피엔스가 생명에 대해 이제까지 위협한 것에 대해서는 간단히 침묵하고 있다. 어떤 **신학 윤리적 블랙 홀**(theo-ethical black hole)이 이런 민감성을 삼켜버리고 말았다. 결국엔 많은 인간 사회들이 **모든 생명 과정들과 피조물들의 심오한 상호연결성**(profound interconnectedness of all life precesses and creatures)을 알게 되었고, 또한 그 피조물들을 존중할 도덕적 의무를 느껴서 다른 생물학적 개체들을 인도적으로 취급하기에 이르렀다. 그런데 도대체 왜 현대인들은 그렇지 않았는가? (덧붙여 말하자면, 인간 이상의 세계에 대한 이런 다양한 도덕적 조율은 좋은 소식을 지니고 있다: 종으로서의 자만심은 예외를 인정하지 않는 범인류적인 것이 아니다. 종으로서의 오만함은 덜어내 버릴 수 있고, 그리고 어떤 부분들에서는 이미 덜어내 버려지기도 했다.)

특권에 대해 다시 보기

그러나 암브로시우스와 아우구스티누스는 현대세계에서 자연을 소외시킨 "타자"(other)로 여기면서, 파괴되어가는 지구에 대해 인간이라는 종자가 갖고 있는 자만심에 대해 말한 것이 아니다. 그들의 불평은 어떤 거침없는 범인류적인 종류의 상처(피해) 입힘과 떼 지어 횡행함에 대한 것이 아니었다. 그들의 요점은 다른 곳에 있었다. 이것은 C. S. 루이스가 지적했듯이, 우리가 자연에 대한 인간의 힘이라고 부른 것이 보통은 어떤 사람들이 다른 사람들에게 행사한 힘이란 점이다. (암부로우스로서는 부자들이 가난한 자들에게, 그리고 아우구스티누스에게는 황제가 해적에게 행사한 힘이었다). 인간이라는 종자의 자만심은 사실이며, 또한 인간의 심장(마음)은 예레미야가 탄식했듯이, 무엇보다도 사람을 속이는 거짓된 것이다.[44] 그러나 인간이라는 종자의 자만심의 결과는 항상 경제적, 사회적 그리고 문화적 특권들과 결합되어, 어떤 사람들이 다른 사람들에게 행사한 것이었다. 모든 오만함은 똑같지 않고, 또한 그 결과들도 똑같지 않다.

한 마디로 말해서, 자연의 위기는 이들 주교들(암브로시우스와 아우구스티누스)에겐 정의의 위기이며, 그래서 지구를 포함한 공동선을 성취하지 못한 공동체의 실패를 대표한다. 암브로시우스의 말을 자유롭게 설명하자면, 만일 당신이 왜 자연에 저지른 피해(상처)를 계속 기뻐하는지 알고 싶다면, 돈(money) 많은 사람들을 따라 가보라. 확고한 특권의 힘들을 쫓아가보면, 당신은 도대체 왜 우리가 그저 "아니오"(no)라고 말하고 곧바로 중지하지 못하는 지를 이해하게 될 것이다.

그러나 심지어 이런 설명조차도 단지 부분적일 뿐이다. 그런 설명은 "타락한 졸개들"의 참여를 지적하지 않는데, 비록 그런 졸개들 자신들은 지배층에 속하지는 않았지만, 아우구스티누스는 그들을 자연에 대해 오만한 피해를 준 공범자들로 여기고 있다. "땅은 부자들에게 속한 것이 아니라, 우리 모두에게 속한 것"이라고 암브로시우스가 불평한 것도, 어떻게 특권들이 작

---

44) 예레미야 17:9.

용하는지에 대해 우리가 마땅히 알아야 할 것을 말해주지는 않는다. 풍요롭게 사는 사람들을 비난하는 것은, 비록 매력적이긴 하지만, 상처받은 자연에 대한 적절한 대응이나 좋은 분석에 별로 기여하는 바가 없다. 왜냐하면 그들을 비난한다는 것이, 가령 가속화된 기후변화나 산호초들의 죽음을 초래한 것이 노골적으로 악의를 갖고 그렇게 만든 것은 아니기 때문이다. 이쉬마엘이 맞다: 대부분의 부자들을 포함해서, 대부분의 사람들은 세계를 파괴하기를 원하지는 않는다. 일부 해양 어장들을 거의 파멸시켜버릴 지경에 이르게 한 것은 악의적인 사전계획 때문이 아니다. 개인들의 뚜렷한 성격적 특성으로서 미덕과 악덕이 어떤 설명을 제공할 수는 있을 것이다(뉴욕 월스트리트 금융가 중역들에게 지급되는 봉급과 상여금—심지어 그들의 업무 성적이 나빴을 경우에도 지급되는—에 반영되는 탐욕이 그 하나의 뚜렷한 실례다). 그러나 이런 개인적 성격에 근거한 설명은 아우구스티누스의 관찰, 즉 도덕적으로 타락한 자들이 군대를 보내어 영토를 점령하고 오만한 삶을 영위하게 만든다는 관찰을 해명하지 못한다. 우리가 적대자들을 지정하고 우리의 갈 길을 뚫고 나가기 위해서 흔히 사용하는 도덕적인 "우리들"과 비도덕적인 "그들"이라는 생각보다, 훨씬 더 많은 것을 특권자들의 역할이 담당한다. 만일 우리가 왜 자연에 끼친 상처들이 우리를 기쁘게 하는지를 알고자 한다면, 우리는 단순히 남들을 비난하는 게임보다는 좀 더 잘할 필요가 있다. 여기에는 전체 생활방식에 수반되는 매우 거대한 체계의 요소들(systemic factors)이 작용하고 있는 것이다.

여기서 라인홀드 니버가 우리를 도와줄 수 있다. 그의 저서 『도덕적 인간과 비도덕적 사회』(*Moral Man and Immoral Society*, 1932)에서, 전부는 아니지만 대부분을 가려 뽑은 다음 일곱 가지 논제들은 그의 권력 이론의 핵심을 제공한다.

"권력의 사용은 그 양이 보통 수준을 넘으면 내적으로 그것을 견제하기에 충분히 강력한 윤리적 힘이 없다."[45] 권력—정치적, 경제적, 사회적, 문화적, 종교적

---

45) Reinhold Niebuhr, *Moral Man and Immoral Society* (New York: Charles Scribner's Sons, 1932), 164.

권력들, 우리가 나머지 자연들에 행사하는 힘들—이 지나치게 집중되어 있는 곳에서는 어디서나, 도덕적인 호소나 친절한 합리성이 그 권력을 견제하지 못하며 변화의 수단도 되지 못한다. 그들의 집중된 권력으로부터 체계적인 이익을 얻는 자들에 의하여 자체 규제를 기대하는 것은 충분하지 않다. 프레드릭 더글라스는 85년 전인 1857년에, 이 점에 대해 고전적인 형태로 지적했다. "변혁의 철학에 대해 한 마디 하자면, 인간의 역사 발전의 전체 역사가 보여주는 것은, 역사의 당당한 주장들을 얻어내기까지의 모든 양보는 투쟁을 통해 얻어냈다는 점이다… 만일 투쟁이 없으면, 발전도 없다"고 그는 말했다. 그는 계속해서, "그 투쟁은 도덕적인 것이거나 물리적인 것이다. 혹은 그것은 도덕적이자 물리적인 것이지만, 그러나 그건 투쟁임에 틀림없다. 요구하지 않는 한, 권력은 아무것도 양보하지 않는다. 양보했던 적이 없었고, 앞으로도 없을 것이다"46)라고 말했다. 더글라스와 마찬가지로 니버도 "집단적인 권력이… 약한 것을 착취할 때는, 그에 대항하여 (필적할 만한) 권력이 일어서지 않는 한 그 자리에서 물러날 수 없을 것"47)을 알고 있었다. 우리 시대에는, 자본주의 속에서 거대한 전 세계적 회사들로 옮겨가는 것이, 그 자체로서는 개혁을 자발적으로 할 수 없는 권력의 집중을 보여주고 있다. 개혁을 하는 대신에, 이들 회사들은 자신들의 권력을 신장하고 보호해 줄 동맹자들—실제로 법을 제정하지는 못해도 영향을 줄 수 있는 로비스트(원외 활동가)들, 혹은 산업체 출신자들로 직원들을 구성한 규제 대행자들, 그리고 그 산업의 목적을 위해 봉사하도록 고용된 과학자들과 변호사들—을 찾는다.

악과 불의는 권력의 불균형에서 흘러나온다. 가정, 국가, 재정, 혹은 산업에서든, 권력 집중의 결과는 권력남용이 뒤따르는 것이다. 정말로 권력은 사회의 조직과 유지를 위해서, 그리고 사회적 환경적 정의를 위해서 필요하다. 권력이 없는 것은 확실히 좋은 미덕이 아니다! 그것은 착취에서 핵심 요소

---

46) Frederick Douglass, "West India Emancipation," August 3, 1857 address in Canandaigua, New York, available at http://www.blackpast.org.
47) Niebuhr, Moral Man and Immoral Society, 117.

다. 권력이 없는 것은 무엇보다도 가장 취약한 것이고, 그 때문에 착취를 당한다. 그러나 우리가 주목하는 것은, 니버, 암브로시우스, 그리고 아우구스티누스와 마찬가지로, 권력이 누구의 손에 달려 있나, 그리고 그 권력으로 인해 이익을 보는 자가 누구인가의 문제다. 견제를 받지 않게 되면, 권력은 의식적이든 무의식적이든 특권을 보호하는 과정에서 불의를 낳게 된다. 여기에는 인간이 자연을 통제할 수 있을 때 사용하는 특권적 권력도 포함된다.

지배 권력의 편에서 불의를 저지르는 이런 경향성은 때로 니버로 하여금 패배자들의 편에 서게 하였고, 그로 하여금 중요한 구별을 하도록 했다: 권력을 지닌 자들이 그들의 (보호된) 권리들을 확장하기 위해 갖는 권리보다도, 물려받은 것이 없는 자들이 그들의 (유린된) 권리를 되찾기 위해서 투쟁할 권리를 더 많이 갖는다. 그러므로 집단적인 자기이익과 자기 목표 추구를 하는 것의 도덕적 정당성과 도덕적 부당함 사이를 구별할 수 있다. 영국석유회사(BP)나 엑손모빌이 "우리는 극복하리라"(We Shall Overcome)를 노래하는 것은, 셀마(Selma)의 거리에서나 교회 안에서, 또는 성전 지하실에서 그 똑같은 노래를 부르는 것과는 뭔가 매우 다른 것을 뜻한다. 이런 점을 니버는 결코 잊지 않았고, 그는 권력의 불균형들을 재어보고는 종종 대항하는 권력의 편을 들었다. "권력에서 책임지기를 빼고 나면 지배와 동일하다"[48]는 것이 그에게는 자명한 것이었다. 그러나 그의 세대의 대부분의 사람들과 마찬가지로, 그는 이런 통찰력을 인간이 아닌 생태사회적 피조물들이 겪는 고통에까지 확대하지는 않았다. 그런 근본적 요점을 파악하거나 지적한 사람은 아무도 없었다.

특권이 제도화된 권력은 흔히 공공연하기보다는 은밀하여, 겉으로는 비폭력적인 것처럼 보인다. 이것은 그런 체계적 권력을 휘두르는 사람들에게 자기망상을 길러준다. 그들은 자기들의 특권에 대해 공공연하게 반대하는 것을 반체제인사들의 "권력 운동"으로 간주하는 한편, 그들 자신의 일상적인 제도적 권력

---

[48] 나는 지금 Jeffrey Stout의 *Blessed Are the Organized: Grassroots Democracy in America* (Princeton: Princeton University Press, 2010), 63을 사용하고 있으나, 그러나 이것은 Niebuhr에게도 맞는 말이다.

행사는 안정과 평온을 위한 권력으로 여긴다. 제도화된 특권의 체계적 권력은 "자연스러운" 것으로 보이게 만들고, 반체제 인사들의 방식은 정도를 벗어난 파괴적이고 비정상적인 것으로 보이게 만든다. 니버는 이런 것이, 설사 진정한 것일지라도, 강한 자들의 편에서 자기잇속만 차리는 것임을 알았다. "지배적이고 특권을 지닌 그룹들의 도덕적 태도는 보편화된 자기기만과 위선으로 특징지어진다. 거기엔 그들의 특수한 이해관계를 무의식적이든 의식적이든 일반적인 이해관계나 보편적인 가치들로 동일시하는 것이 있다."[49]

이런 모든 것이 니버로 하여금, 인간 본성 속에 항상 나타나는 권력을 향한 충동에 대한 견제로서 또한 공동선을 성취하는 모체로서, 민주주의와 민주적인 권력을 중요하게 여기게 만든다. 그러나 민주주의는 공민권(선거 참정권)의 문제만이 아니다. 만일 투표를 사거나 교묘하게 강요할 수 있다면, 투표라는 것이 별로 의미가 없다. 그보다 민주주의는 다음 두 가지 조건이 존재할 때에 비로소 진정성이 있다. (1) 정부에 대한 비판, 심지어 정부에 대한 저항이, 그 정부 자체의 원칙 속에 심어져 있는 그런 형태의 정부일 때, 즉 대항하는 권력을 조직할 공간이 체계적으로 창조되어 있을 때. (2) 민주주의가 정치적, 경제적, 사회적 권력을 사회정의와 공동선의 이익을 위해 공유하는 수단일 때다. 니버에게 민주주의는 최대의 자유, 즉 집중된 부(富)로 대표되는 소유자 사회의 이익을 위해 회사들이 통제하는 시장들과 결합한 최대의 자유가 아니다. "운이 좋은 소수가 지배하는"[50] 체제의 맥락 속에 있는 참정권의 존재는 민주주의가 아니라 금권정치(plutocracy)이다. 민주주의는 민주주의의 세 가지 고전적 가치들—자유, 평등, 공동체—모두의 균형을 필요로 한다. 보다 정확히 말해서, 니버에게 자유와 평등은 대략 동등한 정도로, 보다 공동체적인 민주주의(a more communitarian democracy)를 추구하는 정의를 위한 규범적인 원칙들이다.

권력과 인간 본성에 대한 그의 깊은 관심을 보면, 우리는 왜 니버가 그의 유명한 민주주의에 대한 변호 속에서 다음 두 구절을 그토록 강조했는지

---

49) Niebuhr, *Moral Man and Immoral Society*, 117.
50) 이 말도 Jeffrey Stout의 *Blessed Are the Organized*, xv에서 재인용한 것임.

이해할 수 있다: "정의를 위한 인간의 능력이 민주주의를 가능하게 만들고, 불의를 향한 인간의 경향성은 민주주의를 필요하게 만든다."51) 니버를 따르는 사람은, 왜 피해를 주는 것을 기뻐하는지에 대한 우리의 토론에서, 경제적, 정치적, 사회적 권력의 과도한 집중에 대한 의심, 심지어 민주주의와 자유의 깃발 아래서도 그런 권력 집중에 대해 의심하게 만든다(불의를 향한 경향성). 마찬가지로, 니버를 따르는 사람은 공동선, 즉 바람직할 뿐 아니라 또한 얻을 수도 있는 공동선이라는 보다 널리 공유할 이익을 위해서 과도한 권력에 대항하는 공간을 항상 만들고자 할 것이다(정의를 위한 능력).

강력한 민주주의 국가들이 어떤 지나친 순진함과 자기망상 때문에 고통을 겪는 일이 자주 있다. 그들은 분명한 제국주의, 즉 국내 정책이 민주적이든 아니든 간에, 보다 강력한 국가들과 덜 강력한 국가들 사이의 권력 불균형에서 나오는 분명한 제국주의를 인식하지 못한다. 실제로 민주주의를 떠받치는 바로 그 도덕적 이상주의가 때로는 그들의 제국주의를 정당화할 뿐만 아니라 강화시켜주기도 한다. 이상적인 목표를 내건 화면의 배후에서 작동하는 권력이 아주 빈번하게 더욱 자기망상적이고, 때로는 도덕적 목표들에 대해 공개적으로 무시하면서 행동할 때보다 실제적으로 더욱 악하기도 하다. 조지 W. 부시 대통령이 이런 순진함과 자기망상을 보여준 것은, 그가 솔직하게 자유를 위한 미국의 전 지구적인 사명은 제국주의적이 아니며 그러니 다른 나라들이 그렇게 보아서는 안 된다고 말했을 때였다. 우리는 여기에 많은 전 지구적 회사들이나 종교단체들을 포함하여, 큰 기관들의 사명선언(mission statement) 속에 반영된 순진함과 자기망상(혹은 의도된 속임수)을 추가할 수 있을 것이다.

마지막으로, **종교는 보통 권력의 동력**(power dynamics)**을 강화시킨다.** 종교적 **겸손**(humility)은 권력의 방자한 행사를 억제하고, 그것 자체를 넘어서는 규범들에 대하여 책임을 지도록 한다. 종교는 우리가 만든 것이 아닌 초월적 표준들에 의해 우리가 심판을 받는다는 점, 또한 우리는 공동체, 크게는 우

---

51) Reinhold Niebuhr, *The Children of Light and the Children of Darkness* (New York: Charles Scribner's Sons, 1944), xiii.

주적 공동체에 대해 책임을 져야 한다는 점을 인정하는데, 그 공동체란 우리 자신들의 자아(ego)와 의지, 심지어 우리 자신들의 집단적인 자아와 의지로 시작하지 않고 그것으로 끝나지도 않는 공동체다. 다른 한편, 종교적 **자만심**(pride)은 극단주의, 열광주의, 고집불통, 절대주의를 조장하는 경향이 있다. "종교는 절대적인 것 앞에서의 겸손이며, 또한 절대적인 것의 관점에서 자기를 주장하는 것이다."52)

그러나 권력과 특권에 대한 니버의 이런 논의를, 인간이라는 종자의 죄(species sin)에 대한 논의와 인간 이외의 자연에 대한 논의, 즉 자연을 특권적 인간들과 그들의 타락한 졸개들의 제국주의적 윤리의 대상으로 삼는 논의에까지 확대시켜 함께 고찰하지 않는다면, 권력과 특권에 대한 니버의 논의는 지엽적인 것에 불과하다. 니버 자신은 그런 확대를 한 적이 별로 없지만, 그의 한 단락은 이에 근접한 것이다. "권력의 자만심"이란 자연이 생명에게 가져오는 "불안감에 의해 부추겨진 것"이라고 설명하면서, 니버는 이렇게 말한다. "때로는 권력에 대한 이런 욕망이 자연에 대한 인간의 정복이라는 관점으로 표현하는데, 그 정복에서 인간의 합당한 자유와 자연에 대한 정통함(mastery)은 자연을 단지 착취하는 것으로 타락한다. 자연의 필요를 초과하는 지나친 열의를 갖고 자연의 창고에 저축함으로써 자연의 리듬들과 계절들에 대한 불안감을 극복하려는 인간의 탐욕스런 노력과 자연에 대한 인간의 독립 의식에 의하여, 인간의 자연에 대한 의존감과 자연의 영속적인 풍요함의 기적을 향한 인간의 존경어린 감사함이 파괴된다."53) 니버는 계속하여 이런 권력의지가 현대세계에서 택하는 형태를 탐욕이라고 부르고—"탐욕이… 부르주아 문화의 끊임없이 괴롭히는 죄가 되었다"—또한 현대의 공학 기술이 "현대인으로 하여금 자연 속에서 그의 불안감을 제거하는 가치와 그 가능성에 대하여 과대평가하도록 부추겼다"54)고 말한다.

권력에 대한 니버의 논제들은, 그 단점들이 무엇이었든, 아직도 대체적

---

52) Niebuhr, *Moral Man and Immoral Society*, 64.
53) Niebuhr, *The Nature and Destiny of Man*, vol.1 (New York: Scribner's, 1964 [1941]), 190-91.
54) Ibid., 191.

으로 타당하다. 여기에는 포함되는 것은 그의 주장, 즉 정착된 방식들의 무의식적인 오만함(우리의 경우엔, 산업사회의 패러다임대로 살아가는 일상적 습관들)이 흔히 (드러내놓고 하지 않고 은밀하여서 그런 오만함을 휘두르는 사람들의 의식 속에서는 "자연스러운" 것으로 보일지라도) 권력을 가장 두드러지게 행사하는 것이라는 주장이다. 우리는 절대적으로 오만하게 행동하기 위해 절대적 지배권을 시도하거나 의도할 필요는 없다. 우리가 만들어낸 체계들과 문화와 습관들이, 우리를 위해 그렇게 절대적으로 오만하게 행동하도록 해주기 때문이다. 우리의 의도적인 행동과 의식적인 의욕과는 한 걸음 혹은 두 걸음 쯤 떨어져서 말이다.

편견

그러나 또 다른 요소가 있다. 앞에서 언급한 인간 정신의 편견이다. 우리는 우리 자신들의 최선의 의도들에 맞는 삶을 살기를 원한다. 그러나 우리는 우리의 입장을 강화하는 이념적 혼란과 편견들(심리학 용어로 "확증 편견" confirmation biases)을 갖고 있는 것 같다. 그래서 우리의 행동들이 공개적으로 드러난 경우가, 오히려 아래에 숨어 있는 동기들과 판단들보다 더 낫기도 하다. 더구나 마음을 산란하게 만드는 것은, 우리가 가끔 둘러대는 이유들을 너무도 믿어서 가장 깊은 수준들에서 무엇이 우리에게 동기를 주었는지에 대해 자신들을 속이는 것으로 끝나기도 한다는 사실이다. 우리는 자신들의 이념적 구성(構成)들에 굴복하기도 하는데, 심지어는 이런 구성들이 실재를 거꾸로 뒤엎어도 그런다. 아마도 루터가 말한 "자기 자신에게 굽어진 심장"(*cor curvatum in se*)이란 말은 "자기 자신에게 굽어진 상징적 의식"(*mens curvata in se*)이란 말로 보충되어야 할 것이다. 우리가 머릿속에서 계산하고 있을 때는, 우리가 보통 적군의 배후에 있다. 니버가 썼던 "자기기만과 위선" 속에 우리 자신들을 가두어 놓고 있는 것이다.

사무엘 퍼챠스(Samuel Purchas)는 발견의 시대에 영국 선원들을 칭송했던 17세기의 성직자였다. 선원들을 칭송하면서 그는 묻기를, "누가 일찍이 대양(大洋)을 소유하고 광대한 지구 둘레로 행진했던가? 누가 일찍이 새로운 별자리들을 발견하고, 얼어붙은 극(極)지대에 인사를 하고, 불타는 지역을 정복했던가? 그리고 누가 항해술을 이용함으로써 그분(Him)을 모방해서 물 위에 누각의 들보를 놓고, 바람의 날개를 타고 다녔던가?"55)라고 했다. 주목해야 할 중요한 문제는 그의 대답이 아니다. 즉, 그의 질문들은 수사학적이며 그의 대답은 이미 아는 결론이다. 그보다 주목할 만한 가치가 있는 것은 그의 눈에는 이들 뱃사람들이 하느님을 모방하고 있다는 점이다. 그러나 누구의 하느님인가? 그것은 욥기와 시편 104편에 나오는 하느님이다. "물 위에 누각의 들보를 놓으신 분, 구름으로 병거를 삼으시며, 바람 날개를 타고 다니시는 분"(시편 104:3)이다. 모든 문학 작품 가운데서, 모든 존재의 초월적 근원으로서 우주의 창조자를 그토록 장엄하게 그려낸 장들은 거의 없다. 욥기와 시편의 저자들은 한편으로는 사실상 창조주의 장엄한 권능과 피조물들 사이의 무한한 질적인 차이를 두기 위해서, 그리고 다른 편으로는 비천한 인간의 취약성과 덧없음과 하잘 것 없음을 그려내기 위해서 본문들을 지어냈다. 그러나 퍼챠스의 재치 있는 마음속에서는, 바로 이런 초월적인 하느님의 사역이 저 대양 높은 파도 위의 작은 배 안에 있는 영국인 선원들의 사역과 호의적으로 비교된다. 그들은 이런 하느님을 모방하고, 그런 모방이 전 지구적인 제국을 만들어내는 자신들의 역할을 시인한다.

이처럼 자신들의 주장과 상징을 아전인수식으로 쉽게 바꾸는 능력과 이런 "단순 무죄"한 오만을 우리가 인정하지 않는다면, 어떻게 그런 비교와 기발한 착상을 정직하게 또한 쉽게 할 수 있을지를 우리로서는 상상하기 어려울 것이다. 정신과 마음의 편견들이 우리의 지각작용을 방해하고, 심지어 형성하기도 한다. 그것들은 이유의 방향을 알려준다. 이런 편견이 작용하는 것은 인간의 세상과 인간보다 더 많은 것들의 세상에 대한 우리의 지각작용과 "합리적" 처리를 위한 모든 경우에 걸쳐서 작용한다.

조셉 시틀러가 옳았다. 그의 신앙공동체가 발표한 평화와 정치에 관한 선언문에 응답하는 공개서한에서, 그는 "악이란 다른 어떤 곳에 있다고 생각

---

55) Cited by Crosby, *Ecological Imperialism*, 131.

하는 것보다 더 은밀하게 강력한 악은 없다. '악한 제국'이란 말은 모든 제국을 묘사한 말이다. 각자의 자아중심성이라는 내면적 제국(the internal empire of every person's egocentricity)이 역사적 악의 주형(鑄型)이다(is the template of the historical evil.)"56)라고 썼다.

아우구스티누스는 종종 원죄론(Doctrine of Original Sin)의 주창자로 여겨져서, 그 때문에 노골적으로 비판을 받는다. 그런 비판은 물론 죄가 한 세대에서 다음 세대로 성교(性交) 행위를 통하여 전달된다는 그의 견해에 대한 것이다. 그리고 "원죄"라는 말이 내용을 밝혀주기보다는 오히려 모호하게 한다는 것도 또한 맞다. 그러나 아우구스티누스의 교리는 중요한 점을 지적한다. 즉 우리는 편견을 거룩한 경전처럼 인정하는 것에 매우 정교한 기술을 갖고 태어나고, 따라서 우리는 포괄적이기보다는 배타적인 이해관계를 발전시켜서, 자신들에게 이런 배타적 이해관계를 확신시키는 방식들로 정당화한다. 마치 우리는 "외부" 집단에 대항하여 "내부" 집단, "그들"에 대항하여 "우리"를 구별하기 위해서, 가령 인종, 성별, 문화, 국적, 계급, 종교 같은 요소들에 대해 사회적 편애(偏愛)를 사용하는 무의식적 정신을 지니고 있는 듯하다. 달리 말하자면, 마치 우리는 비슷한 정신을 지닌 다른 사람들과 친구가 되어, 눈에 보이지 않는 궤도 위를 달리도록 태어난 것과도 같다. 그렇다. 우리는 기차에서 내려서 다른 기차를 탈 수 있고, 때로는 그렇게 한다—편견들은 순응성이 있고 움직일 수 있다. 그러나 그 새로운 길 위에서도, 우리의 정신은 그 주변의 새로운 세계의 의미와 전체적 복잡성을 받아들이지 않고, 또 그 자체를 넘어서서 보지도 않고, 다시 좁아지고, 단순해지고, 미리 판단하고, 합리화한다. 인간의 여러 기록들에 걸쳐서, 또한 각 세대 속에서 이런 편견들이 완고하게 버티고 있는 것은 적어도 "원래의"(original)라는 말에 비슷한 형용사(아마도, "널리 스며있고 지속적인")를 붙일 만하고, 또 그것들의 결과는 "죄"(sin)와 비슷한 뭐라고 불러도 좋을 것이다. 이런

---

56) Joseph Sittler, "An Open Letter," in response to the Statement on Peace and Politics of the Lutheran Church in America, March 7, 1984, available in the Joseph A. Sittler Archives, Lutheran School of Theology in Chicago, and online at http://www.josephsittler.org.

죄―그것을 널리 스며있는 심술궂음이라고 하자―는 항상, 카인의 죄처럼, "문에 도사리고 앉아 있어서" "잘 다스려지지"(창세기 4:7) 않고 있다.

우리가 권력에 대해 아우구스티누스와 니버를 따라서, 자연에 피해(상처)를 주는 데서 얻는 기쁨과 또한 정신과 마음의 편견들을 이에 덧붙이고, 그리고 세계의 그래프에서 "거대한 충돌"을 회상한다면, 우리로서는 매우 가혹한 결론에 도달하는 것을 거의 피할 수 없을 것이다: 도덕적으로 말해서, 우리의 현재 지구/인간의 관계는 아마도 가장 오래되고 가장 억압적 윤리의 현대적/생태-현대적 소견일 것이니, 그것은 **주인과 노예의 윤리**(ethics of masters and slaves)다. 이제 이를 인간 이외의 자연에 적용한다면, 이렇게 될 것이다: 인간의 본질은 의식과 정신이다. 호모 사피엔스는 "지혜로운" 종(種), 즉 두뇌가 좋은 종이다. 이런 본질이 나머지 자연으로부터 우리를 구별한다. (우리의 몸이 아니라, 두뇌가 우리를 다른 것들과 구별한다.) 나머지 자연은 현대에서 우리에게 대상(객체)이지, 동료인 주체가 아니다. 이리하여 우리와 자연의 관계는, 자연은 본질적으로 자연의 청지기이자 주인인 인간에게 노예일 뿐이라는 지배의 패러다임 속에서, **주체 대 객체**(subject-over-object)의 관계이며, **정신 대 물질**(mind-over-matter)의 관계다.

이런 관계―"청지기"―는 파란만장한 역사를 갖고 있다. 백인 기독교인 노예소유자는 자기 자신을 그의 노예의 좋은 청지기로 생각했다는 점을 기억하라. 즉, 그는 그 노예들의 안녕(복지)에 대해 책임을 지고, 그들이 어디에 살고, 어떻게 일해야 하며, 어떤 가족생활을 해야 될지, 그리고 그들이 자기의 영역에 남아 있거나 아니면 다른 어느 유능한 청지기에게 팔아넘겨야 할지를 결정했다. 우리는 이제 인간들에 대한 그런 생각에서는 어느 정도 벗어났다.57) **이제 우리의 노예로 남아 있는 것은, 자연의 나머지 것들이다.** 자연

---

57) 노예제도가 완전히 사라진 것은 결코 아니다. 전 세계에 걸쳐서 성매매 거래는 일어나고 있고, 많은 사회들 속에선 여자들의 신분은 아직도 여전히 남자들의 재산이나 특권으로 속박되어 있다. 다른 면에 대해서는 Douglas A. Blackmon, *Slavery by Another Name: The Re-Enslavement of Black Americans from the Civil War to World War II* (New York: Anchor Books, 2008).

이 노예에 대한 고전적인 이해에 들어맞는다: 즉, 노예소유자 편에서—이 경우엔, 우리들 편에서—필요로 하고, 바람직하고, 책임을 져야 할 것으로 여겨지는 것에 맞추어서, 팔고, 사고, 사용해야 하는 살아있는 재산이 곧 자연이다. 인간 노예들과 마찬가지로 자연 노예들(nature slaves)도, 더 이상 바람직하지 않고, 너무 적거나 너무 많거나, 닳아버렸거나, 병들었거나, 죽으면, 항상 다른 자연 노예들로 대체할 수 있다. 노예들은 물론 없어도 좋은 것이 아니다. 그러나 그것들은 대체할 수 있다. 하나를 다른 것과 바꿔치기할 수 있다. 이것이 바로 주인/노예 윤리의 단순한 형태다. 주인과 노예의 관계를 흉내 내는 방식으로, 우리를 피조물들의 관리자로 여기는 청지기직(stewardship)에는 뭔가 기겁할 만한 것이 있다. 그리고 이런 관계가 수백만, 아마도 수십억 명의 우리들에게 지금 얼마나 "자연스럽게" 보일 것인가 하는 것은 상당히 마음을 소란스럽게 만든다.

그러나 물론 "우리"는 모든 사람 각자가 아니다. 어떤 사람들은 더 많은 이익을 얻고, 다른 사람들은 더 많은 부담을 안고 있다. 기후변화는 가난하고 취약한 사람들을 먼저 찾아와서 최악으로 만들지만, 그들은 기후변화에 가장 적은 원인을 제공한 자들이다. 설사 우리 모두가 같은 종자의 정회원들로서 정의와 불의를 모두 똑같이 저지를 수 있다고는 해도, 죄책감과 책임감이 *똑같지 않다*는 사실은 마음에 새겨두어야 한다.

이것을 좀 다르게 말해보자. 인간의 본성에는, 좋든 싫든 끝없이 창조적이 되기에 충분한 분명코 끊임없는 활동성이 있다. 상징적 의식을 지닌 피조물들은 능동적인 상상력, 즉 무엇이 가능한 것이며 또 그것을 실현하도록 하는 수단인가를 생각하는 것에 의해 특징적으로 구별된다. 니버가 "역사의 막연한 가능성들"(indeterminate possibilities of history)이라고 부른 것은, 똑같이 막연한 생활방식들과 함께, 그런 상상의 결과다. 그러나 그것들 모두는 편파적이고 편중되며 자기잇속만 차리는 이데올로기로 가득 찰 것이다. 우리의 시대에는, 자연이 객체이자 노예 노릇을 하는 도덕적 우주 속에서, 그런 편견들과 이데올로기가 무제한적 경제성장이란 정설로 나타났다. 그리고 우리의 힘이 주어지면, 우리의 생활방식이 자연에게 손상을 준 정도가 너무

심해서 우리는 그런 허세의 성장을 가능하고도 감당할 만한 것으로 만들어 주었던 바로 그 똑같은 지구 행성에서 더 이상 살지 않는다. 진정한 정의를 위한 능력을 포함하여 모든 잠재능력을 지닌 공통적인 인간 본성을 우리는 공유하고 있는가? 그렇다. 그러나 그 도전은 우리의 생활방식을 잘 선택하는 것이다. 즉, 그 생활방식의 우주론, 그 우세한 힘을 발휘하는 기관들, 인간 대 인간의 관계들, 그리고 그 삶의 규모가 모든 것에 영향을 미칠 것이다.

"**땅은 모두에게 속한 것이다**"(The earth belongs to all.)라는 암브로시우스의 주장은 사실상 그가 마찬가지 확신을 지녔던 다른 주장, 즉 "땅과 그 안에 가득 찬 것이 모두 다 주님의 것이다"(시편 24:1)라는 주장의 당연한 추론 결과다. 창조주의 선물로서의 땅은, 다른 어떤 특정한 별개 집단으로서의 "우리의 것"이 아니다. 부담도 나누어 져야 하듯이, 그 이익도 모두와 함께 나누어야 한다. 그리고 우리의 세계 속에 있는 "모든 것"은, 호모 사피엔스를 포함한 어떤 단일 생물종의 "모든 것"보다 필연코 더 많은 것이다. 그러나 암브로시우스의 주장은 이상하게도 우리의 복잡하게 붐비는 세계에 대해서도 옳다. 여러 차이들에도 불구하고, 아마도 그의 세계에 대해서보다 심지어 더욱 옳을 것이다. 우리의 세계가 자연에 대한 것보다, 그의 세계는 자연에 대해서 더욱 관대했을 것인데, 이는 사람들이 더 훌륭해서가 아니라 그의 세계가 "덜 평평하고, 덜 뜨겁고, 덜 복잡해서"[58] 잘못을 받아줄 더 많은 여지를 지녔기 때문이었다. 4세기에는 사회가 작았고, 나머지 자연은 더 컸다. 더구나 암브로시우스와 아우구스티누스의 세계는 우리들의 세계와 비교할 만한 공학기술 능력이 없었다. 그들은 생명권(biosphere)과 대기권에 우리가 끼친 것만큼 그렇게 큰 충격을 남길 수는 없었을 것이다. 아마도 우리는 공동선에 대한 그들의 입장을 뒤집어서, "**모든 것은 지구에 속한다**"(all belongs to the Earth)라고 말해야만 할 것이다. 지구는 우리의 유일한 집(삶의 근거지)이며, 우리들 같은 피조물에게 알맞은 곳이다. 생태권의 나머지에 대해서도 마찬가지로 말할 수 있을 것인데, 그것에 대해 우리가 이해하는 방식은 암브로시우스와 아우구스티누스로선 이해할 수 없었을 것이다. 아마도 우리의

---

58) Thomas Friedman의 책 제목을 참조.

도덕적 감정들과 종교적 확신들이 이런 핵심적 소속됨―지구가 모두에게 속해 있고, 모두는 지구에 속해 있으며, 또한 하느님에게 속해 있음을―을 이해할 수 있게 되면, 우리들의 손으로 자연에 피해를 준 것을 "죄"라고, 또한 권력 남용이라고 우리는 말하게 될 것이다. 이처럼 진실을 말하는 것은 주인-노예 윤리의 가면을 벗기는 것을 포함한다. 비록 우리가 노예제도를 바라지도 않고 인정하지도 않을 경우에도 말이다.

새로운 계시

지구를 공경하는 신앙에 대해서 무엇을 더 말해야 할 것인가? 그것은 새로운 계시에 개방된 신앙이며, 우리의 현재 철학 속에 있을지도 모르는 것보다 "하늘과 땅에 있는 더 많은 것들"(Halmet)에 개방된 신앙이다. 때때로 그런 계시는 모든 것들 가운데 가장 큰 그림, 즉 우주론에 대한 것이다.

조지 르메뜨르 신부(Fr. George Lemaitre)는 우주의 기원에 대해 빅뱅(Big Bang) 이론을 제안했던 우주론자이며 사제였다. 이것은 일부 과학자들의 비웃음꺼리가 되었는데, 그들은 르메뜨르의 이론이 창조주를 과학 속에 몰래 집어넣으려는 단지 신학적인 방법이라고 의심했던 것이다. 알버트 아인슈타인은 그의 동기나 신학에 대해 의문을 제기한 사람들 가운데 하나가 아니었다. 그는 단지 르메뜨르의 물리학이 "언어도단"이라고 생각했다. 그리고 아인슈타인은 아인슈타인이었기에, 그의 판단만으로도 르메뜨르의 빅뱅 이론은 여러 해 동안 과학적 우주론에서 추방되기에 충분했다. 1929년에 에드윈 허블(Edwin Hubble)은 멀리 있는 성운 우주들(galaxies)이 마치 최초의 어떤 폭발에 의해 추진력을 받은 듯이 서로서로 빠른 속도로 멀어져 감을 발견했다. 언젠가 아인슈타인이 남부 캘리포니아의 윌슨 산(Mount Wilson) 천문대로 허블을 방문했다가 돌아오면서 말하기를 그의 옛날 판단은 그의 생애에서 가장 큰 실수였다고 했다. 그는 허블에 의해서 다듬어진 르메뜨르 신부의 업적에 대해 말하기를, "이것은 내가 창조에 대해서 들은 것 가운데서 가장 아름답고 만족할 만한 설명이다"라고 했다. 아인슈타인은 좋은 과학을 통해

서 하나의 계시를 얻었다. 그에게 돌려진 명예를, 그는 받아들였다.[59]

다른 때에도 계시는 오는데, 비록 장중한 이론의 수준은 아니지만, 우리 생활방식의 일상적인 관행 속에도—우리가 하는 일, 교통수단, 먹는 음식, 물과 토양, 우리가 지키는 동반자, 그리고 우리가 쓰레기를 처리하는 방법들에도—나타난다. (어떤 교회에서 배합토에 대한 강복에서 표현한 것처럼, "쓰레기는 우리들 믿음에 대한 증언이다.")[60]

이런 수준—생활방식이 작동하는 수준—에서는, 기후변화가 계시의 역사 속에 있는 하나의 중요한 사건이다. 이는 지구 행성에서 수만 년 만에 일어난 가장 큰 일이고, 미래의 역사가들이 "화석연료의 중간기"라고 이름 지을 만큼 첫 번째 과업들이 돌연 중단된 사건이다. 윌리엄 로젠은 말하기를, "증기, 산업, 그리고 발명"의 이야기는, 동력과 조명에 수천 가지로 사용하는 전기와 합성수지와 산업화된 농업에 쓰는 인공비료는 말할 것도 없고, 우리들에게 기계적 동력, 교통수단의 동력, 산업의 과정들, 요리에 쓰는 열, 건물의 난방과 냉방을 알려준 이야기로서, "세계에서 가장 강력한 아이디어"[61] 라고 했다. 우리가 최고로 여겼던 석유화학공업을 계속해서 유지시키고자 아무리 노력을 해보았자, 기후변화는 매일같이 보복을 할 것이니, 가장 편리한 삶들의 일상적 습관들과 관행들을 중단시키는 폭염, 산불, 농작물 손실, 홍수, 빙상 소실, 가뭄, 태풍, 그리고 바닷물의 산성화 등을 몰고 온다. 기후변화가 가져올 이런 징조들과 결과는 회개를 촉구하는 계시이며, 첫 번째 과업들을 다시 하라고 요구하는 계시처럼 보인다. 일상적인 과정은 더 이상 일상적이지 않다.

그러나 질문이 우주론에 대한 것이든, 일상적 습관 혹은 다른 무엇에 대한 것이든, 지구를 공경하는 신앙은 계시를—더 많은 진리, 다른 진리, 그

---

59) Simon Singh, "Even Einstein Had His Off Days," *New York Times*, Week in Review, January 2, 2005, 9.
60) Washington D.C. 소재 순례자 교회(Church of Pilgrims)에서
61) Rosen의 책 *The Most Powerful Idea in the World: A Story of Steam, Industry, and Invention* (New York: Random House, 2010)의 제목과 부제목 참조.

리고 우리의 현재 철학과 통상적 지혜가 허락하는 것보다 더 깊은 진리를--받아들일 태세를 갖춘 열린 건축물이다. 리그베다에 나온 힌두교 기도문의 말대로 "고상한 생각들이 모든 방향들로부터 오게 하소서."62)

하느님을 경험하기

1954년에 조셉 시틀러는 "지구의 아들로서" 맹세하기를, 지구의 목소리들이 "신앙의 더 깊고 온전한 이해 속으로" 모두 모아질 때까지는 "평안을 모르기로" 했다. 지구의 목소리들은 그 속에 "거룩한 것의 빛나는 광채"(the shine of the holy)를 지니고 있다고 시틀러는 말했다. "어떤 '신학적 죄책감'이 지구의 목소리들을 못견뎌하며 거부하는 정신을 추구한다."63)

신학적 죄책감이란 하느님-논의(God-talk), 즉 지구의 모든 목소리들을 모아들여서 창조의 찬양을 부르게 하거나, 피조물들이 "거룩한 것의 빛나는 광채"를 반영하게 하지 못하는 하느님-논의에서 나온다. 우주가 오늘에 이르기까지 150억 년 내지 130억 년 동안 계속하고 있는 순례행진과 또한 500억 개 내지 1천억 개의 성운우주(galaxies), 그 성운우주 각각에는 또한 수십억 개의 별들과 아무도 모를 만큼 수많은 행성들이 떠돌고 있음을 포함하지 못하는 어떤 하느님-논의도 단지 기이한 하느님-논의일 따름이다. 또한 나타났다가 없어진, 또한 우리가 말하고 있는 동안에도 사라지고 있는 모든 생물종들을 품어 안지 못하는 어떤 하느님-논의도 단지 기이한 논의일 따름이다. 또한 생명의 전체적 드라마, 그 비참하고 웅대한 드라마를 포용하지 못하는 어떤 하느님-논의도 그저 이상한 하느님-논의일 뿐이다. 우주를 빼고 나면, 하느님 예배는 인류라는 우상에게 드리는 예배일 따름이다. 그런 하느님은 우리의 얼룩지고 왜소해진 인간 자신들의 이미지로 그려진 것이

---

62) The Rigveda as cited from Hinduism, the Open Source Faith, available at hinduismtheopensourcefaith.blogspot.com.
63) Joseph Sittler, "A Theology of Earth," reprinted in Richard C. Foltz, ed., *World-views, Religion, and the Environment: A Global Anthology* (Belmont, CA: Wadsworth/Thomson, 2003), 17.

다. 그런 하느님은 우리 자신들을 제외한 모든 세계들과 모든 생명을 오만스럽게 배제하고서, 인간이라는 생물종의 수준에로 오그라든, 루터가 말한 자기 자신에게로 뒤틀려진 심장(*cor curvatum in se*)이다. 그리고 그런 하느님은 자기 자신에게로 너무도 굽어진 마음과 의식(*mens curvata in se*)이어서, 그것은 인간 이외의 것들(more-than-human)에서 조상들과 친족(kin)임을 이해하거나 공감함에 들어갈 수가 없다. "세계 위에서 드리는 미사"에서 고생물학자이자 사제였던 떼이아르 드 샤르뎅 신부는 스스로 이렇게 기도한다: "나의 하느님, 당신의 과감하신 계시를 통해, 이 세상에서 우리들 인간 유기체의 가련한 완전함보다 더욱 위대하고 더욱 생기에 넘치는 것은 아무것도 없다고 생각하는 유치하고 겁에 질린 사고방식을 깨뜨려 주시옵소서."64)

지구를 공경하는 하느님-논의는 물질의 신비성과 그것의 드라마에—그것의 과거, 현재, 미래의 모두에—관한 것이다. 그런 하느님-논의는 "하느님의 모든 백성들과 함께 노래하고 모든 피조물의 찬미에 동참하도록"65) 초청하는 것이며, 그래서 "갇히지 않은 하느님"(uncontained God)66)의 이세상적 현존을, 비록 부분적이고 부적당하나마, 입 밖에 내어 표명하기 위한 것이다.

지구를 공경하는 신앙은 "갇힘, 정의됨, 혹은 파악됨을 거부하는 초월적인 현존(a transcendent Presence)"67)에 대한 경외와 신뢰다. 아우구스티누스의 지혜는 이렇다: "만일 당신이 이해한다고 생각한다면, 당신이 말하고 있는 그 하느님은 하느님이 아니다."(*Si comprehendes, non et Deus.*). 이것이 뜻하는 바는 하느님에 대한 "어떤 파악"(grasping)이라는 종교적 확실성(religious certitude)을 거부하는 것, 즉 우주를 닫아버리고 오직 유한한, 그래서 제

---

64) Pierre Teilhard de Chardin, "The Mass on the World," in his *Hymn of the Universe* (London: William Collins Sons; New York: Harper & Row, 1965), 25.
65) From the Lutheran Eucharist Liturgy, *Lutheran Book of Worship* (Minneapolis: Augsburg, 1979), 88.
66) Denise Levertov, from the poem, "Annunciation," in *The Door in the Hive* (New York: New Directions, 1984), 85.
67) Douglas John Hall, "Against Religion: The Case for Faith," *Christian Century* 128, no.1 (January 11, 2011): 32.

한적인 인간의 말로 표현한 교리적이고 도덕적인 확신 속에서 하느님에 대한 "어떤 파악"으로서의 종교적 확실성을 거부하는 것이다.68)

지구를 공경하는 신앙의 언어는 항상 상징적이고 신화적이다. 그것은 신비하면서도 실수를 잘하는 우리들이 어떻게 세계 속에 맞추어 살아야 할 것인가에 대한 언어다. 우리의 생활의 의미를 주는 안전한 장소에 대한 깊은 소망을 우리는 지니고 있다. 그러나 그건 자체의 유혹을 지니고 있다. 유한한 피조물들로서 우리에겐 지속적인 안전성이나 확실성이 없고, 이는 모든 생명들도 마찬가지다. 우연발생의 가능성이 모든 자연의 특징을 이룬다.

이런 안전성 결여에 대한 대응은 종종 종교적인 대응인데, 반드시 그렇지만은 않지만 보통은 근본주의적 대응이다. 종교가 그 신조들과 삶의 방식을 유일회적이며(once-and-for-all) 비타협적인 것으로 만들면, 인간의 열망은 종종 파괴적으로 변한다. 인간의 열망에 더욱 도움이 되는 신앙, 무한한 것을 길들이고 초월적인 것을 통제하는 그런 종교를 배척하는 신앙이며, 새로운 진리와 옛 진리를 수정하는 것에 열려있는 신앙이다.

신성한 것이나 거룩한 것의 현존(임재)은, 전적으로 초월적인 타자이자 가깝게 친밀한 분, 너무도 가깝게 우리 안에 있는 영이지만 우리가 이해하거나 소유하기엔 너무도 멀리 계신 그분을 경험하는 것이다. 이런 이해 불가능한 경외심과 신뢰는 피조물의 존재로서의 애매모호함과 본질적인 불안전성과 취약성을 지니고 살아감을 포함한다.

지구를 공경하는 신앙에서 신성함에 대한 경험을 말하는 어떤 한 가지 묘사가 모든 것에 들어맞을 수는 없지만 (가령, 불교에선 하느님이란 견해를 회피한다), 이런 노래의 많은 "노래들"은 만유재신론(Panentheism)과 하느님을 영(Spirit)으로 이해하는 것에 공감한다. 친밀성과 초월성 모두를, 영의 가까움과 또한 전적으로 다른 차원임 모두를 표현한 것이, 모든 것은 하느님 안에(all in God), 그리고 하느님은 모든 것 안에(God in all) 존재한다(만유재신론)는 설명이다. 유태인들의 기도서인 『회개의 문들』(*The Gates of Repentance*)에 나오는 말로, "우리는 우리가 무한한 것에 속해 있음을 경험합

---

68) Ibid., 31.

니다. 우리가 우리들 자신 속으로 들어가든, 아니면 우리 자신을 넘어서 가든, 그 소속감이 우리에게 밀어닥칩니다."69) 물질 **속에 있는** 신적인 "섬뜩한 근접성"(eerie proximity)70)이 경외감에 연합하는데, 때로는 우리의 이해를 넘어서는 심지어 두려운 현존에 함께 한다.

자연과 세계는 그 자체로서는 신적인 것이 아니며, 또한 만유재신론적인 신앙으로 경배되지 않는다. 지상의 것들이 사실 거룩하고 성스럽고 또한 인간이 만든 것이 아닌 "빛나는 광채"를 지니고 있다고 말할 수 있을지도 모른다. 그러나 이런 것들은 하느님 **자체**(being God)가 아니라 하느님의 **그 무엇**(of God)이다. 지구의 것들과 우주적인 것들은 하느님 **안에서**(in God) 살고, 움직이고, 그들의 존재를 갖는다. 영적인 것은 그런 것들의 현존 속에 나타난다. 이것이 종교적 전통들에 걸쳐서 널리 공유되는 만유재신론의 핵심이다. 그것은 지구를 공경하는 신앙의 노래에 속한다.

마지막으로, 지구를 공경하는 신앙에서 하느님 경험은 우리가 생각할 수 있는 것보다 더 깊게 우리가 산다는 것을 이해한다. 신앙은 우리의 우주론들과 도덕적 원칙들의 합리적 주장들과 상황들을 훨씬 넘어서서 확장하는 원초적 선함과 궁극적인 것을 감지하는 일이다. 우리의 존재를 형성하는 관계들의 연계(nexus)는, 우리가 깊이 느끼는 하느님 안에 모아진 생명의 전체적 맥락의, 비록 고귀하기는 하나, 단지 단편적인 부분에 불과하다. 우리가 약간의 확신을 가지고 알고 있는 것과 또한 우리가 감지하기는 해도 모르는 것 모두를 신비함이 둘러싸고 있다. 하느님은 갇히지 않으며(uncontained), 또한 생명도 대부분 갇히지 않는다. 종교들의 과제는 항상 초자연적 신비를 중개하고, 그런 초자연적 신비와 일치하게 살아가는 생활방식을 촉진하는 것이다.

---

69) Meditation 12, *The Gates of Repentance*, 5.
70) The phrase is taken from "Time and Possibilities," Judith Shulevitz's review of James L. Kugel, *In the Valley of the Shadow: On the Foundation of Religious Belief* (New York: Free Press, 2010), *New York Times Book Review*, February 12, 2011, 22.

은총으로

지구를 공경하는 신앙은 은총에 의해서 살아간다. 생명은 선물이요 거룩한 신뢰다. 풀잎 하나라도 우리가 그 생명을 창조한 것이 아니요, 벌어들인 것도 아니다. 생명은 그 자체의 힘을 지니고 있고, 우리가 알고 있는 자연과 우주를 통해 흘러가는 에너지를 갖고 있다. 그 힘은 생명 자체의 지속에 이바지하는 조건들을 창조하는 힘이다. 그 힘은 생명이 불확실성과 폭력행위에 직면해서 생명을 밀어붙이려는 확신에 근거한 것이다. 로버트 포그 해리슨은 쓰기를, "생명은 물질의 자체황홀감(the self-ecstasy of matter)이라고 불러도 좋은 과잉"이라고 한다. 생명은 새로운 생명을, 혹은 더 많은 생명을, 혹은 다른 생명을 창조하는 일종의 "자체 초과"(self-exceeding)에 매진한다. 모종의 "잉여(초과)의 신비한 법칙"(mysterious law of surplus)이 "기본적인 구성체들을 흘러넘쳐서" 생기 있는 물질을 만들어 낸다. "내어주는 것이 받아들이는 것을 초과하는 곳"에 생명이 존재한다.71) 유기체들은 다른 것을 위해 자신들을 희생한다.

그런 억제할 수 없는 힘은 새롭게 시작하는 능력을 포함하는데, 그런 능력은 상처가 난 육신 자체 속으로부터 상처들을 건강하게 되돌린다. 폭력을 당한 생명은 그 이전과 같을 수 없을 것이고, 사실상 극적으로 변화할 수 있을 것이며, 또한 모든 개체 생명들은 끝난다. 그러나 생명 자체는 끝나지 않는다.

대부분의 종교들은 이런 능력을 인정할 뿐만 아니라 그 능력이 거룩한 영의 현존이자 능력이라고, 또한 하느님 자신의 능력이라고 간주한다. 종교들은 어떻게 해서라도 유한한 것이 무한한 것을 그 안에 지니고 있고, 물질이 신성을 지니고 있으며, 초월적인 것이 이웃이나, 흙, 공기, 햇볕처럼 가까이에 있다는 확신을 갖고 있다. 또한 종교들은 거룩한 영이 새로운 생명, 혹은 새롭게 된 생명에 이르게 하며, 피조물들을 그 완성에 이르게 하는 능력과 동일한 것으로 여긴다. 생명의 풍미, 생명의 에너지는 생명 그 자체

---

71) Harrison, *Gardens*, 33.

속에, 그리고 땅과 그 고통 속에 입력되어 있는 것이다. 자연의 화복력, 땅의 생식력과 성서에서 물이 "억수같이 내림," 이 모든 것은 거듭 거듭 죽음을 이겨내는 생명의 승리를 가리키는 것이고, 우주 속에서 물질이 반물질(antimatter)에 대해 갖는 좁은 간격의 차이에 병행한다. 그렇다. 생명은 비극적이다. 또한 생명은 은총으로 주어진 것이다.

철학자들은 오랫동안 이렇게 주장해왔다. "생명의 힘을 신뢰하기에 충분한 용기를 지닌 편에게 영원히 우주 속의 힘이 있다"고 16세기 중엽에 몽떼뉴가 간명하게 말했다.72)

종교적인 노래 가사를 쓴 사람들은 이와 같은 신뢰와 확신을 위한 가사와 곡조를 발견했다:

베들레헴의 언덕들은 살풍경을 드러내어,
세계를 위한 미래를 보여주지 못한다:
그러나 여기에 새로운 생명이 타오르기 시작하고,
땅의 오래 묵은 먼지들로부터 초록색 수풀이 나온다.
베들레헴의 별들은 차갑고,
하늘 아래 따사로움은 없다.
그러나 여기 빛나는 천사들이 날고,
환희가 불꽃같은 보석처럼 타오른다.
베들레헴에서 심장은 피곤해졌고,
인간의 꿈은 모두 꺾였지만,
그러나 여기에 하느님이 인간의 손들에 다가오시니,
새로워진 희망이 "아멘!"을 외친다. 73)

설교자들과 신학자들이 때로는 정의의 메시지를 가지고 또 영감의 원천

---

72) Montaigne, as cited by Anthony Robinson, "Articles of Faith," a guest column in *The Seattle PI*, January 9, 2009, available online at http://www.seattlepi.com/local/395457-faith10.html.
73) "The Hills Are Bare at Bethlehem," *Lutheran Book of Worship*, 61.

으로서, 이와 매우 똑같은 것들을 설교하고 가르쳐왔다. 시민권 투쟁을 하던 가장 어려웠던 시점에서 마틴 루터 킹 목사는 이렇게 말했다: "절망의 구름이 머리 위에 낮게 떠 있어서 우리의 날들이 음산해졌을 때, 그리고 일천 번의 한밤중들보다 더 어두운 밤이 되었을 때, 악의 거대한 산들을 끌어내리고, 길이 없는 곳에서 길을 만들어내고, 암울했던 어제를 밝은 내일로 바꾸어주는 창조적인 힘이 이 우주 속에 있음을 우리 기억합시다. 도덕적 우주의 원호(圓弧)는 길지만 그러나 그것이 정의를 향해 굽어있다는 것을 우리 인식합시다."74)

자연은 여기에서 ("땅의 오래 묵은 먼지들로부터 초록색 수풀이 나오는") 은총의 무대다. "지구 위에서 사는 삶의 영적 차원들과 거룩한 영 안에서 사는 삶의 생태적 차원"75)은 똑같은 것이다. 그러나 그건 싸구려 은총(cheap grace)이 아니다. 모든 진정한 해방의 방식이 그러하듯, 공동체가 가장 파괴되고 황폐하게 된 곳으로 그 은총이 간다. 그 은총은 "병든 가슴"(the sickened heart)76)과 더럽혀진 아름다움, 쓰레기더미가 된 거처, 그리고 발육이 저지된 생명들을 알고 있다. 그 은총은 "생태적인 퇴화의 서서히 진행된 테러"에 맞서고, 또한 비극과 손실을 기억한다.77) 그것은 지구의 고통을 간과하기보다 껴안고 품어준다.

고통이 무섭고도 말로 다할 수 없다는 점은 부정할 수 없다. 그런 고통이란 무죄한 자들의 떼죽음이요 정의에 대한 모든 의미를 모욕하는 것일 수 있다. 여기서 지구의 고통과 손실이란 현실은 가장 가혹한 시험이 되고, 심지어 킹 목사가 말하는 "도덕적 우주의 긴 원호(圓弧)'를 위해서도 그러하다. 『카라마조프의 형제들』(*The Brothers Karamazov*)이란 소설 속에서 이반이

---

74) Martin Luther King Jr., "The Current Crisis in Race Relations," in James M. Washington, *A Testament of Hope: The Essential Writings of Martin Luther King, Jr.* (San Francisco: Harper & Row, 1986), 88, as part of King's comments to "Faith."
75) Willis Jenkins, *Ecologies of Grace: Environmental Ethics and Christian Theology* (New York: Oxford University Press, 2008), 240.
76) Ibid., 229.
77) Ibid.

알료샤에게 말하기를, "알료샤, 내가 하느님을 인정하지 않는 것이 아니야. 나는 단지 가장 존경어린 마음으로 그분에게 입장권을 되돌려 보낼 뿐이야"라고 한다. 알료샤가 그에 대한 설명을 요청하자, 이반의 대답은 고통, 무엇보다도 무죄한 자들의 고통의 현실이었다. 만일 그런 고통이 어찌하든 정당화된다면, 어떤 더 큰 조화에 속한 것으로 설명된다 해도, 이반은 그런 정당화나 설명을 받아들이지 않을 것이다. "모든 전체 진리를 통틀어도 그만한 대가를 치를 값어치가 안 나간단 말이야… 그만한 조화의 대가는 너무 비싸서, 우리는 그 입장료를 지불할 수가 없어. 그래서 나는 입장권을 되돌려 보내는 거야. 그리고 정말로 내가 정직한 사람이라면 나는 그 입장권을 서둘러 되돌려 보낼 의무가 있어. 난 그것을 지금 실천하고 있는 중이야. 알료샤, 내가 하느님을 인정하지 않는 것이 아니야. 나는 단지 가장 존경어린 마음으로 그분에게 입장권을 되돌려 보낼 뿐이야."[78]

이것은 그 소설에서 "반역"이란 장에 나오는 설명이다. 비소설적인(nonfictional) 것은 더욱 나쁜데, 홀로코스트(Holocaust)에 의해 현대의 정신 속에 분명하게 들어왔다. 여기서 그 시험은 이보다 더 분명하거나, 감당하기에 이보다 더 벅찬 것은 있을 수 없다. 홀로코스트 이후 신학자인 어빙 그린버그(Irving Greenberg)는 착하고 동정심 많은 분이지만 그러나 냉정한 스승이다. 그린버그로서는, 고전적 유신론의 일반적 견해를 가지고 홀로코스트를 신학적으로 이해하는 것은 아무 소용이 없다. 예를 들어, 홀로코스트가 죄들에 대한 처벌, 혹은 무죄한 고통이 곧 구원을 위한 능력이라는 말로 이해되는 사건이라면, 이런 것들은 모욕적일 뿐만 아니라, 단지 우스꽝스럽고 어리석다. 그렇다고 해서 현대의 무신론이 더 잘하는 것도 아니다. 계몽주의와 현대성의 교리 어느 것도—교리에 매이지 않은 이성, 인간의 자율성, 정의에 대한 자유주의의 자신감 등—이런 대규모의 악을 중지시키거나, 심지어 설명하지도 못했기 때문이다. 독일은 20세기의 처음 수십 년간 다른 어떤 나라

---

[78] Fyodor Dostoyevsky, *The Brothers Karamazov*, trans. Richard Pevear and Larissa Volokhonsky (New York: Alfred A. Knopf, Everyman Library, 1927), 245.

보다도 노벨상 수상자들을 많이 배출했고, 과학과 예술의 지도자였고, 세계의 스승이었다. 홀로코스트는 공통의 도덕적 제한들을 파괴하고, 과거의 이해 범주들을 박살내버린 인간이 저지른 악의 괴상하고도 어리석은 실례다. 그린버그는 신학적 철학적 합리화를 포함한 모든 합리화를 거부했을 뿐만 아니라, 모든 진리의 주장들도 어린이를 불태워 죽이는 현실 앞에서 그런 진리를 주장할 수 있는지를 평가했다. 만일 이와 같은 고통과 파괴에도 아랑곳없이 도대체 어떤 구원이란 것이 있다면―그린버그는 마치 그것이 가능한 것처럼 말하고 행동한다―그건 구원되지 않은 세계 속에서는 도리어 바닥을 모르는 악(bottomless evil)이 진정한 실재라고 알고 있는 구원일 것이다.79)

다른 손실도 있으니, 그것은 인간이든 인간 이외의 것들이든 미완성의 생명들의 손실이다. 하임 비알리크의 시 "나 죽은 뒤에"(After My Death)에서는, 이 책에서와 마찬가지로, 노래를 은유로 사용하고 있다. 그러나 이제 그 노래는 결코 불러지지 않는다.

내가 죽은 뒤에, 이렇게 슬퍼해다오.
"한 사나이가 있었는데―거 보라구, 그는 이제 더 이상 없어.
때가 되기도 전에, 이 사나이는 죽었고,
그래서 그의 삶의 노래는 중간에 끝났으니,
오오, 참 슬프구나! 그에겐 한 노래가 더 있었는데
이제 그 노래는 영원히 사라졌다네.
영원히 사라져버렸다네!"80)

비알리크와 마찬가지로, 생명들의 미완성과 손실에 대한 본회퍼의 명상

---

79) For this discussion see Irving Greenberg, "Cloud of Smoke, Pillar of Fire: Judaism, Christianity, and Modernity after the Holocaust," in *Auschwitz: Beginning of a New Era?*, ed. Eva Fleishner (New York: KTAV, 1974).
80) Hayim Bialik, "After My Death," *Songs from Bialik: Selected Poems of Hayim Nahman Bialik,* trans. and adapted from the Hebrew by Atar Hadari (Syracuse: Syracuse University Press, 2000), 59.

도 음악적 은유로 이루어져 있다. 그에게는, 생명 자체가 본래적으로 미완성의 단편적이다. 염원하는 것(longing)은 소속됨(belonging)을 동반하고, 우리가 닿을 수 있는 범위는 언제나 우리가 파악할 수 있는 능력을 초과한다. 그러나 그 단편들이 어떤 종류인가에 따라 많은 차이가 난다. 어떤 단편들은 "단지 쓰레기더미에 알맞은 것들이고(심지어 괜찮은 '지옥'도 그들에겐 너무 좋고), 다른 것들은 수백 년을 두고도 의미가 있는 것들로 남아 있을 것"이라고 그는 감옥에 있는 동안에 쓰고 있다. 바하(Bach)의 "푸가의 예술"(*The Art of Fugue*)은 그 자체로는 미완성이지만 후자에 해당되는 단편이다. 바하의 푸가는 심지어 미완성인 것도, 그 주제들을 확고하게 표현하고, 그것들을 아름답게 꾸미고, 일부를 반전시키며, 더 큰 의미의 틀 안에 두고 있다.[81] 본회퍼는 "만일 우리의 삶이 그런 단편을 가장 멀게나마 반영하는 것이어서, 그 속에서 비록 짧은 시간 동안이나마 여러 주제들이 서서히 축적되어 서로가 조화를 이루고, 처음부터 끝까지 대위법적 요소들이 유지된다면—그래서 마침내 그 음악이 끝나면, 우리가 할 수 있는 것이라곤 '당신(주님)의 보좌 앞에 여기 내가 나옵니다'(Vor Deinem Thron tret ich allhier) 하는 합창곡을 부르는 것뿐이다—그러면 우리로서는 우리 삶의 이런 단편적인 삶들을 불평할 것이 아니라, 심지어 그것을 기뻐해야 한다"고 썼다. 같은 편지에서 그가 제기한 질문은 우리 삶의 단편들 속에서 "전체가 무엇을 의도했고 설계했는지, 그리고 어떤 재료로 만들어졌는가를"[82] 우리가 볼 수 있느냐의 여부다. 삶들은 미완성일 것이고, 단편적일 것이다. 그것이 현실이다. 그러나 그런 단편들은 우리의 삶들이 어떻게 살아졌는지, 그리고 어떤 목표로 살아졌는지에 대하여 무엇을 드러내는가?

삶의 단편적인 성격은 또 다른 의미들도 갖고 있다. 그것은 인간의 이해

---

81) My thanks to Richard Crouter, *Reinhold Niebuhr: On Politics, Religion, and Christian Faith* (New York: Oxford University Press, 2010) for this note on the fugue. Crouter is writing of Niebuhr, however, not Bonhoeffer.

82) Bonhoeffer, *Letters and Papers from Prison*, DBWE 8:306. The choral "Vor Deinem Thron tret'ich allhier," was often handed down together with *The Art of the Fugue*.

와 성취에 대한 제한들을 보여준다. 우리는 보편적 관점이 아니라, 뿌리를 내린 관점으로부터 어두운 유리를 통해서 단지 부분만 볼 뿐이다. 우리는 부족적(tribal)이다. 우리는 전체를 볼 수 없고, 더구나 모든 것을 "마음대로 다룰" 수는 없다.

라인홀드 니버의 『미국 역사의 역설』(An Irony of American History) 가운데서 유명한 단락이 우리들 피조물들의 방식에 수반하는 신앙의 질적인 내용을 언급하고 있다. "행복, 번영, 그리고 도덕적 덕목"에 대한 미국인들의 환상들에 대한 장에서 스쳐지나가듯 언급한 단락이기는 하지만, 그것은 또한 신앙, 희망, 사랑이란 고전적인 신학적 덕목들에 대한 명상이기도 하다.

할 만한 가치가 있는 것은 어느 것도 우리의 평생 동안에 성취할 수가 없다. 그러므로 우리는 희망으로 구원받는다. 참되거나 아름답거나 혹은 선한 것들은 그 어느 것도 역사의 어떤 즉각적인 상황에서는 완전히 이해되지 않는다. 그러므로 우리는 신앙으로 구원받는다. 아무리 덕이 높은 것이라도 우리가 행하는 그 무엇도 독자적으로 완성될 수는 없다. 그러므로 우리는 사랑으로 구원받는다. 아무리 덕이 높은 행동도 우리의 친구나 대적자의 입장에서 볼 때는 우리의 입장에서 볼 때와 똑같이 그렇게 높은 덕으로 여겨지는 것은 없다. 그러므로 우리는 마지막 형태의 사랑, 즉 용서로 구원받는다.[83]

지구를 공경하는 신앙은 이런 덕목들을 지닌 신앙이다. 삶의 드라마는 우리가 충분히 측량할 수 없는 신비의 미묘한 분위기 안에서 일어난다. 우리가 행사하는 놀라운 능력에도 아랑곳없이 믿음, 사랑, 희망이—그리고 겸손이—적절한 대응인 것이니, 우리 같은 피조물들은 대규모의 비극적 파괴를 저지를 수 있다는 사실을 입증했기 때문이다.

만일 우리가 우리 자신을 넘어서서 응시할 수 있다면, 우리의 본성을

---

83) Reinhold Niebuhr, *The Irony of American History* (New York: Charles Scribner's Sons, 1952), 63.

낭만적으로만 묘사할 수 없듯이, 은총의 무대로서의 나머지 자연도 낭만적으로만 묘사할 수는 없다고 말해야 한다. 자연의 시편들(psalms)은 아름다움과 테러 둘 모두의 시편이고, 활력이 넘치는 생명과 쓰디쓴 고통, 엄청난 낭비, 파괴된 단편들, 그리고 대규모 비극의 시편이다.(딜라드의 표현을 상기하자면 "진화는 나와 당신을 사랑하는 것보다 죽음을 더 사랑한다.")84) 그러나 자연 속의 은총과 그 은총을 통한 마지막 결과는 변화된 심장, 회복된 아름다움, 감사와 용서로 살아진 삶, 그리고 심지어 죽음이 마지막 결정을 내린 것 같은 곳에서도 얻는 새로운 생명 자체다. 본회퍼는 마리아 폰 베데마이어(Maria von Wedemeyer)에게 보낸 편지에서, "우리는 우리의 과거를 잃어버려선 안 되오. 그것은 우리들에게 속한 것이며, 우리의 일부로 남아 있어야 하오... 우리는 지나간 모든 것을 계속해서 감사와 회개의 용액 속에서 씻어야 하오. 그러면 우리는 그것을 얻고 보존할 것이오"85)라고 썼다.

21세기는 지구 행성 위에서 삶을 형성한 바로 그 인간의 능력들이 생명의 대부분을 파괴할 수 있는 순간이다. 이런 능력들은 북아메리카 해바라기(*Helianthus maximus*)를 만들 수도 없고, 인간의 창조성이 자연계 자체를 만들어내도록 확대할 수도 없지만, 그럼에도 불구하고 우리는 그것들에 손상을 입히거나, 때로는 영원히 파괴할 수는 있다. 두려운 능력들과 결합한 유한한 지식과 임시방편적인 이해를 가지고, "감사함과 회개의 용액 속에서 씻어내는 것"은 선택사항이라기보다 절대 필요한 것이다. 그것은 또한 은총의 뒤치다꺼리 일이다. 동일한 생활방식을 좀 더 낫게 만드는 것 이상을 요구하지 않는 싸구려 은총이 아니라, 나머지 자연에 대한 우리의 죄를 고백하고 우리로 하여금 양육과 회복에 나서도록 하는 값비싼 은총 말이다. 자연에 입힌 상처들 앞에서 "무관심한 침묵"86)을 하는 싸구려 은총이 아니라, 자연의 회복을—히브리어로 '티쿤 올람'(*tikkun olam*)—추구하는 갱신과 죽음을,

---

84) Dillard, *Pilgrim at Tinker Creek*, 178.
85) Bonhoeffer, *Love Letters from Cell 92*, 229.
86) Jenkins, *Ecologies of Grace*, 234.

그리고 망가진 조건들 아래에서도 가능한 번성을 추구하는 은총, 분발하게 하고 교란을 일으키는 은총 말이다. 그러면 지구를 공경하는 신앙은 은총에 의하여 죽음 앞에서도 삶을 긍정하는 능력이 되고, 그런 죽음과 우리 자신들의 한계와 화해하고, 절망하지 않고 전체를 받아들이게 한다.87) 그런 신앙은 삶에 맛을 내고 심지어 "사람들과 땅의 울부짖음이 한데 섞여 있는 우울한 곳에서도 그 신앙을 가장 가능한 충만함에 이르도록 살아가게 한다."88) 정말로 완전히 살아 있다는 것은 절망을 직면하고, 그런 한데 섞인 울부짖음의 고민을 떠나기보다는, 함께하며 사는 것이다.

리타 나카시마(Rita Nakashima)와 레베카 파커(Rebecca Parker)는 이런 것을 "윤리적인 은총"(ethical grace)이라고 이름 짓는다. 그런 은총이란 우리로 하여금 땅(지구)이 곧 천국이라는 암브로시우스와 아우구스티누스의 아이디어로 돌아가게 하고, "지상에서의 삶의 핵심적인 선함"의 과분한 은총을 "그 땅을 유지하기 위한 인간의 책임"에 덧붙인다.89) "쇄신하는 은총"(Renovating grace)이란 윌리스 젠킨스가 지어낸 말이다.90) 변화의 고통으로 비틀거리는 지구 행성 위에서 끊임없이 흐르는 은총이 가능하다는 것은 참으로 놀라운 일이다.

우리가 찾는 신앙은 하느님에 대한 충성(성실)이 지구에 대한 충성(성실)으로 살아내야 하는 것이다.91) 지구와의 친밀함이 하느님과의 친밀함이

---

87) This appropriates the discussion of Judith Lewis Herman, *Trauma and Recovery* (New York: Basic Books, 1992), 319. 그녀는 환경의 고통에 대한 인간의 대응을 특히 말하고 있지는 않다.
88) From "Letter to the Churches," appendix 1 of Wesley Granberg-Michaelson, *Redeeming the Creation, the Rio Earth Summit: Challenge to the Churches* (Geneva: WCC Publications, 1992), 73.
89) Brock and Parker, *Saving Paradise*, 29.
90) The title of the last chapter of Jenkins, *Ecologies of Grace*.
91) Robin Meyers는 Marcus Borg의 『기독교의 심장』(*Heart of Christianity*)을 참조하여, "신앙"을 다음과 같이 요약한다. 신앙은 하느님에 대한 신뢰로서 *fiducia*, 하느님에 대한 자기의 관계에 대한 충성(성실)으로서 *fidelitas*, 그리고 창조를 은혜로운 것으로 보는 방식으로서 *visio*인 것이다. Meyers, *Saving Jesus from the Church*, 36-38의 논의를 참조하라.

다. 그런 신앙은 지구의 고통을 끌어안고, 생명체계가 모든 면에서—물속에서, 땅 위에서, 그리고 공기 중에서—매우 깊은 고통을 당하고 있는 지구 행성에 대하여 인간의 특권과 권력의 위험스러운 하강국면을 이해한다. 그러나 그런 신앙은 정의와 자비가 함께 만나는 어느 곳이나 어느 때에도 세계가 "웃음의 장소"가 될 수 있다는(아우구스티누스) 대부분의 종교가 지닌 꿈이자, 성서의 꿈을 결코 포기하는 것이 아니다. 그러나 "웃음의 장소"는 노래하는 공동체들을 필요로 하는데, 그런 공동체들 안의 시인들과 작곡가들은 죽음과 갱신, 탄생과 재탄생의 리듬을 알아야 한다. 시인들과 작곡가들은 다루기 힘들게 거칠고 새로운 지구 행성 위에서 어려운 때에 어려운 전환을 위해서, 성령을 통하여 생명 자체 속에 있는 갱신 가능한 도덕적-영적 에너지를 얻어내야 한다.

그 다음엔...

암시적이든 명시적이든, 윤리가 없는 신앙이란 없다. 그 문제에 대해서 이제 다루어 보기로 하자.

4장

우리에게 필요한 윤리

변화와 상상력

> 살아남은 생물종은 가장 강력한 것들도 아니고, 가장 지능적인 것도 아니고, 다만 변화에 가장 잘 적응한 종들이다.
>
> — Charles Darwin

다음 네 장에서 주장하려는 것은 "새로운 기조(基調)의 종교적 윤리"(religious ethics in a new key)에 대한 것이다. 과학이 많은 것을 제공할 수는 있지만, 그러나 종교적 윤리를 제공할 수는 없다. 과학은 혼자 힘만으로는 "우리가 자연에 대해서 알아야 할 가장 필요한 것을 가르쳐주지 않기" 때문이다. 즉, **"가치평가를 어떻게 해야 할지"**[1]는 과학이 가르쳐주지 않기 때문이다. 그것은 종교와 문화가 가르쳐준다. 특별히 새로운 열쇠는 종교, 즉 "우리 자신들을 포함한 자연에게, 현대화의 과정 속에서 잃어버린 가치와 의미"[2]를 의식적(儀式的)으로 또한 상징적으로 주는 종교이다. 이것이 의미하는 바는 산업공학기술문명을 넘어서는 또 다른 도덕적 우주와 삶의 길을 지닌

---

1) Holmes Ralston III, "Saving Creation: Faith Shaping Environmental Policy," *Harvard Law and Policy Review* 4 (2010): 121. This essay is posted on the website of Dieter Hessel, www.EcoJusticeNow.org.
2) James Miller, "Connecting Religion and Ecology," 9. Unpublished paper, used with permission.

윤리인 것이다. 그것은 인간 자신과 도덕적으로 닫혀 있는 공동체로서의 인간 사회로부터, 모든 생명과 그 생명의 생식발생적인 요소들을 포용하는 도덕적 우주로 옮겨가는 위대한 전환을 감행하는 윤리를 뜻한다. 말하자면 도덕적 성찰의 출발점과 경계선을 자아(ego)로부터 생태권(ecosphere)으로 옮겨가는 전환이다. 현대성의 유명한 전환, 즉 추상적이고 자연을 떠난 인간 주체를 모든 중요한 도덕적 지식과 사고의 장소로서 선택한 현대성의 유명한 전환은 매우 큰 잘못이었다. 그리고 이제는, 인류의 기하급수적인 증가와 누적된 권능 때문에, 그런 전환은 파괴적인 것이 되었다.

이처럼 광범위하고도 철저한 변화 때문에, 출발점은 그런 변화 자체의 성격에 관한 것이다.

변화의 해부학

벨벳혁명(Velvet Revolution)의 지도자요 처음엔 체코슬로바키아, 나중에는 체코공화국의 대통령인 바츨라프 하벨은 1994년에 7월 4일, 미국 독립의 요람인 필라델피아에서 강연을 했다. 그는 벨벳혁명을 자기 나라의 전환기로 회고했다. 그는 그런 시기를 구별하는 특징들은 "문화들의 혼합과 혼성, 그리고 지적 영적 세계들의 다중성과 병행성이다... 이런 것들은 모든 일관된 가치체계가 무너지고, 시공간적으로 먼 문화들을 발견하거나 재발견하는 때에 일어난다... 그런 만남에서, 혹은 서로 다른 많은 요소들의 교차점들에서 새로운 의미가 서서히 생겨난다"[3]고 말했다.

강연이 진행됨에 따라, 하벨은 현대를 언급하면서 이는 이제 끝나가고 있는 시대라고 했다. 그는 "실재의 가장 본질적인 성격, 그리고 자연스러운 인간의 경험과 연결"[4]에서 현대과학이 실패한 것을 잘못으로 지적한다. 우

---

3) Vaclav Havel, "Address of the Presiden of he Czeck Republic, His Excellency Vaclav Havel, on the Occasion of the Liberty Medal Ceremony," Philadelphia, July 43, 1994, 2; photocopied manuscript made available by the Czeck Republic Mission, New York City.
4) Iibid., 3.

리는 우주에 대해서 조상들보다 훨씬 더 많이 알고 있지만, 그러나 점점 더 우리가 알게 된 것보다 "우리 조상들은 더 근본적인 그 무엇을, 우리가 놓친 그 무엇을 알고 있었던 것만 같다."5) 그는 결론적으로 우리가 경험하는 세계는 연결이 끊겼고, 혼란스럽고, 그리고 무질서한 것 같다고 지적했다. 우리가 경험하는 현상들에 대한 내적인 이해나 공통의 의미들, 뚜렷한 통합력들이 거의 없다. 전문가들은 객관적인 세계 속의 그 어떤 것도 설명할 수 있지만, 우리의 삶에는 방향키가 없다.

그는 계속해서 말하기를, 새로운 조직화된 기관들, 정치외교적 기구들이 전환기를 돌파하는 데 일정한 역할을 할 것이지만, "그러나 만일 그런 것들이 뭔가 더 깊은 것에서 나오지 않으면, 그런 노력들은 다 실패할 것이 틀림없다"6)고 한다. 이어서 그가 7월 4일의 청중들을 확실히 놀라게 만든 것은, "현대 민주주의의 근본적인 개념들"이 "뭔가 더 깊은 것"은 아니라는 점을 적절하게 지적한 것이다. 현대 민주주의의 개념들이 제공할 해결책은 사실상 여전히 현대적인 것이어서, "계몽주의 분위기로부터, 그리고 사람과 그의 세계에 대한 관계에 대한 견해로부터... 우리가 산업패러다임, 식민지화, 그리고 상업의 세기라고 일컬을, 지난 200년 동안 유럽-미국 지역의 특징적 견해로부터"7) 유래된 것이다. 인간의 권리와 자유에 대한 계몽주의적 관념이 어떤 의미 있는 세계 질서의 중요한 부분이 될 것이긴 하지만, 심지어 이런 도덕적 보물들도 "지금까지의 경우와는 다른 장소, 다른 방식 속에 닻을 내려야 하는 것이다."8) 결국 현대성의 문제는 "통전성의 상실"(lost integrity)이며, 또한 자연과 세계를 알 능력이 있는 존재로서 자신을 "피조물들의 정점이요 세계의 주인"9)으로 여기는 "호모 사피엔스"라는 개념 속에 "양도할 수 없는 인간의 권리들" 혹은 다른 도덕적 의무들의 근거를 두는 것은 간단히 말해서 충분하지 않다고 하벨은 말한다. "현대 인간중심주의"

---

5) Ibid., 3.
6) Ibid., 5-6.
7) Ibid., 6.
8) Ibid., 7.
9) Ibid.

(modern anthropocentrism)는 깊게, 치명적으로 결함이 있어서, 우리로서는 그 에토스와 영성에서 나온 체계들과 삶의 방식들을 거부해야만 한다.

"통전성의 상실"을 설명하면서, 하벨은 우리가 처음 시작한 주제에 집중한다. 즉 우리는 소속된 관계 속으로 태어난다. 우리가 잃어버린 통전성은 피조물의 통전성이다.

우리는 단지 우연히 생겨난 변칙적인 것, 우주의 한없는 깊이 속에서 휘돌고 있는 매우 작은 입자의 현미경적 변덕스러움이 절대 아니다. 그 대신 우리는 전체 우주와 신비하게 연결되어 있고, 우주 안에 우리도 반사되어 있으며, 마찬가지로 우주의 전체 진화도 우리 안에 반영되어 있다. 최근에 이르기까지 우리는 곰팡이가 없는 수많은 천체들 가운데서 우주 속을 떠다니는 천체 위에 생긴 약간의 불행한 곰팡이처럼 보여 마땅할 것이었다. 이것이 고전과학이 설명할 수 있는 그 무엇이었다. 그러나 우리가 전체 우주와 깊이 연결되어 있는 것으로 보이기 시작하자, 과학은 그 능력의 외부 한계에 도달했고, [그 자체가] 공식과 이야기 사이에, 과학과 신화 사이에 존재함을 알게 되었다. 그러나 그런 가운데서 과학은 역설적으로, 우회하여 사람에게로 되돌아왔고, 사람에게—새로운 옷을 입혀—잃어버린 통전성을 제공한다. 과학이 사람을 또 다시 우주 속에 닻을 내리게 함으로써 그렇게 한다.10)

하벨은 그런 지식이 대부분의 철학, 문화, 모든 종교들 속에 암호로 써진 잊혀진 깨달음을 표현하는 것임을 계속 인정했는데, 그런 깨달음은 아마도 우리 모두 안에 원초적 원형들(primordial archetypes)로 새겨 넣어진 것으로 보인다. 이것은 우리의 존재가 "지구와 우주 속에 닻을 내린 존재"라는 깨달음, "우리들은 이곳에 홀로 있는 것도 아니며 우리들 자신만을 위해 있는 것이 아니라, 더 높고 신비스러운 실체들의 빼놓을 수 없는 부분이며, 그 실체들에 대해서 모독하는 것은 권장할 수 없다"11)는 깨달음이다. 불경스러

---

10) Ibid., 7-8.

운 모독을 하거나, 그 대신으로, 우리 자신들이 "곰팡이가 없는 수많은 천체들 가운데서 우주 속을 떠다니는 천체 위에 생긴 약간의 불행한 곰팡이처럼 보여 마땅한" 중요하지 않은 존재라고 포기하지 말고,12) 우리는 다른 세계 질서를 지향해야 한다. 그것은 존재 자체(Being: 하느님을 뜻함—역자주)의 기적, 우주의 기적, 자연의 기적, 우리 자신들의 존재의 기적을 향한 존경에서 나온 불가피한 책임을 존중함으로써 생겨난다. "창조의 보편적 질서라는 권위에 승복하는 사람만이, 또 그 질서의 일부가 되는 권리를 귀중히 여기고 이에 참여하는 사람만이 진정으로 자기 자신과 이웃들을 귀중하게 여기고 그들의 권리도 마찬가지로 존중할 수 있다."13) 피조물을 적절하게 공경하는 것은 인간이 우주 전체의 독특한 시민임을 공경하는 것이다. 현대의 인간중심주의는 인간을 심각하게 축소시켰고 그리고 창조의 필수적인 패턴들을 위반한다.

하벨은 국제적 공존과 협력의 주제로 강연을 마친다. 그 주제 자체로선 놀랄 것이 없다. 결국 하벨은 신생국가의 지도자로서 미국을 방문하여 도움과 친선을 희망했다. 놀라운 것은 공존과 협력이 "초월"에 근거한 것이라는 점이다. 초월이라는 것은

> 외국인들에게, 인간 공동체에게, 모든 살아 있는 피조물들에게, 자연에게, 우주에게 손을 내밀어 뻗는 것이다. 심오하게 또한 기쁘게 경험되는 초월은, 심지어 우리 자신들이 아닌 것들, 우리가 이해하지 못하는 것들, 시공간적으로 우리와 멀게 보이는 것들, 그러나 이 모두가 우리와 함께 단 하나의 세계를 구성하고 있기 때문에, 우리와 신비하게 연결된 것들과 조화를 이룰 필요가 있다. 초월이야말로 멸종에 대한 유일하게 실질적인 대안이다.14)

---

11) Ibid., 8-9.
12) Ibid., from the passage cited above.
13) Ibid., 9.
14) Ibid., 10.

이런 종류의 초월은 지구를 공경하는 신앙에 속한다.15)

주목해 보자. 이것은 가까이에 있는 것과 대조되는 멀리 있는 초월이 아니다. 하벨이 말하는 초월에는 저세상적인 것이나 멀리 떨어진 것이라곤 전혀 없다. 그 초월은 "삶의 한복판에서 경험하는 저 너머"16)(본회퍼)이며, 또한 우리가 알고 있는 문화를 뒤에 두고 떠남으로써가 아니라, 그 문화의 능력을 확대하여 포괄적이고 창조적이 되게 함으로써 오는 것이다. 이런 초월의 출현이란 자연을 높이 치켜세운 관점도 아니다. 그보다는, 자연을 객체와 자본으로 여기는 현재의 비속한 견해가 자연을 신비와 거룩한 것을 지닌 것으로 여기는 보통 인간의 경험에게 자리를 내어줄 때 그 모습을 보여준다.

하벨은 7월 4일 강연을 통해, 전환기에 지구를 공경하는 윤리를 위한 무대를 세워주었다. 그러나 그는 단지 무대만 세워주었을 뿐이다. 우리는 훨씬 더 많은 것을 말할 필요가 있다. 윤리의 주체란 무엇인가? 윤리의 기본적인 개념들과 전통들은 무엇인가? 만일 우리가 사회적 피조물로서 함께 삶을 누리도록 사전에 조처된, 도덕성 **속으로**(to morality) 태어난 것이라면, 우리는 또한 도덕성을 **지니고**(with morality) 태어난 것일까? 여러 문화들에 걸쳐서 반복되는 도덕적 패턴이 있는가? 그런 도덕이 어떻게 필요에 따라 유지되고 변경되는가?

이런 질문들은 포괄적인 대답을 지닌 것으로, 인류가 대답할 것들이다. 의미가 있고 중요하기는 하지만, 만일 그런 질문들이 구체적이고 상황에 맞는 것이 아니면, 그것들은 잘못 짚은 질문으로 사라지고 만다. 우리가 살고 있는 세계와 우리가 피조물임을 고려할 때 **지금** 실행 가능한 윤리를 위한 조항들은 무엇인가? 현재 우리가 소유하고 있는 인간의 능력에 대해서 우리는 어떻게 책임을 져야 하는가? 종교적인 윤리들이 무엇을 이바지하는가? 어떤 도덕적 문제들과 내용이 역사상 매우 중요한 전환기에 해당하는 이

---

15) This exposition of Havel's address is a modified version of my essay, "The Integrity of Creation," published in the *Annual of the Society of Christian Ethics* (1995): 167-71.

16) Bonhoeffer, Letter of April 30, 1944, *Letters and Papers from Prison*, *DBWE*, 8:367.

시대의 첫 번째 과업들을 하는 과정에 속하는가? 어떤 윤리가 우리의 현실—개별적인 "환경 위기"나 "경제 위기," "기후 위기," 혹은 세계질서의 위기가 아니라 그 모든 위기들—을 인류문명에 대한 도전으로 이해하고 여러 방면에서의 전환이 시급한 것으로 받아들이는가?

이런 질문들이 이 장과 다음 세 장들에서 다룰 질문들이다. 이 네 장은 모두 오늘날 우리들에게 요구되는 변화의 종류와 단계들, 즉 하벨이 요약하고 다윈이 암시했던 변화의 종류들과 단계들에 주목하여 그 틀을 만든 장들이다. 그 과제는 인류가 생존 가능한 종자가 되는 것인데, 가장 지적이거나 강한 종자로서가 아니라, 올바른 변화를 가장 잘 이룩할 수 있는 종자로서 생존 가능한 종자가 되는 것이다. 우리에게 필요한 윤리는 그런 변화에 이바지할 수 있는 것이다.

변화의 정도와 단계들

변화의 종류와 단계는 세 가지다. 첫째는 우리에게 가장 먼저 떠오르는 것이며 추구하기가 가장 쉬운 것으로서, 우리가 이미 알고 있는 것을 더욱 잘해서, 우리가 성취한 삶을 계속할 수 있도록 하는 것이다. 현대가 베풀어 준 은혜들—더 길어진 수명, 더 좋은 건강, 풍요, 그리고 선택과 경험의 범위가 더 커진 것—을 없애버리기를 원하는 사람은 아무도 없다. 더구나 우리는 이런 것들을 지켜내기 위해 무엇을 해야 할지를 알고 있다. 우리들의 현재 에너지 자원들과 물 사용으로부터 더 큰 효율을 얻어내는 것이다. 공학기술의 혁신과 시장에서 가치평가를 하는 경제들에 대해 보상해주어, 내연기관 엔진들을 전동기로 바꾸어주고, 휘발유를 많이 사용하는 사람들이 하이브리드(hybrid)로 대체하도록 하는 것이다. 그리고 수천 개의 가정들, 직장들, 학교들, 교회들, 그리고 성전들 지붕에 설치한 태양광 패널들에 전기 스위치를 켜서, 수백 마일 떨어진 곳에 있는 석탄화력 발전기를 공회전시키는 것이다. 많은 에너지와 청정 공기를 대가로 치루면서 수천 마일을 운반해온 생산품들을 지역에서 기른 곡식으로 대체하여, 작은 규모의 농사꾼들에게 기회를 주고 지역 공동체에 돈이 돌아가게 만들어 모두에게 이익이 되게 만드는 것이다. 그리고 물질적인 상품들을 일상적으로 재사용, 재활용, 재생하도록 만드는 것이다. 이런 모든 것이 진정한 변화로, 우리가 소중히 여기는 것들을 지키기 위한 것이다.

그러나 이런 변화는 의도와는 반대로 역효과를 낼 수 있으며, 때로는 보통 역효과를 낸다. 기관들, 체계들, 그리고 기본적인 관점들이 일상생활의 상식적인 방법으로 확고하게 자리 잡고 있는 경우엔, 이해관계들이 때로는 "목표를 개선하지 않고 수단만 개선하는"[17] 정도로 협소하게 된다. 궁극적으로는 지속 불가능한 생활방식이 단지 몇 년 만 더 견디도록 "개선된다." 이것 때문에 그 목표들을 개선할 필요가 있다는 인식이 지연된다. 그런 인식은 변화의 다음 단계에서 생긴다.

다음 단계는 앞에서 논의했던 인식의 충격이다. 이런 위기는 패러다임 전환을 요구한다는 인식이 우리들에게 아마도 서서히, 또는 아마도 돌연한 직관을 통해 밝아오기 시작한다. 통상적인 수단들은 역기능을 일으킨다. 익숙한 방식으로 하는 것은 그것을 더욱 "효과적"으로 할수록 사태를 더욱 악화시킨다. 우리는 녹색 공학기술을 가지고 탄산가스 배출 비율을 늦출 수는 있을 것이다. 그러나 온실가스 축적은 점점 증가한다. 전 지구적 평균 온도는 또 1도 혹은 2도 더 상승한다. 그리고 기후변화가 가속화하면서, 그것의 극단적 상태는 성장 계절들과 작물 수확, 해충들과 질병의 만연, 인간의 건강과 해안선의 기간시설, 생명체 종자들과 그 서식지에 영향을 준다. 자연보호운동이 확산되면서, 개인당 물 사용이 상당히 감소하고, 에이커 당 농업용수 사용도 감소한다. 그러나 점점 증가하는 전 지구적 인구와 아시아와 남아메리카의 중산층의 식탁이 육식으로 바뀜에 따라, 그 모든 물 사용의 감소를 상쇄시킬 뿐만 아니라, 인간들과 다른 생명체들을 위한 신선한 물도 너무나 적게 남겨둔다. 간단히 말해서, 2000년의 추세는 세계의 종말을 예시하고 있다(제2장의 그래프를 보라).[18]

---

17) From the essay by Henry David Thoreau, "An Address the All Intelligent Men," published in many places.

여기에 유명한 역설이 등장한다. 1865년에 윌리엄 스탠리 제본스 (William Stanley Jevons)는 『석탄 문제』(*The Coal Question*)란 책을 출판했다. 그는 영국이 석탄에 의존하는 것은 당시의 풍부한 자원과 심지어 증가된 효율에도 불구하고 얼마 버티지 못할 것이라고 말했다. 그는 주장하기를 (이 탤릭체는 원본에서) **"연료를 경제적으로 사용하는 것이 소비 감소와 마찬가지라고 생각하는 것은 온통 혼동을 일으킨 생각이다. 그 반대가 오히려 맞다"**19)고 했다. 과연 그 말대로, 1865년 이후의 과정은 제본스의 주장을 입증했다. 효율 증가는 경제성장을 동반해서 "연료의 경제적 사용"을 훨씬 앞질러버렸다. 그 경제성장이 단위당 절약한 에너지를 너무 극적으로 초과했기에 전체 에너지 소비는 놀라울 만큼 증가했다. 1950년 이후 반세기에 대한 우리의 논의를 기억해보면, 그 시기는 생산, 분배, 소비, 그리고 재활용에 많은 혁신과 현저한 효율들을 이룩했었다.

만일 산업 패러다임이 다른 패러다임을 위해 포기되었더라면, 제본스의 역설은 성립될 수 없었을 것이었다. 그러나 그러지를 않았다. 그래서 제본스는 올바르게도 예상하기를 지속적인 경제성장이 산업의 체제이며 목표였고, 효율들은 이런 체제와 목표 안에서 작동할 것으로 보았다. 그러나 이제 그런 동일한 산업체제 안에서 효율들이 그 체제의 역기능을 더욱 악화시킨다. 그 것들은 "목표를 개선하지 않고 수단만 개선한다." 엄청나게 확장된 에너지 사용을 동반하는 현저한 효율이 기후변화를 발생시킨다.

간단히 말해서, 뭔가 새로운 첫 번째 과업들이 필요하다는 깨달음이 생겨나기 시작한다. 옛 것을 수정하는 것만으로는 충분하지 않다. 무제한적인 소비를 녹색화하는 것으로는 충분하지 않다. 새로운 포도주 부대와 새로운 천(헝겊)이 필요하다. "성공처럼 성공하는 것은 없다"라는 생각에서 **"성공보다 더 실패하는 것은 없다"**로 바꾸어야 한다. 예를 들어, 기후변화는 매일매일의 활동들의 부산물이므로, 계속되는 습관들을 고치지 않으면 우리는 홍수

---

18) See chapter 2, "The World We Have."
19) Cited from David Owen, "The Efficiency Dilemma: If Our Machines Use Less Energy, Will We Just Use Them More?," *New Yorker*, December 20 and 27, 2010, 79.

가 난 개천에 처박히고 만다.

　뉴욕 유니온 신학교의 사회윤리학 교수였던 로저 쉰은 윌리엄 제임스의 말을 약간 개작해서 이런 두 번째 단계의 변화를 "강요된 선택"(forced option)이라고 부른다. 어떤 선택은 피할 수 있다. 당신은 그것들을 받아들이거나 아니면 그대로 안 받아들이거나 할 수 있고, 당신의 삶의 방식을 변경하거나 혹은 예전처럼 그냥 지속할 수 있다. 그건 당신에게 달렸다. 다른 어떤 선택들은 강요되는데, 뭔가 다른 것에 대한 결정을 회피하거나 벗어날 수 없기 때문이다. 이는 단 한 가지 행동만을 하라고 명령하는 것이 아니다. 선택은 아직 여러 가지다. 그러나 현재 상태를 연장하는 것은 그런 선택들 가운데 들어 있지 않다.20)

　우리가 이미 잘 하고 있는 것을 더 잘하는 것에서, 뭔가 확실히 다른 것을 하는 것에로 전환하는 것은 어려운데, 왜냐하면 "잘"(well) 하는 것은 더 이상 생존 가능하지 않고, 그래서 선택이 강요되기 때문이다. 그것은 해 본 것, 시험해 본 것, 그리고 개선된 방식들에는 큰 타격이다. 어쨌거나 우리는 큰 댐을 건설하고, 수백만 에이커 되는 기업농장을 일구고, 엄청난 비료, 살충제, 제초제를 사용해서 수확을 높이고, 바퀴가 18개나 되는 큰 트럭들을 만들어서 이 세계가 일찍이 본 적이 없을 만큼의 먹을 것과 마실 것들을 실어다 축구장만한 크기의 수퍼마켓을 채울 줄도 안다.

　전환이 또 어려운 이유는, 하벨에 의하면, 전환하면 "일관된 가치체계"가 무너지기 때문이다. 우리의 가치체계들은 "일관된" 것인데, 왜냐하면 그것들이 산업공학 패러다임의 빈틈없는 논리에 속하기 때문이다. 그것들은 유일하게 "합리적인" 과정으로 보인다. 왜 풍부하고 값싼 석탄을 산 속에 남겨두고 사용하지 않아야 한단 말인가? 왜 천연가스(암모니아 비료)로 흙을 대체하거나, 석유와 기계로 농부를 대체하지 않아야 한단 말인가? 왜 지속적인 경제성장과 "밀물이 들면 모든 배가 떠오르게 되는 것"(존 F. 케네디)을 유지하지 말란 말인가? 우리는 고에너지, 화석연료 생활방식을 가치 있게

---

20) Roger L. Shinn, *Forced Options: Social Decisions for the Twenty-First Century*, 3rd ed. (Cleveland: Pilgrim Press, 1991), 3.

여기는데, 왜 그것을 계속할 방법들을 찾지 말아야 한단 말인가?

혹은 인습적인 지혜를 연장하는 다른 실례를 들어보자. 민주주의와 자본주의의 결혼 말이다. 그런 결혼을 통해 기업가들의 의욕과 제한된 시간 범위(선거 사이클, 분기별 이익 등) 안에서 단기적인 획득이, 그에 따른 경제성장과 함께, 수백만 명에게 대단한 성공을 거두었다. 그러나 끝이 보이지 않는 "경제의 지속적 성장"과 민주주의적 자본가의 가치들은, 장기적 관점과 세대를 거치면서 지구력을 필요로 하는 지구 행성 위에서, 자연의 현재나 미래의 개체군들에게 전혀 도움이 되지 못한다. 또한 전대미문의 생산과 소비에서 발생하는 자연 파괴로 인한 엄청난 생태학적 부채(ecological debt)조차 단지 "외부효과들"(externalities)로 처리하여 경제성장률이나 국민총생산(GNP) 계산에 포함시키지 않는 반(反)생태적 경제학은 어쩔 것인가?21) 자본주의가 무임승차제도가 될 수 없는 것은 국가사회주의가 무임승차제도가 될 수 없는 것과 마찬가지인데, 그 둘 모두의 비용을 자연이 담당하도록 떠넘기기 때문이다. 그러나 자연의 재생산을 위한 비용을 포함하여, 모든 간접비용을 포함하도록 가격을 제대로 매기는 것은 다른 가치들, 다른 이해관계들, 다른 정책들 그리고 다른 시장 구조를 필요로 한다. 만일 계속 증가하는 경제성장이 반복할 주문(mantra)이자 목표라면, 그건 오직 자연의 재생, 요구들, 그리고 제한들에 합치하는 성장이어야만 한다. 경제적 시간은 감히 생물학적 시간을 앞지르지 못한다.

---

21) 역자주: 이처럼 간접비용을 포함하지 않는 것을 레스터 브라운은 "장부조작"이라고 지적한다. 예를 들어, 미국에서 휘발유의 소비자 가격이 갤런 당 3달러일 경우, 석유자원 확보를 위한 군대 주둔비용, 기후변화 손실비, 호흡기 질병 치료비, 기름 유출 처리비용 등의 간접비용 12달러를 포함하여 15달러가 되어야 정직한 가격이 된다는 주장이다. 세계 굴지의 회사였던 엔론(Enron)사가 파산한 이유가 장부조작이었던 것처럼, "생태학적 적자"를 외면한 경제학은 인류문명을 파산시킬 수밖에 없다는 주장이다. 그는 "사회주의가 몰락한 이유는 시장이 경제적 진실을 말하도록 허락하지 않았기 때문이며, 자본주의 역시 시장이 생태학적 진실을 말하도록 하지 않으면 몰락할 수 있다"는 노르웨이와 북해 엑손사 부회장이었던 오이스타인 달레의 말을 인용한다. Lester Brown, *World on the Edge* (New York, NY: W.W. Norton & Company, 2011), 8, 184-185.

그러나 이처럼 긴박한 시대에, 일관된 가치체계가 붕괴했다고 해서 우리의 희망을 완전히 빼앗는 것은 아니다. 우리의 어떤 문제들에 대해서는 창조적인 공학기술적 해결책들이 있을 뿐 아니라, 현재와 과거, 즉 "멀리 떨어진 시간과 공간"의 문화라는 보물들도 있다. 하벨의 말처럼, "문화들의 혼합과 합성" 그리고 "지적 영적 세계의 다중성과 병행성"이 어려운 전환을 처리하는 과업을 떠맡는다. 우리가 앞에서 보았듯이, 그 열쇠는 변화로서, "지구와 우주 속에 닻을 내린" 새로운 통전성을 찾기 위한 변화, 그리고 "존재 자체(Being: 하느님을 뜻함—역자주)의 기적, 우주의 기적, 자연의 기적, 우리 자신들의 존재의 기적을 향한 존경에서 나온 불가피한 책임을" 존중하기 위한 변화, 보다 포괄적이고 창조적이 되도록 우리의 능력을 확장하는 변화인 것이다(하벨).

결국, 그 변화는 지금 역기능을 하는 생활방식을 뒤따를 변화, 바로 하벨이 경험한 것, 즉 "우리가 경험하는 현상들에 대한 내적인 이해, 혹은 공통의 의미, 통합하는 힘들이 별로 없이, 단절되고, 혼란스럽고, 혼돈을 일으키는 것 같은"[22] 세계를 뒤따를 변화다. 그 세계는 몰락하고 있는 세계, 혹은 심지어 붕괴되고 있는 세계다. 혹은 최소한 충격적인 인식을 통해 변화의 세 번째 종류와 단계에 이르기까지는 그처럼 몰락하고 붕괴되는 세계다. 여기에서 새로운 첫 번째 과업들에 대한 필요성이 의식의 변화와 우주론의 변화를 동반하여, 체계적인 변화를 일으키고 그 변화를 인도하게 만들 필요가 있다. 이것은 "많은 서로 다른 요소들의 마주침이나 교차를 통해 서서히 태어난... 새로운 의미다"(하벨). 그것은 지금과는 다른 지점에 서는 것으로서, 무엇이 합리적이며, 무엇이 불합리한 일인가에 대해 전혀 다른 관점을 갖는 것이다. 그것은 변혁된 가치들과 문화들이며, 새로운 지혜다. 말하자면 낯선 나라에서의 새로운 노래들이고, 새로운 포도주 가죽부대들—혹은 다른 머릿돌들이고 건축물—이다. "예수께서는 그들에게 말씀하셨다. '너희는 성경에서 이런 말씀을 읽어 본 일이 없느냐? 집 짓는 사람이 버린 돌이 집 모퉁이의 머릿돌이 되었다'고 한 것을?"(마태 21:42, 예수는 시편 118:22를 인용한 것임).

---

[22] From the Fourth of July address cited earlier.

버린 돌이나 새로운 포도주는, **지구 행성의 건강이 일차적이고 인간의 안녕은 이차적이라는 깨달음**처럼 매우 단순하고 강력한 것일 수 있다. 그것이 뜻하는 바는 확장된 도덕적 우주, 즉 우리가 자연을 지배하는 현재의 인간중심적 주인-노예 윤리를 포기하고, 또한 자연의 체계 속에서처럼 식량, 에너지, 물의 생산, 분배, 소비가 전체적으로 상호 연관되는 정책들을 시행하는 확장된 도덕적 우주이다. 그런 우주 속에서는 토양, 공기, 에너지, 물을 재생시킬 필요성을 강조하고, 소비 상품들의 가격을 포함해서, 그것들 각각의 사용을 계산에 넣는다. 그러면 인간의 "공학기술들이 자연계의 공학기술에 서로 연결되어 통일성을 이루게 될 것이며,"23) "지구 경제의 보전"24)이라는 경제학 본연의 제1 법칙에 일치하게 될 것이다.

혹은 아마도 의식과 우주론의 변화는, 현재의 식량과 에너지 체계들처럼 "무너지기엔 너무도 거대한" 대마불사(大馬不死) 구조들을 해체하여, 보다 작은 체계들로, 즉 가정에 더 가깝게, 더욱 투명하고, 얼굴과 얼굴을 맞댄 책임성과 더 많은 유연성, 기후변화로 인한 실험과 적응을 하는 계절 동안에 폭넓은 오차 범위를 지닌, 보다 작은 체계들로 이끌어갈지도 모른다. 혼란한 세계에서는 탈중앙집중적 체계(decentralized systems)가 중앙집중적 체계보다 훨씬 덜 위험하다. 탈중앙집중적인 체계들이 무너지면, 어떤 것들은 틀림없이 그럴 것인데, 전반적으로 손상을 덜 끼치고, 바로잡기가 좀 더 쉽다. (기후가 변화하는 세계 속에선, 열에 저항하는 유전자들이 없으면, 각각이 유전자 조작을 해서 어디서나 똑같은 결과를 내는, 기본적인 곡식 다섯 가지만 갖는 것이 과연 현명할까?)

의식과 우주론이 변하면, 어떤 의미 있는 방식으로든, 생물종들의 보존과 기업화된 농업, 식품들에 대하여 예상되는 결과에 따라, 다른 동물들의 목숨들을 포함하도록 권리들이 확대될지도 모른다. 전 세계 수백만 사람들에 의해 채택된 "지구헌장"(the Earth Charter)의 가치들과 비전은 헌법과 법

---

23) Thomas Berry, "Conditions for Entering the Ecozoic Era," *Ecozoic Reader* 2, no.2 (Winter 2002): II.
24) Berry, "Conditions for Entering the Ecozoic Era," 10.

령을 수정할 것이다. 그런 가치들의 순서 매김은 우연한 것이 아니다. 그 헌장의 중요한 네 부문들 가운데서, 처음 두 가지—생명 공동체를 존중하고 돌볼 것, 그리고 생태학적 보전—은 이윽고 그 다음 두 가지—사회경제적 정의, 그리고 민주주의, 비폭력, 평화—로 인도한다.25)

짧게 말해서, 화석연료 근본주의(fossil-fuel fundamentalism)가 생활방식의 하나로서 거부되면, 다른 관점의 인식들을 발생시킬 세계관 단계의 변화가 일어나는 실례는 거의 무제한으로 많다. 그처럼 의식과 우주론이 변하면, 기초적 생각들과 가치들은 크게 바뀐다. "여러분은 이 시대의 풍조를 본받지 말고, 마음을 새롭게 함으로 변화를 받아서, 하느님의 선하시고 기뻐하시고 완전하신 뜻이 무엇인지를 분별하도록 하십시오"라고 바울은 쓰고 있다(로마서 12:2). 이런 관점의 혁명은 우리가 어떤 종류의 피조물인지에 맞추어서 일어난다. 상징적 의식을 지닌 피조물들에게 가장 심각하게 문제가 되는 것은 마음, 생각, 그리고 가치관이다. 우리들의 상상력, 의미, 선택을 하는 창조적인 능력은, 이처럼 강요된 선택이 우리의 현재 지배적인 생활 담론에 도전할 때 발휘된다.

변화의 변증법

변화의 단계들과 종류들에 첨가하여, 도덕적 주의를 환기시키는 변화의 **변증법**(a dialectic)이 있다. 두 가지 격언이 이것을 기억하기 쉽게 해준다. 첫 번 째는 사람들이 현실이라고 정의하는 것은 그 결과가 현실로 나타나고야 만다는 것이다. 사람들은 무엇이 일어날 것인가에 대한 그들의 개념에 따라 행동한다. 그들이 어떻게 반응하는가는 그들이 보고 있는 것을 어떻게 해석하느냐에 맞추어서 일어난다. 이 점은 효과적인 변화를 위한 감성과 지성의 중요성을 강조한다. "감성과 지성"이란 개인의 인격과 우주론이 개인의 행동을 결정하는 데 끼치는 역할을 말한다. 내면화된 가치들, 덕목들, 세계를 "읽어내는" 방식들이 사실상 우리가 해야 할 행동들 가운데서 어느 것을 선택하게

---

25) The Earth Charter is available online at www.earthcharter.org.

한다. 그것들이 가장 선호하는 것은 우리가 무엇을 보고 또 우리는 누구인가에 가장 잘 일치하는 것들이다. 첫 번째 격언은 이리하여 어떤 예상된 변화가 올 것인가에 대한 단서이다. 그런 변화란 이미 감성과 지성에 잘 맞는 것이거나, 그게 아니면 그런 감성들과 지성들을 변화시키는 것이다.

두 번째 격언은 첫 번째에 대해 중대한 반론을 제기하는 것으로, **행동의 변화가 자주 태도의 변화를 앞선다**는 것이다. 우리는 변화된 실천들을 통해서, 보고 생각하는 방식들이 새롭게 된다. 이런 실천들의 일부는 의무적이거나 혹은 강요된 것일 수도 있다—토지법, 직장의 규칙들, 계약의 필수사항들, 모든 당사자들이 참여하도록 마지못해 타협함, 조약의 조건들, 우리가 감히 실망시키지 못하는 누군가의 기대들 말이다. 구조, 체계, 기관들, 정책들이 모두 요구하는 행동들은, 우리가 마음의 자발성이나 영혼의 깊은 사색에 의한다면 아마도 떠맡지 않을 행동들이다. 그러나 이처럼 외부로부터 우리의 행동이 형성됨으로써, 그 행동들은 우리가 사는 방식들과 또한 우리의 가치들을 바꾼다. 트루먼 대통령이 1948년에 군대를 통합하여, 흑인과 백인 병사들이 함께 훈련받고, 살고, 먹고, 싸우게 되자, 양쪽 그룹의 인종과 관련된 태도들이 바뀌었다. 그런 태도들은 그들이 별도로 분리된 단위들로 훈련받고, 살고, 먹고, 싸웠을 때의 같은 병사들의 태도들과는 매우 달라진 것이었다. 다른 실천들이 강요되면, 다른 관계와 변화된 가치들의 결과를 가져온다.

마틴 루터 킹 목사가 민권운동을 하면서 법을 어기고, 감옥에 가는 위험을 감수하고, 다른 사람들에게 동참하기를 호소했을 때, 악에 불복종하는 도덕적 증언에 그만이 홀로 선 것은 아니었다. 그는 새로운 법을 세우고 실행하도록 온 나라에 압력을 가하였고, 그래서 인종차별적 국가가 각 사람들의 가슴과 마음에서 인종차별주의를 뿌리 뽑은 뒤에야 비로소 선거권이 없는 자들을 위한 정의를 바로세우도록 기다릴 필요가 없게 되었다. 새로운 법들은 인종차별주의가 공공연히 충격을 주는 것을 감소시키고 결국엔 인종차별적 태도 자체들에 영향을 줄 것이었다.

데릭 젠센의 글 "더 짧은 시간의 샤워 따위는 잊어버려라: 왜 개인적인 변화가 정치적 변화만 못한가?"는 그 요점을 다소 지나치게 말한 것 같다.26)

그러나 그가 말하기를, 기업경제의 기초들과 그 구조가 물을 어떻게 사용하는가를 바꾸지 못하고, 법들, 기관들, 우리의 집단적 사고방식인 개인주의를 바꾸지 못하면서, "지구를 구하기 위해 당신이 할 수 있는" 자발적인 것에 초점을 맞추는 것은 그저 헛된 훈련일 뿐이라고 한 것은 옳다. 빌 맥키븐이 지적하듯이, "더하기" 셈으로는―개인이 샤워를 하면서 시간제한을 수천 번 반복해도―궁지를 벗어나지 못할 것이다. "곱하기" 셈으로라야 가능하다. "새로운 전구를 갈아 넣을까요? 물론이지요." "전 세계적인 조약으로 갈아 넣을까요? 이제야 말이 통하는군요!"[27]라고 맥키븐은 말한다. 조약들은 양심적인 사람들이나 자기만족적인 사람들이거나 관계없이 효과가 있는 곱하기 셈법이다.

그러나 개인적인 정신과 마음의 변화에 반대하는 젠센의 주장은 우리의 처음 격언을 잊어버린 것이다. 그래서 우리는 다시 개인들이 단순히 그게 옳은 일이라고 여기고 선택하는 변화―시간 측정을 하든 안 하든, 더 짧은 시간 동안 샤워하기 등―가 중요하다고 주장할 수밖에 없다. 보다 큰 틀에서 보면, 그런 행동은 이른바 상징적 행동에 불과할지도 모르지만, 그런 행동이 설사 그 자체로는 폭넓은 변화를 가져오지 못한다 해도 중요한 신호를 보내는 것이다. 젠센이 보지 못한 것은, 그런 예언적 상징들과 실천들이, 심지어 가장 간소한 것들일지라도, 사람들을 움직여 그들로 하여금 때가 무르익고 선택이 강요되면 더 큰 변화들을 받아들이게 한다는 점이다. 작은 변화들이 때로는 보다 좋은 질서의 누룩 노릇을 한다. 그것들은 마치 굳어진 땅에 스며드는 물과 같아서, 새로운 씨앗들이 자라도록 한다.

기후변화를 생각해보자. 한 번에 한 공동체가 지붕 위 여기저기에 태양광 패널을 설치하고, 공동체 텃밭을 시작하고, 홍수지역에 숲을 다시 만드는 것 등으로는 오직 생태지역적, 국가적, 국제적 입법과 법집행의 강화로 할

---

26) Derrick Jensen, "Forget Shorter Showers: Why Personal Change Does Not Equal Political Change," *Orion* (July/August 2009): 18-19.
27) Bill McKibben, "Multiplication Saves the Day: How Just a Few of Us Can Rescue the Planet," *Orion* (November/December 2008): 19 (inclusive pages 18-19).

수 있는 것을 이루어 낼 수는 없다. 이런 것에 대해서는, 베이징, 캔버라, 워싱턴, 브라질리아, 브뤼셀, 델리, 모스크바, 그리고 유엔이 나의 주변 이웃보다 더 큰 역할을 한다. 그러나 체계적 변화를 위한 준비로서는, "쓸데없는 공동체 정원,"28) 쓸데없는 태양광 발전 시설, 쓸데없는 숲이란 존재하지 않는다.

체계적 변화는 이를 예상하고 앞서가는 공동체들 안에서, 설사 그런 공동체들이 그 숫자나 규모에서 보잘 것 없는 정도라도 이미 그런 기대가 나타나 있지 않으면, 보통은 그런 변화가 구체화되지 못한다. 앞서가는 공동체들은 처음엔 자발적으로 생겨난다. 감정들, 마음들, 그리고 무엇이 "사실"인가에 대한 인식이 지극히 중요한 요소들이다. 외부적인 변화는 동기, 욕망, 그리고 그 변화를 추진하는 꿈에서 나온다. 간디가 한 말이라고 전해지는 말에 따르면, 만일 우리가 어떤 변화가 일어나기를 기대한다면, 우리는 우리가 추구하는 그 변화가 **되어야만** 한다. 혹은 "구조적인 욕심에 대한 불교-기독교의 공통적인 말"을 인용하자면, "평화를 만들기 위해서는 우리가 평화가 되어야만 한다."29)

효과적인 변화는 **태도와 행동**이라는 두 가지 요소들의 변증법적 작용의 결과다. 그 둘 가운데 하나에만 의존하는 전략은 비효과적이다. 우리에게 필요한 변화가 근본적이고, 광범위하며, 또한 뿌리 깊은 방식들과 기관들의 행태를 거스르는 것이 될 경우에는, 정신과 마음의 변화만으로는 충분하지 못하다. 그러나 강요된 행동의 변화조차도, 사람들의 내적인 존재 안에서 만일 그것에 대한 동의와 준비가 없이는, 마찬가지로 실패하기 마련이다.

준비와 동의에 대한 필요성은 변화에 대한 다음 네 가지 추가적인 주의를 요청한다.

---

28) Bill McKibben, "Duty Dodgers," *Orion* (July/August 2010): 11.
29) "A Buddhist-Christian Common Word on Structural Greed: A Joint Statement," 4, available on the World Council of Churches website: www.oikoumene.org/resources/documents/wcc-programmes/interreligious-dialogue-and-cooperation/interreligious-trust-and-respect/buddhist-christian-common-word-on-structural-greed.html. The document is dated September 9, 2010, and was issued from a conference in Chiang Mai, Thailand.

1. 깊은 변화가 일어나기 위해서는, 정상상태라고 간주하는 것을 질질 끌어가는 것에 대해 저항하고, 또한 인습적인 지혜를 의심해야 한다.

이것은 어렵지만 불가능한 것은 아니다. 오든(W. H. Auden)이 "우리는 종종 변화되기보다는 망하기를 원한다"30)고 말한 것은 진실을 말한 것이지만, 인습적인 지혜를 따르는 것이 좋은 기록을 남기지는 못했다.

오랜 세월 동안 수백만 명의 사람들이 프톨레미의 세계(Ptolemaic world) 속에서 편안하게 살았다. 해는 동쪽에서 떠서 서쪽에서 진다. 분명코, 해는 우주의 중심인 지구 둘레를 돌았다. 그러다가 1633년 갈릴레오(Galileo)가 이단설(heresy)을 주장했다. 즉, 지구는 태양 둘레를 도는 상당히 작은 바위덩어리다. 모든 인습적 지혜에 반대하여—그리고 과학에도 반대하여—갈릴레오가 옳았는데, 이는 단지 그가 당시의 지배적 견해를 처음에는 의심했지만, 곧 도전했기 때문이다. 그를 고발한 사람들이 그의 주장을 철회시켰을 때, 그는 여전히 지구에 대해 말하기를 "그래도 지구는 움직인다"고 했다.31)

인습적 지혜의 잘못된 또 다른 예를 들어보자. 50년 전에만 해도, 지질학자들은 지진, 화산, 그리고 지구를 형성하는 다른 과정들을 이해하기 위한 구조적 틀을 갖지 못했었다. 초등학교 6학년 학생이면 남아메리카의 동쪽 해안선이 아프리카의 서쪽 해안선과 잘 들어맞는 것을 알아 볼 수 있음에도 불구하고, 1912년에 알프레드 웨게너(Alfred Wegener)가 제안한 이론, 즉 모든 대륙들이 한때는 한데 서로 붙어 있었는데, 그 후 각각 떨어져 나갔다는 이론은 무시되었다. 불안정한 지구가 인습적 지혜와는 조화되지 않았으니, 심지어 대부분의 과학자들에게도 그랬었다. 그러나 지금은 표류하는 대륙이론은 표준적인 과학이요, 6학년 교과서의 일부가 되었다.

그 후에는, 전 세계적 자유시장이야말로 가장 효과적인 자원들의 배분이

---

30) From "The Age of Anxiety" as cited by Wes Jackson, *Consulting the Genius of the Place* (Berkeley, CA: Counterpoint Press, 2010), 96.
31) See the discussion of Galileo and a major tenet of science, that "perception is not always reality," in Jackson, *Consulting the Genius of the Place*, 94-96.

요, 민주주의가 정부의 가장 안정된 형태이며, 자유로운 개인주의가 정의로운 정치 질서의 토대라고 보는 것이 점차 확장되고 있는 여론이었다. 번영의 증가와 개인적 자유가 모든 사람들에게 혜택을 줄 것으로 여겼다.32) 그 후 10년이나 20년이 지나자, 지구의 건강을 보지 못하는 전 세계적 자본주의 경제가 지구의 지속성에 치명적으로 보이면서, 시장의 합리성과 평등성이 의심스럽게 보이게 되었다. 낙관주의의 시대(Age of Optimism)와 워싱턴의 공통된 여론 대신에 전 지구적 불안감이 자리를 잡게 되었다.

간단히 말해서, 폭넓고 깊은 변화가 일어나려면, 인습적 지혜와 기관들의 관성(inertia)이 통제력을 잃어야만 한다. 상상의 필수적인 역할을 위한 길이 열려야만 된다.

변화가 일어나게 만들기

2. 관점의 변화를 포함해서, 중요한 변화를 위한 지도력과 최초의 주도권은, 흔히 사회의 밑바닥이나 변두리에 있는 작은 공동체들로부터 나온다.

좋은 지도자들은 보통 두 가지 세계, 즉 무시되거나 억압된 세계와 특권적이고 지배적인 세계를 잘 안다. 좋은 지도자들은 보다 나은 세계를 그리는 꿈에 의하여―그리고 일부는 분노에 의하여―이끌린다. 요셉의 형들이 불평하기를 "여기 꿈꾸는 자가 다시 온다"고 했을 때(창세기 37:19), 그들은 옳았지만, 자기들이 노예로 팔아넘긴 그 동생이 이집트의 왕 파라오의 기민한 농업장관이 되어 자신들을 구출하게 될 것은 상상도 못했다. 두 가지 세계를 잘 알았던 꿈꾸는 자 마틴 루터 킹 목사는 링컨의 그림자 속에서, 비록 많은 악몽들을 갖고 있었지만, "나는 하나의 악몽을 갖고 있습니다"(I Have a Nightmare)라고 선언함으로써 세계를 깜짝 놀라게 하지는 않았다. 그 악몽들 가운데 하나―암살자의 탄환―가 그를 죽였다. 꿈은 행동으로 이끌고, 또한

---

32) See "Diminished Expectations," a review of Gideon Rachman's Zero-Sum Future in *New York Times Book Review,* January 30, 2011, 19.

때가 무르익고 땅이 준비되면, 꿈이 이루어진다.

숫자가 인상적일 필요는 없다. 민권운동이 그 정점에 있었을 때, 미국인들의 고작 5~7%가 직접 그 운동에 참여했다. 많은 결정적인 사건들, 연좌데모 같은 것들은 1%의 4분의 1보다 더 적은 인원이 참여한다. 작은 것이 때로는 강력하다. 붓다, 노자, 예수, 간디, 소저너 트루스(Sojourner Truth), 그리고 해리에트 터브만(Harriet Tubman)을 생각해 보라. 그들을 처음에 뒤따른 사람들은 소수였다. 두 차례 중요한 기후변화 캠페인들, 전 세계적인 350.org 운동과 그것의 10/10/10 전 세계 행동의 날은 버몬트 주에 있는 미들베리 대학에서 빌 맥키븐과 그의 7명의 학생들로 시작되었다. 이 모든 것이 마가레트 미이드(Margaret Mead)에게 돌려진 관찰, 즉 "사려 깊고 헌신적인 시민들의 작은 그룹이 세계를 변화시킨다는 것을 결코 의심하지 말라. 정말이지 그것만이 모든 걸 그렇게 변화시켰다"33)는 관찰의 증거다.

3. 거의 모든 변화는 꿈 꾸는 사람들에 의해 시작되지만, 만일 특권층 속에서 영향력 있는 협력자들이 나오지 않으면 그건 실패한다.

과제는 체제를 변화시켜서 필요한 행동의 변화가 보다 나은 정책들, 새로운 습관들, 그리고 다른 생활방식에로 인도하도록 하는 것이다. 그것은 곱하기 셈법의 힘을 필요로 한다. 운동의 예언적인 상징들과 실천들은, 오직 그것들이 자발적인 더하기 셈법에서 강제적인 곱하기 셈법으로 전환되도록 도와줄 수 있어야만 중요하다. 노예폐지론자들의 운동은 많은 사람들의 가슴을 흔들 수 있었지만, 그러나 노예제도를 불법이라고 여길 충분한 능력을 지닌 사람들이 그 운동을 떠맡기 전에는 노예제도를 끝낼 수 없었다. 월가를 점령하기(the Occupy Wall Street) 운동은 월가가 미국을 점령한 것을 항의할 수는 있지만, 그러나 그 점령운동이 다른 사람들로 하여금 지금과는 다른 사설은행과 재정 관행에 대한 법을 제정하도록 보다 큰 세력으로 강요하지 않는 한, 월가는 계속해서 미국을 점령할 것이다.

---

33) Cited from http://en.wikiquote.org.

결과적으로, 효과적인 변화는 인식과 습관들을 한 번에 하나씩 바꾸는 것을 뜻한다. 즉, 한 번에 샤워와 노래를 하나씩 하기, 한 번에 한 어린이, 부모, 직장상사가 하나씩 변해가는 것이다. 이런 뜻에서 각각의 혁명은 작게 시작하고 점점 작아진다. 그것은 하나씩 하나씩 바뀌는 것이다. 그러나 깊은 변화가 최후적으로 효과를 내려면, 정신과 마음이 전반적으로 준비되었든 아니 되었든, 오직 그 변화가 서로 동의하여 서로 강제하는 행동의 변화가 이루어졌을 때만 가능한 것이다. 이것이 체제의 변화이며, 구조의 변화이며, 충분히 광범위하게 미치면 패러다임의 변화인 것이다.

4. 새로운 첫 번째 과업을 위해서 오늘날 사악한 문제들을 변화시키려면, 우리가 복잡한 적응체계를 이해할 필요가 있다.

산업 패러다임은 선형적(linear) 사고와 선형적 변화에 익숙하다. 선형적 해결들—긴밀한 인과관계로 연결된 하나의 문제에 대한 하나의 해결책—은 어떤 단 하나의 통제적 요인에 비례하여 균등하게 일어나는 변화를 예상한다. 그러나 산업 패러다임은 지금 대규모로 발생하는 비선형적 변화에 대해 생각하는 것에는 익숙하지 못하다. 지속될 수 없는 경로 위에서 파괴되고 있는 과밀한 세계 속에서는, 그런 패러다임은 거대한 서로 얽혀있는 문제들을 발생시킨다. 급속한 도시화, 기후변화, 굶주림과 가난, 생태계의 파괴, 인구 증가, 질병, 실업사태, 시장의 혼란 등이 그처럼 얽혀있는 문제들이다. 한 부분에서 일어나는 겉보기에는 작은 변화—세계적 평균 온도, 세계 금융시장에서 새로운 투자의 기구들, 침입하는 식물들이나 유독성 물질의 도입, 해양 산성화의 증대 등—가 광범위한 체계에 영향을 미칠 수 있도록 이런 것들이 상호작용을 한다.[34] 이런 비선형적 변화가 시작되면, 그 영향들은 처음 시작한 원인에 비례하지 않고 증가해 간다. 한계선을 넘어서고, 임계점에 이른다. (바닷물과 대기의 작은 온도 변화 결과로 극단적인 기상 사태와

---

[34] "The Year of Big Questions at SFI," *The New Mexican*, December 26, 2011, A-1, A-5.

새로운 기후 형태가 일어나는 것이 그 한 예다.)35)

이런 비선형적 변화를 이해하는 것은 적응하는 체계들이 얼마나 복잡하게 작용하는지를 이해하는 것이다. 즉, 상호작용을 하는 많은 요소들로 이루어진 체계들은 곧바로 예견할 수 없는 방식으로 행동을 제약한다. 고도의 불확실성이 지배하고 있을 뿐만 아니라 시간과 공간의 유동적인 경계선들이 형성된다. 이것이 뜻하는 바는 그런 체계들에 적응하는 바로 그 과정 속에서 복잡한 상호작용들로부터 배우는 것인데, 그런 태도는 기계적이기보다는 훨씬 더 생태적이다. 그것은 변화하는 피조세계의 통전성에 대한 깊은 존경을 뜻하는데, 그 피조세계 가운데서 호모 사피엔스는 의식적이든 무의식적이든 변화의 주체들 가운데 하나다. 그것은 다중적인 전환기에, 자연 자체의 변화하는 기술들에 부합하는 인간의 공학기술을 발견하는 것을 뜻한다. 그 열쇠는 지속가능한 적응이다. 즉 어떤 종류의 변화가 역동적이고 복잡한 체계들의 통전적 기능을 참작하며, 또한 그것들과 일치하는가? 효과가 있는 체계적, 구조적, 패러다임의 변화가 이루어지는 것은, 비선형적 변화에 대한 이해와 어떻게 복잡한 적응체계가 작용하는지를 이해함에 달렸다.

뒤흔드는 자들과 움직이는 자들

어떤 힘들이 변화로 이끄는가? 변화를 연구하는 학자들은 흔히 **사회적 운동들**(social movements)—어떤 대의에 따른 변화를 이룩하기 위해서 사람들이 함께 행동하는 운동들—을 강조한다. 변화 자체는 매우 다양하다. 어떤 운동은 퇴행적 변화를 도모하는데, 그런 변화는 변화하기를 중단하고, 삶을 원하던 상태로 되돌려놓으려 한다. 한 가지 실례를 들자면, "미국을 되돌려서" 상상했던 백인 개신교의 순수함에로 이끌어 가려는 KKK(Ku Klux Klan)의 노력이다. 어떤 운동은, 가령 자유방임적 자본주의에서부터 사회보장적 자본주의로 변혁시키려는 운동처럼, 사회적 기관들에 대한 개혁 운동이다.

---

35) William deBuys, *A Great Aridness: Climate Change and the Future of the American Southwest* (Oxford and New York: Oxford University Press, 2011), 59-60.

어떤 운동은, 가령 소비에트 연방의 붕괴처럼, 탈퇴분리자의 운동이다. 모든 것이 변혁의 수단으로서 사회적 운동들이다.

다른 관찰자들은 **자연의 힘들**(the forces of nature)을 강조한다. 공룡들의 죽음으로 인해, 그때까지는 매우 작았던(쥐나 작은 강아지 크기) 포유류들이 달라진 환경 속에서 거대한 동물들이 되었다. 아메리카 대륙에 거주하게 된 인간의 숫자는 아시아로부터 이어진 땅의 교량에 달렸었다. 그 땅의 교량은 나중에 (해수면 상승으로 인해서—역자주) 없어졌다. 우리 시대에는 기후변화가 광범위한 변화를 일으키는데, 해수면의 상승, 극심한 가뭄과 홍수, 그리고 동물과 식물, 해충, 질병, 포식자들에 영향을 주는 계절의 변화 등이다. 또한 산업화된 농업의 유전자 집단 감소를 통한 종 다양성의 상실과 멸종, 그리고 서식지 파괴 역시—비록 이 경우엔 인간의 영향이 강력하긴 하지만—자연의 힘이다. 미래의 세대들은 유전자가 빈약한 세계(gene-poor world)를 물려받아서 그것들이 만들어낼 여러 기회들에 제약을 받게 될 것이다. 이것은 조상들의 세계로부터 엄청난 양상의 변화다.

또 다른 학자들은 **공학기술의 힘**(the power of technology)에 초점을 맞춘다. 여러 가지 발명품들—배, 쟁기, 인쇄기, 내연기관, 화약, 대량살육의 무기들, 면역성을 주는 약들, 피임약, 자동차, 카메라, 컴퓨터 등—을 생각해보면, 세계를 바꾼 변화들이 새로운 혹은 개선된 공학기술의 결과인 것이 분명하다. (여담으로, 산업기술시대는 공학기술에 상당한 믿음을 갖고 있다. 산업 패러다임의 실제적인 일반 원리는 더 많은 공학기술과 더 적은 상호협력을 요청해온 것이다.)36)

문화적 확산(Cultural diffusion)도 변화의 또 다른 원천이다. 한 사회나 문화는 다른 사회(문화)의 방식과 수단을 채택한다—다마스커스의 제철 기술, 중국의 종이 제조법, 인도를 경유한 아라비아의 숫자들, 그리스에서 나온

---

36) I used the subtitle of Sherry Turkle's book. She extends this habit of industrial-technological civilization to the world of digital technologies and social networking. See Sherry Turkle, *Alone Together: Why We Expect More from Technology and Less from Each Other* (New York: Basic Books, 2011).

철학과 비판적 사고, 유럽에서 나온 교향악, 미국의 "대중"(pop) 문화, 수없이 많은 시역에서 나온 미술과 건축술, 여러 출처들에서 나온 주요 음식들(비옥한 초승달 지역에서 나온 밀, 페루의 감자, 멕시코의 옥수수, 아시아의 쌀 등), 로마의 제국법과 공학, 그리스에서 첫걸음을 시작한 민주주의, 유럽에서 시작한 시장자본주의 등이 그렇다. 문화와 그 습관들도 교환과 채택의 과정을 통해서, 때로는 놀라울 정도로 창조되고 변경된다.

이런 변화의 원천들—사회적 운동들, 자연의 힘들, 공학기술과 문화적 확산 등—이 서로 독립적인 것이 아님은 더 말할 것도 없다. 그것들은, 때로는 결코 예상하거나 예견할 수도 없는 결과들을 창조하면서, 서로 엮어진 것이다. 1712년에 토마스 뉴코멘(Thomas Newcomen)이 "증기기관"의 통 속에 처음 석탄을 퍼 넣었을 때, 그리고 말(horse) 대신에 화석연료를 사용하였을 때, 그는 자신의 발명이 어떤 결과를 가져올지—엄청난 공학기술적 변화, 문화와 사회의 변화, 자연 자체의 변화—전혀 짐작도 하지 못했다.

윤리와 도덕

변화의 모든 단계들, 원천들뿐 아니라 변화의 변증법도, 인간들이 그 한 부분인 경우에는 어느 때, 어느 곳에서나 도덕적 선택과 연관된다. 우리들 시대는 사회적, 정치적, 경제적, 문화적, 공학기술적 변화와 함께 엮어진 지구 행성의 지구물리학적 변화의 시대이므로, 우리에게 필요한 윤리의 밖에 있는 것이라곤 거의 없다. 이런 종류와 범위의 변화는 우리가 어떻게 살아야 할 것이며, 무엇을 위해 살 것인가에 대한 것, 즉 도덕과 윤리의 핵심에 대한 것이다. 종교공동체들은 삶의 방식, 윤리의 본질을 취급한다. 즉 우주론에서부터 대의들에 이르기까지, 기관들과 정치조직에서 종교의식, 실천들, 그리고 정책들에 이르기까지, 공동식사 및 음료와 노래에서부터 삶의 궁극적 의미와 목적에 이르기까지, 모든 것들을 취급한다. 이처럼 종교공동체들은 우리가 당면한 강제된 선택을 다루기 위해 다른 것들과 협력한다.

그 다음엔…

우리가 지금까지 기술한 광범위한 변화가 우리가 어떻게 살아야 하고, 무엇을 위해 살아야 하는 것에 대한 것이라면, "우리의 전체적인 삶은 놀랍도록 도덕적인 것"[37]이고, 형식적인 윤리적 범주들을 소개하는 것이 현명할 것만 같다. 우리 자신을 어떻게 도덕적인 피조물로 이해하는가에 대해 학자들이 함께 공유하는 견해들은 "우리에게 필요한 윤리"(The Ethic We Need)를 밝히는 데 도움이 될 것이다.

---

37) Henry David Thoreau, *Walden* (New York: W.W.Norton, 1992), 146.

5장

우리에게 필요한 윤리

좋은 이론

> 선례에 따라서, 남아프리카 공동체는 남아프리카 적십자사(Red Cross)가 기증한 200켤레 장화들의 소유권을 주장한다. 우리 자신의 재산에 대한 권리를 표시하기 위해서, 우리는 각 켤레를 사흘 동안 신어볼 것이다. 그리고 나서 남아프리카인이 아닌 사람들이 관대한 도움을 요청하면, 우리가 그것을 사용하지 않을 때 일부를 기꺼이 빌려줄 것이다.
> — 제2차 세계대전 동안, 중국의 산동(山東) 지역에서 일본인들에 의해 억류되었던 두 명의 남아프리카인들[1]

범주들과 개념들

좋은 도덕적 판단을 위한 "애플리케이션"(app)은 없다. 이것은 윤리학의 도구들이 스스로 지혜를 주지는 않는다는 점을 뜻한다. 그러나 좋은 이론은 우리로 하여금 보다 분명하게 생각하도록 해주며, 그래서 도덕적 사고를 높여주고, 사려 깊은 성격 형성과 행동을 도와준다. 이 모든 것은 보다 나은 정보를 갖고 선택하도록 도와주는데, 특히 취사선택을 할 수 없이 선택이 강요된 것일 경우에 그렇다.

---

[1] 이 인용문은 Langdon Gilkey, *Shantung Compound* (New York: Harper & Row, 1966), 113에서 재인용.

하이킹을 하는 이미지가 도움이 될 것이다. 도보여행자(hiker)가 특별한 도로 표지도 없는 넓은 시골길을 걷나 보면, 그리고 작은 자갈들이 온 사방에 널려 있어서 보행로의 흔적이 쉽게 없어지는 곳에서는, 능숙한 여행자는 돌무더기들을 만들어 남길 것이다. 돌무더기는 보잘 것 없는 돌로 쌓은 탑이라서 나무가 없는 지평선을 배경으로 잘 보인다. 그것들은 여행자들로 하여금 행로의 다음 부분에 대한 지도를 계획하게 한다. 그것들은 보행로 자체는 아니다. 그것들은 방향 안내의 이정표 지점들로서, 여행자들로 하여금 미지의 영역을 통과하는 보행로를 만들게 한다.

우리로 하여금 도덕적인 삶을 걸어가도록 하는 돌무더기들은 무엇일까? 무슨 "생각해볼 것들"이 우리가 가고 있는 곳을 이해하도록 도와줄 것인가? 대부분의 영역들이 나무도 없는 곳인데도 삶의 다른 길을 내야만 할 경우에 어떤 표지들이 우리를 안내하고 방향지시를 할 것인가? 몇 가지 "생각해볼 것들"을 아래에 들어보자.

1. 언어

"윤리학"(Ethics)은 그리스어에 뿌리를 두고 있다. 그것의 명사형은 "토 에토스"(to ethos)다. 라틴어의 해당어는 "모스"(mos)인데, 그것에서 영어의 "mores"(사회적 관습, 도덕관), "morality"(도덕성), "morale"(사기, 풍기, 도덕) 등의 단어들이 나왔다. "토 에토스"(to ethos)는 원래 동물들을 보호하는 곳, 마구간(stable)을 가리키는 말이었다. 동물들의 안전한 거처로서, 그것은 안전과 생명 유지물들—음식물과 충분한 편안함과 안식처의 느낌을 제공하는 친숙함—을 제공한다. "stable"(마구간)은 안전하게 존재할 장소인 "안전함"(stability)을 뜻한다.

동사형은 "에이오타"(eiotha)다. 그 뜻은 "익숙해지다"(to be accustomed to)인데, 라틴어의 해당하는 말이 "모스"(mos)이다("mores"는 관습). 여기에 도덕에 대한 가장 오래된 의미들의 하나가 있다. 즉 도덕은 관습에 따라 행동함이다. 관습적 행동, 일상적 행위가 인간 사회에 대해 하는 것은 마구간이 가축들에게 하는 것과 같다. 그것은 안정성과 안전성, 편안한 장소를 제공한다. 이런 것들이 "안정된" 사회를 유지하게 한다.2)

이미지를 바꾸되 의미를 바꾸지는 않고 말해보자면, 도덕은 사회를 한데 붙여주는 일종의 접착제(아교풀)다. 그것은 사람들로 하여금 그들의 삶이 안정성, 친숙함, 그리고 신뢰를 가지고 살도록 해준다. 그러니 사회가 "허물어지면"(접착제가 풀어져서) 도덕과 질서를 회복하도록, 심지어 어떤 것들은 강제로―경찰 혹은 군대가 질서를 회복하고 평화를 지키도록 출동하여서라도―움직여 나가는 것이 놀랄 일이 아니다. 함께 더불어 사는 삶은 최소한의 도덕적 규정들을 필요로 한다. 도덕이 공백상태에서는 공동생활이 불가능하다. 도덕이 무너지면, 사회도 무너진다. 무도덕(amorality)과 부도덕(immorality)이 날뛰면 혼란을 발생시킨다.

사회적 접착제로서 공유되는 도덕이란, 곧 가장 중요한 윤리는 문서화되어 있는 경우가 드물다는 뜻이다.3) 그런 도덕은 문화 속에 들어 있어서 주로 당연한 것으로 여겨지기에, 그것은 심지어 날마다 생활방식으로 실천하고 있는 사람들도 때로는 인식하지 못한 채 지낸다. 공유된 윤리에 의해서 인도되는 일상적인 행동은 "자연스러운 것"으로, 즉 사리가 그런 것으로 여겨진다. 많은 사람들에게, 아마도 대부분의 사람들에게, 그렇게 내재된 그리고 말없이 지켜지는 도덕을 떠나서는 그들의 삶을 생각할 수도 없고, 또한 이끌어갈 수도 없다.

그러나 물론 생활방식과 그들의 도덕률들은 안팎에서 도전을 받기도 하

---

2) This note on language is from Paul Lehmann, *Ethics in a Christian Context* (New York: Harper & Row, 1963), 23-25.
3) 이런 관점은 Aldo Leopold가 그의 고전적 논문 "The Land Ethic"에서 지적했다: "나는 일부러 땅의 윤리는 사회적 진화의 산물이라고 제안했는데, 일찍이 '문서화'된 윤리 가운데 그처럼 중요한 것이 써진 적이 없었기 때문이다. 가장 피상적인 역사학도나 생각하기를 모세가 십계명을 '썼다'고 할 것이다. 그것은 생각하는 공동체의 정신들 속에서 진화된 것이고, 모세는 '세미나'를 위해 잠정적으로 요약을 했을 것이다. 내가 잠정적이라고 말하는 이유는 진화가 결코 중단되지 않기 때문이다." Aldo Leopold, "The Land Ethic," in Leopold, *A Sand County Almanac* (New York: Ballantine Books, 1966), 263.

는데, 특히 공학기술, 문화, 사회, 그리고 심지어 자연이 급격한 속도로 변화하는 때에 그러하다. 이전에는 아무런 말없이 처리되었던 것이 서로 다투고 재협상을 벌이게 된다. 생활방식 자체가 사라질지도 모르고, 어떤 것들은 실제로 없어진다. 이제 우리는 제2의 돌무더기에 대해 생각해보자.

2. 윤리 대 도덕

차축시대(Axial Age)[4]의 선물로서 초기의 인본주의적 합리주의가 일어나면서, 그리스인들은 "도덕"(Morality)과 "윤리"(Ethics)를 구별하게 되었다. 도덕은 계속해서 관습에 따른 행동, 즉 사람이 사회 속에서 자기의 자리와 생활방식을 지키면서, **관습에 따른 행동**을 가리켰다. 그러나 비판적이고 사변적인 작업인 철학의 등장과 함께, 윤리는 **이성에 따른 행동**을 뜻하게 되었다. 윤리는 통상적인 도덕을 분석적 사고에 종속시키고 난 후, 이성적인 논증의 근거에 따라 행동할 것을 추천했다. 윤리는 사실상 관습적인 행동을 승인하고자 했고, 그럼으로써 현행 도덕을 승인해 주었을 것이다. 그러나 그것은 또한 관습을 벗어나서, 새로운 버릇과 관습을 일으킬 "보다 나은" 도덕을 추천하기도 했을 것이다.

다른 말로 하자면, 윤리는 도덕이 "정당화" 될 것을 요구해서, 마을 한 복판에서 그 입장을 설득하기 위해서는 공개적으로 이성적인 논증을 하고 일련의 증거에 종속시켜야 한다고 했다. 심지어 오랜 세월동안 실천해왔던 관습—가령 가부장제에서 여인들의 신분 혹은 노예제도—일지라도, 관습만으로는 그 자체로 도덕적 행동이라고 계속 주장할 충분한 이유가 되지 못했다. 가장 일반적인 기준들은 "우린 그런 식으로 해왔다"는 것을 넘어서는 이유를 필요로 했다. 도덕은, 모든 도덕, 어떤 도덕도, 공중의 이성의 재판정에서 정당한 논거를 대야만 했다.

간단히 말해서, "윤리"는 인간 경험의 도덕적 차원에 대한 비판적 사고를 의미하게 되었고, 다른 한편 "도덕"은 사람들이 그들의 선택과 행동을

---

[4] See the reference at the beginning of the previous chapter.

안내하기 위해 사용하는 성격과 행동의 기준들을 가리켰다.

　이런 구별이 "윤리"와 "도덕" 사이의 주된 차이지만, 이런 말들을 그 상황에 따라 주의 깊게 살펴볼 필요도 있다. 사람들은 우리가 내린 구별을 넘어서서, "윤리"와 "도덕"을 여러 가지 다른 방식들로, 때로는 서로 바꾸어 쓸 수도 있는 것으로 사용한다. 때로는 "윤리"가 용납될 수 있는 혹은 용납될 수 없는 행동을 규정한 법전을 뜻한다―법률적 윤리, 의학 윤리, 교실에서 혹은 시험 칠 때 윤리, 언론 윤리, 사무실 윤리 등이 그렇다. 때때로 윤리는 삶의 전반적 방식에 수반된 성품과 행동을 뜻한다―스토아주의자의 윤리, 불교인의 윤리, 유태인의 윤리 등이 그렇다. 윤리는 또한 특별한 관심들과 앞에서 우리가 언급한 비판적 사고의 작업을 말하기도 한다. 그러면 그것은 아리스토텔레스 혹은 칸트, 혹은 "공리주의적," "의무론적" 혹은 "미덕"의 윤리 전통 속에 있는 "철학적 윤리"인 것이다. "신학적 윤리"도 하나의 기획(정신)인데, 기독교인들(동방정교인들, 로마 카톨릭교인들, 칼빈주의자들, 루터교인들, 혹은 재세례파교인들로서) 사이에 표현하고 숙고하는 도덕적인 삶이거나, 이런 전통들 속의 한 전통에서 한 신학자가 자세히 설명하고 추천하기도 한다―아우구스티누스의 윤리, 아퀴나스의 윤리, 토마스 머튼의 윤리, 혹은 도로시 데이의 윤리 등이 그렇다. 무슬림, 힌두교인, 그리고 불교인들이 모두 이와 비슷한 학파들과 인물들을 갖고 있다. 예를 들어, 소승불교, 대승불교, 금강승(바즈라야나, 불교의 밀교―역자주) 등은 서로 같지 않다. 시아파, 수니파, 수피 무슬림들도 공통점이 있음에도 불구하고 서로 같지 않다.

　의미들은 다중적이고, 그래서 주의 깊게 잘 듣는 것이 항상 요구된다. 도덕과 윤리의 언어는 비판적 이성을 훨씬 넘어서 펼쳐진다. 그것들은 삶의 방식을 형성하고 유지하도록 한다. 그러나 우리의 목표를 위해서는, 도덕은 사람들이 일상적으로 사용하는 성품과 행동의 근거와 기준들에 대한 것인 반면에, 윤리는 보다 건강한 그리고 보다 실행 가능한 도덕을 탐구하려고, 삶의 다른 방식에도 연장하여 탐구하는 비판적이며 합리적인 논쟁을 뜻한다.

3. 도덕 이론

윤리적 분석은 도덕적 경험의 핵심이라고 여겨지는 것들에 대한 서로 다른 이해들을 구분했다. 흔히 "도덕 이론"(Moral Theory)이라고 부르는 이런 이해들은 도덕적인 삶에 대해 기본적 접근을 하는 통합적인 체계 형태를 이룬다. 도덕과 반복되는 형태들의 중요한 차원들이 조명된다. 다음에 이어지는 도덕 이론의 간명한 설명은 서양 철학의 전통들에서 발전된 것이라서, 다른 전통들 속에 있는 독자들은 그것들을 바로 그들 자신의 것들과 비교할 것인데, 이는 도덕적 경험이 보편적으로 공유되기 때문이다.

제2차 세계대전에서 나온 에피소드 하나가 좋은 사례 연구 자료가 될 것이다. 일본이 중국을 침범했을 때, 일본인들은 비중국인들을 모두 체포해서 수용소에 가두었는데, 그 중 하나가 산동 지역의 웨이시엔 수용소였다. 처음엔 그 수용소에 대략 1500명이 수감되었는데, 대부분이 유럽인과 미국인들이었고, 일부 유라시안, 남아메리카, 남아프리카 사람들도 있었다. 일본 군인들은 수용소에 들어오고 나가는 물자들을 통제하는 임무를 맡았고, 수용소 내부의 행정은 수용된 사람들에게 맡겨졌다. 처음엔 서로를 거의 알지 못했던 사람들에게 제대로 작동할 공동체를 만들어나가는 벅찬 임무가 부여되었다. 수감된 사람들 중 하나였던 랭던 길키가 수용소 안의 삶을 설명하기로는,[5] 이 사회는 가장 기본적인 사회적 활동도 모두가 보도록 된 축소판(microcosm)이었다.

1945년 1월 어느 추운 날, 예기치 않은 물품이 수용소에 도착했다. 당나귀 한 마리가 끄는 수레들이 차례로 출입문을 통과하여, 1500개 소포들을 부렸는데, 각 소포엔 식량과 의복들이 들어있었다.

이 귀한 선물은 미국 적십자사에서 보낸 것이었다. 놀라울 것도 없이, 2백 명 가량의 미국인들 (당시 전체 수용자 1,450명) 가운데 많은 이들이 그 모든 소포들을 받을 권리를 주장했다. 일본인 사령관은 그 물품을 보낸 것이 미국 적십자사라는 점을 인정해서, 미국인 한 사람당 한 개 반의 소포

---

[5] Gilkey, *Shantung Compound*.

를 배당받고, 다른 수감자들은 한 개씩 받도록 명령했다. 그러나 몇몇 미국인들이 강력하게 반발했다. 그들은 말하기를, 미국 물품들을 배분하는 것은 미국인들이 결정해야 한다고 했다. 사령관은 자기의 명령을 일시 철회하고, 공동체에서 그 문제를 토론하고 결정하여 자신에게 통보할 때까지 그 물품 분배를 연기하기로 했다.

그 토론에서 두 명의 미국인 사이에 논쟁이 있었는데, 한 사람은 그랜트(Grant)라는 나이 많은 선교사였고, 또 다른 사람은 젊은 학교선생인 길키(Gilkey)였다. 길키에 의하면, 그랜트는 그 문제에 대하여 "도덕적" 측면을 주장하고자 했다: "길키, 나는 항상 사태를 도덕적 관점에서 본다네." 길키는 말하기를, "흥미진진해서 나는 그가 말하는 것을 끝까지 들었다."6)

"나는 이렇게 좋은 미국 제품들을 사용하는 데는 도덕적인 품격이 있어야 한다는 점을 분명히 하고자 하네. 이제 자네도 잘 알다시피, 길키, **강제로** 나누어 갖는 것엔 도덕적인 것이라곤 없지. 우리 미국인들에게 그 선물을 모두 나누어 주어야 하네. 그리고 나서 우리들 각자가 그것들을 가지고 어떻게 해야 할 것인지를 결정하는 도덕적인 판단을 행사하도록 여지를 남겨두어야 할 것이야. 우리는 나누어 가질 것이지만, 그러나 원수들의 명령에 따라서 나누고 싶지는 않아. 그러면 그건 도덕적인 것이 아니니까."7)

"도덕적"인 것의 의미를 따지고자, 길키는 과연 미국인들이 소포를 몇 개씩 남에게 나누어 줄 것 같으냐고 물었다. 그랜트는 대답하기를, 각자가 한두(a couple) 개씩 내놓을 것이라고 했다. 그럼 그것은 미국인이 아닌 사람 각자에게는 애초에 일본인 사령관이 명령한 한 사람당 한 개씩 돌아가는 것보다 훨씬 적은 1/4개씩 돌아가는 셈이었다. "그렇게 하는 것이 우리들 모두가 똑같이 배고프고 곤궁한데 과연 도덕적인 배분이라고 할 수 있는

---

6) Ibid., 109.
7) Ibid.

가?" 하고 길키는 그랜트에게 물었다. "그랜트는 당황한 표정으로 나를 보았는데, 그건 결코 그가 의미했던 '도덕적인' 모습이 아니었다"고 길키는 말했다. 그랜트는 "난 당신을 이해할 수가 없네. 만일 일본인이 우리를 대신해서 나누어 주면, 아무도 좋은 행동을 하는 것이 아니고, 그러니 거기엔 어디에도 도덕은 없는 것이야"8)라고 말했다.

길키는 이어서 그랜트의 "도덕"에 대한 이해를 자기 자신의 이해와 대조시킨다. 그랜트는 주장하기를, 개인의 자유로운 행동이 아닌 행동들은 진정으로 "도덕적인" 것이 아니라고 했다. 만일 우리가 선택해서 행동하지 않는다면, 그리고 우리의 선택에서 우리가 누구인가를 표현하지 않는다면, 혹은 우리가 무엇이 되려고 노력하는지를 표현하지 못한다면, 그럼 진정한 도덕성은 없는 것이란다. 우리는 강제에 의해서 행동할 수도 있지만, 설사 유익한 결과를 가져온다 하더라도, 그런 행동의 원천은 진정한 도덕성이 아니다. 참된 도덕성의 원천은 성품, 자유의지, 그리고 자유로운 선택에 있다. 자유롭게 선택한 책임을 반영하는 행동들이 "도덕적인" 것이다. 그렇지 않은 행동들은 도덕적이지 않다는 주장이다.

길키는 그랜트의 도덕 이론은 기본적인 도덕적 사실을 무시한 것이라고 논평하면서 그랜트를 반대한다. 즉, 도덕적 행동은 일차적으로 공동체 안에 있는 사람들 사이의 관계들과 연관되어야 한다는 입장이다. 따라서 도덕적 행동은 동일한 관계적 틀 안에서 자기 자신의 필요와 함께 이웃의 필요를 헤아리는 행동이다. 부도덕한 행동은 자기 자신을 존중하느라, 이웃을 잊거나 무시하는 행동이다. 길키의 결론은 도덕적 행동이, 특히 만일 그게 "기독교적"이라고 부르자면 (그랜트는 기독교 선교사였다), "이웃의 안녕에 대한 관심이 밖으로 나타나는 형태로 표현되어야 하는데, 적어도 그런 관심이야말로 내적인 미덕의 본질인 것이다."9)

길키의 도덕 이론은 그랜트의 이론과 날카롭게 서로 다른데, 왜냐하면 길키에게는 도덕의 핵심이 성품이나 개인의 자유로운 선택에 있는 것이 아

---

8) Ibid.
9) Ibid., 110.

니라, 명백히 사회적 결과들로 실현되는 가치들, 즉 사실상 그런 결과들에 **의해** 검증되는 가치들 속에 있기 때문이다. (그렇게 동의라도 하듯이, 데이비드 브룩스는 "뉴욕 타임스"에 쓴 "책임성 결여"라는 글에서 솔직하게 말하기를, "어떤 도덕 체계라도 그 핵심은 행동과 결과의 연결이다"10)라고 말한다.) 길키의 입장에서는, 공통의 필요를 근거로 해서 긴급히 필요한 물자들을 대략 동등하게 나누는 것이 뚜렷한 가치인데, 그런 가치는 심지어 더욱 근본적인 확신, 즉 서로 불가피한 관계들 속에 있는 사람들의 평등성이라는 확신에 근거한 것이다. 각 사람의 복지는 나 자신의 복지와 똑같은 조건에서, 똑같은 도덕적 준거에 따라야 한다. 길키에게 그 결과는 어떤 행동의 원천이 무엇이든, 심지어 강요된 것이라 할지라도, 그 행동의 결과에서 이웃들에 대한 진정한 돌봄을 표현한 "도덕적인" 행동을 발견하는 것이다. 길키에게 진정한 "내적인 미덕"이란, 우리의 모든 행동에서 이런 결과 지향적 태도를 길러내는 것이다. 우리의 행동들은 경향성들, 동기들, 혹은 무제약적 개인의 선택에 의해서보다는 그 결과들에 의해 판단된다. 좋은 삶을 산다는 것은 사회 속에서 실행되는 도덕적 선행들, 가령 자유, 평등, 그리고 공동체에 의한 일반적 복지를 창출하고 나누는 것을 의미한다.

만일 우리가 그랜트와 길키에게서 한 걸음 물러나면,11) 우리는 또 다른 도덕 이론들이 작용하는 것을 보는데, 그것은 **성품 윤리**(Character ethics)와 **결과 윤리**(Consequences ethics)이다. 이들 각각은 진정한 도덕을 서로 다르게 여기고 있는데, 마치 각각이 도덕적 경험의 다른 차원(하나는 성품, 다른 것은 행동)을 강조하듯이 말이다.

---

10) David Brooks, "The Responsibility Deficit," *New York Times*, September 24, 2010, A25.
11) 나는 길키의 〈산동 수용소〉(*Shantung Compound*)에서 직접 인용하고 있지만, 여기에서 한 설명은 내가 Bruce Birch와 공저한, *Bible and Ethics in the Christian Life*, rev. and expanded ed. (Minneapolis: Augsburg Fortress, 1989), 48-50에 있는 것을 해설한 것이기도 하다. 그 해설은 2판에서 따온 것이다. 또 다른 공저자들 Jacqueline Lapsley와 Cynthia Moe-Lobeda를 추가해서 제3판을 준비 중인데, 거기에선 Grant/Gilkey의 대화들은 포함될 수도 있고 안 될 수도 있을 것이다.

성품 윤리는 또한 "덕"의 윤리(virtue ethics)라고도 알려져 있다. "어떻게 좋은 삶을 이룰 수 있는가?"란 질문에 대한 그 대답은 이렇다. 좋은 사람과 좋은 사회의 특질들을 선택해서, 그것들을 가슴, 영혼, 정신의 습관들로 내면화하라. 그것들이 습관화되면, 이런 특질들이 우리는 누가인가를 핵심적으로 나타낼 것이다. 그것들이 우리의 도덕적 정체성을 드러낼 것이고, 우리의 행동들을 추진할 것이다. 그것들은 좋은 사회를 안에서부터 밖으로 실현할 것이니, 우리가 어떤 사람들이냐에 따른 외부적 결과들로서 말이다. 주목할 초점은 도덕적 행위자들이니, 그들에게서 행동이 흘러나오는 것은 마치 샘에서 물이 솟아나오는 것과 마찬가지다.(혹은, 좋은 나무가 좋은 열매를 맺는다는 성경의 말씀처럼—역자주.)

개인들은 물론 공동체들과 사회들, 문화들과 하위문화들은 도덕적 특징을 지닌다. 그들은 어떤 도덕적 특징들에 대해서는 의식하는 반면에, 다른 특징들, 즉 사회의 문자로 써지지 않은 도덕적 토대에 속한 특징들은 전혀 의식하지 못한다. 어느 편이든 집단들은 "성품"을 이룩하고 성품의 특징들을 표현한다. 공감과 자비심, 사람들을 평등하게 대하는 경향성, 공명정대한 행동으로서 정의를 주장하기 등은 너무도 널리 공유되어서 그것들은 전체 사회의 성품의 부분을 이루고 있다. 또한 어른들을 존중하기, 권위 있는 사람들을 존경하기, 미래 세대들의 복지를 현재의 정책과 결정으로 만들기 등도 그러하다. 존엄성, 자기 결정권, 동등하게 존중하는 사랑, 그리고 기꺼이 희생함 등도 한 집단 안에 나타날 수 있다. 다른 한편으로, 사회적 성품은 세금포탈이나 고위층의 부패를 관대하게 보아주는 것을 포함할 수도 있다. 공직의 권력을 개인적으로 남용하는 것도 예상할 수 있다. 정의에 대한 사람들의 견해는 체면을 위한 살인이나 사형 제도를 한 사회에선 인정하지만 다른 사회에선 혐오하기도 한다. 마찬가지로, 수입과 부의 엄청난 불평등을 어떤 사회에선 인정하지만, 다른 사회에서는 강력히 반대하기도 한다. 덕목들과 악덕들을 어떻게 이해하든 간에, 그것을 연마한 사람들과 공동체 성품에서 흘러나온 도덕이야말로, 성품 윤리에서는, 가장 진정한 도덕이다. 진정한 도덕적 행동들은, 그 행동을 하는 사람들의 정체성과 성실성에 관한 문제로서 이해된다. 이런 도덕적 주체들이야말로, 개인이든 아니면 크고 작은 집단들이든, 주목하고 평가할 중심이다.

덕의 윤리(virtue ethics)는 여러 학파들과 본보기들을 갖고 있다. 그랜트(산동 수용소의 선교사)가 설명했던 것은 결코 최고의 것이 아니다. 덕의 윤리에서는 어떤 덕목들이 우선적이냐, 누가 그리고 무엇이 그 덕목들을 가장 잘 구현하고 있는가, 어떤 종류의 도덕적 형성과 분별력이 바람직한 개인적 그리고 집단적 성품을 길러내는가에 대하여 논쟁이 계속되고 있다. 예를 들어, 알프레드 보그만의 저서 『실제 미국인 윤리』(*Real American Ethics*)는, 오늘날 좋은 덕의 윤리는 "경제와 설계"(economy and design)를 설명해야만 한다고 주장한다. 그렇게 함으로써 그는 그랜트의 이해범위를 완전히 벗어난 문제에 우선권을 둔다. 도대체 왜 느닷없이 경제와 설계냐고? 보그만은 "처칠의 원칙"(Churchill's principle), 즉 "우리는 빌딩을 만들지만, 나중엔 빌딩이 우리를 만든다"12)는 원칙에 더 큰 주의를 기울여야만 한다고 주장한다. 마치 우리가 거주지인 "마구간"(stable)을 만들듯이, 우리의 거주지가 또한 우리를 만들기 때문이다. 현대세계에서는, **세계적인 기업자본가 경제**(global corporate capitalist economy)가 너무도 강력한 힘을 행사해서 그 자체의 강력한 문화를 촉진하고, 그 문화는 어떤 덕목들과 가치들을 주입하면서 다른 것들은 무시하거나 억제한다. 그것은 그 자체의 도덕을 효과적으로 창조해내서, 그것이 보상하는 시장 습관들을 통해 태도의 변화를 가져온다. 그것은 하나의 체계로서 마음과 정신을 형성하는 도덕적 결과들을 만들어내고, 또한 우리가 도덕적 행위자로서 어떻게 세상을 보고 그 안에서 행동할 것인가에 큰 영향을 끼친다. 그것은 우리 시대의 **망상적 우주론**(phantom cosmology)이다. 보그만은 결론짓기를, 우리가 자의식을 가지고 경제와 설계가 미덕과 성품 형성의 주제가 되게 만들어야 하지, 실제로는 전혀 외부적이 아닌 그런 외부적인 힘들에 의해 개인들과 집단의 성품이 형성되게 해선

---

12) Borgmann은 처칠의 연설문 전집에서 인용하고 있는데, 그 책은 Robert Rhodes James, ed., *Winston Churchill: His Complete Speeches 1897-1963*, vol. 7 (New York: Chelsea House, 1974), 68-69.

안 된다고 주장한다. 보그만에게는 성품 형성(덕 윤리학의 핵심)이 포함하는 것에는 경제가 조직되고 도시공간이 설계되는 방식에 대하여 주의 깊게 살펴보는 것도 들어있는데, 그건 일상적 행동—의식적으로 의도하든, 아니면 그저 사리가 그러려니 여기든—이 사람들의 행동의 동기, 경향성, 태도, 의도, 욕망, 심지어 지각작용 자체에 영향을 주기 때문이다.13) 우리를 형성하는 빌딩을 우리가 형성한다. 따라서 좋은 덕 윤리학은 보다 나은 체계적 대안들을 위해 작용한다. 조직 기관들과 그것들의 행동에 그런 주의를 기울이는 것은 그랜트에겐 생각나지 않았을 것이다. 비록 그랜트와 보그만 둘 다 덕 윤리학의 옹호자들이기는 하지만 말이다.

아리스토텔레스가 쓴 『윤리학』(Ethics)은 덕 윤리학의 고전적 설명이다. 보그만과 마찬가지로, 아리스토텔레스는 성품이 결심과 행동들을 형성하지만, 습관들과 행동들도 성품을 만드는 것에 대해 매우 잘 알고 있다. 『니코마코스 윤리학』(Nicomachen Ethics)의 말로 한다면, "우리는 올바른 행동들을 함으로써 올바르게 되고, 온건한 행동들을 함으로써 온건해지고, 용감한 행동들을 함으로써 용감해진다."14)

우리가 1장에서 언급했던, "지구를 지키는 교회들의 아프리카 연합" (African Association of Earthkeeping Churches)의 경험이 아리스토텔레스와 보그만의 주장을 잘 설명하고 있다. 즉 존재(being)가 행동(doing)을 형성하고, 행동이 존재를 형성한다. 아프리카의 그 신학생들은 농부들이기 때문에, 그들과 가족들이 집안 살림살이들을 짊어지고, 자신들의 밭, 숲, 생계의 터전에서 상당히 멀리 떨어져 있는 신학교로 이사해 올 수는 없다. 대신에 그들이 약속된 마을들에 모이면, 교수들이 그곳에 가서 그들에게 주간의 강의를 한다. 그런 프로그램은 신학교육의 연장(Theological Education by Extension)

---

13) Alfred Borgmann, *Real American Ethics: Taking Responsibility for Our Country* (Chicago: University of Chicago Press, 2006), 160-88.
14) Aristotle, *Nicomachean Ethics*, II. I. 4-5. trans. H. Rackam, Loeb Classical Library, vol. 19 (Cambridge: Harvard University Press, 1926; Reprint, 1982), 73.

이라고 불렀다.

짐바브웨를 방문하는 길에, 나는 그런 순회 교실을 따라가 보았다. 교수가 질문을 했다. "우리가 **이전엔** 무엇을 믿었었나요?" 손들이 올라갔고, 한 학생을 지적하자 그가 대답했다. "우리는 예수 그리스도가 우리들의 죄를 위해서 죽으셨음을 믿었습니다." 내가 "이전의"(former) 믿음으로 기대한 것이 아닌 대답이었기에, 그 다음을 기다렸더니, 이어지는 질문이 나왔다. "그럼 **지금은** 무엇을 믿나요?" 손들이 높이 올라갔고 그리고 또 한 대답이 나왔다: "우리는 지금은 예수 그리스도께서 모든 피조물들을 위해 죽으셨음을 믿습니다." 지구를 지키는 실천들—토질 개선, 산림 복구, 물 모으기, 토양 침식 통제, 나무 종묘원들과 식물원 교육, 동물 사육 등—모든 것이 교육, 훈련, 종교적 의식과 음악과 동반되어, 심지어 이 오순절 계통의 인식, 신학, 정체성까지 바꾸었다. 이들 농부들은 예수 그리스도를 이해할 때, 이전에는 개인적인 죄와 구원에 초점을 두었지만, 이제는 피조물들과 그것의 구원으로 대체되었다. 지구를 지키는 실천들이, 지구를 공경하는 신앙으로 마음과 정신 속에 작용하여, 문자 그대로 변화된 환경 속에서 변혁된 집단적 정체성의 부분들로 내면화되었다. 그 농부들이 자신들의 거주지를 재구성했더니, 그들의 거주지들이, 그들의 신앙과 윤리를 포함해서, 그들을 재구성했다,

만일 우리가 "위대한 과업"(the Great Work)을 위한 덕 윤리학에 대해 질문한다면, 우리는 메리 에블린 터커가 대부분의 종교들이 자연계에 관련하여 지니고 있는 공통의 가치들로 여긴 것에 이르게 될 것이다. 그녀는 그 가치들에 대해 요약하기를, "**존경, 존중, 자제, 재분배, 책임 그리고 갱신**" (reverence, respect, restraint, redistribution, responsibility, and renewal)이라고 했다(일부러 R자로 시작되는 단어들을 나열한 듯함—역자주). 만일 우리가 아리스토텔레스나 보그만의 방식으로 덕 윤리학을 옹호하면서, 동시에 이 윤리를 지구를 공경하는 신앙으로 옹호한다면, 그 결과는 터커의 방식에 근접할 것이다. "종교들이 옹호할 수 있는 것은, 지구와 지구의 심오한 우주론적 과정들에 대한 존경, 지구의 수많은 생물종들에 대한 존중, 모든 생명 형태들을 포함하는 윤리의 확장, 천연자원들의 사용을 자제하며 동시에 효과적이고

대안적인 공학기술과 부의 평등한 재분배를 지원하는 것 등이다. 그것들은 우리의 지구 행성 위에서 생명의 지속을 위한 인간의 책임성에 대한 광범위한 인정을 할 수 있게 하며, 변혁적인 일이 이루어지도록 희망의 에너지들을 다시 새롭게 하도록 도와준다."15) 이런 것들이 바로 "위대한 과업"의 덕목들이다.

이것과는 대조적으로, 길키(Gilkey)의 윤리는 솔직한 "목적론적 윤리"(teleological ethics)로서, 도덕의 중심을 다른 장소에 두고 있다. "텔로스"(telos)는 그리스어로 끝, 목표, 혹은 목적을 뜻한다. 목적론적 윤리는 결과 지향적이며 결과로 검증한다. 길키의 도덕은 너무도 확고하게 목적론적이라서, 심지어 강제력을 사용하는 것조차도 그것이 성취하는 칭찬받을 만한 결과, 즉 무엇을 필요로 하는 이웃들이 그 필요로 하는 것을 공급을 받는다는 결과에 의해서 정당화된다.

그러나 그랜트, 보그만, 아리스토텔레스가 덕 윤리학의 다양한 입장들을 나타내듯이, 길키의 윤리만이 목적론적, 혹은 결과의 윤리의 유일한 형태는 아니다. 우리는 이미 한 시대 전체에 속하는 두드러진 형태를 인용했었는데, 그것은 **공리주의 윤리**(utilitarian ethics)로서 산업사회 패러다임의 윤리이다. 여기에서는 인간이 아닌, 그리고 인간 이외의 자연들이 인간의 목적들, 목표들을 성취하기 위한 수단들이 된다. "사용" 혹은 유용성이 그토록 철저히 일관성 있게 인간과 인간 이외의 나머지 자연 사이의 관계를 정의하기에, 우리는 그것을 극도의 "사용" 윤리(supreme use ethics) 윤리, 곧 주인과 노예의 윤리가 계속되는 것이라고 규정한다.

인간 이외의 나머지 자연에 대한 의무나 책임에 대해서, 혹은 인간 이외의 자연이 지니고 있을지도 모르는 혹은 당연히 지니고 있을 권리들에 대해서, 이런 일관된 사용 윤리는 별로 생각을 하지 않는다. 또한 사용자들에게 부과되는 덕목들에 대해서도 별로 생각을 하지 않는다. (관리자로서의 좋은

---

15) Mary Evelyn Tucker, "The Alliance of World Religions and Ecology," *SGI Quarterly: A Buddhist Forum for Peace, Culture and Education* 61 (July 2010): 4.

청지기 덕목들은 제외된다.)

길키에게 공로를 돌리자면, 길키 자신의 목적론적 윤리는, 산업주의의 공리주의적 윤리와는 달리, 자연계에 대한 인간의 책임을 예민하게 알고 있다. 그의 1959년의 저서 『하늘과 땅을 만드는 자』(Maker of Heaven and Earth)와 1993년의 저서 『자연, 실재 그리고 거룩한 것들』(Nature, Reality, and the Sacred)은 생태신학(Ecological theology)을 향한 중요한 단계들이었다.16) 더구나 보그만과 아리스토텔레스처럼, 그가 변화를 위한 격언들을 잘 알고 있듯이, 그는 행동과 성품의 상호작용을 잘 알고 있었다. 원수의 손에 의해 소포들을 분배하는 것도 "이웃의 복지를 위한 관심, 즉 내적인 덕목의 본질일 관심을" 외적인 형태로 표현하는 것이다. 그러나 결정적인 도덕성 시험(test)은 행위자("내적인 덕목")를 두고 하는 것이 아니라, 행위(분배된 소포)를 가지고 하는 것이다. 길키는 그의 설명의 결론을 이렇게 맺는다: "그런 관점에서는 배고픈 자들을 먹여주는 모든 행동들이 도덕적인 것이다. 설사 그 마지막 도구가 정부의 비인격적인 손일지라도 말이다. 따라서 내가 그랜트에게 주장했듯이, 누구에게나 나누어주려는 계획은 도덕적이고, 그것을 방해하려는 노력들은 비도적인 것이다."17) 그래서 길키에게도 덕목이 의심할 여지없이 나타나 있고 중요하다. 심지어 그런 덕목에 대한 시험은 그 행동들의 결과에 의해 판단되는 행동의 질적 내용에 달려 있다. 길키를 비롯해서 결과 윤리를 따르는 모든 사람들에게는, 진정한 도덕성은 그 열매들을 통해 알 수 있다.

소포 분배는 재미있는 후속 결과로 이어졌다. 미국 적십자사가 보낸 산더미 같은 물건들을 분류해 보니, 그 가운데 200켤레의 장화들은 남아프리카 적십자사가 보낸 것이었다. 그 당시 수용소 안에는 남아프리카 사람들이

---

16) Langdon Gilkey, *Maker of Heaven and Earth: The Christian Doctrine of Creation in the Light of Modern Knowledge* (Garden City, NY: Doubleday, 1959); *Nature, Reality, and the Sacred: The Nexus of Science and Religion* (Minneapolis: Augsburg Fortress, 1993). 이 책들이 생태신학을 준비하기는 하지만, 길키의 관심은 생태권과 그 속에서 일어나는 것에 있지 않고, 초점은 현대과학이 신학과 종교에 끼치는 영향에 있다.

17) Gilkey, *Shantung Compound*, 110.

전부해서 2명이 있었다. 그 이튿날 그들은 공고문을 내걸었다: "전례에 따라서, 남이프리카 공동체는 남아프리카 적십자사가 기증한 200켤레 장화들의 소유권을 주장한다. 우리 자신의 재산에 대한 권리를 표시하기 위해서, 우리는 각 켤레를 사흘 동안 신어볼 것이다. 그리고 나서 남아프리카 사람이 아닌 사람들이 관대한 도움을 요청하면, 우리가 그것을 사용하지 않을 때 일부를 기꺼이 빌려줄 것이다."18) 도덕성 게임이 계속된 것이다!

세 번째 도덕 이론은, 그랜트의 이론도 길키의 이론도 아닌 것으로, 의무나 책임을 중시한다. 철학적 윤리학에서는 이를 "의무론적"(deontological) 윤리라고 부른다. 그리스어 *de* + *ontos*—"존재 자체로부터"(from being itself)" 혹은 "존재에서 나온"(out of being) 혹은 "존재에 뿌리를 둔"(rooted in being)—에서 나온 말이다. 즉 삶 자체—"존재"—가 모두에게 의무적인 필요성을 부여하고 있다. 사회지향적인 피조물들로서 함께 살아가는 것은 기초적인 규칙들을 요구하며, 불가피한 관계들은 책임들을 공유하게 만든다. (우리는 제1장에서 지적하기를, 이런 일은 다른 사회적 동물들에게도 해당되며, 이는 곧 의무로서의 도덕이 포유동물들의 진화에 속한다고 했다.) 혹은, 하벨(Havel)의 말을 상기하자면, "존재의 근원(Being)의 기적, 우주의 기적, 자연의 기적, 우리들 자신의 존재의 기적"에서 나온 명령들이 있다. 그것들은 모독해선 안 되고 존중되어야 한다.19)

보오샹쁘(Beauchamp)와 췰드레스(Childress)의 저서로 널리 사용되었던 생명의학 윤리(biomedical ethics) 교재는 보편적 도덕의 경험 요소로서 의무와 책임에 대한 가설적인 사례를 제공하고 있다. 당신과 친구가 등산하는 것을 상상해보기로 하자. 당신의 친구가 추락했다. 당신이 다가가 보니 그는 심하게 다쳤음이 분명하다. 그는 죽어가면서 당신에게 약속을 지켜달라고 간청한다. 당신은 즉시 그러마고 동의한다. 그는 고백하기를, 그에겐 열심히 일하고 투자를 잘해서 벌어놓은 거의 100만 달러가량의 돈이 있다고 한다. 그는 당신에게 그 돈이 어디에 있는지 장소를 말하고, 과거에 중요한 시기에

---

18) Ibid., 113.
19) Havel, "Address by the President of the Czech Republic," 8-9.

그를 도와주었던 삼촌에게 그 돈을 전해달라고 한다. 그리고 당신 친구는 죽었다.[20]

당신은 세 가지를 알고 있다. 당신은 약속을 했다. 오직 당신만이 그 백만 달러가 있는 곳을 안다. 그리고 당신 친구의 삼촌은, 당신도 잘 아는 사람인데, 아주 부자인데다가 당신의 친구가 번 돈을 낭비할 것만 같다. 더구나 당신은 훨씬 그 돈을 필요로 하는 곤궁한 자들을 생각해낼 수 있다. 그 돈은 그들의 손에 들어가는 것이 당신 친구에겐 더 알맞은 기념이 되지 않겠는가? 만일 결과가 더 좋게 된다면, 그의 죽음의 자리에서 당신이 한 약속을 당신은 지켜야 할까, 아니면 안 지켜도 될까? 물론 그는 이걸 모를 것이고, 그 삼촌도 모를 것이다.

약속을 지키는 일(promise-keeping)과 진실을 말하는 것(truth-telling)은 근본적인 의무의 본보기들이다. 무엇이 좋은 삶이며, 또 우리는 그것을 어떻게 살아내야 할 것인가? 이 질문에 대답하려면, 여기서 중요한 관심은 결과로 결정되거나, 덕목으로 결정되는 것이 아니라, 의무로 결정되는 삶이다. 도덕적인 의무가 있는 우리는 무엇을 해야 할 것인가? (만일 하벨의 말과 대부분의 종교들이 옳다면) 우리는 서로에게, 심지어는 존재(Being) 자체에게도, 어떤 최소한의 도덕을 빚고 있는가? 삶 자체가 우리들의 손 안에 있다면, 우리는 누구에게, 또한 무엇을 해야 할 의무를 지고 있는가? 이 특별한 경우에서는, 문제가 되는 판단은 당신 친구의 돈을 더욱 가치 있는 목적으로 사용하기 위해서라면, 그 친구와의 약속을 저버려야 하느냐 여부에 달렸다. 당신의 실제 결심이 무엇이든, 당신은 엄숙한 약속을 배신해선 안 된다는 강력한 느낌이 당신에게 존재한다는 바로 그 점이, 곧 도덕적인 삶의 핵심적 실재로서 의무감에 대한 증언인 것이다. (그것은 또한 의무 윤리의 진리와 결과 윤리의 진리가 서로 충돌하는 것과 마찬가지로, 덕 윤리의 진리가 의무 윤리 및 결과 윤리의 진리와도 충돌할 수 있다는 증언이기도 하다.)

---

[20] Tom L. Beauchamp and James F. Childress, *Principles of Biomedical Ethics* (New York: Oxford University Press, 1979), 29. 산동 수용소의 사례 연구에서처럼, 여기에서의 논의는 Birch와 Rasmussen, *Bible and Ethics in the Christian Life*, 52-58의 논의에 대한 해설을 일부 포함하고 있다.

약속을 지키는 것과 진실을 말하기가 기초적인 규칙들의 유일한 본보기라고 할 수는 없다. 존경과 신뢰를 확장하는 것도 또 나른 본보기들이다. 기본적인 불신과 의혹에 근거해서는, 아무리 보아도, 삶은 잘 살아질 수가 없다. 만일 누구라도, 또한 무엇이라도 항상 믿을 수가 없다면, 그 어느 것도 결코 누구에게 영속적인 만족을 줄 수 없다. 기본적인 신뢰야말로 없어서는 안 되는 생태사회적 필수조건이다.

존경과 평등한 관계도 좋은 삶을 위해서는 필요하다. 우리가 서로를 어떻게 대하는가 하는 문제는 거의 모든 것에 중요하다. 기초적인 존중으로서의 평등한 관계란 우리 자신들이 대접받기를 원하는 대로 남을 대접하는 것(We treat others in the manner we ourselves wish to be treated.)을 뜻한다. 이처럼 모든 문화 속에 이른바 황금률(Golden Rule)이라는 것이 형성되는데, 단지 말다툼하는 아이들에게 하는 충고로서가 아니라, 모든 사람들에게 적용될 보편적 원칙으로 이루어진다. 부정적으로 말하자면, 기초적 존중이 없으면, 그 결과로 정신을 좀먹는 이중 잣대들이 나타난다. 어떤 인간들은 인간 이하로 여겨지거나, 혹은 나의 종족에서 통하는 방식보다 열등한 방식의 인간으로 여겨진다. "나의 것"과 "우리의 것"이 "너"와 "너의 것"을 이긴다. 존중과 평등한 관계가 없어지면, "나의" 그리고 "우리의" 행동들이 정당한 경기에 대한 모든 감각을 잃어버리고, 드디어는 마음대로, 무심한, 혹은 억압적인 것으로 쉽게 변해버린다. 그러면 공동생활을 부패시키는 불의(injustice)가 뒤따른다.

임마누엘 칸트는 일관된 의무 윤리(duty ethics)의 탁월한 해설자로 여겨진다. 그의 중심 개념은 **"정언명령"**(categorical imperative)이다. 그것은 무조건적 의무, 모든 상황들 속에서도 적용되는 책임을 가리킨다. 도덕적인 삶의 뼈대, 가능성들, 그리고 한계들을 세우는 데 사용할 원칙들은 정언 명령의 시험에 합격해야 하는 원칙들이다.

정언명령의 첫 번째는 이렇다: "당신이 하고자 원하는 것이 동시에 누구나 해도 되는 보편적 법칙이 될 수 있는 그런 원칙에 따라 행동하라." 여기엔 이중 잣대가 없다. 나와 내 부족들에게 통하는 한 가지 법칙, 그러나 당신과 당신 가족에게 통하는 다른 법칙이 있을 수 없다. 진정한 도덕의 시험은, 당신이 자신에게 원하는 것을 당신이 다른 사람들에게도 원하는가의 여부다.

정언명령의 두 번째는 이렇다: "사람을 대하는 데서, 당신 자신에게나 다른 사람에게나, 어떤 경우에도 행동하기를, 사람을 목표로 여기되 단지 수단으로 여기지 말라." 여인들을 남성의 욕망들을 충족시키기 위한 수단으로만 여기거나, 인간관계에서 사람들의 타고난 가치와 권리를 존중하지 않고 오직 사용을 위해서만 지배하는 일—이런 것들은, 노예제도처럼, 이제 "추방해라!" 그것들은 "단지 수단으로만 여기지 말고, 목표로 여기기"라는 시험을 통과하지 못한다.

정언명령의 세 번째는 "목표들의 왕국"(kingdom of ends)이라는 칸트의 개념에서 나온 것인데, 그 왕국에 인간들이 소속되어 있고, 인간들은 그 왕국을 위한 입법자들이다. "각 사람은 마치 그가 원칙을 통하여 항상 목표들의 왕국 속에서 법률을 제정하는 사람인 듯이 행동해야 한다." 만일 당신이 모세나 함무라비처럼 법을 제정하는 사람이라면, 어떤 법률이 모두에게 해당할 것인가? 어떤 도덕적 틀과 실제적인 의무가 당신의 작은 왕국(당신 가족, 당신의 마을, 당신의 이웃, 당신의 생태적 군집지역)을 다스리도록 할 것인가? 법조항들의 안내지침은, "항상 당신이 모든 사람들을 위한 법률을 제정하는 사람처럼 행동하라"이다.

의무 윤리를 이런 식으로 생각해보라. 존 롤스의 정의에 대한 신칸트주의 이론처럼, 만일 당신이 무지라는 베일(veil of ignorance)의 뒤에 있어서, 장차 당신이 소속될 미래 사회 속에서의 당신의 위치나 신분을 미리 알 수가 없다면, 어떤 규칙들을 제정하고자 하겠는가? 미래에 당신의 이해관계와 삶이 어떻게 될지를 알 수 없다면, 당신은 어떤 조건들을 각자를 위한 최초의 조건들로 추천할 것인가? 당신은 어떤 규칙들과 실천들을 지켜야 할 어떤 기관들을 만들 것인가?21)

---

21) John Rawls, *A Theory of Justice* (Boston: Belknap Press of Harvard University Press, 1971), passim.

칸트는 자기 자신을 위한 왜곡(self-serving distortions)이 허용될 수 없는 도덕을 원한다. 우리는 자신의 제한된 이해관계를 위해서라면 끊임없이 이념적 비틀림과 구부리기(왜곡)를 행한다. 우리는 악덕을 미덕으로 해석한다. 우리는 우리의 편견이 옳다고 확증한다. 우리는 심지어 우리의 거짓말들을 믿는다. "정언" 명령들, 혹은 유사한 환경에 처한 누구에게나 해당하는(즉, "보편적인") 권리는 우리를 왜곡시키는 이해관계를 최소화할 것이다. 이리하여 칸트의 도덕적 보편주의는 도덕적 문제들을 제기하고 결정하는 사람들의 이해관계와는 독립된 안내지침을 만들어낸다.

다른 이론들과는 대조적으로, 이것이 뜻하는 바는, 의무 윤리를 위해서는, 개인의 미덕이나 그 행동의 결과들은 그 어느 것도 도덕적 가치의 결정적인 판단기준이 아니라는 뜻이다. 함께 사는 데 근본적으로 요구되는 것들과 보편적인 적용성이 판단기준이다. 훔치기, 거짓말하기, 약속을 깨기, 성폭행, 그리고 고문 등이 도덕적 측정기준과 추천할 만한 규범이나 행위가 될 수는 없다. 만일 그런 것들이 보편적으로 실행되고 인정된다면, 자연사회는 불가능할 것이다. 만일 어쨌든 그런 조건들이 가능한 자연사회가 어딘가에 존재한다면, 우리는 존중과 정정당당함을 가치로 여기는 다른 거주지를 찾아서 그런 곳에서 탈출하려고 무슨 짓이든 할 것이다. 우리는 보다 나은 보호처를 찾고자 할 것이다.

그런 것에 대하여, 여기 두 가지 서로 다른 실례들이 있다. 처음 것은 우리가 생태사회적 피조물로서 우리의 삶들은 도덕적 필요조건들을 우리에게 부여한다는 의무 윤리를 상기시킨다. 두 번째 것은 이런 의무들의 보편적 범위를 설명한다.

히브리인들은 사제 계급—파라오의 이집트—에 의해 노예노동으로 유지된 위대한 문명의 맨 아래층에서 너무도 오랫동안 살아왔었다. 해방이 찾아온 것은 역사상 최초로 기록된 노예들의 반란과 광야로의 탈출(Exodus)을 통해서였다. 그러나 이제 무엇을 할 것인가? 그들의 친숙했던 거주지(보금자리)와 이집트의 고기 삶는 가마에 의존했던 생계를 떠나서, 또한 부여된 질서가 없이, 이전의 노예들이었던 부랑자 집단이 함께 살아가는 삶을 만들어내기 위해서 그들 자신들을 어떻게 다스릴 것인가? 그들은 모세에게 맹렬하게 불평한다: "당신은 왜 우리들을 이집트에서 나오도록 끌어내서는, 이제 우리들과 우리의 자녀들과 짐승 떼들을 목말라 죽게 만드는가?(출애굽기 17:3b). 그래서 그들은 새로 얻은 자유를 가지고 무엇을 할 것인가? 산동 수용소에서 그들이 겪었던 것처럼, 일본인들(즉, 이집트인들) 없이도, 그들은 함께 살아갈 필요사항들을 결정할 필요가 있다. 무엇으로 규칙들을 삼을 것인가? 제대로 작동할 공동체로서 함께 살아가기에는 무엇이 필요한가? 그 대답이 바로 십계명(Ten Commandments)과 여러 법규들이다. 십계명과 계약법전은, 이집트의 신들과는 달리 그들의 고통을 알고 있는 하느님 앞에서, 기본적 도덕 의무들을 명확히 표현한 기초적인 규칙들이다(출애굽기 20: 12-16; 21-23장). 또한 모세는 비록 예언자요 지도자로 추앙되었지만, 무엇보다도 법을 세운 자(Lawgiver)로 존경받았다. 이스라엘과 그 지도자들은 기초적인 의무들의 윤리를 만든 인간 경험 속에 있는 힘들을 발견하였다. 만일 한 민족이, 어떤 민족이라도, 최소한의 도덕적 규칙들을 가지고 쉽게 살지 못한다면, 그것들 없이는 민족이 전혀 살아갈 수가 없다는 것이다. 심지어 자유의지론자(Libertarian)라도 불간섭의 자유를 위한 조건들을 제정할 수밖에 없다.

덧붙일 것은 이런 법규들—계명들과 계약들—이 이스라엘의 경험 속에서는, 제국의 신들(empire's gods)에 대항해서 노예들을 도와준, 바로 **우주의 하느님**(God of the universe)에 의해서 지어진 도덕적 질서에 속한다는 점이다. 여기서 계명들과 계약들은, 다른 많은 종교들에서와 마찬가지로, 하느님 안에 뿌리를 둔 존재를 표명하는데, 그 하느님은 하늘에 별들을 배치하고 또한 모든 피조물들에게 질서를 주기 위해서 원초적인 물 위에서 떠돌던 바로 그 하느님이다. (하벨의 세속적인 표현에서는, 생명의 명령들이 상호 연결된 기적들, 즉 존재의 근원, 우주, 자연, 그리고 우리들 자신의 존재에 대한 존경에서 나온 것이다.)

이스라엘의 광야 경험은 예외적이라기보다는 오히려 전형적인 것이다. 어느 민족이라도 그들이 처한 상황들이 그들에게 공동생활을 하도록 요구한다면, 개인과 조직기관의 행동을 규제할 도덕적 기초들에 동의할 필요가 있다. 이런 것들은 우연히 이루어지는 것이 아니라, 종종 그 민족을 설립하는 "규약들"(헌법들)로 제정되는데, 이런 것은 칸트에게 큰 관심 주제였다. 그런 조항들은 모든 시민들에게 의무로 지워지는 것들을 "제정"(constitute)한다. 그것들은 한 민족이 성장하고 변화함에 따라 기본 구조를 형성한다. 만일 기본적 변화가 필요하면, 창립 문서에 수정으로, 혹은 보다 근본적인 경우들에는, 새로운 헌법(규약)으로 나타난다. 그러나 개정이든, 새로 초안을 내든, 헌법들은 법의 지배가 얼마나 중요한가를 증명하는 것이다. 의무라는 것은 본성적으로 열망하고 소속하도록 태어난—혹은 운명지워진—피조물들에게는 선택의 여지가 있는 것이 아니다. 생물사회적인 자연—우리는 타자들의 친절에 의해서 살아간다, 설사 그 친절이 강제되더라도—은 서로 어울려 지내기 위한 최소한의 공유된 조건들을 필요로 한다.

히브리인들이 이집트의 억압적이고 고정된 질서로부터 광야에서의 자유와 불확실한 생활에로 탈출한 것은 부담스러운 전환이었다. 때로는 그들이 알았던 악마가 그들이 몰랐던 악마보다 더 나은 것으로 여겨지기도 했다. "차라리 우리가 이집트 땅 거기 고기 가마 곁에 앉아 배불리 음식을 먹던 그 때에, 누가 우리를 주님의 손에 넘겨주어서 죽게 했더라면 더 좋을 뻔 하였습니다. 그런데 당신들은 지금 우리를 이 광야로 끌고 나와서, 이 모든 회중을 다 굶어 죽게 하고 있습니다"(출애굽기 16:3). 유태인의 교훈은 **정신의 식민지화**와 특히 속박 아래에서 그럭저럭 지내는 것에 대해 통찰을 주는데, 광야에서 40년을 보낼 **필요가 있었다**고 말한다. 그런 후에야 비로소 이집트의 억압을 내면화하지 않은 세대가 나올 것이었다.

이것이 말하는 것은 헌법(법령)을 초안하고, 비준하고, 그것에 따라 사는 것, 그리고 그것을 해석하는 것이 순탄하게 진행되는 일은 거의 없다는 점이다. 전환기의 사람들은 진리들과 반대진리들을 주장하면서, 각각 도덕적 주장을 펼친다. 경험은 심지어 동일한 경험조차도, 합의를 낳는 경우는 좀체 없다. 심지어 함께 살아가기 위한 기초적인 규칙들에 관한 뭔가 근본적인 것에 대해서도 그렇다. 헌법은 토론을 필요로 하는데, 때로는 투표의 결과나

위임된 지도자의 권위를 받아들이기로 동의함으로써 토론을 끝내는 것도 필요하다.

많은 헌법들은 권리 선언문(a bill of rights)을 갖고 있는데, 우리의 의무론적 윤리의 두 번째 실례가 적용된다. 인간의 권리에 대해 전 세계적으로 법률에 명시하고 법률로 보호하는 도덕적 입장은 주로 현대적인 현상이다. 계몽주의가 인간의 자율적 이성에 의해 입법된 보편적 도덕을 추구한 것은 제1차 세계대전과 제2차 대전, 그리고 홀로코스트에 반대해서, 제2차 세계대전이 끝나자 곧바로, 보편적 인권선언(Universal Declaration of Human Rights)을 제안하고, 1948년 UN 총회에서 채택했다. 이 선언의 초안자들은 인간의 존엄성을 인권의 초석으로 삼았다. 칸트의 언어로는, 어떤 인간도 오직 도구로만 간주될 수 없다. 모든 사람들은 타고난 가치를 그 자체의 목적으로 지니고 있다. 종교공동체들이 이런 내용을 말한 것은 모든 사람이 예외 없이 하느님의 자녀들이고, 하느님의 시각에서는 모두가 고귀하다는 것이다.

그러나 무엇이 "권리"인가? "권리"를 갖는다는 것은 무엇인가에 대한 합법적 주장이나 자격을 갖는 것인데, 그에 대해서 다른 사람들이 인정을 해야 하는 것이다. 혹은 계속해서 도덕에 초점을 맞추자면, 권리는 법적으로 구속력을 갖는 보편적인 도덕적 주장이다. 우리는 이런 권리들을 존중하도록 의무를 지고 있으며, 이에 대한 예외는 없다. 만일, 터무니없는 엉터리 행동 때문에, 어떤 권리가 유보**된다면**—가령 알려진 악당들이거나 테러행위로 체포된 사람들 같은 경우—그것은 확실한 증거가 있어야 하고, 그리고 비슷한 경우들이 모두 똑같은 방식으로 해당되어야("보편적"일 것) 한다. 심지어 그런 예외적인 권리의 유보조차도, 정확히 예외적인 것**으로서**, 그들의 권리를 강력한 도덕적 주장들로 여겨서 검증되어야 한다.

광야에서 지내던 이스라엘과 보편적 인권선언은 의무론적 윤리가 보편적 의무를 특징으로 하는 도덕이라는 점을 잘 드러내주는데, 그 형태들이 도덕적 원칙들, 계명들, 법령들, 계약들, 권리들, 혹은 헌법 등, 그 어느 것이건 마찬가지로 해당된다. 공동생활은 비슷한 상황들에 처한 모든 당사자들에게 구속력을 갖는 도덕성을 촉구한다.

그러나 우리는 아직 결정적으로 중요한 문제를 제기하지 않았다. 우리는 인간 이외의 자연에 대해, 공동체와 사회에 대한 포괄적인 의미에서 근원적인 의무를 지니고 있는가? (모든 공동체와 사회는 자연에 속해 있다. 조성된 환경도 자연의 일부요, 마찬가지로 아직 조성되지 않은 환경도 자연에 속해 있다.) 도대체 왜 생명의 모든 생산요소들—흙(토양), 공기, 불(에너지), 물—이 우리들에게 요구하는 구속력 있는 주장들이 전혀 없는 것처럼 보이는가? 그런 생산요소들에 철저하게 의존하고 있는 것이 우리들의 삶인데, 도대체 왜 그 요소들이 건강하기 위한 요구사항들이 우리들에게 주어진 의무들이 아닌가? 그 까닭은 인간 이외의 자연이 우리의 도덕적 우주 속에선 그 존엄성을 상실하고, 기초적인 존중을 받지 못하고, 그래서 결코 목적들이 아니라 단지 수단에 불과한 지위로 떨어진 때문이 아닐까? 생명을 제공하고 지탱시켜주는 것을 무시하는 것은 도덕적으로 무책임하고, 심지어 비난할 만한 일이 아닌가? 만일 그렇다면, 현행 도덕에 대한 이성적인 비판으로서의 윤리는, 그 현행 도덕이 충분한 대의를 지닌 것이며 또한 좋은 논증인지, 아니면 단지 나쁜 우주관과 치명적인 인간의 잘못인지를 알고 싶어한다.

지구헌장(Earth Charter)은 자연에 대한 이런 존중심이 없고 그 도덕적 주장들이 없는 것은 나쁜 우주론과 치명적인 잘못이라고 생각한다. 권리라는 언어 자체를 피하면서, 그 헌장은 나머지 자연에 대한 인간의 보편적인 책임들을 포함함으로써, 의무 윤리에 대해 우리가 거론했던 실례들에 동참한다. 지구헌장의 첫째 부분인 "생명 공동체에 대한 존중과 보살핌"(Respect and Care for the Community of Life)은 네 가지 기초적 원칙들을 제시한다.

1. 지구와 다양성을 지닌 모든 생명에 대한 존중.
2. 이해, 함께 아파하는 자비심, 사랑으로 생명 공동체를 돌보기.
3. 공정하고, 참여적이며, 지속가능하고, 평화로운 민주사회들 건설하기.
4. 현재와 미래 세대들을 위해서 지구의 풍요함과 아름다움을 보호하기.

각각의 원칙은 그에 종속되는 두 가지 부차적 원칙들을 통해 보다 많은 내용을 제공한다. 지구헌장이 "생태적 보전, 사회경제적 정의, 그리고 민주주의, 비폭력과 평화"에로 옮겨가면서, 그 패턴은 반복된다.22) 지구헌장은 역사적으로 제대로 표현되지 못했던 민족들과 세계 종교들에 특별한 주의를 기울이면서, 모든 사회들 전반에 걸쳐서 의견의 일치를 이룬 전 세계적 과정의 결과로 나온 헌장인데, 포괄적인 의미에서 자연에 대한 의무라는 공통적 윤리의 가능성들을 보여준 놀라운 본보기다.

도덕 이론을 요약하자면, 우리는 이제까지 도덕적인 삶에서 무엇이 가장 중요하며 또한 그것을 어떻게 검증할 것인가를 강조하는 상당히 다른 방식들을 알아보았다. 그것들은 인간의 경험 속에 반복해서 나타나는 세 가지 도덕적 실체들을 둘러싸고 모여 있다. 그 세 가지 실체들은 (1) 개인적으로 또한 집단적으로 인간의 성품의 특질, (2) 인간 행동의 목표와 결과, 그리고 그 결과들에 대한 책임, (3) 공동생활이 모든 사람들에게 의무로 부여하는 규칙들이다. 여러 가지 이름들이 주어졌는데, 우리가 사용해온 것들은 (1) 성품 윤리(virtue), (2) 결과 윤리(teleological), (3) 의무 윤리(deontological)이다. 이름이야 무엇이었든, 이들 실체들이 모든 문화와 모든 기록된 인간의 시간에 걸쳐 있다. 우리가 그 속에 태어난 도덕성은 다양하고, 거듭되고, 지속적인 형태를 띤다.

두 가지를 지적하면서 이 논의를 끝내자.

도덕 이론은 인간의 도덕적 경험의 차원들과 형태들에 대해 체계적으로 생각해보려는 시도다. 그것은 우리가 살아가는 도덕들 속의 서로 다른 혹은 때로는 상충되는 "논리"를 강조한다. 즉 어떤 주어진 순간에 어느 것이 가장 중요하고 핵심이 되는 문제인가—성품, 결과, 혹은 의무? 우리들이 가장 의존해서 살아가는 것이 무엇이며, 또한 그게 어떻게 문제가 되는가?

그러나 직접 살아본 도덕적 경험이 언제나 우리의 이론들보다 더욱 역동적이고 풍성한 것이다. 성격상 이론들은 그것이 조명하는 초점과 설명적인 능력을 위해서 경험들을 단순화시키는 방식으로 추상화한다. 그러나 아무리

---

22) The Earth Charter is available at www.earthcharter.org.

이론들이 정밀하고 강력할지라도, 우리는 아직도 세 가지 모두—성품, 결과/목표 그리고 의무—가 결정된 해결책은 없이 상호 성생과 긴장을 이루고 있음을 느낀다. 이것이 말해주는 바는 종교적 혹은 세속적 표명에서, 이들 세 가지 가운데 어느 것도 그 자체만으로는 전체를 드러내지 못한다는 점이다. 어느 한 가지 이론만으로는, 심지어 건전하고 일관된 것일지라도, 인간 도덕성의 길이, 깊이, 넓이, 그리고 복잡성을 모두 포용하지는 못하며, 어느 한 가지가 상호 경쟁적인 주장들에 지속적인 만족을 주도록 해결하지도 못한다.

그렇게 말은 했지만, 좋은 이론이 좋은 지도들(설명도)을 제공하고, 좋은 지도들(설명도)은 유용하며, 때로는 필수불가결하다. 그것들은 도덕적 행보를 도와준다. 혹은, 이미지를 바꿔서 말하자면, 좋은 이론은 우리의 도덕적 경험의 서로 다른 차원들을 설명해줌으로써, 우리가 어떤 종류의 피조물이며, 또한 우리가 도덕에 대해 화를 내고 또한 도덕적인 판단을 필요로 하는 피조물로서 살아가는 세상에서 무엇이 관건인지를 밝혀준다.

그러나 지도가 지역은 아니며, 우리는 지역 속에서 살아간다. 좋은 윤리는 도덕적 이해를 촉진시켜준다. 그러나 도덕을 이해하는 것이 도덕을 살아가는 것을 대체할 수 없는 것은, 마치 음식의 좋은 조리법이나 사진이 배고픔을 만족시켜주지 못하거나, 혹은 무용을 관람하는 것이 무용하는 것을 대신하지 못하는 것이나 다름없다. 좋은 이론은 도덕적인 삶을 위해 봉사하지만, 결코 그것을 대신해주지는 못한다.

마지막으로, 독자들은 이 논의에서 예를 든 것들이 우리가 사회와 연관시킨 것들(산동수용소, 등산하는 친구들, 이스라엘 등)과 앞의 장들에서 자연에 초점을 둔 논의들 사이를 자유롭게 왕래하였음을 눈치 챘을 것이다. 이런 자유로운 움직임은 의도적인 것이다.

그 이유는 두 가지인데, 첫째로, 인간 사회와 자연은 분리될 수가 없다. 만일 우리가 사회와 자연을, 혹은 자연과 인간을 분리해서 본다면, 얻어지는 것은 하나도 없고, 많은 것들이 잘못될 것이다. 우리가 그 이름을 어떻게 부르든 간에, 그것은 언제나 자연사회이며, 인간이 나머지 자연과 함께하는 생태사회적 인간이다. 따라서 우리가 논의에서 들었던 여러 가지 실례들은, 설사 서로 다른 요점들을 강조할지라도, 똑같은 공간(즉 자연사회)을 공유한다. 둘째로, 여기에서 요약한 도덕 이론은 우리들의 경험 전반에 걸친 것이다. 우리의 경험에선 인간 이외의 자연을 위해 예비해둔 제4의 이론을 갖고 있지도 않거니와 추구하지도 않는다. 우리에게 필요한 윤리는 근본적으로 다른 도덕적 범주들을 지닌, 별도의 자율적인 "환경윤리"가 아니다. 우리에게 필요한 윤리는 포괄적 윤리로서, 우리가 어떤 종류의 피조물들이며 또한 우리가 직면한 변화가 무엇인가의 관점에서 우리가 살고 있는 세계에 맞도록 구성된 포괄적 윤리이다. 우리가 탐색할 관심들과 다른 범주들이 그러하듯이, 인간의 성품, 목표들, 의무가 모두 관련된다. 도덕적 우주가 그 경계선들을 **자아**(ego)로부터 **생태계**(ecosphere)로 옮겨가도 그것들 가운데 어느 것도 탈락되지 않을 것이다. 그러나 심지어 현재 작동하고 있는 도덕들을 다시 구성하고 다시 써야 할지라도, 다른 범주들은 추가되지 않을 것이다. 다른 미덕들과 다른 성품이 필요할지도 모르고, 혹은 다른 정책들과 습관들의 결과로 다른 결론들이 나올지도 모르고, 혹은 인간과 인간 이외의 생명들의 현재와 미래 세대들에 대한 우리의 의무를 다시 언명할 필요가 있을지도 모른다—이 책의 주제는 이런 **내용의 변화**가 매우 중요하다는 것이다. 그러나 내용의 변화는 형식적 범주들을 대체하기보다는 확장한다. 도덕 이론의 기준선들—성품, 결과, 의무—은 그대로 남아 있다. 자연사회에 대한 인간의 책임을 적절히 설명하려면 그 모든 것들을 포함해야 한다.

4. 도덕적 비전

장기이식(organ transplant)에 관한 회의에서 건강관리 정책을 고려하고 있었다. 도덕적으로 중요한 여러 문제들—의료 봉사에 대한 평등한 접근, 규제의 역할(누가 결정하고, 어떤 기준에 따를 것인가), 장기의 수요에 대한 경제적 파급효과 등—이 전체 회의들에서 표면화되었다. 그 다음 발언자가 등단하였을 때, 그는 심각한 불구로 인해 고통을 당하고 있음이 분명했다.

의사들, 변호사들, 건강관리 직원들, 생명의학 윤리학자들로 구성된 회중들에게 발언하기 위해서는, 그의 타고난 기형적인 등을 지탱해줄 특별한 장치가 필요했다.

그 젊은 발언자는 자신의 조건들에 대해 아무렇지도 않은 듯이 말했고, 이어서 많은 고대의 문명들 속에서는 불구자들이 죽음에 처해졌었다고 말했다. 이런 일은 미국에서도 일어났고, 심지어 지금도 어떤 경우에는 불구자들에게 삶이 허용되지 않는다.

청중들은 이 마지막 주장에 대해 회의적이었다. 몇 사람이 회중석에서 일어나 그에게 도전했다. 그의 대답은 질문으로 되돌아왔다. 만일 두 사람이 장기이식을 받으면 죽음을 피하거나 상당 기간 생명을 연장할 수 있다면, 또한 그 두 사람 사이의 서로 다른 점이란 오직 한 사람은 상당한 불구의 장애인이고 다른 사람은 그렇지 않다면, 누가 장기이식을 받을 것인가?

처음에는 외과 의사들이, 다른 모든 것이 동일하다면, 상당한 불구자인 사람들을 배제하는 그들의 관행에 대해 변명했다. 그들은 대부분의 다수들에게 합리적으로 보인 근거들을 갖고 그렇게 주장했다. 그러나 오래지 않아서, 그들은 자신들의 생각들이 초래한 결과를 이해하기 시작했다. 그들의 판단에 따르면, 그들에게 조용히 질문을 제기한 그 젊은이에겐 그를 살려줄 장기이식이 허락되지 않을 것이었다. 그들이 불구자는 완전한 사람이라고 여기지 않았음이 분명해지자, 조용한 도덕적 충격이 다가왔다.

이 사건을 보고한 회의 참석자, 로이 브랜슨은 이렇게 논평했다: "그들의 논란 사이를 메운 침묵 속에서, 참석자들은 자신들이 윤리적, 경제적, 의학적, 법적인 관점들을 넘어서서 책임성의 새로운 지평을 엿보게 되었다고 느꼈다. 그들의 인간에 대한 의미가 확장된 것이다."[23]

도덕적 관점에서 볼 때, 여기서 무슨 일이 일어난 것인가? 그들의 "인간

---

[23] 1986년 11월 Loma Linda University에서 열린 "Bioethics: Old Models and New"라는 회의에서 나온, Roy Branson의 출판되지 않은 논문 "Apocalyptic and the Moral Imagination"을 저자의 허락을 받아서 Birch and Rasmussen, *Bible and Ethics in the Christian Life*, rev. and expanded ed., 1989, 58에 인용하여 실었음.

에 대한 의미가 확장됨"에 따라 무슨 일이 벌어졌나?

　논의를 위해서, 장기이식 수술을 하는 외과 의사들이 좋은 성품을 지닌 사람들이라고 가정하자. 그들은 환자들을 진정으로 돌보았고, 고통을 덜어주는 일에 헌신하였고, 또한 자기들이 돌보아야 할 환자들을 대하는 의술이 아주 좋았다. 전부는 아닐지 모르나, 대부분은 좋은 의사들에게 기대할 수 있는 도덕적, 기술적 덕목들을 지녔음을 보여주었다. 그들은 히포크라테스(Hippocrates) 선서를 했으며, 전문적인 의무들에 대하여 양심적이었다. 그들은 어려운 결정들을 내려야 할 때, 특히 생명을 구해줄 장기들이 제한적으로 공급되기 때문에 사느냐 죽느냐의 선택을 하는 것이 불가피할 때, 그들은 무엇보다도 방심하지 않았다.

　그렇다면, 그 의사들은 민감한 책임감과 자원들이 허용하는 한 최선의 결과를 제공하려는 의욕과 함께, 자신들의 전문적인 의무에 최선을 다하는 성품을 지닌 사람들이다. 그러나 여전히, 그 젊은이의 도전은 그들을 초조하게 만들며 괴롭힌다. 그들의 동정심은 어떤 계층의 환자들에게만 국한된 것은 아니었을까? 그들의 사회적 선함에 대한 이해가 편견을 지닌 것은 아니었을까? 태어나면서 불구가 된 사람은 완전한 사람의 자격이 없는 것일까?

　"그들의 인간에 대한 의미가 확장되면서," 이런 질문들에 대한 그들의 대답이 "그렇다"로 나타났다면, 그건 수정된 도덕적 비전이 방해했다는 것을 알리는 것이다. 그들은 사태를 뭔가 달리 본 것이었다. 이것은 변화된 렌즈와 변화된 비전의 결과였던 것이다. 만일 우리가 그 회의가 끝난 뒤에 그들을 추적해본다면, 아마도 우리가 도덕 이론이라고 부른 도덕적인 삶의 모든 요소들이 당연한 결과로 영향을 받았음을 발견할 것이다. 즉, 전문직에 중요한 덕목들의 일부, 정책들과 그 결과들의 일부, 기본적 의무들 자체의 일부들이 말이다. 도덕적 비전은 그런 단순한 이유로 발전과 영향을 받는다. 때로는 눈에 띄지도 않고 미묘하지만, 우리의 도덕적 비전은 전반적인 우리의 도덕적 영역에 대한 통합적인 이해인 것이다. 그것은 도덕적 상상력의 동의어로서, 도덕적 세계를 형성하고 그리고 다시 형성할 수 있다.

　달리 말하자면, 도덕적 비전은 우리가 살아가야 할 도덕, 혹은 살아가려는 도덕의 줄거리를 제공한다. 우리는 그것을 비전이라고 부르는 대신에 이야기 줄거리(narrative line)라고 부를 수도 있다. 그것은 전체적 이야기가 아니라서, 모든 상세한 것을 제공하지는 않는다. 텔레비전 연속극의 줄거리가 모든 뜻밖의 전개, 성격의 변화를 포함하지는 않으며, 혹은 각각의 1회분 속에 대화와 행동을 세밀하게 계획하는 것은 아니다. 등장인물들과 줄거리는 변한다. 그러나 그것들은 그들이 누구이며 무엇을 하는가에 맞추어진 이야기 전개 안에서 변한다. 그것들은 "격에 맞게" 되는 것이다. 즉, 그들은 이야기에 맞추어야 하고, 이야기는 그들에 맞추어야 한다.

도덕적 비전과 도덕적 이야기는 변할 수 있고, 또 실제로 변한다. 그러나 그러면 마치 광학적 특성이 바뀌듯이, 이야기는 바뀌고, 다른 삶이 살아지는 것이다. 기원후 처음 몇 세기 동안에는, 그리스와 로마의 철학학파들이 각자 자기들의 특징적인 삶의 방식을 주장했다. 스토아학파, 에피큐로스학파, 견유학파, 혹은 1세기 유태교와 기독교 속에서의 에세네파, 영지주의파, 에비온파, 혹은 정통주의파 각자가 "그 길"(the Way, 진리를 뜻함—역자주)을 가르쳤다. 경쟁은 격심했고, 그래서 한 학파에서 다른 학파로 소속을 바꾸는 것을 "개종"(conversion)이라고 불렀다. 개종은 좋은 삶에 대한 다른 이야기에 맞추어 다시 사회화하는 것(re-socialization)을 뜻했다. 그것은 인생관, 성품, 행동, 관계, 책임에 영향을 주는 도덕적 비전의 변화를 가져왔다.

도덕적 비전은 빙하처럼 천천히 늦은 속도로 변할 것이다. 그러나 빙하처럼 그것이 산을 움직일 수 있다. 노예제도를 예로 들어보자. 인간의 역사가 기록된 이래 모든 시대에, 현재를 포함해서, 어떤 사람들은 다른 사람들을 노예로 만들었다. 그 제도와 조건들은 여러 가지였다. 어떤 체제들은, 소유 노예제도처럼, 특별히 잔혹하였다. 다른 체제들에선 좀 덜 잔혹했으니, 때로는 가족으로 돌보는 온정주의(paternalism)로 나타나서, 심지어 노예들을 가족의 식구들로 여기기도 했다. 모든 경우에서, 노예제도가 "도덕적인" 것이었던 이유는, 도덕 경험의 전체 범위와 정당화가 노예제도를 유지하기 위한 것으로 이루어졌기 때문이었다. 노예제도가 가르친 미덕은, 주인은 노예를 돌보고, 노예는 주인을 존경하고 복종해야 한다는 것이었다. 규칙들을 만들었고, 법과 관습으로 강화시켰다. 그 규칙들이란 것이 불평등의 규칙들이었지만, 주인이나 노예 모두가 그것들을 지켜야 했다. 사회적으로 좋은 것이 중요하게 여겨졌기에, 노예제도는 소중히 여겨진 생활방식에 필수적인 것으로서 옹호되었다. 마지막으로, 또 다른 차원에서, 아리스토텔레스 이래로 노예제도가 폐지될 때까지, 노예제도는 우주 자체의 질서 속에 뿌리내린 것이며, 자연 자체의 명령이라고 제시되었다. 노예제도를 지지하는 주장들은, 자연법, 성경, 혹은 문명과 경제의 실천적 명령에 의해서든, 항상 중요하게 여겨진 도덕적인 주장들을 포함했다.

한 예를 들어보자. 1860년에 미국에서, 남부의 주들이 탈퇴(분리)를 의제로 삼았을 때, 대부분은 말하기를 그 이유는 북쪽의 주들이 노예제도를 없애기로 위협했기 때문이라고 했다. 그러나 수정주의자들(revisionist)은 각 주가 갖고 있는 권리가 주들 사이의 전쟁/남북전쟁을 촉발시켰다고 강조하지만, 그러나 그 당시에 주들이 선언한 것은 노예제도의 폐지가 **부도덕하다**는 주장이었다. 사우스캐롤라이나 주는 이렇게 선언했다: "노예를 소유하지 않는 주들은... 노예제도를 죄짓는 짓이라고 비난했고, 우리의 노예들 수천 명이 그들의 가정을 떠나도록 격려하고 도와주었다." 미시시피 주는 말했다: "우리의 입장은 철저히 노예제도를 인정하는 것이다―세계의 최대 물질적 이해관계." 조지아 주는 선언했다: "노예제도 반대운동과 연방정부의 행정을 그들의 손에 맡긴 정치조직이 생겨나고, 발전하고, 정책을 세운 짧은 역사는 조지아 주민들이 [분리하기로] 결정한 선언을 충분히 정당화시킬 것이다." 에이브러햄 링컨은 "모호하며 무식한 사람"이며, 그의 "의견들과 목적들은 노예제도에 적대적인 것"으로 무시당했다.24) 그들에게 관건은 주정부의 권리 문제였다. 그러나 주정부의 가장 중요한 권리문제는 노예소유주들에게 필요한 생활방식을 보호하기 위한 권리였다. 그 권리는 물질적 경제적 이해관계에 맞춰진 진지한 도덕적 비전과 일치했다.

그러나 노예제도가 본래적으로 부도덕하다고 판결을 받았을 때, 분리와

---

24) Edward Ball, "Gone with the Myths," *New York Times*, Week in Review, December 19, 2010, 8에서 재인용.

전쟁을 포함한 충돌이 이곳저곳에서 일어난 그날이 오고야 말았다. 노예들은 오랫동안 자유의 숨을 쉬기를 갈망해왔다. 많은 노예들이, 그들의 생명의 위험을 무릅쓰고, 그런 자유의 이름으로, 또한 하느님의 자녀들의 존엄성의 이름으로 반항하였다. 그러나 이제는 노예가 아닌 사람들도 모든 사람의 평등함과 모든 사람들이 자유로운 시민들로 살 권리를 갖고 있다는 비전을 갖게 되었다. (워싱턴 D.C.의 제퍼슨 기념관 복도에 적힌 다음과 같은 말은, 노예소유자였던 제퍼슨이 한 말이다. 그 말은 1782년에 그가 쓴 "주인과 노예 사이의 교섭"이란 글에서 발췌한 것이다: "하느님은 올바르시고, 하느님의 정의가 영원히 잠들 수는 없다는 점을 생각할 때, 내 나라를 위해서 나는 전율한다.")25) 노예가 없는 사회를 상상함으로써, 유토피아를 꿈꾸는 사람들이라고 한때 비난을 받았던 자들이 이제 옳다고 증명되었으니, 노예제도의 모든 자취들이 땅 위에서 사라진 때가 아니라, 노예제도가 더 이상 지배적인 비전과 현실이 아니라는 때, 노예제도를 지탱하던 도덕이 더 이상 유지되지 않는 그날이 온 것이다.

만일 생태중심적 윤리가 산업사회의 패러다임인 인간중심주의를 대체하거나, 만일 지구에게 친절한 후계자가 민주주의적 자본주의를 잇게 된다면, 그 변혁은 노예제도 폐지론처럼 널리 파급되는 극적인 변혁이 될 것이다. 현재로서는 많은 사람들이 우리가 물려받은 도덕적 비전으로부터 그렇게 떠나는 것을 상상할 수 없는 것은, 이전의 세대들이 노예제도나 여자들의 "천부적" 복종이 없는 사회를 상상할 수 없었던 것, 혹은 로마인들이 제국의 끝장을 상상할 수 없었던 것이나 똑같다. 그러나 도덕적 비전의 그런 변혁은 일어난다. 그런 변혁이 일어나는 것은 흔히 강력한 종교적 함축을 지니고, 대개 죽음이나 갱신, 혹은 탄생과 재탄생의 과정으로 일어난다. 그런 변혁이 일어나는 것은 도덕적 비전이 바뀌고, 그 바뀐 도덕적 비전이 아무리 천천히 늦은 속도로라도 대중들을 다른 도덕적 환경 속으로 움직여가면서 일어난다. 그것들은 우리가 앞 장에서 인용했던 변화의 종류들과 단계들에 협력하

---

25) Thomas Jefferson, "Commerce between Master and Slave," 1782, in Paul Leicaster Ford, *Works of Thomas Jefferson*, Federal Edition, 4:83.

여 일어난다.

아룬다티 로이의 직접적인 호소가, 세계의 남반구에 있는 그토록 많은 사람들과 북반구의 토착민들과 소수민족들에게, 대단한 설득력을 지녔음을 생각해보라. 그녀는 어떤 "철학적 공간"을 요청했지만, 그건 도덕적 공간이기도 했다. "매우 끔찍하게 잘못되어버린 세계를 다시 상상하려는 첫 걸음은 다른 상상력을 지닌 사람들―공산주의는 물론 자본주의를 벗어난 그런 상상을 하는 사람들―을 말살시키는 짓을 중단하는 것이다. 그런 상상은 도대체 무엇이 행복과 성취인지에 대해 전적으로 다른 이해를 지닌 상상이다"[26]라고 그녀는 쓰고 있다.

그런 상상은 그 자체의 요구들을 가져 온다: "이런 철학적 공간을 획득하려면, 우리의 과거를 지켜줄 것처럼 보이는, 그러나 사실은 우리의 미래를 안내해줄 사람들의 생존을 위해 물리적 공간을 양보하는 것이 필요하다. 이것을 위해서, 우리는 지도자들에게 물어보아야 한다: 당신은 강물을 그대로

---

[26] Arundhati Roy, *Outlook India*, "The Trickledown Revolution," available online at http://www.outlookindia.com/article.aspx?267040. 인용한 것은 논문의 마지막 두 단락에서 가져왔음. 그에 앞선 단락들은, "Judging from what is happening in Russia and China and even Vietnam, eventually communist and capitalist societies have one thing in common—the dna of their dreams. After their revolutions, after building socialist societies that millions of workers and peasants paid for with their lives, both countries now have unbridled capitalist economies. For them too, the ability to consume has become the yardstick by which progress is measured. For this kind of 'progress' you need industry. To feed the industry you need a steady supply of raw material. For that you need mines, dams, domination, colonies, war. Old powers are waning, new ones rising. Same story, different characters—rich countries plundering poor ones. Yesterday, it was Europe and America, today it's India and China. Maybe tomorrow it'll be Africa. Will there be a tomorrow? Perhaps it's too late to ask, but hope has little to do with reason.... Can we expect that an alternative to what looks like certain death for the planet will come from the imagination that has brought about this crisis in the first place? It seems unlikely. The alternative, if there is one, will emerge from the places and the people who have resisted the hegemonic impulse of capitalism and imperialism instead of being coopted by it."

둘 수 있는가? 숲속의 나무들은? 당신은 산 속에 묻힌 보크사이트(알루미늄 원광—역자주)를 그대로 둘 수 있는가?… 만일 그들이 그렇게 할 수 없다고 대답하면, 그들은 그들이 일으킨 전쟁의 희생자들에게 도덕을 설교하기를 중단해야 할 것이다."27)

도덕적 비전은 강력하다. 시대의 정신이 어떤 다른 도덕적 비전과 동조하면, 아마도 산 속의 석탄은 그대로 두고, 광부들을 위해선 다른 생계를 만들어야 할 것이다.

종교공동체들은 도덕적 비전들의 출처들 가운데 하나다. 우리는 이 논의를 끝내면서 기독교 전통으로부터 확장된 실례를 들고자 한다. 다른 도덕적 비전들이나 이야기들과 마찬가지로, 기독교의 도덕적 비전 역시 기본적 관점들을 설정해준다. 그것은 각각의 정책에 안내지도를 만들지도 않고, 상세한 모든 것들을 제공하지는 않는다.

이것은 산업문명에 대한 대안으로 "생태문명"(ecological civilization)의 비전이라고 불러도 좋을 것이다. 그 핵심은 그리스어 "오이코스"(*oikos*)로, "집"(house), "집안(식구)"(household)을 뜻한다. "오이코스"는 ecumenics(보편적 기독교), ecology(생태학), economy(경제) 등의 어원이기도 한데, 여기서 집(house)이나 집안(household)이란 초기 기독교인들의 신앙 가족을 가리키는 말로서, 심지어 지구 자체를 "세계 집"(world-house)28)으로 부르기도 한다. "오이쿠메네"(*oikoumene*)란 말에서 "ecumenics"(보편적 기독교 일반), "ecumenical"(교회 일치운동)이라는 말이 나왔는데, "오이쿠메네"는 사람이

---

27) Ibid.
28) "World House" is Martin Luther King's phrase for an ecumenical and interfaith notion of the world. See Martin Luther King Jr., "The World House," *Where Do We Go from Here: Chaos or Community?* (Boston: Beacon Press, 1968), 167. "This is the great new problem of mankind," King writes. "We have inherited a large house, a great 'World House' in which we have to live together—black and white, Easterner and Westerner, Gentile and Jew, Catholic and Protestant, Moslem and Hindu—a family unduly separated in ideas, culture and interest, who, because we can never again live apart, must learn somehow to live with each others in peace."

살고 있는 땅 전체, 또는 그 땅에 대한 제국의 소유권 주장이다.(로마제국은 자체를 *oikoumene*라고 지칭했다.) "오이쿠메네"(*oikoumene*)를 강조하는 것은 가족의 단일성—모두가 동일한 가족에 소속됨—을 생각해내어, 사람들이 거주하는 영역 전체에 걸쳐 이런 단일성을 양육하려는 것이다. 이리하여 기독교 신앙 가족(*oikoi*)은 지중해 주변의 세 대륙 위에 흩어져 있는 그 각각의 장소에서 전체 교회를 대표하려는 의식적 노력을 했다. 이런 정체성과 선교는 가르침, 곧 "오이케이오시스"(*oikeiosis*)를 필요로 했다. 이 단어는 스토아 철학에서 빌려온 것인데, 그 뜻은 무엇인가를 자기 것으로 삼는 '전유'(appropriation)로서, 가족의 일원으로서든, 아니면 사회나 집단, 또는 세계(cosmos)의 일원으로서든, 무엇인가를 전유한다는 뜻이다. 그 가르침에는 기초적 교훈, 핵심적 실천들, 통과의례 등이 포함되어 있다. 만일 제국의 방식에 대한 대안적인 삶의 방식을 형성하기 위해서는, 성품과 행동의 형성을 포함해서 공동체를 형성할 필요가 있었다.

기독교인 세대주(그/그녀) 자신은 "오이코노모스"(*oikonomos*)였는데, 문자 그대로는 "가계 책임자"(the economist), "집안의 규칙을 아는 사람"(*oikos + nomos*, 법)이자 식구들의 물질적 복지를 돌보는 사람이었다. (*oikonomos*는 비록 economist [금전 관리자, 절약가, 가계 책임자]로 번역하는 것이 더 정확할 것이지만, 때로는 "steward"[청지기, 하인]나 trustee[관재인, 보관인, 피수탁인]로 번역되기도 하였다.)

집안의 거주자들이 "오이케이오이"(*oikeioi*)다. 그들의 과제도 공동체를 세우고 공동선을 위해서 영적인 은사들을 서로 나누는 일이다. 고린도전서 12:4-7은 이렇게 말하고 있다: "은사는 여러 가지지만, 그것을 주시는 분은 같은 성령이십니다. 섬기는 일은 여러 가지지만, 섬김을 받으시는 분은 같은 주님이십니다. 일의 성과는 여러 가지지만, 모든 사람에게서 모든 일을 하시는 분은 같은 하느님이십니다. 각 사람에게 성령을 나타내 주시는 것은 공동 이익을 위한 것입니다." 이런 공동의 이익(선)은 서로 물질적인 필요들을 채워주는 것을 포함한다(사도행전 2:44). 이것을 "오이코도메"(*oikodome*)라고 부르는데, 그 집안(*oikos*)을 지속적으로 일으켜 세워가는 것을 말한다. 그런 돌봄(섬김)은 그 공동체의 구조와 역동성을 친숙하게 아는 지식을 필요로 한다. 그것은 그 집안의 논리와 법을 아는 지식을 필요로 하는데, 이것이 바로 "생태학"(ecology)이 뜻하는 것(*oikos* + *logos*)이며, 만들어내고 유지하는 관계들에 대한 지식을 뜻한다.

"오이코스"(*oikos*)는 그렇다면 경제학, 생태학, 그리고 동일한 세계의 상호 관련된 차원들로서의 에큐메닉스(ecumenics)의 비전과 지식이다. 경제학(economics)은 사물들이 어떻게 작용하는지, 그리고 전체 집안 식구들의 삶(*oikoumene*)의 물질적 필요들을 충족시키고 유지하도록 "가정 체계들"(home systems, ecosystems)을 관리하는 것이다. 경제학은 세계 식구들의 물자들을 공동선을 위해 질서 있게 나누어 공유하는 방식이다.

이런 고대의 일원론적 중앙집권적 비전은 앞에서 말했던 히브리 성서의 창조의 본래 모습과 완전히 일치한다. 피조세계(삼라만상)는 하느님의 창조하는 영, 구원하는 영, 그리고 지속시키는 영의 거처이다. 여기가 초월적인 하느님의 "집"(본거지)이시고, 인간들과 모든 생명들의 집이다. 초기 신학자들은 심지어 피조세계가 유지되고 구원되는 방식을 "하느님의 경륜"(섭리, economy of God: *oikonomia tou Theou*)이라고 했다. 어떤 신학 전통에서는 아직도 그렇게 한다.29)

이 광대한 우주는 **모든 생명체가 함께 사는 집**(shared home)이라는 확신을 통해서도 똑같은 흠 없음, 또는 통전성이 계속된다. 만물은 소속된 것 속으로 태어나며, 또한 만물—인간들과 다른 모든 종류—은 피조물들의 생명과

---

29) The notion of the economy of God is a continuing motif in the Eastern Orthodox tradition of Christianity. See, e.g., Ft. John Chryssavgis, ed., *Cosmic Grace, Humble Prayer: The Ecological Vision of the Green Patriarch Bartholomew I* (Grand Rapids, MI: Eerdmans, 2003): note especially "Divine Economy and Human Ecology," 141-42. Protestant liberal and evangelical traditions also utilize the theme. See M. Douglas Meeks, *God the Economist: The Doctrine of God and the Political Economy* (Augsburg: Fortress, 1989); and Jonathan Wilson-Hargrove, *God's Economy: Redefining the Health and Wealth Gospel* (Grand Rapids, MI: Zondervan Press, 2009).

땅을 유지하는(혹은 파괴하는) 일련의 복잡한 관계들 속으로, 서로의 삶들 속으로 살아가고, 서로 다른 것의 죽음 속으로 죽어가는 공동거주자들 (co-inhabitants)이다.

그런데 우리는 지금 도대체 어디에 있는가? 이런 옛날의 비전은 우리에게 무엇을 가르쳐주는가? 다니엘 벨은 그의 저서 『자본주의의 문화적 모순』(*The Cultural Contradictions of Capitalism*)을 끝내면서 통일적인 비전을 추구한다. 이 책은 세상이 그 자체의 논리에 따라 살아가기 때문에 그만 분해되고 마는 것에 대한 연구서다. 그는 현재의 파편화된 세상 한복판에서 함께 사는 삶을 위한 도덕적 비전과 일관된 문화를 찾아서 그리스인들과 "오이코스"(*oikos*)에로 돌아가 대안적인 발판들을 찾고자 했다.30) 그러나 이상스럽게도, 문화와 경제에 대한 그의 비판은 대체로 생태적인 측면을 빠뜨리고 있다. 그가 지속가능한 현재와 미래를 위해 "오이코스"를 추구한 것은 그 자체의 수정을 필요로 한다. 그의 질문은 지금이라면 이렇게 될 것 같다. "오이코스"라는 세계의 집 비전에 맞추어서, 지구의 인간 경제가 생태학적 지구와 공존할 수 있겠는가?

그런 공존을 이루기 위해서는, 경제학과 경제적인 윤리에 중대한 변혁이 필요하다. 그것들은 변화된 도덕적 비전을 표현하고 구체화할 것이다.

경제생활의 목표는 상품과 서비스 생산을 극대화하는 것으로부터 세 가지 과제, 즉 생산, 비교적 평등한 분배, 그리고 생태학적 재생산성이라는 세 가지 과제로 전환할 필요가 있다. 모든 경제 활동은 지구 행성의 생태학적 한계 속에서, 그리고 지구 온난화와 인구 과밀을 직시하고 운영할 필요가 있다. "생태경제학"(Eco-nomics)이 경제학(economics)과 생태학(ecology)을 결합함으로써 이 두 가지를 모두 대체해야 한다.

새로운 생태경제학 패러다임은 성장과 고소비를 성숙한 경제학의 대표적 지표로 삼는 것을 거부할 것이다. 그것은 성장을 좋은 일이라고 여기는 것을 배제하는 것은 아니다. 단지 성장은 장기적으로 생태적인 지속가능성과 재

---

30) See Daniel Bell, *The Cultural Contradictions of Capitalism* (New York: Basic Books, 1976), the last chapter.

생성(재생식)을 동반해야 한다고 말할 뿐이다. 그것은 국가들 사이와 지역들 내부와 또 그들 사이에서 부와 수입의 격차를 증가시키기보다는 감소하도록 해야 하는데, 이는 기후변화가 이런 불평등들을 악화시키고 있다는 점에서 매우 엄청난 과제이다. 기후변화에 가장 적게 영향을 준 사람들이 아마도 그 고통을 가장 많이 받을 것 같다. 그것은 지역 공동체들의 문화적, 생물학적 다양성으로부터 지혜롭게 이끌어 오기 위해, 지역 공동체들과 문화들을 과소평가하기보다는 오히려 격려해야 할 것이다.

새로운 생태경제학 패러다임은 또한 고삐 풀린 정치적 자유와 시장 개인주의적 자유를 거부하며, 공동체 안에서 개인적 복지와 공동의 물자들(토양, 공기, 물, 에너지)을 포함한 공동선(common good)에 공헌하도록 하는 방식으로 번성하는 그런 자유를 촉진한다.

화석연료시대로부터 효과적인 전환을 이룩하는 데 가장 큰 방해물들은 공학기술일 것 같지는 않다. 지속가능하고 재생성적인 공학기술들이 이미 부분적으로는 존재하고, 상상력과 적절한 정치경제적 촉진에 의해서 유도될 것이다. 가장 큰 방해물들은 **화석연료들에 중독된 생활방식**의 정치경제적 차원과 사회문화적 차원들일 것이다. 이런 생활방식은 지구 행성 체계의 한계에 아직 익숙해지지 않은 생활방식이며, 행복과 성취는 상품들과 서비스의 끊임없는 물질적 소비에 근거하고 있다고 가정하는 생활방식이며, 또한 나머지 자연의 신진대사 작용과는 다른 형태로 작동하는 정치경제 속에서 장기적인 목표보다는 단기적인 목표로 생각하고 투자하는 생활방식이기 때문이다. 이 모든 것들도 또한 산업공학기술 시대의 도덕적 비전에 속한다.

효과적인 전환은 미래 세대들의 안녕, 즉 인간들만이 아니라 다른 모든 생명체들의 미래 세대들의 안녕과 복지를 고려할 것이다. 토마스 베리의 헌정의 말을 인용하자면, "**모든 어린이들**"(all the children)[31]의 미래 말이다.

결국 생태경제학과 윤리의 가장 기초적 문제는 **우리가 어떻게, 그리고 무엇을 위해** 살아갈 것인가 하는 문제다. 그리고 이처럼 결정적인 전환기에

---

31) The dedication of Thomas Berry, *The Great Work: Our Way into the Future* (New York: Bell Tower, 1999), Italics mine.

성공적인 변혁과 전환을 위해서는 도덕적 종교적 확신들과 헌신들이 매우 중요하다. 그 해답은 성서 공동체들의 경제와 경제윤리를 그대로 반복하거나 회복하려고 노력하는 것에 있지 않다. 그들의 세계는 신석기시대 목축업의 세계였고 나중에 도시화되었다. 당시에는 지구 행성이 거대했으며 적은 인구가 풍성한 자원을 누리며, 그들이 세대를 이어가면서 잘 알고 지낸 고장들에서 본거지를 삼고 있었다. 그러나 우리의 세계는 산업사회 그리고 산업사회 이후 시대의 지구 행성이라, 인간이 주도적으로 지배하고, 자원들은 고갈되어가고, 환경적으로 파괴되었고, 그리고 그런 파괴는 계속되는 중이다. 그렇게 말하고 보니, 지구를 집으로 보는 "오이코스"(*Oikos*) 개념이, 그 중심에 피조세계의 통전성을 지니고 있어서, 아마도 그 어느 때보다 더 시의적절한 개념인 것 같다. 확실히 오랜 여정을 위한 영성과 윤리가 필요한데, 그것은 생명을 선물로 받아들이고 또한 피조세계 가운데서 우리의 자리를 아는 영성과 윤리이다. 그것은 심지어 우리의 불가피한 부패들과 손실들에 직면해서도, 우리가 열심히 분투하는 것의 중요함도 알고 있다. 특히, 성서적인 세계 속에서 생태경제학의 목적은 현대 경제학에도 새로운 힘을 실어다주는데, 그것은 생명의 지속을 위해서 물질적인 조건들을 촉진하는 힘이다. 신적인 경륜의 과업으로서 지구의 얼굴을 새롭게 갱신하는 것(시편 104)은 인류에게 부여된 공동의 사명이다.

"오이코스"(*oikos*)에 대한 확장된 실례들이 중요한 요점, 즉 인간의 삶을 위해서는 도덕적 비전이 불가피하다는 점과 또한 도덕적 비전은 우리에게 필요한 윤리를 위해 큰 변화를 줄 수단으로서 큰 힘을 갖고 있다는 점을 압도해선 안 된다.

또 하나 불가피한 개념이 정의에 대한 개념이지만, 이 개념은 도덕의 지평에서 또 다른 이정표인 돌무더기이다.

5. 정의 이론

플라톤은 그의 저서 『공화국』(*Republic*)에서 글라우콘(Glaucon)에게 고

전적인 윤리학의 과제를 내준다. 정의로운 사람을 어떻게 인식할 수 있는지 말해보라고 한다. 플라톤은 묻기를, 정의가 확실히 존재한다고 무엇이 증명할 것인가? 글라우콘은 대답하기를, 참으로 정의로운 사람은 "참으로 단순한 성격을 지닌 사람으로서… 착하게 보이려고 하지 않고, 실제로 착하기를 원하는 사람일 것이다. 우리는 그가 착하게 보이려고 하는 것을 허락해선 안 되는데, 왜냐하면 만일 그가 착하게 보이려고 하면, 그에게는 정의롭다는 평판을 지닌 사람에게 돌아갈 온갖 보상들과 명예를 받게 될 것이기 때문이다"32)라고 말한다. 이어서 글라우콘은 이렇게 말한다.

> 비록 그는 잘못을 저지르지 않았음에도, 잘못을 저질렀다는 최악의 평판을 받아야만 하고, 그래서 평판이 나빠지고 그에 따른 모든 것들을 당해서 그가 약해지는지 여부를 시험해볼 수 있어야 한다. 우리는 그에게 부당하게, 평생 따라다닐 사악하다는 평판을 주어서, 그로 하여금 죽을 때까지 그가 선택한 길에서 벗어나지 못하게 만들 것이다… 그들은 말하기를, 우리가 그를 묘사한 것처럼, 정의로운 사람은 채찍질을 당할 것이며, 고문을 당하고, 감옥에 갇힐 것이고, 그의 눈은 뽑혀지고, 온갖 치욕을 당한 뒤에, 십자가에 달려 죽임을 당할 것이다.33)

잔인한 점에서는, 이런 묘사가 매우 아연실색할 만한데, 성경의 이사야서에 나오는 고난 받는 종과 예수의 십자가형과 놀랍도록 비슷하다. 그러나 플라톤은 질문을 계속한다: 그 무엇 속에 정의가 존재하는가?34)

"사랑"과 "연민"과 더불어, "정의"는 종교적 윤리에서 가장 공통적이고 늘 나오는 규범이다. 심지어 종교적 윤리를 넘어서도, 모든 도덕적 환경은 정의에 대한 어떤 개념을 갖고 있으며 또 정의를 요구한다.

그러나 정의에 대한 개념과 그것이 존재하는 곳은 서로 다르다. 설사

---

32) Plato, *The Republic*, 2nd rev. ed. (Baltimore: Penguin Books, 1974), 107.
33) Ibid., 108.
34) The Glaucon example draws from Birch and Rasmussen, *Bible and Ethics in the Christian Life*, 43.

어느 도덕 이론도 보편적 동의를 얻지 못할지라도, 정의에 대한 개념 모두는 도덕 이론에 속하고 도덕적 비전을 반영한다. 모든 도덕적 기초의 내용과 마찬가지로, 정의를 구성하는 견해들도 서로 경쟁한다.

마이클 샌델의 베스트셀러 『정의란 무엇인가』(*Justice: What's the Right Thing to Do?*)에서는 고대로부터 현대에 이르기까지 여러 가지로 정의에 접근하는 방식들을 설명한다. 정의는 무엇보다도 인간의 성품에 강하게 새겨져 있는 것이라는 글라우콘의 대답도 포함되어 있다. 그러나 정의가 미덕이라는 개념은 그 가운데 단지 한 가지 개념일 뿐이다.

"한 사회가 정의로운가를 묻는 것은 우리가 소중히 여기는 것들, 즉 수입, 부, 의무와 권리들, 권력과 기회들, 직위와 명예들을 어떻게 분배하는가를 묻는 것이다"[35]라고 마이클 샌델은 말한다. 사람들이 마땅히 받아야 할 것은 무엇이며, 또 왜 그런가? 사람들이 마땅히 받아야 할 것을 그들은 어떻게 받는가? 이런 질문들, 즉 정의에 대한 질문들은 늘 있는 것이다. 그 대답들은 결코 한 가지가 아니다. 무엇이 정의의 핵심이며 척도인가에 대한 설명은 여러 가지다.

사람들은 사회적인 재화를 분배하는 것으로서의 정의를 시간과 문화에 따라 세 가지 방식으로 생각해 왔다. 첫째는 인간의 복지에 중심을 둔 것이다. 즉, 인간의 복지를 극대화하는 사회는 정의롭다는 것이다. 둘째의 정의 개념은 인간의 자유가 정의의 심장이요 영혼이라고 한다. 즉, 자유를 존중하고, 보호하고, 확장하는 사회가 정의롭다는 것이다. 셋째는 우리가 글라우콘의 대답에서 만난 것인데, 정의란 인간의 성품에 깊이 간직된 요소라고 본다. 사람의 존재의 핵심으로 정의를 양성하는 사회가 정의롭다는 것이다.

놀라울 것도 없이, 이런 이해들은 표준적인 도덕 이론과 대체로 비슷하다. 한 학파는 목적론적 윤리를 사용한다. 사실상 그것은 이렇게 말한다. 당신의 선택과 행동들을 목표지향적으로 하여서, 공동선으로서의 정의를 향상시키도록 하라. 고통을 줄이고, 삶의 수준을 높이고, 복지를 향상시켜라. 다

---

[35] Michael Sandel, *Justice: What's the Right Thing to Do?* (New York: Farrar, Strauss & Giroux, 2009), 19.

른 말로 해서, 인간의 복지를 극대화하라.

공리주의(utilitarianism)는 정의를 복지의 극대화로 보는 한 실례로서, 목적론적 윤리의 한 해석이다. 마이클 샌델은 공리주의적 정의에 대한 고전적 설명으로 제레미 벤담(Jeremy Bentham)을 선택한다. 여기서 으뜸 되는 원칙은 행복을 증진시키는 것인데, 상대적으로 고통보다 쾌락이 얼마나 많은가로 계산되었다. 올바른 일이란, 즉 정의로운 일이란 쾌락과 행복을 최대화하고 고통과 아픔을 방지하며 완화시키도록 행동하는 것이다. 결과 윤리에서와 마찬가지로, 무엇보다도 선한 행동들이 중요하다. 여기에선 가장 가치 있는 행동은 쾌락을 낳고, 고통을 피하거나 완화시키는 것이다.36) 공리주의가 정의를 인간의 복지의 극대화로 보는 유일한 실례는 아니지만, 여기서는 이 정도로 충분하다. 우리의 행동들의 결과와 척도로서 고통보다 쾌락의 우위를 말하는 벤담의 공리주의는, 우리가 앞에서 설명했던 공리주의, 즉 자연에 대한 우리의 관계의 유일한 지침이 "사용"(use) 혹은 "유용성"(utility)이라고 보는 공리주의와는 다르다는 점을 덧붙이고자 한다. 이것은 단지 우리가 도덕 이론에서도 발견했던 것을 정의에 대해서도 강조할 뿐이다. 즉 각 학파의 진영은 서로 다른 내용을 포함한다. 사실상 가장 격렬한 논쟁은 때때로 같은 가족들 사이의 분쟁에서 나온다.

또 다른 학파는 선택과 행동을 하는 인간의 자유에 초점을 둔다. 당신 자신을 위해 당신이 주장하는 것과 똑같은 자유를 다른 모든 사람들에게도 준다는 조건으로, 인간의 자유를 최대화하는 것을 하여라. 혹은, 당신 자신을 위해 당신이 원하는 좋은 것(선)을 다른 사람을 위해서도 당신이 원하도록 그렇게 행동하라. 이중 잣대는 안 된다. 여기서 규정하는 원칙은 비슷한 경우들을 동일하게 취급하는 것이다. 우리는 이런 것을 의무론적 윤리에서 만나보았다. 여기서 정의에 대한 가정은 올바른 일—우리의 의무—을 하는 것은 인간의 자유를 향상시키고, 우리의 행동들에 대해 책임을 지는 것이다. 놀라울 것도 없이, 정의에 대한 이런 견해는 공정함을 귀하게 여기고, 보편적 권리를 옹호한다. 권리들과 공명정대한 행동은 인간의 자유를 존중하고,

---

36) Ibid., 34.

그 틀을 형성하고, 보호한다.

정의는 공정함(justice-as-fairness)이라고 말하는 이런 진영에게 마이클 샌델은 또 다른 것을 덧붙이는데, 곧 자유시장주의자들이다. 이들에게 정의란 동의하는 어른들이 선택한 것을 지지하는 데 있다. 자발적 선택을 존중하는 것이 곧 극대화된 인간의 자유로서의 정의를 지지하는 길이다. 여기서 초점은 인간 주체, 즉 행위를 하는 자와 그녀/그의 구속받지 않는 선택을 할 능력, 또는 최소로 구속받는 선택을 할 능력에 맞춰지고, 그 선택들에 대한 개인적 책임을 지게 한다.

마이클 샌델이 말하는 공정함으로서의 정의 진영(fairness camp)과 자유시장 진영(free-market camp)의 실례들이 우리가 지적했던 인간의 복리를 최대화하는 정의를 잘 설명하고 있다. 각 학파 안에서는 정의에 대한 그 폭넓은 견해를 가장 잘 구체화하는 것에 대해 열띤 논쟁을 하고 있다. 공정함의 정의 진영과 자유시장 진영이 비록 둘 다 인간의 자유로 시작해서 인간의 자유로 끝내며, 그런 자유를 행사하고 향상시키는 것으로 정의를 이해하면서도, 똑같은 것을 의미하지는 않는다. 서로 다른 도덕적 이야기들이 그들을 갈라놓고 있다.

제3의 학파는 개인적인 그리고 집단적인 미덕에 초점을 맞춘다. 우리는 어떤 종류의 사회 속에서 어떤 종류의 사람들이 되려고 애쓰는가? 몸의 정치적 정체성과 태도로서 어떤 특질을 내면화해야 할 것인가? 어떤 "탁월한" 성품이 좋은 사회와 시민의 표지가 되는가? 정신과 마음과 영혼을 함양하는 것이 가장 중요하다. 글라우콘에게 그러했듯이, 성실성(integrity)이 선한 삶을 위한 가장 중요한 특성이다. 우리의 선택과 행동들은 우리가 어떤 종류의 사람이며 또 어떤 사람이 되려고 애쓰는 것과 서로 맞게 조화된다. 공정한 시민들 됨이 좋은 사회와 좋은 삶의 열쇠다.

마이클 샌델은 고대로부터 20세기에 이르기까지 정의에 대한 견해들과 입장들을 분류한다. 그는 모든 사회가 직면하는 문제들을 위한 정의 개념의 타당성을 보여주고, 그리고 각 학파들 속에서 중요한 차이점들을 강조하지만, 그런 차이점 이외에는 같은 초점—인간의 복지, 자유, 혹은 미덕 등—을 지니고 있음을 중시한다. 마지막으로 서로 경쟁하는 학파들에 대한 그의 윤리적인 비판에 뒤이어서, 그는 "정의와 공동선"이라고 이름붙인 장에서 그 자신이 선호하는 이론을 제공한다. 그것은 인간 공동체를 정의의 기반(matrix)으로서 중시하며, 또한 공동선의 정의에 대한 본질적인 주제들을 밝히는데, 그 주제들은 시민권, 희생, 봉사, 평등성, 연대, 시민의 덕목, 그리고 도덕적 대결의 정치 등이다. 그는 "진보적"(liberal) 자유 혹은 "자유시장"(free market)의 자유라는 개념보다는 "시민적"(civic) 자유 혹은 "공화주의적"(republican) 자유라는 개념을 더 선호함을 분명히 밝힌다. 앞의 두 자유 개념은 개인이 자신의 가치들과 목표들을 추구하고 선택할 권리들을 보호하면서 동시에 다른 사람들을 위해서도 같은 자유를 존중한다. 이와는 대조적으로, 시민의 자유란 보다 더 많은 것을 요구하고 있다: "자유롭게 되려면 자기 자신의 규제를 공유하고 집단적인 삶을 지배하는 힘들을 형성해야 한다. 이것은 시민들이 자기의 이해관계에 대한 관심들보다는 공동선을 지향하는 어떤 관습들, 경향성들 그리고 특질들을 지닐 것을 필요로 한다." 달리 말하자면, 시민들은 "운명이 위태롭게 된 공동체와의 연결"을 지녀야 한다.[37] 자유시장의 정의는 삶의 공동체적 기반이 지닌 구성적인 중요함을 간과하는 반면에, 공동선의 정의는 우리의 삶들이 공유하는 세계 속에서 불가피하게 공유하는 책임을 떠맡는 정도를 인정한다. 마이클 샌델의 이론은 이들 세 가지 기본적인 견해들 모두에서 이끌어온 혼합된 이론이긴 하지만, 그것은 현재의 필요들에 대한 그의 분석에 맞춘 일관된 이론이다. 그의 판단에 의하면, 그것은 우리에게 필요한 윤리를 위한, 우리가 필요로 하는 정의다.

만일 우리가 마이클 샌델이 착수한 정의 이론에 대한 분석을 계속하면서, 그가 제안한 이론을 포함한다면, 다음과 같이 말할 수도 있을 것이다. 고전적인 이론들과 그 자신의 제안 모두가 대단히 중대한 것을 빠뜨렸다. 샌델이 부족하다고 판단한 정의 이론들과 마찬가지로, 그의 대안 역시 각각

---

37) Michael Sandel, in "Competing American Traditions of Public Philosophy," *Ethics and International Affairs*, no. 20 (Fall, 1997), (New York: Carnegie Council on Ethics and International Affairs Newsletter), 7.

의 공통적 인간의 선함을 가능하게 해주는 최초의 선함들(the primal goods)에 대한 설명을 하지 못한다. 그의 이론이 인간의 공통적 선함에 초점을 맞추고 있지만, 그 위에 **모든 인간의 선함이 달려 있는 지구 행성에서 모든 생명체들이 공유하는 것들**(planetary commons)의 선함에 대해서는 거의 도덕적 설명을 못하고 있다. 고전적인 세 가지 견해들에서도 마찬가지였던 것처럼, 도대체 왜 마이클 샌델은 자연의 선함들을 분명히 당연한 것으로 간주하고선, 그것들을 정의의 관점에서 주목받을 필요도 없는 것처럼 무시하고, 또한 그 나름의 정의를 요구한다는 점을 무시하는가? 왜 집단적인 **인간의 자아**(ego)는 전면과 중심에 남아 있는 반면에 **생태권**(ecoshpere)은 사라졌는가? 지구 행성에서 모든 생명체들이 공유하는 것들의 선함이 인간의 손에 의해서 위험에 빠진 시대에는, 어떤 정의라도 그 자체의 물질적 토대를 가져야만 하는데, 그런 소홀히 여김(빠뜨림)은 모든 것들을 약화시킨다. 지구에 대한 인간 능력의 누적적인 영향을 생각하면, 그 정의는 또한 인간의 책임이란 엄청난 영역을 빼놓고 있다. 이처럼 샌델도 인간과 자연이라는 오래된 서양 이원론(Western Dualism)에 갇혀 있는데, 심지어 진화의 이야기와 현재의 "뜨겁고, 평평하고, 과밀한" 지구 행성이 제공하는 모든 경험적 증거 때문에 그런 이원론은 허락되지 않는 현실에서도 그렇게 갇혀 있다. 그런 이원론이 전체 생명 공동체가 공유하는 공통의 것들에 그토록 파괴적이지 않다면, 추상화된 인간 정의에 집중하도록 인간을 떼어내는 것은 문제가 되지 않을지도 모른다. 그러나 그런 추상화와 이분화 하는 것은 전 세계적으로 파괴적이기에, 정의 이론은 모든 생명과 그것의 생식 요소들에 그들의 당연한 권리를 부여하는 방식으로 재구성될 필요가 있는데, 그게 바로 정의의 핵심이다. 샌델 자신의 정의를 위한 적절한 초점—공동선—은 마땅히 정의를 고려해야 할 생명 공동체를 매우 축소시켜 제한적으로 (인간중심적으로—역자주) 보았다는 점 때문에 심각하게 손상되었다.

현재 통용되고 있는 정의 이론은 거의 대부분의 토착민 공동체들 속에서는 소외된 관계를 발생시킨다. 그것은 자기 존재의 분리 불가능한 부분을 자신에게 외부의 것으로 여기게 하고, 동료 주체들을 그녀/그/그것에게 오직 외적인 실체로서만 관계를 맺는 객체로 만든다. 그 원인이 무관심, 무지, 착취, 해고, 혹은 거부 그 어느 것이든, 자신과 타자가 서로 공유된 존재로 묶여 있다는 사실에도 불구하고, 타자는 멀리하고 객체화된다. 상호주관성과 상호의존성이 요청되는 곳에서, 소외가 그 관계를 정의한다.38)

마이클 샌델의 책 표지가 그 책의 이미지를 정확히 나타내고 있다. 육체에서 분리된 인간의 머리들을 모아서 "JUSTICE"(정의)란 철자를 쓰고 있다. 샌델에게는 원초적 원소들이 없는 것과 더불어 책의 표지에 실린 육체가 분리된 인간들 그림보다는 생명 공동체가 훨씬 더 큰 것이라는 이해가 없는 것이 도덕적으로 정당화 될 수 있는 것은, 오직 우리가 전적으로 의존하고 있는 물질적 실재 자체가 도덕적으로 상관이 없을 경우, 그리고 오직 다른 생명들과 그것을 만들고 유지시켜주는 것이 도덕 이론과 정의 이론에 문제가 되지 않을 경우뿐이다. 그러나 우리가 먹이사슬의 맨 꼭대기에 위치해 있으므로, 우리의 현재 우주와 도덕적 우주를 뒤집어서 첫 번째로 중요한 것은 생명의 기본적인 원소들이 되어야 하지 않겠는가? 인간들 사이의 정의, 그리고 인간과 다른 피조물들 사이의 정의의 가능성은 흙, 공기, 물, 그리고 빛의 건강에서—양적으로 질적으로—시작되어야 하지 않겠는가? 생물과 무생물이 함께 있는 생태계의 건강과는 관계없이 도대체 어떤 생명이 존재한단 말인가? 그리고 왜 우리가 탄생하기 훨씬 전부터 그리고 죽고 난 뒤에도 오래 동안 우리의 일부를 이룬 생태계가 왜 주체라기보다는 객체가 되어야 한단 말인가?

그러니 우리의 정의 이론은 정의에 대한 샌델의 개인적인 제안은 물론 지배적인 서양전통들의 정의에 대한 표현이 우리의 현재 상황들에 적합한 것인지 비판하고 있다. 그러나 그것은 거기서 멈추지 않는다. 윤리는 분석적인 과제뿐만 아니라 구성적인 과제도 갖고 있으므로, 대안을 제공하는 것이

---

38) Douglas Sturm, "Faith, Ecology, and the Demands of Social Justice: On Shattering the Boundaries of Moral Community," in *Religious Experience and Ecological Responsibility,* ed. Donald A. Crosby and Charley D. Hardwick, vol. 3 of *American Liberal Religious Thought* (New York: Peter Lang, 1996), 306.

우리의 의무다.

이제 그것을 **"피조물의 정의"**(creation justice)라고 부르자. 그것은 또한 생태학적인 회복을 포함한다는 조건에서 **"회복의 정의"**(restoration justice)라고 불러도 된다. 땅, 생태계, 강물의 유역, 피폐해진 숲과 그 속의 생명, 광산의 채광으로 갱도를 파낸 산맥들과 그곳에서 상처를 안고 사는 사람들—이들 모두가 그들의 정당한 보상을 받고, 터무니없는 해악을 끼친 사람들의 손으로 회복되는 것이다. 그것은 생태학적 회복이랄 수 있는 것이니, 가령 채광이나 기업농에서 흘러내린 하류에 물과 흙이 독성을 띠게 된 곳에 건강한 주거지를 회복하는 것 같은 것이다. 그것은 원유 "유출"로 피해를 받았거나 살충제들과 제초제들의 남용으로 죽은 지역이 생겼을 때, 또한 피해를 받은 물의 수역(水域)들과 그 속의 생명들 및 거기에 의존하고 있는 인간 공동체들을 함께 회복하는 것이다. 혹은 그것은 더 이상의 해양 산성화 속도를 완화시키거나 그 방향을 역전시키는 것이리라.

그러나 회복만으론 불충분하다. 피조물의 정의는 또한 무엇보다도 상해를 방지하는 실천을 양성하는 것이다. 표층토를 하류로 내려 보내는 대신에 조성하고, 토지의 생물역동성을 제고하는 데 동물들을 통합시키는 농업, 유독물질을 피하는 생산과정, 재생 가능한 그리고 공해를 일으키지 않는 자원들로부터 에너지를 생산하기, 이윤을 남기기 위해서 영양소들을 희생시키지 않는 식료품을 만드는 일이다.

이런 종류의 피조물의 정의는 생명 공동체들 전역에 걸치는 도덕적 비전과 원초적 원소들을 포함하는 도덕적 비전을 가진 그런 정의 이론일 것이다. 흙, 공기, 물, 그리고 에너지가 그들 나름의 방식대로 재생산과 갱신을 위해서는 무엇을 필요로 하는가 하는 질문은 과학적인 질문일 뿐만 아니라 정의에 관한 질문일 것이다. 생물의 권리들과 동물의 권리들이 있느냐 하는 질문, 즉 인간들보다 더 많은 것들이 건강한 환경에 대한 법적인 주장을 할 수 있느냐 하는 질문은 정의에 관한 질문일 것이다. 인간과 다른 생명체들의 미래 세대들—**모든** 새끼들—이 현재의 세대들에게 권리 주장을 할 수 있느냐 하는 질문은 정의에 관한 질문일 것이다. 인간 성품의 형성 자체에 중요한

"생태학적" 미덕이 있느냐 하는 질문은 정의에 관한 질문일 것이다.

혹은 만일 우리가 정의와 미덕, 그리고 정의와 권리들에서부터, 정의와 의무로 전환한다면, 그 결과는 또 다른 칸트식 정언명령이 될 것 같다. 더글라스 스텀의 주장은 이렇다. "현재의 상황 속에서 행동하되, 전체 공동체의 생명과 그 참여자들 각자가 될 수 있는 한 번성하도록 그렇게 행동하라."39)

변화들에 대한 더 많은 실례들을 댈 수도 있겠으나, 그러나 이것이 정의에 대하여 변화된, 확장된 개념이라는 점을 말하기에는 충분하다. 여기에선 정의에 대한 고전적 개념들과 샌델의 개념을 형성한 비전들과는 다른 도덕적 비전이 정의 이론을 형성한다—도덕적 우주는 우리 인간들보다 더 많은 구성원들을 포함하고 있다. 일련의 도덕 이론과 비전의 범위—미덕, 의무, 목적과 결과들—가 똑같아도, 그 실질 내용은 다르다.

피조물의 정의는 전례들이 없는 것은 아니다. 전 지구상의 토착민들은 식민지화, 정복, 그리고 산업혁명 이후로, 그들 자신과 땅은 서로 뗄 수 없게 연결되어 있다는 점을 인정하지 않는 인간 조직체와 정의에 대한 낯선 견해들 때문에 자신들의 생명 공동체 자체의 필수적인 기능이 침해되고 있다고 말하기 위해 최선을 다해왔다. 어머니 대지(Mother Earth)와 아버지 하늘(Father Sky)은 그들의 방식들과는 낯선 힘들에 의해 능멸을 당했지만, 그러나 결국엔 어머니 대지와 아버지 하늘이 이길 것이다. 말하자면, 그들은 "마지막 타석에" 들어설 것이다. 그러나 만일 이런 토착민 공동체들의 피조물의 정의가 인정되었더라면, 그리고 그들 자신의 지구를 공경하는 신앙이 정당하게 인정되었더라면, 사람들과 그들의 땅들 모두에게 가한 묵시론적(전면적 파괴의) 폐해는 피할 수도 있었을 텐데 말이다.

피조물의 정의를 옹호하는 공동체들 모두가 묵시론으로 끝난 것은 아니었다. 설사 그렇게 되었다 해도, 그들의 소중한 보물들이 모두 없어진 것은 아니다. 부자들은 생존해 남았는데, 그들 중 일부는 비록 비참하게 고통스러우나, 변덕스럽고, 심지어 우스꽝스럽게 되었다. 『인간에 대항한 동물의 법적 소송』(*The Animals' Lawsuit against Humanity*)이란 책은 이라크의 바스라

---

39) Ibid., 307.

지역 수피 종파 사람들에 의해 아랍어로 천 년 전에 작성된 "동물의 권리들" 이야기다. 이슬람의 "순결한 형제단"(The Order of Pure Brethren)이 생명의 신비와 의미에 대한 백과사전식 51개 논문들 가운데 학술보고서 25번으로 "동물소송"(Animal's Lawsuit)을 게재하여 후원했다. 그 후 1316년에는, 그 동물소송을 랍비 칼로니무스 벤 칼로니무스(Kalonymus ben Kalonymus)가 기독교인 왕 안주의 찰스(Charles of Anjou)의 명령을 받고 히브리어로 번역했고, 안주의 찰스는 또한 그것을 라틴어로 번역했다. 그 이야기는 19세기와 20세기 초에, 특히 유럽의 유태인 공동체들 속에서 매우 유행했는데, 그 히브리 역본은 다시 이디쉬(Yiddish: 유럽지역에서 변형되고 종합된 히브리어-역자주), 독일어, 스페인어로 번역되었다. 최근의 영어 번역본은 두 유태인과 한 기독교인에 의해서 개역되었고, 사우디 왕자에게 고용된 파키스탄 출신 무슬림 여인이 삽화를 그려 넣었다.[40]

어리둥절한 말들, 코를 불며 씨근대는 황소들, 덜커덕 거리는 코끼리들, 침을 뱉는 낙타들, 말을 듣지 않는 당나귀들, 떼를 지어 나는 새들, 참을성 있는 개구리들, 그리고 다른 동물들 모두가 차곤 섬(the Isle of Tsagone)에서 영령들의 왕인 베르사프(Bersaf) 앞에 신랄한 고소를 제기하면서, 그들이 교환한 재치 있는 대화들을 여기서 요약하는 것은 무리다.

차곤 섬은 녹색 바다(Green Sea) 한 가운데 있고 영령들의 왕국(혹은 다른 판본들에서는 새들의 왕국)의 일부로서 "옛날 옛날에 동물들이 인간의 박해를 당하지 않고... 살아왔던 섬이다." 거대한 폭풍이 지나가던 배를 전복시키고 그 선원들을 바다에 던져버려서 마침 가까운 차곤 해안으로 헤엄쳐 오르기 전에는, 어떤 인간도 차곤 섬을 방문한 적이 없었다. 그들은 눈을 들어 하늘을 쳐다보며 그들을 구원해준 하느님께 감사를 드리고 나서, 둘레를 살펴보았더니, 어떤 동물도 겁을 내지 않는 풍요한 "순진무구한 섬"에 자신들

---

[40] *The Animal's Lawsuit against Humanity: A Modern Adaptation of an Ancient Animal Rights Tale*, trans. and adapt. Rabbi Anson Laytner and Rabbi Dan Bridge, edited by Matthew Kaufmann, introduced by Seyyed Hossein Nasr, illustrated by Kulsum Begum (Louisville, KY: Fons Vitae Press, 2005), vii-viii.

이 갇혀 오도 가도 못하는 신세가 된 것을 알게 되었다. "내가 일찍이 보았던 가운데 황금의 기회로다! 여기서는 우리가 왕 노릇을 할 수도 있겠다! 우리는 이곳을 다스리고, 우리의 삶을 경영해 나가자. 하느님, 우리에게 강복하소서!"41)라고 선원 타마(Tama)는 말한다.

선원들이 지배하였고, 인간의 수고를 대신할 동물 노예들로 대체하였고, 드디어 "동물들이 경외감과 두려움에 차서" 자비를 베풀어 달라고 청원했는데, 특히 일부 동물들이 맛좋은 식용고기로 되어버렸기 때문이었다. 이윽고 동물들이 함께 들고 일어나서 자신들의 문제를 현명한 왕 베르사프에게 불평으로 호소했는데, 그는 "순결하고 정직하며, 하느님을 두려워하고 악을 피하며, 손님들을 환대하고, 가난한 자들의 옹호자요, 불행을 당한 자들에게 자비롭고, 선물과 자선행위를 베푸는 자요, 억압에선 멀고, 불평등을 혐오하며, 큰 확신과 분노로 악행들을 반대하며—모든 피조물들 가운데서 그와 같은 자는 없다!" 이처럼 덕이 많은 그 왕은 "그들(동물들)의 슬픈 이야기를 들으면서 내적인 분노로 얼굴이 핼쑥해졌다." 그의 정의감이 심각하게 위반되었기에, 그는 심부름꾼들을 보내어 동물들과 사람들 모두를 왕궁에서 재판하도록 불러 모았다. "어떤 생명도 그런 학대를 받아서는 안 된다. 이들 인간들은 너희들 안에 있는 생명을 보지 못 했도다"라고 그는 동물들에게 말한다.42)

동물들은 자신들이 받아야할 몫을 분명히 했다. "'정의!'라고 황소가 외쳤다. 그는 '정의! 정의! 우리는 정의를 원한다!'라고 외치고 또 외쳤다. 그러자 동물들이 함께 노래를 부르기 시작했다. 느린 불평들이 '정의! 정의! 정의!'라는 우레 소리로 변하여 솟아올랐다. 그들이 목표를 위한 연대감을 느낌에 따라 그들의 심장들은 흥분하기 시작했다. 그들의 눈엔 희망이 솟아오르기 시작했고, 그래서 그들은 왕궁에 함께 위험을 무릅쓰고 나아갔다."43)

거기서부터 이야기는 왕과 그의 현자들에 의한 질문들, 혹은 계속되는

---

41) Ibid., 7.
42) Ibid., 11.
43) Ibid., 10.

해석을 곁들인 법정 공방들로 이루어진, 인간과 다른 동물의 성격에 대한 흥미로운 연구로 진행된다. 각각의 동물은 다른 동물들의 기이한 특질들을 주목하게 된다. 즉 왜 낙타는 목이 길고 몸통이 크며, 작은 귀들과 짧은 꼬리를 지녔는지, 그러나 염소들은 수염은 긴 데도 꼬리는 살이 별로 없어서 그것을 휘둘러서 뼈가 드러나는 헐벗은 전신을 보호하지 못하는가? 왜 토끼에게는 작은 몸에 긴 귀들이 붙어 있는가? "당신들은 기초적인 것들도 이해하지 못하네!"라고 말하면서 끼어든 노새(Mule)는, 논평을 이어가면서, 실질적으로 다윈보다 훨씬 앞서서 오래 전에 이미 자연선택의 방식을 설명했다: "하느님이... 우리 각자를 특별한 형태로 만든 것은 각각의 종들에게 특별한 장점을 주기 위하심이다."[44]

각각의 종들의 특수한 재능에 대한 긴 토론은, 동물들 사이에 서로 다른 의견들 탓에 간간이 중단되었지만, 왕의 법정에서 영들의 임재 앞에서 공통적인 소송을 제기하도록 만든다. 이상스럽게도, 동물들은 인간들의 손에 의해 상당한 고통과 희생을 겪음에도 불구하고, 인간들이 본래적으로 악하다고는 여기지 않는다. 다른 생물종들과 마찬가지로 인간들도 그들의 거주지에 맞도록 특별하고도 적절한 몸의 형태를 지니고 있다. 그러나 그것을 가지고 그것 이상으로 여겨선 안 된다. 노새가 설명한다: "창조주는 인간이 주인 노릇하라는 증거로 인간을 서서 걷는 형태로 창조한 것이 아니다. 또한 창조주는 우리들이 노예 노릇하라는 표지로 우리의 몸들을 굽히고 다니게 창조한 것도 아니다. 그보다는 오히려, 창조주는 놀라운 지혜로 이렇게 한 것이니, 각자의 몸은 그 환경에 가장 잘 맞도록 된 형태로 만든 것이다."[45]

결국 현명한 왕 베르사프가 어떻게 판결을 내렸는지는, 나는 독자들이 발견하도록 남겨두겠다. 단지 여기에서 나는 그 판결을 칭송하기 위해 작곡된 긴 노래 가운데서 꾀꼬리와 현명한 여인 호크마(Hochmah)가 함께 불렀던 처음 시작 부분만 여기에 인용하겠다.

---

44) Ibid., 16-17.
45) Ibid., 16.

하늘과 땅이 함께 기뻐하는 동안
바다여 천둥치는 우레 소리로 노래 불러라
산봉우리들아 즐거운 노래를 불러라,
그리고 강들이여 떼 지어 행복하게 몰려들어 손뼉을 쳐라.
거대한 숲속의 나무들이 춤추고 흔드는 동안
들녘의 바람들이 뭐라고 말하는지 들어보아라.46)

이어지는 페이지들은 전체 이야기를 "들녘의 바람들이 뭐라고 말하는" 노래 형식으로 다시 말하고, 공적을 인정하는 말("노래는 꾀꼬리, 작사자 호크마"47))과 베르사프 왕의 폐회 연설과 축도로 마감한다.48)

"동물소송"(*Animal Lawsuit*)에 대한 그의 서문에서, 무슬림 생태신학자 쎄이예드 호쎄인 나스르(Seyyed Hossein Nasr)는 오늘날의 청중들을 겨냥해서 피조물의 정의에 대한 그 자신의 질문을 한다: "다른 피조물들을 지배하는 우리의 권리들은 무엇이며, 또한 그들의 권리의 한계는 무엇인가? 동물들의 권리는 무엇인가? 무엇이 인간의 삶의 목표이며, 우리가 그 목표를 얻고자 노력하는 동안 하느님의 피조물들의 나머지 것들에 대한 우리의 역할은 무엇인가?"49) 이런 질문들에 대한 대답은 그에게는 긴급하고도 실제적인 것이다: "인간들이 자연환경과 전적으로 조화되지 않는 생활방식과 또한 다른 피조물들의 생명을 완전히 무시한 토대 위에 살아가는 생활방식, 즉 현대인들이 멸종위기를 초래하는 동시에 그 자신들을 멸종위기에 처한 생물종이 되게 만드는 생활방식을 채택한 시대에는 이런 질문들이 매우 중요하다."50)

"동물소송"은 그 자체로 매우 주목할 만한 책이며, 동시에 읽기에 즐겁고, 눈을 끄는, 그리고 어린이들을 위한 좋은 책에서처럼 현명한 내용을 담고 있다. 그러나 그것은 시대착오적인 것이 아니다. 다른 그런 보물들과 함

---

46) Ibid., 78.
47) "호크마(Hochmah)"는 히브리어로 "지혜(Wisdom)"을 뜻한다.
48) The Animal's Lawsuit, 78-81.
49) Ibid., xiii.
50) Ibid., xiii-xiv.

께, 그것은 종교적 주제들 가운데서 가장 넓고도 깊은 것에 속한다: 피조물들이 번성하는 천국(paradise)의 비전 말이다. 종교적인 민간전승, 음악, 그리고 성경 속에서는, 생명이 언제나 붐비고(복잡하고) 만족스럽게 해주는 사건인데 거기에서 풍요가 비롯된다. 더구나 피조물들이 번성하며 천국으로서의 지구 행성에 대한 이미지들이, 피조물들의 구원에서 문제가 되는 정의에 대한 이해와 결합되었다. 정의는 마땅한 창조이고, 그리고 그 행위가 공유할 풍요함을 낳는다. 이것이 바로 그 공통적인 이야기 줄거리요 도덕적 이야기다. 그러나 현재의 생태학적 중요 순간을 위해서 잊어버린 보물들을 되찾는 것과 거룩한 경전들과 전통들을 다시 읽는 것은 이제 겨우 시작되었을 뿐이다. "멸종시키는 생물종"(Nasr)은 해야 할 좋은 과업을 갖고 있다.

우리가 정의 이론 자체에로 되돌아오면서, 도덕 이론에 대해 한 가지는 반복해서 지적할 것이 있다. 도덕 이론들과 마찬가지로, 정의 이론들은 인간의 도덕적 경험의 풍부함으로부터 추상화한 것인데, 이는 그 경험에 대한 명확성을 얻기 위해서, 그리고 서로 다른 관점들 속에서는 무엇이 관건인가를 지적하기 위해서다. 그런 이론 작업은 우리로 하여금 무엇이 가장 중요한 것인가—인간의 복지, 자유, 우리가 어떤 종류의 인격체들인가, 혹은 생명 자체를 위한, 생명에 필요한 것들—를 결정하도록 도와준다. 그러나 다시 말하지만, 지도들은 우리에게 길을 보여주는 데 매우 중요한 도움을 주지만, 지도들은 지역이 아니며, 우리는 지역 안에 살고 있다. 그래서 정의 이론들은 독립적으로 분리되어 고정된 메뉴를 선택하는 것이 아니다. 만일 우리가 단 하나의 추상화된 개념(예를 들면, 시장 자유 같은)을 중심으로, 모든 생태사회적 재화들과 그 기관들을 조직한다면, 우리는 심각하게 잘못을 저질러서 사회의 성격과 복지가 위험하게 될 것이다. 마이클 샌델이 옳았던 것은 그가 우리 시대에 알맞은 보다 풍부한 의견을 만들어내기 위해서 몇 가지 전통들로부터 이끌어냈기 때문이다. 우리는 똑같은 그러나 비판적인 첨가—생태권 자체에 합당한 것으로—를 지닌 제안을 한다.

이런 작업(정의에 대한 개념들을 나열하고 그것들을 평가하는 작업)은 인간의 도덕성에 대해 비판적이며 건설적인 윤리적인 성찰을 설명한다. 그것은 좋은 삶에서 가장 중요한 것은 무엇인지에 대해서 서로 다른 견해를 지닌 여러 전통들로 발전된 정의 이론, 도덕적 비전, 그리고 도덕 이론에 대한 폭넓은 논의에 속한다. 이런 논의들은 결과적으로 삶의 방식에 대한 그리고 그런 삶은 어떻게 살아낼 것인가에 대한 확장된 토론들이다. 이런 논의들은, 이론과 비전이 그것들 자체로는 서로 다른 삶의 지향들로부터 나온 충돌을 제거할 수는 없을지라도, 우리가 서로 동의하는 것들과 동의하지 않는 것들을 밝혀준다.

우리가 덧붙일 수 있는 점은, 도덕 이론과 정의 이론을 가장 잘 배울 수 있는 수단은 이론 자체인 경우가 거의 없다는 점이다. 우리는 앞에서, 가장 중요한 윤리는 문서로 기록된 것이 거의 없다고 말했다. 그것은 문화 속에 또한 그 조직들 속에 단층들을 이루고 있고, 그 관습들과 의식들 속에 짜여 있고, 그래서 다중매체를 통해 배워야 한다. 다중매체란 좋은 헌법, 좋은 양육의 문답서, 모방할 만한 가치가 있는 사람들과 함께 지내기, 매우 획기적인 경험, 잘 경영되고 있는 기관들, 그리고 보존되고 보호되고 잘 가꾸어진 경치들 등이다. 그것은 아마도 『인간에 대항한 동물의 법적 소송』(*The Animals' Lawsuit against Humanity*)처럼 아주 좋은 이야기이거나 좋은 노래이기도("만일 내가 망치를 가졌다면...") 할 것이다.

그 다음엔...

앞으로 수십 년 동안에 큰 변화가 있을 것이다. 바츨라프 하벨은 현대에서 그 계승자에게로 넘어가는 심오한 전환 속에 수반될 변화에 대해 우리가 우선 먼저 생각해볼 것들을 안내해주었다. 그 배경에는 다윈의 지혜가 있었다: "살아남는 자들은 가장 강력한 생물종들이 아니고, 또한 가장 지능적인 것들도 아니며, 오직 변화에 가장 잘 적응하는 자들이다."

우리가 도덕 이론, 도덕적 비전, 그리고 정의 이론으로부터 도덕의 모태 기반인 공동체로 눈을 돌릴 때, 그 변화와 강요된 선택은 우리가 바라보는 똑같은 배경이다.

6장

우리에게 필요한 윤리

공동체 기반

집으로 돌아오라, 아미르 얀(Amir jan). 다시 좋게 될 길이 있다.
— Daniel Benioff의 희곡, 『연 날리는 사람』(*The Kite Runner*)

공동체

우리는 태어나면서 기초적인 도덕적 본능들을 갖추고 있지만, 대부분의 도덕은 종합적 효과(ensemble)의 작품이라, 사회를 지향하는 피조물인 우리들에 맞춘, 공동체의 기획이고 성취다. 무법 혼란(anomy), 무규범, 혼돈, 길을 벗어난 것은 우리로 하여금 불안하게 하는데, 왜냐하면 우리는 본성상 관계적인 존재들이라서, 우리의 유일한 삶은 더불어 사는 삶인 것을 알고 있기 때문이다. 우리의 자연적인 조건은, 홉스(Hobbes)가 주장하듯, 서로 서로가 그리고 모두가 모두와 싸우는 전쟁이 아니다. 우리의 자연적 조건은 동아리들과 공동체들을 만드는 공유된 본능인데, 그런 공동체들의 적지 않은 부분들이 도덕적 규칙들에 의해서, 때로는 강제력에 의한 법률로 유지된다. 보수주의자들과 그 밖의 다른 사람들이 사회적 도덕적 질서를 위해서 종교는 필수불가결이라고 말하는 것은 틀린 말이다. 그러나 행위들에 대한 내면화된 규범들과 공공의 규칙—공유된 사회적 관습과 도덕으로—은 종교의 재가가 있든 없든 사회를 위해서 **필요하다**. 공동체의 미덕들, 가치들, 의무들은 개인적인 선택에 대한 자의적인 제한이나 자유에 대한 침해가 아니다.— 그렇게 여기는 것은 도덕에 대한 미숙한 "대응"이다. 그것들—도덕의 내용—은 "어떤 종류의 협력 사업에서도 전제조건이다."1) 도덕을 떠나서는 공동체의 삶이 없고, 공동체를 떠나서는 도덕적인 삶도 없다.

생태사회적 관계 맺기에 대한 욕망과 필요는 타고난 것이다. 본성적으로 우리는 공동체를 고집하는데, 설사 그런 공동체가 트렌치코트를 입은 깡패나 십대의 패거리일지라도 말이다. 우리는 공동체를 갖는 존재들이다. 상징적 의식(symbolic consciousness)이 모든 종류의 영향력 있는 공동체들로 하여금 "현실/당위/방법"(is/ought/how)의 세계에서 살아가도록 허용한다. 즉 현실적 공동체들, 상상의 공동체들, 혹은 더욱 자주, 그 두 가지가 결합된 공동체들로서 살아가도록 허용한다. 더군다나 현대세계에서는 우리가 흔히 몇 가지 공동체들을 교차하면서 일상적 삶을 살아가고 있다. 우리의 자기(self)는 다중적으로 자리잡기 때문에, 가정, 일터, 교육, 레크리에이션, 친구 관계에서 만나는 사람들이 같은 주소에 사는 같은 동아리의 사람들인 경우가 거의 없다. 우리는 함께 살아가는 겹치는 공동체들 속에서 살고 있다.

그렇다, 어떤 개인들은 그들 자신의 공동체들의 도덕적 수준보다 탁월하다—그들은 단순히 공동체가 만든 복제물(clone)들이 아니다. "존재한다는 것은 다르다는 것이다"(to be is to be different)라는 생명의 원칙을 기억하라. 그러나 그들의 자기정체성을 드러내주는 도덕성은 그들 자신의 공동체나 다른 사람들의 공동체들이 제공한 재료들에 기초해서 특별히 예기치 않은 진전을 이룬 것일 것이다.

"양심"(conscience)이라는 단어가 그 점을 잘 보여준다. 양심은 흔히 내부에서 조용히 작게 나오는 목소리로 정의되기도 하지만, 그 어원은 다른 곡조를 낸다. "conscious"(의식적인)와 "conscience"(양심)의 어원은 둘 다 ("con" and "scientia," *con* + *sciere*)로서 "함께 안다," "더불어 안다," "무엇

---

1) Francis Fukuyama, "The Great Disruption: Human Nature and the Reconstitution of Social Order," *Atlantic Monthly* 283, no.5 (May 1999): 59.

의 관계로 안다," 혹은 단지 "함께 깨달음"을 뜻한다. 양심은 개인의 도덕적 성품의 표현이고, 성품은 공동체 속에서 형성된다. 양심 속에서 감성적인 것과 정신적인 것이 윤리적인 것(공동체의 삶의 방식의 표현으로서)과 연결된다. 심지어는 우리가 태어나면서 지고 나오는 도덕적 배낭도 그 앞선 공동체들의 진화가 이룬 결과다. 이것은 다층적 차원의 공동체라서, 부모 대 자식의, 친구 대 친구의 관계로부터 수평선처럼 넓고 별들에 둘러싸인 뒷마당처럼 펼쳐진 공동체로 진전한다.

종교전통들은 오랫동안 공동체들이 신앙생활과 도덕에 근본적인 것임을 당연히 여겨왔다. 그들은 또 공동체의 범위는 바로 이웃만큼 가깝고 또 피조물들처럼 끝이 없다고 여겨왔다. 힌두교인들에게는 전체 세계가 단 하나의 가족이다(*vasudhaiva kutumbakam*). 불교인들에게 "상가"(*sangha*, community, assembly)는 사방으로 확대되어 모든 존재를 감싼다. 무슬림들은 무슬림 공동체(*umma*)란 그들의 삶을 알라(Allah)에게 지향하는 모든 사람들을 포함한다고 해석한다. 유태인들은 노아(Noah)와의 계약을 곧 모든 사람들과 "육신을 지닌 모든 생명체들" 그리고 "모든 미래 세대들을 위한" 지구 자체와 함께 맺은 계약으로 존중한다(창세기 9장). 앞에서 지적했듯이, 기독교인들도 "오이코스"(*oikos*)란 말과 이미지를 빌려 와서 사람이 거주하는 지구 전체를 하나의 에큐메니칼한(보편적, 전 세계적) 생태학적 공동체로 구상하였다.2) 또한 토착민들은 그들이 오랫동안 살아왔고 거룩하게 여긴 장소들에서, 생물과 무생물의 전체 환경을 공동체로 인식한다.

그러나 우리가 새로운 첫 번째 과업들을 위해서 필요로 하는 공동체들은 무엇인가? 어떤 종류의 공동체가 그 "위대한 과업"을 위해 이바지할 것인가? 생태문명은 우리에게 무엇을 요청하는가?

어떤 것들은 기본적인 것이다. 우리는 대부분의 사람들이 무엇을 원하는지 알고 있다: 그들의 생존과 이해관계를 향상시키고 육성시켜주는 세계 속에서 살아갈 신앙과 기초가 되는 도덕적인 삶이다. 기본 욕구—식품, 의복,

---

2) Diana Eck, *Encountering God: From Bozeman to Banaras* (Boston: Beacon Press, 1993), 203.

주거지, 의미 있는 일, 안전보장, 축제, 그리고 노래―는 충족되어야 한다. 그런 욕구는 인간과 인간 이외의 공동체들을 떠나서는 충족될 수 없다. 어찌 할 도리가 없는 난감함, 외로움, 가난 등은 삶의 안녕과 기본적 욕구들을 채우는 데 유해한 것이다.

단순히 생존하는 것을 넘어서서 그런 욕구들과 함께 결합된 무엇보다도 가장 근본적인 욕구가 있다. 그것은 헌신적인 관계 속에 맺어진 생물사회적 그리고 생태사회적 결속(유대관계)이다. 그런 욕구가 공동체들을 창조하고 지속적으로 유지해 간다. 그것은 도덕적인 피조물들로서 우리의 본성에 타고난 역동성을 통해서 이루어진다. 즉 우리들의 삶은 우리들보다 더 많은 것들, 곧 우리가 그것들과 함께 얽혀서 부분을 이루고 있는 것들을 보살핌으로써 실현되고 완수된다. 인간의 온전함을 희미하게라도 감지할 때는, 우리의 삶들이 다른 것들에게 개방되고 그들의 삶이 우리들에게 개방됨 속에서 그런 것들을 감지하는 것이다. 그것들이 우리의 욕구들을 충족시키듯이 그것들의 욕구들을 충족시킴으로써, 어느 정도 상호의존 관계를 가지고 서로 주고받는 것, 이것이 바로 우리가 경험하는 성취의 핵심이다. 여기에 포함될 것은 우리를 길러주고 유지해주는 공동체들을 위한 희생이니, 설사 그런 공동체가 가족, 이웃, 국가, 혹은 흙, 공기, 물, 그리고 불일지라도 말이다. 생존하고 번성하기 위해서, 헌신적 관계로 결속된 생물사회적, 생태사회적 유대들을 육성하는 것이 진정한 삶을 살아내는 길이다.

똑같은 일이 공동체들 자체들에도 해당된다. 공동체들도 정해진 경계선들처럼 보이는 것들―가족, 씨족, 부족, 도시, 국가―을 넘어 손을 내밀어 연합함으로써만 잘 살게 된다. 하워드 써만의 관찰이 현명하다: "공동체는 자체를 먹고 살 수는 없다. 그것은 오직 다른 자들, 그 공동체에게 알려지지 않았으며 발견되지 않았던 형제들이 저쪽 편으로부터 다가와 줌으로써만 번성할 수 있다."3)

---

3) Howard Thurman, *The Search for Common Ground: An Inquiry into the Basis of Man's Experience of Community* (Richmond, IN: Friends United Press, 1986), 104.

물질의 과잉, 무관심한 낭비, 무관심한 관계의 개인주의적 문화에서는, 이런 종류의 강력하고 열려진 소속감의 필요성을 직관적으로 얻거나 예상하지 못한다. 끊임없는 광고들과 이른바 "사회적 연결망"(social networking)에 의해 키워진 **자기 몰입**이 집단적 헌신보다 더 강력히 지배하고 있다. 최근 몇 해 동안에 일어난 "행복 문학"이 하나의 개선책이다. 간단히 요약하자면 이렇다.

1950년 이후로, 산업공학기술시대를 위한 줄거리는 인간의 성취를 물질적 풍요 속에 근거하도록 했다. 자본주의체제든 사회주의체제든, 소비주의를 통해서 행복을 추구한 것이 그 전략이었다. 1959년의 유명한 "부엌 논쟁"(Kitchen debate)에서, 당시에 미국 부통령이었던 리처드 닉슨과 소련의 수상 니키타 흐루쇼프가 논쟁을 벌인 것은 누가 누구를 상품들 속에 "파묻어 버리는가"에 대한 것이었다. 시간이 지나면서, 부분적으로는 역사의 기분 좋은 역설들 가운데 하나의 덕분으로—공산주의 중국이 터보 자본주의를 받아들여서—자본주의가 승리했다. 보다 작은 규모로는, 베트남 공산주의자들이 공산주의의 거대한 "억제자"인 미국의 피와 재물을 희생시키고 난 뒤에, 그들도 자본주의자들의 방식을 택했다.

어느 정도까지는, 물질적 복지와 행복 사이에 긍정적 상관관계가 있다. 만일 당신이 비참하게 가난하다면, 당신은 더 나은 존재가 **되기 위해서** 좀 더 많이 **가질** 필요가 있다(to *have* more to *be* more). 만일 사람들이 안녕을 경험하려면, 식품, 의복, 거처, 의미 있는 노동, 안전, 축제, 그리고 노래 등의 기본적인 욕구가 충족되어야 한다.

그러나 풍요한 나라들과 가난한 나라들 속의 풍요한 계층들에게는, 두둑한 은행계좌와 높은 수준의 물질적 소유는 진정한 행복의 허약한 대체물임을 증명한다. 희망과 습관 때문에, 상품들을 통해 만족을 찾는 것은 한 차례 쇼핑 탐닉에서 다음 탐닉에로 계속된다. 그러나 그 결과에는 만족하지 못한다. 성취감을 기대했지만, 실현되지는 못한다. 경제성장이 어느 정도에 이르면, 그 능력이 정신적으로 끊임없는 욕구를 만족시키지 못할 정도가 되고, 또한 생활수준이 나아졌다고 해서 행복의 수준도 나아지지는 않는다. 새로운 집이나 새 자동차를 구입해도 소비자의 후회가 시작되어, 더 나은 환경에로 이사하거나 방마다 노동력 절감 장치들을 수집해 들여도, 그 결과로 얻는 이익은 새로운 골프 카트가 골프 선수의 점수를 높여주는 정도, 혹은 새로 산 운동화가 폐활량을 증가시켜주는 정도나 마찬가지일 것이다. 뚜렷한 통찰력을 지닌 티보르 씨토프스키는 이런 "만기가 다 된" 소비자 경제를 "기쁨이 없는 경제"(joyless economy)[4]라고 부른다.

돈으로는 행복을 살 수 없다고 현자들이 오래 전부터 말해왔는데, 풍요한 사회들에서 볼 수 있는 또 하나의 놀라움은, 일부 사람들이 실제로 소비주의는 계속 증가하는데도 사회적 행복이 줄어든 것을 경험했다는 점이다. 왜 그런가? 로버트 레인은 그의 책 『시장 민주주의들 속에서 행복의 손실』(*The Loss of Happiness in Market Democracies*)에서 가설을 세우기를, "사람들 사이의 따뜻한 관계들이 메마르고, 손잡기 쉬운 이웃들이 없고, 주위를 둘러싸고 있는 포용적 회원들이 없고 그리고 건실한 가족생활이 없는데, 이런 종류의 사회적 지원이 결핍된 사람들에게는 실업상태가 보다 절실한 영향을 끼치고, 질병이 훨씬 치명적이고, 자녀들에 대한 실망을 더 견디기 어렵고, 우울증 발작의 여파가 훨씬 오래가며, 좌절감과 온갖 기대들이 무너짐으로써 남긴 상처가 더 깊다는 증거가 있다"는 것이다. 레인은 이렇게 말한다: "뭔가가 잘못되었다. 역사상 한 시점에서 미국인들을 부유하고 행복하게 만들어준 경제주의(economism)가 그들을 잘못 인도하고 있으며, 그들을 아마도 행복하게 만들어줄 더 많은 동무 관계(companionship) 대신에, 그들에게 돈을 더 많이 제공하지만, 돈이 그들을 행복하게 만들지는 못한다."[5][6]

---

4) Tibor Scitovsky, *The Joyless Economy: The Psychology of Human Satisfaction*, rev. ed. (New York: Oxford University Press, 1992).
5) Robert E. Lane, *The Loss of Happiness in Market Democracies* (New Haven and London: Yale University Press, 2000), selected from 319-24 and cited by James Gustave Speth, *The Bridge at the Edge of the World: Capitalism, the Environment, and Crossing from Crisis to Sustainability* (New Haven: Yale University Press, 2008), 135-36.
6) 독자들은 1970년대 이후로 발간된 "Happiness Literature"에 대한 상세한 분석을, 시대의 지혜에 대한 참조와 더불어, 두 권의 책에서 찾아볼 수 있을 것이

동무 관계란 헌신적인 관계의 내막을 가리키는 지표로서, 시장경제와 축적된 상품들의 외부에 있는 것이다. 그것은 값을 매기거나, 팔거나 살 수가 없는 것이다. 일단 다음 끼니에 대한 두려움을 추방하고 가난에서 벗어난 뒤에는, 물건을 얻는 것, 쓰는 것, 소유하는 것에서 행복과 성취감을 찾기를 계속하는 일은 망상이다. 에드 디이너와 마틴 셀리그만은 이렇게 요약한다: "사람들의 사회적 관계의 질적인 내용이 그들의 행복에 결정적으로 중요하다. 사람들이 행복을 유지하기 위해서는 협력적이며 긍정적인 관계와 사회적 소속감을 필요로 한다... 소속되고 싶은 욕구와 가깝고도 오래 가는 사회적 관계를 갖는 것은 인간에게 기본적인 욕구다."7) "우리가 서로 나누는 일차적인 선함은 어떤 인간 공동체에 소속되는 회원 됨(membership)"8)이라고 마이클 월쩌는 그의 정의에 대한 토론에서 주장한다. 마틴 부버는 여전히 장엄한 말투로 이렇게 말한다: "모든 역사에서 가장 일차적인 열망은 인간들의 진정한 공동체다."9)

우리가 아무리 잘못 인도되었을지라도, 무엇이 정말로 중요한 것인지에 대한 지혜를 전체적으로 잃어버린 것은 아니다. 무엇이 가장 중요한 것인지는 마치 늘 찾아오는 손님처럼 우리에게 다가오는데, 종종 우리들의 생명 혹은 우리가 사랑하는 사람들의 생명이 위협받는 그런 상황들—화재, 홍수, 질병, 친구의 죽음 등—속에서 명백히 깨달아진다. 우리가 늙어가면서 그것은 더 분명해진다. 백발의 노인 아무에게나 그녀/그가 어떻게 기억되기를

다: Sissela Bok, *Exploring Happiness: From Aristotle to Brain Science* (New Haven: Yale University Press, 2011); and Derek Bok, *The Politics of Happiness: What Government Can Learn from the New Research on Well-Being* (Princeton: Princeton University Press, 2011), 두 책 모두에 대한 독후감은 Timothy Renick, "Pursuing Happiness," *Christian Century* 128, no.1 (January 11, 2011): 22-26.

7) Ed Diener and Martin E. P. Seligman, "Beyond Money: Toward an Economy of Well-Being," *Psychological Science in the Public Interest* 5, no.1 (2004):18-19, as cited by Speth Bridge ot the Edge of the World, 135.

8) Michael Walzer, *Spheres of Justice* (New York: Basic Books, 1983), 31.

9) Martin Buber, *Paths in Utopia* (Boston: Beacon Press, 1958), 31.

바라는가 물어보라. 그 대답이 결코 이렇지는 않을 것이다: "나는 내 친구들보다 훨씬 더 부자가 되었다," 혹은 "나는 많은 사람들의 계략을 알아채고 그들을 시합에서 놀려먹었다," 혹은 "나는 좋은 사람들을 추월해서 그들 위로 기어 올라가서 맨 꼭대기에 도달했다," 혹은 "나는 우리 반에서 IQ(지능지수)가 가장 높았고, 그들 모두를 압도했다" 등등. 그 대신에 노년에 회고하는 것은, 대부분의 고인에 대한 추도사(eulogy)처럼, 도덕적 성품에 호소하는데, 이는 우리의 생물사회적 성격이 어떻게 도덕성으로 새겨져 있는지에 대한 또 다른 표시인 것이다. 사람들은 좋은 친구로, 아버지로, 어머니로, 좋은 일을 한 너그러운 영혼들로 공동체에 의해 기억되기를, 그리고 그들의 출현으로 공동체가 축복을 받았음을 기억해주기를 바란다. 사람들은 자기들이 사라진 뒤에도 남아 있을 좋은 일을 위해서 자신들을 내어준 사람들 가운데 그들이 기억되기를 원한다. 그들은 뒤를 따르는 사람들의 삶 속에서 자기들의 삶이 계속되기를 바란다.

공동체와 도덕에 대해서 그 밖에 또 무엇을 우리는 알고 있는가? 우리는 도덕을 형성하는(moral formation) 데서 공동체가 꼭 필요함을 알고 있다. 이것은 어떤 중요한 단어들에 잘 반영되어 있다. "양심"(conscience)에 대해선 이미 말했다. 우리의 의무감은 양심이 없이는 허약하다. 그래서 생태문명을 위해서 가장 중요한 질문은 양심이 다른 동물들, 바다, 하늘을 포함하는 충실성, 애정, 그리고 책임감 등이냐 아니냐의 여부다.[10]

이제 양심에 더하여 또 다른 중요한 도덕적 단어 "성품"(character)을 추가하자. "윤리학"(ethics)과 마찬가지로, "성품"도 그리스어 어원을 갖고 있다. 그리스어 *charakter*는 "새겨 넣는 도구"를 뜻하며, 그것을 확장하여 새기는 도구로 만든 자국(mark)을 의미한다. 은유적으로 말하자면, *charakter*는 한 사람의 특징적 표지(標識)를 의미한다. 성품은 그 사람의 특질들을 지니고 있는데, 그 특질들은 마음과 인격의 습관으로 "새겨져" 있다.

---

10) Douglas Sturm, "Faith, Ecology and the Demands of Social Justice: On Shattering the Boundaries of Moral Community," in Donald A. Crossby and Charley D. Hardwick, eds., *Religious Experience and Ecological Responsibility*, vol.3 of *American Liberal Religious Thought*, 305.

나중에, 두 번째 의미가 발전되었다: 만일 한 사람이 "성품을 지닌" 사람이라면, 그녀/그는 도덕적 성실성과 좋은 판단력을 보여준다. 그는 올바르고 좋은 일을 할 용기를 지닌, "좋은" 사람이라고 판단된다. 혹은 그녀/그는 도덕적 끈기를 지니고 있어서 시간이 흘러도 도덕적 일관성과 통일성을 보여준다. 여기서 "성품"은 그것이 무엇이 되었든, 좋든 나쁘든, 한 사람의 도덕적 인격뿐만 아니라, 한 사람의 표지 혹은 특징처럼 칭찬할 만한 도덕적 특질을 표시한다. 그녀/그는 성품을 "소유하고 있다."

훈련되지 않은 귀에는 성품이란 개인주의적인(individualistic) 것으로 들릴 수 있지만, 그렇지 않다. 비록 성품은 깊이 개인적인(personal) 것이지만 말이다. 한 사람이나 집단의(집단도 성품을 지니고 있다) 도덕적 존재는, 아무리 그것이 특징적일지라도, 공동체 안에서의 삶을 통해 형성된다. 관계가 성품을 형성한다. 비록 우리 모두는 태어나면서 도덕성을 지닌 경향이 있지만, 우리 자신들의 것으로 발전된 성품의 특수한 모습과 특질들은 공동체 관계의 실체와 역동성과 영향을 통해 육성된다. 젊은이들에게는 그 공동체가 특히 처음에 소속된 공동체들, 친숙한 공동체들, 우리의 태어나는 울음소리와 처음 말하는 단어들을 들었던 그런 공동체들이다. 이것들이 성품을 "새겨 넣고" 그 성품이 발전해 갈 길을 마련해준다. 인간 이외의 피조물들과 우리의 관계를 포함해서, 특수한, 지속적인, 그리고 변화하는 관계들이 성품 형성의 토양이다. 완전히 형성된 "나"는 제우스신의 눈썹으로부터 튀어나오는 것이 아니다. 불교인들이 강조하듯이, 자기는 임시적인 것, 우발적인 것, 그리고 관계적인 것이다.

종합하여 요약하자면, 양심은 성품의 윤리적 나침판이요, 우리의 확신들과 헌신들이 그러하듯이, 성품도 공동체 안에서 형성된다. 양심 유전자(conscience-gene)라는 것은 없다. 우리는 보다 나은 세상을 꿈꾸는 생물사회적 그리고 생태사회적 본성 덕분에 도덕적 피조물이 된 경향이 있지만, 우리들 가운데 태어나면서 도덕적으로 결판이 난 사람은 아무도 없다. 도덕의 발전과 성숙의 기반으로서 문화, 공동체, 그리고 우리의 삶이 조직되는 방식을 지적하면서, "공동체와 헌신, 그것들 때문에 받는 시련들이 우리를 성장

하게 한다"고 리처드 로어는 말한다.[11]

공동체나 공동체들은, 앞에서 지적했듯이, 상상적인 공동체를 포함한다. 우리는 아직 도래하지 않은 세상, 그러나 그렇게 될 것 같은 세상을 꿈꾸며, 또한 우리는 흔히 그런 세상을 이루려는 어떤 계획들을 갖고 있다. 이처럼 "현실/당위/방법"(is/ought/how) 사이의 간격이 도덕적인 삶에 활력을 주며, 그 추진력을 제공한다. 그러나 심지어 상상적인 공동체를 갖추는 것도 우리가 이미 알고 있거나 즐기는 비품들을 정교화 한 것들이다. 그래서 그것은 No.2 노란색 연필처럼, 다른 사람들, 그리고 인간 이외의 것들에게서 온 선물이다. 도덕의 백지상태(tabula rasa)는 존재하지 않는다. 도덕적인 삶은 결코 아무것도 없는 데서 창조되지 않는다.

물론, 도덕의 발전은 규범적인 관점에서 볼 때 잘못되어 갈 수도 있다. "난 밤새도록 내 양심과 싸웠지만, 내가 이겼다"고 야코프 부르크하르트(Jacob Burckhardt)는 어느 날 아침에 그의 친구들에게 말했다고 한다. 누가 못 이길 것인가? 흔들리지 않는 믿음이라는 것이 아무리 강하다고 해서 진리는 아닌 것이다. 소망하는 공동체들과 소속된 공동체들은 너무도 자주 굶주린 영혼들에 호전적인 이상주의(a militant idealism)를 불어넣어서, 파괴적으로 변하기도 했다. "종교"라는 말의 어원인 "렐리기오"(*religio*)는 "연합하는 결속"(uniting bond)이라는 뜻인데, 이것은 대중의 오만한 결의를 지원하는 우주적인 의미를 잔뜩 실은 확신의 열기를 가지고 대중을 선동할 수도 있다. 이어지는 십자군 운동은 종교재판과 목을 베어 죽이는 것으로 완비된 무서운 것이 되어버릴 수 있다. 때로 그런 종교적인 열정에 필적하는 것은 오직 종교적인 강도를 지닌 세속의 도덕적 확신, 가령 공산주의와 파시즘(fascism) 같은 것 뿐이다. 이것이 말하고자 하는 것은 양심, 집단적 성품, 이데올로기, 세계관, 그 어느 것도 도덕적 측정의 평가를 벗어날 수는 없다는 점이다. 심지어 가장 고귀한 노력조차도 무조건 통과할 수는 없다. 모든 공동체들에서 "윤리"가 "도덕"을 심판한다.

---

11) Richard Rohr, "Why Does Psychology Always Win?" *Sojourners* 20 (November 1991): 14.

만일 우리가 사람들이 마음 속 깊은 곳에서 원하는 것이 무엇인지—생존하기, 소속되기, 번성하기—를 안다면, 또한 만일 공동체가 인간의 성품과 행동의 기반임을 안다면, 앞에서 제기했던 질문으로 되돌아가서, 우리가 지금 가장 필요로 하는 공동체는 무엇일까? 어떤 양심, 성품, 행동이 가장 적절한 것일까? 한 가지 대답은 도덕을 형성하는 최근의 공동체들이, 어떤 종류의 생물사회적 생태 가운데서 어떻게 지내왔으며, 또 그 공동체들이 새로운 질서를 위해서 건강하고 도움이 되는 방식으로 지금 어떻게 응답하고 있는지를 좀 더 자세히 관찰할 필요가 있다.

시민사회

현대에서는, 도덕을 형성해주는 대부분의 공동체들이 "시민사회"(civil society)와 연합되어 있는데, 시민사회는 "관계의 연결망들"로서 "강요되지 않은 연합의 공간"을 채운다.12) 가족들, 학교들, 회당들, 교회들, 회교 사원들, 성전들, 그리고 모든 종류의 자원봉사단체들과 비정부 기관들(NGO)이, 통신매체들과 사회적 연결망(social networks)과 더불어 시민사회에 속한다. 문화적 생산, 가족생활, 자원봉사 기관들의 일, 그리고 공적인 담론의 많은 부분이 모두 시민사회 안에 자리 잡고 있다.

아마도 인간의 성격과 행동을 가장 철저하게 형성하는 시민사회 공동체들은, 우리가 태어나서 초기 성년기에 이르기까지 우리에게 영향을 주는 것들이다. 대부분의 사람들에게, 성격의 기본적 경향들은 나이 25살 정도에 이르면 정상적으로 자리를 잡는다. 만일 그들의 일상적인 행동이 그 이후에 변한다면, 그것은 뚜렷하게 변한 성격 탓이라기보다는, 흔히 변화된 환경들, 거주지, 그리고 역할들 때문이다.

성격 형성에 가장 영향을 주는 시민사회 공동체들은 흔히 역사, 기억, 공통의 이야기를 공유한다. 그런 이야기들은 "사람들을 길러내기에"(Rohr) 다소간 안정된(stable, 이 말이 또 다시!) 환경을 지닌, 관계와 장소의 어느

---

12) Michael Walzer, "The Idea of Civil Society," *Dissent* (Spring 1991): 293.

정도 연속성을 당연한 것으로 여긴다. 만일 치밀하게 만들어진 도덕적 안식처들이 없으면, 관계상의 혼돈과 높은 유동성이 도덕적 발전과 성숙을 방해할 것이다.

시민사회는 또한 모든 지위와 다양한 재능을 가진 공동체 회원들에게 높은 참여의 장소를 제공한다. (그러나 많은 공동체들이 그 자체의 도덕적 보안관과 수색대를 가진 정적이고 억압적인 질서를 만드는 엄격한 역할과 "장소"를 부여한다. 높은 참여가 정의를 보장하지는 않는다.)

시민사회는 전통적으로 그 사회와 관련된 공동체들에 영향을 주는 역사를 갖고 있다. 현대의 도덕 형성의 운명은 그런 역사에 속해 있다. 현대 세계를 만든 사람들, 가령 애덤 스미스 같은 사람은, 시민사회의 믿음직한 기관들이 사람들의 인격을 효과적으로 형성할 것이며, 또 일반 시민들로 하여금 난폭한 공공생활에 대비하도록 준비시킬 것이라고 예상했다. 도덕 철학자인 스미스는 자신의 책 『도덕적 정서의 이론』(*The Theory of Moral Sentiment*)을 시작하면서, 도덕적인 우주 자체의 사회적 성격에 대한 그의 견해를 피력한다. "사람이 아무리 이기적이라 할지라도, 그의 본성 속에는 다른 사람의 행복에 관심을 갖는 어떤 원칙들이 분명히 있고, 비록 남들의 행복을 보는 즐거움 말고는 아무것도 얻을 것이 없어도, 남들의 행복이 자기 자신에게도 필요하다고 여긴다."[13] 우리는 체질적으로 타인들의 안녕이 우리 자신들에게도 필요하도록 되어 있다. 우리 자신의 도덕적 의무뿐만 아니라, 정신의 건강과 기쁨도 공동체 속에 있다.

그러나 상호간 안녕이란 생각이 스미스에게 당연한 것은 아니었다. 비록 "인간 본성의 어떤 원칙들"이 그런 상호간 안녕을 강요하지만, 도덕적 덕목들, 가치들, 의무는 배워야만 하고 북돋아야만 하는 것들이다. 타인을 돌보는 책임은 양육되는 것이라는 점에 대해 스미스는 특별한 관심을 갖고 있으므로, 그는 각 사람이 "할 수 있는 한, 남의 입장에 서보도록 노력하고, 고통당하는 사람에게 일어날 수 있는 불행과 고민의 작은 사정을 절실히 느껴보

---

13) Adam Smith, *The Theory of Moral Sentiments*, ed. D.D. Raphael and A. I. Macfie (Oxford: Clarendon Press, 1976), 9.

라"14)고 권고한다. 이런 일은 과학자들이 나중에 많은 포유류 동물들 가운데서 발견한 것을 예감하게 하는데, 그것은 우리가 감정이입(empathy)을 통해 동정심(sympathy)을 배우며, 감정이입이란 아마 틀림없이 사회적 동물들에게서 가장 기본적인 도덕적 정서일 것이라는 점이다.

스미스는 언제나 『도덕적 정서의 이론』(*The Theory of Moral Sentiments*, 1759)을 『국부론』(*The Wealth of Nations*, 1776)에 반드시 필요한 보충판으로 간주했다. 그는 시장의 도덕을 결코 사회 전반을 위한 도덕으로는 신뢰하지 않았다. 또한 그는 시민사회의 공동체들이 경제의 관점에서 조직되어야 한다고 생각하지도 않았다. "경제적인 사람"은 "사람" 전체가 아니고, 오직 개인, 즉 "운반하고, 물물교환하고, 바꾸기" 위해 물건을 나를 때의 개인일 뿐이다.15) 더구나 "경제적인 사람"은 속아서 움직이는 것이니, 행복과 성취는 시장바닥에서 성공함으로써 오는 것이라고 속는 것이다. 그럼에도 불구하고 그것은 수익이 많은 속임이라고 스미스는 주장했는데, 왜냐하면 그것이 "인간의 산업을 일으키고 계속 움직이게 만들기 때문이다."16) 그는 계속해서 말하기를, 설사 사회 전체가 야망과 보상에 의하여 좋게 보답을 받을지라도, 나이가 늙어지면 비로소 소유가 헛된 것임을 알게 된다고 한다.

스미스는 또한 신흥 경제가 물질적 욕망을 부추기는 것은 도덕적 부패를 낳게 된다는 점을 잘 알고 있었다. "부자들과 권력자들을 사모해서 거의 경배하고, 가난한 사람들과 비천한 사람들을 경멸하거나 아니면 최소한 무시하는 것은, 비록 사회 속에서 계급과 질서의 구별을 세우고 유지하는 것이 필요하기는 하지만, 동시에 우리의 도덕적 정서를 부패시키는 가장 크고 보

---

14) Smith as cited in Adam Wolfe, *Whose Keeper? Social Science and Moral Obligation* (Berkeley, Los Angeles, and London: University of California Press, 1989), 29.
15) Adam Smith, *The Wealth of Nations* (New York: Modern Library, 1937), 14. The original was published in 1776.
16) Smith here is cited by Christopher Lasch, *The True and Only Heaven: Progress and Its Critics* (New York: W.W. Norton, 1991), 55. Lasch is citing *The Theory of Moral Sentiments* but he does not way where this phrase is found.

편적인 원인"이라고 말한 사람이 바로 "자본주의 경제학의 위대한 건설자(애덤 스미스—역자주)"였다고 알란 울프는 지적한다.17)

그러나 스미스는 단지 시장의 도덕이 사회 전체를 위한 도덕이 되는 것을 신뢰하지 않았을 뿐만 아니라, 그는 자본주의 **사회**(capitalist society)를 생각하지도 않았다. 그는 "시장들"(markets)을 말했을 뿐, "(자본주의적) 시장"(the market)에 대해선 결코 말한 적이 없었다. 그런 시장은 나중에 생겨난 개념으로서, 시민사회 자체의 경향과 문화를 광범위하게 결정하는 시장의 행동과 함께 생겨난 것이다. 이와 대조적으로 스미스는 사회 안의 자본주의 **경제**(capitalist economy), 즉 시민사회의 굳건한 공동체들에 의해서 육성된 비자본주의적인 도덕적 정서들이 장악할 자본주의 경제를 전망하고 칭찬했다. 분명히 그는 이기적 행동들이 부(wealth)를 발생시키는 덕목이라고 여겼고, 그래서 그는 이기적인 계산들이 경제적 결정들을 내리는 데 적절한 방법이라고 보았다. 그러나 경제적 도덕성이 사회와 문화 전반을 결정해선 안 되며, 또한 집단적 성품과 행위의 일차적 형성자가 되어서도 안 된다. "경제"가 경제적인 것이 아닌 생명세계들을 식민지화해선 안 되었다. 그보다는, 동무 관계와 연관된 가족적인 그리고 얼굴과 얼굴을 맞대는 다른 관계들, 그리고 작은 마을의 방식들이 야망과 욕망을 순화시키고, 방종과 욕구충족을 향한 충동을 견제하는 중대한 역할을 해야 했다. 복잡한 사회적 생태환경 속에선 이들 공동체적 관계들이 감정이입과 사회적 책임을 양육해줄 비시장적인 덕목들을 촉진해 줄 것이다. 또한 상업행위와 자발적인 경제적 선택이 지닌 잠재적인 타락의 방식들이 공동선을 대체하거나 해독을 끼치지 못하도록 지켜줄 것은 사회적 책임이다. 상호간 안녕을 지향하는 책임성이야말로, 사실상 시장 에너지들을 돌려서 공동선을 위해 이바지하도록 해줄 것이다.

스미스는 또 다른 뜻밖의 전개에서, 심지어 비시장적인 가치들에 대한 도덕적 정서가, 비록 시장 활동이 그런 가치들을 제공하지는 않지만, 좋은 시장 활동을 위해서는 아주 중요하다고 주장했다. 즉 정직함, 기강, 검소, 협동, 약속 지키기, 열심히 일하기, 욕구충족을 지연시키는 것 등은 일터에

---

17) Smith as cited in Wolfe, *Whose Keeper?*, 29.

서 처음 배우는 것이 아니다. 좋은 일이 그런 가치들을 귀하게 여기고 길러주기는 하지만, 그것들은 다른 곳에서 처음 배우는 것들이다. 그러나 새로운 공학기술들이 중요하듯이, 그것들은 매우 중요하다. 스미스에게는 시민사회가 회사들의 도덕적 문화를 키워주는 것이지 그 반대는 아니었다.

따라서 스미스에게 도덕적인 최종 핵심은, 종교와 가족이 시민사회의 다른 기관들과 함께, 탐욕적인 개인주의에 반대 균형을 제공하고 욕망을 제어하려는 것뿐만 아니라, 현대의 끊임없는 변화 속에서 질서 있는 도덕적인 삶을 위해 필요한 전반적인 덕목들을 양육하는 과제를 지니고 있다. 그는 몇 가지를 당연시했다: 경제적인 원칙들과 "산업"에 의해 조직된 분야들과는 구별되는 시민사회의 존재, 도덕을 형성하는 얼굴과 얼굴을 맞대는 공동체들의 존재가 시민사회의 매우 중요한 부분이라는 점, 이들 공동체들의 도덕적인 노력은 "나라의 부"를 발생시키는 데 효과적인 신흥 경제를 포함해서 사회 전반에 걸쳐 꼭 있어야만 한다는 점이었다.[18]

스미스는 혼자만이 아니었다. 다른 많은 계몽주의 사상가들도 욕망과 열정에 대한 인간의 통제를 심사숙고했다. 유럽에서 치명적이었던 종교전쟁들이 인간의 충동들을 돌려 덜 파괴적인 방법들을 발견할 결심을 하게 했다. 신흥 경제라는 형태로 나타난 자본주의의 경제 활동이 그런 약속을 제공했다. 모든 사람들이 자신들의 상황을 개선해보려고 욕망하니까, 만일 적절하게 제어되기만 한다면, 개인적으로 사사로운 이익을 추구하는 것이 인간의 이해관계와 염원을 비폭력적으로 조정하는 심리학적인 힘이 될 수도 있지 않겠는가? "한 마을을 침략해서 재물을 강탈하는 것"보다는 "시장을 장악하는 것"이 더 매력적이고 이익이 되지 않겠는가?[19] 개인의 이익을 향한 인간의 강력한 이기적 충동이, 만일 물질적 복리를 증가시키도록 안내된다면, 축복되고 죄받을 짓이기보다는 합법적이지 않겠는가?

---

18) 이들 페이지들은 나의 Larry Rasmussen, *Moral Fragments and Moral Community: A Proposal for Church in Society* (Minneapolis: Fortress Press, 1993), 41-45에서 많이 인용했다.
19) Mark Lilla, "The President and the Passions," in "The Way We Live Now," *New York Times Magazine*, December 19, 2010, 14.

알란 울프는 그의 저서 『누구를 지키는 자인가?: 사회과학과 도덕적 의무』(*Whose Keeper?: Social Science and Moral Obligation*)에서, 애덤 스미스와 계몽주의의 사회적 생태학의 운명을 추적한다. 중세기와 종교개혁 당시 기독교세계를 언급하면서, "자본주의는 전통적 종교와 사회구조로부터 물려받은 자본주의 이전의 도덕성을 떠나서 처음 100년을 살았다"20)고 쓰고 있다. 그 후 자본주의는 더 나아가 "사회적 민주주의(social democracy)의 도덕적인 중심지(수도)를 떠나"21) 두 번째 100년을 살았는데, 이는 19세기와 20세기의 경제적 개혁운동을 언급한 것이다. 자본주의 이전의 공동체들은 자제(극기), 자선, 사회의 유기체적인 의미를 가르쳤다. 이런 것들이 신흥 부르주아들 가운데 팽배했던 탐욕에 제동을 걸고, 무제한적 재산 축적에 대한 정당화를 억제했다. 그 후 산업화의 충격으로 전통적인 종교적, 가족적, 공동체적 결속이 약화될 즈음, 사회적 민주주의가 도덕적 에너지와 내용을 제공했다. 사회 민주주의의 연대감과, 실업자들, 무시되어 방치된 사람들, 약한 자들을 보호하려는 관심, 그리고 공동선에 대한 비전—이런 것들이 국가의 공권력으로 사적인 힘의 기강을 잡으려는 노력에 가담했다. 이리하여 사회 민주주의 운동들—노동조합 결성과 이민자들의 자립 기구들과 함께, 사회적 이동과 실업문제를 취급하는 정부기관의 프로그램 같은 운동들—이 시장에 의해 발생한 불평등과 무시당함을 좀 무디게 만들었다.(워싱턴 D.C.에 있는 프랭클린 델라노 루즈벨트 기념관이 사회적 민주주의의 도덕적 내용과 풍토를 잘 포착하고 있다.)

울프의 견해에 대해 두 가지 보충적 지적이 필요하다. 첫째로, 사회적 민주주의도 도덕을 형성하는 전통적 공동체들—스미스와 계몽주의자들이 오래 지속될 것으로 예상했던 것—의 유산으로부터 이끌어온 것이었다. 이런 운동들—노동조합들, 이민자 자립 기구들, 가령 참정권 운동과 노예폐지 운동 같은 개혁 단체들—의 수사학은 공동체적이고 심지어 가족적이었다. 회원들끼리는 서로 "형제" "자매"라고 불렀고, 가족의 힘겨운 노력과 축하의

---

20) Wolfe, *Whose Keeper?*, 30.
21) Ibid.

정신을 불러일으켰다. 그들은 종교적 공동체들의 기풍과 오순절파의 열성을 반영했고, 때로는 많은 사람들에게 대체 교회 역할을 했다. 여기에는 유사 종교적 열성처럼, 강력한 신앙과 열정적인 희망이 자리 잡았다. 이것은 본래적 공동체들의 친밀한 관계들로 후퇴한 것이었다. 둘째로, 사회적 민주주의와 전통적 도덕 공동체들에 중요한 것으로 울프가 중세기와 종교개혁시대 기독교세계와 연관시킨 것은 유럽과 "신세계" 속의 유태인 공동체들이었다. 종교적인 사람들이든 세속적인 사람들이든, 유태인들은 그들 숫자에 비해 훨씬 더 사회적 민주주의 운동에 영향을 끼쳤다. 그들은 예리한 사회정의감을 지녔고, 다른 소수민족들과 강력한 연대를 형성했으며, 계급을 초월하여 연대와 결속을 촉진했다.

토마스 벤더의 책 『공동체와 사회 변화』(Community and Social Change)는 그 다음에 일어난 것들을 쓰고 있다. 그는 1800년대 후반부터 근대과학이 발전하기 이전의 상황에 대한 에드워드 로스의 보고들을 인용한다. "살아있는 조직들을 못과 나사들로 단단히 조여 구조물로 대체시키면서, 강력한 힘들이 점점 더 많이 **공동체**를 **사회**로 변형시키고 있었다."22) 산업세계—"못과 나사들"—가 작동하기 시작했고, 장소와 연결되었던 공동체들이 점차 기업, 정부, 대중교통, 대중매체, 그리고 대도시의 생활에 의하여 강력하게 영향을 받은 공동체들로 변혁되고 있었다. 사회는 상호의존적인 낯선 자들의 모임으로 되어가고 있었는데, 그들은 공통적인 삶을 살기는 했지만 대체로 서로 이름도 모른 채 서로 끊어진 삶을 공유하였다. 그리고—이것이 바로 도덕 형성 공동체들의 핵심인데—신속하게 움직이는 상호의존성에 의해 형성되고 영향을 받는 존재들을 통합하고 조정하는 데는 시장들과 국가가 지역 공동체들보다 훨씬 더 능력이 있었다.

산업화와 새로운 자본주의 경제의 창조적인 능력에 의해서 봉건주의를 몰락시키고 현대를 창출한 힘—칼 폴라니(Karl Polanyi)가 "거대한 전환"(the

---

22) Edward Ross, *Social Control: A Survey of the Foundations of Order*, 432, as cited by Thomas Bender, *Community and Social Change in America* (New Brunswick, NJ: Rutgers University Press, 1978), 35.

Great Transformation)이라고 부른 힘—은 역사, 기억, 공통의 이야기를 공유했던 전통적 공동체들을 뒤엎어버리고 있었다. 그 거대한 전환은 정착해 있던 공동체들을 해체시켜버리고, 대량 이주 사태(mass migration)를 촉발시켰다.23) 그것이 지닌 합리성, 기동성, 그리고 모든 것들을 시장 교환을 위한 상품들로 변형시켜버리는 힘이, 세대를 통한 연대감과 장소에 대한 공유된 의미에 근거해서 정체성과 이야기를 창출했던 오래된 공동체들을 파괴해버렸다. 전통에 의해 함께 결속되었던 공동체들은 새로운 경제가 요구한 노동과 자본의 기동성을 버텨내지 못했다. 또한 이런 경제가 함께 탑승하기를 원하는 자들에게 개방한 새로운 세계들에 대한 매혹에 대해 그런 전통적 공동체들은 더 이상 항거할 수가 없었다. 만일 이들 정착된 공동체들의 인원들이 그 프로그램에 동참하려면, 문자 그대로 그리고 비유적 의미로, 그들이 움직여야만 했다. 자유롭게 된다는 것은 곧 "자기 자신의 책임(재량)으로" 됨을 뜻하게 되었다.

한 마디로 말해서, 도덕을 형성하던 전통적 공동체들, 자본주의 이전의 공동체들은 그 뿌리가 뽑혀졌고, 또한 새로운 경제는 전통적 공동체들의 가치들과 꿈들, 그 오랜 조직과 함께 그들의 안정성을, 간단히 말해 그들의 삶의 방식을 송두리째 잘라버렸다.24) 그래서 일어난 것이 더 나아간 변혁, "두 번째 부르주아 혁명"(the second bourgeois revolution)이었다. 기본적으로, 이런 스미스-이후 자본주의(post-Smith capitalism)가 뜻한 것은, 산업공학기술적 현대성이 민주주의 안에서 이해관계로 움직이는 시장의 논리로서 계산하는 연합으로서, 문화로서 또한 사회 자체로서 승리했다는 뜻이었다. 시장의 도덕성과 비시장의 도덕성 **모두로** 형성된 사회 안에서 도덕을 형성하는 공동체들이 안전하게 지켜질 것을 예상했던 스미스의 생각은 더 이상 유지될 수 없었다. 두 번째 부르주아 혁명은 첫 번째 혁명이 필요하다고 여긴 것—신뢰와 연대라는 비경제적 결속들(유대관계들)이 관계를 맺었으나 별

---

23) Maria Erling and Mark Granquist, *The Augustana Story* (Minneapolis: Fortress Press), 7.
24) Paraphrased from my *Moral Fragments and Moral Community*, 35.

개의 부분들이라는 것—을 거부했다. 그보다는 오히려, 두 번째의 혁명은 말하기를, 모든 사회와 그 결정들은 좋은 경제 활동가들이 표현하는 방식대로 만들어지고 실행될 수 있다고 했다—성격상 근본적으로 도구적인 관계 안에서 자신과 집단의 이해관계로 계산해서 표현하는 방식으로 말이다. 그 영역이 가족이든, 정치든, 성전이든 문제가 안 되고, **합리적인 자기이해관계**(rational self-interest)란 것이 오직 하나의 언어로서 모두가 이해할 뿐 아니라 모든 결정들과 행동들에 적용할 수 있는 하나의 언어다.

시카고 경제학파의 노벨상 수상자인 개리 베커는 스미스와 견해를 달리한다고 분명히 말하면서, 각 개인들은 모두 "실리를 극대화하는 자들"(utility maximizers)로서, 비교적 일관된 개인적 선호에 따라 행동한다고 주장했다. 실리의 극대화는 "**모든** 인간 행동들을 이해하기 위해, 그리고 우리의 도덕적 결정들을 내리기 위해, 가치 있는 통합적 얼개를 제공한다."25) 직접적 시장 교환과는 별도로, 시장 행동과 논리는 우리가 내리는 수많은 결정들에 필요한 안내를 제공한다. 생활방식으로서의 "(자본주의적) 시장"은 단지 사회의 한 부분으로서의 "시장들"을 대체한다. 시장의 도덕은 일관된 "사용"(use) 도덕인데, 그것의 인간 본성에 대한 교리와 함께, 자기의 사익추구 논리를 비경제적인 영역에까지 확장하기를 거부한 스미스와 대조된다. 베커는 솔직하게 말하기를, 시장 원리들과 논리는 "모든 인간적 행동들에 적용 가능한"26) 정신 활동의 과정을 구성한다고 한다.

비록 베커는 세계가 실리(utility)에 따라서 관계들을 맺기도 하고 안 맺기도 하는 이해관계를 지닌 개인들과 집단들의 손에 달려 있다는 견해를 그가 발명한 것이 아니라 거울처럼 반영한 것이긴 하지만, 베커의 견해가 그 당시엔 승리했다. 가치는 지배적인 집단들과 개인들의 주체적 선택 속에 있는 것이지, 다른 곳에 있지 않다.

다른 말로 해서, 사회적 재화들을 포함해서 모든 재화들은 좋은 삶의

---

25) Gary Becker, *The Economic Approach to Human Behavior* (Chicago: University of Chicago Press, 1976), passim.
26) Ibid. Again I have drawn from my own discussion in *Moral Fragments and Moral Community*, 49-50.

모습 속에서 "선택"과 "기회"의 하나인 상품들(commodities)이다. 인간의 성취는 개인과 집단이 그들 자신의 세계를 형성하는 자율적인 선택을 통해서 이루어진다. 시민들이 처음으로 기업가들, 생산자들, 소비자들이 되고, 또한 시장은 선택들을 확신하게 하는 수단이며, 선택 자체의 논리의 근원이다. 사실상, 시장 도덕이 일단 시민사회를 포함하고 나면, 사회가 참으로 필요로 하는 모든 것은 시장과 같은 상식적 분별력과 그것을 위한 공간을 보호하는 정부다. 그래서 로널드 레이건이 "시장의 마법"(the magic of the market)이라고 부른 것이 사회 전체를 위해 놀라운 일을 할 수 있는 것이다. 이것이 바로 단지 경제적 형태로서만이 아니라 존재의 방식으로서 자본주의인 것이다. 사회는 경제로부터 건설되는데, 경제의 풍조와 도덕성, 즉 공리주의적 방편의 풍토와 도덕성에 맞추어 건설되는 것이다. 혹은, 우리가 앞에서 이미 말한 것을 되풀이하자면, 이것이 바로 현대 문화인데, 이익추구 집단의 형성과 상호작용으로서의 민주주의 안에서, 계산적인 시장 논리로서의 현대 문화이다. 이것이 또한 대안적인 사회주의 체제가 붕괴한 이후에 산업 패러다임과 도덕적 세계가 취한 형태다. 그 변화는 자본주의 **시장 경제**(market economy)를 갖는 것으로부터 자본주의 **시장 사회**(market society)가 되는 변화였다.27) 이런 변화는 물론 "생태-현대성"(앞에 126쪽 이하를 보라)을 위한 장소에 그냥 남아 있었다. 특히 기계적인 것으로부터 생태학적인 것으로의 전환이 "새로운 포도주" 언어임에도 불구하고 말이다. **경제가 생명의 세계들을 식민지화한 과정이 완결되었다.** 스미스에겐 경제가 사회적 관계들과 비시장적 도덕성 안에 박혀 있었지만, 지금의 현대와 생태-현대성에서는 사회적 관계와 도덕이 경제 속에 박혀 있다.

만일 우리가 이처럼 승리한 도덕성에 윤리적 분석을 해본다면, 우리는 세 가지 손실을 꼽을 수 있다. 첫 번째 손실은, 이익집단이 연합해서 기본적 도덕 형성의 공동체들을 졸렬하게 대체했다는 손실이다. 결과적으로, 사회는 공동생활을 위한 첫 번째 단계의 도덕적 자원들이 너무 없어서 고통을

---

27) See Michael J. Sandel, "What Isn't for Sale?," *Atlantic Monthly* 309, no.3 (April 2012): 62-66.

겪는다. 더군다나 오늘날처럼 조밀하게 복잡해지고 축소된 지구 행성 위에서, 낯선 이들이 서로 의존해서 살아가야 하는데 말이다. 견실하고 온전한 가족들, 학교들, 이웃들과 같은 건강한 도덕 형성의 공동체들이 결여되어 있기 때문에, 현대는 그 자체의 존재를 위해 필요로 하는 도덕적 성품을 재생산하지 못한다. "실리를 극대화하는 자들"은 즉각적으로 충분한 공감을 키우지도 않고, 또한 자기이익을 추구하는 계산은 충분한 동료 의식을 낳지도 않는다. 일단 자기이익 추구가 무제한적인 재물 축적을 정당화하는 것으로 축복을 받은 이상, 실리를 극대화하는 자들은 공동선을 위해 희생을 인정하는 사회적 책임성을 배우지도 않는다. ("시장의 마법"이 자기이익을 추구하는 공리주의로부터 공동선을 창출할 것이라고 생각하는 것은 진짜로 마법에 대한 믿음을 필요로 한다.)

민주주의가 훼손된 것이 두 번째 손실이다. 고전적 민주주의의 두 가지 가치들—평등성과 공동체(우애단체)—이 두 번째 부르주아 혁명에 의해서 잊혀졌거나 경시되었다. "소유권의 사회"(ownership society) 안에서의 자유와 그 사회를 위한 자유가 필요하고도 촉진되어야할 유일한 가치다. 미국 대통령 조지 W. 부시의 두 번째 취임연설은 상징적으로 여길 만하다. 세 페이지 반짜리 연설문 원고에서 "자유"(liberty), "자유로운"(free), "자유"(freedom)란 동의어가 40번이나 사용되었다. "평등한"(equal)이란 단어는 단 한 번 사용되었고, 비록 개인적인 자유가 공동체를 만들고 또한 통일적이고 도덕적으로 본보기가 될 국가를 형성한다는 암시는 있었지만, "공동체"(community)란 단어는 전혀 사용되지 않았다. 도덕적인 권리부여는 모두 자유 안에 있는데, 그 자유란 "혐오와 원한의 지배를 끊어주고... 품위 있고 관대한 사람들의 희망을 보상해줄 수 있는 유일한 역사의 힘이다. 자유가 없이는 정의가 없고, 그리고 인간의 자유가 없이는 인간의 권리들도 없다." 애덤 스미스처럼, 부시 대통령은 이런 자유에 결정적으로 중요한 것이 사적인 도덕 성품에 대한 배려라고 말했다. "자유에 대한 미국의 이상들 속에서는, 공공의 이익이 개인의 성품—성실성, 타인에 대한 관용, 우리들의 삶에서 양심의 지배 등—에 달려있다. 이런 성품의 체계는 가족들 안에서 세워지며 규범을 지닌 공동체들에 의해 뒷받침되며, 시나이 산에서 받은 율법, 예수의 산상수훈, 꾸란(코란)의 말씀에 의한 우리 국민의 삶 속에서 유지된다."

개인적(및 공공의) 성품의 목표는 "소유권의 사회"인데, 이런 목표는 두 번째 부르주아 혁명에 발맞춘 것이다. "미국인 각자에게 우리나라의 미래와 약속의 몫을 주기 위해서, 우리는 학교들에게 최고의 수준들을 요구할 것이며 또한 소유권 사회를 만들 것이다. 우리는 주택과 기업 소유, 은퇴 저축과 건강 보험을 확대시켜서, 우리 국민들로 하여금 자유로운 사회 속에서 인생의 도전들에 대해 준비하도록 만들 것이다."

부시 대통령도 사람들이 현재 순간과 현재 부족한 것을 능가하는 공동체에 소속될 필요가 있다는 점을 알고 있다. 그러나 그런 공동체에 소속되는 회원자격도 역시 자주적인 개인들의 자유로운 선택에 달렸다. "당신은 삶이란 취약한 것이고, 악은 현실적이고, 용기가 승리한다는 것을 보아왔다. 당신이 원하는 것들보다 더 큰 대의, 당신 자신들보다 더 큰 목적을 위해 봉사하도록 선택하라. 그러면 앞으로 당신이 단지 우리나라의 재화만 증대시킬 것이 아니라 그 성품도 증대시킬 것이다."[28] 분명한 점은 민주주의란 도덕적 관점에서 볼 때, 자유(freedom/liberty)를 참으로 결정적인 가치로—때로는 유일한 가치로—여기는 데 전적으로 달려있다. 평등성과 공동체를 위해 경제, 사회, 정치적 권력을 민주화하는 것으로서의 민주주의는 거의 포기되었다. 특히 시장의 자유로서의 자유(freedom as market freedom)를 찬성하느라, 자유에 대한 고전적인 민주적 이해, 즉 억압과 타인들에 의한 지배로부터의 자유(freedom from oppression and rule by others)는 대체로 포기되었다. 미국의 꿈(American Dream)은 소유권이다. 경제가 사회를 결정하는 추세는 완결되었다.

경제적 평등의 운명을 한 번만 살펴보아도 이런 사실은 확인할 수 있다. 1987년에 미국에서는 세금 납부자 상위 1%가 세금 이전 수입의 12.3%를

---

28) All citations are from George W. Bush, "Second Inaugural Address," January 20, 205, available from Inaugural Address of the Presidents, ad Barteby.com.

받았다. 그러나 단 20년 뒤 2007년에는 상위 1%의 몫이 거의 2배가 되어 23.5%를 받았다. 같은 기간 동안에, 하위 절반(50%)의 몫은 15.6%에서 12.2%로 떨어졌다.29) 수입과는 대조적으로, 재산(wealth)은 더욱 극적으로 불평등하다. 2007년에는 상위 1%가 40%의 재산을 통제했는데, 25년 전에는 그것이 33%였다.30) 실제적인 관점에서 이것이 뜻하는 바는 "사회가 재산의 관점에서 더 많이 나누어질수록, 부자들은 공공의 필요들을 위해 돈을 쓰기를 더욱 꺼려하게 된다. 부자들은 공원이나 교육, 혹은 의료 돌봄과 개인적인 보안을 위해 정부에 의존할 필요가 없다―그들은 스스로 이런 것들을 살 수 있다. 그 과정에서 그들은 일반인들로부터 더욱 거리를 두게 되어, 그들이 예전에 한때 지녔던 공감을 상실하게 된다. 그들은 또한 강한 정부에 대해 염려한다―정부가 그 권력을 사용해서 수익지출 균형을 조절하거나, 그들의 재산을 가져다가 공동선을 위해 투자할 수도 있다고 염려한다"31)고 조셉 스티글리츠는 쓰고 있다. 그러나 공감과 공동선을 잃어버리는 것은, 비록 자유의 이름으로 그리 할지라도, **민주주의 자체를 몰수하는 것**이나 다름없다.

재산의 이런 집중화는 전 지구적인 현상이 되어버렸다. 최고 부자들 1%가 전 세계 자산의 43%를 소유하고 있고, 가장 부유한 10%가 전 세계 자산의 83%을 소유하고 있고, 하위 절반(50%)은 거의 자본이라고 할 만한 것을 갖고 있지 않다.32) 이것이 세계적인 부자들과 나머지 전부의 문제다. 사업이나 자선, 그밖에 비영리단체에 돈을 대고, 정치적 과정에 영향을 주는 자본의 엄청난 영향을 고려할 때, 이것이 의미하는 바는 심지어 많은 민주국가들에서도 경제적 불평등이 지배하고 있다는 것이다. 리처드 윌킨슨과 케이트

---

29) "The Rich and the Rest: A Special Report on the Global Elite," *Economist*, January 22-28, 2011, 7.
30) Joseph E. Stiglitz, "Of the 1%, by the 1%, for the 1%," *Vanity Fair*, April 14, 2011, 1-2 of the online version, available at http://www.vanityfair.com/society/features/2011/05/top-one-percent-201105.
31) Ibid.
32) "Rich and the Rest," 7.

피케트는 그들의 책 『영적 수준: 왜 평등함이 사회를 더 강하게 만드는가』(*The Spirit Level: Why Greater Equality Makes Society Stronger*)에서, 보다 평등한 사회는 거의 대부분의 점들에서—보다 적은 범죄, 보다 적은 영아 사망률, 경제력에서 보다 적은 차별, 보다 적은 사회적 갈등, 보다 나은 건강, 그리고 더 긴 수명 등—더욱 잘 지낸다고 주장하는 것도 당연하지만, 그러나 경제력의 분포를 볼 때, 그들의 주장은 설득력이 없다.[33]

세 번째의 손실은 자연 자체이다. 자연과 그 요구들에 대한 엄청난 방치는, 전례가 없는 부요함과 걸맞게, 자유시장이라는 마술이 승리한 현대의 "가장 강력한" 표지이다. 여기에 아이러니가 등장한다. 즉 "공짜로 편승하는 자들"(free riders)에 대해 자본주의 산업 질서들은 매우 경멸하지만, 그러나 바로 이 산업 질서들 자체 역시 공짜로 편승하는 자들이라는 점을 거의 인식하지 못하고 있다. "공짜로 편승하는 자들"은 공적 자원에 대한 자기들의 몫 이상으로 **소비하는** 자들이거나, 혹은 비용 지불에서 자신들의 정당한 몫보다 더 적게 **지불하는** 자들이기 때문이다. 시장의 논리는 인간의 이해관계, 인간의 노동, 인간의 수요, 인간의 사용을 떠나서는 자연을 기본적으로 가치가 없는 것으로 여기기 때문에, 산업사회의 공학기술 패러다임을 따라 사는 시민들은 모두 생태권에서 공짜로 얻어 쓰고 있다. 그들은 그 물품들이나 서비스에 대해 온전한 비용을 지불하지 않는다.

다시 말해서, 자연의 많은 부분이 경제적인 "외부효과들"(externalities)로 취급된다. 경제적 "외부효과들"은 경제 활동들의 간접적인 부정적 (혹은 긍정적) 부작용으로서 물품 가격에 포함되지 않는 것들이다. 예를 들자면, 가령 석탄을 태워 만든 전기처럼 가치 있는 품목이 생산되지만, 그러나 그로 인해 발생된 스모그와 산성비, 전 지구적 기후온난화는 그 가격에 계산되지 않는다. 공기, 물, 땅과 더불어 공공의 건강이 고통을 겪지만, 공익 설비 요금은 그런 고통이나 고통을 개선하는 비용을 포함하지 않는다. 간단히 말해서,

---

33) Richard Wilkinson and Kate Pickett, *The Spirit Level: Why Greater Equality Makes Society Stronger* (New York: Bloomsbury Press, 2009), passim.

도덕을 형성하는 안정된 공동체들을 약화시키는 똑같은 자본주의가 생산의 모든 실제 비용들을 내부에 포함하지 않으며, 인간과 다른 생명체들의 현재와 미래 세대들을 위하여 자원들과 거주지들을 다시 채워서 계속 공급하지도 않는다. 그 자체대로 남겨두면, 자본주의는 자연의 복지를 공짜로 얻어 쓰는 자요, 자연은 최고 수준의 패배자다.

시장과 국가

그러나 인간의 도덕을 형성해주던 전통적인 시민사회 공동체들을 무엇이 대신했는가? 우리가 이미 지적했던 것처럼, 이들 공동체들은 사람들을 도덕적으로 통합하고 조정하는 과제를 감당하기에는 역부족이었다. 즉 지금처럼 역동적이지만 축소된 지구 행성 위에서 "세계화된" 삶을 공유하는 상호의존적인 낯선 자들 수백만 명, 이제는 수십억 명의 존재와 충돌을 도덕적으로 통합 조정하는 과제를 감당하기에는 역부족이었다.

두 가지 거대한 기관들이 들어섰는데, 곧 시장과 국가다. 사회 자체의 모델로서, 시장과 국가는—혹은 거대 경제와 거대 정치는—전통적으로 시민사회에 맡겨졌던 도덕적인 역할을 위한 사실상의 대리자가 되었다.

많은 사람들은 그것들로 충분하다고 주장한다. 시장을 모델로 한 사회는 필요한 것 대부분을 모을 수 있고, 또한 만일 우리가 지방적, 지역적, 국가적, 국제적 수준들에서 행정적인 행위를 포함한다면, 국가를 모델로 한 사회가 그 나머지들을 할 수 있다는 주장이다.

왜 그토록 많은 도덕적 희망이 시장과 국가의 관리책임으로 떠넘겨졌는지를 우리는 쉽게 알 수 있다. 얼굴과 얼굴을 맞대는 관계의 지역 공동체들 속에 도덕적 삶을 위치시키는 것은, 아무리 그런 친밀한 공동체들이 대부분의 사람들에게 개인적으로 충족시켜준다 해도, 대중사회(mass society)를 위해서는 그 역할을 잘 할 수가 없다. 사회가 해야 할 일을 다른 대행자들이 해야 할 것이다. 즉, 우리가 지구 행성의 공간을 함께 점유하고 또 제한된 자원들을 서로 얽힌 제한된 조건들 아래에서 공유하는 낯선 자들로서, 서로

간의 의무사항들을 다루고 행위들을 통제 조절하는 일을 다른 대행자들이 해야 한다. 우리의 일상적인 습관들이 우리에게서 멀리 떨어진 생명들에게 영향을 주기 때문에—우리가 보지도 못하고 알지도 못하는 사람들이나 땅들에게—그리고 그들의 습관들이 거꾸로 우리에게 영향을 주기 때문에, 우리는 시민사회가 즉각 제공할 수 없는 구조적인 틀과 장치들을 필요로 한다. 세계화된 경제나 국가의 방식을 통하지 않고, 우리는 어떻게 다른 방법으로 세계적으로 좋은 것을 성취하고 그것에 대해 책임을 질 수 있을 것인가?

예를 들어, 수백만 개의 독립적이고 분산된 결정들로부터 즉각적이고 역동적인 질서를 창출하는 데는 그 어느 것도 시장에 맞설 만한 것이 없다. 공동체들의 연결망이나 국가 역시 의식적인 결정을 통해 자원들을 할당하는 시장의 능력에 맞설 수는 없다. 인간의 선함, 정부의 강제, 혹은 심지어 광범위한 지식에도 관계없이, 시장은 상당한 질서와 유효성을 지니고 시장 예찬자들과 비판자들 모두를 철저히 매혹시킨다.34) 시장들은 자체를 조직하는 놀라운 능력들을 갖고 있다. 그렇다, 현재의 구성들에는 심각한 단점들이 있다(공짜로 편승하는 자 문제가 그 중 하나다). 그러나 이런 것들은 어쨌든 처리될 수 있고, 좋은 질서와 효율성이 그 자체들로서 바람직한 도덕적인 것들이다.

더구나, 자본주의 시장들의 활력이 민주주의적 정치와 협동을 이루어서 이미 그 자체를 도덕적으로 증명했다. 그것이 수백만 명의 사람들을 명령/계획경제와 사회들의 지배로부터 해방시켰으며, 또한 봉건주의와 귀족정치로부터 그리고 공산주의로부터 해방시켰다. 그 과정에서 자본주의는 창조성을 촉진시켰으며 자유를 확장시켰다. 이것은 정치경제적 성취와 마찬가지로 도덕적 성취이기도 하다.

많은 사람들이 주장할 것이지만, 그렇다고 전례가 없는 재화를 도덕적

---

34) While I am using my discussion in *Moral Fragments and Moral Community*, 61-76, I draw from the argument of Herman E. Daly and John B. Cobb Jr. in their volume, *For the Common Good: Redirecting the Economy toward Community, the Environment, and a Sustainable Future* (Boston: Beacon Press, 1989).

성취라고 비난해서도 안 될 것이다. 그렇다 해도, 이처럼 전례가 없는 이득을 얻을 수 있었던 것은 불안정한 불평등, 수탈당한 자연, 그리고 삶의 방식으로서 소비지상주의의 영적인 공허에 의해서 가능했던 것이다. 미래에는 너무나 적은 기초 자원들을 놓고 너무나 많은 사람들이 경쟁하기에, 충돌이 고조될 것이다. 그러나 생산되지 않은 것을 분배할 수는 없는 것이기에, 고전적 경제의 문제, 즉 필요한 물품들과 서비스들을 충분히 생산하는 문제를 해결할 능력을 얻게 된 것은 의심할 나위 없이 중요한 도덕적 성취다. 남은 과제는 수단들을 파괴함이 없이 재화를 창출하는 것의 그림자를 처리하는 일이다.

그렇다면, 시장들은 중요한 도덕적인 일을 하고 있으며, 국가는 그 많은 결점들을 고쳐주었다. 경제에 의해서 남겨진 것들—빈곤, 실업, 노숙자, 지나친 부와 수입의 편중, 인접한 공동체들의 붕괴 등—의 불공평에 대항하는 힘이 되어온 것은 정부였다. 정부는 또한 규제들과 구호활동을 통해 시장의 "외부효과들"이라는 부정적인 부산물들을 경감시켰다.

한 마디로 말해서, 현대와 생태-현대성은, 도덕을 형성하는 많은 전통적 공동체들을 불구로 만들어놓고 나서, 시장과 국가를 도덕적 대리자들(moral proxies)로 바꾸어 상당한 효과를 얻었다. 이런 것들 일부는 순전히 필요성 때문이었다. 즉 시장과 국가를 제외한 다른 어떤 기관들도, 계속 변하고 있는 불안한 세계 속에서 근본적으로 변하는 대규모 조건들을 다룰 수는 없을 것 같았다. 이리하여 정부는 여러 가지 수준들에서 시민들을 법으로 지배하는 수단들, 그리고 개인적인 충성들을 보다 큰 선함과 책임의 보다 포괄적인 틀에 복종하도록 할 수단들을 제공했다. 이와 비슷한 방식으로, 시장은 사람들의 갖가지 요소를 지닌 무한히 많은 선택들을 받아서 일관된 질서를 창출했다. 시장과 국가는 모두 필요한 물품들과 서비스들을 제공하는데, 그들은 계획경제의 억압들을 회피하는 방식으로 그렇게 했다.

그러나 불행하게도, 시장과 국가의 결혼은, 거대 정치와 거대 경제의 결혼이라서, 다른 많은 현대의 결혼들과 마찬가지로, 제대로 이루어지지 않았다—공산당의 지도 아래에서 권위적인 계획경제인 중국식 모형에서나 가능한, 톱날처럼 마구 잘라내는 자본주의로 강화되지 않는 한 말이다. 그러나 보다 더 많은 자유와 그리고 진정한 민주주의와 자본주의의 모종의 연합을 좋아하기를 당연시하면서도, 우리는 도덕적 대리자들로서의 시장과 국가는 모자란다고 고백할 수밖에 없다.

모든 이점에도 불구하고, 자본주의 시장들은 지난 세기들의 도덕적 자본(moral capital)과 자연적 자본(natural capital)을 떠나버렸을 뿐만 아니라, 생태권과 도덕적 공동체 모두의 소멸된 자본을 효과적으로 대체하기에 실패했다. 공식적으로 내건 이데올로기와는 확실히 반대로, 이것이 의미하는 바는 잘 다듬어진 관료정치와 돈이 많이 드는 사회의 발전이었다. 왜 그런가? 그건 모든 사회가 결속이 단절되어 사회의 도덕적 기초가 필요한 것보다 훨씬 엷어졌을 때 겪는 일련의 문제들을 얼굴을 맞대는 공동체들의 비공식적인 방법으로는 다룰 수가 없기 때문이다. 아마도 가장 자유로운 사회는 가장 소송을 많이 하는 사회가 될 것이다. 그리고 규제가 전혀 없는 개인주의로 알려진 지역들, 가령 로스앤젤리스 분지 같은 곳은, 수많은 규제들과 단속자들로 둘러싸인 지역이 되어버렸다. 그 자체의 의도와는 반대로, 제2의 부르주아 혁명의 정치적 형태는 전문적 이익집단의 로비(원외 단체의 압력행사)에 의해 공격을 받는(그리고 자금을 대는) 전문적 이익집단의 관료주의이다. 자본주의 사회는 기묘하게도 관료주의적이 되고, 변호사들로 무장하게 되는데, 왜냐하면 시장은 신뢰와 확신의 힘으로 작동하는 광범위하며 풀뿌리 도덕적 안내 체제를 제공하지 못하기 때문이다.

이것에 드는 순수비용은 엄청나게 많다. 만일 조심스럽게 말해서 범죄로 그 값을 치루지 못한다는 것이 진실이라면, 도덕적 거식증(식욕거부)에서 나온 파멸로 고통을 당하는 사회들이 값비싼 사회생태적 문제들의 긴 목록들로 보복을 당하게 된다는 점도 진실이다. 그 목록들은 적절한 보호와 안전, 남용과 부패를 저지할 목적으로 법들과 규정들을 강화하고 실천하는 데 드는 비용, 기업, 정부, 산업의 특권적인 영역들을 위한 중요한 특별보조금들의 현실, 가족 파괴(가정 내 폭력, 원치 않는 아이들과 배우자들)를 저지하려는 사회보장 복지, 제멋대로 환경을 더럽힘에 대한 청소에 드는 비용, 생산과 소비의 많은 비용들을 외부효과로 처리함으로써 초래되는 자연과 건강의 환경적 비용들, 더러운 연료들에 대안적인 것을 발전시키지 못한 처음의 비용들, 그 다음엔 그런 대안적인 것들을 설치하는 데 드는 비용들, 탈세로 인한 공공의 세입 손실, 국토 안전보장과 전 세계 이웃들을 두려워하는 군사비 등으로서, 이런 것들은 건강한 도덕적 공동체에 대한 의도적인 관심을 무시한 것에 대한 비용 목록의 시작에 불과하다.

이상스럽게도, 사회와 도덕적 대리자의 모델인 국가도 최대한 규제를 철폐한 시장과 거의 마찬가지로 고통을 겪었다. 만일 우리가 수십 년 동안 국가가 후원한 사회주의를 예로 든다면, 포괄적으로 도덕을 형성하려던 대담한 노력들을 주목한다. 이들 국가들은 도덕 교육을 포함하여 교육의 내용을 명령한다. 그 국가들이 배운 것은 그들이 모든 인간 사회가 필요로 하는 의례와 의식들, 인간의 통과의례들을 제공할 필요가 있다는 것이었다. 즉 출생, 사춘기, 결혼, 은퇴, 죽음의 통과의례들, 그리고 사회주의의 "거룩한" 공휴일들, 즉 영웅들, 성자들, 순교자들을 기념하는 공휴일들 모두 특별히 지켜야 했다. 그 국가들은 자선의 형태와 수혜자들을 지명했고, 모든 면에서 인간의 필요들의 전체 영역을 마주하도록 노력했다. 그 국가들은 그 이전의 어떤 정부보다 가족의 삶에 더 깊이 개입했고, 자원단체들을 감시하고 조정했다. 그런 국가들은 농부들에게 어떻게 농사를 지으며, 선생들에게 어떻게 가르치며, 의사들에게 어떻게 의사노릇을 하고, 작가들에겐 어떻게 쓰라고 명령했다. 그것은 아마도 정부의 후원 아래 도덕적 의무들을 제도화하기 위해서 일찍이 없었던 가장 광범위한 노력들이었을 것이다. 그것은 또한 그 규모와 범위에 상응하는 정도로 실패했다. 가장 얄궂게도 이런 종류의 사회주의는 사회화 자체만큼이나 졸렬하게 몇 가지를 하지 않았다. 진실로 마음과 정신과 영혼을 얻는 헌신적인 관계의 생물사회학적 그리고 생태사회학적 결속들을 통해 "사람들을 성장시키는 것"(Rohr)을 하지 않았다. 이런 일은 분명히 국가가 제공하는 것보다는 다른 종류의 도덕적 공동체를 통해 이루어진다. 비록 공동생활을 위해서는 정부와 통치가 필요하기는 하지만 말이다.

냉전시대의 보수주의자들은 사회주의의 도덕적 실험에서 무엇이 잘못되었는지를 알고 있었다. 그들의 성경인 프리드리히 하이에크의 『농노제도로 가는 길』(*The Road to Serfdom*)이 잘 말해주고 있다. 하이에크는, 시민들의 삶의 구석구석을 살피면서 그들을 손잡아 이끌어주는 국가를 경멸했다 (하이에크의 동료이자 찬미자인 밀턴 프리드만은 이를 유명한 "유모 국가" [nanny state]라고 불렀다). 그러나 가장 큰 손실은 닉슨과 흐루쇼프가 논쟁을 벌였던 것—누가 소비자 전쟁에서 질 것이냐—이 아니다. 그보다는, 하이에크는 말하기를, "강력한 정부의 통제가 가져올 가장 중요한 변화는 심리적인 변화, 사람들의 성품의 변화다"라고 한 것이다.35) 의지들은 약화될 것이고, 사람들의 에너지는 힘이 빠지고 지각을 잃게 되어서, 마침내 각각의 나라는 소심하여 겁 많고 산업에 종사하는 동물들의 떼거리에 정부가 목동 노릇을 하는 것이나 다름없이 될 것이다.36)

그러나 하이에크와 보수주의자들이 간과한 것은 시장도 역시, 만일 사회 자체의 모델로서 확대된 것이라면, "심리적인 변화, 사람들의 성품의 변화"를 만들어 낼 것이란 점이다. 시장은 물론 다른 방식으로 그렇게 할 것인데, 시장들을 구체화함으로써 시장들이, 마치 하느님이 창조한 듯이, 어떤 자연적인 상태에 소속된 것처럼 보이게 할 것이다. 시장들 그리고 "자본주의" 시장은 모든 면에서 인간이 만들어 낸 것이다. 그것들은 모든 수준에서 도덕적 접근과 선택의 대상이고, 그래서 그런 선택의 결과인 것이다. 그러나 이것이 불분명하게 되는 이유는, 사회적 관계들이 "시장의 마법에 의해서" 그리고 "시장들"이 제시하는 선택들에 의해서 신비화되기 때문이다. 인간의 가치들을 구체화하는 인간의 선택들은 그래서 경제적으로 "필연성"이요 어떤 불변의 인간성(우리는 모두 실용성을 극대화하는 자들이 아닌가?)의 결과로 옹호된다. 여기에서는 개인의 도덕적 책임감과 행위자로서의 인식 역시 둔화되고 회피된다. 이것은 마치 하이에크가 두려워했던 "소심하여 겁

---

35) E. A. Hayek, *The Road to Serfdom: Texts and Documents*, ed. Bruce Caldwell (Chicago: University of Chicago Press, 2007 [original 1944]), 48.
36) Ibid.

많고 산업에 종사하는 동물들"의 또 다른 상태로 여겨질 것이다. 왜냐하면 구체화된 자유시장들이 사람들 자신의 도덕적 행위자, 책임성, 책무의 감각을 마비시켜버릴 것이기 때문이다. 그리고 나서, 일이 잘 안 되면, 특권을 지닌 (역겨운 연봉들과 뜻밖의 보너스들) 사람들에 의해 조심스럽게 만들어지고 이용되었던 규제들, 기구들, 조직들이 "실패하기엔 너무도 큰" 것으로 여겨져서 구제되어야만 한다―그럼에도 불구하고 확실히 정부에 의해서!

자본주의 보수주의자들이, 모든 삶을 회사의 특별매장의 도덕에 종속시키고 그것을 자연의 힘으로 취급함으로써, 중앙집권적 사회주의자들이 개인의 도덕적 행위, 책임, 책무를 침묵시켜버린 것에 동조한다는 것은 또 다른 놀라운 아이러니다.

결과적으로, 비인간적 효율성과 오만한 이기심을 지닌 시장 사회(market society)와 비인간적인 사회정책과 오만한 관료적 책임성에 의지하는 국가 사회(state society) 모두는 시민들 속에 그들이 필요로 하는 도덕적 바탕(moral base)을 재생산하기에 실패했고, 또한 그들이 약속했던 것―공동선―을 주지 못했다. 그 어느 것도 그것이 의존한 바로 그 도덕성―공감(감정이입), 동정심, 신앙, 희망, 사랑 등은 말할 것도 없고, 사회적 연대감, 충성심, 권위에 대한 신뢰, 예의바름, 인간관계들 속의 배려―을 발휘하도록 만드는 데 실패했다. 역사학 책들은 정치경제적 체제로서 민주주의적 자본주의가 승리한 반면에 중앙집권적 사회주의가 패배했다고 당연히 기록할 것이지만, 도덕성의 관점에서 본다면, 사회주의적 실험은 자본주의 사회가 공유했던 도덕적 결점들의 더욱 나쁜 시나리오였을 뿐이다. 냉전의 경쟁자들은 **자연과 공동체 모두의 영혼들과 토양을 고갈시켰던 것**이다.

이것에 대해선 또 다른 도덕적 관점이 있다. 현대와 생태-현대의 거대 경제학과 거대 정치학(Big Economics and Big Politics)은 **감사함이 없이 생각하는 것**(thinking without thanking)으로 되어있다. 마르틴 하이데거는 공학기술과 현대성에 대한 성찰을 통해서 산업시대의 공리적이며 계산적인 사고 대신에 뭔가 다른 사고방식을 찾도록 했다. 공감, 감동, 애착, 친교, 경이로움, 찬미, 그리고 장소에 대한 마음 깊은 사랑 등이 없이는, 현대의 사고방식이 세계를 소외된 결과로 변형시키고 영혼을 불모의 장소에 남겨둘 것이다. 하이데거는 어떤 공통적인 생태학적 뿌리들로 되돌아가서 찾아본다. 독일어 *denken* (thinking, 생각하기)은 *danken* (thanking, 감사하기)과 닮았는데, 이는 마치 명사 "thought"(생각, 사고)에 대한 옛 영어가 thanc, 즉 다른 것들에 감사하게도 연결됨(a grateful connection to others)을 뜻함과 비슷하다. 양육과 친교의 언어가, 생명을 선물로서 보는 의식과 더불어, 우리의 생각을 형성해야 할 것이다(이 책의 제2부에서 이것을 탐구한다).

영혼과 토양의 이중적인 고갈에 직면하여, 그리고 다른 종류의 생각을 추구하면서, 노벨상 수상자인 옥타비오 파즈는 1991년에 "시와 자유시장" (Poetry and the Free Market)이라는 수필을 썼는데, 이는 우리가 앞에서 인용했던 하벨(Havel)의 7월 4일 강연을 예시하고 있다. 우리는 "잊어버렸고 억눌렸던 것의 다시 나타남, 묻어버린 실재들의 소생, 다시 시작하기," 원래의 것으로 되돌아가기를 찾는다고 파즈는 쓰고 있다. "우리 세기를 피로 물들인 잔인한 유토피아가 사라져버렸으니… 문자 그대로의 자본주의 사회를 근본적으로 개혁하고, 또한 주변부에 있는 가난한 나라들을 개혁하기 시작"할 때가 되었다.37)

요약하자면, 21세기는 시장으로서의 사회(society-as-market)와 국가로서의 사회(society-as-state)에 의해 표현되었던 것들보다는 도덕을 형성할 다른 방법들을 발전시킬 필요가 있다. 개인과 집단의 자기이익을 합리적으로 추구하는 시장의 방법에 의해서 혹은 국가의 강압적인 외부 권위에 의해서, 충분한 도덕적 실질내용을 계발하지 못했던 거대 경제학과 거대 정치학은 훌륭한 것들이다. 시장과 국가 모두 도덕 형성이 요구하는 여러 세대에 걸친 느린 성장보다는 공학기술을 과장해왔고, 유기적 조직체보다는 인공물을 과장해왔다. 그 둘 다 편리한 실용성의 도덕에 의해서, 그리고 자연을 주인 대 노예의 관계로 취급함에 의해서 사로잡혀왔다. 문제는 시장들과 국가들이 있을 것이냐, 그리고 그런 것들이 중요한 도덕적 역할을 할 것이냐 여부

---

37) Octavio Paz, "Poetry and the Free Market," *New York Times Book Review,* December 8, 1991, sec.7, 56.

가 아니다. 그것들은 그런 역할을 할 것이다. 그러나 더욱 친밀하고, 헌신적이고, 유기적인 관계들의 개인적으로 모인 무리들이나 할 수 있는 것을, 그런 시장들과 국가들은 할 수 없다. 그것들이 부정적으로 쓸데없이 한 짓은, 지구 행성의 기본적인 건강을 위한 사람들의 도덕적 행위자로서의 책임감을 감소시킨 것이다. 낯선 자들을 포함한 다른 사람들과 동반해서 도덕적 자유로 배웠어야 할 도덕적 능력들과 투쟁을, 시장과 국가는 시장 거래나 정책의 규칙들로 대체해버렸다. 그래서 현대성의 질문은, 생태-현대성의 질문을 포함해서, 도덕적 대행자로서의 시장과 국가의 영웅적 노력에도 불구하고, 여전히 대체적으로 대답되지 않고 남아 있다. 즉 전례가 없이 축적된 인간의 능력을 통해 우리들 자신이 창출한 광범위한 도덕적 결과들을 깨닫고 살게 된 우리가 어떻게 그런 관점들과 실천들을 발휘하도록 만들 것인가 하는 질문이다.

공동체주의적인 결속과 연합체적인 결속

그 질문은 그것이 발생한 바로 그 장소에는 해당되지 않는다. 또 다른 변혁이 일어났으니, 그 변혁은 국가적 노력들, 즉 능률적 시장과 양심적인 도덕적 힘으로서의 국가의 사업을 통하여 도덕적 필수요소들을 채워주는 국가적 노력들을, 설사 대체하지는 못한다 해도, 복잡하게 만든다. 예를 들어, 마이클 샌델의 말을 빌리자면, 미국에서는 "경제생활의 규모와 걸맞도록 민주주의 기관들의 범위를 확대하려는 시도가 있었다."[38] 그런 노력은 정치적 공동체와 시민권을 작은 지역적 형태들로부터 활발한 국가경제와 나란히 협력하도록 국가적 정치연합체로 변화시키는 것이었는데, 그것은 부분적으로는 성공했다—프랭클린 루즈벨트의 뉴딜(New Deal) 정책과 린든 존슨의 위대한 사회(the Great Society) 정책을 예로 들 수 있다.

그러나 이제는 경제가 전 세계적인 것으로 되어버렸고, 그래서 다시 한

---

38) Michael Sandel, "Competing American Traditions of Public Philosophy," *Ethics and International Affairs* 20 (Fall 1997): 7.

번 정치적 공동체의 형태들을 벗어날 만큼 더 커졌다. 경제적 공급선들과 권력 구조들, 공학기술, 금융, 정보, 이 모든 것들이 국경선들을 넘어 흐르며, 사람들은 이런 전 지구적 경제를 규제할 민주적 권위들이 없어진 것을 깨닫게 되었다. 어떤 사람들은 전 지구적 인류애-자본주의(global philanthro-capitalism)가 계속되는 사회적 문제들을 다룰 수 있으리라고 희망한다. 빌 게이츠, 워렌 버펫, 그리고 관대한 기증자들의 국제적 억만장자 클럽 등이 지도력을 발휘할 것으로 주목되고 있다. 그러나 정책을 만드는 억만장자들과 인류애-자본주의는 그 자체로서는 마이클 샌델이 필요하다고 생각한 것(풀뿌리 도덕적 내용을 지닌 전 지구적 공동체 의식)을 제공할 수 없다. 그리고 그것이 없이는, 어떻게 "시민사회의 정부들과 기관들이, 인권운동들을 위해, 국제적 구호운동을 위해, 전 지구적 환경협약들을 위해, 그리고 고삐 풀린 전 지구적 자본시장들의 영향을 규제하기 위해 지지할 수 있을 것인가?"라고 샌델은 묻는다. "일종의 상업적, 대중적인 미국문화"에 의해서는 안 된다고 그는 덧붙인다. 미국문화는 현재 요청되는 세계주의적인 전 지구적 윤리(cosmopolitan global ethic)에는 미흡하고, 그것이 요구하는 성품과 행동을 형성하지 못한다.39)

그렇다면 우리는 집단적으로 어떻게 전 지구적 윤리를 초래할 수 있는가? 마이클 샌델은 남아 있는 시민사회에 그의 희망을 둔다. 전 지구적 영향을 끼치는 세계주의적 윤리(cosmopolitan ethic)는 "우리가 대부분의 시간 동안 작은 연대들을 맺고 살아간다는 점을 인정하지 않는 한, 성공하지 못할 것이다. 우리가 간단히 주권과 시민권을 위로 밀어올림으로써 자체 정부를 회복할 수 있으리라고 생각하는 것은 잘못이다."40) 그렇다면, 중요한 점에서, 더 작은 규모의 이웃하는 공간에서의 윤리가 전 지구화된 세계 속에서 더욱 중요한 문제가 될 것이다. 결코 더 적게는 아니다. "우리의 삶을 형성하는 전 지구적 언론매체와 시장들이 우리가 소속된 곳과 경계선들을 넘어선 저쪽 세계로 손짓하여 유혹하지만, 우리가 그런 힘들을 극복하거나, 혹은

---

39) Ibid., 10.
40) Ibid., 8.

최소한 그런 힘들과 경쟁하는 데 필요한 시민적 자원들은 아직도 여전히 우리의 삶에 도덕적 특수성을 주며 우리를 세계 속에 위치시킨 장소들, 이야기들, 기억들과 의미들 속에서 발견될 것들이다… 이제 정치의 과제는 이런 시민 자원들을 육성하고, 민주주의가 의존하고 있는 시민들의 삶을 수정하는 것이다."[41]

마이클 샌델의 시작은 좋았다. 시민사회는 계속 존재하며, 그 공동체들은 필수불가결한 것이다. 우리는 계속해서 공동체주의적인 사랑, 우정, 자발적 행동, 가족, 신앙, 그리고 교육에 연결된 것을 경험한다. 우리는 또한 모든 형태의 공식적, 비공식적 기관들과 온라인으로, 오프라인으로 연합체적인 결속들(associational ties)에 "가담하는 자들"이기도 하다. 자본주의 이전 시대에 정착되었던 원래의 전통적 공동체들은 여전히 공격을 받거나 대체로 사라졌지만, 공동체주의적인 결속(communitarian ties)과 연합체적인 결속들의 현재 형태가 희망을 주고 있다. 필요한 일들은 소규모의 헌신적 관계의 공동체들 안에서 이루어질 수 있는데, 그런 공동체들은 디지털 연결을 통해 보다 더 큰 연결망들과 결속되어 공동체들의 공동체들이 된다. 우리는 신뢰를 배울 수 있고, 개인주의와 회피한 책임들을 도덕적 스타일들로 조절하며, 자유롭게 봉사할 것에 동의하고, 함께 일하기 위한 지도력 기술을 연마하고, 자녀들을 낳아 기르고, 자선단체에 기증하는 것을 배우고, 더럽고 어렵고 불쾌한 직업들에 자원하며, 우리의 뒤를 청소하고, 식욕들을 절제하며, 쓰레기들을 밖에 내어놓고, 친구들을 돕고, 어린 자식들, 부모들, 어린이들, 친척들, 친구들을 돌보고, 빌려온 책들을 도서관에 되돌려주는 것을 배우고, 의미를 주는 전통들을 지키며, 기본적인 도덕 규칙들과 사회적 예절을 포함한 온갖 형태의 도덕적 지침들을 전수받아 내면화하고, 어떤 도덕적 책임이 어린 시절부터 성장하면서 점점 더 필요한지를 발견하고, 성품을 발전시키고, 결심하는 것을 연습하고, 도덕적 언어를 습득하며, 도덕적 정서들과 감수성들을 육성하고, 애완동물, 식물, 혹은 어린 형제자매들을 위한 책임을 지며, 심각한 실수들로부터 회복되고, 우리 주변세계 속에서 행동의 처음 본보기들을

---

41) Ibid.

발견하고, 나머지 자연을 일가친척으로 대하고, 재생하고 다시 사용하고 재순환하며, 전통적이며 변혁적인 변화를 위한 기관들을 여러 가지 수준들에서 구성하며, 용서하고 새로 시작하기를 배우는 것 등을 할 수 있다. 간단히 말해서, 우리는 작은 우주(microcosm) 속에서 어떻게 놀라운 세계가 작동하며, 그 속에서 어떻게 우리의 길을 찾을까를 발견한다.

그런 사례들은 매우 긴 목록의 시작에 불과하지만, 그 나열한 것들이 보여주는 것은 공동체주의적인 공동체들과 연합체적인 결속들이 잘 하는 것들을 국가들, 국제조약들, 전 지구적 시장들을 포함한 시장들은 잘 하지 못한다는 점이다. 다시 말해서, 이것은 하나를 다른 것과 대결하도록 하는 것이 아니라, 서로 보완하게 하려는 것이다. 현대의 위대한 도덕적 실험들—시장과 국가가 도덕적 대행자로서, 지금은 전 지구적 문화와 결속되어 있다—은 도덕적 의무의 방식, 즉 지역 공동체들이 할 수도 없었고, 그 자체로는 할 수도 없는 방식으로 도덕적 의무를 수백만 명에게 확대하였다. 그런 도덕적 실험들은 지역적인 생활방식으로 굳어진 변덕들과 노골적인 불의로부터 상당히 많은 사람들을 구출해냈고, 그 과정에서 사람들을 전통적 행동양식들로부터 변화시켜서 새로운 존엄과 존중의 수준에로 올려놓았다. 그 도덕적 실험들은 인간의 권리들을 진전시켰고 참정권을 확대시켰다. 최근에는, 수천 년 동안 이어진 가부장주의와 동성애 혐오조차도 현대의 시류—전통적 공동체들과 그 사회적 보수주의자들의 본능과는 반대로 흐르는 시류—에 의해 상당히 무너지게 되었다. 민권운동을 통해 법제화된 것에 대해서는 앞에서 이미 언급했다. 그것은 또한 국가가 지역 공동체들—자기들의 전통적 생활방식을 방어하려는 완고한 지역 공동체들—의 강고한 인종차별적 요소들과 벌인 전투이기도 했다.

그래서 현대와 생태-현대성이 얻어낸 귀중한 도덕적 자본들—개인의 자유, 인간의 권리, 비판적 사고, 관용, 자발적 연합체들의 큰 역할, 지구 행성에 끼친 손상을 깨달음으로써 전 지구적 운동으로 나타난 생태적 사고와 실천을 이끌어낸 것 등—을 아무도 부인하지 못한다. 이런 도덕적 자본들은 우리가 의존하는 도덕적 유산의 일부가 되었다. 그러나 그것들 자체로는 충분히 도덕을 형성하지 못한다. 또한 그것들 자체로는 그렇게 도덕을 형성할 공동체들을 창조하지도 못한다. 관용은 다른 이들의 안녕에 강력히 헌신하도록 만들지는 못하고, 인권운동은 사랑에 빠지는 수단은 아니며, 개인의 자유가 그 자체로 결속을 이루지는 않는다. 생태학적 사고는 이제는 의심할 여지도 없이 필수불가결한 것으로 인정되지만, 그러나 다른 것들과 마찬가지로, 그것도 산업 패러다임과 주인-노예 윤리에 맞도록 조절될 수 있다. 이제까지 사실 그러했다.

공동체주의적인 결속과 연합체적인 결속에 의해 살아가는 공동체들, 그리고 앞에서 우리가 인용했던 것처럼 사람들을 성장시키는 공동체들은 따라서 시장, 국가, 세계화된 문화에 반드시 필요한 보충적 공동체들이다. 알란 울프는 이런 공동체들이 "미래 세대들의 관점을 택하고, 낯선 자들의 필요에 응답하거나, 다양한 문화들 속에서 살아가기를 배우는" 보다 더 어려운 과제를 위해서 "일종의 예비적인 가열(trial heat)"을 제공한다고 말한다.42) 그것들은 틀림없이 예비적인 가열이지만, 그러나 그보다는 훨씬 더 중요하다. 그것들은 수십 년 동안 실행해온 훈련 프로그램이기도 하다.43)

조심해야 할 점이 있다. 시장과 국가가 사회 전체를 위한 모델이 아니듯이, 도덕적 삶의 기반으로서의 "공동체" 역시 사회 전체를 위한 모델이 아니며, 또한 시장과 국가가 그런 모델로서 성공할 것 같지 않듯이, 공동체 역시 성공할 것 같지 않다. 지역의 친밀한 공동체들도 다른 공동체들과 마찬가지로 불의하고 독재적일 수 있으며, 실제로 이제까지 그러해왔다. "가족"과 "가정"은 필수불가결한 것이지만, 흔히 불의나 심지어 폭력을 경험하게 만드는 최초의 현장이기도 하다. 더구나, 이런 공동체가 시장과 국가와 정확히 똑같은 실패를 할 수도 있다. 즉, 이런 공동체는 너무도 큰 대가를 치르면서 현대성/생태-현대성 문화에 따라 변용을 한다. 그러면 그것도 역시 우리가

---

42) Alan Wolfe, *Whose Keeper?*, 189. 나는 Alan에게서 인용했지만, 그러나 또한 근접한 공동체 안의 소우주(microcosm)에서 우리가 배울 것들에 대한 그의 목록에 자유롭게 첨가했다.

43) 시장과 국가에 대한 이 부분은 나의 책 *Moral Fragments and Moral Community*, 61-76에서 많이 인용했다.

지닌 산업공학기술의 세계를 벗어나서 생태학적 시대로 필수적인 전환을 하지 못하게 만든다. "위대한 과업"을 위한 도덕을 형성하려면, 그것은 도덕을 형성할 전통적 공동체가 아닌, 변화된 공동체들을 필요로 한다. 애덤 스미스나 카를 마르크스에게로 되돌아가는 것은, 비록 그들이 통찰력의 거인들이긴 했지만, 우리들에게는 소용이 없을 것이다.

시장, 국가, 시민사회가 우리의 집단적 역사적 전환점의 도전에 대해 성공적으로 대처하기에는, 우리가 직면한 불연속성들이 너무도 심각하고, 현대성/생태-현대성의 작동 체계는 너무도 부적절하다. 모든 중요한 섹터들(sectors)이 새로운 첫 번째 과업을 위한 노력에 참여할 것이지만, 현재로서는 그 어느 하나도 앞으로 나아갈 길로서 실행 가능하지 않다. 이제까지 소중히 여겼던 포도주부대로는 안 된다.

이런 모든 것들은 우리에게 두 가지 숙제가 있음을 말해준다. 화석연료 시대라는 막간을 성공적으로 극복하기 위해, 우리는 어떤 **"적응하려는 도전"**(adaptive challenge)에 부응해야 하며, **"앞서가는 공동체들"**(anticipatory communities)을 창설해야 한다. 이런 앞서가는 공동체들은, 죽음과 갱신을 생명의 깊은 리듬들로서 실천하는 공동체들, 모든 것을 감사와 회개 속에서, 또한 용서와 새로 시작함 속에서 받아들이는 공동체들을 반드시 포함한다. 현재 우리가 하는 것을 하되, 단지 보다 더 효율적으로 하는 것은 충분하지 않을 것이다. 왜냐하면 전 지구적 시장들의 자체 조직 능력들이 생태계의 자체 조직 능력들과 근본적 갈등을 일으키기 때문이다. 새로운 포도주부대가 필요하다. 이런 것들은 고전적인 종교적 주제들인데, 나중에 우리는 종교 공동체들이 이런 과제들에 공헌한 점들을 다룰 것이다. 지금으로선, 전 지구화되어가는 세계 속에서 시민사회, 시장, 국가가 직면할 것, 즉 로날드 하이페츠가 그의 책 『쉬운 해답이 없는 지도력』(*Leadership without Easy Answers*)에서 "적응하려는 도전"이라고 부른 것을 직면하게 될 것이란 점을 인정하는 것으로 끝내고자 한다.

적응하려는 도전들

하이페츠에게는, 어려운 전환들에서 적응하려는 도전들에 부응하는 것은 "투쟁의 최전선에서 창조적인 일탈(벗어남)"을 수반한다.44) 많은 인습적인 지혜가 이제는 기능을 발휘하지 못하고, 우리가 앞에서 논의했던 제2, 제3의 변화 단계들로 나아가지 못하므로, 사람들이 그 안에서 살아가고 있는 주요 기관들과 체제들 가운데서, 투쟁의 최전선에서 창조적인 일탈이 차라리 더욱 희망이 있는 것이다.

이런 책임을 떠맡는 것이 가능하게 되는 것은 여러 분파들이 집단적인 상상력과 창조성을 위해 인습적인 지혜를 기꺼이 중단하고, 통일적인 비전을 찾아냄으로써 가능하게 된다. 우리의 변화 단계들을 상기하자면, 그런 **협동은 우주관/세계관의 단계에서 비전의 변화**(changes of vision)와 함께 일어난다.

적응하려는 도전들에 부응하는 지도력은 흔히 테이블의 다리 쪽에서 나온다. 그런 지도력은 현재 작동하는 구조들이 잘 맞지 않는다는 사실을 오랫동안 인식했던 비판자들과 기업가들에게서 나온다. 일반적으로 이미 확립된 견해를 지닌 대기업들로 대표되는 시장 지도자들은 잘못하면 잃어버릴 것이 너무 많아서, 자신들의 사업을 망치게 만들 창조적인 혁신에 필요한 모험들을 감행하지 못한다. 그러나 어떤 사람들은 그들 회사의 중심에는 위험을 끼치지 않도록, 회사의 가장자리에서 일어날 수 있는 혁신적인 시험용 과제들을 통하여, 창조적인 방향들을 보여주기도 한다.

그러나 그런 지도력이 테이블의 다리, 측면, 혹은 머리 어디에서 나오든, 변화를 시작하는 사람들은 종종 우리가 나중에 논의할 "앞서가는 공동체들"의 형태로 시작한다.

성공적인 적응을 위해서는 다층적 실험들을 격려하는데, 그 혁신이 일어나는 것은 반드시 직업적인 전문가들에 의해서가 아니라, 여러 구성원들로

---

44) Ronald Heifetz, *Leadership without Easy Answers* (Cambridge, MA: Belknap Press, 1994), 183. "Creative deviance on the front line" is the title of chap. 8.

부터 나온다. 그러나 테이블의 머리에 앉아있는 직업적 전문가들도 혁신을 이룩하는 자들이 되기도 한다. 창조성은 불연속의 경험을 다루는 여러 다양한 구성원들로부터 나온다고 말한 하벨(Havel)의 통찰을 기억하라.

마지막으로, 여러 집단들의 연합 행동에서 새로운 일치가 나온다. 이것은 서로 다른 시민단체들이 공동의 목표를 위해 함께 참여하는 높은 단계의 역량에 의존한다. (또 다시 하벨의 말: "문화들의 혼합과 섞임, 그리고 지성적이며 영적인 세계들의 병행 혹은 다중성").45)46)

적응하려는 도전에 부응하는 지역 공동체에 대해, 하이페츠가 거론한 실례들 가운데 하나는 시민사회, 시장, 국가를 잘 결합시킨 것이다. 그 실례가 기초적인 도덕을 형성하는 공동체들을 창조하지는 못하지만, 그러나 지금 존재하는 시민사회, 시장, 국가가 어떻게 점진적인 효과적 방식들로 도덕성을 재형성하기 시작할 수 있는가를 보여준다. 그것도 역시 우리에게 필요한 윤리에 속한다.

1993년에 미국 환경보호청의 수장이었던 윌리엄 러켈샤우스(William Ruckelshaus)는 어떤 갈등을 해결해야만 했다. 워싱턴 주 타코마에서 가까운 제동(구리) 공장은 중요한 환경 오염원이었다. 그 공장은 또한 중요한 고용주로서, 연간 2천3백만 달러 인건비를 지출했다. 직업, 지역경제, 공중보건이 땅과 대기를 취급하는 것과 더불어, 모두 중요한 과제였다. 1970년의 청정공기보호법 아래에서, 러켈샤우스와 환경보호청(EPA)은 그 공장의 운명을 결정할 권한을 갖고 있었다. 그러나 러켈샤우스는 이런 권한을 사용하기를 거절하고 그 대신에 결정을 내리는 과정에 그 공동체 일반을 포함하자고 주장했다. 그는 토마스 제퍼슨의 말을 인용하면서 설명했다: "만일 백성들이 건전한 판단력으로 그들의 통제를 행사할 만큼 충분히 깨우쳐 있지 않다

---

45) I am drawing from my own summary of Ronald Heifetz, *Leadership without Easy Answers*, in Rasmussen, "Shaping Communities," *Practicing Our Faith: A Way of Life for a Searching People*, ed. Dorothy Bass (1st ed., San Francisco: Jossey-Bass, 1997; 2nd ed., 2009), 119-32.
46) See the Havel discussion at the beginning of chapter 4, "The Ethic We Need: Change and Imagination."

면, 이에 대한 구제방안이란 그들로부터 그런 판단력을 빼앗아 오는 것이 아니라, 그들로 하여금 판단을 내리도록 정보를 알려주는 것이다."

청문회를 위한 법적 요구사항들을 넘어서서, 환경보호청은 공장 노동자들, 노동조합 대표자들, 지역 시민들의 조직기관들, 환경단체들을 포함하는 일련의 공동 워크숍을 조직했다. 그 형식은 참가자들에게 공장의 배출물에 대한 교육, 부수적인 질병들, 행동의 여러 가능한 과정들이 가져올 지역경제의 예상 결과들뿐만 아니라 준비된 증언들과 개방된 토론 시간을 제공했다. 그 과정이 시작되었을 때, 공동체가 함께 결정한 것은 러켈샤우스와 지역 환경보호청 직원들, 혹은 여러 조직들의 시민들 자신들의 마음속에는 예상하지 못했던 것들이었다. 집단적으로 내린 결정은, 타코마의 경제는 다변화할 필요가 있고, 이런 과정은 공동체로 하여금 범법행위를 하는 제련소에 의존하는 것에서 벗어나도록 하기 위해, 현재의 공장 노동자들에 대한 재교육을 포함해야 한다는 것이었다. 그 공동체는 스스로 미래를 위해 집단적으로 무엇을 원하는지를 결정했다.

하이페츠는 여기에 몇 가지 원칙들이 작동하고 있음을 지적했다. 첫째, 러켈샤우스는 사람들이 직면한 현실과 그들이 동경하는 현실 사이의 간극을 알아냈다. 그것은 그들의 "현실/당위/방법"(is/ought/how) 사이의 간극이었다. 이 간극이 그들로 하여금 "적응하려는 도전"에 직면하게 만들었다. 둘째, 이런 적응하려는 도전에 직면해서, 러켈샤우스는 서로 다른 편견들과 이해관계들을 갖고 있는 집단들이 어려운 문제들에 봉착하면서 생겨난 고민거리들의 수준을 조절하는 것을 도와주었다. 그는 이 작업을 위해 교육 구조를 마련하여 사람들로 하여금 적절한 속도로 진행되는 토의과정을 통해 환경보호청과 서로 서로를 ("판단력에 정보를 알려주는 것") 가르치게 만들었다. 셋째, 그가 고안해낸 전략은 문제를 제기하는 책임과 해결책을 제공하는 책임을 환경보호청으로부터 일차적 이해당사자들 자신들—집단적으로 공동체 회원들—에게로 넘겨주는 것이었다. 러켈샤우스는 법이 정한 테두리 안에서, 그러면서도 틀에 매이지 않고, 권한과 신뢰와 창조적 행동들을 위한 책임을 공동체에게 되돌려주었다. 이런 전략은 보통 변호사들을 통해 값비싼 법적 투쟁들을 벌이고, 그 구성원들은 당연히 소외되게 마련인 상황에서, 인간 본성의 보다 훌륭한 천사들이 그 일을 감당하는 아주 좋은 본보기였다.47) 그것은 또한 성공적인 세계주의적 윤리의 도덕적 본질이 그 뿌리를 내려야 하는 지역 공동체들을 강화하는 것이기도 하다.

이런 본보기는 "위대한 과업"의 거대한 규모에 비해서는 작은 규모로, 심지어는 사소한 규모로 보일지도 모른다. 그러나 "위대한 과업"도 안에서 형성된 수많은 작은 규모의 본보기들을 필요로 한다. 사실상, 대부분의 공헌들은 이런 식으로 작은 것들이지만, 그것들이 모여서 크게 된 것이다. 작은 변화들이 충분히 증가되면, 축적되어 임계점(tipping point)에 이른다.

두 번째의 그리고 더욱 널리 영향을 끼친 본보기는 첫 번째 과업들과 관련된다. 이 경우에는 적응하려는 도전이 아주 심각했다. 그것은 전쟁의 파괴와 패배한 국가 한복판에서 삶을 재건하는 것이었다. 1945년의 이탈리아가 그러했다. 그러나 자동(기정) 선택들―파시스트 이전 혹은 파시스트 제도들을 개혁하고 재건하는 것 등―은 가능하지도 않고 바람직하지도 않던 것 같았다.

재건운동의 지역적 노력으로서, 1943년에 이탈리아의 트렌트에서 23살의 젊은 여성 지도자 치아라 루비치(Chiara Lubich)를 중심으로 한 무리의 여인들이 포콜라레 운동(Focolare Movement)을 시작했다. 이탈리아어 '포콜라레'는 "벽난로"를 뜻하는데, 친밀한 중심 그리고 에너지의 원점―하느님의 사랑의 경험―주위에 작은 집단이 모여서 삶의 재건을 가리키는 상징으로 선택되었다. 원래는 로마 카톨릭 운동이었지만, 이제는 모든 생명이 복음의 빛에서 살아가도록 헌신하는 모든 종파를 초월한 구조단체가 되었고, 그 운동은 180여 개 국가들에서 수백만 명의 회원들을 갖고 있다. 우리들의 경제학/생태학 관심들을 위해 특별히 흥미를 끄는 것은 브라질의 포콜라레 회원들에 의해 시작된 전 지구적 경제 계획, 즉 "자유 속에서 친교 경제"

---

47) Again I draw from my own writing on Heifetz, *Leadership without Easy Answers* in Rasmussen, "Shaping Communities," *Practicing Our Faith*, 119-32.

(the Economy of Communion in Freedom)다. 지금은 분산되어 전 세계적 경제로 된 이것의 중심은, 사회적으로 정의롭고 환경적으로 지속가능한 경제적 질서를 세우는 것을 목표로 하여, 일터에서 철저한 복음의 가치들에 헌신하는 사업과 금융이다. 신비한 그리스도의 몸에 대한 강력한 의미를 지닌 로마 카톨릭 교회의 성례전에서 원래의 영감을 받았지만, 많은 포콜라레 회원들은 기독교인들이 아니다. 그럼에도 불구하고, 공통 원칙들과 공유된 성례전적 영성이 친교 경제에 깊이 스며들어 있다.

"친교 경제"에서는 기업들이 자유시장 안에서 활동하며, 여러 가지 일반적인 사업 관행들을 실천하고, 사업 규정들을 준수한다. 그러나 그들은 그들의 이익을 세 가지로 분배한다. 3분의 1은 가난한 사람들에게, 3분의 1은 사업 재투자에, 그리고 3분의 1은 포콜라레 영성 안에서 사람들의 도덕을 형성하는 데 사용한다. 2003년에는 유럽, 라틴아메리카, 북아메리카, 아시아, 오스트레일리아, 아프리카에 769개의 중소규모 사업체들이 있었다. 전체 가운데 194개 사업체들은 생산에, 156개는 상업에, 그리고 343개는 서비스업에 종사한다. 10개 업체만이 100명 이상의 종업원들을 갖고 있다.

"친교 경제"는 도구적 가치들이 지배하는 경제 질서 안에서 공동체주의자들의 가치들에 의해 살아간다는 점에서 개혁적이다. 그것이 의도하는 바는 자본주의적 틀 안에서, 종교-도덕적 내용을 일터(공동체의 장소) 속으로 도입하겠다는 것이다. 이런 목표를 위해 특히 강조하는 것들이 있는데, 이들 모두는 포콜라레 영성의 의도적인 산물이다. **노동**은 하느님과 함께 창조하는 것으로 간주된다. 그것은 개인적 성취와 공동체 봉사의 수단을 제공한다. **무역, 금융, 산업**은 공동체주의적 목표들을 지향하는데, 가령 가난을 해소하고 부(富)를 확산시킴 같은 것이다. 비록 최근에 저이자 금융(micro-financing)과 그 밖의 대안적 금융이 발전되었지만, 부채는 강력히 반대한다. 무역, 금융, 산업은 어떤 경우에도 소비주의 생활양식을 증진시키거나 강화하기 위한 것이어서는 안 된다. 그것들은 물질적으로 충분한 양과 평등함의 공동체들을 창설하도록 도와주는 수단들이다. 부와 소유는 공동선을 위해 처분된다. 포콜라레 회원들은 물자의 소통을 위해 잉여자원들을 자발적으로 제공하고, 단순하게 살도록 격려된다. 십일조를 바치도록 기대된다. 섭리에 대한 ("하느님의 보살피실 것이다!") 강력한 신뢰가 운동을 시작한 이래 주제로 되어왔다. **경제적 교환**은 도덕적 행위자들 혹은 "윤리적 행위자들"과의 만남으로 여겨진다. 시장은 그 효율성을 위해서 사용되고 평가되지만, 그러나 모든 경제적 상황의 사회적 기능은 교제다. 즉 경제적 교환의 이론적 근거는 자기 자신들과 다른 이들을 위해 책임을 지는 사람들 사이에서 얼굴과 얼굴을 맞대고 교환하는 인간적 공동체를 세우는 것인데, 이는 세계 속의 많은 지역들 속에서 지역 농부들의 시장들을 위한 이론적 설명의 근거와 마찬가지다. **환경 보호**는 경제활동 자체의 일부요, 그래서 개인적 책임성과 조직의 정책 모두의 목표다. 경제와 환경은 각각 별도로 개념화되는 것이 아니고, 둘 모두 공통의 생태경제(eco-nomics)에 속한다. **공학기술의 발전**은 그것이 공동체의 복지를 지향하는 창조성을 표현할 경우엔 긍정적으로 여겨진다. 공동체의 건강은 건강한 경제와 환경을 당연하다고 생각한다. 그 둘 모두 과학적 지식과 적절한 공학기술과 함께 향상될 수 있다고 본다.[48]

포콜라레는 새로운 첫 번째 과업들의 도전을 떠맡는 공동체의 운동들을 담당한다. 포콜라레는 영적인 근거를 위한 도덕적 형성의 역할을 이해하고, 삶의 방식을 만들어낸 조직 기관들의 구체적 실천들에 의식적으로 주의하는 것과 이런 이해를 서로 분리하지 않는다. 그리고 이 모든 것은 정의에 대한 포괄적인 견해에 의해서 측정된다.

포콜라레의 재건은 전쟁에 의한 황폐화에 대한 대응이었으며 또한 이탈리아의 전쟁 이전의 받아들일 수 없는 체제에 대한 대응이었다. 현재 상황들과의 직접적 관련성에도 불구하고, 그것은 생태권의 위기에 의해 이끌어내어진 것은 아니었다. 석유고갈, 기후변화, 경제적 불안정에 맞선 자립 전환 도시들(Transition Towns)이야말로 그런 것들이었다.

자립 전환 도시들의 연결망은 영국에서 영속농업(permaculture)의 계획자

---

[48] This information has been gathered from the website of the Focolare Movement: http://www.focolare.us; and from Lorna Gold, "The Roots of the Focolare Movement's Economic Ethic," *Journal of Markets and Morality* 6, no.1 (Spring 2003): 1-14.

롭 홉킨스(Rob Hopkins)의 감독 아래서 생겨났다. 그의 고향인 노덤벌랜드의 토트네스는 2003년에 대학을 기초로 한 그의 운동을 채택하였고, 2006년에는 이를 확장하였다. 그것은 즉시 인기를 얻었다. 2010년에는 영국에서만 300개의 공동체들이 자립 전환 도시들로 인정되었고, 칠레, 오스트레일리아, 뉴질랜드, 미국, 이탈리아 등 34개국에서 400개 이상이 생겨났다. 기후변화, 기름 값 폭등, 그리고 지속 가능성(결여)에 대처하여, 지역주민들이 주도해서 시작되었지만, 자립 전환 도시 개념의 본질은 공동체 차원에서 위기에 대한 탄력성을 확립하는 것이었다. 지역의 식량 생산의 지속 가능성("식량 마일리지food miles가 아니라 식량 피트food feet")을 포함해서 광범위한 문제들과 관심꺼리들을 다루는 것, 예컨대 보다 많은 평등함으로 지역 경제를 촉진하기, 경제성장에 대한 대안 찾기, 재생가능한 자원들로부터 높은 에너지 효율을 창조하기, 희망의 자원들에 접속하여 지역적인, 그리고 지구 행성 차원의 손실에 대한 두려움을 대처하기 위해서, 공동체 안에서 함께 일하는 만족감을 목표로 한다. 이처럼 지역주민들이 주도하는 사업들은 지역적인 것들이라서 매우 다양하다. 서로 다른 공동체들은 서로 다른 문제들을 다룬다. 그러나 모두 실제적인 해결들을 지향하고 있고, 그래서 사회 연결망과 자립 전환 도시들의 웹사이트나 전자잡지들(e-zines)을 통하여 공유하고 있다. 예를 들면, 2007년 1월 1일 「자립 전환 문화」(*Transition Culture*)에 발표된 "자립 전환 도시 이니셔티브를 위한 10가지 단계들," 또한 www.transitionnetwork.org에 들어있는, 새로운 시도를 위한 무료 자료들로 "시작, 심화, 연결, 조성, 그리고 과감히 꿈꾸기"(Starting Out, Deepening, Connecting, Building, Daring to Dream)이 있고, 미국 웹사이트 http://transitionus.org에서는 2011년 주제가 바로 "삶에 새로운 세계를 가져오기"(Bringing a New World to Life)이다.

간단히 말해서, 자립 전환 도시들 운동은 실행가능한 풀뿌리 대안을 찾아서 산업공학기술적 패러다임을 의식적으로 떠나려는 사회환경적이며 경제적 지역화의 한 실례이다.

조엘 살라틴(Joel Salatin)의 복합 농장(Polyface Farm)은 생태학적 시대로 움직여가는 적응하려는 도전의 관점에서 풀뿌리 도덕 공동체를 재창조하려는 마지막 실례다. 살라틴은 자신을 "대안적 농부," "기독교 자유의지론 환경주의자"라 부르며, "산업사회 이후"의 농업을 계획하는 자로서,49) 화석연료를 사용하여 유기농 곡물을 대량생산하는 기업농들의 "산업적 유기농" 체계를 포함하여 생물학적 체계들의 산업화로 농사를 짓는 것을 감시하며 반대한다. "대지의 농장"(Earthbound Farm)이라는 기업체는 미국의 유기농 상추의 80%를 생산한다.50) (마이클 폴란은 이것을 "슈퍼마켓 전원목장" Supermarket Pastoral이라고 부르는데,51) 월마트Wal-Mart나 건강식품Whole Food 같은 체인점에서 마치 네덜란드 화폭에 정물화를 그린 듯이 과일과 채소를 색깔별로 진열하고 있다.) 그러나 석유로 키운 과일들과 채소들을 살라틴이 받아들일 수가 없는 것은, 그가 전국에 있는 "유기농 사료로 키우는 가축사육장들"(organic feedlots)에서 지급배달회사(FedEx)를 통해 고기를 주문할 수 없는 것과 같다. 또한 그는 닭들을 5주 내지 6주간 가두어두었다가, 작은 출입문을 통해 좁은 마당으로 내보내어 그들의 삶의 마지막 2주간만 마음대로 즐기게 하는 이른바 "자유방목"(free range) 양계를 할 생각이 도저히 나지 않는다.52) 이처럼 산업화된 유기농 식품들은 모두 "식품산업"의 일부라서, "**성공보다 더 성공적인 것은 없다**"(nothing succeeds like success)로부터 "**성공보다 더 실패하는 것은 없다**"(nothing fails like success)로 바뀌는 패러다임 전환을 하지 못한다. 다양성, 복잡성, 공생, 상호의존적 관계 같은 생태학적 가치들은 그 반대의 것들, 즉 특수화, 규모의 경제, 기계화, 생물학적 단순화 등에 의해 밀려서 쫓겨난다. 자연의 논리는 자본주의 논리에 상대가 되지 않으며, 그래서 낡은 포도주부대가 이긴다. 견제를 받지 않으면, "모든 패러다임은 그 유효성을 초과한다"고 살라틴은 일반적 규칙을 제시하는데, 이는 마치 유효기간 400년이 넘으면 어떤 문명도 무너진다는 중국의 격언을

---

49) Michael Pollan, *The Omnivore's Dilemma: A National History of Four Meals* (New York: Penguin, 2008), 203.
50) Ibid., 138.
51) Ibid., 134.
52) Ibid., 140.

그가 알고 있었던 것도 같다. "농업에서 산업화 패러다임은 그 실행가능성이 끝나게 되었다"고 그는 지적하는데, 그래서 표층토가 더 적어지고, 번식력도 적어지고, 더 적은 생물종들, 그리고 동시에 생명이 더 적어지고 사전에는 새로운 단어들이 등장한다―campylobacter(살모넬라균과 흡사한 병원균, 가축의 유산, 사람의 식중독 원인균), E-coli (대장균, Escherichia coli), mad cow(광우병), listeria(고열 마비 세균), salmonella(장티푸스, 식중독 병원균) 등이 그런 새로운 단어들이다.53) 따라서 살라틴에게 **"타락"**은 인간의 오만, 즉 자연을 마치 이윤을 만들어내는 기계처럼 취급하여, 손익계정만을 위해서 모든 것을 그 바퀴들 아래에 갈아버리는 인간의 과도한 오만이다.

그러나 만일 그런 것이 타락이라면, 구원은 살라틴이 실천하는 일종의 다윈식 실용주의(Darwinian pragmatism)다. 즉 때로는 변화하는 그 자신의 서식지의 조건들에서 무한히 살아남기 위해 공생적으로 적응하는 것이다. 같은 땅에서 해마다 토양을 고갈시키지 않고 식량을 생산하려고 경영했던 농부들의 농업체계가 그 하나의 실례다. 살라틴의 "복합 농장"은 또 다른 실례인데, 지역의 자연을 읽고 그것을 흉내 내려고 과학적으로 정보를 얻는 탈(脫)산업사회의 방식이다. 그것은 또한 그의 시골 버지니아 주 이웃들 사이에서 도덕 공동체를 창설하려는 노력이기도 한데, 그 공동체는 거대 경제와 거대 정치의 패러다임과 산업사회 패러다임에 대한 대안체제인 것이다.

그 다음엔…

우리에게 필요한 윤리는, 정의에 대한 개념을 포괄적인 피조물의 정의(creation justice)로 수정하는 것만이 아니며, 도덕 이론을 지구를 공경하는 덕성, 의무, 결과들이라는 다른 관점에서 수정하는 것만을 필요로 하는 것이 아니다. 그것은 도덕을 형성하는 공동체들을 개혁하여 새로운 시민사회와 더불어 경제와 통치의 새로운 체제로 만드는 것을 뜻한다. 우리가 감소된 지구 행성의 생물물리학적(biophysical) 압박과 지구물리학적(geophysical) 압

---

53) Ibid., 229.

박들과 더불어 상당히 많은 공동체들의 적자를 안고 시작하는 것이기 때문에, 적응하려는 도전들은 의심할 여지도 없이 매우 어려울 것이다. 그런 도전들의 목록은 길다: 현재 산업농업의 지속 불가능한 성격, 자연의 경제와는 맞지 않는 자본주의 경제들, 지역의 자연과 그 리듬들에 "너무도 가까이" 살아왔던 사람들과 토착문화들의 파괴, 본래의 공동체들과 고유한 전통들의 붕괴, 인간이 세계를 지배하고 통제했던 역사가 사회, 정신, 자연에 끼친 파괴적 영향들, 문명을 유지하기 위한 산더미 같은 부채와 그 하부구조와 파편들(부스러기)을 위한 비용이 처음에 문명을 건설하는 데 필요했던 비용을 훨씬 넘어서는 것, 점점 더 많은 도시빈민들이 비참해지며 아팔라치아 지역에서처럼 많은 시골지역들의 인구 공동화 현상, 그리고 땅, 계절, 홍수, 가뭄 때문에, 사람들이 수십 년 동안 때론 수 세기 동안 살아왔던 장소들이 더 이상 그런 인구들을 유지할 수 없게 되어 생겨난, "환경난민들"과 "기후에 의한 이주민들", 수출을 위해 자원들을 채취하고 땅, 사람들, 나머지 자연을 함께 억압한 힘들로부터 생겨난 억압의 여러 형태들(여인들, 많은 소수민족들, 제3세계와 토착민들에게 가해지는 억압들), 그리고 풍요 자체의 한가운데서, 흔히 정신질환들로 나타난 신경질, 불안감, 마약 중독, 스트레스, 피로감, 그리고 우울증의 발생 등등이다.54)

특히 그 중에서도, 적응하려는 도전은 인간들로서의 우리 자신들에 대한 다른 개념을 제기할 것인데, 이것은 토마스 베리 신부의 말대로 "생물종의 수준에서 인간의 재발명"(reinvention of human at the species level)이라고 할 만하다. 이 장 첫머리에 우리가 인용한 말은 이렇다: "집으로 돌아오라, 아미르 얀(Amir jan). 다시 좋게 될 길이 있다." 우리에게 필요한 윤리의 제4부는 우리로 하여금 다시 좋게 될 길을 발견하는 모험을 위해 우리에게 필요한 더 많은 자료들을 제공할 것이다.

---

54) 나는 Rasmussen, *Moral Fragments and Moral Community*, 30에서 인용하면서 문장을 좀 변경하였다.

7장

우리에게 필요한 윤리

경작하기와 보존하기

역사는 생태적인 재앙들로 가득하다. 고대의 가장 번성했던 땅들은 저주 아래에 있었다.

— Rene Dubos, *A God Within*

1970년대 초에 유명한 미생물학자 르네 뒤보스는 다른 저명한 과학자들과 함께 UN에 제출할 보고서 『단 하나뿐인 지구: 작은 행성을 보살피고 유지하기』(*Only One Earth: The Care and Maintenance of a Small Planet*)를 준비했다. 이 보고서는 가속화된 극한적 기후변화에 주목하기 이전 시기의 것이지만, 이 책의 2장에 나오는 그래프들(99-100쪽)이 드러낸 많은 추세들보다 더 앞선 시기의 것은 아니다. 제2차 세계대전 이후 자연에 대한 폭행은 이미 진행 중이었고, "하키스틱" 모양의 추세들이 도처에서 일어나고 있었으며, 지속불가능성이 이미 등장했고, 생태위기는 이미 자리 잡고 있었다. 그러나 뒤보스가 다른 글 "프란체스코적 보존과 베네딕트적 청지기 책무"[1]에서 지적한 것은 지역의 생태적 재앙은 더욱 오랜 인간 역사에 속한다는 점이었다. 모든 생태적 퇴화가 산업시대의 산물만은 아니라는 말이다. 그래

---

[1] Rene Dubos, *A God Within: A Positive Philosophy for a More Compete Fulfillment of Human Potentials* (New York: Charles Scribner's Sons, 1972), 153-74.

서 뒤보스는 "프란체스코적 보전"을 비옥한 초승달 지역에서 시작하는데, 그 지역은 메소포타미아, 페르시아, 이집트, 그리고 이스라엘 같은 더 작은 왕국들의 위대한 문명의 발상지였다. 오랜 세월에 걸쳐서 부유하고, 강력하며 기름졌기에, 그곳은 문명의 요람지요, 신기원을 이루는 성취들—동물과 식물 길들이기, 문자들, 회계법들, 위대한 예술과 건축들—의 장소가 되었다. 그러나 지금 비옥한 초승달 지역은 가차 없는 사막화의 언덕들이 되었다. 시간 여행자로서는 그곳이 어떤 저주의 주문(spell) 아래에 떨어진 것으로 결론지을 만도 하다.

문명과 야만주의는 서로 양립 불가능한 것이 아니다. 비옥한 초승달 지역은 세계의 좋은 선생이요 동시에 분란의 싸움터였다. 주기적으로 인간을 황폐하게 만드는 "묵시록의 다섯 말 탄 사람들"—"기후변화, 이민, 흉년, 전염병, 실패한 국가"2)—이 모두 전쟁과 내전처럼 이 지역을 휩쓸었다.

그러나 두 가지 구체적 요인들—비옥한 토양의 고갈과 수자원(水資源)의 소진—을 고려하지 않고서는, 그런 원인들을 충분히 설명하지 못한다. 그 두 가지 요인들은 모두 특별한 생활방식들을 추구한 비교적 많은 사람들이 같은 지역을 오래 동안 점령했던 결과였다. 전쟁도 그치고, 내전과 전염병은 시들어가겠지만, 황폐한 토양과 물은 그것들을 착취한 사람들의 시간 척도와 같은 속도로 회복되지는 않는다.3) 인간의 과도한 사용으로 인하여 소금과 모래의 평지들이 된 수역(水域)은, 심지어 비가 많이 내려도, 기적적으로 담수호들로 다시 활성화되지 않는다. 표층토 역시 인간이 확산되는 속도로 재생되지는 않는다. 많은 사람들이 자연의 생명들의 속도를 능가하는 속도로 삶을 살아가면—다른 말로 해서, 인간들이 자연의 조건들에 합당하도록 발맞추지 못하면—먼저는 인간 이외의 자연이 고통을 당하고, 그 다음엔 죽음과 세금처럼 피할 수 없이, 사람들도 고통을 당할 수밖에 없다.

---

2) Ian Morris, *Why the West Rules—For Now: The Patterns of History, and What They Reveal about the Future* (New York: Strauss & Giroux, 2010), as cited by Orville Schell in his review of Morres, "The Final Conflict," *New York Times Bood Review*, December 12, 2010, 19.
3) Dubos, *A God Within*, 153-54.

우리는 그 UN 보고서와 뒤보스의 책 『안에 계신 하느님』(*A God Within*)에서 프란체스코 수도회와 베네딕트 수도회의 가치들을 설명한 부분으로부터 몇 가지 결론들을 이끌어 낼 수 있다. 그 결론들은 1950년 이후의 세계보다 더 많은 것들에 관한 것이다. 즉, 그 결론들은 인간 정착의 역사 전체에 새겨진 것이다.

첫째, 모든 문명은 죽을 수 있는데(mortal), 땅, 바다, 공기에 대한 청지기 역할과 연관되어 흥성과/혹은 쇠퇴로 나타난다는 점에서 죽을 수 있다. 제2차 세계 대전(앞에서 언급) 이후 경제적 도약 속에서처럼, 환경 상황이 대대적으로 변할 수도 있다. 그 결과, 지구 전체가 이제 영향을 받게 되었다. 지역 주민이 별로 살지 않는 금지된 장소들, 가령 남극지역, 그린랜드의 많은 지역, 북극 지역 같은 곳들조차, 오늘날 산업이 발생시킨 탄소와 그 탄소가 바다를 변화시키는 효과가 멀리 파급된 것을 느끼고 있다. 우리는 모든 문명들의 특색을 이루는 똑같은 가멸성(mortality)을 공유하고 있다. 또한 우리의 수명은 궁극적으로 똑같은 요인에 달려 있다. 즉, 문명들이 그들의 존재를 지속시켜주고 허락해준 바로 그 거주지에 대한 관계 말이다.

이것이 뜻하는 바는, 인간/지구 관계—지역적이든, 국지적이든, 전 지구적이든 간에—속에서 이제까지 별로 주목되지 못한 연속성들이, 묵시록의 가혹한 폭로만큼이나, 중요하고 파괴적일 수 있다는 말이다. 속도가 느리며 미묘한 변화도 장기간에 걸쳐 일어나면 별안간 극적인 변화나 마찬가지로 획기적일 수 있다. 결국, 대격변이 시작되는 임계점은 거의 언제나 매우 작은 숫자로 도달된다. 즉 평균온도가 1도나 2도 더 높아진 것, 잔뜩 포화된 경사지에 비가 하루 더 내리는 것, 관개시설을 위한 수자원이 진흙투성이로 되거나 말라버린 것, 강들에 잇닿은 경작지들에서 비료가 약간 더 흘러넘치는 것, 제트기류(Jet stream)가 북쪽으로 75마일 정도 이동한 것 등이다.

둘째 결론은 첫째 것에 동반되는 것이다. 즉 우리가 위험을 무릅쓰고 무시해버린 교훈들을 다시 찾아보려고 과거를 뒤져보는 것이 좋을 것이다. (가령 재레드 다이아몬드의 책 『총, 균, 쇠』와 또 다른 책 『문명의 붕괴』를 생각해보라. 누 권 모두 나중에 검토할 것이다.)

셋째 결론은 인간의 본성에 관한 것이다. 우리는 어디서든 나머지 자연과의 관계에서 아슬아슬한 관계를 지녀왔던 똑같은 종류의 피조물이다. 인간의 성격은 호메로스 이래로 별로 바뀌지 않았다. 우리가 과거를 뒤져보면서, 우리가 자연을 취급한 연속성과 불연속성을 추적해 볼 때, 우리는 어떻게 살아야 할 것인지에 대한 지혜를 축적하는가? 우리가 발견한 것들이 현재와 미래를 위한 도덕적 안내자 역할을 할 수 있는가? 우리는 "모든 탐험을 끝내고" 고향에 돌아와서야 비로소 "그 장소(고향)를 처음으로 알게 되는"(know the place for the first time)4) 뭔가 충분히 계시적인 것을 배우는가?

인간/지구의 관계는 매우 여러 가지이며, 또한 그 차이들이 굉장히 문제가 된다는 것은 분명하다. "불모의 호"(infertile arc)가 모든 비옥한 초승달 지역의 운명을 묘사하지는 않는다. 어떤 생활방식들은 오랜 세월 동안 "사람과 짐승" 모두에게 기억될 만하고 생명을 환대하여, 역사 속에서 밝은 순간들이기도 했다.

그렇다 치더라도, 그런 도덕적 발전이란 지금 지구를 위협하는 인간의 지식과 공학기술적 힘들의 약진에는 비교하기조차 어렵다. 우리 현대인들은 아마 "도덕적으로 태아 단계"(morally prenatal)일 것이며, 동시에 우리는 우리의 적대자들에게 뿐만 아니라 지구에 대해서도 빈틈없이 무기로 무장하고 살아간다고 한 다니엘 맥과이어의 지적에는 일리가 있다. 우리의 도덕성이 안내자와 감독자로 봉사할 능력을 넘어서서 공학기술은 발전되었다고 여겨진다. 그래서 우리가 원자들과 유전자들을 쪼개는 바로 이 순간에, 생물종들이 우리 주변에서 "망할 수밖에 없는 광산 속의 카나리아"처럼 쓰러지고 있다.5) 어쨌든 심지어 자연을 배려하는 생활방식조차도 "새로 태어난 에덴동산"과 "되찾은 낙원"이 되기엔 훨씬 못 미친다. 오랜 옛날의 혹은 멀리 떨어진 미래의 황금시대들(Golden Ages)은, 최소한 아스피린이 없는 시기들

---

4) From "Little Gidding," in T.S. Eliot, *Four Quartets* (New York: Houghton Mifflin Harcourt, 1943), 63.
5) Daniel Maguire, *A Moral Creed for All Christians* (Minneapolis: Fortress Press, 2005), 4. Maguire is borrowing in part from biblical scholar Gerd Theissen.

그리고 문학과 역사 속에서 그려낸 그런 시기들로는 결코 존재하지 않았다. 역사의 그런 모습들은 경험적 자료들보다는 인간의 심정과 상상이 낳은 그리움에 더 의존해 있다. 아니, 그보다는 죽음과 갱신은 태곳적부터 삶을 형성해왔다: 죽음이 없는 삶이나, 투쟁과 고통이 없는 갱신은 있을 수 없다.

자아(Ego)로부터 생태권(Ecosphere)에로

우리는 "지진 같은 변화"(seismic shift), 즉 도덕적 우주 속에서 또한 산업시대/산업이후시대의 우리의 생활방식에서 지진 같은 변화가 일어났다는 점을 주장하고 있다. 그것은 이제까지 신주단지처럼 모셨던 **인간의 자기**(self) **와 인간 사회로부터 생태권**(ecosphere)**이 중심, 경계, 주체가 되는 것으로의 변화**다. 인간의 정의(human justice)로부터 피조물의 정의(creation justice)로, 나의 경계선이었던 인간 공동체로부터 경계선이 없는 모든 생명 공동체로의 변화다. 각 쌍의 첫 번째 요소들(인간의 자기와 사회, 인간의 정의, 나의 공동체)은 두 번째 요소들(생태권, 피조물의 정의, 생명 공동체)의 날줄과 씨줄에 속한다. 그것들은 달리 다른 어느 곳에서도 존재할 수 없다. 그 반대로 생각하는 것은 대부분의 현대 정신구조들과 도덕들에서 인정되지 않는다. 그러나 생태권의 상태, 피조물의 정의, 생명의 포괄적인 공동체는 인간의 자기와 사회, 인간의 정의, 나의 공동체의 일상적인 활동과 떨어질 수 없는 것으로는 인식되지 않는다. **이런 상호성의 실패는 현대성의 중대한 결점이다.** 우리는 또한 근본 원소들(흙, 공기, 불, 물)이 도덕적으로 중요하다는 점에 대해 분명히 주의를 기울여야 한다고 주장했다. 생명의 물질들은 그것들의 안녕을 위해, 또한 우리들의 안녕을 위해 요구하고 있다.

그러나 우리가 아직 해보지 않은 것은 그런 근본 원소들을 명백한 윤리적 분석의 주제로 여기는 것이다. 이에 대한 본격적인 취급은 또 다른 하나의 책을 필요로 할 것이지만, 우리에게 필요한 윤리는 이에 대한 최소한의 건전한 접근을 보여주어야 할 것이다.

우리는 땅(earth)을 흙(soil)으로 간주할 것이다. 우리는 그 먼지에서 나왔고 또 그 먼지로 돌아갈 것이다. 그 목표는 우리 인간의 생명들과 모든 생명들이 어떻게 이 근본적인 원소와 구성요소로서 결속되어 있으며, 또한 도덕 이론과 공동체의 변화가 어떻게 흙을 윤리학의 필수적인 주체로 취급해야 할 것인지를 보여주려는 것이다.

이런 논의를 한 다음, 우리는 아직 방문해보지 못한 가장 중요한 "케른"(cairn—원추형 기념 돌무덤)을 가지고 윤리학 입문서를 마칠 것인데, 그것은 윤리학 방법론이다. 방법이 대체로 내용의 형태를 결정한다. 우리가 **어떻게** 생각하는가, 그리고 **무엇을** 가지고 생각하는가는, 마치 조각가가 그의 진흙을 가지고 작업하듯이, 우리의 도덕을 위한 결정적 결과를 만든다.

비옥한 초승달 지역을 다시 방문하기

1942년에 UN 토양보존위원회는 그 연구분과 위원장이었던 월터 로우더밀크(Walter Lowdermilk)가 준비한 보고서를 배포했다. "7천 년 동안 땅의 정복"이라는 제목을 붙인 그 보고서는 독자들을 비옥한 초승달 지역으로, 메소포타미아의 충적기 대평원 위에서 농업이 시작된 곳으로 데려간다. 성서의 이미지를 회상하자면, 그곳은 "젖과 꿀이 흐르른 땅"이었다. 모든 기록 문서들 가운데 가장 일찍 작성된 "길가메쉬 서사시"(*The Epic of Gilgamesh*)를 참고한다면, 그 땅은 풍부한 동물들이 있는 삼목(cedar) 숲의 평야지대였다. 대략 기원전 2700년에서 2500년 사이에 통치했던 왕 길가메쉬는 그의 친구 엔키두(Enkidu)의 죽음을 애통해 하면서, 땅에 대하여 슬프게 노래한다.

> 곰, 하이에나, 팬더, 호랑이, 표범, 사자, 황소, 사슴, 야생 염소, 그리고 대평원의 모든 동물들이 그대를 위해 통곡할지어다. 삼나무 숲 속에 그대가 다녔던 길들이 밤낮 없이 그치지 않고 그대를 위해 통곡할지어다. 우리가 함께 늘 그 언덕을 걸었던 울라 강(Ula River)이 그대를 위해 통곡할지어다. 우리가 늘 가죽부대에 그 물을 담았던 맑은 유프라테스 강이 그대를 위해 통곡할지어다.6)

수많은 동물들, 거대한 숲, 유프라테스의 맑은 물은 "신" 세계에 도착했던 유럽인들의 보고를 생각나게 한다. 오늘날의 뉴저지 주 뉴왁을 흐르는 파쌔이크 강은 당시에 은빛 나는 아틀란틱 연어들이 하도 많아서 강 언덕의 사람들이 손으로 움켜 건져 올릴 수 있을 정도였다고 한다. 지금 파쌔이크 강은 미국에서도 가장 해로운 유독성 쓰레기장들을 지나고 있다. 침범하는 어떤 통행인들에게도 끼칠 건강상 위험 때문에, 그곳들은 울타리를 치고 자물쇠로 잠겨있다.

그러나 로우더밀크의 염려는 중동지방의 토양에 관해서다. 그의 탐사팀은 레바논, 시나이 반도, 그리고 저 유명한 페트라의 유적지, 요르단, 시리아, 키프로스, 그리고 북아프리카 등지의 환경을 연구했다. 그는 같은 시기에 그리스 지역을 탐사하지는 않았으나, 만일 그가 했더라면, 생태환경 역사상 가장 유명한 문장의 하나를 기억해냈을지도 모른다. 플라톤이 그의 책 『크리티아스』(*Critias*)에서 원시 그리스에 대해 설명한 것은 로우더밀크가 비옥한 초승달 지역에서 발견한 것에 견줄 만하다.

예전에 풍요했던 땅에 지금 남아있는 것은 병든 사람의 뼈대만 남은 몰골 같아서, 기름지고 부드러운 흙은 황폐해졌고, 겨우 드러난 골조만 남아있다. 예전에는 많은 산들이 경작할 수 있는 곳들이었다. 기름진 흙으로 가득했던 평원지대는 지금 늪지대가 되었다. 한때는 숲으로 덮여 있어 풍부한 목초지를 제공했던 언덕들이 지금은 겨우 벌들의 양식만 생산할 뿐이다. 한때 그 땅은 해마다 내린 비로 풍부해졌으나, 그게 이제는 사라졌으니, 이는 비가 내려도 지금처럼 드러난 땅을 흘러 바다로 내려가기 때문이다. 옛날엔 흙이 깊어, 기름진 옥토 속에 물을 흡수하여 간직해서, 언덕을 흠씬 적신 물은 곳곳마다 샘들이 솟게 하고 흐르는 개천을 이루었다. 지금은 샘들이 있었던 장소들에 버려진 사당

---

6) Cited from Wes Jackson, *Consulting th Genius of the Place*, 103. Jackson notes that "The Epic of Gilgamesh" can be found in several places and cites as one example *World Mythology: An Anthology of the Great Myths and Epics*. He does not cite a page number.

들만 있어서 그 땅에 대한 우리의 묘사가 참되다고 증언하고 있다.7)

로우더밀크가 갔던 곳 어디에서나, 그는 비슷한 결과를 발견했다. 씻겨 내려간 표층토, 진흙구렁텅이가 된 수로들, 빈약한 식물과 동물들, 죽은 도시들의 폐허들이었다. "표층토가 사라져 버렸으니, 모든 것이 사라진 것이다"8)라고 그는 결론을 내렸다. 길가메쉬는 나중에 그의 친구는 물론 그의 땅이 사라진 것에 대해서도 탄식했을 것이다.

웨스 잭슨은 로우더밀크의 보고서에 두 가지를 덧붙인다. 첫째, 페니키아인들, 그리스인들, 카르타고인들, 로마인들 모두 그들의 본토에서 공급이 부족하면 먼 곳에 식민지들을 건설했다. 그들은 의식적으로 그리고 때로는 잔혹하게도 다른 곳들에서 수입품들을 들여와, 그들 자신이 파괴해버린 것들을 보충하고자 했다. 둘째, 이런 무역업자들과 식민주의자들은 인간의 기술공학적 해결 방법들이 승리할 것으로 여겼다. 그들의 엘리트들이 뭔가를 생각해낼 것이었다. 잭슨은 2천 년 뒤에 현대인들의 최종 결론이 될 만한 키케로(Cicero)의 말을 인용한다: "우리의 손들을 가지고 우리는 자연 세계 속에서 말하자면 두 번째 세계를 창조하려고 노력하고 있다."9)

로우더밀크는 미국에 돌아와 충격적인 선언을 했다: 미국은 고대 사람들과 똑같은 길을 걷고 있다. 그는 각 지역에서 침식 작용의 기록 자료들을 모아본 결과, 단지 표층토가 만들어지는 것보다 더 빨리 침식되고 있음을 발견했다. 그는 미국정부에 경고를 하기를, 우리는 "자체 파괴적 농업"을 하고 있다고, 그리고 덧붙이기를, 예전의 유럽 지역이나 다른 제국들과는 달리, 이제는 새로 발견될 대륙들이 기다리고 있지 않다고 했다.10)

---

7) Plato, *The Timaeus and Critias of Plato*, trans. Thomas Taylor (New York: Kessinger, 2003), 235-36. For a discussion of this passage as related to trees, see Larry Rasmussen, "Or Bare Ruined Choirs," in *Earth Community, Earth Ethics*, 212-17.
8) Jackson, *Consulting the Genius of the Place*, 104.
9) Ibid., 106-7.
10) Reported by Jackson, ibild., 105.

로우더밀크의 조사 결과를 최신정보로 갱신한 것은 그런 자기 파괴적인 길을 확증했는데, 예외라면 그것이 이제는 지구 전체에 해당한다는 점이다. "전 세계의 거의 40% 표층토가 이제는 황폐화되었다"고 잭슨은 보고한다. "전 지구적으로, 1960년대 이후 농사를 짓기 위한 땅의 거의 3분의 1을 침식에 의해 잃어버렸고 [제2장에서 우리의 그래프를 기억하라], 매년 대략 2천 5백 만 에이커의 비율로 계속 잃어버리고 있다."11)

만일 생태권이 유일하게 참된 창조적인 힘이라는 잭슨의 말이 옳다면, 만일 "자체 갱신을 위한 땅의 능력은 땅의 건강함"12)이라는 알도 레오폴트의 말이 옳다면, 만일 표층토의 비옥함을 박탈하는 사람들에겐 틀림없이 저주가 내릴 것이라는 뒤보스의 말이 옳다면, 우리는 인간들(humans)과 흙(humus)을 새롭게 볼 필요가 있다. 보다 좋은 비료나 유전자 변형 혹은 또 다른 가성 칼리(비료성분)을 발견하는 것보다 더 심오한 변화가 필요하다. 우리는 흙에 대한 또 다른 관점에로, 이번엔 종교적인 것에 눈을 돌려보자.

우리 발바닥 아래의 성스러운 것들

소로우(Henry David Thoreau)의 기도는 이렇게 이어진다.13)

하늘의 주님이시어, 당신은 우리들 가운데서 걸으십니다.
땅의 수수한 갈색 흙 속에서.
당신께서 나타나시기로 택하신 것은
종종 별로 가치가 없는 것처럼 보입니다.
당신은 흔해빠진 덤불숲을 선택하시고,

---

11) Ibid., 130.
12) Aldo Leopold, *A Sand County Almanac* (New York: Ballantine, 1966), 258.
13) 이 부분은 내가 Louisville, Kentucky에서 2010년 11월에 Festival of Faiths 에서 한 강연을 말하고 있다. 이 10일간의 축제의 주제는 "성스러운 토양" (Sacred Soil)이었는데, 그 명예 공동 진행자는 Wes Jackson과 Wendell Berry 였다.

하늘의 불로 이를 태워버리셨고,
그럴듯하지 않은 예언자들을 통해 말씀하셔서,
당신의 사랑이 바라신 것을 알리셨으니....
하늘은 우리들의 머리 위에도 그리고 우리의 발밑에도 있습니다.
[아멘]

"인간에게 가장 중요한 것이 무엇인가?" 종교공동체에게 이런 질문을 해보라. 종종 그 대답은 "우리는 영혼(soul)을 지니고 있다"는 것이다. 다시 "왜 영혼이 그토록 중요한 요소인가?"라고 물으면, 그 대답은 "영혼은 거룩한 것과 접촉하는 매개체이며, 생명 자체를 활성화(animate)시키는 것이다(아니무스*animus*는 영혼soul에 해당하는 라틴어). 우리는 영혼을 갖고 있다."는 것이다.

두 가지 대답이 모두 옳다. 영혼(soul)은 우리 인간의 활동 요소이며, 우리가 성스러운 것에 접촉하는 길이다. 그러나 "영혼"(soul)은 또한 s-o-l-e(발바닥)이라고 쓸 수도 있다. 어디에 우리의 soul/sole가 있는가? 우리의 발 밑바닥에서 우리 발바닥 아래에 있는 성스러운 것과 접촉하고 있다.

흙(soil)과 발바닥(sole)은 항상 서로 접촉하고 있다. 그리고 흙(soil)과 영혼(soul)도 그러하다. 소크라테스는 이것을 알고 있었다. 여기서 그는 철학을 고작해야 심심풀이 정도로 생각한 파에드루스(Phaedrus)에게 그의 철학적 입장—그는 이걸 "변증법의 예술"이라고 불렀다—에 대해 설명한다. 그건 그렇지 않아. 철학(philosophy는 지혜를 사랑함을 뜻한다)은 씨를 뿌리는 것에 관한 것이라고 소크라테스는 말한다.

한 사람이 변증법을 사용하여, 적당한 영혼에 집중하여, 그 안에 지식과 진리들을 심어 씨를 뿌린다. 그런 진리들은 자체들을 방어할 수 있고, 또한 그것들을 심은 사람도 변호할 수 있다. 그것들은 불임(sterile)이 아니라, 다른 이들의 마음속에 태어날 새로운 진리의 씨앗들을 품고 있다. 이런 방식으로 그것들은 불멸의 영원성을 획득하고, 그것을 소유

한 사람에게 최고의 행복을 부여하여, 사람으로 하여금 이를 즐길 수 있게 한다.14)

소크라테스의 유비는 옳다. 흙과 영혼은 자연적인 유사성을 공유하고 있다. 둘 다 살아있는 본질들이고, 또한 생명이 둘 다를 "활성화"하는 그 정도만큼, 불멸의 진리나 새로운 생명 어느 것이든, 자신들을 가꾸어 기르도록 내어준다.15)

종교들 가운데서는 자이나교(Jainism)가 영혼을 가장 잘 이해하고 있다고 해도 좋을 것이다. 영혼을 '지바'(*jiva*)라고 하는데, 이는 산스크리트어에서 '살다'(live)의 어원인 '지브'(*jiv*)에서 유래된 말이다. "영혼"은 어디에나 나타나는 생명의 힘을 표현한다. 모든 생명은, 그게 어디에서 발견되든, 모두 영혼을 지니고 있다. '지바'는 "살아있는 존재"의 동의어인 셈이다. 기원전 4세기 문서인 "아차랑가 수트라"(*Acaranga Sutra*)에서 인용한 한 단락이 참으로 놀랍기 만하다: "살아있는 존재들이 있는데, 그들은 땅 속에도 살아있고, 풀 속에도 살아있고, 나뭇잎 위에도 살아있고, 혹은 나무속에도 살아있고, 소똥 속에도 살아있고, 먼지구덩이에도 살아있다"(I:1:4). 토양의 후미진 곳, 물, 심지어 공기도, 자신을 지속해 가려는 영혼을 갖고 있는, 생명을 지니고 있다.

> 모든 것들이 생명을 좋아한다.
> 그들은 쾌락을 좋아하며, 고통을 싫어한다.
> 그들은 파멸을 회피한다.
> 그들은 생명을 좋아하여 살아있기를 원한다.
> 모든 것에게, 생명은 소중한 것이다.(I:2:3)16)

---

14) Robert Pogue Harrison, *Gardens: An Essay on the Human Condition* (Chicago: University of Chicago Press, 2008), 63에서 재인용. Harrison is citing from Plato, *Phaedrus and Letters VII and VIII*, trans. Walter Hamilton (New York: Penguin, 1986), 99.
15) Paraphrased from Harrison, *Gardens*, 63-64.

그러나 영혼의 양육(cultivation) 문제로 되돌아가보자. 종교 지도자들은 좋은 부모들, 선생들, 예술가들 그리고 친구들이 그러하듯이, 영혼을 양육하는 것에 대해 알고 있다. 그러나 우리는 그것이 흙에 대한 것이라는 점도 이해하고 있는가? "키우고 가꾸기"(cultivation)란 정원사들과 농부들의 보살피는 행동이다. 소크라테스에서 루터에 이르기까지 빨리 살펴보자. 루터는 히브리서를 읽고서 흙/영혼(soil/soul)의 관련성을 주목했다. '하 아담'(Ha 'adam)—아담, 흙으로 된 피조물, 지상의 것, 비천한 것—은 바로 '아다마'(adama)—어떤 번역에서는 살아있는 흙, "붉은 진흙," "표층토," 혹은 다른 번역에서는 "흙"(humus)—로부터 창조된 것이다. 우리가 곧 알게 되겠지만, '아다마'는 히브리 성서와 유태인의 전통에서 능동적이고 생산적인 행위자다. 우리의 근원인 때문에(아담은 '아다마'에서 유래된 때문에) 우리의 사명은 흙의 수호자(shomrei adama), 즉 흙의 관리자, 경작하고 보존하고 돌보는 양육자인 것이다. "밭을 갈고 보존하는"(till and keep) 것(창세기 2:15)은 문자 그대로 "섬기고 보호하는 것"(l'ovdah ul' shomrah)이라는 히브리어의 양육한다는 뜻의 동의어다.

그리고 아담의 동반자가 될 사람은 누구인가? 히브리어로 '하와'(Hava) 영어로는 '이브'(Eve)다. '하와'(Hava)는 문자 그대로는 "생명 있는 것"을 뜻한다. 이브(Eve)는 생명을 간직한 자, 생명의 선조(창시자)다. 여기 언어의 신화적인 성격에 자세히 주목하자. 즉 **아담과 이브는 "흙"과 "생명"**이다. 바로 그런 정체성에서 "흙의 수호자"(shomrei 'adama), 즉 흙의 관리자로서 인간의 사명이 나온 것이다. 성스러운 것이 우리의 발바닥 아래에 있다. 우리는 거기에서 나왔으며, 그것을 경작하면서 그 위에서 잠시 살다가, 그것에로 되돌아간다.

꾸란(Koran, Qur'an)은, 알라(Allah)의 손에 의하여 이루어진 창조의 경이

---

16) I am grateful to Christopher Chapple for his discussion in his paper, "Jainism, Life, and Environmental Ethics," presented at the Yale "Journey of the Universe" Conference, March, 2011. Chapple's citation from the *Acaranga Sutras* that I have used are taken from Herman Jacobi, trans. *Jaina Sutras*, Part One (Oxford; Clarendon Press, 1884), 8, 19.

로움을 말한 뒤에, 이렇게 질문한다: "만일 무엇인가가 당신을 놀라게 한다면, 당신은 틀림없이 이렇게 말하는 사람에게 놀랄 것이다: '우리가 먼지가 되면, 우리는 새로운 피조물로 회복될 수 있을 것인가?'"(13:5).17) 이에 대해 꾸란은 말하기를, 이는 "그들의 주님(Lord)을 거부하는" 사람들의 편에서 제기하는 의심을 나타내는 질문임을 뜻한다고 한다. 즉, 만일 알라가 우리를 먼지(흙)에서부터 창조했고, 하늘과 땅과 그 안에 있는 모든 것들을 만들어 내셨다면, 당신은 왜 또 다른 새로운 창조가 가능하냐고 의심을 한단 말인가?

꾸란은 아담과 이브의 자손을 위한 사랑스러운 이미지—"정원의 동반자들"—를 제공한다. 그런 동반자 역할은 조건을 지니고 있다: "의로움을 위하여 믿고 일하며, 그들의 주님 앞에서 자신들을 겸손히 여기는 사람들은, 정원의 동반자들이 되어 그곳에서 영원히 거주하게 될 것이다!"(꾸란, 예언자 후드Hud, Sutra 11:23).18)

다시 "양육"과 루터에게로 돌아가자. 우리의 발바닥 아래 성스러운 흙 속의 하느님의 지상 거처는 루터 신학의 중심 근처에 있다. 그에게는 "유한한 것이 무한한 것을 지니고 있다." 자연의 피조물들은 하느님의 "가면"(mask), 혹은 다른 이미지로는, 하느님의 의상이요 "포장"이다. 하느님의 나타나심은 "만물, 심지어 가장 작은 나뭇잎 하나"19)와 "모든 가장 작은 씨앗"20) 을 채우고 있다. 신적인 것이 "하나의 씨알 속에, 하나의 씨알 위에, 하나의 씨알을 덮어서" 온전히 나타나 있을 뿐만 아니라, 루터는 심지어 생

---

17) Sutra 13:5r in the chapter "Thunder," *The Koran* (New York: Penguin Classics, 1990), 171.
18) As cited from *The Meaning of the Noble Koran*, available online at www.pdf-koran.com.
19) Martin Luther, "That These Words of Christ, 'This Is My Body,' etc. Still Stand Firm against the Fanatics," *Luther's Works*, vol. 37 (Minneapolis: Augsburg Fortress, 1986), 57.
20) Martin Luther, "Confession Concerning Christ's Supper," in Martin Luther, "The Sacrament of the Body and Blood of Christ—Against the Fanatics," in *Martin Luther's Basic Theological Writings*, ed. Timothy Lull (Minneapolis: Augsburg Fortress, 2005), 323.

쥐의 발자국 속에서도 바로 하느님의 "발자국"을 발견한다고도 한다. 그는 말하기를, 그것들이 "그토록 아름다운 발들과 섬세한 털을"21) 갖고 있다고 한다. 아주 훌륭한 발바닥들도.

이런 모든 것들이 놀라움의 원인이다: "만일 당신이 들판에서 밀 알갱이의 핵심에 대한 모든 것을 찾아보려 한다면, 당신은 거의 죽을 것처럼 너무도 놀랄 것이다."22)

루터는 히브리어 '하 아담'(ha 'adam) 즉, 농사꾼은 '아다마'('adamah)에서 나온 피조물이라서, 경작할 수 있는 표층토를 보존하고 경작하도록 위임된 것이다. 아담의 모든 후손들—카인, 아벨, 노아, 아브라함, 이삭, 야곱—은 농사꾼들이고 토지 소유자들이어서, 흙을 갈고 가축 떼를 돌보았다. 유태인들, 기독교인들, 그리고 무슬림들에게는, 수메르와 메소포타미아의 이웃 종족 영웅들과는 달리, 그들의 역사 이전 원시 조상들은 왕들이나 전사들이 아니라, 농사꾼들과 목자들이었다는 점이 놀라운 일이 아니었을까? 루터의 성경주석에 의하여, "경작자들은 시골뜨기들"이었음을 알게 되면, 우리로서는 물론 왕이나 전사가 되는 것을 더 좋아할 것이다.

여기에서 착한 시골뜨기들은 어디로 가는가? 라틴어로 바꾸어보자. "경작자"(cultivator)가 "문화"(culture)와 "예배"(cultus)의 어원이다. 이들 모두가 똑같은 뿌리(root)를 공유하며, "뿌리"는 흙 속에서 살고 있는 것의 이미지다. 문화, 농업, 그리고 예배(우리 발밑과 우리 주변의 기적과 경이로움에 대한 의식적 응답)가 우리의 삶을 위한 모체(matrix, 어머니 혹은 자궁)다. 그러니 사람에게 생명을 주는 숨결(breath: *ruah*)이 다른 동물과 식물들을 활성화시키는 '루아흐'(*ruah*)와 똑같은 것에 놀라지 말라. 동식물들도 영혼을 갖고 있다. 유태인들의 거의 모든 거룩한 날들이 농업의 축제들에 그 기원을 두고 있음에 놀라지 말라. 예를 들어, 오경(Pentateuch) 속에 나오는 야웨 문서(Yahwist's account)에서는 연중 종교전례의 행사가 세겜, 헤브론, 베델, 브엘

---

21) Martin Luther, *Lectures on Genesis*, ed. Jaroslav Pelikan (St. Louis: Concordia, 1958), 1:52.
22) Luther, "Sacrament of the Body and Blood of Christ," 323.

세바 같은 농업 중심지에서 거행되었는데, 그곳의 제단들은 농부들이 거룩한 상수리나무들 근처에 세운 것들이고, 가나안 고지대의 세 가지 주요 수확(봄철에 보리와 밀, 그리고 가을엔 첫 과일들)에 근거하여 의식의 축제들이 벌어졌다. 상수리를 뜻하는 히브리어 '엘론'(elon)이 하느님을 뜻하는 '엘'(el)과 연관된 것이고, 조상들 시대에 신의 현현(theophany)이 늘 상수리나무 혹은 작은 숲이나 산꼭대기 혹은 생수가 솟는 샘물 주변에서 일어난 것에 놀라지 말라. 그리고 야웨 문서에서는 사람이 땅의 청지기이지만, 사제 문서(Priestly Account)에서는 하느님에 의해 부여된 인간의 신분이 나머지 자연에 대한 통치 지도자의 위치에 있다는 점에서, 서로 충돌(조화되지 않음)을 일으키는 것에도 놀랄 것 없다.

오경에서 야웨 문서와 사제 문서 사이의 긴장은, 인간 영혼들 속에 있는 긴장을 반영한 것인데, 이스라엘의 제단들을 묘사하는 데도 나타난다. 사제 문서에서는 모세가 시나이 산에서 하느님으로부터 훈령을 받는다(출애굽기 27:1-8, 38:1-7). 제단은 인간이 만든 정교한 작품이다—크고(측면이 10피트), 아카시아 나무로 만들어 청동을 입힌 것이며, 사제가 제물을 바칠 그릇들과 정해진 기구들을 올려놓는 장소. 이런 제단은 당시의 금속과 목재를 다루는 인간의 가장 높은 공학기술을 반영하고 있다. 이와는 대조적으로, 야웨 문서의 제단은 단지 치장하지 않은 흙으로 만들어졌다. 좀 더 정확히 말해서, 그것은 농사를 지을 수 있는 흙, 즉 농부들의 삶과 그 근원이 되는 '아다마'(adamah)로 만들어졌다. 들판에서 가져온 돌들은 허락되었지만, 그러나 그런 돌들도 다듬어서는 안 된다. 또한 지역의 석공들이 그 돌에 무엇을 새겨 넣어서도 안 된다. 이런 돌들은 인간이 신성모독을 하지 않은, 자연 그대로의 형태들이다. 야웨 문서의 제단은 하느님이 사람들에게 주신 땅, 그들의 뿌리가 된 땅에 사람들이 의존하고 있음을 상징한다. 반면에 사제 문서의 제단은 땅을 지배하는 사람들(사제들에 의해 중재된)의 성취를 상징한다.[23] 겸손, 봉사, 그리고 제한됨은, 하느님의 명령으로 이해된 청지기의

---

23) Theodore Hiebert, *The Yahwist's Landscape: Nature and Religion in Early Israel* (New York: Oxford University Press, 1996), 158.

능력과 지배와 대조된다.

그러나 주요 관심사는 예배(cultus), 문화(culture), 그리고 농업(agriculture)의 유대 관계다—경작자들인 우리는 이런 기적적인 시골뜨기들에 속한다. 인간들이 이곳에 있는 것은 계속되는 생명을 위한 흙의 풍작을 유지하기 위해서다. 시편 104편의 구절대로 "땅의 표면을 새롭게 만들기" 위해서, 그리고 하느님께 영광을 드리기 위함이다. 옛사람들이라면 웬델 베리의 말을 이해할 수 있을 것이다: "표층토에 대해 말하면서, 종교적 언어를 사용하지 않기란 매우 어렵다."24) 그러니 흙(soil)과 영혼(soul)이 별개의 범주에 속한다는 어떤 종교들의 미신은 잠시 제쳐두고 말하자. 땅을 잘 사용하는 것은 경제에 대한 것이라기보다는 경작(배양)과 토양의 상태와 함께 우리 영혼의 상태에 관한 것이다. 사람들이 흙을 어떻게 취급하는가가 그들의 삶과 영혼의 방식에 대해 더 많은 것을 말해준다. (농사짓는 일의 대부분이 천한 것으로 여겨져서, 저임금을 받는 하인들에게나 알맞은 노동이라 그 일을 하는 자들은 존경을 별로 받지 못한다고 하는 것이 바로 사회의 상태에 대한 직접적인 해설이다.)

이슬람 종교는 하루에 다섯 번 기도를 드리는 그 중심적인 의식 속에서 흙과 영혼의 연계를 알고 있다. *flh*는 *felah*(농부), *felaheen*(농부들)의 어근이다. 그 어근은 "경작하다"는 뜻이고 기도를 알리는 말은 "자기 자신을 경작하러 나오라"(*Haya al felah, hoya al salah*)를 두 번씩 외친다. 이슬람의 가장 두드러진 일상적 의식은 흙과 영혼을 모두 함께 경작하라는 초대인 것이다.

히브리어와 아랍어에서 영어로 방향을 바꾸어도 번역에서 아무것도 잃어버리진 않는다. "hum"은 영어의 'human'(인간), 'humus'(흙), 'humble'(비천한), 'humility'(겸손), 그리고 라틴어 *homo sapiens*(지혜의 인간) 속의 *homo*의 어근이다. "우리가 좋은 흙"이라는 말은 우리에겐 약간의 'humor'(익살)일 것이다.25) 어쨌거나 다음번에 누가 묻기를 "당신 어디서 왔소?"

---

24) Wendell Berry, *Home Economics* as cited by Theodore Hiebert, *The Yahwist's Landscape: Nature and Religion in Early Israel* (New York: Oxford University Press, 1996), 62.
25) The discussion of Luther is from Larry Rasmussen, "Luther and a Gospel

라고 하면, 이렇게 대답하는 것을 생각해보라: "표층토 6인치와 약간의 비에서 왔다네. 그러는 당신은 어떻소?"

우리 흙에 대해 말해보자. 우리가 흙에 대해서 무엇을 알고 있는가? 별로 많지 않다. 여러 세기 전에 레오나르도 다 빈치가 말한 것("우리는 발밑의 흙에 대해서보다 하늘의 별들에 대해서 더 많이 알고 있다")이 여전히 맞다. 미생물학자 수잔 라쉰느(Susan Lachine)는 우리가 흙 속에 있는 미생물들의 1%의 10분의 1보다도 더 적은 수만 알고 있을 것 같다고 말한다! 그리고 분명한 것은 "지구의 황홀한 피부"(the ecstatic skin of the Earth)[26]인 흙은 그 표면 위에서 자랑스럽게 돌아다니고 있는 모든 생명체들보다 더 많은 생명체들이 그 속에 살고 있다는 점이다. 애니 딜라드는 버지니아 주의 흙 1 제곱 피트 면적의 불과 몇 인치 깊이 속에서 "865 마리의 진드기, 265 마리의 각종 뛰는 벌레들, 22 마리의 노래기들, 19 마리의 성충 딱정벌레들, 그리고 다른 12 가지 종류의 수많은 것들을 포함하여… 평균 1356개의 생명체들이 나타났다는 개체수 조사를 보고했다.[27] 그리고 그것들은 맨 눈으로 볼 수 있는 것들에 불과하다. 20억 마리 정도의 박테리아와 수백만의 곰팡이들, 원생동물들, 조류(algae), 그 밖에 수없이 많은 다른 동물들은 딜라드의 '아다마'(adamah) 개체 조사엔 포함되지 않았다.

여기서 윌리엄 로간이 "흙과 생명"(Clay and Life)에서 한 말을 보자.

크리스마스에 나는 다시 초원(prairie)에 나갔다. 한 해 동안에 세 번째다. 나는 거기에서 멀리 있을 수는 없을 것 같았다 [그는 뉴욕시에 살고 있다]. 이번에는, 막 해가 뜨려고 하는 아침 7시에 캔자스 주의 카운슬 그로브(Council Grove, 작은 숲)에 나왔다. 대략 1분 정도 나는 태양과 만월(full moon)이 하늘 양쪽 반대편에서 균형을 이루고 있는 것을 보았다. 그리고 나는 여기, 지구의 드러난 약간 휘어진 표면 위에서, 그 두

---

of Earth," *Union Seminary Quarterly Review* 51, nos. 1-2 (1997): 1-28.
26) William Bryant Logan's subtitle for his book, *Dirt: The Ecstatic Skin of the Earth* (New York: W.W. Norton, 1995).
27) Dillard, *Pilgrim at Tinker Creek*, 96.

천체의 중간쯤에 있었다.

여기서 우리는 무엇을 하고 있으며, 우리는 어떻게 여기에 있게 되었을까? 잠깐만 바라보아도, 노란 태양 위에, 혹은 빨리 창백해지는 달 위에서는 우리와 같은 것들이란 아무것도 발견할 수 없음을 이내 알 수 있다. 태양도 달도 일찍이 갖지 못한 것 한 가지를 지구는 갖고 있다. 그 한 가지가 바로 흙(clay)이다.28)

토양 과학자 로간은, 그의 사무실이 뉴욕의 성 요한 대성당 탑들 가운데 한 곳에 있는데, 흙의 미생물학적 구조에 대해 정교하게 쓰고 있다. 그리고 그는 마치 교회 안에서 쓰고 있는 듯이 이렇게 말한다.

이사야는 하느님이 어떻게 의로움을 불러일으키고 일어서라고 칭찬하실 것인지를 묘사하면서, 하느님의 그 행동을 "그 안에 뿌려진 씨앗들이 싹 트게 하는 정원"에 비유한다. 땅 자체가 씨앗들만큼 활동적이다. 유기체 생명의 씨앗들은, 흙의 기반(matrix)[matrix는 자궁womb의 고대 영어의 형식들에 이끌리어, 그곳에서 우리 모두를 가능하도록 만든 구조와 그 구조를 재생산하고 유지시켜주는 수단을 발견하였으리라.29)

"땅 자체가 씨앗들만큼 활동적이다." 라이너 마리아 릴케는 이것을 이렇게 노래한다.

농부는, 비록 일하고 염려하지만,
씨앗이 여름으로 변해가는 곳에 내려가 도달할 수는 없다네.
땅은 그것을 **허용하지**.30)

---

28) Logan, *Dirt*, 123.
29) Ibid., 125.
30) Rainer Maria Rilke, Sonnet 12, *The Sonnets to Orpheus: First Series*, trans. A. Poulin Jr., in *Duino Elegies and the Sonnets to Orpheus* (New York: Mariner, 2007), emphasis in the origin.

아메리카 대륙에서 아마도 가장 처음 정착한 원주민들이었을 "첫 번째 민족들"(First Nations)은 흙이 "허용한다"는 것을 분명히 알았다. 인디언 추장 루터 스탠딩 베어(Chief Luther Standing Bear)의 지혜는 이렇다.

우리 모두의 가슴들 속에는 길이 하나 있는데, 숨겨져 있어서 그곳을 여행하는 일은 별로 없지만, 그 길은 알려지지 않은 비밀의 장소로 인도한다.
　　옛 사람들은 문자 그대로 흙을 사랑했고, 땅위에 앉거나 비스듬히 누워, 어머니 노릇하는 땅의 힘(mothering power)을 가까이하는 느낌을 갖는다.
　　그들의 티피(teepee: 인디언 천막집)들은 땅 위에 세워졌고, 그들의 제단들은 흙으로 만들어졌다.
　　흙은 마음을 진정시켜주고, 힘을 북돋아주며, 정화시켜주고 치유해주기에, 그게 바로 옛 인디언이 흙의 생명을 주는 힘들로부터 벗어나 일어나 버티고 서는 대신에 여전히 땅 위에 앉기를 좋아하는 이유다.
　　그에게는, 땅 위에 앉거나 누워있는 것이 더 깊이 생각하고 더 예민하게 느끼도록 해주는 것이다. 그는 생명의 신비들을 더 분명히 볼 수 있고, 그의 주변에 있는 다른 생명들과 가까운 친족관계를 맺게 한다.[31]

추장 루터 스탠딩 베어가 말하는 "어머니 노릇하는 땅의 힘"이 나바호(Navajo) 족(Diné 부족) 가운데 반영되어 있다. 디네 부족 사람들에게 "어머니"는 자기의 생물학적인 어머니나 어머니처럼 돌봐주는, 가령 아기의 아줌마들뿐 아니라, 생명을 낳고, 길러주고, 유지시켜주는 모든 것들에 해당된다. 옥수수 밭도 "어머니"라고 부른다. 양떼들도 그렇게 부른다. 그리고 물론, 어머니 대지(Mother Earth)도 그렇다.[32]

---

31) Chief Luther Standing Bear, cited from Native American Wisdom, www.sapphyr.net.

넬슨 만델라(Nelson Mandela)도 27년 동안이나 로벤 섬(Robben Island) 감옥에 갇혀 지냈지만, 땅이 "허용"함을 배웠다. 그는 감옥의 간수들에게 사정해서 운동장의 콘크리트 벽에 바짝 붙은 땅 1 피트 너비만 꽃과 토마토를 길러보게 허락해달라고 했다. 그는 또한 기름을 담았던 빈 드럼통 32개를 사용해서 채소들과 과일을 길러보도록 허락을 받았다. 이것들은 생명이 거의 존재하지 않았던 곳에서 생명에 대한 땅의 신호들이다. 그는 손들을 기름진 흙 속에 넣고, 원예작업의 놀라움에 참여함으로써 그 원시 인류의 직업이 자기를 구원해 주었다고 말했다.33)

히브리 성서에서도, 땅은 "허락한다." "하느님이 말씀하시기를 '땅은 생물을 그 종류대로 내어라...' 하시니, 그대로 되었다"(창세기 1:24). "땅"은 하느님의 명령에 따라 창조를 행하는 자다. "낸다"(bring forth)는 것은 산모가 쓸 동사다. 땅이 생명의 어머니 노릇을 한다. 땅이 낳는다. 덧붙여 말하자면, 하느님도 똑같은 투로 말씀하시기를, "물은 생물을 번성하게 하라" 하신다(창세기 1:20). 물도 창조의 행위자다. 물과 흙이 "허락한다."

마치 이런 행위자들을 연합시키려는 듯이, 로간은 생물학자 헤이만 하르트만(Hayman Hartman)의 말을 인용한다. "우주 속에는 자신들의 존재를 위해서 물을 필요로 하는 것이 딱 두 가지 있는데, 그것은 유기체적인 생명체와 흙이다."34)

그래서 태초에 흙(clay)이 있었다. 물과 생명의 유기체가 일해서 흙에서 부식토(humus)를 만들었다. 생명 자체는 하느님의 명령으로 생명을 지속하기에 좋은 조건을 창조해내었다. 생태권은 **한** 창조적(*a* creative) 능력, 아니, 바로 **유일한** 창조적(*the* creative) 능력이다. 수백만 년 동안 원시적인 최고의

---

32) 이것은 Museum of Nothern Arizona, Flagstaff, Arizona에 있는 영원한 전시장에서 따온 것이다.

33) J. M. Ledgard's "Revolution from Within," *New York Times Book Review,* Feb. 13, 2011, 16. a review of Nelson Mandela, *Conversations with Myself,* David James Smith, *Young Mandela,* and Richard Stengel, *Mandela's Way.*

34) Logan, *Dirt,* 125. Logan doesn't supply the source in Hartman.

정원사 역할을 해온 것에 감동해서 감사를 드려야 할, 가치 없는 박테리아들, 다른 수많은 미생물 조직체들이 우리가 알고 있는 것보다 더 많은 영혼을 갖고 있다. 그들은 생명이 없는 세계로부터 부추기고 창조하여, 수많은 형태와 색깔이 범람하면서 성장하기에 적당한 지질환경을 만들었다. 이런 "지구의 황홀한 피부"의 뒤늦게 나타난 것이 바로 이 책을 읽고 있는 사람이다.

로버트 포우그 해리슨의 표현을 보자: "생명은 과잉(an excess)이다. 그것을 물질의 자체 황홀경(the self-ecstasy of matter)이라고 부르자."35) 생기의 과도한 적재, 잉여의 급상승이 생명을 낳았고, 그리고 더 많은 생명을, 서로 다른 생명을 낳았다. 우리 인간들은 창조하지 않는다. 우리는 풀잎 한 개도 창조할 수 없다. 흙과 씨앗이 자체 황홀경의 춤(dance of self-ecstasy)으로 창조한다. 지구는 허락한다. 우리 대부분의 인간들은 경작한다. 그러나 그건 우리가 가장 참되고 최선일 때나 그렇다. 최악의 경우엔, 우리는 흙을 파괴하고 그래서 풀들이 자라지 못하고 생물종들이 영원한 죽음을 맞게 된다.

해리슨은 토양이 창조와 재창조, 죽음과 갱신에 열중하는 자연적인 형태의 "과도히 내어주기"(overgiving), 이렇게 지속적인 "자체를 초과하기"(self-exceeding) 혹은 "자체 초월"(self-transcendence)로부터 윤리적인 결론들을 끌어낸다. 흙이 그 자체를 새로 보충하기 위해서는 그것이 가져가는 것보다 조금 더 많이 내어주어야 한다. 흙은 창세기를 거꾸로 진행시키지 말고 전진시켜야 한다. 그렇지 않으면 흙은 죽고 만다. 생물영성적(biospiritual) 그리고 생태영성적(ecospiritual) 인간 경작자들과 인간 문화 전반을 위해서, 또 국가들, 결혼들, 우정들, 기관들을 위해서도, 이것은 동일하게 적용된다. 흙처럼 인간 경작자들도 둘러싼 영역을 개방하여 상호의존 관계에 의해 살아가는 응답적인 환경 속에 자진하여 내어주어야 한다. "자신을 나누어주는 관대함"(self-imparting generosity)이 없이 살아가는 것은, 아담과 이브—흙과 생명—의 능동적인 경작과 보존 어느 것도 지속되지 못한다.36)

---

35) Harrison, *Gardens*, 33.
36) Ibid., 33-34.

세계가 고통을 겪게 하는 과오

우리가 흙과 접촉하지 못하는 것은 추상과 환원(단순화)의 버릇에서 생겨난다. 우리는 가장 중요한 생명의 실체들로서 식물들, 동물들, 사람들에만 초점을 맞춘다. 심지어 과학에서도 생물종들, 개체수, 생태계의 공동체들에만 주목한다. 우리가 이런 것들에만 주목하는 것, 즉 스탠 로우(Stan Rowe)의 표현대로 "전 지구적 생명으로 가득 찬 기적적인 피부"에 주목하기보다 개별적인 것들에만 주목하는 것, 그리고 생식력 있는 부모 요소들(흙, 공기, 불, 물, 빛)이 낳은 생명으로 보기보다 개별적으로 주목할 것들로 단순화하는 것은 심각하게 잘못된 것이다. "이런 과오로부터 전 세계가 고통을 겪게 된다"37)고 스탠 로우는 말한다. 유기체들은 그들 자체에만 의거해서 살지 않으며 그렇게는 살 수도 없다. 오직 연합된 전체 생태계만이 그들의 "생명이 가득 찬 기적적인 피부"를 통해, 생명을 내어준다.38)

우리는 여기서, 마야 안젤루를 감동시켜서 시를 쓰게 한, 성스러운 흙과 생물종들의 놀라움에 대한 교훈적 설명으로 마무리 지을 수도 있을 것이다. 그녀는 "용감하고도 놀라운 진리," 즉 우리들에 대한 진리를 말한다.

우리는 기적적이다,
이 세계의 참된 놀라움이다.
그건 오직 우리가 그것에 정신이 들 때,
오직 그때에만 그렇다.39)

안젤루는 거의 옳다. 호모 사피엔스는 진실로 하나의 경이로움(a wonder)다. 그러나 유일한 경이로움(the wonder)은 아니다. 유일한 경이로움이란 과도하게 내어주는 생명 자체, 성스러운 흙의 생명력이다. 그래서 우리는 여기

---

37) As cited by Wes Jackson, *Consulting the Genius of the Place*, 59.
38) Ibid., 59.
39) Maya Angelou, *A Brave and Startling Truth* (New York: Random House, 1995), n.p.

서 빌 매키븐이 말한 일종의 경고로 끝내야 한다. 즉 우리 현대인들은 창세기를 앞으로 진행시켜야 한다는 생명의 주장에도 불구하고, 거꾸로 진행하고 있다.40) 예를 들어, 표층토는 생성되기보다 훨씬 빠르게 상실되어가고 있다. 대부분의 장소들에서는 표층토 1인치(2.54cm)를 생성하는 데 대략 5백 년이 걸리는데, 우리는 같은 양을 단 수십 년 만에 잃어가고 있다.

고대의 문서들은 왜 우리가 이렇게 제멋대로인지에 대한 단서를 갖고 있다. 경작자들과 그들이 지닌 기술들이 그들의 근원 '아다마'('adamah)로부터 소외되었고, 그래서 이런 소외된 인간들이 그들의 자연과 운명을 통제하고 괴롭히기에 충분한 능력을 갖게 되자, 경작자들은 창조의 완전한 상태를 침범하게 되었다. 생명의 나무(Tree of Life)를 기준으로 삼아서 지식으로 하여금 그것에 봉사하도록 하는 대신에, 즉 생명의 나무 대신에 지식의 나무(Tree of Knowledge, 선악과 나무-역자주)를 선택한 것41)이 자업자득이 되었다. 그 결과는 거칠고 조잡한 정의를 통해 우리의 방식대로 삶을 통제하려는 인간의 무지와 자만을 징계하는 것이다. 세계의 축(axis mundi)이요 에덴동산의 중심인 생명의 나무에 감사드리며 축제에 참석하기 보다는, 지식의 나무를 힘의 유일한 원천으로 알고 먹는 것은 은혜로부터 타락함이다.

창조의 완전함을 위반한 처음 기록은 카인이 아벨을 살해한 것이다. 그 죽음은 "들판에서"(창세기 4:8) "땅을 가는 경작자"의 손에 의해 저질러졌다(창세기 4:2). 놀랍게도, 그 살인에 대해 울부짖은 것은 아담과 이브가 아니라 '아다마'('adamah), 즉 땅이었다(창세기 4:10). 생명의 물로 양육되어 지속되어갈 생명의 근원인 '아다마'가 인간의 폭력의 결과로 인간의 피를 받아들임으로써 유린되었다. 이 원시적인 피 흘림의 결과는 땅이 "이제는 너에게 효력을 더 이상 나타내지 않을 것"이다(창세기 4:12, 하느님이 카인에게). 땅 자체가 저주를 받았다("너 때문에"라고 창세기 3:17은 말한다). 형제살해는 또한 생태계 살해다. 명백히 모든 것 각각이 하나의 조각에 속한 것이다.

카인의 반응은 더욱 더 창조의 완전성과 소속됨을 증언하고 있다. 즉

---

40) Bill McKibben, *Eaarth*, 25.
41) An allusion to Genesis 2:9.

'아다마'('adamah)로부터 소외되는 것은 카인이 견딜 수 없는 형벌이다. 그는 고통 속에서 하느님께 말한다. "오늘 이 땅에서 저를 쫓아내시니, 하느님을 뵙지도 못하고, 이 땅 위에서 쉬지도 못하고, 떠돌아다니게 될 것입니다"(창세기 4:14). 그를 빚었던 재료였던 비옥한 흙 속의 근원으로부터 소외되고 또한 그 흙을 경작하는 직업에서 소외된 카인은 땅 위에서 집 없는 떠돌이(homeless)요 하느님에게서 떨어져나간 신세가 되었다. 그는 기쁨의 정원(Garden of Delight, gan-eden)에서 추방되어, 놋(Nod) 땅에 정착한다(창세기 4:16). 그러나 그것은 이상스러운 정착이다. 왜냐하면 히브리어 '놋'(nod)은 "방랑"(wandering)을 뜻하기 때문이다.

그리고 땅으로부터의 이런 원초적인 절연으로 인해, 심지어 하느님의 얼굴도 숨겨진다. 만일 자연에 대한 감각을 잃어버리면, 하느님도 잃어버리게 된다.

그러나 하느님은 카인을 버리지 않으신다. 카인은 "이 땅 위에서 쉬지도 못하고, 떠돌아다니게 될 것입니다. 그렇게 되면, 저를 만나는 사람마다 저를 죽이려고 할 것입니다"(창세기 4:14)라고 울부짖었다. 그러자 동정심에 넘치시고 자비로우신 분께서 카인에게 표를 찍어주셔서 그가 아벨에게 저지른 그런 죽음을 겪지 않도록 하셨다. 자비가 정의를 넘어선다. 비록 축소된 조건으로나마, 새롭게 된 삶이 그에게 제공되었다.

이렇게 하느님과 땅에서 소외됨, 그리고 그 결과로 내려진 저주에 의해 땅이 더 이상 효력을 나타내지 않게 된 것은 또 다른 하나의 차원, 즉 윤리적 차원을 동반한다. 카인은 "땅의 경작자"(창세기 4:2)로서 하느님이 그의 아우 아벨이 어디에 있느냐고 물으시자, 그 자신의 질문을 한다. "저는 모릅니다. 제가 아우를 지키는 사람입니까?"(창세기 4:9b). 카인의 대답은 질문하는 어투의 부인이다. 그것은 이런 뜻이다. 저는 아우를 지키는 사람이 아닙니다. 제 아우가 저에게 도대체 무엇이란 말입니까? 카인은 하느님이 그런 식으로 질문하기 전에는 실제로 아벨을 자기 아우라고 부른 적이 없었고, 그래서 그런 인연(형제관계)을 거부하고 부인하기 위해서 거꾸로 되돌린다. 이게 바로 아벨의 히브리어(Hevel)가 증발 기체(환상), 아무것도 없음, 의미 없음을 뜻하는 이유인가?[42]

그러나 땅을 가는 사람(경작자)은 땅을 보존하는 사람이기도 하다. 땅을 가는 것과 보존하는 것은 모두 그의 생명이 흙에서 나왔고 또한 그의 할 일이 지구의 황홀한 피부를 갱신하는 사람들의 직업에 속한 것들이다(창세기 2:15). 경작은 땅을 돌보는 것이다. 이런 기적적인 시골뜨기들이 진정한 경작자들일 경우엔, 그들은 토양의 넘치도록 내어줌에 함께 하고, 토양의 자기를 내어주는 관대함을 조성하고, 그들은 땅을 갈면서 보존하고, 그리고 땅은 그 효력을 낸다. 경작자들이 보존하지는 않고 땅을 갈기만 할 때, 그들이 주지는 않고 가져가기만 할 때, 그들이 더 이상 형제자매나 이웃이 아니라, 생명의 하느님으로부터 소외된 도망자일 뿐일 때, 그들이 지식의 나무를 생명의 나무에 종속시키지 못할 때, 그때는 영혼/발바닥(soul/sole)과 토양(soil)이 더 이상 연결되지 않고, 땅과 경작자들 모두로부터 성스러운 것이 걸러내어지고 만다.

웨스 잭슨은 과학자로서 또한 제1장의 "피조물들인 우리"를 생각나게 하는 방식으로, 그것을 다르게 말한다: "우리의 존재 자체가 수억 년에 걸쳐 계속 변화하는 생태권(ecosphere) 안에서 일어나는 일련의 변화하는 생태계(ecosystem)에 의해서 형성되었다. 그 생태계가 인간을 먼 미래에 이르도록 지원해 줄지는 애매하지 않았었다."[43] 그러나 지금은 애매하다. 왜냐? 신석기 시대 정착 이래로 우리는 비교적 갱신될 수 없는 에너지의 다섯 가지 저장고를 탕진해왔는데, 그 첫 번째가 토양이기 때문이다(숲, 석탄, 석유, 천연가스가 나머지 네 가지들이다). 우리는 환경을 벗어난 생물종이 되어서, 서로 생명력을 증강시켜주기를 거부하는 생활방식에 의해, 그리고 경작보다는 소비에 의해 정의된 도피자들이 되어버렸다. 그런데도 끝없는 생태환경적인 부채(빚)를 일으키고서는 어머니 대지(Mother Earth)에게 긴급원조나

---

42) See the chapter, "Fratricide and Ecocide: Rereading Genesis 2-4," by Brigitte Kahl, in *Earth Habitat: Eco-Injustice and the Church's Response*, ed. Dieter Hessel and Larry Rasmussen (Minneapolis: Fortress Press, 2001), 53-68.

43) Jackson, *Consulting the Genius of the Place*, 75.

요청하고 있으니, 미래가 있을 수 없다. 식민주의자들과 소비자들은 보호자들로 다시 태어나야 한다. 어머니 대지는 긴급원조를 해주지 않는다. 한때는 기쁨의 정원(gan-eden)의 자리였던 비옥한 초승달 지역이 바로 그 증언자다.

땅을 갈기와 보존하기: 도덕적 최종선

만일 우리가 종교적 관점과 과학적 관점을 함께 엮어서 묻기를, 예컨대, "산봉우리들을 없애는 것과 순전히 추출만 하는 경제가 왜 잘못이냐?"고 묻는다면, 그 대답은 다음과 같을 것이다. 왜냐하면, 해리슨의 말을 인용해서, "그런 경제는 정원사가 지녀야 할 겸손, 헌신, 또 관리자로서의 직업"과는 아무 관계가 없기 때문이다. 이런 놀라운 대답—우리는 본성상 정원사로서 "정원의 동반자들"(이슬람에서 온 이미지)[44]이기에, 그런 경제는 잘못이라는 대답—은 산업사회의 패러다임과 그 논리 밖에 있는 외부로부터 온 것이다. "정원사"는 산업을 위해서는(산업영농을 포함해서), 누릴 만한 지위가 없다. 나머지 자연에 관계하는 정원사의 길은 심지어 농업관련 산업(agribusiness)에서도 낯선 길이다. 그러나 그것은 산봉우리를 없애는 것에 비하면 최고의 현대 산업기술이라고 생각하자(토양에 대해서). 왜냐하면 "토양에 대해—즉, 지구 속에 넣어진 천연자원들 전체에 대해—말하자면, 현대의 공학기술이 하는 짓이란 경작하고, 질을 높여주고, 육성시켜주기보다는 채취하고, 제거하고, 고갈시키는 것이니 말이다."[45] "경작하고, 질을 높여주고, 육성시켜주는 것"은 바로 정원사의 소명이다. 이에 비하면, 산들의 껍질을 벗겨버리는 것은 그것이 돌려주는 것보다 더 많이 없애버리는 것이다. 그것은 폭력적으로 경작(땅을 갈기)을 하지만, 그러나 보존하지는 않는다. 그것은 저주처럼 찾아와서는 땅을 저주받은 것으로 남겨두고, 질을 높여주기는커녕 수리도 하지 않고 떠난다. 비옥한 초승달 지역은—그 어느 곳도—척박한 곳으로 되어버린다.

---

44) Sutra 11:23, *the Qu'ran*.
45) Harrison, *Gardens*, 37.

원시적인 종교적 질문, 즉 우리의 영혼은 어디에 있는 것일까 하는 질문이 다시 돌아온다. 그리고 원시적인 종교적 대답은 이렇다. 영혼(soul)은 발바닥(sole)이 있는 곳에, 우리의 발들 아래에서, 흙(soil)과 접촉된 곳에 있다.

다음과 같이 말한 소로우(Thoreau)는 옳았다.

> 하늘의 주님, 당신은 우리들 가운데서
> 땅의 대평원 갈색 흙 속에서 걷고 계십니다.
> 당신께서 어떻게 나타나실 것을 선택하셨는지는
> 때때로 별로 중요하지 않아 보입니다.
> 당신께서는 보통의 덤불을 선택하시고,
> 그것들을 하늘의 불로 불붙이셨고,
> 그럴 법하지 않은 예언자들을 통하여 말씀하시며,
> 당신의 사랑의 욕망을 선포하셨습니다.
> 하늘이 우리의 머리들 위와 마찬가지로
> 우리의 발들 아래에도 있습니다.

흙을—그리고 우리 자신들을—옛날의 종교적 우주관들과 문서들 내부로부터 "읽는 것"은 필요하고도 강력한 일이다. 하나의 원초적 원소의 출현 안에서 생각함으로써, 우리들로 하여금 심지어 앞 장에서 공동체에 대해 주목하면서도 묻지 않았던, 지구를 공경하는 윤리의 차원에로 종교적인 질문을 제기하게 한다. 토양(흙)과 최근의 역사를 읽는 것은 또 다른 강력한 접근 방식이다. 우리는 이제 그 문제로 넘어간다.

환경정의와 땅

환경정의(EJ: environmental justice) 운동이 발생한 것은 하나의 겨자씨 이야기다. 그 운동은 미국 그리스도연합교회(The United Church of Christ)의 획기적인 연구, 『미국의 독성 쓰레기와 인종』(*Toxic Waste and Race in the*

United States)46)과 함께 시작되었다. 그 보고서의 저자들은 환경보호청(EPA)의 직원들이나, 사업 공동체의 위원들이나, 혹은 거대한 환경기구들의 대표자들도 아니었다. 그들은 뉴욕 시에 있는 인터처치 센터(Interchurch Center)의 그리스도연합교회(UCC) 인종차별에 대한 정의 소위원회(Racial Justice Commission)의 작은 사무실에 근무하는 직원 몇 명이었다. 단지 위험한 쓰레기장들의 장소에 대한 정부의 데이터를 미국 인구조사 데이터 위에 겹쳐 놓아봄으로써, 그 보고서는 환경적 인종차별의 증거를 보였고, 그것이 이윽고 환경정의 운동으로 불타오른 것이다. 환경보호청의 조사들을 포함한 나중의 연구들이 그 연구 보고서를 확인했다. 미국의 흑인 5명 중 3명은 버려진 독성 쓰레기장 지역의 공동체들 안에 살고 있었다. 가장 큰 상업적 위험물 폐기물 매립지들 5개 중의 3개는 주로 흑인 지역이나 남미계 미국인들 공동체들 지역에 있었다. 이것들은 국가의 매립지 용량의 대략 40%에 해당되었다. 전체적으로 보아서, 더 가난한 공동체들은 상업적 독성 쓰레기장들이 되어서, 부유한 공동체들보다 훨씬 열악한 상태로 살아가고 있었고, 또한 유색인종의 가난한 사람들은 가난한 백인들보다 훨씬 나쁜 상태로 살아가고 있었다. 가난한 여인들과 어린이들, 특별히 유색인종의 가난한 여인들과 어린이들이 대부분의 공동체들 속의 남자들보다 훨씬 열악하게 살고 있었으니, 부정적인 성별(性別) 그리고 연령별 요인들이 상호 관련되어 있었다. 그러나 이들 인구들과 공동체들이 독성물질을 발생시킨 것은 아니었다.

한 마디로 말해서, 인종, 계급, 연령, 성별이 체계적으로 편견을 지닌 환경적 관행들에 모두 서로 관련되어 있었다. 서로 다른 공동체들은 서로 다른 결과들로 인해 고통을 당했다. 인간들은 모두가 같은 공기를 숨 쉬거나, 같은 물을 마시거나, 같은 배를 타고 놀지 않는다. 마치 밀라노와 성 암브로시우스를 떠올리듯이("왜 자연을 훼손하는 것이 당신을 기쁘게 하는가?"), 불의가 정당하다고 인정되었다. 불의는 특권에 의해서, 또한 특권이 권력과 관행을 조직하는 여러 가지 방법들에 의해서 정당하다고 인정되었다.

---

46) Commission for Racial Justice, *Toxic Waste and Race in the United States* (New York: United Church of Christ, 1987).

2007년에 미국 그리스도연합교회(UCC)는 이런 발견들을 다시 찾아보고 『미국의 독성 쓰레기와 인종, 1987-2007』(*Toxic Waste and Race in the United States, 1987-2007*)을 다시 내어놓았다. 이 개정판에서는 처음 보고서에 의해 일어난 국가적, 세계적 주목에 뒤따른 실질적 승리들과, 자신들이 쓰레기처럼 버려지는 것에 싫증이 난 공동체들에서 일어난 저항들을 함께 증거로 기록했다. 그러나 인종적, 사회경제적 불균형은 지속되었고, 그래서 2007년의 보고서에서 내린 결론들은 1987년의 결론들―인종차별이 문제다, 장소가 문제다, 계급이 문제다, 그리고 성별이 문제다―과 똑같이 나란히 대조되었다. 불평등한 보호는 여전히 유색인종 공동체들을 특별한 위험에 방치한다. 가장 심각한 공해를 일으키는 산업들은 여전히 이익과 수지결산의 최저선을 추구하고자 전 세계적으로 땅값, 임금, 생활비가 가장 싼 지역으로 가려고 한다. 그리고 현재의 환경보호는 수입이 적은 유색인종 공동체들을 동등하게 보호하지 않는다.

1987년 보고서가 나온 지 얼마 되지 않아서, 그에 대한 대응으로, 1991년 10월에 워싱턴 D.C.에서 전국적인 유색인종 환경 지도자 정상회담이 열렸다. 거기에서 환경정의의 17개 원칙이 채택되었는데, 그 전문(前文)에서 그들의 출발을 이렇게 밝히고 있다.

우리들 유색인종들은, 이번 다국적 유색인종 환경 지도자 정상회담에 함께 모여서, 우리의 땅들과 공동체들을 파괴하고 점령하는 것에 대항하여 싸우기 위해, 모든 유색인종들의 국가적 및 국제적 운동을 시작하기로 하면서, 여기에 우리가 어머니 대지(Mother Earth)의 거룩함에 영적으로 서로 의존되어 있음을 다시 천명하고자 한다. 자연세계에 대한 우리들 각자의 문화, 언어, 신앙, 그리고 우리 자신들을 치유함에 있어 우리들의 역할을 존중하고, 환경정의를 지키기로 책임을 지며, 환경적으로 안전한 생계들의 발전에 기여할 경제적 대안들을 촉구하고, 또한 500여 년 동안 식민지화와 억압을 받으면서, 그 결과 우리들의 공동체들과 땅의 해로운 중독과 우리 인민들의 인종 학살로 내달으면서, 거부되었던 우리들의 정치적, 경제적, 문화적 해방을 확보하기 위하여, 이들 환경정의의 원칙들을 이렇게 확증하고 채택하기로 한다.47)

독성 쓰레기 문제는 환경문제의 절반도 안 된다는 것을, 환경정의 운동은 너무도 잘 알고 있었다. 그것은 전 지구적 산업, 무역, 금융을 뒤따라온 결과들 가운데 단지 하나의 항목에 불과하다. 참으로 환경 불의를 저지르는 힘들은 재생 가능한 그리고 재생 불가능한 자원들을 역사적으로 전례가 없이 추출하는 것들이다. 이런 자원들을 전 지구적인 시장을 위해 생산하고, 분배하고, 소비하는 것이다(쓰레기들은 이것의 부산물이다). 그리고 사적인 이득을 얻고자 비용을 공적인 것에 "사회화" 하거나(예컨대, 세금 우대나 면세 조치) 외부에 부담시키는 다른 방법들과 함께, 더 싼 자원들과 저임금을 이용할 길과 덜 엄중한 환경 조건들을 발견하려고 경쟁적인 쟁탈을 벌이는 것 등이다. 이런 요소들이 상호작용하면, 그것들은 사람들과 여타 자연에 대하여 누적된 사회 환경적 결과들을 발생시킨다. 이런 충격은 때로는 공동체의 결속들을 해치는 것을 포함하여 정신문화적 결과들을 초래하여, 공동체 자원들을 소멸시키기도 한다.48)

그러나 우리의 구체적 주제는 환경정의 운동, 그리고 땅, 흙이다. "우리들의 공동체들과 땅의 해로운 중독과 우리 인민들의 인종 학살로 내달으면서, 거부되었던 우리들의 정치적, 경제적, 문화적 해방을 확보하는 것"(전문)은 복잡한 이야기의 도입부로 필요한 것이다. 이미 설립된 환경단체들의 특권과 권한, 그리고 그들이 통치 패러다임의 법칙들과 기관들에 동의하고 있는 것을 포함하여, 권력과 특권의 비뚤어진 치우침을 안에서부터 말하는 것은 단지 부분적으로 그리고 불충분하게 말하는 것일 뿐이다.

---

47) "Principles of Environmental Justice," adopted at the First National People of Color Environmental Leadership Summit on October 27, 1991, Washington D.C.
48) 환경정의(EJ) 운동에 대한 이 설명은 나의 "Resisting Eco-Injustice, Watering the Garden," in *Resist! Christian Dissent for the 21st Century,* ed. Michael G. Long (Maryknoll, NY: Orbis Books, 2008), 127-30에서 많이 인용했다.

이야기 흐름의 다른 줄기

환경 문학의 영원한 주제는 환경위기의 성격이다. 생태 위기는 어떻게 이해되고 있는가? 그것이 어떻게 표현되고 있는가? 이것에서 결코 멀지 않은 것이, 현대에 와서 여타 자연으로부터 인간의 소외를 논의하는 것이다.

이 책에서 다룬 분석을 포함하여 중요한 분석들에 의해 몇 번이고 반복된 논점은 우리 모두가 직면한 위협인데, 그 위협은 우리가 자연에 대하여 집단적이고 누적된 공격을 가한 것에서 나온 것이다. 우리는 모두 똑같은 생태권 속에서 살며, 똑같은 공기를 숨 쉬며, 똑같은 오존층을 공유하며, 똑같은 기후변화를 겪으며, 똑같은 토양과 바다에서 먹을 것을 얻으며, 우리가 정의롭든 불의하든, 혹은 부자이든 가난한 자이든 관계없이 똑같은 산성비(acid rain)를 맞는다. 마찬가지로 우리 모두는 공통의 지구 시민으로서 공통의 물자를 공유하는데, 아마도 이는 지구를 그 정해진 회전을 하는 청색, 백색, 녹색, 그리고 황갈색 보석으로 그린 그림에서 가장 잘 표현되었을 것이다. 이전의 세대에선 아들라이 스티븐슨(Adlai Stevenson)의 표현을 따라서 "우주선 지구"(Spaceship Earth)라고 말했다. 그 분명한 뜻은 우리가 모두 그 우주선에 타고 있고, 모두 같은 승무원의 일원들이며, 모두 같은 운명을 만나도록 지향하고 있다는 점이다. 어떤 사람들, 가령 마가렛 미드 같은 사람은 생각하기를, 달에서 찍은 코닥(Kodak) 사진으로 본 "지구의 떠오름"(Earthrise)의 경험이 새로운 책임감을 지닌 새로운 시대의 전조(前兆)일 것이라고 여긴다. 1977년에 그녀는 말하기를, "내 삶의 단지 마지막 4분의 1 기간에 비로소 우리는 지구의 미래를 관리하는 자가 무엇을 뜻하는지 알게 되었다. 우리는 이것을 전에는 몰랐고, 단지 작은 부분적으로만 알았다... 달에서 찍은 지구의 모습을 보기 전에는 우리가 이 지구가 얼마나 작고 또한 스스로는 어찌할 도리가 없는 무력한 존재인지를—뭔가 우리가 팔에 끌어안고 돌보아야 할 것임을—몰랐었다"[49]라고 한다.

---

[49] Margaret Mead, in her Earth Day address to the United Nations, March 22, 1977, as cited by Louise Jones in *Environmentally Responsible Design: Green and Sustained Design* (Hoboken, NJ: John Wiley, 2008), 65. Also

집단적 위기 혹은 우리가 공유하고 있는 지구 본향을 일순간도 거부하지 않으면서, 환경정의 운동은 모든 사람이 동등하게 해독을 입지도 않고 있으며, 심지어 똑같은 공기를 숨 쉬지도 않는다고 떠들어대기 위해, 아주 많은 소동을 피울 필요가 있음을 발견했다. 위에서 지나치듯 말했지만, 모두가 같은 물을 마시는 것도 아니고, 또한 모두가 땅의 사용과 환경에 대한 결정 과정에 똑같이 접근하는 것도 아니다. 모두가 환경적 구제책이나 발전에서 동등한 혜택을 입지는 못한다.

그 중요한 이유는 특권을 지닌 자들이 게임을 사전에 짜고 맞추어 부정을 저지르기 때문이다. 때로는 가장 혜택을 보는 환경론자들—그들의 이웃들, 생계, 혹은 몸들 속에서 환경의 불의를 가장 적게 경험할 것 같은 미국 사회의 계층 속에서 편안하게 살고 있는 환경 전문가들의 핵심 구성원들—조차도 이것을 모르고 있다. 동시에 그들은 자기들이 만들어낸 "녹색"의 발전만 볼 것이 거의 확실하다. 그들은 그들 자신의 이웃들과 멀리 있는 이웃들을 위한 계획을 세우는 데 일부가 된다.(뉴욕 시 브롱스Bronx의 "정의 평화를 위한 종교간 청년 목회"의 설립자인 알렉세이 토레스 플레밍은 "우리 주변을 위한 계획을 하면서 사람들은 박사학위나 받는다. 도대체 언제 우리는 주변을 위한 계획을 하게 될까?"50)하고 논평했다.)

불공평하게 분배되는 것은 사회적으로 생성된 위험들과 재난뿐이 아니다. 심지어 자연재난들—지진, 폭풍, 산사태 등—도 불균형적으로 가난하고 유색인종들인 자들, 그리고 개량이나 복구를 위한 자원들이 더 적게 제공되는 사람들, 즉 가장 적게 보호되는 자들에게 더 큰 피해와 사망을 초래한다.

이처럼 뚜렷이 다른 사회경제적 장소들과 운명들의 결과는 매우 풍자적일 수 있다. 토양을 생각해보자. 이 대륙에서 가장 깊이 문화적-영성적으로 땅과 결합된 사람들, 그들의 "위대한 과업"이란 그들의 대륙 자체의 능력들과 가장 친밀한 공감관계를 이룩하는 것이었던 바로 그 사람들51)—미국 대

---

available online at http://www.earthsite.org/mead77.htm.
50) Alexei Torres-Fleming, Presentation in the Series on Environmental Racism, Union Theological Seminary, September 17, 2002.
51) 이 문구와 실례들은 Berry, *The Great Work*, 2에서 재인용.

륙의 처음 원주민들—이 이제는 가장 황폐한 땅들이나 차지하고 있다. 그들은 가장 최악의 토양을 공유하고 있다. 또한 그 땅에서 일하고 땅을 가는 자들로, 그리고 보존자들로서 그 땅의 길을 배우기 위해 노예 노릇을 했던 사람들—미국 흑인들—은 노예해방이 된 뒤에 미국 인구의 다른 어느 인종들보다 더 땅이 없게 되었다. 그들은 얼마 안 되는 땅들을 잃고, 그 대신에 생계를 찾아서 도시의 보도들을 밟고 다니며 헤매고 있다.

간단히 말해서, 환경 붕괴의 원인들도, 비용들도, 혜택들도, 그 어느 것도 일찍이 동등하게 분배된 적이 없었다. 전체 인민들이 "눈물의 빵"을 먹어야 했으며 "눈물의 사발"을 들이마셔야 했다.52) 현재의 권력 배열 그대로는, 기후변화나 유전공학의 적용에서도 다르지 않을 것이다.

이 책을 포함하여, 생태에 대한 저술에 많이 등장하는 또 다른 주제, 즉 **자연으로부터 인간의 소외**라는 주제 역시 환경정의 운동과는 서로 조화되지 못하고 어긋난다. 환경적인 인종차별주의의 경험이 많은 사람들에게 이런 소외에 관해 적절한 설명을 하자면, 땅, 문화들, 그리고 사람들 속에 닥쳐온 변화 속에는 분명한 강압의 역할이 있었다는 점을 포함해야 한다. 더구나, 그런 소외에 대한 적절한 설명은 이런 잔인한 변화들이 토양들, 문화들, 그리고 사람들 모두에 함께 닥쳐온 것을 이해하고 있는데,53) 이런 인식은 우리가 앞에서 인용했던 다윈, 마르크스, 스미스, 그리고 리엘 비아 크로스비(Lyell via Crosby)의 관찰에서도 지적되었다. 이런 설명들보다는, 대부분의 생태에 대한 저술들 속에서 인간 소외는 미묘하여 난해하고 오랜 역사를 지닌 것으로 묘사되고 있다. 즉 자연으로부터의 인간 소외는 역사적으로 그리스의, 영지주의적(Gnostic), 가현설적(Docetic) 이원론이 승리한 데서 비롯되었으며, 이런 이원론이 천 년 동안에 걸쳐 마침내 데카르트의 기계론적 우주론들(mechanistic cosmologies)과 통합되었고, 현대과학과 공학기술의 암

---

52) 시편 80:15의 말들을 자유롭게 변용 사용했음.
53) 적절한 연결을 한 환경정의에 대한 문서들에 대한 설명은, Cone, "Whose Earth Is It, Anyway?," in *Earth Habitat: Eco-Injustice and the Church's Response,* ed. Dieter Hessel and Larry Rasmussen (Minneapolis: Fortress Press, 2001), 23-32를 참조.

묵적인 동반자가 되어버렸기 때문이다. 당연히 이런 것들은 새로운 경제(자본주의), 산업혁명, 그리고 거대한 도시 중심들의 성장을 돕고 부추겼다. 이처럼 확대된 설명들 속에는, 흔히 신석기 시대의 동물들과 식물들을 길들이기로 시작하여, 농업의 중요한 변천에 대한 설명이 한두 장에 걸쳐 포함되곤 한다.

만일 독자가 특권을 지닌 자들 속에서 잘 지내고 있다면, 그녀/그는 이런 모든 것이 다소간 진부한 종류의 진화적인 사회 변화였는데, 정통 역사들의 표준적 편견과 세월에 의해서 이미 다 처리되어 버린 것들로 추측하고 싶을 것이다. 그러나 그런 추측에는 예를 들어, 인구가 많은 땅에 강제로 실시된 노예제도에 대해서는 거의 아무것도 포함되지 않고 있다. 또한 환경에 대한 역사는 노예제도가, 농노(農奴)들과는 대조적으로, 값싼 노동력을 대거 필요로 하는 시장용 환금 작물(cash crop)—담배, 목화, 사탕수수—을 단일품종 작물 재배로 전환한 결과로 생겨난 것임을 지적하지도 않는다. 비록 자연에 대한 인간의 지배와 착취 과정이 그 땅을 중심으로 하여 필수적인 역학관계로 동시에 일어났지만, 흑인들을 노예로 부려서 땅에서 일하도록 강요했던 것은, 지배적인 설명 속에서도 생태학적 문제로, 심지어 생태정의의 문제로도 여기지 않았다.[54] 토니 모리슨(Tony Morrison)의 소설 『연인』(*Beloved*) 속에 나오는 세테(Sethe)는 농장의 악몽에서 깨어나서 만일 지옥이 있다면 그곳도 그렇게 아름다운 곳이 아닐까 의아해 한다.[55]

또한 앞에서 말했듯이, 미국 흑인 농부들이 (다른 인종들과 비교해서) 불균형적으로 땅을 잃어버리고 대도시들 안에서 여타의 자연과는 최소한의 직접적인 기능적 관계만 지닌 이웃들 속에 다시 정착하는 것도 환경에 대한 이야기의 일부는 되지 못한다. 1846-48년 전쟁으로 멕시코 영역의 5분의

---

54) This citation, as much of the discussion here about omitted themes, is from "Eco-psychology and the Deconstruction of Whiteness: An Interview with Carl Anthony," in *Eco-psychology: Restoring the Earth, Healing the Mind*, ed. Theodore Roszak, Mary E. Gomes, and Allen D. Kanner (San Francisco: Sierra Club Books, 1995), 263-78. 266쪽에서 재인용.
55) Ibid., 266.

2를 미국이 획득함으로써 그만 뿌리가 뽑힌 많은 멕시코 사람들이 단지 떠돌아다니게 된 것도 미국의 환경 역사의 한 장으로 남아있지 않다. 토지 양도에 대한 언쟁은, 스페인과 멕시코 통치 시절로 거슬러 올라가 시작된 것이고 미국 남서부에 지금껏 남아있는데, 이 또한 환경 역사에는 나타나지 않는다. 라티노/라티나와 히스패닉(스페인계) 역사에도 거의 나타나지 않는다.

미국 토착민들에게 저질러진 폭력과 지켜지지 않은 협정들의 후유증은 흑인들이나 혹은 토지를 빼앗긴 수많은 히스패닉 그리고 멕시코 사람들이 북쪽으로 대량 이주했던 것보다 약간 더 많이 역사에서 취급된다. 그러나 이 문제는 표준적인 환경 역사들 속에서도 또한 별 주목을 받지 못하는데, 심지어 미국의 동쪽 바다에서 서쪽 바다에 이르도록 펼쳐진 광대한 토지들에서 인간 소외를 주제로 삼을 때조차도 그렇다. 그런 약탈행위들을 지적할 때에도, 흔히 토착민들의 상실된 지혜를 아쉬워하거나 그리고/혹은 첫 번째 민족들(First Nations: 미국 인디언)이 지니고 있었던 땅을 존중하는 영성들을 다시 배우려는 관점에서 그런 약탈행위를 지적할 따름이다. 이런 이유에서 약탈은 여전히 계속되고 있다. 비록 좀 더 정중하게, 다양성과 다문화주의를 강조하면서 약탈을 계속할 따름이다.

한 마디로, 일반적인 환경 의식이 갖고 있는 도덕적 세계가 고려하지 않는 것은 (원주민들과 흑인들, 히스패닉에 대한) 강제된 주거와 땅을 경작하기, 혹은 그들 자신들의 땅으로부터 강제로 쫓겨난 역사의 문제다. 강요, 잔혹 행위, 문화적인 학살, 그리고 그보다 더 나쁜 것들에 대한 역사는 그것을 자행한 기관들과 옹호자들의 도덕적 기억이나 표현 속에서는 별로 중요하지 않다. 이와는 매우 대조적으로, 그런 역사는 언제나 환경정의 운동의 깊은 기억의 일부다. 환경정의 운동과 여타 환경주의자들의 도덕적 세계는 땅과 그것을 지키는 자들의 관계를 주목한다는 점에서 뚜렷하게 다르다.

이것이 어떻게 행동으로 나타나는지는 환경정의 운동의 개척자 카알 앤소니(Carl Anthony)와 가진 인터뷰에서 잘 드러났다. 그는 지구 치유 축제(Healing-the-Earth ceremony)에 참여한 사람들로 하여금 그들을 둘러싼 모든 것들 속에서 지구의 목소리를 듣도록, 특히 인간이 아닌 자연이 고통으로 울부짖는 소리를 듣도록 권했을 때 일어난 의심을 지적한다. 그들은 다른 사람들의 울부짖음(비록 이것들도 또한 지구와 자연의 노래이기도 하다)을 들어보라고 권고 받지 않았다. 혹은 참여자들에게 "산처럼 생각하고," 만물협의회(Council of All Beings, 역자주-불교 생태철학자 Joanna Macy가 개척한 프로그램으로서 개인적, 사회적 자기뿐 아니라 생태적 자기를 발견하는 프로그램) 속에서 인간의 자리를 택하라고 권했다. 그러나 그들은, 만일 그들이 백인들이라면, 다른 피부색의 사람들처럼 생각해보라고, 혹은 다른 계급, 인종, 성별, 혹은 문화에 속한 사람들 가운데 그들의 자리를 택하여 보라고 권고 받지 않았다. 환경에 대해 민감한 사람들에게 주목하라고 권하는 문제는 임박한 생태계의 붕괴, 습지의 없어짐, 빙하의 녹음, 북극곰들의 사라짐, 산호초들의 백화(白化, bleaching) 문제 등이다. 그러나 불경기 시대의 취업 수준, 도시 지역들의 퇴화, 혹은 가난한 시골 사람들의 건강과 그들의 주거지역들 문제는 어떤 이유에서인지 환경 문제가 되지 못한다. 앤소니 자신이 내린 결론은, 여기에 이름 없는 백인주의가 작동하고 있어서, 그것은 진정으로 다중문화적인 자기(multicultural self)를 거부한다는 것이다. 즉, 미국 원주민들과 흑인들 가운데 상당히 많은 사람들도 마찬가지로 유럽계 미국인의 유전자들을 지니고 있음에도 불구하고, 백인들은 이런 생략된 이야기들을 들으려 하지 않으며, 그런 이야기들을 갖고 있지도 않고, 그런 이야기들에서 배우려고도 하지 않는다. 백인의 특권과 순종혈통에 대한 금기(taboo)가 보다 포괄적이고, 복잡하고, 혹은 완전한 이야기들을 피하는 것 같다. 이와는 대조적으로, 환경정의 운동이 포괄적인 역사를 반영하는 진정으로 다중문화적인 자기는 백인주의를 해체할 것이며, 또한 모든 사람들과 땅, 그 모두의 변혁에 관한 길고도 피에 젖은 역사를 환경 분석의 주류로서 포함할 것이라고 주장한다. 앤소니는 계속해서 말하기를, 이런 종류의 윤리적이며 사회심리학적 분석이 나타나기까지는, 이미 경종을 울릴 만큼 퇴화된 환경들 속에서 불확실한 미래와 불확실한 자원들을 가지고 지루하게 살아가고 있는 사람들을 포함하지 않은 채 단지 환경의 위험들에 대한 경종을 울리는 담론이란 그저 의심스러울 뿐이라고 한다. 그런 담론들은 (백인들이) 정치경제적 통제를 계속 유지하고, 심지어 그들 자신의 공동체들에 영향을 주는 환경정책에서 유색인종들을 제외하려는 사람들 편에서 나온 또 다른 하나의 회피에 불과한 것이 아닌가?56)

이런 역사와 관점이 없이, 땅으로부터 인간 소외를 토론하는 것은 지적인 범죄일 뿐이다. 그러나 그런 토론은 또한 도덕적인 범죄이기도 한 것이, 그것이 폭로하는 것은 (백인들의) 특권이 여전히 강력히 작용하고 있는 은폐공작, 거부, 그리고 건망증이기 때문이다.

만일 우리가 다른 곳에서 시작하여, 환경정의의 관점에서 땅과 환경 역사에 대해 질문하지 않고, 그것이 예상하는 도덕적 공동체와 그 안에서 땅과 토양에 대해서만 질문한다면 무슨 일이 일어날 것 같은가?

마르크스와 뮤어

앞에서 우리는 워싱턴 D.C.에서 1991년에 채택한 "환경정의의 원칙들"에 대한 전문(前文)을 인용했다. 그 17개 원칙들 중 첫 번째는 이렇게 이어진다. "환경정의는 어머니 지구(Mother Earth)의 성스러움과 생태학적 단일성, 모든 생물종들의 상호의존, 그리고 생태학적 파괴로부터 자유로울 권리를 확인한다." 생명의 전체 공동체가, 토양과 땅을 포함해서, 여기에 해당되는 도덕적 공동체로서 옹호된다. 정의에 대한 어떤 이론이라도 그 핵심 요소 하나, 즉 도덕적 공동체 속에서 회원권—누가 상임위원이고 누가 아니며, 누가 무엇을 부과금으로 내야 하며 누가 안 내는지—은 이리하여 서양의 법리학이나 철학 속에서 대부분의 정의 이론보다는 훨씬 더 관대한 방식으로 대답된다. 서양의 정의 이론은 로마, 칸트, 데카르트, 로크의 가정들로 구성된 것으로서, 도덕이란 인간 문화가 만들어낸 산물로서 인간 대 인간의 관계, 그리고 **오직 인간 대 인간의 관계들만**을 협상하는 것을 돕고자 고안된 것이다. 인간의 지각(sentience)을 넘어선 지각은 별로 중요하지 않고, 때로는 전혀 중요하지 않다. 또한 생태권 전체는 말할 것도 없고, 생태계들과 땅은

---

56) Ibid., 263-78.

이런 도덕적 세계 속에서는 어떤 종류의 별도 입장을 갖지 못한다.

예를 들어, 대부분의 사회계약 윤리에서 전투 중 실종된 자들에 대한 메리 미찔리(Mary Midgeley)의 명단 목록은 상당히 우스꽝스러울 정도다. 실종된 자들을 열거해보면, 조상들, 후손들, 노쇠한 자들, 제정신이 아닌 자들, "결함 있는 자들"("인간 채소들"에 이르도록 내려가며), 태아 유충들, 감성이 있는 동물들, 무감성적 동물들, 모든 종류의 식물들, 예술 작품을 포함한 모든 인공 제조물들, 생명이 없지만 구조를 지닌 것들(강들, 바위들), 모든 종류의 선택되지 못한 집단들(가족, 생물종, 생태계들, 풍경들, 마을들, 조수 사육지들, 도시들), 나라들, 생물권, 그리고 하느님(God)57) 등등이다. "그 숫자에 관한 한, 이것은 우리가 취급해야 할 존재들의 적은 수(minority)가 아니다"58)라고 미찔리는 영국인답게 줄여서 말한다. 사회계약 주창자들의 현재 인간적 이해관계(관심)는 다른 모든 생물체들과 그 거처들에 대한 관심을 모두 내팽개쳤다. 그 결과, 우리가 가장 공통적으로 이용하는 도덕적 담론은 우리의 실제적 의무들의 대부분을 그냥 제쳐놓았다. 이와는 대조적으로, 환경정의 운동은 그 전문과 첫 원칙을 통해 지구헌장(the Earth Charter)에 더 가까이 다가갔는데, 지구헌장은 환경정의 운동과는 별도로 발생했지만, 환경정의의 목소리를 포함하고 있다. 지구헌장의 전문은 이런 말을 포함하고 있다: "우리의 본거지인 지구는 독특한 생명 공동체와 함께 살아있다." 지구의 "생동력, 다양성, 그리고 아름다움"은 그 자체가 "성스러운 신뢰성"이다. 광범위한 영향을 미칠 도덕적 명령들이 이렇게 뒤를 잇는다.

우리는 자연, 보편적 인권, 경제정의, 평화의 문화에 대한 존경에 기초한 지속가능한 지구 사회를 만들기 위해 연합해야 한다. 이런 목표를 향해, 지구의 사람들인 우리는 서로 각자와 더 큰 생명의 공동체와 미래 세대들에 대한 우리의 책임을 선언하는 것이 절대 필요하다.59)

---

57) Mary Midgeley, "Duties Concerning Islands," in *Environmental Ethics*, ed. Robert Elliot (New York: Oxford University Press, 1995), 97.
58) Ibid.
59) All three quotations are from the Preamble of *The Earth Charter*. The

이처럼 전체 생명 공동체를 위한 도덕적 당사자와 입장이라는 중요한 문제를 천명한 후, 환경정의 운동이 초점을 맞추는 사회정의 문제는 이미 제2 원칙에서 드러난다. "환경정의는 공공정책이 어떤 형태로든 편견과 차별이 없고, 모든 사람들을 위한 정의와 상호 존중에 근거하도록 요구한다." 나머지 원칙들은 땅 문제에서 시작하는데, 대체로 공공정책과 건강한 환경을 민주적으로 창조하는 것을 모두 다룬다. 즉 핵실험과 핵폐기물로부터 보호, 독극물과 유독성 쓰레기들의 발생과 처리에 대한 문제들, 노동자들이 안전하고 건강한 환경에서 일할 권리, 모든 사람들이 정치적, 경제적, 문화적, 그리고 환경적인 자기결정을 할 기본적 권리, 모든 수준의 결정 단계에 동등한 자격의 동반자로 참여하기, 다국적 회사들의 파괴적인 운영에 반대하며 환경적인 불의에 의한 희생자들의 보상 문제, 자연과 조화를 이루도록 도시들과 시골 지역들을 재건하고 정비하는 도시와 시골의 생태학적 정책의 필요, 그리고 모든 공동체들의 문화적인 본래 모습을 존중하고 모두가 자원들의 전체 영역에 공정하게 접근하도록 하는 일 등이다.60)

이 모든 문제들의 배경에 있으며, 첫 번째 과업들과 개혁의 진짜 문제로서 더 큰 문제는, 산업시대/산업시대 이후의 패러다임과 그것을 지속시키는 전 지구적 기업자본주의의 생존 가능성 문제다. 여기에는 현대세계가 작동하는 규칙이 있으니, 곧 사회정의와 환경의 지속가능성(토양의 지속가능성을 포함한) 둘 다와 심각하게 어긋나는 명백한 세력이 곧 그것이다. 예를 들어, 환경문제들을 관리하는 방식을 위한 기술지상주의적이며 생태 효율적 환경주의를 주장하는 학파는 현재의 상품 제조방식과 소비 형태, 혹은 현재의 가치들과 관점들을 변경하지 않고도 그런 환경문제들을 다룰 수 있다고 생각한다. 사업지향적인 지속가능한 발전을 주장하는 계층들이 여기에 도사리고 있다. 이런 계층들에게는 정의가 중요하며, 그 전략들이란 명백하다. 즉, 현재 전 지구적 자본주의와 역동적인 시장의 혜택에서 제외된 사람들을

---

full text is available in many places. For the text as well as numerous activities related to the Charter, see www.earthcharter.org.
60) 이런 문구들은 17 Principles of Environmental Justice에서 인용함.

포함시키는 것, 그리고 부(wealth)를 생성하여서 이를 통해 지역의 환경적 퇴화를 대처할 수 있게 하는 전략이다. 그러나 안데스 산맥과 알라스카의 빙하지대가 녹아가고, 열대우림이 사라져감에 따라 점차 성장하고 있는 다른 학파는 근본적인 변화, 즉 우리가 서로 다른 사람들과의 관계만이 아니라 자연과의 관계에서도 근본적인 변화를 전제로 하고 있다. 이들 사회적, 정치적, 경제적 변화는 그처럼 기본적인 것이기 때문에, 지속가능성은 현재의 방식들과는 질적으로 다른 토대 위에서만 성취될 수 있다는 주장이다.61) 여기에서 정의가 질문하는 것은 현재의 도덕적 공동체 자체의 경계선들과 함께 그 성취를 위해 요구되는 대략의 기간에 관한 질문이다. 도덕적인 고려는, 오직 현재와 미래의 호모 사피엔스에게만 해당되는 것이 아니라, 현재와 미래의 생명 공동체의 인간 이외의 구성원들에게도 해당된다. 이런 점들이 바로 칸트식 윤리나 사회계약적 공리주의가 고려하지 않는 점들이며, 더구나 현재의 자본주의 관행들은 더 말할 것도 없다. 당분간 나로서 단지 지적하고자 하는 것은, 환경문제에서 인종차별을 경험하는 사람들이, 대체로 경제적 세계화에 대항하고, 또 기업자본주의와 자유무역협정(FTA)의 지배로 놓아난 완화된 환경주의에 대항하는 계층들에 협력한다는 점이다. 그들은 그 대신에 첫 번째 과업들을 다시 하자는 비판을 추진한다. 동시에 그들의 전략들은 일반적으로 공동체와 연결망에 의존하고 있다. 그 초점은 보완원칙(중앙은 지방이 할 수 없는 기능만 수행한다)에 발맞추어 성취할 수 있는 점진적 변화를 통하여 권력을 분산시키는 것이다. "세계화 시대에 지역적 민주주의"62) 혹은 "풀뿌리 민주주의"63)를 위한 이런 추진은 결국 근본적이

---

61) Andrew Dobson's contrast of "environmentalism" and "ecologism" in his *Green Political Thought*, 3rd ed. (New York: Routledge, 2000), 2.
62) 이 말은 Thad Williamson, David Imbroscio, and Gar Alperowitz in *Making a Place for Community: Local Democracy in a Global Era* (New York: Routledge, 2002)의 부제목.
63) See the case made by Jeffrey Stout, *Blessed Are the Organized: Grassroots Democracy in America* (Princeton: Princeton University Press, 2010). See also Alastair McIntosh, *Soil and Soul: People versus Corporate Power* (London: Aurum Press, 2001).

고도 광범위한 영향을 주는 결과를 가져올 것이다. 최소한 그것이 환경정의 (EJ) 운동의 희망이다.

이런 입장을 "카를 마르크스가 존 뮤어(John Muir [1838-1914] Sierra Club 의 창설자, 국립공원의 아버지로 알려짐—역자주)를 만남"이라고 부르는 것은 너무도 흥분하는 것이리라. 환경정의 윤리의 분노, 저항, 끈기있는 노력은 사람들과 땅에게 저지른 오랜 세월의 불의를 생생하게 경험한 것에 뿌리를 두고 있다. 그것의 중요한 본질은 마르크스나 뮤어가 주목했든 안 했든(보통 그들은 하지 않았다), 그런 경험에서 나온 것이다. 여전히 환경정의의 입장은 엥겔스, 마르크스, 뮤어의 통찰들을 가지고 표현할 수 있다. 마르크스는 뮤어에 동의해서, 이젠 마르크스의 말로 주장하기를 "자연은 인간의 몸이라서, 사람이 죽지 않으려면 자연과 계속적인 상호교환을 해야 한다. 인간의 육체적 삶과 영적인 삶이 자연과 연결되어 있다는 것은, 사람이 자연의 일부이므로, 자연이 자신에게 연결되어 있음을 뜻한다"고 한다.64) 한마디로 말해서, 우리는—몸, 혼, 마음, 그리고 영이—광야에 있든 도시의 중심에 있든, 지구와 흙에서 헤어날 수 없다. 이런 기본적인 통찰을 가지고, 마르크스와 그의 동료 엥겔스는 인간들이 사회적으로 조직된 수단을 가지고, 무엇보다도 여러 가지 다른 생산양식을 가지고(여기에서 자본주의는 그들의, 유일한 주제는 아닐지라도, 매우 주요한 주제다), 항상 자연을 변화시키고 있다는 그들 나름의 특징적인 관점을 거듭 주장한다. 현대시대에서는, 공학기술이 자본과, 그리고 어느 정도까지는 노동력도 이동할 수 있게 만들었다. 땅은 이에 비해 이동할 수는 없다. 비록 점점 더 근본적으로 땅을 바꾸어 놓기는 했어도 말이다. 20세기에 들어와서 인간들이 바위들과 흙을 이동시킨 것이, 화산들, 빙하들, 산을 만든 지각판들(tectonic plates)의 운동보다도 더 많이 이동시켰다.65) 지역의 토양과 경치를 포함하여 모든 것에 영향을 준 전 지구

---

64) Karl Marx, *The Economic and Philosophic Manuscripts of 1844*, trans. Martin Milligan and ed. Dirk J. Struik (Ne York: International Publishers, 1964), 112.

65) J. R. McNeil, *Something New under the Sun: An Environmental History of the Twentieth-Century World* (New York: W.W. Norton, 2000).

적 경제는 세계를 형성한 결과이다.66)

마르크스와 엥겔스에게는, 현대의 생산양식에 의한 자연사회의 사회적 변혁의 결과가 대규모 농업과 대규모 산업이 땅과 노동자들 모두의 활력을 빼앗은 것이다. 단일 곡물재배와 공장식 농업의 대량 사용이 일어나기 훨씬 전에 이미 마르크스는 간파했는데, 자본주의적 농업은 노동력을 착취하는 것뿐만 아니라 토양을 착취하는 점에서도, "그 기술이 발전한 것이다. 어느 기간 동안은 토양의 비옥함을 증가시키는 모든 발전이 그 비옥함의 지속적인 자원들을 유린해버리는 방향으로의 발전인 것이다." 그것은 "모든 재화—토양과 노동력—의 원천적 자원들을 빨아먹는 것이다."67) 엥겔스는 확신하기를, 인간의 소외와 땅의 착취는 모든 것을 이익을 위해 팔아버릴 상품들로 만드는 자연과의 상호작용 방식에 뒤따른 결과라고 보았다. "자연을 팔아먹을 대상으로 만드는 것은—우리 존재의 첫 번째 조건으로서, 하나이자 전부인 땅인데—우리 자신을 팔아먹을 대상으로 만드는 마지막 단계였다."68)

마르크스와 엥겔스의 저술로 잠시 곁길로 나간 것은 마르크스와 엥겔스를 공부하려는 것이 아니라, 비록 환경정의의 경험에서 나온 것이지만, 그들의 관점을 환경정의 운동이 공유하기 때문이다. 환경정의 운동이 내린 결론은 현대에 와서 땅과 사람들을 착취하는 공통적인 형태가 있고, 사회적 조직과 특권 체계가 이런 착취의 핵심이라는 것이다. 그래서 환경정의 운동이, 예를 들어, 이제는 생물공학기술과 유전공학을 다루기로 한 것은 놀랄 일이 아니다. 이것이 마르크스나 뮤어가 꿈꾸었던 세계는 아니지만, 그 향방의 분석은 아직도 해당된다. 유전자 변형 식품들과 농업의 변혁을 두고 벌어진 시끄러운 논쟁들에 대해 논의하면서, 리처드 류온틴은 유전자 조작 유기

---

66) 여기 논의는 Peter Singer 의 논문 "Navigating the Ethics of Globalization," in *The Chronicle of Higher Education*, October 11, 2002, n.p.: http://chronicle.com/article/Navigating-the-Ethics-of/28293에 신세를 졌다.
67) Karl Marx, *Capital: A Critique of Political Economy*, in *Karl Marx: A Reader*, ed. Joh Elster (Cambridge: Cambridge University Press, 1986), 1:507.
68) Engels, "Outlines of a Critique of Political Economy," in Marx, *The Economic and Philosophic Manuscripts of 1844*, 210.

농법을 만들고 채택한 것이 "[자본집약적 산업화 농업의] 오랜 역사적 발전의 최근 단계에 불과하다"고 말한다. 여기서 생활의 주요 상품을 생산하고 판매함에 있어서, 현대의 특징적인 공학과 기업적인 방식은 "각각 별개로 분리되었던 것으로 보였던 삶의 영역들을 마지막으로 통합하려는 것이다." 류온틴은 세포의 비밀스러운 생명을 언급하는 것이고, 모든 생명의 유전의 근본적 방식을 유전과학에 의해 조작할 수 있음을 말하고 있다. 그의 결론은 "기계공학이든, 화학공학이든, 전기공학이든, 유전공학이든, 농부들에게는 공학에서 벗어날 길이 없다"는 것이다.69)

덧붙여야 할 것은, 환경정의 운동의 눈으로 볼 때, 자연의 포괄적인 사회적 조직 역시, 인간 본성과 그 밖의 것을 위해서도, 보다 공정한 질서를 위한 열쇠라는 점이다. 따라서 권력의 구조적 문제들, 그리고 그 기관들의 형태들과 사용이 환경정의 사업의 초점이다. 우리의 문제는 점점 더 인간이 지배하는 생태권이라는 문제라고 지적하는 것은 그 점을 강조할 따름이다. 만일 인류세(Anthropocene)가 공학적인 세계라면, 모든 것은 인간의 힘과 도덕에 달린 것이다. 에드워드 윌슨은 그의 책 『통섭』(*Consilience: The Unity of Knowledge*)의 끝부분에서 이렇게 말하고 있다.

> 우리는 윤리가 모든 것임을 배우고 있다… 자유는 억제를 뜻한다… 자유 시장은 놀라운 장치이지만, 그러나 그 시장이나 다른 어떤 가치중립적 과정이, 예를 들어, 국제정치에서 힘의 균형, 혹은 유전공학 연구의 발전이 스스로 최적의 결과를 가져올 것이라고 생각하는 것은 옛날의 단순한 세계에 속한 일종의 순진한 신앙을 갖는 것이나 같다. 근본주의는 경제적, 과학적, 그리고 종교적인 것도 있다. 도덕적 비전 없이는, 우리가 실패할 것이다. 그리고 그런 비전은, 공유되려면, 오직 대화로부터―계급, 수입, 인종, 신앙의 경계들을 넘어, 서로 서로 말하고 듣는 것으로부터―나온다.70)

---

69) 모든 인용은 Richard Lewontin, "Genes in the Food!," *New York Review of Books* 48, no.10, 84.

긴장 관계들

환경정의 운동을 떠나기에 앞서서, 우리는 해소되지 않은 긴장관계를 명심해야 한다. 주요 환경단체들은 환경정의 운동에서 나온 비판들에 의해 따가운 침을 맞았다. 그에 대한 대응으로 환경단체들은 자기들의 실천과제들에 도시 생태주의와 환경 인종차별을 넣었고, "경제"(economy)와 "생태"(ecology)에 "형평성"(equity)을 덧붙여서 "지속가능한 발전"의 세 가지 기본적인 조항들을 삼았다. "형평성"이란 주어진 정책과 그 수행을 통해 사람들과 공동체들이 풍요해지는가 아니면 퇴화되는가를 측정하는 사회정의를 말하는 것이다. 그런 관심은 미국 연방정부 수준에서, 제안된 연방정부 정책들의 형평성 결과를 측정하도록 요구한 행정명령으로 빌 클린턴 대통령이 서명했는데, 이는 환경정의 운동에서 나온 시끄러운 주장들과 기존의 환경단체들 편에서 응답함 때문에 존재하게 된 것이었다.

사회적 불의와 형평성(지속가능성의 한 규범으로서)에 대한 최근의 이런 민감성은 진실로 환경정의 운동의 비판을 수용한 것이며, 또한 그 도덕적 세계를 떠맡은 것인가? 대체로 이런 거대한 환경단체들의 프로그램과 생태계획안(eco-design)의 문서들은 신고전학파 경제학에 스며든, "경제"에 대한 "형평성"의 관계와 똑같은 관계를 보여주고 있다. 사회적 재화들과 환경적 재화들을 근본적으로 **분배**(distribution)의 문제들로 구분해버렸다. 정치경제는 부(wealth)를 생산하여, 가난을 개선하거나 환경을 개선하기 위해 사용될 수 있다. 한마디로 말해서, "그런 경제제도"로서의 전 지구적 및 국내적 자본주의는 생산과 소비의 목적을 위해 주어진 것이고, 형평성은 그런 물자들의 공정한 분배에 관한 것이다.

이와는 대조적으로, 환경정의 운동의 회원들은 기본적인 체제 자체에 대해 보다 더 비판적이다. 그들은 경제의 기초적 규칙들과 정책들이 애당초 정의로운 것인지에 대해 알고 싶어 하지, 단지 그 결과들의 분배에 대해서만

---

70) E. O. Wilson, *Consilience: The Unity of Knowledge* (New York: Knopf, 1998), 297-98.

알고 싶어 하는 것은 아니다. 생산 자체를 조사하고 변화시킬 필요가 있다. 사회정의는 여전히 분배의 정의이지만, 환경정의 운동의 중심 요소들은 최후의 생산물, 마지막 물자들로서 상품들과 서비스들의 분배가 아니다. 그것은 정책을 결정하는 **권력의 분배**에 관한 것이다. 구체적으로, 그것은 공동체가 최적의 자체 조직, 자체 조달, 자체 충족을 할 수 있는 능력을 말하는 것이다. "우리는 우리 공동체를 위한 계획을 언제 세울 수 있게 되는가?" (Alexei Torres-Fleming의 질문). 지속가능한 발전의 세 개의 "e"자, 즉 equity (형평), economy(경제), ecology(생태)는 현재 공유되지 않고 있는 권력을 창조하고 분배하기 위한 기준점들이 될 수도 있다. 그러나 그것들은 현재의 조건들대로는 그렇지 못한 것이, 그것들은 기업자본가들의 손에 의해 만들어진 산업 패러다임의 기초적 기관들과 관행들에 계속 투자하고 있고, 그래서 현재 특권을 지니고 있는 기관들과 사회적 계층들에게 유리한 방식으로 투자하기 때문이다. 인간의 우월성이라는 규범적 시선이 이 경우엔 부자들 세계의 우월성과 결합되어 있다.[71]

그러나 다른 환경주의자들에 비하여 환경정의 운동의 사회적 생태학 속에서 이런 형평성과 권력에 대한 해명이 환경정의 운동 내부의 계층들과 마르크스/뮤어의 진짜 긴장관계들을 해소하지는 못한다. 그 긴장관계는 해소되지 않은 인간중심주의에 있다. 이것도 또한 토양과 땅에서도 결과들을 초래한다.

이미 지적한 것처럼, 지속가능한 발전에 대한 대부분의 논의에서, 형평성으로서의 "환경정의"는 환경적으로 좋은 것들과 나쁜 것들을 인간들 가운데 분배하는 것에 관한 것이다. 그것은 보통 (인간 이외의) 환경에 대한 정의를 포함시키지 않는다. 예를 들어, 형평성은 대개 우리로 하여금 다른 피조물들의 이해관계들에 대해 물어볼 것을 요구하지 않으며, 또한 그 피조물들의 잠재능력을 실현하기 위해 그것들이 필요로 하는 것을 우리로 하여금

---

71) This coupling is taken from Cynthia Moe-Lobeda, "Christian Ethics toward Earth-honoring Faiths," in *The Union Seminary Quarterly Review: Festschrift for Larry L. Rasmussen,* ed. Daniel Spencer and James Martin-Schramm, vol.58, nos. 1-2 (2004): 135.

결정하라고 요구하지 않는다. 지속가능한 발전에 대한 대부분의 논의에서 형평성의 원칙으로부터 이끌어낸 생물의 권리들은 없다. 그리고 환경정의 운동 속의 많은 사람들조차 이런 점을 기꺼이 받아들이고 만족해한다. 도위(M. Dowie)가 환경정의 실행계획들을 조사한 바에 의하면, "핵심적인 관심꺼리는... 인간의 건강"72)이고, 황무지, 천연자원들의 보존, 그리고 공공의 토지정책들은 변두리 문제다. 환경정의 운동 자체 속의 형평성에 대한 로버트 불라드(Robert Bullard)의 논의는 세 가지 형태를 열거하는데, 절차적인 것, 지리적인 것, 그리고 사회적인 것이다. 첫째 것(절차적)은 정책 형성과 집행에서 공정성에 대한 것이고, 둘째 것(지리적)은 서로 다른 공동체들이 받게 될 환경의 위험부담에 관한 것이고, 셋째 것(사회적)은 환경문제를 결정함에 있어서 사회적 요인들, 가령 인종, 민족, 계급, 문화, 생활양식, 정치권력들이 행사하는 역할에 관한 것이다.73) "환경정의에 대한 원칙들"이라는 환경정의 운동의 창립 정관에도 불구하고, 형평성에 대한 이런 개념들의 어떤 것도 생명 공동체 전체를 눈앞에 보고 있지는 않다. 불라드 자신이 초안한 "환경정의를 위한 틀"과 그 다섯 가지 원칙들, 즉 "보호받을 권리, 피해 방지, 입증책임, 차별하려는 의도를 미연에 방지하기, 불공평을 시정하도록 자원들을 지목하기" 등의 원칙들도 그렇게 하지 못한다.74)

달리 말하자면, 뮤어는 이런 지평에서 사라져버렸는데, 인간의 안녕과 흠 없이 연결되는 정의의 필요로서, 토양들과 땅 그리고 그 위에 사는 인간 이외의 것들에게 당연한 권리를 부여할 필요도 함께 사라져버렸다. 그러니 어떤 기본적인 질문들은 대답되지 않은 채 남아있게 되었다. 앤드류 돕슨(Andrew Dobson)의 구별을 따르자면, 지속되어야 할 것이란 정확히 무엇인

---

72) As reported by Andrew Dobson, *Justice and the Environment: Conceptions of Environmental Sustainability and the Dimensions of Social Justice* (London and New York: Oxford University Press, 1998), 24.
73) Robert D. Bullard, "Decision Making," in Laura Westra and Bill E. Lawson, *Faces of Environmental Racism: Confronting Issues of Global Justice*, 2nd ed. (New York: Rowman & Littlefield, 2001), 4-9.
74) Ibid., 23.

가? 그것은 인간의 생존과 번영을 위한 전제조건인 자연, 즉 "결정적으로 중대한 자연 자본"인가? 일단 잃어버리고 나면 다시는 갱신될 수 없는 (비옥한 초승달지역처럼) "회복 불가의 자연"인가? 아니면, 인간의 사용이나 출현과는 전혀 별도로, 생태권 전체에 당연히 부여된 가치를 지닌 자연 전체로서 좋은 것(선함)이라는 "자연의 가치"인가? 그리고 이런 개념들 어느 것에서도 왜 자연은 지속되어야만 하는가? 인간의 복지를 위해서? 인간의 복지를 초월하는 자연에 대한 의무들 때문에? 실용성과 초월적인 의무를 결합한 것 때문인가? 환경정의는 환경에 **대한**(to) 정의를 뜻하는가, 아니면 환경적으로 좋은 것들과 나쁜 것들을 인간들 가운데 공정하게 분배하는 것에 대한 정의를 뜻하는가?75) 땅 **위에서의**(on) 평화는 **땅과의**(with) 평화를 포함하는가?

이런 질문들이 충분하지 않다면, 소크라테스가 그의 제자들을 충분히 위협했던 이후로, 모든 윤리학 논의에 나오는 오래된 괴롭히는 질문이 있다. 정의란 필요, 응분의 보답, 혹은 고유한 권리들에 근거한 것인가? 당분간, 우리는 **환경정의**(environmental justice)와 **생태정의**(eco-justice)를 구별하기로 한다. 환경정의는 주로 사회의 권력 구조의 관점에서 일련의 절차적 그리고 정치적 과제들과 그리고 그것들이 어떻게 실행되는지에 주목한다. 생태정의는 이와는 대조적으로, 인간의 생명과 그 밖의 나머지 자연을 둘러싸고 있는 우주적 연결들에 초점을 둔다. 이들 서로 다른 표준들을 윌리스 젠킨스가 적절히 표현하고 있다: "생태정의의 윤리는 직접적으로 피조세계 자체의 존엄성에 관하여 올바른 관계들을 평가하는 데 비하여, 환경정의의 옹호자들은 인간의 존엄성에 비추어 환경적인 타락을 비판한다."76) 우리들의 논의를

---

75) See Dobson's *Justice and the Environment*. While the entire volume is concerned with these questions, Part II is the guide for the discussion: "Three Conceptions of Environmental Sustainability" and "The Dimensions of Social Justice," 33-86.

76) Willis Jenkins, *Ecologies of Grace: Environmental Ethics and Christian Theology* (Oxford and New York: Oxford University Press, 2008), 63. This discussion and the pointer to Jenkins are courtesy of Richard R. Bohannon II and Kevin J. O'Brien, chap.9, "Saving the World (and the

위해서, 이것이 뜻하는 바는, 이런 견해들이 본래적으로 양립 불가능한 것은 아니지만, '아다마'(adama)의 상태가 어느 쪽에 무게를 두느냐에 달려있는 것이다. (이 책에서는 전자[생태정의] 쪽에 무게가 기울어있는데, 생태정의가 피조물의 정의에 포함되어 있다.)

방법

젠킨스의 구별—환경정의와 생태정의—은 방법의 차이에 근거한다. 그것은 우리가 도덕적인 문제들에 "대해 생각하면서"(think about), "함께 생각하는"(think with) 것, 그리고 우리가 그것을 어떻게 사용하는가를 잘 예증한다. 우리가 "함께 생각하는" 것이 우리가 어떻게 도덕에 "대해 생각하는"지에 영향을 주는 방식이 바로 윤리학 방법의 주제인 것이다. 이것은 문제가 토양, 영혼, 혹은 그 어떤 다른 것이든 마찬가지로 해당된다.

우리 모두는 각자 나름대로 윤리적 방법을 갖고 있다. 그것은 도덕이라는 풍경 위에 서있는 돌무더기다. 방법은 분명하지 않을 수도 있고, 심지어 의식적이 아닐지도 모른다. 대부분의 사람들은 그들의 방법이 무엇인지 묻거나, 그것을 심사숙고하고 분석해보려고도 하지 않는다. 그러나 그건 사람들이 선택하고 그들 자신의 도덕성을 살아내려면 늘 작용하는 것이다.

방법(method)이라는 단어를 분해해보는 것으로 시작하자. "메타"(Meta)는 "~을 포함하여"(inclusive of), "전체 안에 모아들이는 것"(gathering in the whole), "전체 범위를 택하는 것"(taking in the full range of)을 뜻한다. "호도스"(Hodos)는 "길"(the way)을 뜻한다. 따라서 "방법"(method)은 질문 조사(심리)의 전체를 택하는 것의 한 가지 길(방식)이다. 우리의 윤리적 생각의 전반적인 계획은 무엇인가? 무엇이 그것의 토대이며, 그 구성 요소들이며 과정들인가? 무엇이 우리가 사용하는 뚜렷한 자료들이며, 어떤 압도적 구성 체제와 가치들에 의해 지배되고 무슨 목적들을 지향하고 있는가? 이런 요소

People in It, Too)," in *Inherited Land: The Changing Ground of Religion and Ecology*, ed. Whitney A. Bauman, Richard R. Bophannon II, and Kevin J. O'Brien (Eugene, OR: Pickwick, 2011), 181-84.

들이 우리들의 도덕과 윤리를 만들어내기 위해 어떻게 상호작용을 하는가?

우리는 "새로운 기조로 쓴 종교 윤리"를 제안했고, 또한 이번 장에서는 원초적 원소들의 하나(흙)를 사용해서 겉만 긁어왔기 때문에, 이제는 뒤로 물러나서(거리를 두고 생각하고자), 이 책에서 지금까지 해온 중요한 방법론을 검토하기 시작해도 좋겠다. 그게 윤리학 101 초보 강의(Ethics 101 primer)를 끝낼 적절한 길이다.

그 목표는 새로운 주제를 소개하려는 것이 아니다. 그보다는, 우리가 지금껏 이미 사용해온 윤리학 방법에 대해 자각하려는 것이다. 그것은 좀 더 논평을 필요로 하지만, 그 논평은 이미 지나간 것에 대한 것이다.

"새로운 기조"의 종교 윤리로서, 우리는 현대성과는 다른 도덕적 우주를 제안했다. 그것은 다른 기초 구조와, 도덕적 지식과 지혜에 또 다른 원천들을 지닌 우주인 것이다. 이것에 대해서는 이미 훨씬 앞에서 지면을 할애하였는데, 거기에선 그것을 "지진 같은 변화"(seismic shift)라고 불렀다. 곧 "그것은 이제까지 신주단지처럼 모셨던 인간의 자기(self)와 인간 사회로부터 생태권(ecosphere)이 중심, 경계, 주체가 되는 것으로의 변화다. 인간의 정의로부터 피조물의 정의로, 나의 경계선이었던 인간 공동체로부터 경계선이 없는 모든 생명 공동체로의 변화다."77) 우리는 또한 우리의 모든 도덕적 종교적 충동들을 측정하기 위한 엄중한 기준을 주장했다. 그것들은 지구를 공경하는가? 그것들은 지구의 보전과 회복에 공헌하는가? 생명과 생명이 필요로 하는 것이 그것들로 인해서 더 좋아지는가? 생명의 어미 원소들(parental element: 동위원소를 낳는 원소—역자주)은 그 자리에 적합한가? 도덕적 작업의 중심을 인간의 자기로부터 생태권에로 바꾸는 것은 이루어졌는가? 그것은 땅을 경작하고 지키는 인간의 사명을 둘러싸고 자체 개혁(재형성 Re-form)을 하되, 인류세(Anthropocene)의 시대를 위한 새로운 첫 번째 과업들로 움직여 나가는 그런 방식으로 이루어지는가?

더 나아가, 우리는 통찰과 심사숙고를 위해서 여러 가지 자료들—과학, 종교, 종교전통들, 경험적 역사적 연구들, 문학과 노래, 철학과 신학, 인습적

---

77) 이 장의 "자아(ego)로부터 생태권(ecosphere)에로"의 처음 부분을 보라.

인 지혜에서 조금씩 수집하기, 그리고 실제 생활의 여러 사례들—을 사용해 왔다. 우선 과학들에 대해선, 생태권과 그 건강에 초점을 맞춘 것들이 중요한 위치를 차지하게 되는데, 마찬가지로 사람들의 생계와 생각이 생태권과 지역 상황에 직접 결속되어 있는 사람들의 경험도 중요한 위치를 차지한다. 더군다나 우리는 많은 형태들의 자연이 항상 선생이라고, 비록 단순하고 솔직한 의미에서 언제나 도덕의 선생은 아니지만, 그렇게 가정해 왔다. 어떤 자료들을 사용하고, 그것들의 상대적인 영향이 항상 도덕적 윤리적 결과를 설명한다고 인정하기 위해서, 지금 여기에서 모든 자료들을 일일이 거명할 필요는 없다. 방법에 대해 의식하는 것은 자료들과 그것들이 어떻게 사용되고 있는가를 인식하는 것이다.

우리는 이 모든 것을 인간의 특권과 능력에 대한 구조적 분석을 하는 것에 연결시키고자 한다. 권력 분석은 그 자체로 하나의 방법론적 도구라서, 그것이 없이는 매우 중대한 요소들을 빠트리게 된다. 이 경우에 우리가 주장했던 것은 인종, 계급, 성별, 문화 그리고 생물종의 능력의 상호작용하는 요소들이다. 인간의 능력이 인간 사회와 나머지 자연 속에 있는 취약성들과 건설적 가능성들 모두에 어떻게 상호작용을 하는가? 이런 요소들에 대한 좀 더 많은 논평이 필요하다.

지구를 공경하는 신앙 속에 암시된 윤리를 보자. 예를 들어, "지구 행성의 건강이 가장 일차적이고, 인간의 안녕은 이차적이다"라고 말하는 것은, 방법의 문제로서는, 생태권에 우선권을 주는 비인간중심적(nonanthropocentric) 도덕 이론을 추구하는 것이다. 우리는 소속된 거대한 그물망(a great web of belonging) 속에 태어나는 것이기에, 그 그물망의 건강이 도덕적 평가 기준의 최초 기초적인 틀이다. 따라서 지구를 공경하는 신앙의 윤리적 방법은 원초적 원소들의 건강이 어떻게 확보되는가를 먼저 묻고, 그리고 나서 거기로부터, 인간의 생명과 다른 생명의 건강이 그것에 연관되어 확보되는가를 묻는다. 그것은 우리의 현행 도덕 이론에 대한 질문을 이렇게 한다. 소속됨의 이런 그물망이, 이런 친교가, 우리들에게 요구하는 것은 과연 어떤 개인적인 덕성들과 집단적인 덕성들이며, 우리의 결정과 행동들이 어떤 결과들을 가져오며, 우리는 어떤 기본적인 의무들을 져야 하는가?

달리 말하면, 지구를 공경하는 윤리는, 확장된 도덕적 우주에 맞추어진 방법을 가지고, 다음과 같은 종교적 질문에 대답하는데, 그 질문을 니버 식으로 말하자면, 내가 나 자신을 사랑하듯 내가 사랑해야 할 이웃이 누구인가 하는 질문이다. 이웃은 "가까이 있는 자, 멀리 있는 자, 시공간적으로, 또한 확신과 충성에서 나로부터 떨어져 있는 자다. [이웃은] 사람이고, 천사이고, 동물이고, 무기질적 존재, 존재에 참여하고 있는 모든 것들이다."78)

"이웃"이라는 말의 법률적 정의는 영국 상원(British House of Lords)에서 1932년에 생강을 넣은 맥주를 담그는 것에 대하여 결정을 내린 이후로 전해 내려왔다. 즉, 우리의 이웃은 우리의 행동들에 의해 아마도 영향을 받을 것이라고 우리가 생각하는 어떤 사람과 어떤 것이다.79) 그렇다면 이웃이란 의미는 "가까이 있는 농부," 혹은 좀 더 엉성하게 "가까운 자"(nigh one)라는 문자적 의미뿐만이 아니다. **그물망 안의 이웃은 시간적으로 공간적으로 멀리 있는 자이기도 하다.** 그것은 확대된 "당신 안의 동물원"이어서,80) 삼라만상의 유기적으로 관련된 수백만 가지 모습의 이웃은, 그들에게 창조의 최고 가능한 번성이 이루어지도록 정의가 요구되는 이웃이다. 그러니 영국 상원이 이웃이란 "우리의 행동들에 의해 영향을 받는… 그 어느 누구와 어느 것"이라고 결의한 것은 제대로 한 것이다. 생명의 물도 우리의 이웃이며, 마찬가지로 우리가 나온 흙-자궁도 우리 이웃이다. 우리가 숨 쉬는 공기도 이웃이고, 마찬가지로 우리가 불태우는 에너지도 우리 이웃이다. ("나의 피부는 검은 흙 위에서 행복해 하나니, 그 흙은 내 뼈들이 알아듣는 말을 한다네"라는 것이 바바라 브라운 테일러의 이웃하는 소속감이다.)81) 우리의 원수도 우리

---

78) H. Richard Niebuhr, *The Purpose of the Church and Its Ministry: Reflections on the Aims of Theological Education* (New York: Harper & Row, 1956), 38.
79) Reported in Shridath Ramphal, *Our Country, the Planet: Forging a Partnership for Survival* (Washington, DC: Island Press, 1992), 211.
80) 제1장에서 한 논의를 참조하라.
81) Barbara Brown Taylor, *Leaving Church: A Memoir of Faith* (New York: HarperSanFrancisco, 2006), 22, as cited by William P. Brown, *The Seven*

의 이웃이다. 우리가 그들을 위해서라면 기꺼이 희생할 수 있는 자들 못지않게 말이다. 생태권의 복잡한 초월공동체를 생각할 때, 나의 행동들에 의해 영향을 받는 자들은 그 범위가 거의 무한대이고, 미리 정해진 경계선들이 없다. 나의 행동은 예수가 "누가 나의 이웃인가?"라는 선한 사마리아인 비유에서 마무리한 경계선들—종교, 계급, 사회적 위치, 사회 안에서의 기능, 태도, 정결법 등—을 확실히 넘어간다. 이런 종류의 책임은 "존재에 참여하는 모든 것들"(Niebuhr)에게 해당한다.

우리가 제안한 복잡한 윤리적 기초 구조는 틀림없이 도덕적 수수께끼와 불확실함을 만들어낸다. 지구를 공경하는 윤리는 우리가 그 위를 걸어감으로써 비로소 만들어내야 할 길이고, 그 길의 모든 점마다 우리가 필요로 하는 이정표도 없다. 도덕성이란 것도 어려운 전환기에는 의문시된다. 만일 우리가, 작업 방법의 문제로 삼아서, 생태권을 만물을 포함하는 이웃으로 본다면, 그에 따라오는 질문들을 고려해보자. 이런 광범위한 생명 공동체와 그 창조적 원소들 속에서 우리는 어떻게 도덕적 주장들을 개념화할 수 있는가? 우리는 어떻게 갈등을 조정할 수 있을까? 인간, 동물, 혹은 생물체의 "권리들"이란 것이 최선의 길인가? 만일 인간 이외의 자연에 대한 "존중"이 "권리들"에 우선한다면, 어떻게 그런 존중을 도덕적 법적 실체로 만들 것인가? "생명은 없으나 구조를 지닌 대상들(강, 바위)"(Mary Midgely)은 어떤 입장을 지니고 있는가? 인간의 상호작용들을 위한 도덕적 규범들—동정심, 자비, 공감, 희생, 정의 등—은 어떤 방식으로 인간/인간-이상의-존재들 사이의 관계들에 해당되는가? 그것들은 인간/인간 사이의 상호작용과 똑같은 방식으로 해당되는가, 아니면, 다르게 해당되는가? 쾌락과 고통에 대한 지각과 감각이 일차적인 기준 척도인가?

혹은, 또 다른 방법론적 참조의 관점, 즉 우리의 도덕성의 자료들에 대한 관점에서 본다면, 땅의 경험에서 나온 이런 자료들을 우리는 어떻게 "읽어내는가?" 예를 들어, 종교전통들 속에서는, 만일 사막의 영성이 사막을 반영하

Pillars of Creation: The Bible, Science, and the Ecology of Wonder (New York: Oxford University Press, 2010), 79.

고, 산악의 영성은 산악을, 해변의 영성은 바다를 반영하고 있다면, 이런 사막들, 산악들, 바다들이 우리의 도덕적-영적 형성과 표현의 동인들(agents) 가운데 있는 까닭에, 그것들도 도덕적 책임을 져야 하는가? 혹은 만일 문화가 대지의 풍경(landscape)에 의해서 늘 만들어지고 영향을 받는다면, 그리고 늘 자연문화로 이해된다면, 그 대지의 풍경은 그곳에 나타난 문화의 일부로서 장소에 대한 의식적인 윤리를 필요로 하는가? 대지의 풍경은 그 문화가 지닐 아름다움과 회복에 대한 책임들을 형성하는가? 대지의 풍경은 달리 제공되지 않는 삶에 대한 문화적 방식에 접근할 시각을 제공하는가? 예를 들어, 만일 내가 뉴멕시코 주의 산타페에 산다면, 세 가지 강력한 문화들―푸에블로(Pueblo) 인디언, 히스패닉(Hispanic) 사람들, 그리고 앵글로(Anglo) 사람들의 문화―의 상호작용과 그것들이 땅과의 결속을 떠나서는, 인종적으로, 언어적으로, 미학적으로 현재의 산타페가 될 수는 없었을 것임을 나는 알게 된다. 로키 산맥의 상그레 드 크리스토와 헤메즈 산맥으로 둘러싸인 리오그란데 계곡과, 콜로라도 고원지대의 남쪽 붉은 바위들의 지역이 북부 뉴멕시코의 조건과 풍토를 형성하고 있다. 산타페의 문화들과 매력들은 높은 산들의 광야지대와 뗄 수 없이 결합되어 있다. 이런 모든 것들은 우리의 질문을 반복하면서도 대답을 주지는 못한다: 지구를 공경하는 윤리는 어느 특정 지역 속에서 땅의 경험과 관점으로부터 어떻게 그 문화들과 영성들을 "읽어" 내는가? 그리고 이런 문화들과 영성들이, 전 지구적 공동체들 안에 자리 잡고 있으며, 이제는 다른 지역들에 의해서도 영향을 받고 있는데, 어떻게 그들의 장소에 대해 평가할 것인가?[82] 지역적으로 그리고 전 지구적으로, 장소에 결속됨으로부터 어떤 책임감들이 뒤따를 것인가?

짧게 말해서, 우리가 제안하는 지구를 공경하는 윤리의 방법은 인간들이 도덕적 질문을 제기하고 대답하면서 고려한 요인들을 넓혀주고, 깊게 해주

---

[82] 이 단락에서 제기된 질문들은 내가 Nancie Erhard, "To Love the Earth Fiercely," in *The Union Seminary Quarterly Review: Festschrift for Larry L. Rasmussen*, ed. Daniel Spencer and James Martin-Schramm, vol. 58, nos. 1-2 (2004): 120-31; Cynthia Moe-Lobeda, "Christian Ethics toward Earth-honoring Faiths," in the same volume, 132-50에서 가져온 것이다.

고, 더욱 복잡하게 만들어준다. 우리가 되려고 애쓰는 그런 종류의 사람들, 우리가 살아보려는 그런 삶, 그리고 그곳에 이르도록 우리가 택하고 싶어 하는 그런 경로들이, 모두 도덕적 관심과 방법의 중심을 자아(ego)로부터 생태권(ecoshpere)에로 전환함에 따라 개념적으로 더욱 어렵게 만들어버렸다.

그런 과업은 불가능한가? 세계는 우리에게 너무 과분한가(Wordsworth)? 만일 그 과업이 불가능하지 않다면, 살기 힘들고 새롭게 된 지구 행성 위에서 새로운 시대의 새로운 책임을 어떻게 자리매김할 것인가? 출발하면서, 우리는 두 가지 수단들을 언급하고자 한다.

하나는 헌법과 법률이다. 예를 들면, 인종차별정책 이후(postapartheid)의 남아프리카 헌법은 남아프리카 사람들의 물 사용이 자연의 생태계가 요구하는 것을 초과하지 않도록 명시하고 있다. 물의 사용은 사람과 생태계가 함께 필요로 하는 것을 충족시키도록 규제되어야 한다. 지구 행성의 완전한 기능의 관점에서 보면, 이것은 인간과 생태계의 필요들이 궁극적으로는 하나의 수문학적(水文學的, hydrological) 체계에 함께 묶여있음을 인정하는 것이다. 그리고 이것은 남아프리카인들의 정신과 마음이 자발적으로 그들의 물에 대한 책임을 떠맡든지 않든지 간에, 법률의 규칙은 기본적으로 도덕적 책임을 수행하는 길임을 인정하는 것이기도 하다.

"도덕성을 법제화할 수는 없다"고 말하는 사람들에게, 대답해줄 말은 때로는 도덕성 말고는 법제화될 것이 거의 없다는 것이다. 헌법과 법률은 시민들로 하여금 할 수 있는 것과 할 수 없는 것에 대한 의무의 최소기준을 명문화한 것이다. 이런 것 대부분이 도덕적 내용을 지니고 있다.

그러나 도덕성을 법제화할 수는 없다고 주장하는 자들도 역시 중요한 요점을 지니고는 있다: 만일 확대된 도덕적 우주가 우선 도덕 형성의 공동체들로 기능할 것으로 기대되는 공동체들의 실천에 의해서 먼저 창조되지 않으면, 우리는 효과적인 법제화에 대한 찬성을, 심지어는 상상을, 얻지 못할 것이다. 만일 지구 윤리의 씨앗들이 우리의 도덕 형성의 처음 공동체들 속에 심어지지 않고 물도 주지 않으면, 그것들은 싹이 터서 자라나지 않을 것이다. 앞에서 했던 우리의 논의를 회상하면, 대리자들로서의 시장과 국가가 스스로 도덕 양육의 친밀한 공동체들의 자리를 차지할 수는 없고, 그리고 그것들을 효과적으로 대체하지도 못한다. 더군다나, 시장과 국가가 공동생활을 위해서 할 수 있는 것을 하려면, 그들 자체로서는 제공하지 못하는 도덕적 자원들과 지원을 필요로 한다. 그것들도 시민사회의 공동체들로부터 이끌어온다. "도덕성을 법제화 할 수는 없다"는 것은, 만일 깊은 변화가 지속되려면 확대된 도덕적 우주를 위한 기초적인 책임이 사람들이 마음들과 영혼들 속에 자리 잡아야만 한다는 것을 인정하는 것이다.[83] 새로 책임감을 배우는 것은 법률과 시장의 교환 공동체들을 넘어서는 핵심 공동체 속의 시민권을 통해서다.

그것은 이들 공동체들이 무엇을 하는가를 기억하는 것이다. 우리들의 도덕적 기대에 대한 전체적인 식견, 도덕적 발전에 깊은 영향을 주는 실재에 대한 인식이, 가족들 간의 역동성 속에서, 또한 그밖에 처음 친밀한 공동체들의 형태들 속에서 일찍이 주입되는 것이다. 여성주의자들이 적절하게 지적한 대로, 생물사회학적 형태들로서 성별과 성적인 형태들이 여기에서 문화적인 것을 "자연스러운" 것—"원래 그렇게 된 방식들"로서 간단히 취급된 제2의 본성—이라고 여기도록 배우게 된다. 또한 우리가 몸과 영혼, 이성과 감성, 우리 자신들, 이웃들, 그리고 나머지 자연을 생각하는 전체적인 방식들도 그렇게 배우게 된다. 마찬가지로, 실재가 그것을 통해 전달되고 규정되는 언어도 이런 학교에서 배우게 되며, 지울 수 없는 도덕적 효과를 갖게 된다. 예를 들어, 만일 우리의 하느님에 대한 담론이 가르치기를, 위-아래의 권위에 따른 인간관계들이 하느님과 서로에 대한 신학적으로 그리고 도덕적으로 올바른 관계들이라고 한다면, 우리는 말을 배우면서 삶의 방식도 배운 것이다. 또한 만일에 자연에 대한 우리의 담론이 항상 인간 이외의 자연을

---

[83] Aldo Leopold는 1994년에 그가 제안한 "땅의 윤리"가 정신과 마음의 새로운 습관들을 포함한다는 것을 잘 깨닫고 있었다. "우리의 지성적인 강조, 성실성, 애정, 그리고 확신들 속에서 내적인 변화가 없이는 윤리에서 중요한 변화가 일찍이 일어난 적이 없었다." From Leopold, "The Land Ethic," in *A Sand County Almanac* (New York: Ballantine, 1966), 246. *A Sand County Almanac* was initially published by Oxford University Press in 1949.

우리들 밖에 두고, 또한 모든 정신을 자기를 위해 남용하는 한 가지 생물종 (인간—역자주)의 사용 대상으로 삼는다면, 어린이들은 언어를 배우면서 동시에 자연세계를 자기들이 착취할 자기들의 것이라고 배우는 것이다. 간단히 말해서, 이런 도덕의 학교들과 사람들의 광범위한 기대들 사이를 왕래하여 삶을 형성하는 실들은 강력한 섬유가 된다. 가정과 이웃, 학교, 성전, 그리고 회사가 정의와 불의의 처음 학교들이다. 피조물의 정의는 가정에서 시작된다.

요컨대, 도덕적 우주를 확장함으로써 발생하는 도덕적 난관은 진정 사실임이 분명하다. 그러나 그것이 불가능한 것은 아니다. 결국 많은 사람들과 문화들이 생명 공동체 윤리(a community-of-life ethic)를 갖고 살아왔는데, 이런 윤리는 흙, 공기, 불, 물 등의 어미 원소들에게 높은 위치를 부여하는 윤리였다. 이런 사람들과 문화들은 심지어 살기 힘들고 새로운 상황 속에서 (식민지화라든지 지역적 기후변화 같은, 먼 곳에서 발생한 위압적인 힘들 속에서) 그렇게 해온 것이다. 그러나 누가 그런 부정적이고 위압적인 힘들이 계속해서 지배하기를 원하겠는가?

어찌 되었든, 만일에 지금처럼 산업공학기술 윤리의 인습적인 방식들이 계속 그 자리를 차지하고, 또한 생태권과 피조물의 정의에 대해 마땅한 주의를 기울이지 않는다면, 우리가 직면하고 있는 현실세계의 문제들이 산더미처럼 쌓여 있는 가운데, 다른 도덕적 우주의 도덕적 난관이란 빛이 바랠 것이다. 물론 단지 우리의 책임을 새롭게 개념화하고 그 어려운 질문들에 직면하는 것 자체로서는 필요한 도덕적 우주를 성취할 수 없다. 이것은 도덕이론과 정의이론이, 이론만으로서는, 그것들이 추구하는 것을 성취하지 못하는 것과 마찬가지다. 그럼에도 불구하고, "함께 생각할 것들"과 상징들을 올바르게 갖는 것은 필요하고도 강력한 도구인 것이다(그림 7.1을 보라).

우리는 이미 방법(도덕과 윤리에 반드시 필요한 요소로서)이 얼마나 중요한 것인지를 분명히 밝혔다. 방법이 중요하다. 방법이 결과 전체와 구조들을 형성한다. 그것을 깨닫는 것이 도덕적 명료성과 심사숙고를 도와준다.

그 다음엔…

제1부—피조물인 우리들, 우리가 살고 있는 세계, 우리가 찾는 신앙, 우리에게 필요한 윤리—를 마치면서, 우리는 생태문명으로의 길고 어려운 전환을 위해 필요한 공동체들에게 주목하고, 지구를 공경하는 삶을 위해서 그 공동체들이 끌어올 수 있는 공유된 종교적 자료들에 주목하고자 한다.

정의: 지구 행성의 피조물들이 생존하고 번성함.
사랑: 소속됨과 동등한 배려.
책임: 지구 행성의 건강을 돌보기.

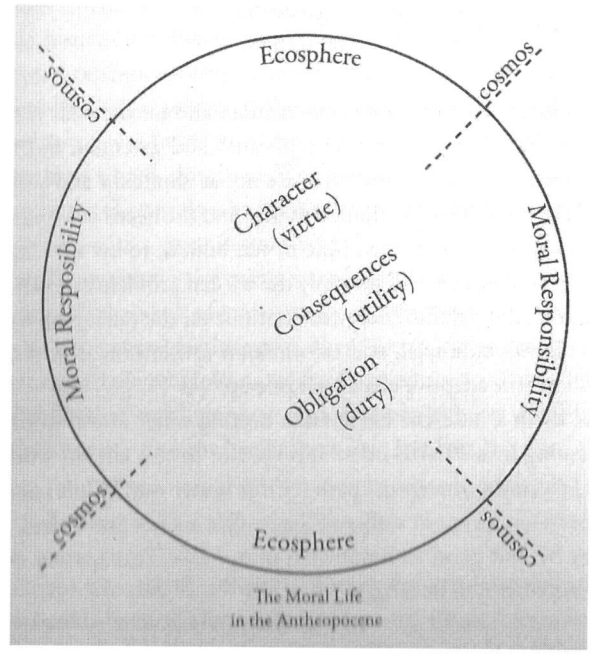

간주곡

옛날 그 좋았던 방식을 연구하고,
그리고 누가 별처럼 빛나는
영광의 관을 쓰게 될 것인지 연구하려고,
내가 기도하고자 강으로 내려갔을 때,
선하신 주님, 내게 길을 보여주소서.
오, 누이들아, 우리 내려가자
우리 내려가자, 자 어서 내려가자,
오, 누이들아, 우리 내려가자
강으로 내려가자, 기도하러.
오, 형제들아, 우리 내려가자.
우리 내려가자, 자 어서 내려가자.
강으로 내려가자, 기도하러.

지구는 산업화할 수 있지만, 지구에 맞는 규모와 방식으로 단 한 번 할 수 있다. 고동치는 현대세계는 반복될 수 없고 또한 마냥 확장될 수도 없다.[1] 그 대가는 지불할 수 없이 크다. 천연자원들은 이전 시대처럼 그렇게 넉넉하지 않다. 기후변화와 세계인구(70억, 그리고 80억, 그리고 90억 혹은 100억 명)의 필요들이, 나머지 자연의 필요는 차치하고라도, 이미 시야를 꽉 메워 북적이고 있는 위험한 문제들을 더욱 증가시킬 것이다. 또한 농업, 산업, 그리고 정보혁명들의 속도가 느려지고 그 매력을 상실함에 따라, 같은 길을

---

1) 이 노래는 전통적인 bluegrass(미국 남부 컨트리 뮤직의 하나) 복음송가 "As I Went Down to the River to Pray"에서 인용한 것이다.

계속 가야 하는 정신적 에너지가 감퇴될 것이다. 적응하려는 도전이 산더미처럼 쌓여갈 것이다.2)

그런 도전들에 대응하려면, 다른 지구 신앙, 즉 다른 도덕적-영적 에너지를 지니고 있으며 또한 달라진 세계에 적절한 지구 윤리를 만들어내는, 다른 지구 신앙이 바람직하다. 제1부에서는 이런 보다 나은 길을 위한 개념적 길을 닦았다. 개념상의 명확성이 필요하기는 하지만, 그것만으로는 충분하지 않다. 충분한 것은 좋은 아이디어들이 아니라(그것들도 매우 중요하긴 하지만) 좋은 공동체들이다. 우리의 경우엔 적응하려는 도전에 대처하는 앞서가는 공동체들(anticipatory communities)이다.

"앞서가는 공동체들"은 세계들을 다시 상상하고 가능성들을 새로 정렬할 수 있는 본거지들인데, 이곳들에선 새로운 혹은 갱신된 실천들이 생태학적 생활방식과 산업이후 사회의 생활방식에 초점을 맞추게 된다. 이런 공동체들은 항구와 같은 성격을 갖고 있어서, 따로 구별된 곳들, 그리고 안전한 장소이면서도 창조적인 모험에 대해 개방된 곳들이다. 이런 공동체 안에서는 기본적인 도덕 형성이 기성 가치에 의해서가 (단순히 주변 문화의 풍토와 문서화되지 않은 윤리에 합치하도록) 아니라, 의식적인 선택에 의해 이루어진다. 여기서는 생태사회학적 덕목들이 공동체들의 삶 속에서 배양되고 구체화된다.3) 여기서는 현대성의 결점들이 폭로된다.

로버트 포그 해리슨은 그의 책 『정원』(*Gardens*)의 마지막 장을 끝내면서 이탈로 칼비노(Italo Calvino)의 저서 『보이지 않는 도시들』(*Invisible Cities*) 속에서 마르코 폴로(Marco Polo)가 한 이런 말들을 인용하고 있다: "우리가 매일 살아가는 지옥의 고통을 피하는 두 가지 길이 있는데, 그 지옥은 우리가 함께 있음으로써 형성한 것이다. 첫 번째는 당신 자신이 그 지옥의 일부가 됨으로써 그 지옥을 받아들여서 당신이 그것을 더 이상 볼 수 없게 되는 것이다. 두 번째는 모험적인 것인데 꾸준한 경계와 판단을 요구하는 것이다. 즉 그 지옥 한가운데서, 지옥이 아닌 것이 무엇이며 누가 아닌가

---

2) 이 문단은 Rasmussen, *Earth Community, Earth Ethics*, 177-79에서 재인용.
3) Harrison, *Gardens*, 81-82.

를 찾아내고, 그래서 그들로 하여금 견뎌내고, 그들에게 여지를 주는 것이다."4) 그런 여지와 이해야말로 앞서가는 공동체들의 여지와 이해인 것이다.

다행하게도 이런 종류의 창조성에 대한 안목을 지닌 공동체들은 도처에서 일어나고 있다. 잡지 "오리온"(*Orion*)은 그 시작 목록을 이렇게 쓰고 있다: "지역경제와 지역화폐, 공동체 전환, 영속농법(permaculture), 단체 책임, 대안 건강법, 대안 에너지, 공해 없는 공학기술, 지역 에너지, 사회경제적 정의, 지속가능한 도시들, 대안주택, 효율적 건축과 생태학적 설계, 기후행동, 지역 농업과 식량 체계들, 그리고 통전적(holistic, 복잡한 체계의 전체는 단지 각 부분의 총합이 아니라, 각 부분을 결정하는 통일체란 입장—역자주) 교육 등이다. 이런 모든 것들이 앞을 향해 나아가고 있다."5)

그 잡지 편집자들은 계속해서, "진리와 아름다움을 옹호하는 움직임은 언제나 어렵고 느린 길이었다. 우린 그것이 항상 그러할 것임을 알고 있다. 그러나 긍정적이고 의미 있는 변화에 공헌할 단계들을 밟기 위해서 그들의 가치를 표현하고자 하는 사람들을 위해서는 가장 간단한 길이었던 것"6)이라고 말한다.

제2부에서는, 앞서가는 공동체들의 사역에 종교적 윤리가 가져올 깊은 전통들, 강력한 요소들을 제시하고자 한다. 그러나 그처럼 수천 년 된 전통들은 그 자체만을 위해 서 있는 것이 아니다. 그 전통들은 종교적 제자도(discipleship)에 복무한다. 제자도란 생활방식을 배우는 고전적인 종교적 명칭이다. 그것은 저 "좋았던 오래된 방식(혹은 새로운 방식)을 배우는 것"이다. 제자도가—길이요, 부름이요, 실천으로서—제1부와 제2부의 교량이다.

그 길(The Way)

새로운 종교들은 거의 모두가 보석으로 장식된 황제들과 왕실의 법령들

---

4) Harrison, *Gardens*, 162, citing 165 of Calvino's *Invisible Cities*.
5) "From the Editors," *Orion: Nature/Culture/Place*, January/February 2011, I.
6) Ibid.

이 낳은 자손들이 아니다. 그것들은 보통 굽힐 줄 모르며, 제대로 옷을 입지 않은 몇몇 제자들에 의해 탄생된다. 그러나 종교들은 그런 점에서는 겸손하지 않다. 종교들은 바로 생명의 시작, 마침, 의미, 목적에 대한 장엄한 설명을 제공하는, 우리와 모든 만물의 우주적 이야기를 제공한다. 그리고 종교들은 그런 의미에 맞추어 살아가는 태도를 제시한다. 종교들은 그런 우주 이야기에 적절한 실천, 의식, 기강을 제공한다. 그것들은 "길"(Way)을 규정한다.

종교전통들이 말하는 이야기들은, 그 길의 일부로서, 그런 이야기를 하는 사람들만큼이나 다양하다.7) 여러 가지 이야기들을 구체화한 생활방식(길)들은 마찬가지로 다양하지만, 깊은 전통들에 의해 울리는 하나의 곡조로서 다음에 이어지는 장들에서 설명할 것이다. 그럼에도 불구하고 거기엔 항상 하나의 이야기가 있는데, 수없이 많이 말해진, 때때로 새로운 뜻밖의 전개와 표현방법을 지닌, 친숙한 설화들로 얽혀 짜여진 장엄한 이야기(a grand narrative)다.

둘째로, 그 이야기에는 전통이 있는데, 그 전통은 끊임없이, 때로는 사납게, 논쟁되고 시도되었던 수많은 경로들로 짜여 있다. 만일 그 전통이 살아 있는 신앙에 속한다면, 그것은 풍부하고 다양하며 변하고 있다. 여기서 논의하고 있는 깊은 전통들이란, 만일 그것들이 지구를 공경하는 개혁에 대하여 열려 있다면, 살아 있는 자들의 죽은 전통들이라기보다는 죽은 자들의 살아 있는 전통들인 것이다.

셋째로, 그 이야기엔 핵심 지도자, 현자(sage), 메시아, 구루(guru)가 있는데, 그들이 그 장엄한 이야기의 의미를 성육신한 삶의 방식을 가르쳐준다. 더구나—그리고 이건 주변적인 문제가 아닌데—그 존경받는 지도자는 인습적인 지혜와 길들과는, 설사 철저히 갈등을 일으키지는 않더라도, 긴장된 관계를 이루는 방식을 가르치고 그런 경로를 걷는다. 그런 카리스마(특수한

---

7) 지구를 공경하는 신앙은 심지어 모든 사람들을 위한 하나의 종교가 되기를 원하지도 않아야 한다. 역사의 평원에는 유일한-길이란 종교의 시체들로 어지럽혀져 있다. 히나, 오직 하나뿐인 진리라는 신앙 말이다. 역설적이게도, 이런 신앙은 신앙적이지 못하다. 은혜롭고도 온통 자비로운 하느님은 품이 넓은 하느님이고, 오직 한 길뿐인 신앙은 은혜롭지도, 품이 넓지도, 자비롭지도 않다.

은사)가 있는 지도자에겐 죽음이 일찍 다가올 수도 있고, 때로는 그 죽음이 부드럽게 다가오지 않는다. 그러나 그런 죽음이 폭력에 의해 때 아니게 다가오든, 아니면 90세에 조용히 다가오든, 현자나 메시아의 삶은 어쨌든 무덤 주변에서도 승리한다. 그런 지도자의 길이 화든 복이든 어느 경우에도 충분히 특이해서, 그녀/그의 길은 지구상에선 뭔가 아주 새로운 것으로 나타난다. 이것이 바로 기원전 5세기에 인도에서 싯다르타 왕자(Prince Siddhartha)가 부처가 된 길이고, 기원전 6세기 중국에서 노자(老子, Lao-tsz)의 길이요, 이집트에서 광야로 나간 모세(Moses)의 길이며, 로마제국에서 예수(Jesus)가 메시아 운동을 갱신한 길이고, 기원후 6세기에 메카에서 예언자 무하마드(Muhammad, 아랍어로 "칭송을 드릴 분"이란 뜻)의 길이었다.

요컨대, 새로운 종교들은 거의 항상 제자도 속에서 생겨난다. 새로운 종교들은 겨자씨 형태로, 아주 작은 것으로부터 태어난다. 그리고 그것들은 대안의 길을 구체화한 현자나 카리스마 있는 치유자에 의해 특징지어지는데, 그 길은 지옥문들이 그 앞에선 힘을 못 쓰는 능력을 구사한다고 생각하는 "훈련된" 사람들에 의해 채택된 것이다.

도덕적 충동

그런 대담성은 항상 제자도에 강력한 도덕적 감각과 활발한 도덕적 충동을 준다. 제자도는 도덕적 의식을 **창출하지는** 않는다. 그것은 우리가 어떤 종류의 피조물이냐에 속한 것이다. 그러나 제자도는 도덕적 의식을 강화하고 다른 이들에게로 길을 열어준다. 보다 나은 방식에 훈련된 헌신이 "현실/당위/방법"(is/ought/how) 사이의 간극에서 "당위"와 "방법"의 측면으로 작용하고, 인간의 충동을 보다 나은 세계를 만드는 데 초점을 맞추게 한다. 그것이 우리 자신들의 사람됨 속에서 우리가 추구하는 변화를 이룰 에너지와, 앞서가는 공동체들의 형태로 우리가 마땅히 원하는 그런 종류의 세계를 만들어낼 에너지를 생성한다. 이것이야말로 반항하는 현재 속으로 꿈꾸어온 미래를 빌려 들여오는 것이다. 이것이 "사랑하는 공동체"(beloved community)

를 추구하는 삶(마틴 루터 킹 Jr.)이며, 하늘에서와 같이 땅에서도 이루어진 왕국이다. 이것이 바로 "대안 공동체와 인습적인 지혜를 거꾸로 뒤집는 것을 통해서 이루는 변혁"8)으로서의 제자도이다. 이것들이 바로 로마(Rome)로 인도하지 <u>않는</u> 길 위에서 어린이들의 희망이다.9)

    제자도의 강력한 도덕적 충동은 물론 좌절될 수도 있다. 어떤 사람들은 언제나 자기만족의 삶을 살아가며, 또한 국가의 정상상태 덕분에, 모든 백성들이 어떤 기간 동안은 그렇게 살기도 한다. "현실"의 강력한 세계와 그것의 능력은, 인간의 상상력에 대한 능력을 포함해서, 항상 쓸 수 있도록 준비되어 있다. 아우구스티누스 시대의 많은 기독교인들은 로마제국 말고는 다른 세계를 생각조차 할 수 없었는데, 심지어 그들이 로마제국을 그들의 원수로 경험했거나, 심지어 고트족(Goths), 비시고트족(Visgoths), 반달족(Vandals)이 로마를 약탈했을 때에도 그랬다. 똑같은 방식으로, 미국에는 "아메리카"(America)를 떠나서는 별도로 그들 자신의 기독교 생활을 생각조차 할 수 없는 기독교인들이 있다. 이처럼 현재 존재하는 것, 그리고 부수적인 자기만족에 의해 상상력이 사로잡힌 것이 제자도를 약화시킨다. 문화적으로 사로잡힌 신앙이 보다 급진적인 길을 배제함으로써, 시민종교가 제자도를 대체한다.

    역설적이게도, 제자도는 "당위"를 잘못 적용시킴으로써 약화될 수도 있다. 너무도 철저하게 다른 세계 안에서 살아서 유일하게 현실적인 것은, 도덕적으로 말하자면, 그들이 이 세계와 "단절"되어 있다는 것뿐인 그런 삶들도 있다. 여기에서는 종교적 상상력이 이 세계 속에 더 깊이 들어가기보다는 이 세계로부터 멀리 인도한다. 다른 세계를 그리워하는 것(타계주의)이, 갱신의 불꽃이나 처음의 과업들을 다시 회복하는 것보다 더 정확하게 이런 신앙을 묘사한다. "하늘에서"(In Heaven)가 "땅에서"(On Earth)를 대체한다. 하느님과의 더 깊은 교제는 곧 땅과의 감퇴된 교제로 해석된다. 다가오고 있는 왕국보다는, 우리가 떠난다. 그리고 그런 신앙이 제멋대로 제자도의

---

8) Meyers, *Saving Jesus from the Church*, 15.
9) Ibid., 11.

수사를 사용하고 있지만, 이런 제자도는 종종 사유화되고, 이상스럽게도 멀리 떨어져 초연한 자세를 취하고, 야비하고 쩨쩨하여 도량이 좁다. 그것의 강박관념은 "나의 구원"(my salvation) 뿐이다. 이스라엘과 예수, 간디 혹은 달라이 라마의 의로움에 비교하면, 그런 제자도는 할 말이 없다. 그것은 "땅에서의 삶 전체"에 대한 것이 아니다.

그러나 이것은 제쳐 놓자. 요점은 제자도라는 것이 도덕적 에너지를 생성하며, 또한 우리 인간의 본성("현실/당위/방법" 사이의 지루한 간극을 넘어서 살아가는 피조물로서)에서 생겨나는 도덕적 충동을 타인들에게 전해준다는 점이다. 그것이 길을 생성하는데, 그 길은 하느님과 우주의 찬미에 중심을 둔 삶의 깊은 환희를 알면서도, 또한 시대의 권력자들(principalities and powers—원래는 하늘에 있는 권력의 천사와 땅의 통치 권력-역자주)과의 긴장 속에 살아가는 삶, 곧 첨단의 삶(life on the edge)이기도 하다.

이런 모든 것이 포괄적 언어로 묘사된, 범종교적이고 범인간적인 제자도다. 그것도 나름의 덕목들을 지니고 있다. 그러나 제자의 삶은 거기엔 없다. 그래서 우리는 살아 있는 역사적 전통들에 눈을 돌려서 아브라함, 사라, 그리고 하갈의 자녀들로부터 시작한다.

공적인 제자도

"길"(the Way)로서의 제자도는 유태교, 이슬람교, 기독교에 모두 공통이다. 유태교에선 그것이 **할라카**(halakah)(때로는 "걷기[the walk]"로 부르기도 한다)와 **하느님을 본받기**(imitatio Dei)다. 이슬람교에선 제자도가 **샤리아**(shari'a, 물로 가는 길)와 알라(Allah)에게 순종하다. 기독교에선 제자도가 **예수의 길**이며 **그리스도를 본받기**(imitatio Christi)다. 이 모든 것이 "하느님의 백성들"로서 살아가는 삶의 길에 대한 이해다. 그리고 모든 종교가 이런 삶은 **당위**일 뿐 아니라 은혜에 의하여 **가능**한 삶으로 생각하며, 일상적인 습관들과 매일의 빵 문제에서 살아가야 하는 것인데, 설사 그 길(the Way)이 산상수훈(the Sermon on the Mount), 광야에서 받은 율법(the Torah), 혹은 이슬람의 일곱 기둥들처럼 벅찬 요구일지라도 그렇게 살아야 한다는 말이다.

제자도의 공적인 모습은 어떠한가? 제자도가 아브라함 전통에서는 세 가지 면에서 "공적"(public)이다. 제자도는 "길의 **백성**"(people of the Way)과 "삶의 **공동체적 패턴**"에 대한 것이다. 이 백성은 그 자체로서 "공적"이다. 초기 기독교인들의 예를 들자면, 테르툴리아누스는 2세기 교회를 "하느님의 사회"(*secta dei* 혹은 *societa dei*)라고 불렀다. 바울은 1세기 교회들을 새로운 인간을 구성하는 "몸"(body)이라 부른다. 베드로는 이 백성을 "거룩한 나라," "선택된 인류," "독특한 백성"이라고 부른다. 이런 이미지들은 기본적으로 공적이다. 즉, 그것들은 구조를 지닌 사회적인 몸, 가령 도시국가(polis) 자체처럼, 거기에서 제자도의 공동체의 가치들과 헌신들에 맞추어 공동생활을 위한 결정들이 내려지고, 역할들이 부여되고, 권력이 행사된다. "교회"(church)라는 단어가 기본적으로 공적인 것이다. 그리스어 '에클레시아'(*ekklesia*)는 소집된 회의, 혹은 마을회의처럼 모임(assembly)을 뜻했다. 보다 광범위한 사회를 대신해서 '에클레시아'는 어떻게 그 회원들의 공동생활이 질서를 이루게 할 것인가를 헤아리고 심사숙고하기 위해 모인다.10)

제자도의 공동체로서 이런 공적인 모임은 반복되는 형태를 보여준다. 그 형태는 흔히 새로운 종교가 태어날 때, 또한 자신을 갱신하고자 별도로 박차고 나올 때 생겨난다. 그것의 요소들은 다음과 같다.

* 백성들을 위한 권력으로서 신적인 권력에 대한 인식
* 여러 회원들의 다양한 재능들을 고귀하게 보이게 하는 기본적 특질
* 직함보다는 "형제" "자매"라고 부르는 형태들
* 필요에 따라 자원들을 공유하기
* 보다 포괄적 공동체를 위해 자연적-사회적 경계선들을 넘어서려는 노력

---

10) John Howard Yoder, *Body Politics: Five Practices of the Christian Community before the Watching World* (Harrisonburg, VA: Herald Press, 2001), ix, 2.

* 모든 지배적인 질서, 모든 "황제"와의 불편한 관계
* 평신도나 새로운 종교질서로서, 모든 회원들에게 권력을 부여하기
* 이 모든 것이 기쁜 소식이자, 더 큰 세계를 위한 선구자로서의 모범이라는 확신.11)

둘째로, 아브라함의 길이 "공적인" 것은, 지상에서의 삶 전체에 걸쳐서 그 길을 살아야 된다는 뜻에서 그렇다. 그 길은 모든 면에서 의롭거나 올바른 삶이다. 그 길은 그 실천에서 삶 전체를 뒤덮어 채우는 생활방식이고, 그 전체의 의미를 명시한다. 이런 전체는 불만족스럽게 이름 지어진 "영성"(spirituality)이란 것도 포함한다. 즉, 마음으로 열망하는 세계—도덕적, 종교적, 자연적-문화적 차원들이 공학기술과 조직의 차원들과 일치하는 세계—를 포함하여, 안의 세계가 밖의 세계와 서로 잘 어울리는 것이다. 지구를 공경하는 영성은, 지구의 건강을 공공적 책임으로서 포함함으로써, 심지어 거기에 중심을 둠으로써, 이런 전체가 참으로 그러한지를 확인한다.

셋째로, 그 길(the Way)은 공개적으로 눈에 보이는 것이다. 그것은 실천들에 의해 특색을 이루는데, 그 실천들이란 충분히 강력해서, 다음 세대를 형성하고 또한 그 신앙은 자녀들을 갖고, 그 자녀들은 신앙을 갖도록 보장할 만큼 충분히 강력하다. 그 실천들이란 충분히 이상스러워서, 호기심에 찬 사람들을 흥분시키고 그들을 신입회원으로 모아 들인다. 또한 그 실천들이란 충분히 지성적이라서, 산들과 사람들을 움직이는 신앙을 위한 건전한 이유들을 제공한다. 만일 그 길이 눈에 보이지도 않고 재볼 수도 없다면, 그것은 믿을 수가 없는 것이다.

유태인들, 무슬림들, 그리고 기독교인들을 위해서, 제자도란 하느님께 신실한 공동체 속에서의 의로운 삶이다. 이런 여정을 가는 사람들이 특징적인 표지를 붙이는 것은 집단적인 행위인 동시에 매우 심오하게도, 개인적인

---

11) I have used these in my chapter, "Shaping Communities," in Bass, ed., *Practicing our Faith*, 128. Most in this list reflect the influence of John Howard Yoder.

것이며, 감정, 영혼, 그리고 마음의 문제다. 제자들이 기도와 명상을 제외하고는 감히 들어갈 수 없는 숨겨진 차원들이 있으며, 조용한, 심지어 비어 있는 공간들이 있다. 그것들에 대해서는 다그 함마슐드(Dag Hammarskjold)가 그 자신의 존재를 걸고 대답을 했던 누구인가(Who), 어떤 이(Someone), 혹은 어떤 것(Something) 밖에는 더 이상 알 수가 없다. 그러나 이들 세계들 속의 세계들, 바퀴들 안의 바퀴들, 신비한 것들 안의 신비한 것들은 민족들에 대한 증언 정도로 의도된 공적 신앙의 내부 깊숙한 후미진 곳들이다.

초청

백성들의 길로서의 제자도는 늘 명령을 따르라는 초청 그리고 오랜 복종과 결부된다. 그 초청은 흔히 구루(Guru), 메시아 같은 인물, 혹은 존경받는 지도자에 의해서 확실한 헌신을 요청하는 연설로 제시된다. 예를 들어, 예수의 초청은 직접적이고 개인적이며 공개적인 것인데, 그 초청은 보통 사람들에게 그들의 일상적 세계에서 그물을 걷어버리고, 세금을 징수하던 세관의 문을 닫고, 그리고 다른 미래를 향해 짐을 싸들고 나서라는 것이었다.

그러나 그런 초청은 심지어 같은 종교전통 속에서도 그처럼 강력하지는 않을 수 있다. 원숙한 공적인 인물인 유엔 사무총장의 초청 경험을 고려해보자. 그것은 제자도의 고전적인 초청에는 일치하지 않지만, 그런 초청의 성실성의 특징을 지니고 있다. 사무총장은 이렇게 쓰고 있다.

나는 누가(Who)—혹은 무엇(What)이—그런 질문을 했는지는 모르겠다. 나는 언제 그런 질문을 받았는지도 모르겠다. 나는 심지어 그에 대한 대답도 기억하지 못한다. 그러나 어느 순간, 나는 그 누군가(Someone)에게—혹은 그 무엇엔가(Something)에게—"예"(Yes)라고 대답했고, 그리고 바로 그 시간부터 내게 확실해진 것은 존재는 의미가 있고, 그래서 나의 삶도, 자신을 내려놓고 목표를 갖게 되었다.

그 순간부터, 나는 "뒤를 돌아보지 말라," 그리고 "내일을 생각하지 말라"가 무슨 뜻인지를 알게 되었다. 삶의 미로(labyrinth)를 통한 나의 대답이 아리아드네(Ariadne—그리스의 여신, 미로를 관장)의 실마리에 인도되어 내가 깨달은 것은, 그 길이 승리로 인도하나 그 승리는 파멸이고, 파멸로 인도하나 그 파멸은 승리라는 것, 사람의 생애를 다 바친 대가는 비난일 수 있다는 것, 그리고 사람에게 가능한 유일한 높여짐은 겸손의 깊이에 있다는 것이었다. 그 뒤로는 "용기"라는 단어가 그 의미를 상실했으니, 아무것도 내게서 가져갈 것이 없었기 때문이었다.

내가 그 길을 따라 계속 걸으면서, 나는 한 걸음씩, 한 단어씩 배웠는데, 그것은 성경 복음서들의 모든 말의 배경에는 한 사람과 한 사람의 경험이 있다는 것이었다. 또한 그가 그 잔을 마시지 않게 해달라는 기도, 그리고 그 잔을 마시겠다는 약속의 배경에도, 또한 십자가로부터 나온 말 각각의 배경에도 한 사람과 한 사람의 경험이 있다는 것이었다.12)

위에서 지적한 대로, 많은 종교적 전통들 속의 제자도를 위한 고전적인 담론은 "그 길"과 그것에 대한 결연한 동의, 특별한 순간에 표현하는 생애를 헌신하는 "예"(Yes)에 대한 담론이다. 비슷하게도, 그 누군가(Someone)에게 —함마슐드의 글에서 말했듯이, 혹은 그 무엇(Something)에게—"예"라고 대답하는 것은 그 무엇에도 불구하고 삶을 살아있는 것으로 그려낸다: 환희에 찬 삶과 풍요로운 삶, 살아 있는 맛을 내는 삶, 그러나 이 땅의 잔을 그 바닥까지 다 마시고(쾌락, 고생 다 맛보고), 심지어 십자가를 지는 것에도 불구하고 말이다. "그리스도께서 부르실 때는, 사람에게 와서 죽으라고 명령하시는 것이다."13)

위에 인용한 단락은 함마슐드가 쓴 『표지들』(*Markings*)이라는 제목의 책에서 인용한 것이다. 원래의 스웨덴어 책이름은 *Vagmarken*인데, 그 뜻은

---

12) Dag Hammarskjold, *Markings* (New York: Alfred Knopf, 1964), 205.
13) Bonhoeffer's *Discipleship*, *DBWE* 4:87 "Whenever Christ calls us, his call leads us to death."

"도로 표지들"("Markers of the Way," "Road Markers"), 혹은 원한다면 "돌무더기들"(cairns)이라는 뜻이다. 함마슐드의 설명은 이보다 더 깊이 개인적일 수는 없을 것이다. 그러나 이분은 힘들고 불확실한 여정 위에서, 원숙한 공적 인물이고 세계 시민의 모범인 분이었다.

비록 함마슐드의 제자도와 "도로 표지들"로서의 그 길(the Way)에 대한 언급이 예수와 그의 길(his Way)을 수없이 암시하고 있지만, "도로 표지들"이라는 책제목은 예수를 회상한 것이 아니라, 예레미야의 말을 회상한 것이었다: "너는 길에 푯말을 세우고, 길표를 만들어 세워라. 네가 전에 지나갔던 길과 대로를 잘 생각하여 보아라"(예레미야 31:21).

예레미야에 의해 교훈을 받은 그들은 누구인가? 그들은 개인적 여행객들은 아니었다. 비록 함마슐드는 그 자신의 존재의 핵심에 말씀이 전해지고 있는 것으로 확신했지만 말이다. 교훈을 받은 사람들은 하느님의 정처 없는 백성들(the wayward people of God)인데, "정처 없는"(wayward)을 두 가지 의미로 이해할 수 있다. "그 길 위에 있는 민족"(a People on the Way) 혹은 "길을 잃어버린 민족"(a People gone astray)이다. 예레미야는 계속해서 말한다: "처녀 이스라엘아, 돌아오너라. 너희가 살던 이 성읍들로 돌아오너라. 너 방종한 딸아, 네가 언제까지 방황하겠느냐? 주님께서 이 땅에 새 것을 창조하셨으니, 그것은 곧 여자가 남자를 안는 것이다"(예레미야 31:21b-22).

"이 땅에 새로운 것, 곧 여자가 남자를 안는 것이다." 당시에 무자비하게 가부장적인 생활방식과 신앙의 관점에서 보면, 예레미야의 "여자가 남자를 안는다"는 말은 그저 놀랍기만 하다. 이 표현은 충분히 패러다임 밖의 표현이기에 진지한 성서학자들이 수세기 동안 그것에 대한 해석을 두고 논쟁을 벌였던 것이다. 비록 그들이 공통된 의견에 이르지는 못했지만, 그들의 여러 가지 독해법은 한 가지 공통점이 있는데, 여기엔 기대된 역할의 날카로운 반전(역전)과 새로운 출발이 있다는 점이다. 그리고 "이 땅에 새로운 것"은 예레미야에 의하면 하느님이 하신 일이다. 이것이 바로 옛것에 대해 죽고 새로운 것으로 다시 태어나는 제자도다. 어느 회중의 "온 땅의 언약"(Whole Earth Covenant)의 표현으로는, 이런 신앙은 "우리가 현재 계획하는 것보다

심지어 훨씬 더 급진적인 행동에로 나서라고 우리를 초대하는 것"이다.14)

원숙한 공적인 그리고 원숙한 사적인 인간으로서의 함마슐드로부터 어떤 길을 배울 것인가? 만일 함마슐드가 그에 대한 중요한 차원들을 보여준다면, 종교적 제자도에 대해 무엇이라고 말할 수 있을 것인가?

최소한 이런 것이리라. 그 길(The Way)은 흔히 예상하지 않았던 것이고, 단지 부분적으로만 알려지고 탐지된 것이다. 아마도 그것은 제자들의 길이 알려질 수 없었던 바로 그 이유 때문에, 그 가르침이 이정표들을 세워주고, 걸었던 길과 걸어보지 않았던 길을 잘 생각해보게 해준다.

둘째로, 제자도는 순례인데, 때로는 아브라함과 사라와 하갈의 모험적이고, 불확실하고, 그리고 위험한 순례라서, 그곳에선 행운이 불운에 결합되어 있고, 사막과 간신히 살아남는 것이 은혜와 신앙과 "이 땅에 새로운 것"에 결합되어 있다. 이 경우엔, 이 땅에 새로운 것이 다름 아닌 두 민족과 그들의 길들(유태교와 이슬람교)의 탄생인 것이다. 다른 종교들도 영웅적인 시작들(혹은 좀 덜 영웅적인)과 계속된 순례에 해당하는 이야기들을 갖고 있을 것이다.

마지막으로, 거룩한 영이 제자들을 그들이 기대하지 않았거나 가기를 원하지 않았던 곳으로 데려갈지도 모른다. 제자들의 기대들은 심지어 거꾸로 되어서, 제자들이 상상조차도 못한 것으로 하느님이 이 땅에 새로운 것을 행하여 주실 수도 있다. "여자가 남자를 안는다"와 "버려진 돌이 주춧돌이 된다"(사도행전 12:11b).

함마슐드는 유엔 사무총장으로서 그런 흥망성쇠의 순환을 잘 알게 되었고, 그 가운데 하나가 비행기 추락사고로 그의 생명을 앗아갔다. 그는 자신의 도덕적-영적인 분별력의 습관을 통해 역사의 복잡한 일들에 대비하였다, 비록 이런 정보를 얻어내려면 그의 저서 "도로 표지들"을 더 잘 읽어 보아야 할 것이지만 말이다. 그러나 직접 강조하고자 한 것은 함마슐드에 대한 것이 아니라, 오히려 제자도에 속한 모든 것들, "이 땅에 새로운 것들"은 물론,

---

14) *United Church of Santa Fe Whole Earth Covenant*, United Church of Santa Fe, n.p.

비애감과 비극, 반어(비꼬기)와 불확실성에 대한 것이다. 우리가 조사하려는 깊은 전통들은 이를 당연시한다. 그 전통들은 제자도를 살았고, 그래서 그것이 그 전통들을 형성하였다.

"이 땅에 새로운 일을 하는 것"은 신앙 종파를 초월한, 범기독교적인 경계선들을 넘어서 또 다른 요소를 추가하는 것이다. 그 길은 밟아서 만들어진다. 그 길은 때로는 새로운 땅 위에 만들어진다. 제자도는 "그 좋은 옛 방식"을 단지 공부하는 것뿐만이 아니라, 강렬한 혁신이다. 『즉흥적 행동: 기독교 윤리의 드라마』(*Improvisation: The Drama of Christian Ethics*)가 새뮤얼 웰스(Samuel Wells)의 기독교 제자도에 대한 책 제목으로는 좋을 것이나, "즉흥적 행동"(improvisation)은 다른 신앙에도 마찬가지로 해당된다. 시간과 역사가 바뀌고 시대가 오고 가도, 제자도는 필연코 즉흥적 행동의 드라마인 것이다.

우리의 드라마도 지금 그러하다. 종교적 제자도는 일찍이 전 지구적으로 위협을 받은 생태권을 가지고 살아본 적이 없으며, 혹은 상상도 못했던 생식 계열의 변화를 위한 게놈(genome) 지식을 가지고 살아본 적도 없고, 혹은 가망이 없는 나라들과 이상한 불량 행위자들이 손에 넣을 수 있는 대량 파괴 무기들, 혹은 즉각적이고 전 세계적인 전자통신이 풀뿌리 조직들이나 회사 발전소들에게 제공하는 전례가 없는 조직적 가능성들을 가지고 살아본 적이 없었다. 지구를 공경하는 신앙을 위한 제자도 형성에는 즉흥적 행동은 필요하다. 그것이 없이는 어려운 전환들을 뚫고 나가지 못한다.

그러나 제자도의 경험으로서의 즉흥적 행동은 정작 새로운 종교로 탄생하는 울음소리로 표를 낸다. 제자도는 획기적인 삶의 방식, 즉 자기가 그런 삶을 살리라고 기대했거나, 혹은 이어지는 그 운동을 자기가 시작하리라고 기대하지 않았던 어느 지도자가 돌파한 새로운 경로 위로 걸어 나가는 처음 기공식을 하듯 하는 삶의 방식이다. 그 언어는 종종 복종과 항복의 언어이며 정해진 궤도 안에 머물고 있지만, 그러나 가까이에서 자세히 보면 대본도 없는 드라마와 걸어감으로써 비로소 길을 내고 있음을 발견한다.

어찌 되었든, 거기에 하나의 길이 **있다**. 그 모험이 아무리 불확실하고 즉흥적일지라도, 제자도는 알아차리지 못하는 무의식 상태나 혼돈이 아니다. 또한 그것은 목적도 없거나 의기소침한 감옥도 아니다. 함마슐드의 이미지로는, 아리아드네(Ariadne)의 실마리는 가냘프지만 그러나 인생의 미로를 통과해가는 좋은 안내이다. 거기에 길이 있고, 그리고 그것은 표지를 지니고 있다.

실천들

그 길의 한결같은 표지들, 그 길이 정처 없는 길이 아닌 이유, 심지어 즉흥적 행동의 원재료들조차도 모두 한 가지 똑같은 것을 중심으로 하고 있는데, 그게 바로 제자도의 실천들(practices)이다. 믿음들, 신조들, 신학, 그리고 우주론 이런 모든 것이 제자도의 실천을 떠나서는 헛된 것이다. 이런 실천들, 혹은 단련들(disciplines)이, 심지어는 그 실천들 자체가 그 기풍이나 형식에서 드러내놓고 도덕적이거나 윤리적이 아닌 때에도, 영적-도덕적 체계를 제공한다. 실천들은 처음엔 창조하고, 그리고는 그 길의 대안적인 경로를 계속하여 간다. 마치 훌륭한 도자기 제조공이 그릇을 만들 듯이, 실천들은 제자의 삶을 정교하게 만들어간다.

우리는 제자도의 반복되는 핵심적 실천들을 "초점의"(focal) 실천들이라고 부른다. 거기엔 또한 보조적인 실천들도 있는데, 그것들 중 많은 것은 일을 처리하는 표준 방식들이 실패할 경우에 필요한 즉흥적 행동의 내용들이다. (앞에서 인용한 잡지 *Orion*의 처음 목록들이 즉흥적인 보조적 실천들의 목록이다.)

때로는 핵심적 실천들과 보조적 실천들이 비범한 능력을 드러내기 위해서 함께 합쳐지기도 한다. 1장에서 예를 든, 자연과 상징들의 힘이 그러하다—나무를 구하기 위해서 나무에게 불교식으로 성직 안수를 한 것, 혹은 "하느님의 심장에서 나온 불꽃"(flaming forth from the heart of God)인 우주의 이야기를 하기 위해 카톨릭의 "처소들"(stations)을 메리놀(Maryknoll) 수도회가 채택한 것 등을 생각하라. 그러나 우리는 초점의 실천들을, 적어도 처음

에는, 별도로 다룰 것이다,

초점의 실천들은 신앙의 창립 담론인, 총괄적인 이야기에서 극적인 것만 뽑아낸 정수를 구체화한다. 이런 정수들은 반복되는 개인적 행동들과 공동체적 행동들의 형태를 띤다. 그것들은 인간 본성의 뭔가 깊은 속에 말하며, 또한 그 이름을 짓든 짓지 않든 간에, 도덕적 본질을 지니고 있다. 그것들은 현재에 일어나지만, 그러나 열망하는 세계, 만들어지고 있는 세계, "그렇게 될" 세계를 나타내며, 열반(Nirvana), 에덴동산(Eden), 낙원(Paradise), "사랑하는 공동체"(beloved community) 같은 것이다.

각각의 종교전통이 그 자체의 표지들과 초점의 실천들을 갖고 있지만, 어떤 것들은 시간을 넘어서, 그리고 거의 모든 장면들에 반복하여 표면에 나타나는 것들이 있다. 낯선 자들을 받아들이고 거룩한 음식을 나누고자 모이는, 환대(hospitality)는 제자도의 공동체 실천으로 보편적인 것이리라. 예(Yes)와 아니요(No)를 말하기를 배우는 것, "생명을 선택하는" 개인적 경로를 분별하는 것은 계속 진행 중인 단련이다. 안식일을 지키는 것, 혹은 적절한 의식과 축제로 거룩한 시간과 공간을 준수하는 것, 혹은 태어날 때, 생애를 통하여, 혹은 죽음과 통과의 시간에 몸을 존중하는 일도 그러한 단련이다. 질병과 치유도 때로는, 잔치를 벌이거나 금식과 목욕재계를 하면서, 알려진 형태의 공동체의 실천들로 둘러싸여진다. 그리고 "우리의 삶들을 노래함," 증언과 증거, 제자도의 공동체가 그 이야기를 공유하고 그것들을 말로 노래로 찬미하고, 고뇌 혹은 의심을 들어 올려 헌공하는 모임들이 있다. 평화의 화해(peacemaking)와 비폭력적 갈등 해결도 이런 저런 형태로 항상 중요한 단련이 되어왔다. 특히 그중에서도, 용서는 범종교적 핵심 실천이요, 그것에 의해서 마음이 무거운 짐을 덜고, 새롭게 시작하라는 은혜가 제공되는 수단이다. 각각의 종교공동체에 의해서 구체적인 형태와 이름이 주어지지 않아서 단지 부족한 실례들을 들었지만, 이런 것들이 제자도를 특징짓는 초점의 실천들을 최소한 예증한 것이다. 다음에 제2부에서 뒤따를 깊은 전통들은 초점의 실천들이 얼마나 중요한지를 더 예증할 것이다.15)

---

15) Many of these, including "singing our lives," "saying Yes and saying No,"

그 다음엔...

지구를 공경하는 길, 초대, 그리고 실천을 탐구하는 것이, 우리의 피조물 됨, 우리가 살고 있는 세계, 우리가 추구하는 신앙, 우리에게 필요한 윤리 등에 대한 생각들에서 나아가, 지구를 파괴하는 힘들에게 항의하는 깊은 종교적 전통들을 갱신하는 형태로 건설적인 응답을 하는 것에로의 전환으로서 충분하다. 제자도는 종교 윤리와 삶의 중심을 잘 포착하고 있고, 또한 제자도의 공동체들은 우리에게 필요한 공동체들로서—적응하려는 도전들에 직면하는 앞서가는 공동체들로서—우리의 운명이 명백하기보다는 불확실한 때에, 살기 힘들고 도전적인 시기에 길을 내기 위해서 필요한 기초적 도덕적-영적 형성을 위한 공동체이다.

"testimony," "honoring the body," and "forgiveness," are taken from Bass, *Practicing Our Faith*.

제2부

8장

금욕주의와 소비주의

확인하라, 그대의 영혼이 자기절제를 하고 있는지,
그대의 자유가 법 안에 있는지를.

— 가사, *America the Beautiful* [1]

워즈워드(Wordsworth)의 단시(短詩, sonnet) 첫 절, "세계는 우리에게 너무도 과분해"(The World Is Too Much with Us)는 많은 사람들이 알고 있다. 그러나 대부분의 사람들은 그 다음에 이어지는 것을 잊어버렸다.

세계는 우리에게 너무 과분해. 늦게 또한 빨리,
얻어서는 써버리고, 우리는 우리의 능력들을 낭비했지.
자연 속에서 우리들 것이라곤 별로 보지 못하는데,
우리는 우리들의 심장들을 탐욕스런 혜택에 내어주었구나!
이 바다는 그녀의 가슴을 달에게 내어놓았고,
바람들은 끊임없이 으르렁거릴 것인데,
그리고 잠든 꽃들처럼 이제 몰려온다.
이것에 대해, 또한 모든 것에 대해, 우리는 가락이 안 맞고,

---

[1] 이 장 첫머리에 인용한 시는 Katharine Lee Bates, 1850-1925에서 따왔다. 회중교회 목사의 딸이요 Wellesley College의 영어 교수였던, 그녀는 4,242미터 높은 산에 올라가서 Pike's Peak에서 "아름다운 미국"(America the Beautiful)이란 시 4연을 썼다. 그 앞에 있는 구절 "God mend thine flaw"(하느님은 당신의 결점을 수리하신다)도 금욕주의 전통 속에 있다.

395

그건 이제 우리들 감정을 뒤흔들지 않네.2)

"얻어서는 써버리는 것"—소비주의(consumerism)—이 우리 능력을 낭비했고, 우리 심장들을 포장해서 보내버렸고, 또한 우리의 영혼을 소외시켜서 우리들은 더 이상 자연에 속하지도 않고 그 안에서 보지도 않게 되었는가? 상품으로 만드는 것이 살아있는 세상을 너무나 무감각하게 만들었고, 성스러운 것들을 너무나 걸러 내어버려서, 심지어 애처로운 바람들과 열린 바다조차도 우리의 영혼을 씻어주고 감동시켜서 신비함과 경이로움을 느끼게 하지 못하는가? 우리는 이토록 희망을 잃었고, 이토록 "가락이 안 맞고," 이토록 무감동한가?

워즈워드 자신은 그렇게 생각했고, 그래서 기독교를 저 뒤에 남겨두고 혹은 그보다 훨씬 앞서서, 눈에 띄게 멀리 떠나기로 선택했다.

> 위대한 하느님!
> 나는 차라리 낡아빠진 신조를
> 젖 삼아 먹고 성장한 이교도(Pagan)가 되렵니다.
> 그래서 나는 이 상쾌한 초원 위에 서서
> 내가 덜 외롭게 버려진 모습을 보고,
> 프로테우스(Proteus—포세이돈의 장남 해신—역자주)가 바다에서 솟아나오는 것을 보렵니다.
> 아니면 늙은 트리톤(Triton—포세이돈의 작은 아들 해신-역자주)이 팔로 휘감은 그의 뿔나팔을 부는 것을 들으렵니다.3)

그가 "낡아빠진 신조"의 이교도가 되기를 선호함에도 불구하고, 비록

---

2) Cited from Paul Brien, Mary Gallway, Douglas Hughes, Azfar Hussain, Richard Law, Michael Myers, Michael Neville, Roger Schlesinger, Alice Spitzer, and Susan Swan, eds. *Reading about the World*, 3rd ed. (Fort Worth, TX: Harcourt College, 1999), 2:127.

3) Ibid.

그를 위해서는 아니라도, 우리를 위해서는, 우리를 "덜 외롭게 버려진" 것으로 여기게 해줄 다른 종교적 전통들이 있지 않겠는가?

그 질문에 대답하기 위해서, 이 장에선 몇 가지 가정을 세운다. 그것은 가정하기를 워즈워드는 소비주의 세계에 대한 시적 진리를 말하는데, "우리에게 너무도 과분해서" 이제 자연이 "우리들 감정을 뒤흔들지 않는다"고 본다. 그것은 또한 가정하기를, 정치경제는 생산과 교환 이상이라고 본다. 그것은 소비주의의 매일의 수요와 죽은 자연이 그것의 성공을 재는 척도로 여겨지는, 우리 시대의 망상적 우주론(phantom cosmology)이다. (**살아 있는 세계가 죽은 생산품들로 변환되는 것이 더 빠를수록 GNP는 올라간다.**)4)

동시에, 이 장에선 수천 명의 사람들이(아마 오히려 수백만 명의 사람들이) 전 지구적인 소비지상주의를 넘어서서 영적인 고향과 거주지를 찾고 있다고 가정한다. 어떤 사람들은 아마도 워즈워드의 길을 택할지도 모른다. 즉, 고대의(혹은 최근의) 자연을 존중하는 신조 말이다. 다른 사람들은 고대의 혹은 새로 생겨난 종교적 금욕주의의 개혁이나 계속, 혹은 복구를 선택할 수도 있다. 그러나 이번엔 **똑같은 순간에 하느님과 지구에로 회심하는 것**이니, 지구를 공경하는 훈육, 덕목, 그리고 습관이 될 것이다.5)

---

4) Derrick Jensen, "The Tyranny of Entitlement," *Orion* (January/February 2011): 10.

5) An example of reborn asceticism in the United States is "The New Monasticism Project." Its twelve marks are: (1) Relocation to the abandoned places of Empire; (2) Sharing economic resources with fellow community members and the needy; (3) Hospitality to the stranger; (4) Lament for racial divisions within the church and our communities combined with the active pursuit of a just reconciliation; (5) Humble submission to Christ's body, the church; (6) Intentional formation in the way of Christ and the rule of the community (along the lines of the old novitiate); (7) Nurturing common life among members of intentional community; (8) Support for celibate singles alongside monogamous married couples and their children; (9) Geographical proximity to community members who share a common rule of life; (10) Care for the plot of God's earth given to us along with support of our local economies; (11) Peacemaking in the midst of violence and conflict resolution within

그런 것이 여기에서 선택한 길이다. 그 길은 그 자체의 가정을 지니고 있는데, 그것은 금욕주의가 인간의 영혼 깊은 곳에 있는 그 무엇에게 말하는 것이며, 그래서 진정한 인간성에 필수적인 것이라는 가정이다. 자기극복, 자기절제, 근신, 쾌락, 경외감 등은 우리가 잘 되어 갈 땐 우리에게 친숙한 고향이다. "당신의 영혼을 자기절제 속에서 확인하고, 당신의 자유를 법 안에서 확인하라"는 말은 심지어 그게 다른 충동들과 전투를 벌일지라도 낯선 말이 아니다.

이런 길에는 그 자체의 질문도 갖고 있다. 소비주의의 영적인 공허함과 지구를 무책임하게 사용하는 것에 대해 역점을 두는 종교적 금욕주의가 있는가? 현대의 종교적 표현들이 자연을 상실한 것에 대하여, 또한 산업주의와 소비주의를 그 종교들의 편안한 거주지나 본향처럼 선호하여 연합한 것에 대하여 고발하는 금욕적 전통들이 있는가? 금욕주의와 현대성이 부지불식간에 내면세계의 금욕주의와 초기 자본주의의 동반자 관계 속에서 연결된 방식 이외에 다른 연결방식이 있는가? 새롭게 태어난 금욕주의, 즉 지구를 영적으로 열렬하게 사랑하면서도 물질적으로는 단순한 생활방식을 가르치는 금욕주의가 있는가?

간단히 말해서, 여전히 "우리에겐 너무나 과분한" 세계를 위한 희망을 담고 있는 대답이 오래된 금욕주의와 새로운 금욕주의 안에 있는가?

소비주의: 성숙한 경제

우리는 어떻게 이 자리에 오게 되었는가? 대량 풍요의 전 지구적 현상은 어디에서 온 것인가? 우리는 그 결과를 잘 알고 있으며 (우리가 살고 있는

---

communities along the lines of Matthew 18; (12) Commitment to a disciplined contemplative life. Information is available at http://www.newmonasticism.org. One instance of the new monasticism is an intentional community in Camden, New Jersey, that combines elements of Benedictine and Mennonite asceticism in ways appropriate to the conditions and needs of Camden.

세계), 그리고 약간의 역사(정복, 식민지화, 상업, 그리고 "문명"과 위대한 변혁으로서의 기독교)를 잘 알고 있다. 그러나 그것의 고동치는 사회심리적 충동을 뒷받침하고 있는 망상적 우주론(phantom cosmology)에 대해서 좀 더 언급할 필요가 있다.

워즈워드의 동시대 인물인 알렉시스 드 토크빌(Alexis de Tocqueville)은 그의 책 『미국의 민주주의』(*Democracy in America*, 1835) 속에서 미국 사회의 지속적인 특징을 잘 드러낸 것으로 유명하다. 그러나 우리들의 목적을 위해서는, 주목할 만하지만 덜 알려진 책으로 제임스 브라이스(James Bryce)가 지은 『아메리카 공화국』(*The American Commonwealth*, 1888) 속에 보다 더 적절한 진단이 나와 있다. "여기에서 말할 필요가 있는 모든 것은 이것이다. 감동을 일으킬 만한 역사적 기억들과 연관들을 지니기엔 상대적으로 별로 오래 있어보지 못한 백성들, 그들의 에너지를 주로 상업과 그 지역의 물질적 자원 개발에 집중한 백성들, 자연에 대한 심사숙고나 반성을 위해 별로 기회를 주지 못하고 열광적인 행동에만 빠진 백성들은, 모든 것보다 특히 그 보는 범위의 지평선을 넓히고, 눈으로 보고 귀로 듣는 분주한 세계로부터 나와서 신앙과 명상의 조용함 속으로 불러내는 그 무엇에 의해, 경외감과 신비감으로 감동을 가질 필요가 있는 것 같다."6)

"열광적인 행동에만 빠진" 백성, 그리고 자연에 대한 심사숙고와 성찰을 해볼 기회가 별로 없는 이런 백성이 인간적이 되기 위해서 필요로 하는 것은 금욕주의와 거룩한 것과 신비한 것에 대한 감각이라고, 브라이스가 정확히 그렇게는 말하지 않는다. 그러나 그는 그것에 매우 가깝게 말하고 있다. 어찌되었든, 이런 백성이 다른 사람들과 합동으로, 결과적으로 만들어 낸 것은 대량 풍요, 즉 세계화 경제로 되어버린 것의 기초뿐만 아니라 체계적 수요로서 대량의 풍요함이다. 이런 규모의 풍요로움의 조건들이 작동되기 시작한 것은 "그들의 에너지를 주로 상업과 그 지역의 물질적 자원 개발에 집중한" 사람들에 의해서, 그리고 눈으로 보고 귀로 듣는 분주한 세계에 너무도 열중

---

6) Walter Goodman, "God and Politics: Nothing New under the American Sun," *New York Times*, Week in Review, Sept. 10, 2000, 4에서 재인용.

해서 조용히 자진해서 신비와 명상에 빠져보지 못하는 그런 사람들에 의해서였다.

대량 소비의 뿌리는 깊게 박혀버렸다—브라이스는 이미 1888년에 뒤를 돌아보았다. 그러나 가장 결정적인 하나의 고비는, 우리가 이미 지적한 대로, 제2차 세계대전의 광범위한 여파로, 처음엔 미국에서, 그리고 유럽에서, 이어서 일본과 동남아시아가 바짝 따라왔고, 그리고 이젠 전 세계의 특권적인 사회 계층들 속에서 닥쳐왔다.

불경기의 고난, 전쟁 기간의 희생들, 수만 명 군인들의 귀향, 그들 모두 한창 일할 나이들, 그리고 역사상 가장 파괴적인 전쟁 뒤의 유럽과 동아시아의 재건 등에 의해 무대는 준비되었다. 이런 것들이 루즈벨트(Roosevelt)와 트루만(Truman) 행정부들에 의해 기대된 대응책을 강요했다. 뉴딜(New Deal) 정략가 로버트 네이단(Robert Nathan)의 저서 『풍요를 위한 동원』(*Mobilizing for Abundance*)은 1944년에 출간되었다. 1946년에는 전쟁 기간 동안 가격행정 사무국(Price Administration Office)의 수장이었던 체스터 보울즈(Chester Bowles)가 『두려움 없는 내일』(*Tomorrow Without Fear*)을 출간했다. 두 책 모두 프로그램용 저서들이고, 둘 다 전시동원 경제의 뒤를 잇는 소비주의를 주장했다. 루즈벨트 자신도 죽기 수개월 전에야 비로소 핵심적 열쇠가 될 요소를 처리했다. 루즈벨트는 홍해에 있던 전함 위에서, 몇 마리 양떼들까지 갖춘 사막의 오아시스처럼 채비를 하고, 사우드 가문(House of Saud)과 조약을 체결하였다. 미국은 이븐 사우드(Ibn Saud)와 그의 가족들을 사우디아라비아(Saudi Arabia)의 통치자들로 후원하는 것의 교환 조건으로 석유와 석유이윤의 무제한적 유출을 보장받기로 했다.7)

---

7) Kelvin Phillips, in *America Theocracy: The Perils and Politics of Radical Religion, Oil, and Borrowed Money in the 21st Century* (New York: Viking Penguin, 2006), argues that the pursuit of oil after World War II has been one of the defining elements of U.S. policy in the world. He calls it a kind of "petro-imperialism, the key aspect of which is the U.S. military's transformation into a global oil-protection force," which "puts up democratic facade, emphasizes freedom of the seas (or pipeline routes) and seeks to secure, protect, drill and ship oil, not administer everyday

그러나 에너지 협약과 프로그램의 아이디어들은 국회의 인준이 없이는 안 되었다. 1946년 사용 법령(Employment Act)에 트루먼이 서명함으로 그 조약은 시행되었다. "소비 성향(the propensity to consume)"[8]—이것이 그 법령의 분명한 언어다—은 연방정부의 정책이 되었다.

그러나 연방정부 정책 자체만으로는 충분하지 않았다. 세계경제를 전망했고, 그것은 전쟁 이후 세계를 위한 새로운 기구를 필요로 하였다. 1944년 7월에 세계 지도자들이 바로 그 목적으로 뉴햄프셔 주의 브레톤 우즈(Bretton Woods)에 모였다. 미국 재무장관 헨리 모오겐토(Henry Morgenthau)가 사회를 맡았는데, 그는 개회 연설에서 전 지구적 소비주의의 무한대한 성장을 예상했다. 지구 위에 있는 모든 사람들이 "천연자원들로 무한한 축복을 받은 지구 위에서 물질적 발전의 열매들을" 즐겨야 할 것이었다. "그것(자원)은 분할하여 나눈다고 감소될 유한한 물질자산이 아니다. 번영에는 고정된 한계가 없다는 기본적인 경제학의 공리"[9]를 그들은 단지 채택만 하면 되었다.

그것은 오래 지속될 경제학 이론과 정책의 대들보요 가정이었다. 래리 써머스(Larry Summers)는, 나중에 브레톤 우즈 기관과 세계은행의 수석 경제학자였는데(또한 클린턴 대통령 아래서 재무장관, 하버드대학 총장, 그리고

---

affairs." As cited by Alan Brinkley in his review of Phillips, *New York Times Magazine*, March 19, 2006, 10. My response is somewhat different and broader, although it includes oil together with other energy sources. It is that the keys to U.S. policy since the boom following World War II are the exacting requirements of U.S. affluence, now regarded as the American way of life itself.

8) Cited from George F. Will's review of Brink Lindsey, *The Age of Abundance: How Prosperity Transformed America's Politics and Culture* (New York: Collins/Harper-Collins, 2007), in *New York Times Book Review,* June 10, 2007, 16.

9) Morgenthau's address is cited from U.S. Department of State, *Proceedings and Documents of the United Nations Monetary and Financial Conference*, Bretton Woods, New *Hampshire, July 1-22, 1944, 1:790.* I am indebted to Daniel Maguire in his "Whom the Gods Would Destroy, They Firs Make Myopic," *Union Seminary Quarterly Review* 63, nos. 1-2 (2006): 73-74, for pointing to Morgenthau's address.

오바마 대통령의 경제고문이기도 했다), 심지어 변화하고 있는 지구 위에서도, 성장에 어떤 제한을 두는 것에 반대하였다: "예견 가능한 미래 어느 땐가 굳어질 것만 같은 지구의 적재량에는 한계가 없다… 지구온난화나 그 밖의 무엇 때문에 다가올 묵시론적 종말의 위험은 없다. **어떤 물질적 때문에 성장에 제한을 두어야 한다는 관념은 심각한 오류다.**"10)

전쟁 이후의 모든 경제학 분야들은 로스토우의 책 『경제성장의 단계들:』(*The Stages of Economic Growth: A Non-Communist Manifesto*)을 자신들의 성경처럼 여겼는데, 이 책은 1953년에 출판되어 대단한 평판을 받고, 그 이후 주기적으로 중판을 거듭한 책이다. 로스토우의 비전은 진정으로 전 지구적이다. 어느 곳이든 모든 사회들은 그의 경제성장의 다섯 단계들의 어딘가에는 속한다. 즉, 전통적 사회의 단계, 도약을 위한 전제조건들의 단계, 도약 단계, 성숙을 위한 돌진 단계, 그리고 고도 대량소비 단계가 그 다섯 단계들이다.11) 한 단계에서 다음 단계로 전진하는 것은 생물학과 자연의 전개에서 핵심 용어를 빌려 와서, 새로운 의미를 가지고 그것을 정치경제학에 적용했는데, 그 용어는 "발전"(development)이다. 중요하게 지적할 점은 이런 "자연적" 발전의 목표(*telos*), 즉 마지막 단계는 "고도 대량소비"의 경제다. "성숙한 경제"라고 정의된 이 단계는 "그들의 에너지를 주로 상업에 집중한" 사람들의 "열광적인 행동의" 적절한 마지막 목표다(Bryce).

세상은 제2차 세계대전 이후 오래 지속된 그런 경제 활황(boom)을 일찍이 겪어본 적이 없었다. 20세기 전체를 통하여, 경제는 14배 확장되었고, 에너지 사용은 16배, 산업 생산은 40배, 이산화탄소 배출은 13배, 그리고 물의 사용은 8배로 증가했다.12) 20세기에는, 그 이전의 1천 년 동안보다 10배나 더 많은 에너지를 사용했고, 그 이전의 1천 년 동안에 형성된 표층토

---

10) Bill McKibben, *Eaarth*, 211.
11) These are Rostow's phrases in chap.2, where he introduces all five in summary fashion: Walter Rostow, *The Stages of Economic Growth: A Non-Community Manifesto* (Cambridge: Cambridge University Press, 1960).
12) J. R. McNeill, *Something New Under the Sun*, xv-xvi.

의 양보다 더 많은 토양이 손실되었고, 또한 화산, 빙하, 지각판에 의한 것보다 더 많은 바위들과 흙이 20세기의 인간들에 의해 다른 곳으로 옮겨졌다!13) 그러나 이런 근본적인 변화의 대부분은 1950년 이후에 이루어진 것이고 (제2장의 그래프를 기억하라), 그리고 만일 알란 더닝의 계산이 맞는다면, 1950년에서 2000년에 이르는 반세기 동안에 전 지구 소비자 계층들이 생산하고 소비한 상품들과 서비스는, **그 이전의 전체 역사를 통하여** 생산하고 소비한 것과 같다고 한다.14)

도덕적 주장은 솔직하다. 즉 이런 모든 "취득과 소비"는 공동선을 초래했다는 주장이다. 가장 인기 있던 잡지들이 이런 확신을 계획자들, 회사직원들, 그리고 소비자들에게 전파했다. 1947년에 전국에서 가장 인기 있던 잡지였던 『라이프』(*Life*) 잡지에는, "가족의 지위는 더 개선되어야 한다—다른 사람들의 삶을 개선하기 위해 가족은 스스로 더 많이 사야 한다"는 제목을 내건 사진 수필이 실렸다. 과거와 현재를 보여주는 사진들 속에서는, 수수한 환경 속에 살던 노동자 가족들이 대농장(ranch) 스타일의 집, 넓은 마당, 각종 가정용 전기제품들이 들어찬 부엌들을 갖고 있는 도시 교외의 중산층 가족들이 되었다. "라이프" 잡지는 단지 유명한 "20세기 재단"(Twentieth Century Fund)의 연구보고서가 추천한 것을 설명했을 뿐인데, 그 추천 내용은 "1960년까지 모든 개인이 건강과 표준적인 보통 살림에 필요한 것들을 얻기 위해서는, 미국의 각 가족이, 머리 위의 상쾌한 지붕에 더하여서, 진공청소기, 세탁기, 난로, 전기냉장고, 전화기, 전기 토스터, 그리고 알맞은 접시들, 식탁용 식기, 요리용 부엌세간들과 공구들, 세탁용품들, 문방구들, 우표들 같은 여러 가지 가정용품들을 획득해야 한다"15)는 것이다.

또 다른 잡지 『신부』(*Bride*) ("20세기 재단"보다는 덜 유명하지만, 그러

---

13) See the section "Earth Movers," in ibid., 30-49.
14) Allen T. Durning, *How Much is Enough?* (London: Earthscan, 1992), 38.
15) The *Life* essay and Twentieth Century Fund study are cited by Lizabeth Cohen in "A Consumer's Republic: The Politics of Mass Consumption in Postwar America," *Miller Center Report*, a Publication of the Miller Center of Public Affairs, University of Virginia 19, no. 1 (Winter 2003): 6.

나 훨씬 더 인기 있었다) 역시 마찬가지로 탐욕적이었다. 폭넓은 상담을 거친 『신혼부부들을 위한 안내서』(Handbook for Newlyweds)는 분명한 메시지를 싣고 있었다: "당신이 결코 사본 적도 없었던, 혹은 사볼 생각도 않았던 물건들을 많이 살 때, 당신은 이 나라의 산업들을 위한 큰 안전보장을 세워 주고 있는 것입니다. 당신이 무엇을 사고, 또 어떻게 사는가가 당신의 새로운 삶에, 또한 우리 미국 전체의 생활방식에 매우 중요합니다."16) 뉴욕과 워싱턴을 테러범들이 공격한 9/11 사태 이후로, 부시 대통령은 미국이 대응해야 할 확실하고 책임 있는 방식으로서 쇼핑을 권고했다. 그것도 어쨌든 역시 "위대한 안전보장"과 연결되었다.

그러나 여기서 미국에 초점을 맞추는 것은 논점을 벗어나는 것일 수 있다. 던닝이 전례가 없었던 것이라고 말한 1950년에서 2000년 사이의 대폭발, 그리고 아직도 가속화되고 있는 것은 단지 "미국 제품"(Made in America)의 일부다. "뉴욕타임스"의 특집기사는 이렇게 시작한다: "건축공사 노동자들이 개선문(Arc de Triomphe)의 모조품 겉면 벽에 모르타르를 칠하고, 헐리우드, 파리, 암스테르담의 흉내를 낸 거리를 매끈하게 잘 닦은 뒤에, 이곳에 세운 거대한 상가 공원이 그 자체를 전 세계에서 가장 큰 쇼핑몰이라고 선포할 것이다."17) 라스베가스인가? 좋은 짐작이다. 피닉스인가? 물론 그럴듯하다. 그러나 아니다. 그것은 물론 동구안(Dongguan)이다. 그리고 동구안은 지금 건축 중인 많은 "중국의 거대 상가들" 가운데 하나일 뿐이다.18) 그 상가들 가운데 네 개는 미국에서 가장 큰 미니애폴리스/세인트폴의 "아메리카 몰"(the Mall of America)보다 더 크고, 두 개는 지금까지 세계에서 가장 큰 앨버타의 에드몬튼 몰(the Edmonton Mall)보다 더 크다. 2010년까지는 세계에서 가장 큰 열 개의 상가들 가운데 일곱 개가 중국에 있을 것이다. 북경의 "금원 몰"(Golden Resources Mall)은 6백만 평방피트를 점유한다. (세계에서

---

16) *Handbook for Newlyweds* is cited by Cohen, "A Consumer's Republic," 7, as are the titles by Nathan and Bowles mentioned above.
17) "China, New Land of Shoppers, Builds Malls on Gigantic Scale," *New York Times*, May 25, 2005, A1, C7.
18) Ibid., A1.

가장 큰 사무실 건물인 미국 국방성(the Pentagon)은 시시하게도 370만 평방 피트다.)19) 광저우의 쇼핑몰은 비행기, 기차, 버스, 자가용, 자전거를 타고 오는 고객들을 이미 하루에 60만 명이나 끌어들이고 있다. 중국은 세계 경제 속에서 단지 아시아의 선구자일 뿐이다. 신-유럽(Neo-European) 민족들이 두려운 경쟁자들을 갖고 있는 것이다.

영혼을 다루는 기술로서의 소비주의

수십억 명의 실제적인 생활방식 혹은 소망하는 생활방식으로서, 생명, 자유, 그리고 쇼핑의 추구에 대한 더 많은 실례들을 드는 것은 과다 중복이 될 것이다. 게다가, 이런 종류의 것들에 대해 더 많은 자료를 제시하는 것도 진짜 질문을 회피하는 것이다. 소비주의는 지구를 위해서 참을 수 있을 만하고 또한 우리의 안녕과 어울리는 생활방식인가? "결핍(scarcity)을 벗어나는 것은 즐거운 일이지만, 그것이 우리에게 좋은 것이었나? 우리의 영혼을 위해서 좋은 것이었나?"라고 보수주의자 조지 윌은 쓰고 있다.20)

조지 윌보다 훨씬 전에, 다른 사람들은 "아니요"(No)를 강조하며 대답했다. 체스터톤(G.K. Chesterton)은 1922년에 타임스 스퀘어(Times Square)를 방문하고, 그는 심각한 쾌락주의뿐만 아니라, 다른 무엇들도 보았다. 그곳의 모든 "색깔들과 불꽃들"이 끝없이 늘어선 상품들에 붙어 있었다. 빛과 불은 —예전에는 강력하며 거룩한 의미와 연결된 것이었는데—지금은 대량 광고의 "새로운 조명"의 일부가 되었다. 그리고 이런 "조명은 작은 것들을 선포하는 데 끊임없이 사용되어서, 사람들로 하여금 위대한 것들을 선포하는 일을 싫증나게 만들어 버렸다"21)고 체스터톤은 결론을 내렸다. 멩켄(H. L. Mecken)의 논평도, 대중에 호소하는 그의 전형적인 냉소주의를 보여주는 것

---

19) Ibid., A1, C7.
20) Cited from George Will's review of Brink Lindsey's *The Age of Abundance* in New York Times Book Review, June 10, 2007, 16.
21) Cited from William Leach, *Land of Desire* (New York: Vintage, 1993), 348.

으로, 역시 비슷했다: "저런 모든 번쩍거리는 야한 것들 아래에는 진짜로 번쩍거리는 야한 것들이 있다." 취득하는 삶이란 작은 것들을 향해 치밀하게 길러진 욕망 위에 세워진 것이라서, 참 자기(true self)를 혼란스럽게 만들고 훼방을 놓는다는 것이 종교적 금욕주의의 영원한 항거인 것이다. 욕구충족(gratification)이 감사함(gratitude)을 대체하고, "탐식이 운명이 되면," 그러면 "하찮고 타락한 쾌락주의"22)가 진정으로 인간적인 것을 뒤엎어버린다. 자아도취는 참 자기를 함정에 빠뜨린다.

체스터톤은 더 살아서, 1922년에 보았던 타임스 스퀘어의 "색깔들과 불꽃들"이 이제는 그만 어둡고 단조롭게 여겨지는 것을 보고 싶어 하지 않았을 것이다. 또한 그는 정치경제학의 성품 형성과 우주관이 어떻게 성공했는지를 보고 싶어 하지도 않았을 것이다. 그리고 그는 물론 하루 24시간/한 주간 7일/일 년 365일 광고의 역할을 상상도 못했을 것이다. (지금 미국에서 광고에 쓰는 돈은 유치원에서 고등학교에 이르도록 공립교육에 쓰는 돈보다 더 많다. 예산은 도덕적 문서이므로, 이런 액수는 우리가 살아가는 가치들을 말하는 것이다.) 욕망들은 창조되고, 먹여지고, 길러진다. 습관들은 생겨나고, 그리고 상품들을 즐기는 삶(life of goods)이 좋은 삶(good life)을 정의한다. 간단히 말해서, "경제"가 성공적으로 영혼을 다루는 기술(soulcraft)과 세계관을 취급한다. 경제가 망상의 우주관, 즉 가치들의 형성자요 도덕들의 제조자다. 경제는 이것이 우리가 살아가는 길이라고 말할 뿐 아니라, 이것이 우리가 마땅히 살아야 할 길이라고 말한다.

좀 더 있는데, 그건 치명적으로 중요하다. **물질주의와 물욕**(취득 탐욕성)은 단지 어떤 시민들만의 선택이 아니다. 물질주의와 물욕은 공동생활의 체계적 요구사항들이 되었고, 좋은 삶의 필수품이 되었다. 이것이 바로 경제적 세계화라는 가장 보편적인 신앙이 가져온, 제도화(관행화)된 영성과 도덕성이다. **허욕과 탐욕**(avarice and greed)은 둔감한 소수들에게나 남겨진 것들이 아니다. 그것들도 정치적 경제의 구조적 필요들이다. 허욕과 탐욕은 "고도 대량 소비"라는 "성숙한 경제"의 매일 매일 관행적 실천으로서(Rostow), 이

---

22) Robert Pogue Harrison, *Gardens*, 82.

제 더 이상 동기와 성향으로서 필요한 것이 아니다. 성향이 탐욕스럽지 않은 사람들도 탐욕스러운 사람들과 동일한 삶의 방식을 공유한다. 그들은 같은 비행기, 같은 자동차를 타고, 같은 학위를 얻고, 같은 직장에서 일하고, 같은 주택 구조들 안에서 살며, 아이들을 같은 학교에 보내고, 같은 경제가 "다시 제자리에 돌아오도록" 최선을 다하며, 같은 토양과 물을 과도히 사용하고, 대기 중에 같은 배출물을 내어놓는다.

체스터톤과 동시대 인물인 막스 베버는 이런 **포로생활**이 오고 있는 것을 보았다. 1904년에 그는 쓰기를, "경제적 강박충동"에 의해 불타올라, "주술에서 깨어난"(disenchanted) 혹은 지극히 세속적인 세계는, "가장 높은 영성적 문화적 가치들"로부터 삶을 분리시킨다고 했다. 이런 강박충동은 그 나름으로는 "영혼 없는 전문가들"(specialists without spirit)은 물론 "가슴이 없는 관능주의자들"(sensualists without heart)을 만들어 내는데, 그들은 "이런 없음"이 "일찍이 성취된 적이 결코 없는 문명의 수준"이라고 상상한다. "미국에서, 가장 최고로 발전된 분야 속에서는, 종교-윤리적 의미가 제거된 채 재물을 추구하는 것은 때때로 스포츠의 성격을 띤 순전히 세속적 정열들과 연관되는 경향이 있다."23) (예를 들어, 사람은 주식시장에서 "경기를 하고"[play] 이런 저런 투자에 "내기를 건다"[bet].) 따라서 우리가 지적한 대로, 민주주의는 (공동선을 위해 평등하게 하고, 또한 경제적, 정치적, 사회적인 권력을 민주화하는 힘으로서 사용되는 정부체제보다는) 재물을 획득하고 또 이를 소유권 사회 속에서 원하는 대로 사용하는 자유(liberty)가 된다.

그러나 베버 자신의 질문은, "자본주의 질서가 정말로 확립되고, 일상적인 수고가 종교-윤리적인 의미로부터 끊어지고 또한 종교적 사명과 도덕적 의무감으로부터 끊어진다면, 무슨 일이 일어날 것인가?" 하는 질문이다. 특히 "승리한 자본주의가 **이제는 기계적 토대 위에 놓여서**,"24) 그 자본주의를

---

23) Max Weber, *The Protestant Ethic and the Spirit of Capitalism* (New York: Charles Scribner's Sons, 1958), 182. The original was published in German in 1904. "Specialists without spirit, sensualities without heart; this nullity imagines that it has attained a level of civilization never before achieved" is itself a quotation in Weber's text. He does not cite its source.

성립시키는 데 도움을 준 종교적 금욕주의를 더 이상 필요로 하지 않게 되면, 무슨 일이 일어날 것인가? 즉, 종교적 열성과 사명을 가지고 열심히 일하고 검소한 삶을 살며 저축을 했던 사람들이 더 이상 단순한 삶을 살지 않게 되면 무슨 일이 일어날 것인가? 청교도들처럼 이 세상 속의 금욕주의자들(inner-worldly ascetics)에게는 재산이란 "가벼운 외투처럼 성인들의 어깨 위에 얹혀있는 것이라서, 아무 때나 내던져 버릴 수 있는 것이었다"라고 베버는 썼다. 그러나 "운명이 그 외투를 강철 새장(iron cage)으로 만들어 버렸다"고 그는 결론지었다.25)26)

---

24) Ibid., 181-82. The emphasis is mine, made in order to connect Weber's description ("mechanical foundations") to the earlier discussion of the economy's systemic requirement of materialist consumption.
25) Ibid., 181. "Like a light cloak, which can be thrown aside at any moment" is a quotation Weber takes from *Saint's Everlasting Rest*, chap. xii by the prominent seventeenth century Puritan divine, Richard Baxter.
26) 대량 풍요의 등장에 대한 설명은 여러 가지로 많고, 베버가 주장한 개신교의 이 세상 속의 금욕주의(inner-worldly asceticism)와 초기 자본주의의 일종의 혼합이란 논제는 강력히 도전받았고 논쟁이 되었다. 경제사학자가 최근 지적한 것으로는 University of California at Davis의 그레고리 클라크(Gregory Clark)의 저서가 있다. 그가 베버와 동의하지 않고, 기관들이-인도하는-행위의 역할을 논쟁하는 사람들과 그리고 제레드 다이아몬드(Jared Diamond)처럼 그의 책 『총, 균, 철』(*Guns, Germs, and Steel*) 속에서 치명적 전염병으로부터 면역성을 얻은 사람들의, 그리고 동시에 생산적인 동물들과 야생 곡식들을 길들인 사람들의 유리한 점을 주장한 것에 이의를 제기하면서도, 클라크 자신의 잠정적인 결론은 주요한 관점에서 베버의 것과 비슷하다. 그는 주장하기를 1200년에서 1800년 사이에 다른 많은 것들과 함께 말더스(Malthus)의 덫이 놓여졌다고 한다. 즉, "새로운 공학기술이 조금씩 증가할 때마다, 인구는 증가했고, 새로운 입들이 잉여산물을 먹어치웠고, 평균 소득은 그 이전의 수준으로 되돌아갔다." 이런 순환을 깨뜨린 것이 제법 나타난 것은 소비를 넘어서는 저축을 선호하는 사람들이 증가했기 때문이다. 이에 대한 그의 설명은 어떤 윤리적인 생활방식이 널리 보급되었다는 것이었다. 혹은 널리 보급되지는 않았다면, 최소한 충분히 많은 사람들이 말더스의 덫을 빠져나왔다는 것이다. 클라크는 이렇게 요약한다: "전에는 돈 씀씀이가 헤펐고, 충동적이었고, 폭력적이며 여가시간을 사랑했던 공동체들에서 검소함, 신중함, 곤란을 극복하고 열심히 노력하는 것이 가치를 지니게 되었다." 흥미를 돋우는 것은 클라크가 유언장들을 읽어보고, 이자율과 문맹률 등을 추적해보면서 이런 특별한 공동체들 속에서 발

"기계 생산의 경제적 및 기술적 조건들"과 "현대 경제 질서의 엄청난 우주"에 묶여서, 이 **강철 새장 안에서의 삶**이 결정하는 것은 "저항할 수 없는 힘으로 경제적 획득에 직접 관심을 가진 개인들만이 아니라, 이런 구조 속에 태어난 모든 개인들의 삶"이다. "아마도 석탄의 마지막 톤(무게 단위)이 다 타버릴 때까지, 그 강철 새장이 그들의 삶을 결정할 것이다"라고 베버는 덧붙였다.27)

금욕주의 정신과 그 경외, 겸손, 자기절제, 근신의 윤리가 자본주의에서 사라지고 나면, 우리는 위조화폐 사용자들처럼, 파괴적인 생활방식에 의존하게 되어 거기서 어떻게 탈출할지를 모르게 될 것도 같다. 만일 사정이 그렇다면, "그게 우리의 영혼들에게 좋았던 것이냐?"라는 조지 윌의 질문에 대한 대답은 웬델 베리가 한다: "우리는 아무것도 주지 않고 뭔가를 얻을 수는 없다. 우리는 모든 것을 주고도 아무것도 못 얻을 수는 있다."28) 여기에 체스터톤의 염려, 즉 작은 것들을 선포하고 추구하는 것이 위대한 것들을

견한 것이다. 주요 공동체들은 상대적으로 부유한 공동체들이다. 당시엔 보다 부유한 사람들이 가난한 가족들보다 더 많은 아이들과 더 많은 식구들을 갖고 있었기에, 부자 계층 속에서는 상대적으로 차지할 자리가 별로 없는 세계에서 부유한 집의 자녀들이 자기 자신들의 길을 만들어내려고 하면서 하향이동(downward mobility)이 생겨났다. 클라크는 주장하기를 이런 인구변동이 자본주의와 산업혁명의 출발에 결정적인 윤리를 만들어냈다는 것이다. 베버와는 (그는 금욕적인 프로테스탄트들의 종교적-윤리적 충동들에 주목하지 않았다) 대조적이면서도, 열심히 일하기, 검소함, 신중함, 지연된 욕구충족, 비폭력, 그리고 자제함의 윤리와 일치하게 인간의 행위가 변경되는 결정적인 장소에 대한 그의 결론은 놀랍도록 비슷하다. 더구나 클라크의 논제에 여전히 필요한 것은 베버가 인용한 인구에 대해 주목해야 할 것인데, 그러나 그는, 적어도 오늘까지는, 그러지 않았다: 즉, 이런 윤리를 옹호하는 사람들이면서도 그러나 부유한 계층에서 하향 이동을 하지 않은 사람들에 대해서 말이다. 예를 들어, 베버는 초기의 감리교인들을 인용했는데, 그들은 광산지역의 전형적으로 가난한 노동자들이었다. 또한 그는 오래 동안 가난에 익숙해온 농촌과 작은 도시의 사람들도 인용했다. 클라크의 작업의 보고서에 대해서 알아보려면, 2007년 8월 7일자 *New York Times* 신문의 *Science Times* 부분 D1, D4를 보라.

27) Weber, *Protestant Ethic*, 181.
28) Wendell Berry, *Life Is a Miracle* (Washington, D.C.: Counterpoint Press, 2000), Dedication page.

선포하고 추구하는 것을 대체하였다는 염려가 완전히 현실화된다. 혹은 더욱 나쁘게도 된다. 즉 작은 것들이 마치 가장 위대한 것들인 것처럼 선포되고 추구되는데, 그 차이를 거의 눈치 채지 못한다. 또한 태곳적부터 내려온 모든 깨어난 선생들의 지혜는 사라진다. 즉, 생존과 단순한 즐거움을 위해 필요한 것을 넘어서는 물질적 소유는, 자신과 다른 생명체들을 위해서, 인정하지 않아야 한다는 지혜 말이다.29)

영혼을 다루는 기술로서의 금욕주의

금욕주의가 소비주의에 반대하는 것은 무엇인가? 금욕주의의 제자도와 생활방식은 무엇인가? 금욕주의가 어떻게 "우리의 영혼들을 위해서," 또한 지구 행성을 위해서 좋은 것이 되는가? 만일 우리가 정치적 경제와 시장들을 영혼을 다루는 기술과 지구를 존중하는 가장 중요한 대행자들로 인정하기를 거부하면, 무엇이 그들의 자리를 대신하는가? 기독교 금욕주의 전통들은 물론 성례전 전통과 신비주의 전통들에 속한 거장들 가운데 하나를 안내자로 삼아보자.

캘리포니아 주 싼타 바바라는 1997년에 "환경의 거룩함에 대한 심포지엄"이 거행된 장소였다. 클린턴 행정부의 내무부 장관이었던 브루스 배비트(Bruce Babbit), 씨에라 클럽(Sierra Club)의 회장 칼 포프(Carl Pope), 그리고 콘스탄티노플의 바톨로뮤(Bartholomew) 총대주교도 모두 참석했다. 만일 성인의 이름이 아니라 도시의 이름만 본다면, 샌프란시스코와 마찬가지로, 싼타 바바라라는 이름이 삶의 방식의 하나로 금욕주의를 우리 마음에 떠올리게 하는 이름은 아니다. 그러나 별로 놀랍지 않은 것은, 2억 5천만 명의 정교회(Orthodox) 기독교인들의 지도자인 바톨로뮤 총대주교가 금욕주의에 대해 "피조물들에 대한 우리들의 책임 속에 한 요소"라고 정확히 말했다는 점이다. 금욕주의는 기독교 운동의 형성기 이래로 살아 있으며, 또한 가령 힌두교와 불교처럼 훨씬 더 오랜 전통 속에서 살아 있는 금욕주의는, 땅 위에서

---

29) Robin R. Myers, *Saving Jesus from the Church*, 200.

가볍게, 부드럽게, 그리고 공평하게 사는 것에 대한 것이었다. 금욕주의는 "자발적인 절제를 필요로 하고, 보호를 잘하는 실제적인 예들을 제공한다." 바톨로뮤 총대주교는 **자기절제**(*enkrateia*)가 우리의 소비를 감소시키고, 다른 사람들을 위해서 자원을 남기게 한다고 설명했다. 자기절제는 또한 하느님과 기강이 있는 삶에 우리의 중심을 둠으로써, 자기를 향한 필요들로부터 우리를 자유롭게 하며, 그렇게 함으로써 우리는 피조세계와 겸손한 조화를 이루며, 오만한 우월감으로 대하지 않게 된다. 자기절제는 물질적인 절약을 통해 영적인 부요함을 누림으로써, 풍족히 소비하려는 열정을 싸워 이긴다. 자기절제는 "우리가 단순하게 살아갈 본보기를 제공한다."

금욕주의는 "사회와 세계로부터 도피하는 것이 아니라, 물질적 물품들을 남용하지 않고 존중하며 사용하도록 해주는 마음을 지니는 공공의 태도와 삶의 방식을 뜻한다"고 검은 옷을 입은 총대주교가 싼타 바바라 심포지엄 참석자들에게 말했다. "많은 인간들은 **유물론적 폭군들**(materialistic tyrants)로 행동하게 되었다." 그들은 거시경제 속에 남용하는 행위를 소중히 간직하고 있어서, 만일 다른 사람들에게 그런 행동을 했다면 반사회적이요 불법이라고 여겨질 만한 "그런 범법을 자연에게 저지른다." 자연에 대한 이런 범법은 곧 "죄들"이라고 하면서, 바톨로뮤 총대주교는 그의 청중들에게 왜 그런 것들이 생겨나는지를 설명했다. "과도한 소비는 자신으로부터, 땅으로부터, 삶으로부터, 그리고 하느님으로부터 소외된 세계관에서 나온 것으로 이해할 수 있다"고 그는 사막의 교부(敎父)들과 교모(敎母)들의 전통 속에서 말한다. "땅의 열매들을 무제한적으로 소비함으로써, 우리는 허욕과 탐욕으로 우리 자신들을 소비한 것이 된다. 과도한 소비는 우리로 하여금 **우리의 가장 깊은 자기**(our deepest self)에게서 단절되어, 자신을 공허하게 만든다. 금욕주의는 이런 잘못을 교정해주는 실천이고, 회개의 비전이다. 그런 비전은 우리를 뉘우치는 것으로부터 되돌아옴에로 인도할 것이니, 그것은 우리가 피조세계로부터 취득함과 동시에 내어주기도 하는 그런 세계로 되돌아옴이다.30)

---

30) Address of Ecumenical Patriarch Bartholomew, Symposium on the Sacredness of the Environment, Santa Barbara, California, Final Delivery

이와 똑같은 것을, 남용(abuse)과 남용자(abuser)란 말을 사용해서, 세속적인 언어들로 말해보아도 좋겠다. 남용자는 한계들과 경계들을 지키지 않는 사람이다. 그런 남용자는 경계선들과 그 희생자들의 자율성에 대한 존경을 하지 않는 사람이다. 그 대신에, 그들은 어쨌든 자기가 욕망하는 대로 남들에게 할 자격이 있다고 느낀다.

이런 경우에, 바톨로뮤 총대주교는 말하기를, 자연이 희생자이고, 우리가 남용자(가학자)라고 한다. 그렇지만 그의 언어는 금욕적 종교전통 속에 깊이 배인 것이다("뉘우치는 것으로부터 되돌아옴에로 인도할 것이니, 그것은 우리가 피조세계로부터 취득함과 동시에 내어주기도 하는").

다른 기회에, 바톨로뮤 총대주교와 유럽위원회(European Commission)의 위원장인 자끄 싼테(Jacque Santer)가 인도한 "위기에 처한 흑해"(The Black Sea in Crisis)라는 국제심포지엄에서, 총대주교는 어째서 금욕주의가 "그 잘못을 교정해주는 실천이고, 회개의 비전"인지를 좀 더 지적했다. 그는 강조하기를, "**분명한 것은, 천연자원들을 탐욕적으로 착취한 것이, 비상한 상황의 필요들 때문이 아니라 탐욕에서 나온 것으로서, 자연을 황폐화시켜서 자연 자체의 생산 능력을 갱신할 수 없을 정도로 만든다는 점이다.**" "자연적인 삶" 자체를 증진시키기 위해서도, "금욕적인 자기부정"이 필요하고, "많은 물질적 쾌락을 줄이는 것"이 유익하다.31) 인간의 인구과잉이 된 세계 속에서, 금욕주의야말로 지속가능성을 위한 필수적인 길이다.

그러나 바톨로뮤 총대주교가 지적한 요점은 단지 금욕주의와 소비주의가 서로 대비되는 생활방식이란 것만은 아니다. 그 중심의 심각한 고발은 소비주의가 지구를 공경하는 윤리와 "참 자기"(the true self)를 침해한다는 고발이다.

금욕주의를 좀 더 깊이 이해하면 그 까닭이 설명된다. 금욕주의 전통들에서는 "엔크라티아"(*encratia/enkrateia*, 도덕적 자유, 혹은 자기근신과 자기절제에

Text, 4-6.
31) "Ascesis and Consumption," in Fr. John Chryssavgis, ed., *Cosmic Grace, Humble Prayer*, 197.

숙달 정통함)는 "아스케시스"(*askesis*, 운동선수나 제자들을 기르는 노력, 훈련, 훈육)에 의해서 이루어진다. 이 단어 자체가 기술과 훈련으로 원재료를 다루는 것을 뜻하는 그리스어 동사 "아스케오"(*askeo*)에서 나온 것이다.32)

그러나 "아스케시스"는 그 자체가 목표는 아니다. 그것은 최근의—혹은 가장 일찍 있었던—식사조절 방식(diet)이나 자조(self-help) 운동이 아니다. 그렇다고 취득적 생활방식에 대항하며, 근본적으로 작은 것들을 욕망하는 것에 대항하는 지속적인 저항이 "아스케시스"의 본질도 아니다. "아스케시스"는 하느님 안에 중심을 둔 연단된 삶의 영혼을 다스리는 기술(soulcraft)이다. "선언"(annunciation)과 "포기"(renunciation)가 둘 모두 그런 삶에 공명하는 것이다. 그러나 마음을 분산시키는 삶의 방식에 대하여 "아니요"(No)라고 말하는 것은 집중된 삶에 대한 "예"(Yes)를 **근거로 해서** 발언하는 것이다. 그렇게 함으로써 대항적 세계(counterworld)가 길러지고, 또한 욕구충족(gratification)이 감사함(gratitude)을 밀어내고 대체해버린 소비주의 문화의 갈망하는 타락에 대한 대안이 형성된다.33)

저항이 아니라 "선언"이 근본적이라고 강조하는 것이 중요하다. 해롭고 잘못된 것은 해롭고 잘못된 것이다. 왜냐하면 그것은 보다 더 나은 방식과 대조되기 때문이다. 프란체스코는 소비 중심에 저항하기 위해서, 자발적인 가난과 심지어 떠돌이 삶을 선택한 것이 아니다. 그의 영혼은 반항으로 정의되지 않고, 그의 인격은 부정하는 것으로 정의되지 않는다. 그가 이런 가난과 방랑을 선택한 것은, 그렇게 벌거숭이가 된 것이 그로 하여금 하느님 안에서 세계의 아름다움에 직접 접촉할 수 있게 만들기 때문이며, 그런 아름다움의 경이와 부담 속에 살기를 바랐기 때문이다. 그는 비자발적으로 가난하게 된 사람들과 함께 살고 또한 가난한 사람들의 자기를 비우시는 하느님과 함께 살기 위해서, 그 자신이 자발적으로 참으로 가난할 필요가 있었다. 하느님과 그 자신의 인간성을 믿는 신앙이 그로 하여금 형편없는 식사와 남을

---

32) Another text of the Ecumenical Patriarch also treats the meaning of asceticism. See His All Holiness Ecumenical Patriarch Bartholomew, *Encountering the Mystery* (New York: Doubleday, 2008), 100-103.
33) From Harrison, *Gardens*, 82.

향한 제자도의 길에 나서게 한 것이다.

동방교회 금욕주의자들과 그를 뒤따른 토머스 머튼처럼, 프란체스코는 여기서 금욕주의와 많은 공통점을 지닌 신학을 반영하고 있다. 어떤 수준에서 추구하는 것은 우리의 "자연적" 인간성, 우리의 "참" 자기, 우리가 창조된 그대로의 모습, 그리고 깊은 내면에선 여전히 그러한 우리의 "참된" 자기를 위해서다. 그런 추구는 항상 악마들을 이겨내는 투쟁을 수반한다. 그럼에도 불구하고, 가난 자체가 목표가 아니듯이, 귀신을 쫓아내는 것 자체가 목표는 아니다. 그 목표는 아담과 이브의 회복, "흙으로 창조한 것"(Adam)과 "생명의 담지자"(Eve)를 회복하는 것이다. 에덴동산이 눈에 들어오면, 조화와 순진 무구한 욕망의 불꽃들이 피조세계를 치유하는 깨어 있는 삶(mindful living) 속에 실현된다.

그러나 그런 자유와 순진한 욕망은 오래 지속되지 않는다. "오래된"(그러나 원초적인 것은 아닌) 자기가 나타나고, 끝없는 도덕적 투쟁 속에서 처음부터 또 다시 악행과 선행의 전쟁을 하도록 준비된다. "신비한 경험 이전에 빨래하기, 신비한 경험 이후에 빨래하기"라는 불교의 지혜(이것을 잘 보여주는 책은 잭 콘필드, 『깨달음 이후 빨랫감』이다.—역자주)는 금욕적인 경험에 동일하게 적용된다. 악행과 선행은 결코 휴전을 하지 않으므로, 금욕적 삶은 도덕적 자유와 자기절제를 위해서 근본적인 엄격성을 지니고 매일같이 하느님 안에서 진정한 자기를 추구하고 쟁론하는 것이다. 그것은 "당신의 영혼을 자기절제에서, 당신의 자유를 법 안에서 확인하는 것"이다(Bates가 국가를 위해서 광활한 하늘과 곡식들의 황금물결을 구하는 기도문에서처럼).

요컨대, 하느님 안에 중심을 둔 삶은 건전한 훈육을 통해서 우리의 자연적 인간성을 자유롭게 한다. 그런 훈육은 구체적인 포기들을 낳는데, 그런 포기들은, 만일 보류하면, 불의하게 행동할 **거짓되고 남용하는 자기**(false and abusive self)를 만들어내는 실천에로 이어진다. 따라서 금식은 폭식을 반대하고, 서약을 한 자발적 가난은 소유에 집착하는 것에 반대하고, 쾌락을 절제함은 "사랑이 없는 관능"(sensuality without heart)을 반대하고, 검약함은 과잉을 반대하고, 은둔과 고독은 흥분과 열광을 반대하고, 기도는 거짓된 충성을 반대하고, 노동과 사랑의 공동체 공산주의는 고립, 지루함, 고정된 사회적 신분에 반대한다. 또한 "아스케시스"(askesis)의 상세한 내용은 시간과 장소, 전통에 따라 서로 상당히 다르지만, 이런 종류의 영혼을 다루는 기술 (Soulcraft)은, 주변 세계의 쾌락주의적 습관들과 더불어 겉치레, 남들의 눈에 띠기 위한 소비, 방종하며 착취하며 폭력적인 섹스를 직면할 때, 항상 자아 (the ego)와 의지(will)를 훈련시키는 것을 포함한다.

금욕주의는 하느님 안에서 사는 방식의 하나로서, 어떤 형태의 생활방식 —가족, 공동체, 의복과 음식, 예술품들과 건축, 공예 기술과 무역, 농사짓는 것과 치유하는 실천들, 통과의례들—에 대한 "외적인" 세부 내용들을 포함하고 있고, 마찬가지로 "내적인" 세부 내용들—일상적인 습관들을 형성하는 매일의 훈련에 의해서 길러진 심령의 신적인 성질들, 성품, 그리고 기풍 등 —도 포함하고 있다. 내적인 그리고 외적인 모든 세부 내용들을 규제하는 것은 순수한 욕망을 모든 감각으로 알고 있고, 비본질적인 것들이 없는 자연의 상태, 즉 에덴동산의 상태를 말한다. "너희 가운데서 누가, 걱정을 해서, 자기 수명을 한 순간인들 늘일 수 있느냐?"(마태 6:27). 그것은 모두 "놀랍게도 도덕적인" 것이고(Thoreau) 또한 놀랍게도 영적인 것이다(예수). 그것은 만족에 대한 것인데, 그러나 탐욕의 만족이 아니라, 더욱 깊은 자기의 필요의 만족인 것이다.

이런 모든 것에서 우리가 놓치지 말아야 할 것은, 인간들의 손에 의해 위험에 빠진 지구 행성을 생각할 때, 금욕주의의 때때로 심각한 "이 세상에 속하지 않은"(not of this world) 이원론(dualism)이 "피조세계에 반대함" (anti-creation)을 의미하지는 않는다는 점이다. "이 세상에 속하지 않음"이란 "우리에게 너무도 과분한" 세계에 대한 것으로, 심령과 영혼과 그리고 적절한 인간의 능력을 그것들이 속해 있는 자연세계로부터 소외시킨 세계다. 적절한 신중함을 가지고 금욕주의를 실천하는 사람들은 자연세계를 자신들의 **영적인 거처**(spiritual habitat)로 찾는다. 그들의 영적인 거처는 흔히 사막과 산들로 이루어진 광야, "사나운 비바람들," "깊은 소금의 바다," 그리고 성 패트릭의 켈트 금욕주의(St. Patrick's Celtic asceticism)의 "오래되고 영원한 바위들"처럼 흉포하고 멀리 떨어진 영역들이었다.34) 혹은, 그런 금욕주의자들은 문명의 활기에 넘친 중심들 가운데서 조용한 장소들, 에덴(Eden)의 조각들로서 고요한 오아시스들(oases of serenity)을 만들어내었다. 이 모든 것들 속에는, 그 장소에 대한 예민한 감각과 사랑이 지역생활의 모든 특징들과 조화를 이루어, 금욕주의자가 그 풍경에 대해 어떻게 관계를 맺고 있는지, 또한 정원과 들판과 기술에 대한 어떻게 치밀하게 주의를 기울이고 있는지가 특징을 이루고 있다. 성 아타나시우스(St. Athanasius)는 그의 유명한 책 『성 안토니우스의 생애』(*The Life of St. Anthony*)에서 "사막 한 도시"라고 쓰곤 했다. 그의 『축제서신』(*Festive Epistle*)에서 그는 이스라엘에 대해 말하면서, 초기의 수도승들에게도 마찬가지로 적용되는 것인데, 그들이 "사막 속으로 마치 거처인 듯이 걸어 들어갔다"고 한다. 비록 "당시 사람들에게 익숙한 삶의 방식에 따르면, 그 장소는 사막이었다. 그러나 율법이라는 은총에 넘친 선물을 통하여, 그리고 또한 천사들과 서로 관계(intercourse)를 통하여, 그곳은 더 이상 황량한 곳이 아니라, 살 만한 곳, 그렇지, 살 만한 곳 이상이었던 것이다."35)

이처럼 금욕주의자들은 자주 그리고 당연하게도, 거룩함이란 그들의 "살 만한 곳, 그렇지, 살 만한 곳 이상"의 광야의 장소 때문이라고, 그 거룩함의 원인을 돌렸다. 그래서 우연히 그렇게 된 것이 아니라, 사막의 금욕주의는 사막의 영성을 만들어내었고, 산의 금욕주의는 산의 영성을 만들어내었으며, 해변의 금욕주의는 바람, 물, 땅의 바위 경계들 혹은 모래 경계들 속에 영성을 만들어내었다. 예술, 찬미가, 영창(Chant), 기도문 속에서 거룩한 것의 이미지들은 땅, 바다, 그리고 그들의 삶을 반영하고 있다. 거룩한 공간은 밖의 원소들(물, 불, 공기, 등) 속에 있는 것이지 꼭 방 안에 있는 것들만은

---

34) The phrases are from the hymn attributed to St. Patrick, "I Bind unto Myself Today," stanza 2, as cited from #188 in *The Lutheran Book of Worship*.

35) Cited by Philip Rousseau in Pachomius: *The Making of a Community in Fourth Centrury Egypt* (Berkeley: University of California Press, 1975), 11-12.

아니었다.

켈트족 수도사들의 예술작품인 높다란 아일랜드 십자가가 한 본보기가 될 것이다. 태양 원판이 십자가 교차점에 놓여 있고, 식물, 동물, 성경의 인물들 그리고 수많은 켈트식 매듭이 꼭대기에서 바닥까지, 왼쪽에서 오른쪽까지 돌 속에 새겨져 있다. 그 십자가들은 밖에 세워져서, 스코틀랜드와 아일랜드의 거칠고 습기 낀 푸른 언덕들이 명상의 장소, 성스러운 땅임을 구별해 준다. 그 십자가들은 이전의 드루이드(Druids)라는 자연종교의 종교적 욕구들을 모아들여 세례를(기독교로 개종시키는—역자주) 베풀고 있다.

금욕주의자들의 삶의 방식의 중심에는 언제나 하느님 안의 삶이 있다. 이것을 떠나서는, 다른 나머지 것들은 지속적으로 참조는 해 볼 것이나, 본래적 특질, 혹은 실제적인 힘 등이 아무것도 중요한 것이 없다. 그 선택은 진실로 하느님과 맘몬(Mammon)—"이 세상," 이 부패한 문화로서의 맘몬—사이의 어느 것이냐에 관한 선택이다.

이제까지 우리의 본보기들은 기독교 금욕주의에서 온 것들이다. 그러나 기독교 금욕주의는 종교적 금욕주의의 세계에선 젊은 것에 불과하다. 힌두교와 불교의 금욕주의는 훨씬 오래되었고, 심오하고, 그리고 어떤 점에서는 그들의 공동체들의 대중적인 그리고 일상적인 실천들 속에 훨씬 더 많이 나타나 있다.

힌두교와 불교의 금욕주의는 또한 훨씬 더 강력한 것일 수 있다. 제1장에서 우리는 태국에서 숲속의 늙은 나무들을 불교 승려들이 입는 샤프론 옷감으로 둘러서, 나무에게 성직 안수를 베풀어서, 벌목에 항의하는 표시로 삼는다는 것을 이미 지적했다.

현대의 힌두교인들 가운데 모한다스 간디(Mohandas Gandhi)처럼 강력하게 나선 사람이 드물었다. 간디는 처음에 성공적인 변호사가 되려고 했던 열망(최고의 영국 전통 속에서 남아프리카에서 그리고 고향 인도에서)에서 마음을 고쳐먹고, 가난한 사람들과의 연대, 자립공동체, 단순함과 내적 및 외적 비폭력(*ahimsa*)의 삶을 선택하였는데, 그것이 시간이 지나면서 영국으로부터의 독립으로 이어졌다. ("우리는 영국인들과 먼 길을 걸어왔다. 우리는 그들이 떠나기를 원하지만, 그들이 친구로서 떠나기를 바란다"36)고 언젠가 그는 자유와 화해의 정신으로 말했는데, 그것은 다른 곳에서의 운동에 영감을 주기도 했다.)

간디의 금욕주의에 특히 중요한 것은 고대의 기관인 제자 학교 아쉬람(Ashram)이었다. 단순한 삶, 함께하는 노동, 지역의 물자와 공예품들을 사용하는 자립적인 공동체, 매일의 기도와 교훈, 모든 것들을 하느님의 자녀들로 동등하게 존중하여 대하려는 노력—이런 공동체의 특징들이 아쉬람의 특징들이었다. 그리고 간디의 경우에, 그런 아쉬람은 종교적 종파를 초월한—그리고 땅을 공경하는—공동체였다. 힌두교인들, 무슬림들, 유태인들, 기독교인들, 그리고 자이나교인(Jains)들 모두가 여기에 속했다.

유태인들은 자신들이 종교적 금욕주의자들이라고는 거의 생각하지 않는데, 이는 종교적 금욕주의의 많은 부분이 타계적(저 세상적)이거나 세계 부정적이라서, 구원은 역사적이고, 이 세상 안에서 이루어지는 것이며, 현세적인(earthbound) 것으로 여기는 유태인들의 구원관에 잘 맞지 않기 때문이다. 그러나 2008년 미국 유태인 공동체(American Jewish Community)가 발표한 랍비 서신은 그 제목이 "경이와 자제"(Wonder and Restraint)였는데, 이는 종교적 금욕주의의 두 가지 지배적인 특질이다.

그 서신은 다음과 같은 놀라운 표현으로 시작한다.

지금 이 순간, 우리 지구는 매초 당 18.5 마일의 속도(29.8 km/sec)**로 공간 속에서 돌진하고 있고,** 태양은 내부 온도 2천만 도로 타고 있다. 숲과 식물들이 지구 대기권의 이산화탄소를 쓸어 모아, 수많은 피조물들에게 산소와 식품을 제공한다. 바다 깊은 곳에서는 40톤 무게의 혹등고래가 교향곡조의 노래를 부른다. 아주 작은 벌새(humming bird)는 꽃에서 꿀을 빨아먹으면서 매분 당 4천 5백회(1초당 75회—역자주) 날개를 퍼덕인다. 우리 유전자 DNA의 수백만 년 된 메시지들이 자체를 재생산하고

---

36) From the script of Richard Attenborough's *Gandhi*, the movie. See www.scribd.com/doc/45864526/Gandhi.

수정하면서 놀라운 다양성의 인간들을 땅 위에 창조해내고 있다.

창조의 하느님에 대한 이런 증언들이, 우리들의 감각들과 과학의 탐구에 의해서 벗겨졌고, 수백만 명의 사람들을 감동시켜서 생태권의 주의 깊은 수호자가 되게 하였다. 이제는 우리의 유태인 전통도 똑같이 해야만 하고 또 할 수 있다.37)

"현대의 삶에서 자연의 호소하는 소리들에 대해 익숙하게 만든 풍요와 소외라는 똑같은 요인들이 사람들로 하여금 토라(Torah)의 소리들에 대해서도 익숙하게 만들 수 있을 것을 우리는 염려한다"고 랍비는 말한다. 토라를 낭송하는 소리들이, 깨우쳐 일으키는 부름의 소리와 함께 뒤를 따른다.

우리가 찾고 있는 깨달음은 경이로움으로 시작한다: 모세로 하여금 곁으로 비켜서서 불타고 있는 떨기 숲을 보면서 그가 "거룩한 땅" 위에 서 있는 것을 알게 한 그런 경이로움(출애굽기 3:3-5)이다. 그런 빛의 비전이란 우리 모두 매년 보는 것들인데, 봄의 새싹들 속에서, 새로운 세대들의 산란(産卵)에서, 새들, 포유동물들, 물고기들의 계절에 따른 이동에서, 대기권과 대양의 깨끗하게 만드는 흐름에서—그런 모든 과정 속에서, 생명이 동면(冬眠)에서 깨어나고, 스트레스(stress)로부터, 심지어 재앙으로부터 회복되고, 우리들의 바로 눈앞에서 세계를 다시 창조한다.38)

이어서 경이로움에 대한 유태인들의 많은 표현들이 뒤따르는데, 마치 계약을 위한 호출이 뒤따르듯 말이다. "**두 가지 계약을 위한 책임들이 우리 시대의 환경적 도전들에 직접 적용된다**"고 그 서신은 계속한다. 첫째 요구는

---

37) "Wonder and Restraint: A Rabbinic Call to Environmental Action." The editor is Lawrence Bush, editor of *Jewish Currents,* as well as editor of *Reconstructionist Today* (Accord, New York). The text is available online at: http://www.coejl.org/about/rabbinicletter_revfin.pdf. The citations above are from p.1. All the bolded, italicized text in my discussion is in the original.

38) Ibid., 2.

내부적인 것이고 둘째 요구는 외부적인 것이다. 첫째 것은 "거룩한 나라"로서의 전통적인 유태인들의 역할이고, 둘째 것은 "여러 나라들의 빛"으로서의 유태인들의 역할이다.39)

내부적인 것은 **자제**를 뜻하는데, 우리의 개인적인 삶과 공동체적인 삶에서 자제를 실천하는 것이다." 여러 가지 본보기들이 이어지는데, 군데군데 오늘날 자제가 필요한 이유에 대한 주석들이 나온다. "인간의 활동은 지금 지구에게 또한 지구의 풍부한 생물종들에게 끼치는 영향이 빙하들, 화산들, 바람과 조류들이 끼치는 영향만큼 중대한 것이다―그래서 세계는 무진장해서 다 써버릴 수 없는 것이라는 환상을 고집할 수 없다. 인간의 활동이 바다를 갈라 나누었고, 하늘에서 만나를 내려왔고, 전염병을 고쳤고, 거대한 성전을 지었다―그래서 우리는 우리의 능력과 함께 우리에게 주어진 책임을 져야만 한다는 점에 대해 계속 주저할 수는 없다. 그 대신에 우리는 우리 자신들에게 '다이'(*dai*, 그만하면 충분하다=enough)라고 말하기를 배워서, 우리 자신들을 자연의 자녀들에서 자연의 수호자로 변혁시켜야만 한다."40)

외부적인 것은, 계약의 두 번째 책임으로서, "세계의 지도자들에게, 거리낌 없이 말을 하는 것, 진실을 말하는 것"이다. 그 의무는 다음과 같다.

우리의 의무는 우리 자신들의 종교적 그리고 윤리적 가치들을 자기 방종, 지배, 단기적인 국가안보, 그리고 지구를 황폐화시키도록 촉진시키는 돈에 대한 숭배와 대조시키는 것이다.

우리의 의무는 우리의 환경위기를 아마겟돈(Armageddon)이나 구원의 기쁜 소식의 징표로 여기는 종교적 숙명론자들에게 정치적으로 힘을 실어주는 것에 반대하는 것이다.

우리의 의무는 가난을 줄이고 지구의 황폐화를 막는 정책들을 지원하는 것이다. 후진국들을 세계의 환경 쓰레기 하치장으로 만들지 못하도록 보호하는 것, 경제발전을 환경에 대한 청지기직(stewardship)과

---

39) Ibid., 3.
40) Ibid., 4.

연계하는 것, 그리고 가난한 사람들로 하여금 지속가능한 경제적 삶을 추구할 수 있도록 해주는 것이다.

우리의 의무는 자연세계와 공생적이기보다는 기생적으로 행동하거나, 혹은 주의도 하지 않고, 존중하지도 않고, 다만 단기적인 이익과 작은 이기심을 위한 목적으로 피조물들의 기본적인 것들을 훼손하는 회사들에 대한 후원을 철회하는 것이다.

우리의 의무는 지속 불가능한 경제성장을 촉진시키는 소비의 열기에 도전하는 것이다.

우리의 의무는 우리의 살아있는 지구를 상품으로 바꾸어버리면서, 재산과 재물을 신격화하는 공공단체의 임원들에게 도전하는 것이다.

우리의 의무는 평화를 찾아 그것을 추구하는 것이다―합법적 자기 방어의 범위를 벗어난 군사적 폭력에 쉽사리 의지하는 것을 반대하는 것인데, 그것이 인간의 생명을 파괴할 뿐만 아니라 또한 자연과 자연자원들을 파괴해버리는 충격 때문이다.

우리의 의무는 바로 이런 종류의 예언자적 자세를 취함으로써, 그리고 우리의 목소리를 높여서 기도하는 저항에 동참함으로써, 하느님의 그리고 인류의 "자궁 사랑"(*rachamim*)을 분발시키는 유태교의 능력을 우리가 새롭게 하는 것이고, 이리하여 우리의 지구 행성을 위해서 그리고 거기에서 살고 있는 생명들을 위한 건강한 미래를 향해 문을 열어두는 것이다.41)

경이와 자제, 내부적인 것과 외부적인 것, 전통에서 깊이 이끌어 와서 현재에 날카롭게 말하는 것―여기에 지구를 공경하는 심오한 금욕주의의 증거의 특징들이 있다.

---

41) Ibid., 4-5.

금욕주의적 윤리

　마지막으로, 동양과 서양의 금욕주의의 어떤 요소들이 소비주의, 즉 영혼, 참 자기, 그리고 분명한 통찰에 위험스러운 지구파괴적인 생활방식인 소비주의를 포기하는 근거가 되는가? 도대체 어떤 요소들이 경이로움과 자제의 방식으로 지구를 공경하는 길을 낳는가? 존 크리싸브기스 신부가 개략을 진술한 것이 요약이 될 것이다. 그는 "금욕주의를 이렇게 정의하고 싶다"고 말한다.

* 가볍게 여행하기(traveling light): 우리는 언제나 우리가 상상한 것보다 더 적은 것으로 일을 처리할 수 있다.
* 내려놓기(letting go): 우리는 통제하려는 우리의 욕망을 단념하기를 배워야 한다.
* 열어놓기(opening up): 우리는 결속을 하도록, 다시 결합하도록, 화해하도록 부름을 받았다.
* 부드러워지기(softening up): 어떻게 하면 우리의 공동체들이 덜 야만스럽고, 더 살기에 좋은 곳으로 만들 수 있을까?
* 가볍게 밟기(treading light): 우리의 환경에 상처를 주는 짓을 그만두어야 하고, 환경을 해치지 말아야 한다.
* 단순하게 살기(living simply): 서로서로 사이의 그리고 우리의 환경과의 관계를 복잡하지 않게 하고, 소비를 덜하기
* 간단히 살기(simply living): 살아남기 위해서 서로 서로에 대해서 그리고 자연에 대해서 경쟁하지 않기.

　크리싸브기스 신부는 계속하여 말하기를, "금욕주의가 목표로 하는 것은, 이탈이나 파괴가 아니라 순화(refinement)이다. 그것의 목적은 적당함(온건함)이지 억압이 아니다. 그것의 내용은 긍정적이지 부정적인 것이 아니다. 그것은 봉사하기를 기대하는 것이지 이기적이기를 기대하는 것이 아니다—

화해를 기대하지, 포기나 탈출을 기대하지 않는다. 금욕주의가 없이는, 우리들 가운데 누구도 진정한 인간이 아니다."42)43)

이 마지막 문장, 즉 "금욕주의가 없이는, 우리들 가운데 누구도 진정한 인간이 아니다"라는 것이 우리에게 필요한 모든 것을 잘 말해주고 있다. 시대의 정신이요 영혼의 세계적 형성자로서 소비주의에 의해서 다듬어진, 인간성의 중심을 이 말이 찌르고 있다. 그래서 현재의 질문은 "금욕주의 없이도, 우리는 지금 인간일 수 있는가?"처럼 간단할 것이다.

그 다음엔...

"우리가 지금 인간으로서 어떠한가?" 하는 똑같은 질문에 대해 성례전주의의 깊은 전통 속에선 사뭇 다르게 대답한다. 이제부터 그것을 살펴보자.

---

42) From the introduction in Chryssavgis, *Cosmic Grace and Humble Prayer*, 31.

43) Portions of this essay, especially the section on Ecumenical Patriarch Bartholomew and the ascetic ethic, are a reworking and amendation of an article done for *DIALOG: A Journal of Theology*. That article addresses other traditions as well as asceticism: sacramentalism, mysticism, and prophetic-liberative practices. See Larry Rasmussen, "Drilling in the Cathedral," *DIALOG: A Journal of Theology* 42, no.3 (Fall 2003): 202-25. An earlier version of this essay as a whole was published in *Crosscurrents* 57, no.4. The issue, dedicated to "Asceticism Today," includes my essay, "Earth-Honoring Asceticism and Consumerism," 498-513. 허락 받고 사용했음.

9장

성스러운 것과 상품화된 것들

> 만일 우주 자체를 빼놓고 나면, 어떻게 기독교는 자체를
> 보편적(catholic)이라고 부를 수 있단 말인가?
>
> — Simon Weil

> 지구 행성을 위해서 해야 할 가장 중요한 일은
> 성스러운 것을 다시 발명하는 것이다.
>
> — N. Scott Momaday[1]

두 가지 사건을 생각해보자. 2003년 2월 15일, 100개가 넘는 도시들에서 "세계 역사상 분명히 가장 거대했던 하루 대중 저항운동"이 벌어졌다. 미국이 주도하는 이라크 전쟁이 임박하자 부득이 이런 연합운동을 낳은 것이다. 수백만 명의 사람들이 남극을 포함한 모든 대륙에서 전쟁반대 거리 시위에 가담했다.[2]

디지털 공학기술이 이런 재빠른 조직을 가능하게 했다. 사회적 연락망들과 통신의 유연한 결합이 시공간적 장벽들을 해소시켰고, 국제적 시민사회를 동원시켰다. 사회학자들은 심지어 "권력자 계급집단"(hierarchy) 대신에 "이종 연합집단"(heterarchy)이 생겨나는 것이라고 말하기도 했다.

---

1) 위 인용문은 Simone Weil, *Waiting for God* (New York: G.P.Putnam's Sons, 1951), 101. Momaday는 Hendrik Hertzberg, "The Talk of the Town," *New Yorker*, March 17, 2003, 68에서 재인용.
2) 남극 파견대는 Ross Sea McMurdo Station에 있는 50명의 과학자들로 구성되어있다.

그런 순간적인 공동체의 창조적인 힘은, 그 힘의 유지는 말할 것도 없고, 앞으로 두고 볼 일이다. 국경을 초월하는 공동체는 그것이 재빨리 떠오르듯이 재빨리 사라질 수도 있다. 그러나 그런 맥동치는 계층들 곳곳에서 보여진 것은 일종의 아이콘(icon)이었는데, 그것은 플래카드마다 등장하는 대리석 무늬의 지구 행성이었다.

각각의 플래카드는 바다, 땅, 하늘의 활처럼 휘어진 수평선 위로 단지 몇 개의 단어를 넣을 공간을 갖고 있었다: 이라크와 전쟁은 안 돼!(No War With Iraq!), 세계 위에서 전쟁은 안 돼!(No War on the World!), 우리의 이름으로 전쟁은 안 돼!(Not in Our Name!) 등등. 또 달리 말하자면, 그 메시지는 취약한 지구 자체가, "그것에 대한 노래 이상으로"3) 여전히 아름답지만, 그러나 그 자신이 지구 행성의 신탁을 위임받았노라고 주저함 없이 생각하는 인종들에 의해서 위험에 빠진 그런 지구에 대한 항의이기도 하다. 시위자들 가운데서 "지구는 하느님의 목에 걸린 이콘(聖像)이다"(Earth is the icon that hangs around God's neck.)라는 러시아 정교회의 격언을 알고 있는 사람은 별로 없었을 것이다. 그러나 많은 사람들이 그렇게 느꼈다.

그 플래카드의 이미지는 우주비행사 프랭크 보어만(Frank Borman), 윌리엄 앤더스(William Anders), 그리고 제임스 로벨(James Lovell)에 의해 1968년에 처음으로 송신되었다. 도스토에프스키는, 수도원 정원 속에서 황홀경에 빠진 알료샤를 그려내면서, 그 우주비행사들의 경험을 그들보다 더 잘 말해 주었다: "신선하고 조용한 밤이, 거의 아무런 흔들림도 없이, 지구를 둘러싸고 있다... 지구의 정적이 하늘의 정적과 함께 합쳐진 것 같았고, 지구의 신비는 별들의 신비와 닿아 있는 것 같았다."4) 그러나 그 우주비행사들은 그들

---

3) 이 구절은 Alan Paton이 *Cry the Beloved Country*에서 apartheid 아래에 있던 남아프리카에 대해 한 말이다. Shridath Ramphal, *Our Country, The Planet: Forging a Partnership for Survival* (Washington, DC: 1992). 이 책은 바바라 워드(Barbara Ward)와 르네 뒤보스(Rene Dubos)에 대한 추모와 "우리들의 나라인, 지구 행성을 위한 그들의 사명을 계속하고 있는 모든 사람들"을 위해 헌정되었다.
4) Fyodor Dostoyevsky, *The Brothers Karamazov*, trans. Richard Pevear and Larissa Volokhonsky (New York: Alfred A. Knopf, The Everyman Library,

자신의 단어들을 선택했고, 크리스마스 전날 밤에 저 멀리 보이는 보석이 달의 수평선 아래로 사라질 때, 그들은 고대의 설명에서 한 부분을 읽어내었다: "한 처음에 하느님이 하늘들과 땅을 창조하셨다."(창세기 1장—역자주). 그것은 간단히 말해서 우주적인 시(詩)였다.

두 번째 사건은 좀 덜 극적이지만, 결코 덜 중요한 것은 아니다. 미국의 에너지 정책과 북극의 야생생물 국가 보호지역(Arctic National Wildlife Refuge)의 운명에 대한 토론이다. 뉴욕타임스의 해외 사건 칼럼니스트인 토마스 프리드만(Thomas Friedman)은 그 미개척지(wilderness)에서 석유 채굴을 위해 구멍을 뚫는 것에 대해 국내 논쟁에 참여할 수밖에 없다고 느끼자, 흔히 워싱턴의 정책 입안자들의 선입관을 품게 만드는 경제적 비용편익(cost-benefit)을 제켜 놓고 나섰다. "나는 부시 행정부 예산에 들어있는 무책임성을 지적하는 것은 다른 전문가에게 맡기겠다"고 쓰고 나서, 그는 전혀 다른 논쟁에로 옮겨간다. 그는 리처드 파인버그(Richard Feinberg)가 말한 미개척지(wilderness)의 개념에서 논거를 발견한다. 파인버그는 쓰기를, 미개척지는 "변경할 수 없다. 그것은 마치 완전함 같다. 거기엔 정도와 급수를 매길 수 없다. 미개척지에서 석유 채굴은, 아무리 조심스럽게 해도, 미개척지의 성격을 변화시키고 만다. 그것은 더 이상 미개척지가 아니다. 만일 유전을 뚫는 것이 북극 보호지역(Arctic Refuge)에서 널리 행해지면, 이 대륙 위에서 탐욕과 단기적 이해관계로부터 안심할 수 있는 곳은 아무 데도 없게 될 것이다"5)라고 한다.

미개척지에 해를 끼치지 않고도 유전의 구멍을 뚫을 수 있다는 부시 행정부의 주장을 반박하면서, 파인버그는 말한다. "그건 마치 당신이 교회 안에서 손바닥 계산기(Palm Pilot, 요즈음의 스마트 폰이 발명되기 전 유행했던 도구—역자주)로 아무에게도 방해를 하지 않고 온라인(on-line) 거래를 할 수 있다고 말하는 것이나 마찬가지다. 그런 일은 바로 그 장소에 대한 윤리(ethics of

---

1927), 362.
5) Fineberg as cited by Thomas Friedman, "Drilling in the Cathedral," *New York Times*, March 2, 2003, A23.

the place)를 위반하는 것이다."6)

"장소의 윤리라니, 왜 이 독특한 환경의 대성당(cathedral) 속에 구멍을 뚫는 일이 도덕적 위반인가."7) 만일 정말로 위반이라면? 만일 기도를 하고 있는 사람 누구도 방해하지 않고, 오르간 연주자의 주의를 산만하게 만들지도 않는다면, 교회 안에서 온라인(인터넷)으로 문자를 주고받고 상거래를 하는 것이 정말로 잘못된 일일까?

유전 구멍을 뚫는 일이 결국엔 옳든 그르든 간에, 프리드만이 대성당 안에서 중장비를 사용하는 것을 거절당하면서 뭔가 도덕적 중대 과실(moral gravity)을 직관적으로 깨달았다고 잠시 가정하자. 도덕적 감정들, 특히 도덕적 미학에 대한 감정들은 소박하고 사소한 것들이라고 무시해서는 안 된다. 그것들은 우리의 최초 판단들(설사 마지막 판단들은 아닐지라도)을 나타내는 것이며, 또한 경건한 감정들이 그러하듯이, 우리의 성격, 가치들, 그리고 거룩함의 의미를 똑같이 드러낸다. 전 지구적으로 연대 행진을 하는 사람들의 염려를 추가하면, 프리드만의 직관의 중대성이 강조된다. "장소의 윤리"를 위반한다고? 우리의 이름으로는 안 되지! 뭔가 성스러운 것에 위험이 닥쳐온 것 같다.

그러나 이런 사건들이 도덕적 감성과 중대성을 설명하지 못하는 것은, 그것들이 **성례전적 윤리**(sacramental ethic)의 토대들을 드러내거나 혹은 정책을 결정하지 못하는 것이나 마찬가지다. 심지어 마음 깊이 새겨진 전쟁의 잔혹함과 대성당 속에 구멍 뚫기의 위반을 겪고 나서도, 전쟁을 벌이기, 평화를 만들기, 에너지, 그리고 안전보장에 대한 여러 가지 입장들이 가능하다. 비슷한 감정들을 공유하는 사람들 모두가 똑같은 유리창에 코를 누르고 똑같은 광경을 응시하면서도, 서로 다르게 반응할 수 있다. 도덕적 반사(moral reflex)를 공유하고 성스러운 것에 대해 공유된 의미를 표현한다 해도, 오직 하나의 끊어지지 않는 직선을 강요하지는 않는다. 우리가 북극 보호지역 속에서 유전 구멍 뚫기 금지에는 찬성한다 해도, 다른 어느 곳에서 유전을 만

---

6) Ibid.
7) Ibid.

드는 것, 혹은 그 장소, 금융, 그리고 대안으로 바람, 태양, 핵에너지 등에 대해서는 찬성하지 않을 수도 있다. 한마디로, 합리적인 정당화에 대해 완전히 심사숙고하기 전까지는 우리가 어느 것에 대해 충성할 것인지는 분명하지 않다. 그럼에도 불구하고, 우리가 무엇에 대해 충성하며, 또한 그런 충성에 대해 도덕적 감정들을 갖는 것은 우리가 입증책임(burden of proof)을 질 수밖에 없다. 보통은 우리의 첫 반응들이 우리의 가장 강력한 반응들이며, 따라서 실질적인 도덕적 추론의 비판적인 첫 요소들이 된다.

그러니 프리드만, 우주비행사들, 그리고 거리의 연대 운동가들이 사실상 초대장을 내거나, 질문을 한다는 가정으로 좀 더 진행해보자. 종교-도덕적 직관들과 새로 써진 아이콘들이 지구 행성을 구출하는 문제에 대해서 뭔가 강력한 주장을 말해줄 것인가? 만일 우리가 지구를 참으로 본거지(본향)라고 생각한다면, 그리고 만일 환경이 우리를 위한 성례전적 지위를 갖고 있다면—청컨대, 대성당에서 구멍 뚫는 일은 금지—그것이 정책과 행동에 중요할 것인가? 좀 더 정확히 말해서, 성스러운 것에 대한 도덕적 감각은 어떻게 삶의 방식으로서 나타나는가? 만일에 지구가 하나의 성례전이라면, 우리는 어떻게 그것을 취급해야 할 것인가?

성례전적인 우주

뉴욕타임스는 "영혼들과 연어를 구출하기"를 일요일 특집기사로 실었다. 이 연합—영혼과 연어—은 무엇을 뜻할 것 같은가? 대주교 알렉스 브루네트(Alex Brunett)는 뉴욕타임스 기자 짐 로빈스(Jim Robbins)를 데리고 시애틀 중심가에 있는 성 제임스 대성당의 세례반(baptismal font) 앞으로 갔다. 그는 세례반에 담긴 물의 조용한 흐름을 가리키면서, "이 물은 그냥 담겨 있는 것이 아닙니다. 우리는 사람들을 정지해 있는 물이 아니라, 흐르는 물, 즉 살아있는 물에서 세례를 베풉니다"[8]라고 말했다. 생명의 물(세례)과 살

---

[8] "Saving Souls and Salmon," *New York Times Week in Review*, October 22, 2000, 5.

아있는 물(이 경우엔, 컬럼비아 강과 연어들)이 연결되었다. 알렉스 대주교에게 그 연결은 성례전적인(sacramental) 것이었다. 영혼을 구원하는 것과 연어를 구원하는 것은 같은 우주에 속한 것이다.

"컬럼비아 강(Columbia River) 수역(水域): 현실들과 가능성들"은 몬태나, 아이다호, 워싱턴, 오레곤, 브리티시컬럼비아 지역의 로마 카톨릭 주교들의 생태지역적 목회서신이다. 만일 그 지역의 표상이라고 여기는 것—연어—이 척도랄 수 있다면, 한 세기 동안 고삐 풀린 듯 마음대로 벌목, 채광, 방목, 댐 쌓기 등으로 그 큰 강과 유역을 비참한 궁핍함에 빠뜨렸음을 알 수 있다. 약 1천 6백만 마리로 추정되었던 연어들이 2000년 현재, 70만 마리로 줄어들었다.9)

마찬가지로 흥미를 끄는 것은 위험에 처한 그 수역에 붙인 "성례전적 공유지"(sacramental commons)라는 이름이다. "우리는 주변의 세계 속에서 성스러운 것을 확립하고자 한다"고 알렉스 대주교는 설명했다. 그런 성스러움을 확립하는 것은, 기독교뿐만 아니라 모든 종교적 성례전의 주요 교의를 당연히 받아들이는 것이다. 즉 물질적인 실재는 인간들이 공유하고 이름을 붙이는 가치를 지니고 있지만, 인간이 그런 가치를 부여하는 것은 아니며, 그런 가치는 모든 존재를 포괄하며, 또한 신이 모든 피조물을 통해서 "생명을 창조하고, 유지하고, 구원하는 현현과 약속"을 드러낸다는 확신이다.10) 때로는 "성례전적 원칙"이라고 부르는 확신이 있는데, 이것은 생명을 긍정하는 은혜가 피조물들에게, 피조물들을 통해, 하느님 자신의 영속적인 현존이 "피조물의 자연-생태적, 사회-역사적 차원들 속에서 과거, 현재, 미래를 위하여(for), 그와 함께(with), 그리고 안에서(within)" 나타난다는 확신이다.11) 성례전이란 상징인데, 그런 상징을 통하여 어떤 자연의 실재, 가령

---

9) Ibid.
10) Therese DeLisio, *Stretching the Sacramental Imagination in Sacramental Theology, Liturgy, and Life: A Trinitarian Proposal for a Cosmologically Conscious Age*, Ph.D.thesis, Union Theological Seminary, New York, 2007, 13. DeLisio's focus is the Triune God of Christianity. I have taken the liberty of extending her statement to all notions of divine presence.

물 혹은 인간의 손들이 만든 것(빵)에 의해 성스러운 것이 "현재의 사실로 경험되는" 수단이 된다.12) 그런 상징들은 그것들이 상징하는 생명과 능력을 가리키고 또 그것에 참여한다.13) 역설적으로 그 상징들은 성스러운 신적인 것을 숨겨진 방식으로 계시한다—피조물 속에 숨겨지고, 자연 속에 둘러싸여서, 감각들에 감지된다.

야키마(Yakima) 인디언 추장인 돈 샘프슨(Don Sampson)은 주교들의 편지를 받고 낄낄거리며 웃었다. "아마도 하느님이 주교들을 통하여 말씀하셨나보다. 교황도 함께 있었기를 나는 바란다"라고 그는 말했다. 다소 엄숙한 목소리로 그는 덧붙여 말하기를, "교회가 솔직해지고 있어서, 명백한 숙명(Manifest Destiny, 백인들의 영토 확장론—역자주)이라는 신화와 땅에 대한 지배를 없애고 있는 것 같다. 그거야 상쾌한 일이고 환영하는 바이다."14)

거대한 연쇄사슬의 성례전주의

교회가 성례전주의(sacramentalism)를 항상 지배에 대항해서 주장했던 것은 아니다. 존재의 거대한 연쇄사슬(The Great Chain of Being) 이론은 아마도 모든 기독교 우주론들 가운데서 가장 강력한 영향을 끼쳤을 것인데, 이 이론은 성례전과 지배를 함께 묶어서, 샘프슨의 야키마 민족을 포함해서, 신세계(the New World)를 식민지화하기 위해 대양의 큰 파도를 항해하도록 내보냈다. 교황 알렉산더 6세의 유명한 증여의 칙서(Bull of Donation)는 "인도를 향해 아조레스(Azores, 지브롤터 해협 서쪽의 화산군도 —역자주) 서쪽과 남쪽으로 300마일 이내에 있는, 이미 발견되었거나 장차 발견될,"15) 모든 섬들, 그리

---

11) Ibid., 226.
12) Ibid., 230.
13) Ibid., 233. DeLisio is drawing on the discussion of symbols in the work of Karl Rahner and Paul Tillich.
14) "Saving Souls and Salmon," *New York Times Week in Review*, October 22, 2000, 5.
15) Cited from Vandana Shiva, *Biopiracy: The Plunder of Nature and Knowledge* (Toronto: Between the Lines Press, 1997), 1. Shiva is citing the

고 1492년 성탄절 현재 아직 어떤 기독교 왕이나 왕자가 점령하지 않은 모든 섬들과 대륙들을 스페인의 이사벨(Isabel)과 페르디난드(Ferdinand)에게 간단히 주어버렸다—기증했다. 교황의 뜻은 명백했다. 유럽의 기독교 왕국들이 세계를 지배하고, 문명을 전파하고, 그들의 비기독교인 형제자매들의 미개한 영혼들을 구원해야 한다는 것이다. 이것은 준다(giving)는 가면을 쓴, 대규모의 "빼앗는"(taking) 일이었다.

대부분의 성례전적 우주론에 맞추어서, 거대한 연쇄사슬(the Great Chain)은16) 생명이란 다양하고 상호의존적인 생명들의 끝없는 배열 속에 신적인 것이 흘러넘치는 것으로 묘사한다. 성례전주의에서는 우주가 살아있고, 다중적이며 전체적이다. 만물은 각각 그 연쇄사슬에 속해 있고, 탈무드에 반영된 방식으로 속해 있다: "세계 안에 존재하는 만물 가운데, 거룩하신 한 분께서 아무 소용없이 창조하신 것은 하나도 없다."17)

거대한 연쇄사슬로 이렇게 생명을 특별하게 배열하는 것은 그러나 지배와 위계서열을 새겨 넣는 일이다. 인간들은 천사들보다 약간 낮은 위치에서, 위로는 하느님을 모시고, 아래로는 그 밖의 모든 것을 거느린 자리에 있다. 이런 특별한 생물종들 안에선, "영광과 명예로 관을 쓴"(시편 8편) 남자들의 위치가 영원히 여자들보다 한 단계 위에 있고, 다른 한편 (높은) 이성, 마음, 영이 (보다 낮은) 감정과 육체를 다스린다. 가장 놀랍게도, 이미 지적한대로, 제국(empire)은 정복과 식민지화, 상업, 그리고 기독교의 전파를 인가받았다. 이것은 발견의 시대에 콜럼부스(Columbus)의 영향과 그리고 제2장에서 다루었던 크로스비(Crosby)의 논의의 영향을 뒤따른 4중주(정복, 식민지화, 상업, 기독교 전파)였다. 그런 계획에서는 거대한 연쇄사슬의 성례전주의가 "문명화의 사명"을 실천하여, 그에 따라 "열등한" 민족들과 문화들은 구원의 복음

---

bull's text from Walter Ullmann's *Medieval Papalism: The Political Theories of the Medieval Papalists*, published in 1949.
16) The phrase was made popular by Arthur Lovejoy, *The Great Chain of Being* (New Brunswick: Transaction Press, 2009; original publication by Harvard University Press, 1936).
17) Tractate Shabbat 77b. Available at http://halakhah.com/pdf/moed/Shabbath.pdf.

과 삶의 방식의 일방적인 수혜자가 되었을 뿐이다.

이처럼 인종차별적이고 문화적인 모습의 우월감은 잔혹하였다. 본토의 원주민들은, 샘프슨이 말하는 야키마(Yakima) 민족처럼, 살해당했고, 쫓겨나 이주되었고, 혹은 동화되었는데, 모두 유럽인들의 방식대로였다. 노예들은 중간 통과 단계에서 고통을 당했는데, 많은 생명을 잃었고 그리고 뒤따른 강압과 공포를 겪었다. 앞에서 인용했던 이런 모든 것을 위한 근원적인 도덕성은 냉담하고 신학적이었다: "거듭 거듭 유럽의 제국주의 세기들 동안에는, 모든 사람들이 형제들이라고 하는 기독교의 견해는 비유럽인들에게는 박해로 이어졌다—나의 형제인 그는, 그가 나와 같지 않다는 것만큼, 죄가 되었다."18)

종교적인 우주론들은 항상 우주의 내용을 점검하고, 그 요소들을 함께 묶고, 그 결과에 따라 죄, 부도덕, 보상, 미덕 등을 확립한다. ("모든 사람들이 형제들이란... 나의 형제인 그는 그가 나와 같지 않다는 것만큼 죄를 짓는다"). 이런 특별한 성례전적 우주론은 생명의 유기체들과 존재의 상태들에 따라 "더 높고" 그리고 "더 낮은" 가치들을 부여하는 그런 방식으로 서열을 정한다. 그것의 인종차별주의, 인간중심주의, 그리고 위계질서적인 배열이 매우 오랫동안 지속되었다. 교황 알렉산더의 증여의 칙서(Bull of Donation)가 나오고 오랜 시간이 지난 후 1957년에, 보수적인 공화당 사상의 권위자요 매우 영향력 있는 『내셔널 리뷰』(National Review)의 편집자인 윌리엄 버클리(William F. Buckley Jr.)는 "브라운 대 교육부"(Brown v. Board of Education) 소송에 대한 미국 연방대법원의 판결에 이렇게 반응했다.

여기서 드러난 핵심적 질문은 (그리고 그 질문은 정중하게 격식을 차린 질문이 아니거나 미국 시민들의, 평등하게 태어났다는, 권리들의 목록에 대조해보기만 하고 대답할 수 있는 질문이 아니다) 남부의 백인 공동체가 숫자적으로 우세하지 못한 지역들에서, 정치적으로 또한 문

---

18) Alfred W. Crosby, *The Columbian Exchange* (Westport, CT: Greenwood Press, 1974), 12.

화적으로, 우세할 필요가 있는 그런 조처를 취할 수 있느냐 없느냐 하는 것이다. 제정신 차린 대답은 Yes(그렇다!)다—백인 공동체가 그럴 자격이 있는 것은, 우선 당분간, 백인이 더 발전된 인종이기 때문이다...
*National Review*는 남부의 전제가 옳다고 믿는다. 만일 다수가 원하는 것이 사회적으로 격세 유전적(atavistic, 사라졌던 특성이 나중에 다시 나타나는 유전학적 용어—역자주)인 것이라면, 그런 다수를 좌절시키는 것이, 비록 비민주적일지라도, 사리를 잘 아는 일일 것이다... 보편적인 참정권은 지혜의 시작이 아니거나 자유의 시작도 아니다.19)

특히 거대한 연쇄사슬(the Great Chain)은 영적인 삶이란 대체로 지구에서 도피하는 것으로 생각하였다. 모든 피조물들이 신적인 것의 현존으로서 살아있는 것이므로, 연쇄사슬의 위계질서에서 최고 정점에 있는 하느님은 순수 영과 정신(the pure Spirit and Mind)으로 위치를 정하고, 무기질의 물질을 맨 밑바닥에 위치시켜서, 신적인 것과의 합일을 도덕적 영적인 삶의 목표로 삼는다. 그것의 수단이 금욕적인 상승이기에, 인간이 하느님에게 가까울수록, 인간은 "아래"에 있는 피조물들과 더 멀어진다. 하느님에게 가까울수록 순례 도상에 임시 머무는 장소인 땅에서는 더욱 멀다.

짧게 말해서, 그리고 많은 개신교 사상 속에서 훨씬 엄밀한 방식들로 보면, 하느님은 자연의 상당부분으로부터 분리되어, 인간 역사 속에 다시 자리를 잡는다. 인간도 나머지 피조물들로부터 분리되어 역사 속에 다시 자리를 잡는다. 피조물들은 구원에서 분리되고, 구원이란 인간 영역에만 축소되어, 널리 침투된 파괴적 이원론(Dualism)이 지배적인 교훈들과 실천에 의해 강화된다(여자들 위에 남자들, 자연 위에 인간의 권리들, 정복된 민족들과 그들의 방식 위에 서양 공학기술과 삶의 방식 등의 이원론).20)

---

19) Cited by Bob Herbert, "Looking Back at an Ugly Time," *New York times*, February 24, 2003, A17. The influence of Buckley's "Great Chain" Catholicism is found in much of his writing. See, for example, his *God and Man at Yale: The Superstitions of "Academic Freedom"* (Chicago: Regnarey/Gateway, 1977).

이런 모든 것은 단지 앞에서 말했던 것을 강조할 뿐이다. 도덕적 연직선(鉛直線, plumb line)이 모든 각각의 깊은 종교적 전통과 모든 거룩함의 견해를 어디에서든 측정해야만 한다. 어떤 전통도 원래대로 순박하지 않고, 어느 전통도 윤리적 비판과 재구성을 피할 수 없다. 여기서 주목할 만한 것은 미국 서북부와 캐나다 남서부의 카톨릭 주교들이 전체에 대한 다른 성례전적 의미에서 존재의 연쇄사슬 성례전의 억압에 대한 대안을 발견한 것이다. 컬럼비아 강 유역(Columbia River Watershed)에 보낸 목회교서 속에 그 대안이 나오지만, 그 대안이 가장 분명히 드러난 것은 다른 목회 교서 속에서인데, 이번엔 미국 카톨릭 주교회의에서 나온 것이다.

생명의 연결망(Web-of-life) 성례전주의

"지구를 갱신하기: 카톨릭의 사회적 교훈의 빛에서 성찰과 실천을 하도록 초청함"이란 교서는 지배적인 은유를, 층계를 지닌 사다리(거대한 연쇄사슬-역자주)로부터 "하나인 생명의 연결망(the web-of-life)"21)으로 옮겨간다. 그 교서는 각각의 피조물이 중요하고 피조세계는 성스럽다는 토마스 아퀴나스의 확신과 탈무드의 확신을 모두 유지하지만, 그러나 공동선(common good)의 범위를 크게 확장시킨다. 즉 카톨릭교회의 윤리적 규범으로서의 공동선은 오랫동안 **인간 사회를 위한 공동선**이었지만, 그 교서는 **지구를 포함한 공동선**, 즉 대기권과 바다와 같은 전 지구적 "공유지"(commons)를 위한 공동선에로 의식적으로 옮겨간다.

---

20) This summary, taken from Ian Barbour, is discussed extensively by Dieter Hessel in "The Church Ecologically Reformed," in *Earth Habitat: Eco-Injustice and the Church's Response*, ed. Dieter Hessel and Larry Rasmussen (Minneapolis: Fortress Press, 2001), 185-206.

21) web-of-life(생명의 연결망) 이미지는, 대부분의 기독교에선 최근의 것이지만, 여기에서 논의한 카톨릭처럼, 어떤 지역에선 오래된 전통이다. 4세기에서 6세기에 걸쳐 켈트 기독교(Celtic Christianity)는 신플라톤주의의 로마 기독교 경계선들을 넘어서서 발전하였고, 존재의 연쇄사슬(chain-of-being) 신앙보다는 생명의 그물망(web-of-life)을 실천했다.

지구 행성의 이런 생명의 연결망을 당연한 것으로 여기면서, 주교들은 "사람에 대한 관심과 땅에 대한 관심 사이의, 그리고 자연 생태학과 사회적 생태학 사이의 연결들을 탐색한다."22) 환경의 위기는 "도덕적 도전"이라고 그들은 말한다. 환경 위기가 우리들에게 요청하는 것은 "우리가 땅의 물품들을 어떻게 사용하고 공유하며, 무엇을 미래 세대들에게 넘겨주며, 어떻게 하느님의 피조물들과 조화롭게 살아갈지를 조사하라"는 것이다.23) 거대한 연쇄사슬 주장자들을 포함하여 모든 성례전주의자들처럼, 주교들도 피조세계를 "자연 생태학과 사회적 생태학 사이의" 본질적 연결을 지닌 "공통의 것들" 곧 공유지(commons)라고 본다. 이런 도덕적 신학의 전통 속에서는, 땅의 물품들은 공통의 목적—나무들, 꽃들, 그리고 동물들을 포함한 모든 것들의 기본적인 필요들을 채워주는—을 지닌 공통의 선물이다. 그래서 예를 들어, 만일 자본주의 시장들과 사유재산의 권리가, 우리가 소속되고 공유하는 "공통의 것들"로서 땅의 물품들을 분배하는 것을 도와준다면, 그것들은 매우 중대한 역할을 하는 것이다. 그러나 만일 자본주의 시장들과 사유화된 재산들이 효과적으로 "공통의 것들"(공유지)을 닫아버리고 또 그것들을 필요로 하는 사람들에게 공정한 분배에서 물품들을 제거한다면, 그것들은 공정한 사회를 이룩하고 유지하는 합법적인 수단이 되지 못한다.

주교들은 특권과 권력이 "사회적" 생태학과 "자연적" 생태학의 연결에 큰 영향을 주는 것을 민감하게 알고 있다. "지구를 갱신하기" 교서는 더 부유한 나라들과 더 가난한 나라들의 관계에 대하여, 그리고 도처에서 가난한 사람들의 곤경에 대하여 광범위한 관심을 보인다. "복음서와 교회의 가르침 속에 새겨진 가난한 자들을 위한 우선적 선택권이 우리로 하여금 깨닫게

---

22) U.S. Catholic Bishops, *Renewing the Earth—An Invitation to Reflection and Action in Light of Catholic Social Teaching* (Washington, DC: U.S. Catholic Conference, November 14, 1991), I. A. Aims of This Statement, 2, John Hart's *What Are They Saying about Environmental Theology?* (Costa Mesa, CA: Paulist Press, 2004) is a detailed guide to Roman Catholic social teaching on the environment. I have drawn upon Hart's work here.
23) U.S. Catholic Bishops, *Renewing the Earth*, Signs of the Times, 1.

하는 것은, 가난한 자들이 환경 파괴 때문에 가장 직접적으로 고통을 당하며 또 그들의 고통에서 가장 적게 구제를 받는다는 점이다. 토착 원주민들은 그들의 숲과 초원들과 함께 죽어간다. 보팔(Bhopal, 1984년 12월 독가스 유출로 대량 사망자들을 낸 인도의 도시—역자주)과 체르노빌(Chernobyl, 구 소련 우크라이나 지역 도시, 1986년 4월 핵발전소 원자로 폭발 녹아내림—역자주)에서 가장 직접적이고도 심각한 오염을 겪은 사람들은 도시빈민들과 노동자들이었다. 인간들이 오직 그들 중 가장 약한 자들에게 자비심을 가질 때에만, 자연은 진정 두 번째의 봄을 즐길 것"이라고 주교들은 쓰고 있다. 노동자들에겐 "괜찮은 환경과 괜찮은 삶" 사이의 선택이란 거짓이다.24)

현재의 환경 위기는 도덕적 도전으로서 참으로 힘겨운 일이기에, 회심(conversion)—다른 방향으로 전환—이 필요하다고 주교들은 계속해서 말한다. 그 회심은 동시에 땅과 하느님께로 함께 전향하는 것이다. "우리는 우리의 자손들과 아직 태어나지 않은 세대들을 위해서 지구 행성을 보전하고 보호할 마음의 변화를 필요로 한다."25)

그러나 마음을 변화시킬 힘이 어디에 있는가? "성례전적 우주 자체 안"이라고 주교들은 대답한다. 자연이 하느님의 현존과 능력을 보유한다. "역사를 통하여 사람들은 산꼭대기들에서, 광활한 사막에서, 그리고 폭포나 잔잔히 흐르는 샘물 곁에서 창조주를 계속 만나왔다. 폭풍우들과 지진들 속에서, 그들은 신적인 힘의 표현을 발견했다. 계절의 순환과 별들의 행로들에서, 그들은 하느님의 신실하심과 지혜의 징표들을 분간해왔다. 우리는 아직도, 비록 희미하게나마, 자연 속에서 하느님의 현존의 느낌을 공유한다."26)

여기서 지구는 하나의 성례전이다—세례용 물이나 컬럼비아 강물과 그 속에 사는 연어들처럼, 눈에 보이고 손으로 만질 수 있는 징표들을 통해 하느님의 현존을 드러낸다. 초월적인 힘이 가까이 다가온 것이어서, 성찬식용 곡물(빵)과 포도, 혹은 우리 주변에 있는 들판들, 숲들, 물길들처럼 가깝다.

---

24) U.S. Catholic Bishops, *Renewing the Earth* III. D. Available online at http://www.usccb.org/sdwp/ejp/bishopsstatement.html.
25) Ibid., I. D.
26) Ibid., III. D.

피조세계 속에서 하느님의 현존을 숭배하고 또한 그들 자신이 세계 속의 성례전의 일부라고 이해하는 사람들은, 피조물들을 "성스러운 위임"으로 여기고 돌보려고 나설 것이라고 주교들은 강력히 주장한다. 인간들이 경제적 발전과 공학기술의 놀라운 발전에 의해서 "땅 위의 생명의 자연스러운 규모와 리듬"으로부터 소외된 때에는, "성례전적인 우주의 비전이... 지구를 다시 한 번 인간 가족의 본향으로 만드는 데 공헌할 수 있다."27)

이런 것들 가운데 이슬람의 가르침에서 먼 것은 하나도 없다. "지구는 이슬람 사원(mosque)이고, 그 안에 있는 모든 것은 거룩하다. 나는 이슬람의 이런 기본적인 특징을 아버지로부터 배웠다"고 이브라힘 압둘-마틴은 그의 저서 『녹색 종교: 지구 행성을 보호함에 대한 이슬람의 가르침』(*Green Deen: What Islam Teaches about Protecting the Planet*)28)에서 첫 문장으로 쓰고 있다.

또한 그것은 불교에서도 멀지 않다. 틱낫한 스님은 말한다. "내게는 하느님 나라(the Kingdom of God)나 불교의 정토(淨土, the Pure Land of Buddhism)가 그저 막연한 아이디어가 아니다. 그것은 실재다." 그는 다시 이렇게 설명한다. "산 위에 서있는 소나무는 너무도 아름답고, 튼튼하고, 푸르다. 내게는 소나무가 하느님 나라, 불교의 정토에 소속된 것이다. 산뜻한 웃음을 머금은 당신의 아름다운 어린 자식도 하느님 나라에 속한 것이고, 그리고 당신도 또한 하느님 나라에 소속된 것이다." 그 결론은? "만일 우리가 흐르는 강물, 푸른 하늘, 꽃피는 나무, 노래하는 새, 웅장한 산들, 수많은 동물들, 햇빛, 안개, 눈[雪], 생명체의 헤아릴 수 없는 경이로움을 하느님 나라에 속한 기적들로 여길 수 있으면, 우리는 그것들을 보전하고 또한 파괴되지 않도록 최선을 다 할 것이다."29)

---

27) Ibid. My thanks to Drew Christiansen, S.J., for pointing me to these passages in *Renewing the Earth*.
28) Ibrahim Abdul-Matin, *Green Deen: What Islam Teaches about Protecting the Planet* (San Francisco: Berrett-Koehler Publications, 2010), 1.
29) Reprinted from *The World We Have: A Buddhist Approach to Peace and Ecology* (2008) by Thich Nhat Hanh, with permission of Parallax Press,

유태교도 이런 섬세한 감수성을 공유한다. 지혜(*hochma*)는 우주 전체를 통해 스며있는 신적인 현존을 인격화한 것이다. 랍비 서신 "경이와 자제"를 기억하라: 우리가 찾는 깨우침은 경이로움에서 시작한다. 모세로 하여금 곁으로 비켜서서 불타고 있는 떨기 숲을 보면서 그가 "거룩한 땅" 위에 서 있는 것을 알게 한 그런 경이로움(출애굽기 3:3-5)이다. 그런 빛의 비전이란 우리 모두 매년 보는 것들인데, 봄의 새싹들 속에서, 새로운 세대들의 산란(産卵)에서, 새들, 포유동물들, 물고기들의 계절에 따른 이동에서, 대기권과 대양의 청소하는 흐름에서—그런 모든 과정 속에서, 생명이 동면(冬眠)에서 깨어나고, 스트레스(stress)로부터, 심지어 재앙으로부터 회복되고, 우리들의 바로 눈앞에서 세계를 다시 창조한다.30) 앞 장에서 언급했던 1997년 환경의 거룩함에 대한 심포지엄에서, 에큐메니칼 운동의 바톨로뮤 대주교도 성례전주의를 언급했다. 그는 결론에서 말하기를, "주님은 모든 피조물들에게 원자들의 물질에서부터 하느님의 마음에 이르기까지 당신의 신적인 현존을 하나의 연속으로 채우셨다. 우리는 하늘과 땅 사이의 조화를 다시 새롭게 하고, 생명의 모든 알맹이들, 각각의 세세한 것들을 거룩하게 만들자"31)라고 했다.

아마도 피조세계가 원자들의 물질에서부터 하느님의 마음에 이르기까지 신적인 현존이 하나의 연속으로 채워졌다는 것에 대해서는, 피조세계의 풍성함을 비롯한 몇 가지를 강조하려는 것이 아니라면, 굳이 더 설명할 필요가 없을 것이다. "지나치게 풍성하다! 자연은 어느 것이든 한 번 더 해보려고 할 것이다"32)라고 애니 딜라드는 쓰고 있다. 혹은 그게 대주교가 "월스트리

Berkeley, California, www.parallax.org., 97-98.
30) "Wonder and Restraint: A Rabbinic Call to Environmental Action." The editor is Lawrence Bush, editor of Jewish Currents, as well as editor of *Reconstructionist Today* (Accord, New York). The text is available online at http://www.coejl.org/about/rabbinicletter-revfin.pdf.
31) The address of His All Holiness Ecumenical Patriarch Bartholomew at the Environmental Symposium is available in Fr. John Chryssavigis, ed., *Cosmic Grace, Humble Prayer*. This citation is from 166 of the prepublication manuscript, courtesy of John Chryssavigis.
32) Annie Dillard, *Pilgrim at Tinker Creek: A Mystical Excursion into the Natural World* (New York: Bantam Books, 1975), 67. Another passage

트 저널"의 논설에서 다음처럼 결론내리는 것이 아니라면 말이다: "왜냐하면 만일 생명이 성스럽다면, 그것을 유지하는 전체 그물망도 성스럽다."[33] 혹은 성례전주의의 가장 단호한 견해를 강조하려는 것이 아니라면 말이다: 이런 과도하고도 불가분리의 생명은 공짜로 내어준 **하느님의 선물**이고 **은총의 매개**인데, 이런 선물은 존귀하신 하느님의 현존 속에 제의를 통해 얻어진 것이고, 거기에서 관상과 전례적인 실천 속에서 갱신된다. 이런 전통 속에서 전례의 드라마는 우주적 공동체와 피조세계의 구원의 드라마를 제의적인 재연(ritual enactment)으로 나타내고 다시 거듭해서 재연한다.

연결망(Web) 사고와 유용성

이런 식으로 세계 속에 의지하는 도덕적 기풍은 "성만찬"(Eucharist)이란 단어에서 특징을 드러낸다. 그리스어 '유카리스타스'(*Eucharistas*)는 "감사드림"이란 뜻인데, 종교 전례와 제의가 사람들의 감사한 응답이자 그들의 생활을 위한 안내임을 암시하고 있다. 만일 이런 하늘의 빵을 하느님 자신이 공급하시는 양식으로서 공짜로 또한 평등하게 나눈다면, 그리고 만일 이 성례전의 식탁에 모두가 환영받는다면, 왜 우리는 세계 속의 다른 식탁들을 위해서도 똑같이 하지 않는가?

결국, 식탁은 항상 사회의 소우주(microcosm)이다. 누가 그 식탁에 앉고, 어느 위치에 앉고, 어떤 식탁 예절과 사회적 지위에 맞출 것인지를 결정하는 것은, 공동체와 사회의 질서를 반영한다. 또한 누가 요리를 하고, 누가 봉사를 하고, 누가 뒷정리를 하고, 누가 빵을 떼고, 누가 대화를 시작하고 진행시킬지에 대하여 선택하는 것도 그렇다. 어떤 사람들이 식탁에 나오고, 누가

---

reads: "This, then, is the extravagant landscape of the world, given, given with pizzazz, given in good measure, pressed down, shaken together, and running over" (149).

33) Ecumenical Patriarch Bartholomew, "Our Indivisible Environment," *Wall Street Journal*, October 25, 2009, at http://online.wsj.com/article/SB10001424052748704500604574485341504345488.html.

결석하는가가 문제가 되며, 그들의 건강 혹은 건강하지 못함도 문제가 된다. 어디에서 음식이 나오고, 누가 어떤 목적을 위해 어떤 방법으로 곡식을 길러냈는가? 어떻게 수확했고, 시장에 운반되었고, 팔렸고, 그리고 값은 얼마에? 이런 모든 것의 결과로 인해 땅의 상태는 어떤가? 식탁에서의 친교는 "생태-경제적" 안녕과 생태-사회적 안녕의 믿음직한 지도(설명)요, 마찬가지로 차별, 정치적 질서와 분화, 사회적 위계와 신분(caste)의 믿음직한 지도(설명)이기도 하다. 식탁은 문화가 어떻게 그 가치, 우선권, 그리고 조직하는 체계들을 전달하는가를 암호화한다. 어떻게 사람들이 빵을 받고, 축복하고, 나누는가가 그들의 삶의 방식을 반영한다. 마찬가지로, 서로 다른 종교들이 그들의 거룩한 관행에서 함께 먹고 마시는 방식이 그들의 삶의 방식과 그들 주변의 세계와 식탁의 연결을 반영한다. 그 식탁 교제는 지배의 연결인가, 아니면 어떤 대안적인 연결인가?

생명의 연결망 성례전주의(web-of-life sacramentalism)는 하나의 대안이다. 그것은 현대세계를 창조한 조직기관들과 실천들에서 작동하는 우주론과 신학에 대한 거의 정반대(antithesis) 입장이다. 그들에게는 "자연"이 천연자원과 자본을 뜻하고, 이제는 인간적 자원들과 자본에로, 심지어 도덕적이고 영적인 자원들과 자본에로 확대되었다. 이런 정의들은 극단적인 공리주의적인 것으로서 성례전적 감수성이 없는 사고구조를 드러낸다. 그것들은 베버가 말한 "주술에서 깨어난"(disenchanted) 세계에 속하는데,[34] 거기에선 초자연적인 것이 보통의 것들에서 나오고, 거룩한 것이 일상적인 것들에서 걸러내지고, 신비스러운 것이 매일의 일들로부터 단절된다. 모든 것들이 인간의 전용(자기 목적대로 사용함)과 중요성에 대하여 상대적이듯이, 사용, 실용성, 그리고 소유가 모든 가치를 측정한다. (인간) 주체가 그 밖의 모든 것들의 가치를 객체로, 상품의 형태를 띤 "객체"로 결정한다.

우리는 앞에서 지적하기를, 이처럼 상품화(commodification)하는 관행은

---

[34] This is a reference to the famous description by Max Weber at the conclusion of The *Protestant Ethic and the Spirit of Capitalism* and to which we will refer in the discussion below. We discussed it in part in chapter 8 "Asceticism and Consumerism."

신흥 부르주아지의 새로운 경제와 함께 시작된 산업 패러다임의 일부라고 했다. 이런 상품화의 관행을 마르크스만큼 정확히 기술하거나 그토록 일찍이(1848년) 잘 이해했던 사람은 거의 없었다. 그는 상품화가 성스러움에 대한 감각과 장소에 대한 감각을 파괴한다는 것을 미리 알려주었다.

> 생산의 꾸준한 혁신, 모든 사회적 상황들의 끊임없는 소란, 계속되는 불확실성과 동요가 부르주아지 시대를 그 이전의 모든 시대들과 구별하게 만들었다. 모든 고정된 것들, 신속히 동결된 관계들이, 그 유서 깊은 편견들과 의견의 낡은 맥락들과 함께 휩쓸려 나갔고, 모든 새롭게 형성된 것들이 미처 뼈처럼 경화되기도 전에 이미 낡은 고물들이 되어 버린다. 모든 단단한 것들(고체)이 공기 중에 녹아버리고, 모든 거룩한 것들이 더럽혀지고, 사람은 마침내 그의 삶의 현실적 조건들과 그의 동류들과의 관계들을 냉정하게 마주 대하도록 강요된다.35)

종교들(유신론적이든 비유신론적이든)이 항상 전달하고자 했던 것의 파괴, 즉 인간들이 수여한 가치의 최고 표현—성스러운 것—은 (종교라는) 삶의 현상 때문이라는 것이 파괴되는 것을 이해한 사람은 무신론자 마르크스였다는 것은 참으로 아이러니하다. 만일 "모든 거룩한 것들이 더럽혀지고" 또한 "모든 단단한 것들이 공기 중에 녹아버린다면," 사용과 남용에 대한 도덕적 한계들이 어디에 있단 말인가?

심지어 길을 개척하는 환경주의자들도 때때로 상품의 윤리를 채택한다. 미국의 국립공원 시스템 설정에서 테디 루즈벨트(Teddy Roosevelt)에게 조언자 역할을 했던 영향력 있는 보전론자/보호론자였던 기포드 핀초트(Gifford Pinchot)는 주장하기를 결국에는 오직 두 가지 실재들만이 지구 행성에 살게 될 것인데, 그것은 "사람들"과 "자원들"이라고 했다. 자원들은 사람들을 위

---

35) Karl Marx and Friedrich Engels, *The Communist Manifesto* (New York: Norton Critical Edition, 2003; from the English edition edited by Friedrich Engels, 1888), 4.

해 보전되고 수확되어야 할 것들이다.

먹이 연결망(food web) 대신에 먹이 사슬(food chain)을 말하는 것도 공학 기술적-산업적 실용성의 사고구조를 드러내는 것이다. 인간들은 자신들이 먹이 사슬의 "맨 꼭대기"에 있는 것으로 여기는데, 이는 존재의 연쇄사슬 신봉자들의 계층적인 버릇에 맞춘 생각이다. 먹이 사슬의 "더 낮은" 것은 "더 높은" 것에 봉사한다. 더군다나, 더 낮은 것들은 잠재적인 상품들로 간주되는 본질적 자원들이고, 그 자원들과 상품들은 대체될 수도 있고 대신할 수도 있는 것들이다. 만일 우리가 너무도 많은 소들을 먹어치운다면, 우리는 소를 더 많이 기르거나, 혹은 뭔가 다른 것에로—가령, 생선—돌릴 수도 있다. 그리고 만일 우리가 자연산 생선들 대부분을 먹어버린다면, 우리는 양어장 생선을 기를 수도 있다. 만일 양어장 생선이 모자란다면, 거기엔 항상 과일들과 채소들이 있다. 이런 것들은 그들의 서식처에서 추상화한 객체들이라서, 그들보다 위에 있는 것들의 식탁에 놓일 식품이라는 것 말고는 그 결과에 대해 별로 관심을 갖지 않는다. 이것이 바로 산업적 존재의 연쇄사슬 사고방식이라서, 연결망으로 된 성스러운 것들이란 의미는 없다.

이와는 대조적으로 "먹이 연결망"은 우리가 상호 연결된 복잡한 체계에 소속되어 있다고 말한다. 가령, 우리는 토끼를 먹고, 토끼는 풀을 먹는다. 풀들은 흙의 영양소들로 잔치를 벌이는데, 영양소들 자신들도 미생물체들과 그들의 먹을거리들이 만들어낸 것들이다. 복잡하고 역동적인 관계들이 그 열쇠다.

이런 연결망이 뜻하는 바는, 중요한 생물종을 그보다 위에 있는 자들의 식탁들 위에 놓기 위해서 분해해버리는 것은 또한 생태계를 분해하는 것이 되리라는 것이다. 관계들을 변화시키는 것은, 그 관계들이 서로 얽혀 짜여있고 연결망을 이루고 있을 때는 파급효과가 따른다. 예를 들어, 푸른 지느러미 참치(Bluefin tuna)는 해양 생태계에선 중요한 생물종으로 여겨진다. 그 참치들을 남획하는 것은 바다의 식물들과 함께 그 참치들의 서식지와 다른 물고기들에 결과들을 가져온다.

실제로, "먹이 사슬"(food chain) 사고에 근거한 생산과 소비의 체계는 흔히 "발견하기 더 어려운 동물들"을 먹는 것을 보상한다. 자본주의 체계 속에서는, 더욱 희귀한 참치가 더 높은 값을 부른다. 시장에 팔기 위해 남아 있는 참치를 사냥하는 것이 더 많은 돈을 벌게 한다. 이것은 물론 남아있는 참치들의 줄어든 숫자를 더욱 취약하게 만들 뿐만 아니라 그 나머지 해양 생태계도 더욱 취약하게 만든다.36)

먹이 연결망(food-web)이란 생각, 혹은 "식량유역"(food-shed)이란 생각 ("watershed"[분수령, 물의 유역]의 유비인데, 한 지역에 식량의 들고나는 흐름을 표시하는 식량분기점으로서)은 "먹이 사슬" 사고가 묻지 않는 것을 묻는다. 접시 위에 있는 음식은 그 연결망 속의 어느 곳에 적합한 것일까? 음식을 먹는 우리들이 살고 있는 곳의 식량분기점은 무엇인가? 단지 그것이 우리에게 적합한 것이냐 하는 문제뿐만 아니라, **우리는** 어떻게 **그것에** 적합한가? 식품의 선택들에 의한 파급효과들은 무엇인가? 이런 연쇄적인 반응들이 생명의 공동체를 위해 지속가능한 것인가? 이처럼 연결망 형식의 끈들을 따라서, 우리들의 "옆길"(sideways)을 따라 그 휘어진 굽이와 구석을 생각하는 것이, 우리는 항상 "위"(up)에 있고, 다른 모든 것들은 "아래"(down)에 있다고 "상하관계"로 생각하는 것보다 훨씬 진실할 것 같다. 암시한 대로, 정확히 같은 질문들과 생각이 물의 유역(분수령)에도 해당된다. 올바른 질문은 "물의 유역에서 얼마나 많은 물을 뽑아낼 수 있는가?"가 아니라, "우리가 어떻게 그 물의 유역에 맞추어 살고 그것을 지켜내는 일을 관리할까?"인 것이다.

이런 생명의 그물망 사고는 생명의 그물망 성례전적인 윤리와 함께 가는 것이다. 또한 그것은 "강한" 그리고 "약한" 인간중심주의를 비판한다. 윤리학에서 강한 인간중심주의는 의식적으로 인간의 관심들을 도덕의 중심에 놓는 반면에, 의도적으로 혹은 멋대로 인간적이 아닌 것에 대한 흥미들을 그런 관심의 범위 밖에 둔다. 종교적인 전통들과 세속적인 전통들 모두에서 그런 인간중심주의는 전형적으로 인간들을 피조물의 정상이요 유일하게 타

---

36) "Forget the Food Chain—Think Food Web," *New Mexican*, February 28, 2011, A-1, A-4.

고난 본래적 가치와 도덕적 입장을 지닌 것으로 본다. 인간의 생명은 거룩한 반면에 다른 어떤 생명도 거룩하지 않다. 인간 이외의 세계는 수단으로서 **도구적 가치**만 지닌다. 그것의 존재이유는 호모 사피엔스의 욕망과 필요를 위해 봉사하는 것이다. 여기서 주인-노예 관계는 매우 오래된 관계다.

이와는 대조적으로, 약한 인간중심주의는 인간 이외의 자연에도 타고난 **본래적 가치**를 인정한다. 그러나 인간들은 계층적 구도 속에서 도덕적 특권의 자리가 인정되는데, 그게 바로 지배다. 인간들은 또한 그들 가운데서도 도덕적 계층과 권위를 반영하는 성별, 계급, 그리고 문화에 따라서 계층을 갖는다. (식민화의 윤리, 가부장주의, 그리고 인종에 근거한 계층화가 꾸준히 그렇게 해왔다.)

존재의 거대한 연쇄사슬 성례전적 윤리는 약한 인간중심주의의 윤리이다. **청지기직**(stewardship)에 대한 많은 견해도 그러하다. 이와는 대조적으로, 생명의 그물망 성례전주의는 강한 그리고 약한 인간중심주의를 넘어서서 어떤 형태의 생태중심주의(eco-centrism) 혹은 심지어 우주중심주의(cosmo-centrism)로 나갈 길을 발견하고자 한다.37) 그렇게 하면서도 한편 아직은 가치의 결정과 도덕적 결정들은 불가피하게도 인간의 노력이며 또한 유한하고 제한적인 인간의 정신과 마음이 만들어내는 것임을 인정한다.38) 이리하여 어떤 형태의 인간중심주의는 불가피하다. 자연에 대한 우리의 이해와 취급은 인간의 의식의 영향과 거름망(여과)을 피할 수가 없다.

"성스러운 것과 상품화된 것들"에 대한 이 장은 성례전적 윤리(sacramental ethics)와 상품 윤리(commodity ethics)를 대조하고자 했다. 그러나 우리가 먼저 성례전적 윤리를 다루고, 그것의 서로 다른 두 가지 해석들을 다룬 것은 옳았다. 제프리 스타우트의 저서 『조직된 자는 복이 있나니』(*Blessed Are the Organized*)를 간단히 살펴보는 것이 우리의 논의를 보충할

---

37) The work of two Roman Catholic priests, Pierre Teilhard de Chardin and Thomas Berry, is an effort to shift sacramental ethics from anthropo-centrism to eco- and cosmo-centrism.

38) This discussion is indebted to DeLisio, *Stretching the Sacramental Imagination*, 5-8.

것이며, 또한 우리로 하여금 거기에서부터 상품 윤리로 나아가게 할 것이다.

거룩함에 대한 논쟁들

"무엇이 거룩한 것의 정체를 알게 해주며, 또한 그에 대한 우리의 응답은 무엇인가?"라고 스타우트는 묻는다. "거룩하다는 것은 존경받을 가치가 있는 것이다"라고 스타우트는 대답한다. 우리는 거룩한 것들에 대해 "그들의 존재와 탁월성을 찬양함으로써" 응답한다.39) 우리는 또한 거룩한 것들을 공경하듯이, "그것을 잃을 것을 예상하면 공포를 표현하고, 그것을 잃어버리고 나면 슬퍼한다." 우리는 거룩하다고 여기는 것이 "공격을 당하면 늘 분노하고" 또한 그것이 더럽혀지면 "화를 낸다." 우리는 또한 "거룩한 것이 훼손, 파괴, 더럽혀지지 않도록" 우리가 할 수 있는 것을 다 한다.40) 가치가 거룩한 가치인 경우엔 강력한 도덕적 감정이 작동한다.

스타우트는 자신의 책의 한 장 제목을 "논쟁을 일으킨 거룩함"이라고 붙였다. 우리 사회 속에서는, 거룩한 것에 대한 많은 비전들이 존경을 받으며 찬양되고, 축하되고, 보호된다. 그것들은 가끔 서로 아주 격렬하게 충돌하는데, 그럴 때면 도덕적 논쟁과 윤리적 합리화가 종교적 그리고 신학적인 것이 되어서, 신적인 권위와 자연법에 호소한다. ("우리는 이 진리가 자명하다고 여기는 바, 모든 사람들이 평등하게 창조되었고, 그들은 하느님으로부터 양도할 수 없는 권리를 부여받았는데, 이런 권리들 가운데는 생명, 자유, 그리고 행복을 추구할 권리가 들어있다.")41) 주인과 노예는 자연 그리고/혹은 하느님에 의해서 세워진 차이들 속에 이미 들어있다고 주장되었다. 마찬가지로 가부장제도와 지배의 신학도 그랬다. 그 결과로, 그것들에 대해서는 단지 신학적인 그리고 경험적인 입장들에서 논쟁할 수 있었을 뿐이다. 무엇

---

39) Jeffrey Stout, *Blessed Are the Organized*, 211.
40) Ibid., 211-12.
41) From what is commonly called simply *The Declaration of Independence*. The full title is: *In Congress, July 4, 1775, the Unanimous Declaration of the Thirteen United States of America*.

이 존경을 받을 가치가 있는 것이냐에 대한 논쟁이 벌어지면, 그리고 논쟁 중에 어느 편에서든 거룩한 가치와 신적인 권위를 내세우면, 심지어 세속적 공동체들도 종교적인 열렬한 강도를 가지고 논쟁을 한다. 한 남자와 한 여자 사이의 거룩한 결합으로서의 결혼이 지금처럼 동성 커플들에게도 확장되자, 논쟁거리가 된 거룩함의 역동성을 더욱 가열시키고 있고, 마찬가지로 고문의 합법성과 전쟁 수행을 두고서 일어난 논쟁도 그러하다. 무엇을 거룩하다고 여기는 것은 도덕적 감정을 강화한다. 타협이 어렵고, "우리/그들"이란 분열이 강화되고, 그리고 흔히 공통기반이 사라진다.

그래서 종교개혁을 뒤이어 유럽을 괴롭혔던 종교전쟁들에 대응해서 일어난 계몽주의가 거룩한 폭력에 대한 대안을 세속적이고 과학적인 이성(reason)에서 찾으려고 했던 것은 별로 놀랄 일이 아니다. 그리고 자본주의와 산업의 새로운 경제가 상업을 문명화하는 것으로 본 것도 별로 놀랄 일이 아니다. 경제적 이해관계를 조장하고 생산성을 증가시키는 것은 좋은 일이고 비폭력적으로 잘하는 길들이었다. 종교적 열정들은 확실히 정신을 좀먹는 것들이었던 반면에, 경제적 재정적 관심들은 그렇지 않았다. 도덕적인 관점에서 보면, 세속적 공리주의적인 비용과 편익의 윤리(cost-benefit ethics)가, 심지어 자기이익 계산만을 문제로 삼는다 하더라도, 거룩한 것들의 살육현장들(killing fields of the sacred)보다는 더 나은 것이었다.42)

그러나 이런 식으로 생각한 결과는, 그 이후에 등장한 "도시의 황폐화, 산업공해, 강도 같은 대 실업가들, 헤지펀드(hedge fund, 개인의 자금을 투기적으로 운용하는 유한 책임의 투자 신탁 조합—역자주) 운용자들"을 지금에 와서 보면, "첫째로 제멋대로의 탐욕의 열정이 대체적으로 이름 없는 것이고, 둘째로 우리의 정치에 대한 거룩한 동기들의 지속적 타당성이 우리를 뜻밖에 습격하고 심지어 우리로 하여금 기가 막히게 한다."43) 명백히 거룩한 것들이 아직도 사람들의 마음을 사로잡고 있어서, 세상적인 경제지상주의(worldly economism)라는 우상은 그 대안으로서 실패할 수 있다.

---

42) Stout, *Blessed Are the Organized*, 216-17.
43) Ibid., 217.

상품으로 생각하기

그러나 더 많이 있다—상품화의 위험성들과 상품의 윤리 말이다. 스타우트는 여기에서도 우리를 안내한다.

"뭔가를 상품화한다는 것은, 일차적인 의미로는, 그것을 사고 팔 수 있는 것, 그리고 더 이상 쓸모가 없어지면 아마도 내버릴 것으로 취급하는 것이다."44) 어떤 특정한 물건의 현실적 가치는 내가 그것을 위해 얼마를 기꺼이 지불할 것인가로 수량화된다. 이런 "특정한 것"은 다른 사람일 수도 있다. 동산 노예(chattel slavery)는 인간을 사고 팔 수 있는 소유물로 상품화했다. "고용인"(hired hands)이란 말도 그 표현이 의미하는 대로 상품화된 인간의 노동인 것이다. 성행위도 특정한 것일 수 있다. 성매매와 동반 서비스 역시 돈을 받고 성을 상품화한 것이다. 광산의 채광이 광석을 상품화하고, 에너지 회사들이 화석연료들을 상품화하듯이, 자연도 산업을 위한 지속적인 자원들로서 숲들과 초장들과 흐르는 강물도 상품화한다.45) No.2 노란색 옥수수는 No.2 노란색 연필과 같은 방식으로 상품화될지도 모른다. 이런 모든 경우들과 또 더 많은 경우들에서, 특정한 인간의 이익을 위해서 봉사하는 도구적인 이성에 의한 비용과 편익의 분석이 바로 작동하는 윤리인 것이다. 예를 들면, 식품 생산의 산업화와 먹는 습관들을 통해서, 그 목적은 "영양, 신선도, 그리고 맛의 질을 향상시키려는 것이 아니라, 그보다는 수송 가능성, 장기 저장과 진열대 위에서 기간, 그리고 일률적인 진열 모습에 대한 것이다."46) 식품의 생태학적 맥락과 사회적 맥락을 빼앗긴 탓에, 식품은 무생물들이나 마찬가지로 취급된다. 즉 중요한 것은 그 겉모양, 당장 이용가능성, 편리성, 그리고 가격이다. 식품과 비슷한 제품들이 진짜를 대체한다. 그리고 성스러움에 대한 인식이 부족하면, 성스러운 것을 유린하여 이에 수반되는 두려운 일들이 생겨난다.—"미국 삼나무 숲들의 파괴... 초등학교 바로 옆에 성적인 충동

---

44) Ibid., 219.
45) Ibid.
46) Norman Wirzba, *Food and Faith: A Theology of Eating* (Cambridge: Cambridge University Press, 2011), 23.

을 자극하는 광고판을 설치하기… 불의한 사례로서 뇌물 제공" 등등47)—끝도 없이 많다. 만일에 실용성이 유일한 척도이며, 경제적 비용 편익(cost-benefit) 분석만이 유일하게 통용되는 언어라면, 모든 것에는 각각 그 가격이 매겨지고, 지구 행성도 팔자고 내어놓을 수 있다.

1950년대 이래로 "성숙된" 소비자 경제 속에서 일반적으로 유행하는 상품화는 또 어떤가? 그것은 자체의 구성체제와 배경을 지니고 있다.

현대의 상품화

현대의 상품화(commodification)와 현대적 상품 윤리는 자연을 거슬러서 자연을 고갈시키거나 손상시키는 산업시대 생태학의 산물이다. 상품화는 또한 자연에 대한 대가를 파묻어버리거나 계산에 포함시키지 않기 때문에, 자본주의를 그 대가를 지불하지 않는 완벽한 공짜 체제로 만들어버린다.48) 그 이론과 실천 모든 점에서, 지구 경제(Earth's economy)는 인간 경제(human economy)의 일부다. 과학적인 관점에서 볼 때, 이것은 정확히 반대다. 과학은 명백하다. 즉 **인간 경제는 어디서나 항상 지구 경제의 일부다**. 우리는 모든 기본적 관계를 잘못했고, 우리의 상품들은 그런 잘못을 구체화한다.49)

이것이 구성 체제의 틀(framework)은 되지만, 그러나 아직 구체적 배경(setting)은 아니다. 현대의 산업사회 생태학은 도시화된 인간의 정착을 위해 봉사한다. 즉 도시 사람들은 필연적으로 시장을 위해 조직화된 자연을 상품화해서, 어딘가 다른 곳으로부터 운반해 오는 능력을 보유한다. 불행하게도 자연을 상품화하는 것은 대부분의 사람들에게 그 상품 배후의 자연을 보이지 않게 만들고 결국 잊어버리게 만든다. 그렇게 해서 사람들이 의존하고 있는 자연에 대한 책임의식은 조용히 잠들게 된다. 따라서 모든 연령대 모든

---

47) Stout, *Blessed Are the Organized*, 220.
48) See the discussion in "The Ethic We Need: Community Matrix."
49) See the fine discussion of Peter G. Brown and Geoffrey Garver, working from Quaker perspectives, in *Right Relationship: Building a Whole Earth Economy* (San Francisco: Berrett-Koehler Publishers, 2009).

삶의 단계에서, 상품화에 주목하는 심리적 역동성은 우리가 의존하고 있는 자연에 대한 도덕적 책임감을 형성하고 유지하는 것을 절단해버린다. 우리는 소비하면서 우리가 자연에게 무슨 짓을 하고 있는지를 참으로 보거나 알지를 못한다. 그리고 보지 못하고 알지 못하기 때문에, 우리는 별로 생각도 않고 별로 관심도 갖지 않는다.

만일 사정이 이러하다면, 좀 더 자세히 살펴볼 가치가 있다. 우리가 매일 사용하는 상품들에 대해 우리는 무엇을 알고 있으며, 또한 그 상품들은 우리와의 관계에서 무엇을 "하고" 있는가?

우리는 그 상품들이 "편리한"(commodious, convenient) 것을 알고 있다. (라틴어 어근 *commodus*는 "편리한"[convenient] 것까지 거슬러 올라간다.) 상품들은 우리를 불편하지 않게 하면서 마음대로 처분하도록 된 물품들이나 봉사다. 상품들은 삶을 더 쉽게, 더 즐기도록, 덜 불편하도록 만들어 준다. 상품들이 그렇게 하는 것은 우리들에게 마지막 산물들만을 제공하기 때문이다. 우리 손에 들어온 물품들이나 봉사는 말하자면 뒷면을 보이거나 무슨 꼬나풀이 붙어있지 않고, 오직 앞면만 보여준다. 그래서 우리는 누가 그런 물품들을 그들에게나 혹은 나머지 생태권에 어떤 대가를 치르고 생산했는지 모른다. 그런 모든 것들은 눈에 보이지 않고 감추어져 있다. 혹은 그런 건 문제가 되지도 않는다. 문제가 되는 것은 우리의 사용을 위해 편리하게 이용 가능한 추상화된 상품이다.

여기서 빠진 것은 사회학자들이 **"다중적 관여"**(multiple engagement)라고 부르는 것이다. 예를 들어, 음식물의 경우, 다중적 관여란 다른 사람들과 함께 토양을 돌보고, 곡물을 기르고 수확하고, 양들과 송아지들을 먹이고, 수확물과 동물들을 시장에 가져가고, 우리들 가까이에 있는 가게에 안전하게 수송하는 데 필요한 에너지를 집중하는 것 등이다. 만일 우리가 상품을 사고 먹기만 한다면, 이런 모든 것과 그 이상은 불필요하다. 우리의 일용할 양식(빵)을 위해 우리가 문자 그대로 의존하고 있는 것들, 즉 흙, 공기, 물, 불, 빛, 그리고 사람들과의 관계는 확실히 실재적인(real) 것이다—너무도 실재적인 것이, 그것들 없이는 우리가 먹지 못할 것이니까 그렇다. 그러나 우리는 그것들과 직접 관여하지 않는다. 그 관계는 협소하게도 상업적이고 도구적이라서 눈에 보이지 않는다.

그런 관계는 시간을 절약하는 편리를 위해서 확실히 믿을 만한 처방이다. 그것은 참으로 편리하다. 그러나 그것은 또한 소외(멀리함)의 처방이기도 하다. TV 앞에서 혼자 먹는 저녁식사는 편리하지만, 그러나 생명의 빵은 아니고, 더구나 성만찬은 아닌 것이, 마이크로웨이브 오븐, 포크, 그리고 포장 용기 말고는 우리에게 일을 시키거나 혹은 아무것도 더 이상 요청하지 않으니까 그렇다. 이와는 대조적으로, 남들과 함께 준비하고, 한 식탁 둘레에 앉아 연회를 깃들인 식사는 육신과 영혼 모두를 위한 식사이며, 심지어 성만찬이기도 하다. (그것은 그저 단지 점심식사일 수도 있다.)

자판기에서 꺼낸 2.5 달러짜리 병에 든 물도 역시 수도꼭지에서 나오는 물이나 마찬가지로 편리하기는 하다. 그러나 물이 단지 상품일 뿐이면, 그리고 물이 "그것"일 뿐, 결코 "너"가 아니면, 우리에게 물의 경이로움은 상실되고, 마찬가지로 물이 낳아주고 유지시켜주는 생명에 대한 감사함도 상실된다. 수정처럼 맑은 물이 생수로 흐르는 것은 우리들에게 성스럽고 (존경받을 가치가 있는), 심지어 어떤 심오한 수준에서 우리의 일부로 감동을 주지만, 병에 넣은 물은 경이감을 자아내지도 못하고, 시상(詩想)을 이끌어 내거나, 우리들의 몸의 본향인 원초적 요소로서 정신(영혼) 속에 들어가지도 못한다. 상품은 자연의 풍성한 세계를 보지 못하게 하며, 생산품에 대한 욕망을 창조하는 현란한 광고들로 그것을 숨기고, 그것으로써 우리의 자연과의 연결감 및 자연에 대한 개인적인 책임감을 감소시킨다. 인간을 포함해서, 자연이 최종용도(마지막 소비자를 위한 용도)만을 위해 포장되면, 우리는 자연을 추상적으로 감소시켜 관여하는 것이다. 비록 "관여한다"(engage)는 말이 적절한 단어인 것 같지는 않지만 말이다. 자연이 그 용도가 끝나면 처분해서 없애도 좋을 수동적인 대상물들의 집합이 된다. 이것은 생생하게 살아 있으며 성스러운 위임으로서의 자연으로부터 인간 소외를 위한 처방이다. 다중적인 관여가 (마지막 소비자를 위한) 최종용도로 축소된다.

실재 세계의 상실

우물가에서 일어난 리브가(Rebecca)에 대한 성경의 이야기는 다중적인 관여들로 이루어진 실재 세계(real world)가 없어짐(상실)을 설명하고 있다. 리브가가 우물에 갔을 때, 그녀는 생수(生水) 뿐만 아니라, 동료들과 마을의 소식, 그리고 그녀의 약혼자를 발견했다. "그녀의 삶에서 이런 여러 갈래들은 그만 공학기술이 나누고 일상적 상품들로 사유화해버린 구조 속으로 짜 넣어졌다"고 알버트 보르그만은 쓰고 있다.50) 이것은 실질적으로 소유재산으로서의 여인들, 혹은 마을생활에 갇혀 고역을 치루는 여인들을 위한 주장이 아니다. 그러나 리브가를 가령 클리블랜드에 있는 아파트 11층에 있는 부엌 씽크대 앞에 서 있는 여인과 비교해보라. 보르그만이 "사물들의 현존"이라고 부른 것—우물가에서 리브가의 공동체—은 "상황과 관여하거나 거추장스러움 없이"51) 이름 모르는 타인들에 의해 배달되는 포장된 상품들 그리고/혹은 서비스로 대체되어버렸다. 그 관여는 다중적이 아니다. 그것은 산업사회 패러다임의 방식으로 단순화된 것인데, 모든 자연을 인간생활의 편리를 위해 단순화한 것이다.

삶을 구성하는 이런 방식이 뜻하는 바는, 식품을 비롯해서 중요한 물품들과 서비스들처럼 너무도 중요한 것들을 놓고 볼 때, 우리가 자연, 문화, 그리고 사회적 관계들이라는 공통적 준거점들(the common reference points)을 잃어버린다는 점이다. 많은 경우에, 그것은 공동체와 소속됨의 상실이다. 그것은 우리가 좀체 주목하지도 않고 이름을 붙이지도 않은 외로움(고립됨)과52) 조용한 소외를 추구하는 것이다. 그래서 "상품에 대한 물신숭배가 공

---

50) Albert Borgmann, *Technology and the Character of Contemporary Life* (Chicago and London: University of Chicago Press, 1984), 119. Borgmann has borrowed the Rebecca example from Daniel Boorstin.
51) Borgmann, *Technology and the Character of Contemporary Life*, 47.
52) The title of the book by Philip Slater, *The Pursuit of Loneliness: American Culture at the Breaking Point* (Boston: Beacon Press, 1970). Slater는 미국의 가정들에서는 각자의 교통수단, 세탁기, 창고, 더구나, 경제적으로 가능하다면, 아이들 각자의 방마다 전화기, 스테레오, 그리고 아마 TV를

공의 철학으로 나타난" 두 가지 형태인 "공리주의와 이기주의"53)는 나쁜 윤리이자 나쁜 심리학이라는 것이 판명된다. 음식을 앞에 놓고 하는 불교의 명상, 즉 "이 음식 속에서 / 우주 전체가 / 나의 존재를 뒷받침하고 있음을 / 나는 분명히 본다"54)는 명상은 우리들 마음에 결코 떠오르지 않는다.

"친구"(company)는 "상품"(commodity)과는 대조적인 단어처럼 보인다. 친구는 "함께"(*com*) "빵을 뗀다"(*pan*)를 뜻한다. 그리고 연회식탁에서 나누는 음식처럼, "친구"는 성례전적 연관성을 지닌다. 그런 친구 속에서 우리는 심지어 "나의 존재를 뒷받침하고 있는 / 전체 우주를 / 분명히 본다"고도 여길 만하다.

그러나 *New Oxford American Dictionary*에서 company에 대한 첫 번째 정의는 "상업적인 비지니스"이다. 그 다음에야 비로소 company에 대한 다른 설명들이 나오는데, "다른 것 혹은 다른 사람들과, 특별히 우정과 기쁨을 제공하는 방식으로 존재하는 사실 혹은 조건"55)이라고 한다. 이처럼 상업과 상품은 으레 소속됨과 성례전을 짓밟아버린다. 의도적이든 아니든 간에, 그런 태세는 현대세계가 자연과의 소외된 "관여"를 통해 상품화된 자연의 비성례전적 위치(the nonsacramental place of commodified nature)를 정확히 반영하고 있다.

상상으로 만들어진 다른 세계

만일 우리가 사용하는 상품들로 인해서 그 상품들의 배경인 실재 세계를 잃어버린다는 것이 마치 그런 상품들은 전혀 어떤 세계도 제공하지 않는 것처럼 결론짓는다면, 앞에서 말한 논의는 속임수에 불과할 수 있다. 그와는

갖추어주고자 하는 것이 아주 정상적이라고 말한다. 그리고 불안감이나 낮은 수준의 우울증이 생기면, 그 해답은 또 다른 가지고 놀 소품들(gadgets), 혹은 일시적 도락이나 기분전환의 경험을 찾는다.

53) Stout, *Blessed Are the Organized*, 225.
54) Cited from Thich Nhat Hanh, *World We Have*, 110.
55) Entries from *The New Oxford American Dictionary*, 2nd ed. (New York: USA Oxford University Press, 2005).

반대로, 상품들은 그들 나름의 상황과 세계를 창조하려고 한다. 그것들은 광고를 통해서 그렇게 한다.

우리가 여기서 살펴볼 본문은 에밀리 타운즈가 "망각의 구렁 속으로 사라짐: 재산과 상품으로서의 정체성의 도덕적 딜레마"(Vanishing into Limbo: The Moral Dilemma of Identity as Property and Commodity)라는 글 속에서, 제마이마 아줌마(Aunt Jemima)의 여행을 아주 훌륭하게 다룬 글이다. 타운즈는 제마이마 아줌마와 엉클 톰(Aunt Jemima and Uncle Tom)의 운명에 대해 쓴 제임스 볼드윈의 글을 인용하면서 시작한다. 감사하게도, 그들은 모두 죽었다고 볼드윈은 쓰고서, 이렇게 덧붙였다: "그러나 꼴사나운 자들이 사라지게 됨을 우리가 기뻐하기 전에, 어디에서 그들이 튀어 나왔나? 그들은 어떻게 살았던가? 그들은 어떤 망각의 구렁 속으로 사라졌는가를 물어 보았으면 더 좋았을 것이다."[56] 타운즈와 그녀 세대의 사람들은 제마이마 아줌마를 경멸했고, 1960년대에 와서는 그녀 때문에 당황스러워했다. 그들은 흑인 중산층이 생겨나면서 그녀가 사라진 것으로 생각했지만, 그러나 그녀는 단지 망각의 구렁 속으로 빠져나갔던 것이다. 제마이마 아줌마, 엉클 톰, 톱시(Topsy—*Uncle Tom's Cabin*에 나오는 인물—역자주), "혹은 그런 종류의 누구든" 미국의 흑인들에 의해 추방되지 않을 것이, 그들은 미국 흑인들이 통제할 수 있는 자들이 아니었기 때문이다. "그들은 백인의 상상력이 만들어낸 인물들이었다—흑인들에 대한 백인들의 두려움, 공포, 그리고 상투적 문구, 일방적인 정의를 세우려는 시도로 말이다."[57]

"여보, 난 도시에서 보았다오: 제마이마 아줌마에 대한 마케팅"(I'se in town, Honey: Marketing Aunt Jemima)이라는 글은 그 유명한 인물의 역사와 운명을 추적한다. 그 배경은 케이크워크(Cakewalk, 흑인 남녀 한 쌍의 걸음걸이 경기, 상품으로 과자—역자주)에 있다. 케이크워크는 추수 축제 기간 동안에 순

---

56) Emilie M. Townes, *Womanist Ethics and the Cultural Production of Evil* (New York: Palgrave Macmillan, 2006), 29, citing James Baldwin, "Too Many Thousands Gone," in *Notes of a Native Son* (Boston, MA: Beason Press, 1955), 27.
57) Ibid., 36.

회극단들이 벌이는 촌극 시합에서 비롯된 것으로, 그 촌극을 통해 노예들은 자기들의 백인 주인들의 틀에 박힌 버릇을 조롱했다. 일등에게 주는 상은 흔히 과자였다.

그러나 미주리 주의 세인트 조셉(St. Joseph)에 있는 펄 밀링 회사(Pearl Milling Company)가 1888년에 "스스로 부풀어 오르는 팬케이크 밀가루"(Self-Rising Pancake Flour)라는 상표를 붙인 상업용 혼합 밀가루를 생산하자, 케이크워크는 또 다른 목표를 발견하게 되었다. 그 회사 경영자들은 그 상품의 상징을 찾던 중에, 우연히 Baker and Ferrell이라는 순회극단 팀의 공연을 보게 되었다. 그 공연에는 케이크워크와 불과 몇 해 전에 백인 순회공연가 제임스 그레이스(James Grace)가 저작권을 얻은 "옛날 제마이마 아줌마"란 시끄러운 노래가 포함되어 있었다. 흑인 여자로 분장을 한 백인 남자가 남부의 농장의 걱정거리들을 노래했는데, 펄 밀링 회사는 그것에서 회사 상징을 발견한 것이다.

펄 밀링 회사가 1890년에 데이비스 회사에 팔려 넘어갔을 때, 데이비스(R. T. Davis)는 "미국의 마케팅 역사상 일찍이 시행된 것들 중에서 가장 성공적인 캠페인의 하나로 처음"[58] 디자인을 하였다. 데이비스는 낸시 그린(Nancy Green)을 발견했는데, 그녀는 예전에 노예였지만 시카고에서 간호사 노릇을 하며 그녀의 팬케이크로 이미 잘 알려진 요리사였다. 데이비스의 손에 의해, 낸시는 "스스로 부풀어 오르는 팬케이크 밀가루"의 제마이마 아줌마가 되어버렸는데, 비록 낸시 그린은 대형 손수건을 머리에 두르고 있는, 더 늙고, 웃고 있는 체격이 풍만한 집안 하녀를 닮지 않았음에도 말이다. 시카고의 낸시 그린 대신에, 제마이마 아줌마는 남북전쟁 전후의 이상적인 남부 시골 전원 가정의 웃음을 잘 짓는 흑인 노예로서, 아이 보는 흑인 하녀(Mammy)의 이미지로 매력을 지니고 있었다. 그녀는 이내 여성 잡지의 지면들을 아름답게 꾸미게 되었고, 엄청나게 성공적인 제마이마 인형의 인물이 되었다. 그녀가 사랑하는 남부의 가정에서 사랑받는 인물로 계속 광고하는 것에 대한 흑인들의 적대감에도 불구하고, 1918년에 이르러서는, 일 년에

---

[58] Ibid., 37.

1천 2백만 회도 넘는 제마이마 아줌마 아침식사가 베풀어졌다. 제마이마 아줌마는 "백인의 적절한 통제 아래, 어떻게 흑인 여자들이 행동하며 또 피부색의 경계를 유지하는 것이 유리한가를 실물로 잘 선전해 주었다."[59]

제마이마 아줌마의 그 이후 역사를 추적해보는 것도 흥미롭다. 그것은 그녀의 "생애 이야기"의 최초 버전을 포함하고 있다. 광고 전문가인 퍼드 라이트(Purd Wright)는 『제마이마 아줌마의 생애: 세계에서 가장 유명한 흑인 여성』(*The Life of Aunt Jemima: the Most Famous Colored Woman in the World*)이란 책을 썼다.[60] 그 역사는 대부분의 미국 상품들을 취급하는 것에 대해서 우리가 지적하는 요점을 잘 뒷받침해준다. 상품들이란 "계급, 성별, 인종을 마케팅하고 판매수익을 내부적으로 조직화하되, 역사와 기억이 미국 문화와 사회 속에서 기능을 하도록 강조하는 방식으로 하는"[61] 것에 대한 것이다. 정체성이란 것 자체가 상품화되고 마케팅을 취급하는 자들의 지배 아래 있게 된다. 그렇다면, 상품들이란 것은 그것들의 실재 세계 근원들과 그들에 대한 우리의 관계에서 잘려나간 것일 뿐 아니라(Borgman), 그 상품들이 목표로 삼고 있는 대중들의 신화와 편견들에 호소하는 대안적인 정체성을 지니고 있다. 상품들은 절묘하게도, 혹은 별로 절묘하지 않게도, 그 상품들이 목표로 삼는 대상들이 원하는 환상의 세계(fantasy world)를 창조한다. 이것이 또 다른 강력한 소외의 층인데, 이로 인해 광고와 포장을 한 환상들이 실재 세계에 대한 지식을 대체할 뿐 아니라 실재 세계와의 관여, 실재 세계에 대한 책임을 대체한다. 타운즈 자신의 결론은 "정체성이 상품화되면, 우리가 누구인가에 대한 풍성함을 억누르는, 제멋대로 협소한 역사에 의해 우리가 지고 만 것이다. 정체성을 소유 재산으로 취급하는 것은 문화적으로 악을 생산하는 한 가지 형태"라고 한다.[62]

그러면 우리는 상품의 사고와 상품의 윤리에 대한 논의에서 어디에 도달

---

59) Ibid., 39.
60) Ibid.
61) Ibid.
62) Ibid., 55.

한 것인가? 마르크스가 "상품에 대한 물신숭배와 그것의 비밀"에서 쓴 것에 의하면, "상품은 처음에 볼 때는 별로 대단치 않은 것으로 보이고, 쉽게 이해된다. 상품에 대한 분석이 보여주는 바는, 사실은 그것이 매우 괴상한(queer) 것이어서, 형이상학적 절묘함과 신학적인 고상함이 풍부하다."63)

물

다시 "영혼들과 언어를 구출하기"로 돌아가자. 우리는 생명 연결망의 성례전적 윤리에서 상품의 윤리가 지닌 "형이상학적 절묘함과 신학적 고상함"(Marx)에 대한 대안을 발견하는가? 물에 대해 좀 더 주목해보면, 그런 질문에 대한 대답이 될 것이다. 그것은 또한, 토양을 넘어서서, 지구의 원초적 원소(요소)에 대해 도덕적으로 생각해볼 또 다른 기회를 제공할 것이다.

뉴멕시코의 산타페(Santa Fe)에 대한 완전한 이름은 "아씨시의 성 프란체스코의 성스러운 신앙의 고귀한 도시"(La Villa Real de la Santa Fe de San Francisco de Asis, The Royal City of the Holy Faith of Saint Francis of Assisi)이다. 스페인 사람들이 1600년경에 이 성스러운 신앙의 도시를 건설하기 전에, 그리고 1610년에 이 도시를 스페인 제국의 북쪽 지역("el Norte") 수도로 만들기 전에는, 그곳은 두 가지 이름으로 알려진 푸에블로(pueblo) 인디언들의 본거지였는데, 그 이름들은 "하얀 조개의 물 터"(White Shell Water Place)와 "태양이 춤추는 땅"(Dancing Ground of the Sun)이다. 두 이름 모두 남서부 인디언의 우주관들의 특징적인 원소들에 대한, 그리고 그들의 장소에 대한 성스러운 의미에 대해서 직접적인 관계를 반영하는 이름이다. 그들의 높은 산 사막 본거지 속에서는 태양이 강렬하고 풍부하지만, 물은 희귀하고 근본적인 것이다.

성 프란체스코의 "거룩한 신앙"(Santa Fe)도 여기에 잘 들어맞는다. 그의 신앙도 지구의 성스럽고, 원초적인 원소들에 대한 것이다. 형제 태양(Brother

---

63) Karl Marx, *Capital*, in *Karl Marx: A Reader*, ed. Jon Elster (Cambridge: Cambridge University Press, 1986), 63.

Sun), 자매 달(Sister Moon), 형제들 바람과 공기(Brothers Wind and Air), 자매 물(Sister Water), 형제 불(Brother Fire), 어머니 대지(Mother Earth), 그리고 자매인 육신의 죽음(Sister Bodily Death)—이것들은 프란체스코의 노래 중의 노래인 "태양 찬가"(*The Canticle of the Sun*)속에서는64) 모두 형제자매들이다.

그러나 자매인 물(Sister Water)에 대해서 우리는 무엇을 알고 있는가?

결정적인 원소

우리는 물이 무엇을 하는지 알고 있다. 생명의 원천이며 지탱자, 지구 행성의 "결정적인 원소"65)인 물은 태어나게 해주고, 깨끗하게 해주고, 치유해주고, 소생시켜주고, 조각해주고, 운반해주고, 그리고 죽이기도 한다. 물은 돌을 닳게 해서 흙을 만들어주고, 식물들, 동물들, 미생물들에 영양을 공급하고, 녹이고 증발하고, 수증기로 만들고 얼게 하며 그리고 물이 된다. 물은 육신들과 영혼들을 기운나게 해주고 갱신한다. 물은 또한 어떤 사람들을 물에 빠져 죽인다. 혹은 물의 없어짐이 두렵게 나타나서, 사람들을 그들의 종착지인 먼지로 보내버린다. 두려운 능력으로서, 물은 파괴한다.

궁극적인 형태 변경자로서 물은 액체, 고체, 그리고 수증기이다. 물은 증발하지 않고도 매우 많은 에너지를 흡수하고, 또한 냉각시키며 데워주기를 충분히 천천히 해서, 생명이 처음엔 존재하고 그리고는 적응하도록 해준다. 당신의 몸속에 있는 물이 당신으로 하여금 간단히 끓어서 죽지 못하도록 방지하며, 별안간 얼음조각처럼 보이지 못하도록, 혹은 오클라호마의 옥수수의 마지막 줄기처럼 그 자리에서 바짝 말라버리지 못하도록 방지해준다.66) 오든(Auden)의 시는 물에 대해 정확히 말하고 있다: "수많은 것들이

---

64) From St. Francis's *Canticle of the Sun*.
65) E. O. Wilson in *The Future of Life* (New York; Knopf, 2002), p. 1 of Chap. 1, "To the Ends of Earth": "물은 지구 행성의 결정적 요소다. 그것은 아마도 모래알갱이들 위에 펴놓은 투명필름에 불과하고, 햇빛을 보지도 못하고, 끓어오르듯 뜨겁거나 엄청나게 냉각된 것일 수도 있지만, 그러나 거기엔 그 속에서 혹은 그 위에서 살아가고 있는 어떤 생물 유기체들이 있다."
66) Heather Eaton, "Reflections on Water: Ecological, Political, Economic,

사랑 없이는 살아왔지만, 단 하나도 물 없이는 살지 못했다."67) "물을 만나면," 건전한 사람들도 약간은 소리치고 발을 구르는 것"68)이 당연히 바람직하다.

그러나 이것은 물을 소개한 것일 뿐이다. 물에 대한 이야기는 독자들의 이야기이고, 일찍이 존재했던 모든 피조물 각각의 모든 세포의 이야기이고, 그리고 지구 행성의 이야기다.

지구 행성의 물

"지구"(Earth)란 심각하게 잘못 붙인 이름이다. "물의 행성"(Planet Water)이라고 불러야 보다 정확하다. 건조한 땅이 아니라, 물이 지구 행성의 기본적인 구조다. 그 표면의 74.4%가 물이고, 그 물의 97.2%는 바다다.69) 이 물로부터 30억 년 전에 생명체가 생겨났다.

그 30억 년이 우리의 피 속에 전해져오고 있다. 우리 혈관들과 눈물 속의 소금은 바다의 소금과 대등한데, 이것은 우리 몸속의 물의 양이 지구의 물의 양—70% 정도—과 서로 대등한 것이나 마찬가지다. 그리고 가장 극적이고 형성적인 9개월 동안 모든 인간의 생명은 예외 없이 어머니의 자궁 속에 있는 따뜻한 물, 소금 물 속에서 성장한다는 것을 잊지 말라. 건조한 땅이 나타나는 것은 오직 당신의 어머니가 충분한 시간이 지나서 그녀의 물(양수)이 "터졌을" 때나 시작된다.

그것은 모두 참으로 신비하다: 우리는 바다에서 나왔고, 우리는 아직도 우리 안에 바다를 지니고 있어서, 생명의 물들이 우리 몸을 통하여 부드럽게

---

and Theological," n.p., available at http://www.nccecojustice.org/downloads/water/Reflection_on_Water.pdf.
67) W. H. Auden, in the poem, "First Things First," from *Selected Poems*, W. H. Auden, author and Edward Mendelson, ed., expanded 2nd ed. (New York: Random House, 2007), 245.
68) Marilynne Robinson, *Gilead* (New York: Farrar Strauss Giroux, 2004), 63.
69) http://ep.yimg.com/ca/I/skyimage_2065_43429339.

흐르는 강줄기를 이루고 있다. 다음번에 당신이 기쁨과 슬픔의 눈물을 흘리게 되거나, 피를 조금 흘리게 되거든, 바로 그것을 기억하라. 피라는 것이 바로 영광스럽게 된 물이 아니면 무엇이란 말인가?

우리는 바다를 숨쉬기도 한다. 우리는 녹색식물들 때문에 산다. 식물들은 자연의 유일한 "자가 영양생물들"(autotrophs)이어서, 무기질에서 유기질을 만들어내기 위해 태양을 어떻게 먹는지를 알고 있는 유일한 피조물이다. 그들은 태양 빛에서 에너지를 얻어 광합성(photosynthesis)으로 대기권의 이산화탄소와 토양으로부터 물을 결합시켜서 이런 일을 한다. 이런 자가 영양생물의 과정은 세계의 모든 타가 영양생물들(heterotrophs)—우리들과 그리고 자연의 복지체계에 의존하는 무한히 많은 피조물들—에게 식량을 공급할 뿐만 아니라, 또한 우리의 생명 숨인, 산소와 수증기를 우리가 쉽사리 얻을 수 있는 곳, 즉 대기권의 맨 아래 3.2km 내지 4.8 km 범위에 방출한다.

이것이 바다의 물과 무슨 관계가 있단 말인가? 우리가 바다 근처에 살든지 아니든지 간에, 우리가 들여 마시는 공기의 많은 부분을 바다농장의 식물 플랑크톤들(phytoplankton)이 만들어내고 있다. 맨눈으로 보면 물속의 녹색을 띤 것을 제외하고는 보통은 너무 작아서 안 보이지만, 식물 플랑크톤들은 물의 행성(Planet Water) 위에서 광합성 활동의 절반을 책임지는 자가 영양생물들이다. 그것들은 또한 공기로부터 대량의 이산화탄소를 흡수한다.

그것은 약간 신비스럽다. 우리가 숨 쉴 때 내뱉는 것—이산화탄소—을 바다가 숨 쉬어 들이 마신다. 바다가 숨 쉬어 내뱉는 것—산소—을 우리가 숨 쉬어 들이 마신다. 우리가 숨 쉬듯이 물의 행성도 숨을 쉰다. 바다 활동을 무능하게 만들면, 우리는 사라진다. 청색(바다 물)이 없으면, 초록색(식물플랑크톤)도 없고, 초록색이 없으면, 우리 인간도 없다(No blue, no green; no green, no us).

그러나 우리도, 바다도, 또한 지구 행성도 여기서 시작한 것이 아니다. 우리가 이 책의 전주곡 부분에서 보았듯이, 우리는 매우 오래 전에, 매우 다른 장소에서—별들을 형성하는 발전소인 초신성(supernovae) 속에서—시작했다. 창조의 한 기둥(a pillar of creation) 속에서 길러진 초신성의 폭발이 원소들을 방출했는데, 그것들로부터 결국 지구 행성과 우리가 나온 것이다. **우리를 비롯해서 모든 만물은 별들의 씨앗**(starseed)이다. 아마도 이것이 바로 플라톤이 주장한 것, 즉 우리의 영혼들은 별들로부터 온 것이라고 한 진리다. 그것은 약간 신비스럽다.

초신성 폭발들 가운데서 발생하는 가장 일반적 기체는 수소(hydrogen)다. 무게로 본 우주는 4분의 3이 수소다. 산소는 세 번째로 흔한 원소이고, 이런 기이한 결합으로—하나의 큰 원자(산소)와 두 개의 작은 원자들(수소)이 경이로운 3각 관계(menage a trois)를 이루어—물이 만들어진 것을 우리는 갖고 있다. 그렇다면, 물은 원초적인 지구의 원소이자 동시에 우주의 원소다. 값비싼 로켓과 로봇들이 수백만 마일 떨어진 곳에서 물을 탐색하러 가는데, 그것들이 집 가까이, 바로 복도 아래쪽에서, 그런 보물을 찾지 못해서가 아니라, 오늘날까지 우리가 알고 있는 한, 물이 바로 생명의 유일한 매개라는 **우주적인**(universal) 경이로움이기 때문이다. "만일 우리가 외계인을 발견한다면, 그들은 목말라 할 것이다."70)

그러나 물의 행성(Planet Water)이 항상 물에 젖어 있었던 것은 아니었다. 그것이 항상 물의 행성이었던 것은 아니다. 대략 44억 년 전에서 41억 년 전 사이에, 지구는 수억 년 걸려서 폭발한 가스들과 먼지 입자들에서 진화되어 얇은 바위껍질을 가진 거대한 용융된(molten) 물체를 형성했다.71) 그런 용융된 지구 행성이 유독한 유황을 포함한 기후들을 지니고 있었는데, 우리는 어떻게 생명을 얻었으며, 아리아(arias)를 노래하는 지구 행성을 얻었단 말인가?72) 그 대답은 바로 물이다. 어떤 기본적인 화학적 변화를 시작하기에 충분한 양의 물과 탄산가스를 유효적재량으로 싣고 운석들(meteorites)이 엄청난 비 오듯이 지구 행성에 쏟아져 내린 탓으로 그런 물이 생겨났을 것이다.73) 어쨌거나, 엄청난 수증기 기둥들이 응축되자, 처음으로 진짜 비가 쏟

---

70) An interview with Seth Shostak in "Take Us to Your Water," Good (Summer 2009):83.
71) Eaton, "Reflections on Water: Ecological," n.p.
72) Brian Swimme, interview in The Awakening Universe, a film by Neal Rogin, available at www.AwakeningUniverse.com.

아져 내렸고... 내렸고... 또 내렸다. 비가 밤낮으로 쏟아져 내리기를 아마도 대략 1만 2천 년 동안 내렸을 것이기 때문에, 저 옛날의 노아(Noah)가 살아남아, 술에 취하고 깨어날 수 있었던 시간보다 훨씬 더 많이 내렸을 것이다. 강들이 생겨나서 딱딱한 거죽을 새겨냈고, 거대한 바다들이라는 연못을 만들었다. 그러자 용융되었던 표면이 식어서 상대적으로 안정된 기후가 결국 생겨났다. 그 후, 수문학적 순환 자체에 의해 힘을 얻어서, 대기권의 과정이 창조되었고 가장 큰 기적이 생겨나게 했다—세포질의 생명이 생겨난 것이다. 그런 동일한 과정들이 그 이후로 지구 행성과 그 생태계를 살아있도록 지켜왔다.74)

독자들에겐 무엇이 성스러운 것으로 여겨질지 나로선 확실하지 않지만, 만일 물이 그런 성스러움의 자격을 갖지 못한다면, 다른 무엇도 그런 자격이 없으리라. 우리가 물을 일상적 필수품으로 대하는 까닭에, 비록 우리가 흔히는 별로 마음을 쓰지 않지만, 우리 안에 어딘가 깊은 곳에서 그것의 신비와 그것의 마력(spell)을 아직도 느끼고 있다. 하느님의 보좌에서 흘러나온 듯한 수정같이 맑은 물 곁에서, 혹은 "틴커 크릭의 순례자"(Pilgrim at Tinker Creek, 애니 딜라드는 1974년 발표한 이 책으로 1975년 Pulitzer 상을 받았다.-역자주)로서 느끼는 망연자실한 순간들 속에서, 혹은 무한한 바다에 태양이 떨어지는 석양이나 바다에서 달이 떠오르는 황홀한 순간들의 조용한 시간 속에서는 많은 사람들이 일상적 신비주의자들(everyday mystics)이 된다. 펀디 만(Bay of Fundy, 캐나다 뉴브런스위크 공원 지역에 있는 조석간만의 차가 세계에서 가장 큰 곳—역자주)의 파도가 천둥치듯 오가는 순간들, 그리고 끔찍한 쓰나미(해일)의 순간들이 우리들 자신의 힘이 아닌 힘을 말해주고 있다. 우리 안의 그 무엇인가가 우리를 시, 종교, 그리고 물에 의한 두려움 속으로 끌어들이는 것만 같다.

---

73) John Johnson, "Spatial Delivery," in The New Mexican, June 6, 2009, D1-2.
74) Eaton, "Reflections on Water," n.p.

물의 의식들(Water rites)

성례전 중심 처소 가까이에 있는 물의 의식, 흔히 신입예식이나 정결 예식이라 부르는 의식들이 없는 종교를 본 적이 있는가? 물의 의식들의 표본적인 실례 몇 가지만 고려해보아도, 그들 모두는 "존경해 마땅한"75) 거룩한 것과 성례전, 즉 "그것을 통해, 생명에 대한 하느님의 은혜로운 약속이 실제로 나타나는 것으로 경험되는... 참여의 상징"76)으로서 성례전을 반영하고 있다.

히브리어로 (물의) "수집" 혹은 "함께 모음"을 뜻하는 '미크베'(*mikveh*)는 제의적인 목욕으로서, 무엇보다도 유태교로 개종하는 사람들에게, 결혼식을 앞둔 여인들에게, 그리고 예루살렘 성전에 들어갈 계획을 하는 자들에게 의식적인 정결을 확인하고 회복하기 위해 행해진다. 개종하는 자들에게는, 물속에 잠기는 것이 과거의 삶에서 나와서 유태인으로서의 새로운 삶으로 들어가는 것을 상징한다. 결혼을 앞둔 여인들과 성전에 들어가려는 자들에게는, 그것이 몸, 마음, 그리고 영의 정결을 상징한다. 씻는(정결) 의식은 성경이 "생수"(生水, living water)라고 이름 지은 다른 곳—샘물, 강, 바다 등—에서도 행하여 질 수 있다.

'미크베'와 마찬가지로, 기독교의 세례도 하느님 안에서 새로운 삶으로 들어가거나, 다시 들어가기 위해서 과거를 씻어버리는 것을 상징한다. 세례받는 삶은 세례와 더불어 매일같이 죽고 다시 살아나는 것(Paul)이어서, 갱신의 한 형태이고, "물과 성령으로 다시 태어나는 것"(John)이어서, 충만한 삶 속으로 들어가는 문이다.

무슬림들도 매일의 기도 속에서 하느님 앞에 다가가기 전에 의식적으로 정결해야 하는데, 물이 그 수단이다. 쿠란에 그 가르침들이 들어있다: "오 너 믿는 자여! 네가 기도를 준비할 때는 너의 얼굴과 손들을(그리고 팔들을) 팔꿈치에 이르기까지 씻고, 네 머리를 (물로) 문지르고, 그리고 네 발을 (발

---

75) Stout, cited earlier, from *Blessed Are the Organized*, 211.
76) DeLisio, *Stretching the Sacramental Imagination*, 210.

목까지) 씻어라"(Qur'an 5:6). 그 가르침들은 엄격히 강요할 수 있다. 정의(adl)를 향한 신앙의 삶 속에서 움직이고, 모든 피조물(tawhid)의 오직 하나이신 분(the Oneness)께 조율되기 위해서는, 믿는 사람이 손을 세 번씩 씻고("네가 그 손들을 가지고 한 것을 위해서"), 입을 세 번씩 헹구고("네가 말한 것을 위해서"), 그리고 코를 세 번씩 씻어야("너의 어떤 거만한 행동들을 씻기 위해서") 한다.77) 어떤 모스크들(Mosques)은 마당에 깨끗한 물의 연못을 갖곤 하지만, 대부분은 몸을 씻는 물을 모스크 벽 밖에 두고 있다. 이슬람 세계에선 어느 곳에서나 중요한 역할을 하는 몸을 씻는 일이 서로 다른 이름들을 갖고 있다. '구슬'(Ghusl)은 몸 전체를 깨끗한 물에 씻는 것인데, 성적인 관계 뒤에, 금요일 기도에 앞서, 쿠란(Quran)을 만지기 전에, 그리고 두 차례 주요한 이슬람 축제들에 앞서서 행한다. 특히 죽은 자들은 땅에 묻기 전에 '구슬' 씻기를 반드시 행해야 한다. '우두'(Wudu)는 기도 시간에 앞서서 일상생활의 불결한 것들을 제거하기 위해서, 하루에 다섯 차례 행한다. 가능하면 모스크는 '우두'(wudu)와 기도들을 위해 흐르는 물을 갖고자 한다. 그러나 만일 어떤 이유로든 물이 없으면, 제3의 세정식(洗淨式)을 깨끗한 모래로 한다. 약간 말을 돌려서, "녹색 생활방식"(green Deen)을 추구하는 어떤 무슬림들은, "당신의 '우두'(wudu) 숫자는 무엇인가?"라고 묻는다. 그 뜻은 당신은 '우두'를 하면서 얼마나 많은 물을 사용하느냐는 것인데, 당신은 좀 물을 덜 쓸 수도 있다는, 또 그렇게 하는 방법을 알려준다는 암시다.78) 특히, 이슬람의 율법 전체를 뜻하는 '샤리아'(sharia)라는 단어는 그 어원이 사막의 이미지에 있다. '샤리아'는 물, 곧 오아시스가 있는 곳으로 가는 길이다.

힌두교도들에게는 모든 물이, 종교적인 의식을 위해 사용되든 일상적인 필요를 위해 사용되든, 거룩한 물이다. 아침에 몸을 씻는 것은 힌두교도의 아침 기도들의 일부로서, 기본적인 의무사항이다. 모든 사원에는 그 근처에 연못이 있어서 모든 신자들이 사원에 들어가기 전에 종종 목욕을 한다. 강물

---

77) The quotations as well as the words in parens in the *Quran* text are those of Ibrahim Abdul-Matin in *Green Deen*, 134-35.
78) Ibrahim Abdul-Matin in *Green Deen*, 136-39.

들은 특별히 거룩한 물들이다. 장례식을 거행하는 장소는 전형적으로 강들에 가까운 곳에 위치한다. 화장을 하고 난 3일 후에 재를 거두어 강물에, 거룩한 물에 던져 넣는다.

스리랑카의 소승불교에서 보리수(Bodhi tree, 그 아래에서 부처가 깨달음을 얻었던 나무의 자손)를 경배하는 것은 향기 있는 물로 그 나무를 목욕시키는 것을 포함하고 있다. 매월 두 차례씩 사원에서 지키는 종교의식의 날(Observance Day)에는 승려들이 평신도들에게 공덕(功德)을 전수하기 위해 물을 붓고, 평신도들은 조상들과 공덕을 나누기 위해서 물을 붓는다. 장례식이 진행되는 동안 승려는 시신 앞에 놓인 그릇에도 물을 붓는다.

태국의 불교식 결혼식에서는 내외의 팔목에 감은 실타래를 거룩한 물에 적신다. 손님들 각자가 신부와 신랑의 손에 작은 잔으로 물을 붓고 축복의 말을 건넨다.

일본의 신도 수행자들에게 폭포는 거룩하다. 신도 종교의식들에서는 기도하기 전에 손을 씻고 정결을 위해 폭포 아래에 서는 것을 포함한다.

조로아스터교도 다른 종교들과 마찬가지로, 정결을 위해 물을 사용한다. 그러나 명시적으로 물을 **원초적** 원소로 들어 올리고 그래서 물은 더럽히면 안 된다고 결론을 내리는 점에선 조로아스터 종교가 독특하다. 사람들은 강물에 오줌을 누거나 침을 뱉거나 심지어는 손을 씻어서도 안 된다.79)

수많은 토착원주민 종교들에선 물의 의식들이 하나하나 거론하기엔 너무나 많다. 뉴멕시코 북부에서 행하는 이런 의식은 많은 사람들에게 공감을 줄 것이다. 오케이 오윙게 푸에블로 인디언들(Ohkay Owingeh Pueblo)은 6월 24일, 일 년에 한 번 축제날에 차마 강(Chama River)으로 행진하여 고원지대의 사막의 물을 축복하고, 물을 가지고 사람들을 축복하면, 그들은 또한 강물에 내려가서 그날의 춤을 시작하기 전에 목욕을 하는데, 그런 춤의 일부는 춤추는 기도이다. 여기에 강변에 내려가서 이른 아침 축복을 하는 일부가

---

79) Information from Water in Religion, available at http://www.africanwater.org and from "Teaching Religion in Schools," available at http://www.brighthub.com/education/k-12.

이러하다:

> 복을 내리소서, 자비의 주 하느님, 하늘과 땅과, 바다들과 강들과 그리고 그것들이 담고 있는 모든 것들의 창조자시여...
> 우리들의 씻어냄과 목욕의 필요를 위해, 우리의 요리와 빵 굽기를 위해, 우리들의 초목들의 생명을 위해, 옥수수, 호박, 멜론, 그리고 어머니 대지(Mother Earth)의 젖가슴에서 나오는 온갖 선물들을 위해, 우리의 땅을 흐르고 있는 이런 생명을 주는 근원인 물을 자유롭게 그리고 깨끗하게 흐르도록 당신이 지켜주기를 바랍니다. 이런 물은 우리가 재창조하는 것이며 우리의 눈들이 볼 아름다움입니다. 바라옵기는 우리가 그런 물을 현명하게 사용하고 절대로 당연한 것으로 여기지 말게 하소서. 바라옵기는 우리가 오늘 당신께서 물에 강복하시기를 원하듯이 이 물의 선물을 항상 존중하도록 하소서. 그리고 항상 당신께로 돌아가는 이 생명을 주는 물이, 그리고 당신께서 우리들에게 항상 끊임없이 되돌려주시는 이 물이, 우리로 하여금 이 생명의 선물이 당신에게서 나온 것이요 당신에게도 돌아갈 것임을 기억하게 하소서. 바라옵기는 우리들의 삶이 우리를 위한 당신의 사랑을 당신께로 돌려보내는 메아리가 되게 하소서.[80]

물의 상태

물은 별고 없이 잘 지내고 있는가? 1950년에서 2000년에 이르는 기간 동안, 물의 사용은 3배 이상 증가했으니, 1950년에 1,360 입방 킬로미터에서 2000년에는 5,190 입방 킬로미터를 사용했다(2장의 그래프를 보라).[81] 이것은 "즉시 접근가능한 지표면을 흐르는 민물[淡水]의"[82] 대략 절반에 해

---

[80] Text made available to the author and other participants in the Blessing of the Waters at Ohkay Owingeh, 2009.
[81] McNeill, *Something New Under the Sun*, 120.
[82] Elizabeth Kolbert, "The Sixth Extinction?" *New Yorker*, May 25, 2009,

당한다. 따라서 나머지 절반가량이 나머지 생태권에 남겨진 것이라서, 전 세계적으로 민물의 공급이—나머지 자연을 위해서, 가난한 사람들을 위해서,83) 그리고 미래의 세대들을 위해서—격감하고 있는 위기를 설명해준다. 솔직히 말해서, 지금은 지구 행성의 물 욕심꾸러기(돼지)인 우리들이 얼마나 많은 물을 안심하고 사용할 수 있는지, 그리고도 여전히 나머지 생명체들에게 그들의 몫을 줄 수 있는지, 우리는 모른다. 민물에 사는 생물종들의 급격한 감소로 판단해 볼 때—1970년에서 2005년 기간 동안에, 458종의 민물서식 생물종들 35%가 감소했다84)—그들이 자기들 몫의 물을 얻지 못했던 것 같다.

우리는 심지어 인간들의 사용만을 위해서도, 너무도 넘치게 물을 뽑아내고 있음을 알고 있다. 전 세계 인구의 절반 이상이 지하수면(water table)이 낮아지고 있는 국가들에 살고 있다. 세계은행(the World Bank) 보고에 따르면, 경제적으로 가장 활발한 국가들 가운데 일부에서 증가된 물 사용이 무모할 정도다. 인도는 2천만 개의 관개용 우물들을 팠으며, 그것들 가운데 많은 곳들이 메말라버렸고, 다른 한편 1억7천5백만 명의 인도인들이 과도하게 퍼낸 물로 생성한 곡물들을 먹고 있다. 세계은행의 추정으로는 중국인들 가운데 1억3천만 명이 현재 과도하게 퍼낸 물로 농사지은 곡물을 먹고 있는데, 중국 전체의 밀의 절반과 옥수수의 3분의 1을 생산하고 있는 중국 북부의 평야지대에 그 많은 부분이 존재한다.85)

우리가 물과 상호작용을 하는 것 대부분은 보이지 않고 있다. 예를 들면, 면으로 짠 T셔츠 한 개를 생산하는데 2천9백 리터(766 갈론)의 물이 필요하고, 블루진(jeans) 한 벌 당 1만 855 리터(2천8백67.5 갈론), 소고기 버거 몇 파운드당 1만5천 리터(3962.55 갈론)의 물을 필요로 한다.86) 그러나 이렇게

58.

83) Oxfam reports that 97% of all resource-related deaths take place in developing countries.
84) *The Living Planet Report 2008*, p.10.
85) World Bank data cited by Lester R. Brown, "The New Geopolitics of Food," *Foreign Policy* (May-June 2011): 58.

보이지 않는다고 해서, 우리가 물과 상호작용을 할 때마다, 보이든 안보이든, "우리가 물을 변화시키고, 방향을 고치고, 혹은 달리는 그 상대를 변경시키고 있다"는 사실이 바꿔지지는 않는다.87) 우리들의 모든 행동들이 물과 상호작용을 하며, 그 과정 속에서, 지구의 체계를 변화시키고 있다.

덧붙여 말하자면, 병에 넣은 물은 수도꼭지에서 나오는 물보다 2천 배나 에너지를 더 쓰고 있다. 피터 글라이크(Peter Gleick)가 이를 생생하게 보여준 이미지는 매 병당 4분의 1을 석유로 채우는 것이다. 우리는 탄소 배출을 마시고 있는 셈이다.

기후변화의 가장 중요한 영향력은 물이다. 바닷물의 온도가 대기권 활동의 대부분을 일으키기 때문에, 바다의 온도 상승은 이제 수문학적(水文學的) 순환주기 자체를 바꾸고 있다. 극지방들의 기후온난화는 특히 치명적이다. 그것은 전 지구적 온도변화를 바꾸고, 전 지구적 바람들과 바닷물의 흐름을 다른 형태들로 어지럽힌다. 이것은 물이 증발하였다가 다시 비나 눈으로 내리는 비율을 가속시킨다. 그리고 이런 비율의 증가, 수문학적 순환주기의 변화가 "강수량이 많은 지역들은 더욱 물에 잠기게 하고, 건조한 지역들은 더욱 건조하게 만드는 것 같다. 그것은 비가 강하게 내리는 기간들 사이의 가뭄들이 더 오래가도록 만든다."88)

이런 온난화에 비추어 임계점(tipping point)을 이해하는 것이 중요하다. 물의 순환처럼 비선형적인 체계(nonlinear systems) 속에서는, 심지어 작은 변화들—평균온도가 1도 혹은 2도 변화하는 것—도 계단폭포처럼 확대되는 결과를 만들어 낼 수 있기 때문에, 인내의 한계에 도달하여 뒤엎어지는 임계점들은 매우 중요하다. 한계치를 초과하면 새로운 혹은 더욱 극단적인 힘들

---

86) "Water Footprint," *The Living Planet Report 2008*, 20-21. The water footprint is the total volume of water used by inhabitants to produce goods and services.
87) From "Water: A Global Innovation Outlook Report," n.p. This IBM-sponsored project is available on-line at: www.ibm.com/ibm/gio/water.html.
88) "Sine aqua non," *The Economist*, April 11, 2009, 60.

이 뒤를 물려받아서, 처음 시작한 원인들에 비례를 벗어나는 영향을 줄 수 있다.89) 생명이 그 앉아있던 횃대에서 떨어질 수 있다.

여기에 잠재적인 임계점들의 한 목록을 보자: 영구동토층과 툰드라의 손실, 강력한 온실가스인 메탄(Methane)의 방출, 한대지방 숲의 소멸, 북극해의 얼음 손실, 그린랜드의 빙상(ice-sheet) 해빙, 대서양 심해 물의 형성(걸프 조류 같은 대양의 조류에 영향을 주는), 인도의 몬순(계절풍) 불안정성, 서아프리카 계절풍의 변경, 엘니뇨의 남부 요동침, 아마존 열대우림의 소멸, 사하라사막의 초록화, 남극해의 형성의 변화, 그리고 서남극의 빙상들의 불안정 등이다.90) 이들 하나하나가 형세를 바꾸는 것(game changer)이며, 이들 각자는 물에 대한 것이다.

식량과 농업에 대해선 어떤가? 미국 국립과학원(National Academy of Science)이 기후변화의 결과로 초래될 것 같은 농업의 주요 변화들에 대한 연구를 출판했다. 그 결론은 현재의 농부들은 "언제 씨를 심고 어떤 종류들을 선택하는 것 등에 대한 계획을 하는데, 기후에 관한 역사적 정보를 믿을 수 없게 된 채로 농사를 짓는 첫 번째 세대다... 그들은 언제 씨를 심어야 할 것인지에 대해 달력에 의존할 수 없고, 자신들이 항상 이용했던 씨앗들도 신뢰할 수 없으며, 또한 똑같은 농약에 의존할 수도 없다. 그것들 모두가 움직이는 과녁이기 때문이다."91) 미래를 위한 모든 예행연습은 이렇게 시작되어야 한다: 우리가 물과 공기에 저지른 행동 때문에, 그것은 모두 움직이는 과녁이라서, 불확실하다. 그러나 물과 공기는 우리의 도덕적 우주에 사람으로 살게 하지 않는다.(당신이 진지한 생명의 그물망 성례전주의자가 아니라면 말이다.)

---

89) William duBuys, *A Great Aridness: Climate Change and the Future of the American Southwest* (Oxford and New York: Oxford University Press, 2011), 60.

90) Taken from "Figure 1: Potential Tipping Points in Climate Change," *Lancet* 373 (May 16, 2009), 1696.

91) "Study: Climate Change Threatens Key Crops," *New Mexican*, September 7, 2009, A-4. The citations are from David Walter Wolfe of Cornell University, commenting to the study by North Carolina University.

지구 행성을 변화시키는 두 가지 중요한 추동력들—인구와 전 지구적 인간 경제—이 더욱 큰 압력을 받게 되는 것은 단지 물의 사용가능성과 건강에 대한 압력을 증가시킬 뿐이다. 공상과학 소설의 종말론에나 알맞을 정도까지는 아니지만 세계 인구는 계속해서 급속히 증가할 것이며, 주로 도시 지역에서 그럴 것인데, 지금은 인류 역사상 처음으로 더 많은 인구가 도시 지역에서 살고 있다(1900년에는 13%가 도시에 살고 있었는데, 2030년이면 60%가 살 것이다). 이런 역사적 변화는 매우 중요한데, 왜냐하면 도시화가 물 사용을 증가시키는 하나의 중요한 요소이기 때문이다. 그 밖에 물 사용을 증가시키는 다른 요소들은 성장하는 부(wealth)와 대량소비 때문이다.[92] 간단히 말해서, 1950년대 이후 추세를 보여주는 급격한 곡선들을 만들어낸 요인들 가운데 극적으로 180도 선회할 것은 아직 보이지 않는다. 세계는 물이라는 가장 중요하지만 불확실한 자원을, 더 적게가 아니라, 더 많이 필요로 하고 있다.

간략히 말해서, 우리는 "지구 행성의 건강이 우선적이고, 인간의 건강은 부차적"[93]이라는 기초적 전제를 수정해서, "지구 행성의 물 건강이 일차적이고, 인간의 건강은 부차적이다"라고 말해야 할 것이다. 다시 말하자면, 청색(물)이 없으면, 초록색(식물)도 없고, 초록색이 없으면, 우리(인간)도 없다.

그렇다면 우리 물의 사람들은 무엇이 되어야 하며, 또한 무엇을 해야만 하는가? 우리가 땅 위에서 신선한 물의 위기, 바다의 건강의 위기, 그리고 불안정한 대기권의 갑작스런 충격과 수문학적 순환의 거대한 변화를 지니고 살면서, 어떤 윤리적 문제들을 거론하여야 할 것인가?

어떤 윤리적, 성례전적, 혹은 그 밖의 것들도 그 주제는 우리가 어떻게 사느냐 하는 점이다. 무엇이, 해로움을 피하고 공동선에 이바지하면서, 삶을 잘 돌아가게 만들어 주는가? 작고, 둥글고, 그리고 출구로 빠져나갈 길이

---

92) Some of this is because wealth commonly brings with it a shift from vegetation to meaty diets, the latter much more water intensive.

93) Thomas Berry, in many of his writings, one of which is *Evening Thought: Reflecting on Earth as Sacred Community* (San Francisco: Sierra Club Books, 2006), 19.

없는 세계 속에서 우리가 물을 살펴보자니, 중대한 도덕적 문제들이 세 가지 범주들에 해당한다.

첫째는 가장 간단한 것이다. 도덕적으로 쾌청한 하늘들이 상당히 드물기는 하지만, 때로는 우리가 무엇을 해야 할 것인가는 대낮처럼 분명하다. 그때 도덕적 과제는 효과적인 행동을 위해서 충분한 의지를 활성화하는 것이다. 뉴욕타임스 신문에, 물 옹호자들(Water Advocates)이 게재한 광고는 이렇게 설명한다: "너무도 훌륭해서 가난, 공포, 그리고 문맹을 없애버릴 수 있는 물 펌프를 하나 상상해보라."

세계를 변화시키려면, 시작하기에 가장 좋은 장소는 깨끗한 식수가 있는 곳이다. 특별히 발전도상에 있는 국가들에서, 식수를 찾기 위해서 매일 걷는 걸음의 60%를 험한 길들 위에서 보내는 여자들과 어린이들을 위해서 말이다... 그러나 깨끗한 식수, 하수구 시설과 위생 상태를 얻게 되면, 어린이들이 학교에 갈 시간을 갖게 된다. 여인들도 생계를 벌 시간을 갖게 된다. 설사병이란 치명적인 발작들도 감소된다. 존엄성이 다시 살아난다. 그리고 일단 물과 하수구 시설을 얻게 되면, 전체 공동체들이 지속가능한 미래를 이룩할 수 있다. 그 잔물결의 파급 영향은 놀라운 것이다.[94]

여기에는 윤리적 딜레마가 전혀 없다. 깨끗하고 얻을 수 있는 물을 사용 가능하게 만들 수 있다. 그것은 다른 기초적 필요들과 경쟁하지도 않고, 그 공학기술은 이미 알려져 있으며, 또한 그 소요 자금 역시 마련할 수 있다. 즉시 취할 행동들이 불안전한 물에 의한 재앙의 희생자들을 줄일 수 있다. 단지 활성화된 의지와 재정적 자원들만 없을 뿐이다. 특권을 누리는 사람들의 도덕적 자기만족이 그 장애물이다. 큰 위험들, 모순되는 주장들, 혹은 부적당한 정보는 그 장애물들이 아니다.

---

[94] "Imagine a Water Pump so Remarkable It Quenches Poverty, Fear and Illiteracy," advertisement in the *New York Times*, July 23, 2007, n.p.

그 밖에 다른 물의 문제들도 도덕적 고통을 주지 않는다. 좀 더 나은 자료들을 얻고 그것을 공유하는 것, 물 정책을 식량 및 에너지 정책과 통합하는 것, 우리의 현재 하부구조들 속에 있는 대량의 비효율성을 제거하는 것—이들 가운데 어느 것도 도덕적 회의나 충돌을 일으키는 것은 없다. 그것들은 잠에서 깨어나라는 외침을 요구할지 모르지만, 그것들의 성취는 이미 널리 알려진 가치들과 헌신들에서 이끌어 올 것이다. 좋은 과학과 공학기술과 결합되면, 물에 대한 정책은 "함께 승리하는"(win-win) 선택들과 공유된 좋은 것을 제공한다.

윤리적 문제들의 두 번째 범주는 서로 충돌하는 주장들과 경쟁적인 필요들에 중심을 두는 것인데, 그 모든 것이 타당성을 지니고 있다. 앞에서 이미 언급했던 인간의 필요들과 나머지 자연의 필요들 사이에는 충돌이 있다. 그리고 만일 우리의 도덕적 우주가 말하기를, 인간의 물에 대한 필요가 초목들과 동물들의 필요에 우선해야 한다면, 독선적인 타가 영양생물들이 먹이사슬과 먹이 연결망에서 어디에 위치하고 있는지를 우리가 이해하지 못하는 것이다.

인간 사회 안에서는, 농업의 필요들과 도시의 필요들이 경쟁한다. 도시 사람들은 많은 양의 물을 요구하고, 때로는 먼 곳으로부터, 즉 자기들이 살고 있는 지역의 물을 퍼가는 것을 보고 싶어 하지 않는 사람들이 살고 있는 먼 곳으로부터 물을 끌어온다. 더군다나 도시 사람들은 그들이 필요로 하는 식품들을 기를 수가 없다. 따라서 산업화된 농업과 공장형 농업이 그런 식품을 거듭 거듭 생산하기 위해서는, 엄청난 양의 물을 필요로 한다. (전 세계에서 사용하는 물의 4분의 3을 농업이 사용한다.)

그리고 식품의 문제가 있다. 농업이 미국인들과 유럽인들의 고기 입맛(육식)을 위해서는, 하루에 한 사람당 5천 리터(1,320 갈론)의 물을 필요로 한다. 아시아인들과 아프리카인들의 채식을 위해서는 2천 리터(528 갈론)의 물을 필요로 한다. 그래서 식품은 도덕적 문제꺼리이기도 하다. 과거 시대에서처럼, 만일 인구가 적고 물이 풍부하여 모든 필요들이 충족될 수 있다면, 이런 어려운 도덕적 선택들은 없어진다. 그러나 지금은 더 이상 그런 경우가 아니라서, 변호사들이 바쁘게 되었다.

공공 건강과 경제는 어떤가? 지구 행성 위에서 오염되지 않은 장소는 더 이상 없다. 그리고 수문학 체계가 진정한 순환을 하기에, 유독성 물질은 어디라도 여행을 한다. 텍사스 주 빅스프링에서 유출된 일부 폴리염화바이페닐(PCB = polychlorinated biphenyls)이 여러 물길을 따라 여행을 하여, 결국에는 물개들, 북극곰들, 그리고 브라우톤(Broughton, 캐나다 브리티시컬럼비아 지역의 섬들) 북쪽 섬들에 사는 이누크리투트(Inukritut) 인디언 어머니들의 모유(breast milk)에까지 도달했다.95) 그러나 우리가 연구 조사를 하고, 제거 청소를 하고, 모든 유해 체계를 대체하고 다시 규제를 하는 동안에도, 우리는 모든 산업과 농업을 문 닫을 수는 없다. 공공의 건강은 현재 진행 중인 경제적 필요들과 경쟁을 하게 마련이다.

어려운 선택을 요구하는, 서로 충돌하는 주장들과 필요들에 대한 다른 실례들—염분제거(담수화)와 그것을 위해 필요한 다량의 탄소를 배출하는 에너지와 비용들, 사유화 대 공적 통제, 물길에 댐을 막기, 물을 두고 벌이는 국경을 넘는 분쟁—을 덧붙일 수 있다. 우리가 그런 것들을 직면해서, 라인홀드 니버가 했다는 말을 기억하는 것이 좋을 것이다: "중요한 것은 우리의 의도들의 순수함(purity)이 아니라, 우리의 타협의 성실성(integrity)이다."96) 이제 와서야 비로소 "integrity"가 새로운 의미의 갖게 되었다. 즉 피조물들의 본래 모습을 최상으로 지키는 것(보전)말이다. 자연 체계의 본래적 기능에 입각해서 물에 대한 모든 정책의 기본 조건들과 외부적 한계들을 정해야 한다.

도덕적 관심의 세 번째 영역은 전혀 다른 질서의 영역이다. 그것은 개별적 문제꺼리나 주장들에 대한 것이 아니라, 물 문제를 고려해야 할 더 큰 틀이다. 우리는 우선 물을 어떻게 간주해야 할 것인가?

모든 좋은 윤리는 현재의 상태를 기술한다. 물의 경우에, 현재의 상태는 1950년 이후 전 지구적 경제의 불합리한 풍요를 위해 봉사하는 자원과 상품

---

95) Eaton, "Reflections on Water," n.p.
96) I have been unable to find this in Niebuhr's writings.

이다. 이것이 산업 패러다임의 중심에 있는 공리주의적 견해로서 이런 견해는 우리가 흔히 만났고 상품 윤리로서 논의했던 것이다. 이 경우에 물은 언제나 쓸 수 있는 하나의 천연자원이다. 그런 사용관계는 우리들에게 너무도 "자연스러워서," 물과 그것의 가치를 우리의 생활 방식대로 맞추고, 물에 대한 신비한, 시적인, 그리고 미학적 이해들을 잠식해버린다. 물을 플라스틱 병들에 넣어 수퍼마켓 선반에 쌓아놓은 상품이 되면, 물은 더 이상 성례전적이 아니다. 이렇게 거룩한 의미를 상실하게 되면, 그 대신에 우리의 도덕적 의미에 영향을 주어, 그건 "그저 물"일뿐이다.

여기에서 주장하는 기초적 윤리의 방향 재설정은 심오한 성례전적 의미를 포함하는 생태영성에 속한다. 물은 경외의 대상이며, **단지** 공학기술의 대상이 아니다. 물은 신비스러운 것의 매개체이고, 그래서 우리들 자신이 만들고 있는 세계를 위한 자원에 불과한 것이 아니다. 물은 "당신"(thou)이지 **단지** "그것"(it)에 불과한 것이 아니다. 물은 "자매 물"(Sister Water)(St. Francis)이요, 혹은 푸에블로 인디언이 "하얀 조개의 물 터"(White Shell Water Place)라고 부른 것이다. 물은 존경할 가치가 있다.

물을 상품으로 삼는 윤리는 IBM 회사가 발표한 물에 대한 전 지구적 혁신 예측 전망(Global Innovation Outlook)에 잘 반영되어 있다. 그 회사의 전망(the Outlook)은 전 세계에서 물에 대한 좋은 연구들과 성공적인 물 취급들을 모아놓았다. 그런 수준에서는 상당히 칭찬할 만하다. 그러나 그것이 전제로 삼은 도덕적 틀은 혼란스럽다. 그 머리말에서 이렇게 쓰고 있다: "지구 위에 있는 각각의 남자, 여자, 어린이를 위해 3조 리터의 신선한 물이 있다. 그리고 우리들 각자는 하루에 단지 3리터 이하를 필요로 할 뿐이다. 그러므로 우리에게 물이 부족한 것은 아니다. 우리에게는 경영의 문제가 있을 뿐인데,"[97] 그 문제는 좋은 데이터, 정확한 가격 책정, 그리고 올바른 비즈니스 모델들을 통해 풀 수 있다. 만일 인간의 생명과는 다른 어떤 생명이 "물의 행성" 위에 존재하며, 그 생명이 물에 대한 어떤 권리 주장을 지니

---

97) Global Innovation Outlook, cover page, available at http://www.ibm.com/ibm/fio/water.html.

고 있는지 알아보기 위해서, 한 독자가 IBM 보고서를 조사해본다면 헛수고다—즉, 그 보고서의 "가뭄 데이터"(Data Drought), "물 사업"(The Business of Water), "반드시 필요한 시설"(The Infrastructure of Imperative), "식량, 에너지, 물"(Food, Energy and Water), 그리고 "인식이 곧 현실이다"(Perception Is Reality)라는 장을 조사해볼 경우에 말이다. 이런 빛에서 보면, 마지막 장인 "인식이 곧 현실이다"라는 장이 제대로 말하고 있다. 윤리학에서는 "인식이 곧 현실이다"라는 말은 사람들이 사실이라고 정의하면 그 결과들은 사실이라는 뜻이다. 그리고 이 보고서에서 사실이라고 정의한 것은 이것이다: 물에 대해 중요한 모든 것은 인간의 필요, 공급, 그리고 사용이다. IBM 회사 본부 출입문 위에 붙여야 할 포스터는 이렇다: "우리는 모두 타가 영양생물들(heterotrophs)이다, 이 바보야."

IBM 회사의 명령-통제 경영방식(command-and-control management)과는 대조적으로, 데이비드 그로운펠트(David Gronefeldt)는 "생태학적 경영"(ecological management)을 대안 패러다임으로 제안한다. 여기서 그 핵심 원칙은 생태계를 위해서 흐르는 강, 습지, 해안지역을 그대로 유지하는 것이다. 이것은 남아프리카의 헌법과 비슷하다. 즉 물은 두 가지 예비 비축을 지닌 공공재인데, 인간의 필요를 위한 예비와 생태학적 예비가 그것들이다. 두 가지 모두 지켜져야만 한다. 하나가 다른 것보다 우세한 것이 아니다. 인간이 만든 기간시설(infrastructure)과 나머지 자연의 기간시설 모두가 반드시 필요하다.

생태학적 경영은 과학을 자기편에 갖고 있지만, 그러나 명령-통제 경영은 정치와 영업을 자기편에 갖고 있다고 그로운펠트는 말한다. 그 다음에 그는 "성스러운 물 경영"(sacred water management)에 대해 과감히 언급하면서, "모든 실질적 목표를 위해서는, [성스러운] 접근법은 [생태학적] 접근법과 동일할 것이다. 왜냐하면 그것들은 공통의 목적인, 전체 생태계의 건강과 지속가능성을 공유하기 때문"이라고 말한다. 차이가 있다면 그 아래에 놓여 있는 교훈들 속에 있다. "강이 성스럽다는 비전과, 어머니 지구(Mother Earth)에 대한 성스러운 책임으로서 그 강을 지속가능하게 경영하는 것이 세속적 비전에 기초를 둔 경영 모델들에서는 발견되지 않는 목표의 명백성을 더해 준다." 그로운펠트의 결론은 이렇다: "지속가능한 물 경영의 실천을 유발하고, 우리 모두로 하여금 기후변화로 나타나는 도전을 견디도록 도와주는 점에서는, 종교도 과학만큼이나 중요할 것이다."98)

물을 정당하게 사용하기 위해서 필요한 것은 도덕적 체계들, 즉 우리가 인간의 좋은 것들을 나누는 것처럼 공동소유들(공유지들)의 좋은 것에 주의를 기울이는 도덕적 체계들이다. (지적했던 대로, 바다들과 대기권은 고전적인 공동소유들[공유지들]이다.) 성례전적 의미와 생명 연결망의 도덕이 존재의 연쇄사슬 성례전주의나 혹은 산업주의의 상품 도덕의 그 어느 것보다도 더 도움이 된다. 물을 다루는 모든 공학자들이 프란체스코 수도사들이 될 필요는 없다. 그러나 그들이 만일 "나의 주님을 찬양하라, 저토록 **쓸모 있고** (useful), **겸손하며**(humble), **고귀하고**(precious), **순결한**(pure) 자매 물(Sister Water)을 주셨으니!"(*Canticle of the Sun*)라는 프란체스코의 표현 속의 형용사들을 채택한다면, 그들의 방식은 명령-통제식 경영이 아니라 건전한 생태학적 물 경영일 것이다. 특히, 앞으로 나아갈 길은, 생명의 눈부신 아름다움의 현존 속에서 새롭게 된 성례전적 경이로움과 경외감을 필요로 한다. 인간들은 항상 그들의 핵심적 필요들에 합당한 길들을 찾아낼 것이다. 그러나 그 과정에서 바다와 땅을 황폐하게 만드는 것은 우리들이 할 일이 아니다. 현재의 상황과 예견되는 상황 속에서는, 물의 필요든, 물 때문에 충돌이든, 그리고 기후의 이동이든, 이런 긴박상태들 아래에서, 모든 실질적 목표를 위해서, 상품 윤리가 성례전적 윤리를 이길 것을 뜻한다. 만일 그렇게만 된다면, 단지 물 때문이 아니라, 모든 생명에 대한 이해와 가치 때문에도, 뭔가 기본적으로 인간적인 것을 상실하게 될 것이다. 바로 그 "뭔가"—이 장에서 상품화된 것들을 성스러운 것을 통해 다루려고 노력한 것들—가 마릴린 로빈슨(Marilynne Robinson)의 저서 『길르아드』(*Gilead*) 속에 아직도 나타난다. 병

---

98) David Groenfeldt, "Reinventing Water Management," unpublished paper presented at the Third International Conference of the International Society for the Study of Religion, Nature, and Culture (ISSRNC), Amsterdam, July 23-26, 2009, 9. Used with permission.

든 심장 탓에 기진맥진해진 늙은 목사가, 그의 젊은 아들에게 보낸 편지들 속에서 그의 기억들을 기록하고 있다. 그중 하나는 이렇게 쓰고 있다:

> 너와 토비아스(Tobias)가 잔디 물뿌리개(sprinkler) 둘레를 깡충거리며 뛰어다니고 있다. 물뿌리개는 놀라운 발명품인데, 그게 빗방울들을 햇빛에 드러내니까 말이다. 그런 일이 자연에도 일어나지만, 그러나 드물지. 내가 신학교에 다닐 때, 나는 때로는 강물의 세례 베푸는 곳에 내려가곤 했어. 목사님이 세례 받는 사람을 물속에서 들어 올리면, 물이 옷과 그 머리에서 쏟아져 내리는 것을 보는 것은 참 재미있었지. 그건 출산 혹은 부활의 광경처럼 보였다. 우리가 보기엔, 목사님의 손이 세례를 받는 사람의 머리의 뼈를 받치고 있는 것을 물이 보여주는 것이, 마치 전기가 연결되게 하는 것 같았다. 비록 세례를 베풀 때 더 많이 물이 튀고 반짝이기를 바랐지만, 나는 항상 사람들에게 세례를 베푸는 것을 사랑했다. 그런데 이제는 너희 둘이 무지개 빛깔을 내며 떨어지는 작은 물줄기 둘레에서 춤을 추고 있구나. 마치 어떤 분별 있는 사람이라도 가령 물처럼 기적적인 것을 만나면 당연히 그렇게 하듯이 발을 구르며 우아하고 외치며 뛰놀고 있구나.[99]

그 다음엔...

성례전적인 것과 신비한 것들은 아주 가까운 사이다. 그러나 그것들이 동일한 것은 아니다. 신비로운 것은 성례전적인 것보다 훨씬 더 심오하게 현대 세계의 소외를 다루고 있는데, 비록 후자(성례전적인 것)가 객체화된 것들과 상품화된 것들에 대해 심오한 대조를 이루고 있지만 말이다. 우리는 이제 신비와 신비한 것들을 다루어 보기로 한다.

---

99) Robinson, *Gilead*, 63.

10장

신비주의와 소외

가장 아름답고 가장 심오한 경험은 신비한 것에 대한 감동이다.
그것은 모든 참된 과학의 씨앗이다. 이런 감정이 낯선 사람은,
더 이상 경이로워 하지도 않고 경외감에 황홀해 할 수 없는 사람은,
죽은 것이나 마찬가지다.

— Albert Einstein

우리의 삶이란 신비의 표면에서 희미하게 근원을 찾는 일이다. 그 표면은 매끈하지 않다... 또한 서로 함께 잘 들어맞지도 않는다... 신비는 시간 속에 있는 공기의 모습처럼 주변경계가 복잡다단하다.

— Annie Dillard[1]

틴커 크릭(Tinker Creek, 버지니아 주 로아노크)에서 순례를 하던 어느 날,

---

1) 처음 인용한 알버트 아인슈타인의 말은 Phillipp Frank, *Einstein: His Life and Times*, chap. 12, sec. 5 (1947), from Einstein's address, "The Merger of Spirit and Science."에서 재인용. 두 번째 인용문은 Dillard, *Pilgrim at Tinker Creek*, 145. Pilgrim at Tinker Creek의 앞부분인 "The Tree With Lights"은 그녀에게 돌연히 다가온 신비한 경험의 설명이다. "어느 날 나는 전혀 아무런 생각 없이 틴커 크릭을 걷다가, 나무와 그 속의 빛들을 보았다. 나는 비둘기들이 울어대는 삼목에서 그 새들이 앉은 가지들이 변해 각 세포가 불꽃으로 윙윙거리는 것을 보았다. 내가 서 있던 풀밭은 빛나고 있었다. 온통 불붙은 모습이었다. 나는 그것을 바라보고 있었다기보다는 생전 처음으로 강력한 눈길이 나를 바라보고 있다고 느껴서 숨죽이게 되었다. 불의 홍수가 잦아들었지만, 나는 여전히 그 힘을 사용하고 있다... 나는 평생 동안 종(a bell)이었지만, 내가 처음 들어 올려져 (그 종이) 쳐지기 전까지는 그 사실을 모르고 있었다."(n.p.).

애니 딜라드(Annie Dillard)는 뜻밖에도 족제비 한 마리와 마주쳤다. "우리의 눈들은 서로에게 정면으로 고정되었고, 누군가 그 고정된 눈들을 풀어줄 열쇠를 내던져버렸다. 우리의 표정은 마치 두 사람의 연인들이, 혹은 앙심 깊은 원수들이, 각자가 딴 생각을 하고 있었는데 풀이 무성한 길 위에서 걷다가 우연히 딱 마주친 것 같았다."

서로에게 정면으로 고정된 눈들이 원수들의 것이든 연인들의 것이든, 모든 신비한 경험들이 그토록 돌연하거나 혹은 그토록 불확실한 것은 아니다. 그러나 신비한 것들은 언제나 일종의 **만남**(meeting)이고 어떤 **존재**(being) 하는 방식이다. 그것은 주체가 주체와 연합됨이며, 혹은 어떤 사람들의 경험 속에선, 주체성 자체가 분화되지 않은 합일(union) 속으로 용해되어버리는 것이다. 이런 만남과 합일 속에서는, **직접적인** 경험이 우세하다. 도로테 죌레가 그녀의 저서 『신비와 저항』(*The Silent Cry: Mysticism and Resistance*) 속에서 제공한, 프리드리히 폰 휘겔(Friedrich von Hügel)의 설명에서는 모든 종교 속에 나타나는 세 가지 영속적인 요소들을 밝히고 있다. 역사적-조직적 요소는 그 자체를 마음과 기억 속에 보존한다(기독교에선 "베드로적" 요소), 분석적-사변적 요소는 그 자체를 이성과 교리 속에 제휴한다("바울적" 요소). 그리고 직관적-감성적 요소는 그 자체를 의지와 사랑에 지향한다. 이것이 바로 특별히 신비적인 것이다(죌레는 이것을 일러 기독교에선 "요한적" 요소라고 했다.2) 마치 제4 복음서의 상징인 독수리처럼, 영혼이 태양을 바로 쳐다보고 솟아오르듯이.)3)

시몬 베유가 말한 영혼의 솟구침에 대한 즐거운 이미지는 『그림 형제들의 이야기』(the Brothers Grimm)에서 따온 것이다. 한 작은 재봉사와 거인이 누가 힘이 더 센지 경쟁을 했다. 거인은 돌멩이 한 개를 너무도 높이 던져서 땅에 다시 떨어지는 데 긴 시간이 걸렸다. 작은 재봉사는 작은 새 한 마리를 던졌는데, 그 새는 결국, 적어도 눈에 보이는 어느 곳에도, 땅으로 다시 내려

---

2) Dorothee Soelle, *The Silent Cry: Mysticism and Resistance* (Minneapolis: Fortress Press, 2001), 1.
3) From Simone Weil, *Waiting for God*, trans. Emma Craufurd (New York: G. P. Putnam's Sons, 1951), 127.

오지 않았다. 베유는 영혼이 바로 그런 새와 같다고 말한다.

종교적 신비주의자들의 증언은 누구라도 모두가 이런 식으로 솟아오를 수 있다고 한다. 모두가 "사회와 역사의 한계를 넘어서 움직여 나갈 수 있고, 또한 이 세계 안에 깊이 감추어져 있거나, 그 너머에 있는 지혜를 이끌어내기 위해서, 보통의 인간의 상호작용, 보통의 의식, 보통의 육체적 현실의 제한을 깨뜨릴 수"[4] 있을 것이다. 신비주의자에게는, 금욕주의자들과 마찬가지로, 이것이 사회적 자아(ego)와 사회적으로 구축된 몸 자체에 대한 감각의 지배로부터 해방되는 것이다. 이것은 교리와 기관의 규정을 넘어서 신적인 것을 직접 경험하는 것이다. 이것은 진리를 사회적으로 수호하는 권위를 떠나서 파악된 진리다. 그리고 이것은 보통의 집착과 욕망에서 끊어진 계시다. 사물들이 겉으로 드러난 방식은 그것들이 참으로 그런 것이나, 혹은 그렇게 되기를 바란 대로가 아니다. 신비주의자들에게는, 기관들과 그 권력들은 우리가 수용해야 하는 운명이 아니다. 그것들은 그렇지 않을 수도 있었던 습관적 형태일 뿐이다.

짧게 말해서, 신비주의자들은 "모든 것"(the All, 힌두교에선 아트만Atman과 브라만Brahman) 속에 깊이 잠김, 즉 큰 바다의 경험이라서, 그 속에서 우리는 "우리의 살아있는 심장이 세계의 심장에 접촉되고, 그 끊임없는 맥박의 비밀스러운 계시를 듣는"[5] 경험이다. 이것은 직접적 물질적 실체의 아래에 혹은 안에 있는 실재에 대한 경험이며, 그리고 눈에 보이는 각 사람과 모든 것 각각을 포함하는 하나(Oneness: 절대자)의 경험이다. 그리고 이런 모든 것이 중간의 매개를 거치지 않는 방식으로 이루어진다.

중간의 매개가 없는 신비적인 경험은 형식적 종교를 넘어선 것이다. 신비주의자들은 모든 종교 그리고 어떤 종교라도 그 깊은 곳에선 더 이상 종교가 문제가 되지 않는 지점이 있음을 알고 있다. 형식적으로 종교적이든 아니든, 보편적인 진리, 아름다움, 그리고 선함은 합쳐진다.

---

4) Roger Gottlieb, "The Transcendence of Justice and the Justice of Transcendence: Mysticism, Deep Ecology, and Political Life," *Journal of the American Academy of Religion* 67, no.1 (March 1999): 150
5) Ibid., 149.

수피(Sufism)의 대가 알 아라비 이븐(Ibn 'Al-Arabi' 1165-1240)은 신비적인 지식의 매개되지 않는, 직접적인 성격을 이렇게 강조한다. "신비한 상태에 대한 지식은 실제 경험으로만 알려지며, 인간의 이성이 정의할 수 없고, 연역법에 의해서 어떤 인식에 도달할 수 없는데, 이는 또한 꿀맛의 경험, 인내의 고통, 성적인 결합, 사랑, 정열 혹은 욕망의 환희의 경우에도 마찬가지라서, 사람이 제대로 자격이 있거나 직접적으로 경험하지 않으면, 이 모든 것들은 알 수가 없다.6)

이처럼 "은밀한 사귐의 큰 바다"(an ocean of intimacy)에 대한 경험의 실례들은 많다.7) 그런 것들은 모든 전통들과 문화들에서 일어난다. 그것들은 아무런 준비 없이도 일어날 수 있다. 예루살렘에 있는 알-아크사 모스크(Al-Aqsa Mosque)에 들어가면서, 준비라고는 오직 신발을 벗는 것뿐인 사람은, 내가 그랬듯이, 조용한 분위기 속에 높이 솟아오른 공간과 빛의 황홀함에 사로잡혀서 알라(Allah)의 압도하는 현존이 느껴지는 기분을 갖게 된다. 많은 중세기 대성당 안에서, 거대한 삼나무(redwood) 숲 속에서, 강가에서, 혹은 절벽으로 솟아오른 대지 위에서, 하느님에 대한 그런 경험을 해왔다.

명상

다른 때에는 신비한 경험이 잘 훈련된 준비와 수행을 통해 일어난다. 관상과 묵상은 신비 경험과는 별개의 종교적 수행들이다. 그러나 그것들도 가끔은 신비한 경험을 준비하고 불러일으키기도 한다.

예를 들어, 앞 장에서 인용했던 불교의 종교적 시구(gatha)를 보자. "이 음식 속에서 / 나는 분명히 보네 / 전체 우주가 / 나의 존재를 뒷받침하고 있음을."8) 그것은 마음챙김(正念, mindfulness)을 수행하는 데 도움이 되도록

---

6) Ibn 'Al-Arabi, Futubat, I, 31, cited in Ibn 'Al-Arabi, *The Bezels of Wisdom* (Mahwah, NJ; Paulist Press, 1980), 25.
7) Brian Thomas Swimme and Mary Evelyn Tucker, *Journey of the Universe* (New Haven: Yale University Press, 2011), 115.
8) Reprinted from *The World We Have: A Buddhist Approach to Peace and*

하는 명상들을 많이 수집해놓은 것에 속하는데, 그 시구들(gathas)이 전달하는 이미지들에 열정적으로 마음을 둔다. 규칙적인 수행의 일부로 하면, 이런 집중이 신비한 경험을 낳기도 한다.

"마음챙김을 위한 호흡법"(mindful breathing)이라고 부르는 수행이 있다. 이 경우에는, 두려움의 뿌리들을 깊숙이 살펴보려고 의도한다.(불교적 수행은 특정한 악덕과 미덕과 도덕적 감정들—사랑, 탐욕, 자비, 분노 등—을 위한 관상 훈련을 한다.) 이런 훈련은 다음과 같이 진행된다.

숨을 들이마시며, 나는 내가 늙게 된다는 본성을 안다.
숨을 내쉬며, 나는 내가 늙은 나이를 피할 수 없음을 안다.
숨을 들이마시며, 나는 내가 병들게 된다는 본성을 안다.
숨을 내쉬며, 나는 내가 질병에서 도망칠 수 없음을 안다.
숨을 들이마시며, 나는 내가 죽게 된다는 본성을 안다.
숨을 내쉬며, 나는 내가 죽음을 면할 수 없음을 안다.
숨을 들이마시며, 나는 내가 언젠가는 내가 소중히 여기는
  모든 사람과 모든 것을 떠나보내야 함을 안다.
숨을 내쉬며, 그것들과 함께 지낼 수 없음을 안다.
숨을 들이마시며, 나는 나의 행동들, 생각들, 그리고 행위들 이외에는
  아무것도 나와 함께 가지고 갈 수 없음을 안다.
숨을 내쉬며, 나의 행동들만이 나와 함께 붙어있다.

우리는 결코 산 채로 인생을 떠나지 못한다. 그러나 그것을 지적으로 인정하는 것과, 그것을 나의 존재 전체 속에 깊이 친숙해진다는 것은 별개의 문제다. 전자는 쉽다—한 번 주변을 돌아보라. 후자는 반복적인 명상 수행을 필요로 한다.

관조와 명상 수행은 살아있는 전통에 속한다. 그래서 이 경우에 틱낫한

Ecology (2008) by Thick Nhat Hanh, with permission of Parallax Press, Berkeley, California, www.parallax. org. 110.

스님은, 우리의 현재 문명이 자연을 폭행하기 때문에 그에 대한 두려움을 가지고, 시(gatha) 한 행을 덧붙인다. 그는 이 문명이 죽는 것을 바라지 않고, "현실 참여 불교인으로서" 그런 문명이 지구를 공경하는 변화를 이루도록 일한다. 그러나 그는 모든 문명이 죽을 수밖에 없는 것이며, 그래서 우리에게 요청하는 것은 우리의 생명을 포함한 모든 형태들의 유한한 생명들을 건전한 정신적 건강으로 대면하라는 것을 알고 있다.

숨을 들이마시며, 나는 이 문명이 죽을 것임을 알고 있다.
숨을 내쉬며, 이 문명은 죽음을 회피할 수 없다.9)

이런 실례가 논점을 너무 압도해선 안 된다: 신비주의적인 경험은 종종 훈련된 수행을 동반하며, 오직 돌연한 경험만으로 오는 것은 아니다.

도덕적 행위자

우리를 휘어잡고 있는 힘―큰 바다의 느낌, 바다의 잔물결들과 이안류(해안을 떠나가는 조류)―을 초월하는 한 가지 결과는 강력한 개인적인 작용(행위)이다. 그런 도덕적 능력과 독립성은 존재 자체(Being)이신 분과의 심오한 일치 그리고 모든 것이신 분(the All)과의 합일이 흘러넘친 것인데, 그런 일치와 합일(consent and union) 속에서는 역설적으로 자기(self)가 소멸되고, "나의 것" 그리고 "너의 것"이란 이단적인 생각도 소멸되고, 그래서 신비주의자들이 추구하는 차가운 우주적 불꽃 속에서 끝나는데, 이런 우주적인 불꽃을 누구는 "하느님"(God)이라고 부르고, 누구는 아예 이름 붙이기를 거부한다. 우주적인 합일과 우주적인 공동체는 신비주의자들의 고향이다. 그것은 바로 외롭게 고립됨과 자기에 사로잡힌 자율(autonomy)과는 반대가 되는 것이다.

---

9) The *gathas* are cited from Thick Nhat Hanh, *World We Have*, 106 and 111; the breathing exercise is from 53-55.

신비주의자가 비타협적인 세상 현실로 되돌아와 보면, 겉보기엔 자율적인 행위가 사라지지 않고 있다. 아니, 그보다는 신비주의자가 우주적인 아름다움과 조화에 너무 사로잡혀있었기에 그녀/그는 주변 세계에 대해 영원히 만족하지 못한다. 세계는 사실상 공감(감정이입)과 동정으로 온전히 품어지게 될 것이지만, 그러나 다시 태어난 에덴동산이 별들과 함께 노래하기 이전에는 모든 것들이 올바른 것이 아니다. 신비주의자는 하느님 안에서의 순간이 가져온 아름다움과 진리의 경이로운 부담을 부인할 수 없다.

쬘레는 이런 초월의 직접적인 경험이 비폭력적이고, 자아가 없어지고, 무소유의 삶들로 인도한다고 보고한다. 모든 것들의 합일과 아름다움을 경험하는 사람들은 그들이 잠들어 있었던 감옥에서 깨어나서,10) 존재의 방식과 미덕으로서의 정의를 채택한다. "불(fire)의 홍수가 잦아들지만, 그러나 나는 여전히 그 힘을 사용하고 있다"고 애니 딜라드는 쓰고 있다.11)

재닛 러핑의 공동 연구에서도 비슷한 결론에 도달한다. 여러 가지 상황들과 문화 속에서 유태인, 무슬림, 그리고 기독교 신비주의를 조사한 뒤에, 러핑은, "이런 전통들을 넘어서서, 신비주의의 계시 전통—불교인, 힌두교인, 도교인 그리고 다른 사람들—은 대안적 **문화 형태**를 지향하고, 인간이 함께 살아가는 대안의 방식을 **의도한다**"12)고 말한다. 신비주의적 경험이 제자도의 길의 일부가 된다.

시몬 베유(Simone Weil, 1901-1943)는 지금껏 말했던 점들을, 그녀 나름의 색다르고 독특한 방식으로 설명한다. 1940년대 초 독일이 프랑스를 점령했을 때, 드골(De Gaulle) 망명 정부를 위한 그녀의 작업 일부로 『두 가지 도덕적인 에세이』(*Two Moral Essays*)를 썼다. 그 저작은 "인간의 의무 선언

---

10) The image is from the Afgan poet Rumi, cited by Soelle in her Introduction: "Why, when God's world is so big, did you fall asleep in a prison of all places?" (*Silent Cry*, 1).
11) Dillard, *Pilgrim at Tinker Creek*, 35.
12) Janet Ruffing, R.S.M., ed., *Mysticism and Social Transformation* (Syracuse, NY: Syracuse University Press, 2001), xi. Emphasis in the original.

초안"과 "인간의 개성"에 대한 생각들을 포함하고 있다. 전자는 신비주의자 베유의 시라기보다는 교사 베유의 산문이지만, 그 어떤 설명보다도 더 간명한 신비주의에 대한 설명으로 시작한다. "인간의 의무 선언"을 위한 도입부는 단지 신비주의와 도덕적 행위자에 대한 베유의 결론과 러핑의 결론을 확인하게 해준다.

세계 밖에 있는 하나의 실재가 있는데, 다시 말해서, 공간과 시간 밖에, 인간의 정신적 우주 밖에, 인간의 능력으로 접근할 수 있는 그 어떤 영역 밖에 하나의 실재가 있다.

이 실재에 상응하여, 인간의 가슴 중심에는 절대 선(absolute good)을 향한 그리움, 항상 거기에 있지만 이 세상의 어떤 사물에 의해서도 결코 달랠 수 없는 그리움이 있다.

이 세상의 실재가 사실들의 유일한 토대이듯이, 저 다른 실재는 선함의 유일한 토대다.

저 실재는 이 세상에 존재할 수 있는 모든 선함의 유일한 원천이다. 즉, 모든 아름다움, 모든 진리, 모든 정의, 모든 합법성, 모든 질서, 그리고 의무를 마음에 두는 모든 인간의 행위의 원천이다.

비록 그것이 인간 능력이 닿을 수 있는 범위를 넘어서 있지만, 인간은 그것을 향한 관심과 사랑을 바칠 능력을 갖고 있다.

어떤 인간도, 그가 누구이든, 이런 능력을 빼앗긴 적이 있다는 가정을 정당화할 것은 아무것도 없다.

이 능력이 행사되는 한, 이 능력은 이 세상에서 유일하게 현실적이다. 이를 행사할 유일한 조건은 승낙이다...

이들 두 가지 사실들의 조합―가슴 속 깊은 곳에 있는 절대 선을 향한 그리움과, 또한 세계 저편에 있는 실재를 향한, 비록 잠재적인 것일지라도, 사랑과 관심을 지향하고, 그것에서 선한 것을 받아들이는 능력의 조합―은 모든 사람 각각이 예외 없이 그 다른 실재에 애착을 하는 연결이 된다.

그 실재를 인정하는 사람은 누구든지 그 연결도 인정한다. 그것 때문에 그는 모든 사람 각각을 예외 없이 뭔가 거룩한 것으로 여기고 존경을 바치게 된다.13)

베유는 이어서 주장하기를, 각각의 거룩한 인간은 우리가 알고 있는 세계로부터 추론될 수 있는 연역의 결론이 아니라고 한다. 우리가 알고 있는 세계는 "우리가 동등하지 않게 관심을 기울이는 동등하지 않은 대상들"의 하나다.14) 어떤 사람들은 우리의 관심을 끌고, 다른 사람들은 알려지지도 않고 모르는 존재로 남아있고, 또 다른 것들은 그것들의 개별성이 지워지는 집단적 정체성에 속한다. 행동의 도약판으로서의, 사실적인 세상의 지식만으로는, 존경과 치료의 불균형에로 인도한다고 베유는 말한다. 엄격히 경험적인 관점에서 보면, "사람들은 예외 없이, 이 세상의 사물들과의 모든 관계 속에서 불평등하다."15)

그러나 그녀의 에세이의 요점은 "세계 밖의 실재와의 연결의 출현"인데, 그것은 모든 인간들에게 동일하고, 또 모든 사람들이 어떻게 이해되고 취급되는지에 영향을 준다는 것이다. 모든 사람들은 신비한 경험이 받아들이는 세계로부터 사실적인 세계를 갈라놓는 얇은 곳(thin place) 외부에 있는 "선함을 향한 달랠 길 없는 욕망 속에" 그들의 중심을 갖고 있다. 그런 외부의 실재에 관심을 기울임으로써, 우리는 모두에게 속한 중심에 도달한다.16) 이 중심이 또한 모두에게 동등하게 속한 존엄과 존경을 제공한다. 베유는 그것을 이름붙이기를, 우리 모두가 바로 그러한 "거룩한 것"이라고 한다.

이런 선함을 향한 선천적인 욕망과 우리 자신의 존재의 거룩함을 아는 지식은 우리로부터 물리쳐질 수도 있고, 무시되어 죽을 수도 있으며, 혹은 배반될 수도 있다. 그것은 타고난 것이지만, 또한 취약하고 손실될 수도 있

---

13) Simone Weil, *Two Moral Essays* (Wallingford, PA: Pendle Hill Publications, 1981), 5-6.
14) Ibid., 6.
15) Ibid.
16) Ibid., 7.

다. 베유의 대답은 세계를 고쳐서 수리해야(repair) 하는 강력한 도덕적 의무다. "한 사람의 생명이 다른 사람의 행동이나 부주의로 인해 입은 영혼이나 몸의 상처 혹은 상실 때문에 파괴되면, 단지 그의 감수성뿐만 아니라 선을 향한 그의 열망도 고통을 당한다. 그러므로 그의 안에 있는 거룩한 것에게 신성모독을 행하는 것이다."17) 부주의나 범행으로 인하여 다른 사람들의 거룩한 것을 알아차리지 못하거나 그것을 밖으로 꺼내지 못하는 것은, 그 자체가 신성모독이다. 베유에게 그것은 창조에 대한 모독이자 하느님에 대한 모욕이다.

그런 강력한 도덕적-신학적 추론은 다른 곳에서 그녀의 주장의 배후에 있는데, 거기에선 유일하게 올바른 이웃 사랑은 자선이 아니라 (자선의 관계는 주체 대 객체이지, 주체 대 주체가 아니다) 정의뿐이다. 정의는 세계에 대한 수리, 즉 근본적인 평등성과 공유되는 주체성을(모두가 같은 중심을 가지며, 모두가 거룩한 것에 당연한 존경을 받을 만하다)을 지닌 신비주의의 지식에 신뢰를 둔 세계로 고쳐서 수리하는 것이다.18)

풍요한 자연

만일에 도덕적인 행위자가 존재와의 심원한 합일에 뿌리내리고 있으며 그것을 거룩한 주체들의 영적인 친교(a communion of sacred subjects)로 승인한다면, 그는 그런 신비 체험 배후에 별도로 남겨지는 것이 아니듯이, 자연도 마찬가지다. 그와는 반대로, 풍요한 자연은 많은 신비 체험 속에 넘치며, 신비한 비전들 속에서 보기 드물게 높은 지위를 차지한다. 힐데가르트가 말한 신적인 것과의 만남을 생각해보자: "나는, 가장 높고 활활 불타는 능력으로서, 모든 살아있는 섬광들에 불을 붙였다… 나는… 신적인 진수의 불타는 생명(the fiery life of the divine essence)이다—나는 들판의 아름다움 위에서 불

---

17) Ibid.
18) See her discussion in the essay, "Forms of the Implicit Love of God," the section on "The Love of Our Neighbor," in *Waiting for God,* 84-99.

타고 있고, 나는 물속에서 빛나고 있으며, 태양 속에서, 달과 별들 속에서 나는 불타고 있다. 그리고 경쾌한 바람을 수단으로, 나는 모든 것을 뒤흔들어 그것들을 유지하는 보이지 않는 생명을 가지고 살아있도록 한다."19)

혹은 블랙 엘크 사슴(Black Elk, 인디언 추장 이름—역자주)의 비전을 생각해보자: "내가 다섯 살 때 나의 할아버지가 활과 몇 개의 화살을 내게 만들어 주셨다. 풀들은 푸르렀고 나는 말을 타고 있었다. 해가 지는 곳에서부터 폭풍이 몰려오고 있었다... 그리고 나는 구름을 올려다보았는데, 두 사람이 그곳에서 오고 있었고, 마치 화살처럼 머리부터 먼저 비스듬히 내려오고 있었다. 그들이 오면서 거룩한 노래를 불렀고 천둥이 북소리처럼 들려왔다. 너희들을 위해서 그 노래를 내가 불러보마. 그 노래와 북소리는 이러했다: '보아라, 거룩한 목소리가 너를 부른다. 온 하늘 가득히 거룩한 목소리가 부르고 있다.' 나는 거기에 앉아서 그들을 바라보고 있었는데, 그들은 거대한 초지(습지)가 있는 곳에서부터 오고 있었다... 그들이 사라지고 나자, 비가 거대한 바람과 함께 울부짖으며 쏟아져 내렸다. 나는 이 비전을 아무에게도 말하지 않았다. 나는 그것을 즐겨 생각했지만, 그러나 나는 그것을 말하는 것이 두려웠다."20)

혹은 베유의 불평을 고려해보자: "만일 우주를 빼놓는다면 어떻게 기독교가 감히 보편적(catholic)이라고 할 수 있단 말인가?"21) 이 문장은 "세계의 질서에 대한 사랑"이란 부분에 들어있는데, 그 부분 자체가 대체로 세계의 아름다움에 대한 사랑, 그리고 인간 이웃에 대한 사랑과 당연히 함께 지녀야 할 물질에 대한 사랑에 대한 해설이다. "세계의 아름다움 속에서는 야만적인 필요성도 사랑의 대상이 된다. 바다의 파도들이 고정되지 않고 중첩된 오르내림들, 혹은 산들의 거의 영원하게 중첩된 오르내림에 작용하는 중력의 행

---

19) Hildegard of Bingen, *The Book of Divine Works,* excerpts from the section, "The Source of All Being," in Hildegard of Bingen: *Mystical Writings*, ed. Fiona Bowie and Oliver Davies (New York: Crossroad, 1990), 91.
20) Black Elk, *Black Elk Speaks* (New York: Pocket Books, 1972), 15-16.
21) Weil, *Waiting for God*, 101.

동보다 더 아름다운 것이 또 무엇이란 말인가?"22)라고 그녀는 쓰고 있다. 여기에 나타난 것은 그리스도나 다름없다: "세계의 아름다움은 창조에서 신적인 지혜가 협동하는 것이다... 세계의 아름다움은 물질을 통해 오고 계신 우리를 위한 그리스도의 부드러운 미소다."23)

예수 그리스도와의 연상은 베유의 신비주의가 때로 옹호한 범재신론(panentheism)의 표현과 낭만주의를 잃어버리게 한다. "하느님은 세계의 두꺼움을 뚫고서(cross) 우리에게 오신다"고 그녀는 말한다.24) 그런 통과는 십자가(cross) 자체를 포함한다. 고난, 고통, 그리고 불의로 괴롭힘을 당하는 세계는 신비주의자들의 세계다. 세계와 지구의 아름다움은 단지 그 괴로움에 더욱 통렬함을 더해줄 뿐이다.

소설 『카라마조프가의 형제들』(*The Brothers Karamazov*)에 나오는 조시마(Zosima) 장로의 교훈을 생각해보자. 힐데가르트나 베유와 마찬가지로, 조시마 장로의 영적인 세계는 각 부분들이 동등하게 성례전주의, 금욕주의, 그리고 신비주의다. 그러나 도스또예프스키의 그 부분 제목은 신비주의적인 것에 우선권을 주고 있다: "기도의, 사랑의, 그리고 다른 세계와 접촉에 대하여." 이 인용문 속에서 하느님의 사랑과, 우리를 포함한 자연에 대한 사랑이 지속하는 주제들임을 주목하자. 또한 죄에 대한 조시마 장로의 교훈에는 강조하는 중심이 있음도 주목하자.

형제들이여, 사람들의 죄를 두려워하지 말자. 죄 속에 있는 사람도 사랑하자. 왜냐하면 하느님의 사랑과 같음이 땅 위에서 사랑의 최고 정점이기 때문이다. 하느님이 창조하신 것 모두를 사랑하자. 모래 한 알 한 알까지도 모든 전부를 사랑하자. 모든 잎들, 하느님의 빛의 모든 광선 줄기를 사랑하자. 동물들을 사랑하자, 식물들도 사랑하자, 모든 것 하나하나를 사랑하자. 만일 당신이 모든 것을 사랑하면, 사물들 속에서

---

22) Ibid., xxxiii of the Introduction, as cited by Leslie Fiedler.
23) Ibid., 104.
24) Weil, *Gravity and Grace,* trans. Arthur Wills with an introduction by Gustave Thibon (Lincoln: University of Nebraska Press, 1952), 142.

하느님의 신비를 감지할 것이다. 일단 당신이 그것을 감지하면, 당신은 그것을 매일 같이 더욱 더 지치지 않고 감지하기 시작할 것이다. 그리고 당신은 전적인 보편적 사랑으로 마침내 전체 세계를 사랑하게 될 것이다. 동물들을 사랑하라. 하느님은 동물들에게 조용한 기쁨과 사색할 기초들을 주셨다. 동물들을 괴롭히지 말라. 동물들을 고문하지 말라. 동물들로부터 기쁨을 빼앗지 말라. 하느님의 목적을 거스르지 말라. 사람아, 너 자신을 동물들보다 더 위에 높이지 말라. 그들은 죄가 없고, 당신이 위풍을 지니고 땅위에 나타남으로 인해서 땅에 상처를 주었고, 당신 뒤에 괴롭히는 발자국들을 남긴다―슬프다, 거의 우리들 모두 각자가 그렇게 하니! 어린이들을 특별히 사랑하라. 왜냐하면 그들도 천사들처럼 죄가 없고, 우리들에게 부드러움과 가슴의 정화를 가져오며, 그리고 우리들에게 일종의 모범들이니까 말이다. 어린이를 괴롭히는 자에게는 화가 있을진저!25)

몸이 여윈 조시마 장로가 계속해서 젊은 수도사들에게 '아스케시스' (*askesis*, 희랍어로 훈련을 의미―역자주)와 용서의 필요를 가르친다.

형제들이여, 사랑은 스승이다. 그러나 어떻게 그것을 얻어야 할지를 알아야 하는데, 왜냐하면 그것을 얻기가 어렵고, 오랜 시간을 들여서, 힘써서, 값비싸게 사야 하는데, 단지 우연한 순간에만 사랑하는 것이 아니라, 항상 사랑해야 하기 때문이다. 누구든, 심지어 사악한 사람도, 우연히는 사랑할 수 있다. 나의 어린 아우가 새들에게 용서를 빌었다. 얼핏 보기에는 의미가 없어 보였지만, 그러나 그건 옳았다. 왜냐하면 모든 것이 바다와 같아서, 모든 것들은 흐르고 또 서로 연결되어 있어서, 한 곳을 건드리면 세계의 다른 끝에서 메아리치기 때문이다. 새들에게

---

25) Fyodor Dostoyevsky, *The Brothers Karamazov*, trans. Richard Pevear and Larissa Volokhonsky (New York: Alfred A. Knopf, The Everyman Library, 1927), 318-19.

용서를 비는 것은 미친 짓이라고 해 보라지. 그러나 여전히 새들이나 어린이에겐 더 편안할 것이며, 만일 당신 자신이 지금보다 조금만 더 호의적이면, 단지 한 방울만큼만 더 호의적이어도, 여전히 그들에게 더 편안할 것이다. 내가 말하노니, 모든 것은 바다와 같다. 보편적인 사랑으로 괴롭힘을 당하면, 당신도 새들에게 기도하기 시작할 것이며, 마치 일종의 황홀경 속에 있는 듯이, 당신의 죄를 용서해달라고 그들에게 탄원할 것이다. 아무리 사람들에게는 이것이 의미 없어 보일지라도, 이런 황홀경을 소중히 여겨라.[26]

조시마 장로 자신은 그런 황홀경의 경험을 많이 갖고 있다. 그는 또한 수련수사들에게 그런 황홀경을 동반하는 도덕성에 대해 가르쳤다. 그의 긴 담론은 이런 말로 끝맺음을 한다.

사람들은 항상 자신들을 구원해준 사람이 죽은 뒤에나 구원된다. 세대를 거쳐 사람들은 예언자들을 환영하지 않으며, 그들을 죽이지만, 그러나 그들은 순교자들을 사랑하고 그들이 고문해서 죽인 자들을 경배한다. 너희들이 하는 일은 전체를 위한 것이며, 너희들의 행동은 미래를 위한 것이다. 결코 보상을 바라지 말라. 왜냐하면 그러지 않아야 땅 위에서 보상이 더 클 것이기 때문이다. 너희들의 영적 기쁨은 의로운 자만이 얻을 것이다. 너희는 고귀하고 권력 있는 자들을 두려워하지 않으면 안 될 것이나, 그러나 현명하고 그리고 친절하여라. 한계를 알고, 시간을 알고, 이런 것들을 배워라. 너희가 홀로 있을 때는, 기도하라. 너희 자신의 몸을 땅위에 던지고, 땅에 입맞춤하기를 사랑하라. 땅에 입맞추고 땅을 사랑하며, 지치지 말고, 만족하지 말고, 모든 사람들, 모든 사물들을 사랑하고, 이런 환희와 황홀경을 구하라. 너희의 기쁨의 눈물로 땅을 적시고, 그런 눈물들을 사랑하라. 이런 황홀경을 부끄러워하지 말고, 그걸 보물로 여겨라. 이는 하느님의 선물이고, 큰 선물이고, 그리

---

26) Ibid., 319-20.

고 많은 사람들에게 주어지는 것이 아니라 오직 선택받은 자들에게만 주어지는 것이다.27)

조시마 장로 자신은 땅에 입을 맞추면서 죽어간다. 그는 "자신의 안락의 자에서 조용히 자신을 낮추어 바닥에 내려서 무릎을 꿇고, 그의 얼굴을 땅에 굽혀 절하고, 그의 팔들을 펴고, 그리고는 마치 황홀경에 빠진 듯이, 땅에 입 맞추고 그리고 기도하면서 (그 자신이 가르쳤듯이) 조용히 그리고 기쁘게 그의 영혼을 하느님께 드렸다."28)

모든 신비주의가, 토니 모리슨(Toni Morrison)과 앨리스 워커(Alice Walker)의 소설들 속에 나오는 인물들처럼, 그토록 일관되게 생명에 취한, 혹은 그토록 철저하게 땅이 불러일으킨 환희와 슬픔의 눈물로 흥건해지는 것은 아니다. 어떤 신비주의에서는, 자연과 땅이 그 과정에 방해가 된다고 무시되어 뒤에 떼쳐버려지기도 한다. 금욕주의와 성례전주의의 경우에서 그랬던 것처럼, 신비주의도 그것의 도덕성이 참으로 땅을 존중하는 것인지 여부를 재어보아야 한다.

그렇게 말했지만, 조시마 장로가 말하는 땅을 잔뜩 포함한 범재신론(panentheism)은 많은 신비주의의 자연스런 거처로 보인다. 이는 "범재신론"이 형식적으로 의미하는 바는 유한한 것이 무한한 것을 지닌다는 뜻이다. 하느님이 피조물 속에(in), 피조물을 통하여(through), 그리고 피조물로서(as) 현존한다. 하느님의 거처는 생태-사회적이며 지구-사회적이다. 다른 말로 하자면, 그것의 의미는, 자연이 하느님의 현존의 매개체로, 모든 곳에서 신적인 거처의 흔적을 지닌 반투명의 질서라는 것이다. 그렇다면, 신비한 경험은, 토머스 머튼이 그랬듯이, 쥐엄나무 속에 깃든 외로운 홍관조, 혹은 켄터키 주 루이빌의 4번로와 월너트(Walnut)가 교차점에서 인간들이 소용돌이를 일으키는 것을 명상하는 것으로 시작할 수도 있다.

나는 돌연히 내가 그들을 사랑하고 있다는 깨달음, 그리고 그들은 나의

---

27) Ibid., 322.
28) Ibid., 324.

것들이요 나는 그들의 것임을, 그래서 비록 우리가 서로 전혀 낯선 사람들이지만, 우리는 서로 소외될 수 없다는 깨달음으로 압도되었다. 그것은 마치 우리가 따로따로라는 꿈, 체념과 상상만으로 거룩함의 세계 속, 특별한 세계 속에서 가짜 자기가 고립되었다는 꿈에서 깨어나는 것 같았다. 개별적인 거룩한 존재라는 환상 전체는 하나의 꿈이다.29)

혹은 그것은 어떤 다른 만남으로—딜라드와 족제비—시작할 수도 있다. 그러나 신비주의자들은 그들의 초월적인 만남의 순간을, 그들의 정원들로, 거리들로, 혹은 그들의 펜들에 가져옴으로써 그만 끝내버린다. 존재하는 모든 것이 살아있는 전체(the living Whole, 하느님을 뜻함―역자주)에 속한다.

이런 윤리가 지구를 공경하는 것인지, 그래서 "위대한 과업"에 맞는 것인지의 시험을 통과하는 것은, 하느님과 우주의 범재신론적 이해에 뿌리를 둔 신비주의의 강력한 도덕적 행위자로부터 이끌어 올 수 있다. 그런 신비주의는 현대의 전형적인 소외 관계들의 안티테제(정반대, antithesis)다. 신비한 경험 속에서는, 우주가 객체들의 집합이 아니라 **주체들의 친교**(a communion of subjects)다.30) 바다가 느끼는 것은, 바다 자체처럼, 그 안에 살고 있는 모든 것들을 포용한다. 거대한 환상은 개체들이 고립되었다는 환상이다. 다른 것들이 주체로서 현존하는 속에서 나는 비로소 나일 수 있다기보다는, 그 다른 것들이 나와는 별개의 객체라는 것이야말로 거대한 환상이다.

연결존재

모든 것이 따로따로 분리되어 있다는 생각은 환상일 뿐이라는 것에 대

---

29) Thomas Merton, *Conjectures of a Guilty Bystander* (London: Sheldon Press, 1965), 153-154. 4th and Walnut is the intersection in Louisville, Kentucky, where Merton, a Trappist monk at nearby Gethsemene monastery, had this mystical vision.
30) The language is again that of Thomas Berry in *The Great Work: Our Way into the Future* (New York: Bell Tower, 1999).

해, 불교는 어떤 종교전통보다도 더 명확하다. 인간뿐만 아니라, 존재하는 모든 것의 구성성분은 "연결존재"(Interbeing)다. "우리가 꽃을 자세히 깊게 들여다보고 있으면, 그런 꽃으로 나타나게 함께 만든 요소들을 볼 수 있다"고 틱낫한 스님은 쓰고 있다. "우리는 구름이 마침내 비로 나타나는 것을 볼 수 있고... 내가 꽃을 만지면, 나는 구름을 만지고 또한 비를 만지고 있는 것이다. 이것은 단지 시가 아니라, 실재다. 만일 우리가 꽃에서 구름과 비를 빼내면, 그 꽃은 그곳에 있을 수 없을 것이다... 꽃은 따로 분리된 별개의 존재가 아니라, 햇빛과 구름과 비의 연결된 존재다. '연결존재'(interbeing) 란 단어는 '존재'(being)라는 단어보다 실재에 더 가깝다. '존재'란 사실상 '연결존재'를 뜻한다."31) 이리하여 틱낫한 스님은 숲 속에서 "우리 몸 밖에 있는 우리의 허파들"을 보고,32) 태양 속에서 "우리 몸 밖에 있는 거대한 심장"을 본다.33) "우리가 사물들을 이런 식으로 보면, 우리는 자기(self)와 비자기(non-self)의 이분법을 쉽게 초월할 수 있다. 우리가 환경을 돌보아야 하는 것은 환경이 우리들이기 때문임을 알게 된다."34) 환경은 "우리의 큰 자기"(our large self)이며 우리의 "참 자기"(true self)로서, 안에서부터 "숲, 강, 그리고 오존층"에 연합된 것이다. "작은 자기"(small self, 소아)는 곧 이런 것들─숲, 강, 오존층─을 마치 우리 인간에게 속한 것이 아닌 것처럼 보고 취급할 때, 스스로 갇힌 그리고 스스로 소외된 자기이다.35)

실재로서의 연결존재는 서로주체성(intersubjectivity)을 뜻한다. 고통 받고 있는 세계 속에서는, 그것은 오직 도덕적인 삶의 심장과 영혼으로서 공감과 함께 아파하는 자비를 뜻한다. 틱낫한 스님이 2004년 인도양의 해일(쓰나미)이 인도네시아, 스리랑카, 타일랜드, 인도 그리고 아프리카에서 수많은 사람들을 죽였음을 알고 나서, 그는 말하기를, "나는 수행을 했다. 나는 앉아서 깊이 들여다보기를 수행했다. 그리고 나는 이들 사람들이 죽었을 때, 우

---

31) Thich Nhat Hanh, *World We Have*, 99.
32) Ibid., 82.
33) Ibid., 81.
34) Ibid.
35) Ibid., 82.

리도 그들과 함께 죽었음을 보았는데, 왜냐하면 우리는 그들과 함께 연결된 존재들(we inter-are with them)이기 때문이다."36) 그들과 함께 죽었다고? 그는 설명한다. 우리의 영혼의 동반자(soul-mate)가 죽으면, 우리 안의 무엇인가도 죽는다. 우리의 생명은 서로 서로에게 속하여, 서로의 일부다. 심지어 우리의 사랑하는 사람의 죽음 뒤에는, 그 현존이 우리와 함께, 영혼 깊은 곳에 남아 있어서, 우리의 존재의 일부로 자리 잡게 된다. 마찬가지로, 만일 우리가 우리의 생명이 다른 생명들과 "연결된 존재"임을 이해한다면, 그리고 만일 우리가 자비심을 갖고 있다면, "그러면 우리가 다른 사람이 죽어가는 것을 볼 때에, 심지어 세계 저편의 낯선 자들일지라도, 우리는 고통을 받고 그들과 함께 죽는다." 틱낫한 스님은 계속하여 말하기를, "우리가 발견하는 것은 그들이 우리를 위해서 죽는다는 것, 그래서 우리는 그들을 위해 살아야 한다는 것이다. 우리는 우리의 자손들과 그들의 자손들을 위한 미래가 가능한 방식으로 살아야만 한다. 그들의 죽음들이 의미가 있는지 여부는 우리의 삶의 방식에 달려있다. 그것이 바로 연결된 존재의 통찰이다. 그들은 우리들이고 또한 우리는 그들이다."37)

데카르트의 전환

"연결존재"(Interbeing)와 "주체들의 친교"(communion of subjects)는 물질에 대한 현대적 취급과는 거리가 멀다. 현대의 표준적인 설명은 유명한 르네 데카르트(Rene Descartes, 1596-1650)의 방법론적 형식에 기초하고 있다. 데카르트는 확실한 지식을 추구하면서 생각하기를, "암석이나 진흙에 도달하기 위해서는, 푸석푸석한 흙과 모래를 제쳐놓는 것이 옳다"고 했다.38) 이렇게 단단한 토대를 찾는 작업이 우선 그의 연구를 수행하게 했으며, 여기엔

---

36) Ibid., 41.
37) Ibid., 41-42.
38) Rene Descartes, *Discourse on the Method of Rightly Conducting the Reason, and Seeking Truth in the Science* (Chicago: Open Court Publishing Company, 1927), 33.

신학도 포함되었다. 그는 이렇게 썼다. "나는 우리의 신학을 존중했고, 천국에 도달하는 것을 그 누구 못지않게 열망했다. 그러나 그 길이 가장 유식한 자들보다 가장 무지한 자들에게는 덜 열려있는 것이 아님을 알게 되었고, 또한 천국으로 인도하는 계시된 진리들이 우리의 이해를 넘어섬을 확실히 알게 되었기에, 나는 그런 진리들을 나의 이성의 무력함에 맡길 생각을 하지 않았다."39) 그런 탐구가 그로 하여금 여행을 하게 만들었다. "세계의 책들을 공부하고... 경험들을 모으는 데"40) 몇 년이 걸렸다. "자연이란 위대한 책"은 명료하고 확실한 지식을 발견하기 위한 또 다른 내용을 지니고 있다.41)

그러나 책들도, 즉 세계라는 책도, 자연이란 책도 아무 소용이 없었고, 그래서 데카르트의 다음과 같은 말은 그의 새로운 경로와 결정적 진전을 보여준다: "나는 마침내 나 자신을 연구의 대상으로 삼기로 했다. 그래서 내가 따라야만 할 경로들을 선택하는 데 나의 온 정신력을 집중하기로 결심했다."42) 확실한 지식을 위하여 이렇게 **인간 주체에로 전환**(turn to the human subject)한 것은 (계몽주의의 징표가 되었는데) 여러 가지 방식으로 드러날 수도 있었다. 그는 확실한 지식이 어떻게 그 환경 속에 묻혀 있는 인간 주체에 속할 수 있는가를 물어볼 수도 있었고, 혹은 그런 지식이 어떻게 인간의 공동체적 결속의 결과로 나올 수 있었는가를 물어볼 수도 있었을 것이다. 그 대신에 데카르트의 조처는—그리고 현대성의 조처는—모든 점에서 단절을 가져왔다. "그 이후 9년 동안, 나는 이 세상이라는 극장에서 일어난 연극들 속에서 배우로서가 아니라 관객이 되기를 바라면서, 이곳저곳을 돌아다니는 것 밖에는 아무것도 하지 않았다."43) 그는 말하기를, 그의 삶은 비록 "가장 번잡한 도시들 속에서 누리는 편리한 것들의 어느 것도 박탈당하지" 않았으면서도, "가장 먼 사막 지역 속에 칩거하는 고독함"44) 같았다고 한다.

---

39) Ibid., 7-8.
40) Ibid., 10.
41) Ibid., 8.
42) Ibid., 10.
43) Ibid., 30.
44) Ibid., 33.

우리가 주목할 것은, 이것은 금욕주의적 전환 배치가 아니었다는 것이다. 데카르트는 삶과 죽음의 모든 길잡이를 얻고자 그들의 거친 환경에 인간 자신들이 조화되도록 만들기 위해서, 고독과 기도 속에서 "그런 거친 풍경들이 주는 위로"45)를 찾아내려고 하는 것이 아니다. 그의 철저한 회의주의의 방법은 정신을 육체와 자연과, 심지어는 사회로부터, 절연시키려는 의식적인 노력이었다.

데카르트의 방법과 그리고 계몽주의가 근본적으로 생각하는 기계(essentially a thinking machine)로서의 자율적인 주체의 자율적인 이성에로 전환한 것에 대한 "표준적인 전거가 있는 구절"(*locus classicus*)은, 인간 역사상 가장 영향력을 끼친 문장들 가운데 하나인, 다음과 같은 인용문이다.

내가 관찰한 것으로... 모든 것이 거짓이라고 내가 생각하고자 했던 것은, 이렇게 생각하는 나는 적어도 그 무엇임이어야 한다는 것이 절대적으로 필요했다. 그리고 내가 관찰한 대로, **나는 생각한다, 그로 나는 존재한다**(I think, hence I am: *cogito, ergo sum*-역자주)는 이 진리는 너무도 확실하고 너무도 분명해서, 그것을 뒤흔들 수 있는 어떤 회의주의자에 의해서도, 아무리 터무니없을지라도, 의심할 근거로 주장할 수 없다고 여겼기에, 나는 아무 거리낌 없이 결론짓기를, 이 진리를 내가 탐구해 온 철학의 제1 원리로 받아들여야 할 것이라고 했다.46)

비록 자주 주목을 받지는 못했지만, 이 제1 원리 못지않게 중요하고 또 그것에 속한 것이 즉각 뒤를 따른다.

그 다음에, 나는 내가 과연 무엇인지를 주의 깊게 검토했고, 그리고 내가 관찰한 대로는, **나에게 육체가 없다고 상상하면, 내가 존재할 세계와**

---

45) The reference is to Belden C. Lane's *The Solace of Fierce Landscapes: Exploring Desert and Mountain Spirituality* (New York: Oxford University Press, 1998).
46) Descartes, *Discourse on Method*, 35.

장소도 없다고 상상할 수 있는데, 그 모든 것에도 불구하고, 나로서는 **내가** 존재하지 않는다고 의심할 수는 없었다.47)

분리된 정신과 독립적으로 생각하는 "나"(I)는 이런 우주론 속에서 실재의 근본 토대요, 세계로부터 원래 분리되어서 세계를 아는 확실한 근거이다. 그것은 인간 주체, 즉 비물질적인 정신과 육체에서 분리된 합리적인 의식과 과정으로서의 인간 주체(the human subject as immaterial mind and disembodied rational consciousness and process)이다. 그것은 데카르트에 의해 정확히 그렇게 묘사되고 있다.

그래서 나는 결론짓기를, 나의 본체는 생각하는 것 속에 전체적인 본질 혹은 성격이 있다고, 또한 그것이 존재하기 위해서, 장소를 필요로 하거나, 어떤 물질적인 것들에 의존하고 있지 않다고 여긴다. 그래서 "나"는, 즉 그것에 의해 내가 비로소 나인 정신(mind)은 육체와 전적으로 구별되고, 심지어 육체보다 훨씬 쉽게 알 수 있고, 또한 비록 육체가 없을지라도, 정신은 여전히 그대로 존재를 계속할 것이다.48)

"나"(I)에서 손쉽게 인간의 자기(human self)와 행동하는 인간 주체(human subject)에로 옮겨가는 것은, 인간의 자기와 주체가 (나머지의) 자연으로부터 떨어져버린 것을 의미하여, 자기를 육체와 장소와는 구별된, 그리고 그런 것들을 필요로 하지 않는 것으로 상상할 수 있는 그런 자기이다. 그 열쇠는 인간의 정신과 그 생각이 물질적인 세계와는 다른 어떤 상태 위에서 다른 범주로서 존재한다는 것이다.49) "저 밖에 있는"(out there) 세계는 "안에 있는"(within) 정신으로부터 갈라진 것이다. 그런 갈라짐을 가지고 현대의 주관

---

47) Ibid. Emphasis added.
48) Ibid., 35-36.
49) This is a strong theme in Russell Shorto, *Descartes' Bones: A Skeletal History of the Conflict between Faith and Reason* (New York: Doubleday, 2008).

주의와 나머지 자연으로부터 심각한 소외가 탄생하였다.

그러나 데카르트의 이런 엄정한 이원론은 아는 것(knowing)에 대한 것만은 아니다. 그것은 가치를 매기는 것(valuing)에 대한 것이기도 하다. 데카르트의 사고실험은 인식론과 과학뿐만 아니라 윤리학에도 중요하다. 생각하는 "나"를 제외하고는 모든 것을 의심하는 것이 가능하다는, 그리고 거기서부터 모든 아는 것과 질서를 매기는 것을 구성하는 것이 가능하다는 그의 실험이 얼마나 결정적인 변화였는지, 그는 아마 상상도 못했을 것이다. 그러나 17세기 이후로는, 그 이전까지 경외하게 하는 그리고 성육신한 하느님에 의해서 자연과 우주의 질서 속에 써진 의미와 목적을 고려해왔던 서양의 문화가, 이제는 자율적이고 지배적인 인간의 합리적 의지와 능동적인 행동 속에 모든 자연의 의미와 목적이 그 유효한 가치를 지니고 있다고 생각하게 되었다. 이것이 바로 세속적 현대성(secular modernity)의 본질이다. 이것이 과학과 일상적인 자본주의적 정치경제의 실천들 속에서 지배를 하고 있다. 제임스 밀러의 말을 인용한다면, 자연세계는 이제 더 이상 "주체성이 공동체적 관계 속에서 행사되는 영역"이 아니다. 자연세계는 인간들에게 "말하지" 않으며, 단지 "인간의 목적들을 위한 객체(대상)로만 될 뿐이지, 지구 행성 생태계 속에서 살아있는 주체가 아니다."50)

간단히 말해서, 인간의 본질은 의식과 정신인데, 그 의식과 정신은 그것을 가능하게 만들어준 생물학적 진화론적 기반으로부터 들어 올려진 것이다.51) 이런 본질은 우리를 나머지 자연으로부터 근본적으로 구별하게 만든 것인데, 그 나머지 자연은 "주체"라기보다 우리들에게 "객체"로 되어버린다. 그리고 이런 자연에 대한 우리의 관계는, 자연이 그 청지기인 인간에게 노예로 상정되는 경제 질서 속에서, 객체 위의 주체(subject-over-object) 그리고 물질 위의 정신(mind-over-matter) 형식으로 된다.

그러나 그 핵심은 단지 데카르트의 극단적인 정신/육체 이원론뿐만이

---

50) James Miller, "Connecting Religion and Ecology," p. 8 of an unpublished paper. Cited with the author's permission.
51) James Miller, "Ecology, Aesthetics and Daoist Body Cultivation," p. 2 of an unpublished paper. Cited with the author's permission.

아니다. 그 핵심은 이원론이 만들어낸 소외된 주체/객체의 관계다. 분리된 인간의 정신은 다른 모든 것들을 자신과 단절된 객체(대상)들로 반대편에 놓는데, 여기에는 자신의 육체도 포함된다. 기계적 물질들 위에 있는 비물질적 정신이, 마치 수동적인 객체를 지배하는 주체처럼, 그런 세계관에서 나온 윤리인데, 그런 세계관이 곧 나타난 과학, 공학기술, 경제 속에서 현실세계의 유사성을 발견하자마자, 그로부터 나온 윤리이다. 데카르트가 유럽 세계에 준 것은 전제적이고 오만한 인간의 목적들에 대한 수단으로서 자연을 통제하는 것의 정당함을 인정한 것이다. 이미 그의 저서 『방법 서설』(*Discourse on Method*)에서 인류가 "자연의 주인이요 소유자"52)로서 승리한 선언이 나오는데, 그로부터 3세기 후에, 계몽주의 이후 서양의 "생각하고, 실험하는 사람"의 특징인 집단적 전쟁산업의 정체성과 문제해결 방식들에 대한 본회퍼의 분석에서 우리는 동일한 주장을 만난다.53) 유럽에서 왕들의 신적인 권한이 불신되던 그 즈음에, 데카르트와 계몽주의는 왕들의 오만함과 권력을 인간에게 양도해버렸다고,54) 로버트 포우그 해리슨은 비꼬아서 논평한다. 데카르트는 육체와 세계로부터 존재론적 분리로 태어난 인간 자기의 심오한 소외—즉, 비소속감—을 정착시켰다. 그 분리가 현대의 주인-노예 통제의 윤리를 상징하는 특징이 되었다.

    그레고리 베이트슨은 데카르트의 신학 연구들에 나오는 하느님을 덧붙여서 그 결과를 이렇게 설명한다.

---

52) Cited from Robert Pogue Harrison, *Garden: An Essay on the Human Condition* (Chicago: University of Chicago Press, 2008), 113. Harrison does not provide the page number in Descartes.

53) Bonhoeffer, *Ethics*, in *Dietrich Bonhoeffer Works*, English Edition, vol. 6 (Minneapolis: Fortress Press, 2005), DBWE 6:373. Bonhoeffer's criticism of the Enlightenment conception of ethics includes the following: "These assertions [Bonhoeffer's own conception of ethics] stand in stark contrast to the understanding of the ethical as a generally valid rational principle that entails the negation of everything concrete and specific to time and place...Wherever the ethical is construed as apart from any determination by time and place, apart from the question of authorization, and apart from anything concrete, there life disintegrates into an infinite number of unrelated atoms of time, just as human community disintegrates into discrete atoms of reason" (373).

54) Harrison, *Garden*, 113.

만일 당신이 하느님을 밖에 두어서, 하느님을 그의 피조물과 맞세우면, 그리고 만일 당신이 생각하기를 당신은 하느님의 이미지대로 창조되었다고 한다면, 당신은 논리적으로 또한 자연히 당신 자신을 당신을 둘러싸고 있는 것들에 대립되어 그것들 밖에서 보게 될 것이다. 그리고 당신이 모든 정신을 당신 자신에게만 돌린다면, 당신을 둘러싼 세계는 정신이 없는 것, 그래서 도덕적 혹은 윤리적인 배려를 받을 권리가 없다고 보게 될 것이다. 환경이란 당신이 착취할 당신의 소유로 보일 것이다. 당신의 생존 단위가 되는 것은, 다른 사회적 단위들의 환경, 다른 인종들 그리고 동물들과 식물들에 대립되는, 당신과 당신의 친족들, 혹은 동종의 종족들이 될 것이다.55)

데카르트에게 공정하려면, 우리는 그의 학문적 작업의 나머지를 살펴볼 필요가 있다. 이런 제1 원리로부터 "진리의 연쇄"(chain of truths)56)로서 위로 향해 가는, 분명하고도 명백한 아이디어들에 근거해서, 데카르트는 결과적으로 자신이 의심해왔던 세계의 많은 것을 구성한다. 그래서 그는 인정한다. "우리는 육체를 갖고 있고, 그리고 별들과 땅, 그런 것들이 존재함"을 인정한다.57) 그는 계속해서 그의 마음에 만족할 만큼, 하느님과 영혼의 존재를 증명한다. 그러나 중요한 것은 그렇다고 해서 우리가 말하는 근본적인 관계가 바뀌는 것이 아니란 점이다. 정신이 아닌 모든 것들에 대립하여 그 위에 있는 정신, 즉 육체가 없으며 "이 세상 것이 아닌" 정신의 지식은 여전히 그대로 남아있다. "연결존재"로부터 이보다 더 멀리 떨어져 살 수는 없다.

어쨌거나 데카르트 자신은 확실한 지식의 최하부 기반을 발견했으니, 또 다른 종류의 관계는 상상할 수 없었을 것이다. 그에게 이런 종류의 소외는 나머지 (수동적인) 세계에 대립하여 그 위에 그리고 그 속에서 존재하는 **인간됨**(being human)에 속한 것이다. 심지어 동료 동물들도 **자동기계**

---

55) Gregory Bateson, *Steps to an Ecology of Mind* (New York: Random House, 1972), 472.
56) Descartes, *Discourse on Method*, 44.
57) Ibid., 41.

(automaton), 즉 이성으로부터 단절되었을 뿐만 아니라 의식과 감정에서도 단절된 유기체 기계들인 것이다. 그는 임마누엘 칸트와 마찬가지 방식으로, 이런 공동 피조물들이 본성적으로 우리에게서 소외된 것이라고 여겼다: "동물들에 관한 한, 우리는 직접적인 의무들을 지니고 있지 않다. 동물들은 자기의식이 없고, 그래서 단지 목적을 위한 수단으로서만 존재한다. 그 목적은 사람이다."[58] 데카르트나 칸트는 딜라드가 만났던 그런 족제비를 만난 적이 없었다. 그들의 관점과 우주론에는, 산업화된 농업, 가축의 사육장들, 그리고 고기를 만들어내는 기계로서의 동물들에 이바지하는 그런 관점과 우주론은, 적어도 딜라드의 방식으로는, 주어지지 않았다.

이런 모든 것들에 대해서 맵 세그레스트는 흥미진진해서 묻는다. "만일 데카르트가 고독을 키우던 그 여러 해 동안에 공동체를 키웠더라면 어땠을까? 고독 속에서 예리한 의심을 가지고 실험을 하는 대신에, 인간의 상황들 속에서 근본적인 믿음을 가지고 실험을 했더라면, 무엇을 가져왔을 것인가?... 만일 신앙이 그토록 폭력적이지 않았고, 그토록 억압적이지 않았고, 그토록 인간의 호기심에서 어긋나지 않았더라면, 그러면 정신이 보다 더 합리적이고, 그의 몸은 더 알기 쉬웠을 것인가?"[59] 우리는 결실을 기대하며 다음과 같은 질문들을 덧붙일 수 있으리라: 만일 데카르트가 정신과 의식을 보기를, 자연이 그의 한 생물종 속에서 자연 자신을 깨닫게 되는 자연 자신의 방식으로 여겼더라면, 어땠을까? 만일 그가 정신과 의식을 생각하기를, 자연이 객체가 되는 것만이 아니라 주체가 되는 방식으로, 나(I)에게 그것(It)으로만이 아니라 당신(Thou)으로 되는 방식으로 여겼다면, 어땠을까? 만일 물질적인 육체가 비물질적인 정신과 비자연화된 의식으로부터 별도의 분리된 것으로 존재하기보다는, 자연적 육체와 자연적 정신이 함께 우리의 자연적인 방식이라면, 만일 육체가 영혼으로부터 별도로 분리된 것이라기보다는, 우리가 영적인 육체(spirited bodies) 혹은 육체적 영혼(embodied spirits)이

---

58) Immanuel Kant, "Duties to Animals and Spirits," in *Lectures on Ethics*, trans. Louis Infield (New York: Harper Torchbooks, 1963), 239.
59) Mab Segrest, *Born to Belonging: Writings on Spirit and Justice* (New Brunswick, NJ: Rutgers University Press, 2002), 12.

라면, 만일 물질이 정신이 없는 것이 아니고 정신과 의식은 육체적이라면, 어땠을까? 그리고 만일 데카르트와 그의 제자들이 자연(동료 포유류 동물들을 포함해서)을 기계, 즉 감정과 지각력도 없고 고통을 경험하는 능력도 없는 그런 기계로 생각하지 않고, 친족(kin)으로 여겼더라면, 어땠을 것인가?

두뇌가 명석한 20대 혹은 30대의 철학자이자 수학자가 고립된 채 파고 들었던 깊은 생각들도, 만일 그 생각들이 다른 흐름들과 함께 새로운 시대의 물길을 뚫지 못한다면, 별 의미가 없었을 것이다. 데카르트 방식의 아는 것 —능동적이며 아는 인간 자신을 주체로/수동적인 다른 것들을 객체로서 아는 방식—은 현대와 생태-현대 과학, 공학기술, 그리고 경제의 길이 되었다. 데카르트는 죽었지만, 그가 도와서 창조한 세계는 아직도 상당히 살아있다.

마르크스의 통찰력

카를 마르크스는 데카르트적인 세계를 통과하는 데 우리의 안내자가 될 수 있다. 우리는 다음과 같은 메시지를 앞에서 만난 적이 있지만, 그것은 다시 읽어볼 만한데, 이번에는 현대의 소외를 공부하기 위해서다. 마르크스는 자본주의에 대해 충격을 받기도 했고 그만큼 경외를 느끼기도 했다.

부르주아지는 불과 100년도 안 되는 지배 기간 동안에 과거의 모든 세대가 이룩했던 생산력을 모두 합친 것보다도 훨씬 강력하면서도 거대한 생산력을 만들어 냈다. 자연력에 대한 인간의 지배, 기계, 공업과 농업에 대한 화학의 이용, 증기선을 이용한 항해, 철도, 전신, 경작지 확보를 위한 모든 대륙의 개간, 운하 개설이나 하천 이용, 폭발적으로 늘어난 인구 등 이러한 생산력이 사회적 노동의 품 안에서 잠들어 있었다는 사실을 일찍이 어떤 시대에도 예측조차 할 수 없었을 것이다![60]

---

60) Karl Marx, *The Communist Manifesto*, intro. Stefan T. Possony (Chicago: Henry Regnery, 1954), 23.

그것은 1848년의 일이며, 실제로 그 이전 세기에선 그런 예측도 하지 못했다. 아무도 자연의 힘들을 그토록 서로 다른 목적들의 지배 아래에 둔 적이 없었다. 거대한 바다들을 지배한 것은 무역을 확대하면서도 그 비용을 엄청 감소시켰다. 대형 범선들이 신-유럽인 정착 국가들로 대량 이민을 허용하였고, 또한 인간의 육체들 자체들을 단지 "일손들"로 보고 무역의 대상으로 성업하게 만들었다. 공학기술의 획기적인 약진과 효율성도 이런 새로운 세계를 만들도록 도와주었다. 기업가들의 자본이 동기, 수단, 그리고 모험을 제공했다.

이 모든 것의 결과로 나온 것은 자체를 유지하는, 세계를 변혁하는 변화였다. "생산품들을 위해서 꾸준히 시장을 확대할 필요성이 전 지구의 표면에 걸쳐서 부르주아지들의 뒤를 쫓아다닌다. 그 필요성은 어디서나 옆에 다가가고, 어디서나 정착하고, 어디서나 연결들을 만들지 않으면 안 되었다"[61]고 마르크스는 썼다. 이런 부르주아지 모험은 "혁명"이었다고 그는 말한다.[62]

마르크스는 죽을 때까지, 인간이 주도하는 경제적 변화를 통하여 발전을 이룰 가능성들에 대한 그의 확신 혹은 그 시대의 확신을 벗어버리지 못했다. 그러나 그는 마찬가지로 그 이후의 충격적인 전개에 강한 인상을 받았다. 정착된 공동체에 가해진 폭력적 공격, 사회의 원자화(atomization of society), 부자들 세대와 동반하는 가난한 세대, 그리고 팔 것이라곤 노동력밖에 없는 자들에게 가해진 착취, 그리고 또한 토양의 착취—이런 모든 것들은 자본주의의 산업화의 원심력이 뿌린 부작용들이다. 그는 자본주의의 산업화가 그 자체의 결과적인 파멸의 씨앗을 뿌렸다고 생각했다.

데카르트의 육체에서 이탈된 합리성(disembodied rationality), 즉 세계를 바라보고 그 세계 위에서 행동하는 방식으로서의 데카르트의 합리성은 당시까지 100여 년 동안, 과학, 공학기술, 경제학과 함께 세계를 통제하고 소비하는 동반자 노릇을 해왔다. 이런 조건들 아래에서 인간들이 더 폭넓은 존재에

---

61) Ibid., 227.
62) Ibid., 226.

소속된 느낌을 거의 갖지 못한다. 그들은 생명의 지구 그물망 속에서 낯선 자들이다. 우주의 기풍이 그들에겐 없다. 자연과 그들의 동료들로부터 소외되어서, 그들은 그런 것들을 단지 외부적인 자원들과 객관적인 조건들로만 의식한다. 확립된 관계들은 휩쓸려 사라지고, 새로운 것들은 이내 폐물이 되고, 거룩하고 신성했던 것이 세속화 되거나 혹은 사라져버린다.63)

마르크스가 주장한 것, 그리고 데카르트가 주장하지 않은 것은, 어떤 종류의 사회경제적 과정은 이런 소외를 만들어낸다는 점이다. 이것을 이해하려면 우리는 인간 본성에 대해서 마르크스에게 자문을 구해야 한다.

자연은 역동적이고, 진화하며, 상호의존적이라는 다윈의 새로운 이론을 받아들여서, 마르크스는 인간의 본성을 변증법적으로 생각한다. 즉 인간들과 나머지 자연은, 계속 진행하는 변화를 거쳐서 서로가 서로를 상호 조정한다. 19세기 자연과학을 인용해서, 마르크스는 이런 변화를 자연의 인간화(the humanizing of nature) 그리고 인간의 자연화(the naturalizing of man)라고 설명한다.64) "사람 자체는 자연의 생성물이고, 그는 그의 환경 속에서 환경과 함께 발전되었다"고 그는 말한다. "[인간의] 역사는... **자연사**(natural history)의 **실질**(real) 부분이다—자연이 인간 속으로 발전했다."65) "다섯 가지 감각의 **형성**은 현재에 이르기까지 세계의 전체 역사가 만들어낸 것"이라고 그는 현재의 고인류학자(paleo-anthropologist)가 내릴 만한 결론에 한 줄을 덧붙인다.66) 우리는 생태사회학적 그리고 지구사회학적 진화의 산물로

---

63) A reference to the passage from *The Communist Manifesto* cited and commented upon in chapter 9, "The Sacred and the Commodified."

64) See Karl Marx, *The Economic and Philosophical Manuscripts of 1844*, in *Marx and Engels on Ecology*, ed. Howard L. Parsons (Westport, CT: Greenwood Press, 1977), 101-14.

65) Both this quotation and the one immediately preceding it are from *The Economic and Philosophical Manuscripts of 1844* as a selection in Howard L. Parsons, *Marx and Engels in Ecology* (Westport, CT: Greenwood Press, 1977). Parsons only gives the inclusive pages of the *Manuscripts*, however, and not the individual pagination of the original. In Parsons's compilation the latter sentence is on p. 215, the former on p. 217. The inclusive pages from the *Manuscripts* that Parsons has selected are 132-46.

서 우리 자신들이며, 우리의 육체들이다.

인류와 다른 종류 사이의 이런 변증법은 인간 사회의 모든 형태에도 해당된다. 자연사회는 사실상 보다 더 넓은 세계의 일부로서 인간 본성의 계속되는 진화의 기반(matrix)이다. 산업사회도 예외가 아니다. 그것은 자연의—혹은 지구의—생명이 오랜 시간 진보해온 속에서 어떤 역사적-자연적 "순간"이다. "인간의 역사—인간 사회의 생성—속에서 발전하는 본성이 사람의 **실질적인** 본성이다. 그래서 산업을 통해 발전하는 본성은, 비록 **소외된** 형태일지라도, 진정 **인간학적** 본성이다."67)

그러나 설사 진정 인간적인 것("인간학적")일지라도, 왜 산업화된 사회 속에서 "소외된" 형태인가? 그 질문에 대답하려면 자본주의적 산업주의자의 질서들로 조심스럽게 조직화된 일상적 과정으로 나타난 "객관화" 혹은 "외부화"를 기술해야 한다.

모든 물질적 생산은—언제 어디서나—"사회의 정해진 형태를 통해 그 안에서 개인들이 자연을 전유하는(자기 것으로 만드는 것, appropriation) 것이다."68) 그러나 자본주의로 "정해진 형태"는 "교환가치"(돈)에 의해 다스려지는 관계를 창출한다. 인간의 산물과 인간의 활동들 모두가 외부화되고, 상품화되고, 그리고 이런 종류의 사회 속에서 "돈"으로 된다. "개인이 그의 사회적인 힘을, 사회와의 결속과 함께, 그의 주머니 속에 지니고 다니게 된다"고 마르크스는 빈정거린다.69) 그 결과는 엄청난 자원들의 수집, 분업, 그리고 소비의 연쇄로 되어, 이런 것들이 자연을 변화시켜 우리에게 외부로 여겨지는 세계를 만들어낸다. 마르크스는 그 중요한 특징으로 "세계 시장의

---

66) See the fascinating paleoanthropological account of the human/other nature dialectic as creative of human being in Rick Potts, *Humanity's Descent: The Consequences of Ecological Instability* (New York: William Morrow, 1996).

67) Marx, *Economics and Philosophical Manuscripts*, as cited by Parsons, *Marx and Engels on Ecology*, 217.

68) Marx, in the Introduction to the *Grundrisse*, in Elster, *Karl Marx: A Reader*, 7.

69) Ibid., 48.

자율화 속에 각 개인의 활동이 포함되는 것"70)을 지적한다. 그러나 개인은 이런 세계에서 노동을 파는 자 혹은 소비자나 고객 노릇을 제외하고는 그 세계의 일부분이 됨을 별로 느끼지 못한다. 그녀/그의 유대와 결속이 여전히 진정한 인간다움인 것은 그들이 인간적으로 구성된 생활방식의 부분들이기 때문이다. 이것은 우리의 일이지, 신들이나 운명의 일이 아니다.

비록 철저히 인간의 기획이지만, 이런 식으로 사는 것은 나머지 세계와 그리고 서로 사이의 우리의 연결을 끊어버리는 것이다. 인간의 창조물들과 인간의 노동력 자체가 추상적인 상품들이 되어서, 분명히 아무런 생명들도 그것들에 붙어있지 않다. 그 상품들이 어디에서, 누구에 의해 만들어지며, 또한 공동체, 가족, 환경에 어떤 결과를 가져오든, 그건 우리에게 별로 문제가 아니다. 상품들의 세계는, 우리의 노동력을 포함해서, 전면에 있고, 그 밖의 모든 것들은 배후에 있고 우리의 외부에 있으며, 모든 실제적인 목적을 위해서는, 먼 곳에 그리고 의미 없이 있다. 우리의 자연적-사회적 결속은 모두 "우리의 주머니들 안에" 있다.71) 마르크스가 사용하지 않았던 말을 사용하자면, 세계는 플라스틱(plastic: 합성해 만든 것)이다.

마르크스에게는 우리가 본성적으로 사회지향적이고 생태사회적 존재들이지 스스로 독립한 단일 개체들(monads)이 아니기 때문에, 서로 서로와 그리고 나머지 자연과의 관계들을 객체화하고 외부화하는 것은 또한 자기소외(self-alienation)를 의미한다. 그것은 규범적인 의미에서(순전히 설명적 의미보다는) 우리를 참으로 인간되게 하는 서로주체성(intersubjectivity)과 연결존재(interbeing)의 손실을 뜻한다. 그것은 우리의 진정한 "생물종으로서의 존재(species being)"(마르크스가 사용한 단어)를 구성하는 소속감의 손실을 뜻한다. 자연을 인간 사회들의 역사 속에서 "처음으로" 순전히 인간을 위한 객체, 실용성의 물질"72)로 취급하고, 우리의 서로간의 연결을 노동력, 물품들,

---

70) Ibid., 52.
71) This bare sketch of social bonds and what happens to them in capitalist society is described at great length by Marx in different volumes. See, among other places, the monumental work, *Capital*.
72) Marx, *Grudrisse*, in Parsons, *Marx and Engels on Ecology*, 410.

그리고 서비스라는 좁은 접촉점들로 축소시키는 것은, 모두 시장에서 교환을 위한 추상화된, 객체적 상품들로 끝나고, 자연을 "정복"하며, 마르크스를 두렵게 만들었던 부와 권력을 발생시킬 것이다. 그러나 이렇게 사회와 인간 본성 모두를 주체-객체라는 독특한 질서로 배열하는 것은, 또한 우리로 하여금 나머지 자연에게, 서로 간에, 그리고 우리 자신들에게 낯설게 소외시키는 것이다. 그렇게 해서 우리는 **비자연화된**(denaturalized) 세계와 **비인간화된**(dehumanized) 세계를 만든다. 우리의 "생물종으로서의 존재"는 그런 외부화(객관화)하는 배열 속에서 소외된다. 표면 위에서 우리들에게 객체(대상)로서만 보이는 것이 사실은 우리의 의식과 주체성을 형성한다. 이리하여 마르크스는 그의 저서 『자본론』(*Capital*) 속에서 "상품들에 대한 물신숭배(fetishism)와 그것의 비밀"이라는 장을 앞에서 지적했던 식으로 시작한다: "상품은 처음 볼 때는 매우 사소한 물건처럼 보인다… 그것을 분석해보면, 실제로는 그것이 매우 이상한 물건이라서, 형이상학적으로 파악하기 어려운 정교함과 신학적으로 미묘함이 풍부하다."73)

    마르크스 자신의 해결책은 이런 일련의 소외를 극복하기 위해서 사람들이 서로 간에 기본적인 관계들을 맺는 방식을 바꾸어줄 사회를 상상하고자 했다. 그는 성공하지 못했다. 그러나 그는 **안식처가 없이 소외된 자기**(a homeless and alienated self), 즉 마음대로 "세계의 창고를 약탈하는"74) 자기가 왜 그리고 어떻게 생겨나는지를 보여주는 데는 성공했다. 이처럼 단절되고, 이동 가능하며 소외된 자기가 살아가는 세계는 철창(iron cage) 안이기 때문에(그 안에서는 모든 것이 세속적이지만 어쩐지 자연스럽게 보이는 이유는 그 세계가 진정 자신들이 만든 것이기 때문이다), 심지어 이런 **"완전한 공허"**(complete emptiness)75)(막스 베버는 이를 "이런 전무[this nullity]"라고 불렀다)76)를 역사의 소망하던 결말이자 문명의 축도(요약)로 여기게 될 것만 같

---

73) Karl Marx, *Capital*, as selected by Elster, *Karl Marx: A Reader*, 63.
74) Daniel Bell, *The Cultural Contradictions of Capitalism* (New York: Basic Books, 1976), 13.
75) From Marx, *Grundrisse*, in Elster, *Karl Marx: A Reader*, 53.
76) Max Weber, *The Protestant Ethic and the Spirit of Capitalism*, trans.

다. 현대의 쓰라린 성취가 그러하다. 신비주의자라면, 루미와 더불어, 이렇게 물을 것만 같다: "하느님의 세계는 그토록 광대한데도, 당신은 왜 모든 곳곳마다 감옥 속에서 잠들어 있는가?"77)

자본주의의 실패에도 불구하고, 자본주의 이전의 질서로 되돌아가기를 소망하는 사람들에 대해 마르크스는 반대한다고, 우리는 덧붙여야 할 것이다. 그는 그것이 낭만적이고 불가능하다고 생각한다. 그러나 훨씬 뒤의 니버(Niebuhr)와 마찬가지로, 마르크스 역시 산업화와 공학기술의 자본주의가 가져온 인간 진화의 단계가 역사의 끝장이라고 생각하는 사람들에 대해 반대한다. "[이전의 시대를] 그리워하는 것이 어리석듯이, 이런 완전한 공허와 함께 역사가 정지할 것이라고 믿는 것도 마찬가지로 어리석다."78)

어찌 되었든, 마르크스의 동반자였던 프리드리히 엥겔스는 마르크스보다 더 정밀하게, 그 경로의 일부는 데카르트에게로 소급한다고 지적한다. 아래 인용문도 우리가 앞에서 보았던 것인데, 여기에서 반복 인용할 만하다.

땅을 팔아넘길 대상으로 삼는 것—우리 존재의 처음 조건이며, 하나이자 전부인 땅이기에—은 우리 자신을 팔아넘길 대상으로 삼기 직전의 마지막 단계였다. 그 부도덕함은 오직 자기소외의 부도덕성에 의해서만 능가될 것으로, 그것은 옛날에도 그랬고, 지금도 그러하다. 처음의 사유화(私有化)—소수에 의한 땅의 독점, 나머지 다른 사람들에게서 그들 삶의 조건을 배제함—는 그 부도덕함에서 이어서 나타난 땅 팔아넘기기에 뒤지지 않는다.79)

Talcott Parsons (New York: Charles Scribner's Sons, 1958; original published in German 1904), 182.
77) From the above-noted introduction in Soelle's *The Silent Cry*, 1.
78) Marx, *Grundrisse* as selected by Elster, *Karl Marx: A Reader*, 53. The parallels between Marx's discussion in these pages and Weber's conclusions, cited in our chapter 9. "The Sacred and the Commoified," about "specialists without spirit" and "sensualists without heart" who imagine "this nullity" the hight point of "civilization" are fascinating, even though Weber is writing in conscious opposition to Marx.

그런 팔아넘기기와 이어지는 소외가, 심지어 생태-현대적 형태 속에서도, 신비주의의 "연결존재"와 그 존재론적 친교로부터 얼마나 멀리 떨어진 것인지 놀랍기만 하다. 종교적 신비주의는 자신의 존재에 불가분리적으로 소속된 것을 외부의 것으로 만드는 소외의 역학에 전적으로 반대하는 것이다. 소외의 이유가 아는 것의 방식(데카르트)이었든, 자연-사회를 서열화는 방식(마르크스)이었든, 아니면 다른 어떤 무관심, 거부, 추방, 혹은 차별이었든 간에, 타자(the other)를 객체화시키고 거리를 떼어놓게 되고, 그리고 나선 그렇게 취급한다. 시몬 베유, 도스토예프스키, 토마스 베리로부터 이븐 알-아라비, 틱낫한, 블랙 엘크, 머튼, 그리고 쬘레에 이르기까지, 신비주의자들이 경험하는 합일, 친교, 그리고 아름다움은 소외된 세계를 진짜라고 받아들이기를 거부한다―이리하여 신비주의자들의 저항과 강력한 도덕적 충격은 서로 정서적 친교를 나누는 변화된 삶들을 추구한다.

그 다음엔...

예언자적-해방적인 종교전통들은 신비주의자들의 저항과 그들의 변혁을 향한 충동을 함께 공유한다. 그러나 그들의 초점과 강조점은 매우 다르다. 이것들에 대하여 이제부터 살펴보자.

---

79) Frederic Engels, "Outlines of a Critique of Political Economy," in Karl Marx, *The Economic and Philosophic Manuscripts of 1844*, 210, as cited in *Marx and Engels on Ecology*, ed. Howard Parsons (Westport, CT: Greenwood Press, 1977), 173. 앞에서 나온 곳은 2장 각주 68, 7장 각주 68을 참조하라.

11장

예언자적-해방적 실천과 억압

산들이 백성에게 평화를 안겨 주며,
언덕들이 백성에게 정의를 가져다 줄 것입니다.

—시편 72:3

우리는 불가능한 것들을 위해 기도를 해왔다: 정의 없는 평화,
배상이 없는 용서, 희생이 없는 사랑을 위해.

— 욤 키푸르(Yom Kippur, 회개의 날) 마지막 예식[1]

    예언자적-해방적 종교전통들의 핵심은 정의를 중심으로 하는 신앙이다. 그 열쇠는 공유하는 힘이다. 그 두 종교전통 모두 생명을 위한 "달랠 수 없는 존재론적 갈증"(an unquenchable ontological thirst)을 표현하고 있다.
    금욕주의자들과 신비주의자들의 탄식과 마찬가지로, 예언자적 분노는 망가진 비전과 미루어진 꿈의 결과다. 희망과 구원, 평화와 풍요는 행동을

---

1) 욤키푸르(Yon Kippur) 제사는 Yom Kippur Concluding Service, *The Gates of Repentance*, 498에서 인용했다. The phrase "an unquenchable ontological thirst" is cited from Mircea Eliade, *The Sacred and the Profane: The Nature of Religion* (New York: Harper Torchbooks, 1959), 4, by James Cone in *The Cross and the Lynching Tree* (Maryknoll, NY: Orbis Books, 2011), 3. Cone's full sentence is: "Both the cross and the lynching tree represent the worst in human beings and at the same time 'an unquenchable ontological thirst' for life that refuses to let the worst determine our final meaning." This thirst for life that refuses to let the worst determine the final meaning holds for the prophets.

촉진하는 꿈들로서, 처음에는 말로 표현하고 마지막에는 행동으로 표현하는 꿈들이다. 지구를 공경하는 형태로서의 희망은 피조물들의 구원을 포함하는 희망이요, 세포에서 공동체에 이르기까지 모든 생명의 해방을 희망함이요, 가난한 자들, 약한 자들, 변두리에 밀려난 자들, 병든 자들, 그리고 결함을 지닌 자들이 포함된 투쟁을 희망함이다. 특히 그중에서도 착취되고 소진된 자연의 해방이다: "산들이 백성에게 평화를 안겨 주며, 언덕들이 백성에게 정의를 가져다 줄 것입니다"(시편 72:3).

유태인 율법서(Torah)의 핵심은 노예들을 위한 자유로서의 구원이다. ("구원"Redemption은, 노예해방을 뜻하는 경제생활에서 나온 단어인데, 억압에서 구출됨이다.) 자비와 연민의 하느님은, 사람이 아닌 존재들에서 백성을 창조하시고 길이 없는 곳에서 길을 내는 분인데, 노예들의 고통을 경험하시고 비옥한 약속의 땅으로 가는 여행에 그들에 앞서서 가신다(출애굽 12:19).

성경의 설명에서는, 여기에 구원받은 지구에 대한 예언자의 사태 이해, 즉 모든 나라들이 평화의 길을 가르침 받고자 주님의 산으로 모여드는 풍요한 삶의 모습도 있다(이사야 3장).

히브리 예언자들과 히브리 성서 전체에서는, 신앙의 삶이란 정의를 중심으로 하는 삶이다. 의로움(righteousness)이 영속하는 주제다—서로 간에, 그리고 땅과 하느님과 더불어 지니는 올바른 관계 말이다. 모든 생명이 완전히 가능한 번성을 누리는 것은 정의가 다스리고 있다는 확실한 결과이며 표지다. 정의가 실현되기 전에는, 평화가 있을 수 없다. 정의가 실현되면, **샬롬**(shalom, 평화)이 있다. "정의 없는 평화, 배상이 없는 용서, 그리고 희생이 없는 사랑"은 "불가능한 것들"이다(욤키푸르 예식서).

제임스 콘은 마틴 루터 킹 목사가 계속해서 주장한 것을 지적한다. 즉 정의는 유태교는 물론 기독교의 근본 요소인데, 대부분의 기독교 신학자들이 정의로 출발점을 삼지 못했다.[2] 사정이 이런 한, 히브리 성서는 내버려지

---

[2] See James Cone, *Risks of Faith: The Emergence of a Black Theology of Liberation* (Boston: Beacon Press, 1999), xvi-vii. "It is one thing to think of Martin King as a civil rights activist who transformed America's race relations and quite another to regard the struggle for racial justice as

는 것이다. 왜냐하면 이는 그 성경 속에서 의로움과 정의가 하느님과 땅에 대한 계약관계의 핵심에 있기 때문이다. 하느님의 백성들을 불러내심 자체가 바로 의로운 공동체를 포함하여 "민족들" 혹은 "이방인들"(ethnoi)에게 증인으로 행동하라는 것이다(이사야 49:6b).

현대에 이르러서는, 이런 고대의 예언자적-해방적인 전통이 이전에는 갖지 못했던 도구들을 얻었다. 위대한 사회학 이론가들(Marx, Durkheim, Weber, Sorel)과 사회과학적 분석의 발전과 함께, 체제들, 구조들, 정책들에 대한 예언자적인 깊은 관심, 그리고 그것들이 어떻게 권력을 공유하고 지키는 방향으로 이바지할 것인가에 대한 관심이 지적으로 정교해졌다.

인간의 행동과 성격이 자연사회의 조직에 의해서 패턴을 갖게 되는 미묘하고도 심오한 방식들에 대하여 사회학자들의 통찰이 이루어진다. 함께 살아가는 공동생활을 어떻게 조직하는가에 따라서, 사람들이 존재하며 선한 일을 하는 것이 더 쉽게, 그리고 존재하며 악한 일을 하는 것이 더 어렵게 만들거나, 혹은 거꾸로, 존재하며 악한 일을 하는 것이 더 쉽고, 존재하며 선한 일을 하는 것이 더 어렵게도 만든다. 사회복음(Social Gospel), 기독교 현실주의(Christian Realism), 해방신학들이 진보적 복음주의와 함께 모두 배운 것은, 권력의 분산과 조직에 관심을 집중하며, 제도와 기구들을 형성하고 재형성하는 것이 의로운 삶에 직접적으로 관계가 있다는 점이다.

예언자들은 특별히 제도화된 관행들에 대해—우리가 살아가는 버릇들, 우리의 삶의 방식이라고 주입된 일상적인 일들에 대해—의심스러운 눈초리를 지니고 있다. 체제와 구조들의 관행들은 우리가 어떻게 그런 일을 하고 있는가에 대한 참된 심판관들이다. 이념적 주장들, 신조들, 신념들, 제의들,

---

having theological significance... While he never regarded himself as an academic theologian, he transformed our understanding of the Christian faith by making the practice of justice an essential ingredient of its identity ... It could be argued that Martin King's contribution to the identity of Christianity in America and the world was as far-reaching as Augustine's in the fifth century and Luther's in the fourteenth. Before King, no Christian theologian showed so conclusively in his actions and words the great contradiction between racial segregation and the gospel of Jesus."

그리고 근엄한 집회들의 소란함이 우리의 삶의 척도가 되어 일상적 관행들에 울타리를 치고 있다. 마치 예언자들이 사회학적 재치를 가지고 말하는 것 같다: "당신의 수입과 우편번호를 말해주면, 우리는 당신이 어떻게 살아가며 또한 그 삶이 어떻게 세계를 형성하는지 말할 수 있을 것이다. 우리는 당신의 교육, 일상 음식, 에너지 사용, 그리고 교통수단을 알 수 있다. 우리는 당신의 집, 당신의 동반자, 당신이 여가시간을 어떻게 보내는지, 그리고 당신이 이웃과 세상을 어떻게 대하는지를 알 수 있다. 당신이 기독교이든, 불교인이든, 혹은 아무것에도 가입되어 있지 않지만 영혼이 관대하든 안 하든, 좋아할 만하든 안 하든, 그리고 당신의 인종, 민족적 정체성, 유전자들이 무엇이든, 당신의 습관적인 관행이 당신의 삶은 어떻게 구성되고 실행되는지를 반영한다." 예언자들은 이렇게 말할지도 모르겠다. "더구나 예수의 말씀이 우리의 말과 같다: 아브라함을 조상이라고 주장하는 사람들 모두가, 혹은 하느님을 자기네 주님이라고 부르는 사람들 모두가 구원받는 것은 아니고, 오직 아버지의 뜻을 **행하는** 사람들이면, 그들이 누구이든 구원받는다."

예언자적-해방적 전통들은 일상적인 관행들이 중요하다고 생각할 뿐만 아니라, 우리의 의도들이 아무리 좋아도, 일들은 언제나 잘못되기도 한다고 여긴다. 사회학적 도구들을 잘 갖춘 현대의 예언자들이 "구조적인 죄"(structural sin)라고 이름을 지은 것 때문에, 개혁은 늘 필요하다.

말들이야 솔직할 수 있는데, 실제로 교황의 회칙, 『생명의 복음』(*The Gospel of Life*)이 그렇게 솔직하다.

> 우리는 심지어 더 큰 실체인, 틀림없이 **구조적인 죄**라고 할 수 있는 것을 직면하고 있다. 이 실체는 협동을 거부하는 문화를 등장시키는 것이 특징인데, 많은 경우에 틀림없이 "죽음의 문화"라는 형태를 지니고 있다. 이런 문화는 과도하게 효율성에 관심을 지닌 사회라는 아이디어를 강조하는, 강력한 문화적, 경제적, 정치적 경향을 적극 조장한다… 이런 방식으로 일종의 "생명에 대항하는 음모"의 고삐가 풀린다.[3]

---

3) John Paul II, *Evangelium vitae* (*The Gospel of Life*) (Washington, DC:

"죽음의 문화?" "생명에 대항하는 음모?" "나는 생명과 사망, 복과 저주를 당신들 앞에 내놓았습니다. 당신들과 당신들의 자손이 살려거든, 생명을 택하십시오"(신명기 30:19). 예언자적인 담론은 그토록 예리한 통찰을 지니고 있다! 예언자들은 언어의 뉘앙스를 보이지 않고, 항상 근본적인 선택들을 요구하며 그들의 백성들을 맞선다.

이런 전통들은 또한 생태사회학적 구조들을 면밀히 주목하면서, 개혁을 제도화하려고 한다. 비록 아마도 실패한 것이기는 하지만, 희년(Jubilee: 레위기 25장) 제도가 한 가지 예다. 희년이 실제로 완전히 실행되었다는 증거는 거의 없다(때로는 이게 예언자적 제안과 요구들의 운명이다). 희년(50주년)에는 땅과 동물들이 휴식을 하고, 부채는 탕감되며, 땅은 원래 소유자에게 되돌아가고, 히브리 노예들은 해방된다. 그 내용은 제도적으로 용서와 회개인데, 축재와 곤궁하게 만드는 순환구조를 끊어버리고 보다 정의로운 질서를 향하여 새로운 출발을 하는 방법을 제공하는 것이다. 주목할 것은 희년과 안식일 율법(이것은 실행되었다)이 모두 규정에 따른 실천으로서 땅과 동물들은 물론 그 경작자들의 안녕을 회복하는 것을 전망하고 있다는 점이다.

공유된 권력

권력이 어떻게 조직되었는가 하는 것은 항상 예언자들이 유념했던 것이다. 권력의 적합한 구성과 재구성은, 그것을 사용하는 것에 대하여 하느님 앞에 책임을 지는 것과 더불어, 예언자 전통들의 종교적 윤리의 핵심에 가까이 있다.

제7장에서 우리는 환경문제의 근저에 놓여있는 제도적 인종차별, 연령차별, 그리고 성차별적 편견("구조적인 죄")에 대처하기 위해 시작한, 환경 인종차별과 환경정의 운동을 언급했다. 사회의 운명과 땅의 운명은 불가분

United States Catholic Conference Office of Publishing and Promotion Services, 1995), 141, available from the United States Catholic Conference Office of Publishing and Promotion Services, Washington, D.C. *Evangelium vitae* was promulgated in 1995.

리적으로 서로 얽혀있다는 지식과 함께, 자연사회를 위해서 제도적인 권력 개혁과 구성에 초점을 맞춘 종교적 윤리의 깊은 줄기가 여기에 있다.

미국 환경보호청의 연구를 포함한 후일의 연구들은, 1987년 미국 그리스도교회 연합(UCC)의 최초 연구가 보여주었던 것을 다시 확인하였다: 즉, 보다 더 가난한 공동체들은 풍요한 공동체들의 상업적인 유독성 쓰레기장들로서 훨씬 더 열악하게 살아가고 있고, 유색인종의 더 가난한 사람들은 가난한 백인들보다 훨씬 더 나쁘게 살아가고 있다. 가난한 여인들과 아이들은, 특히 유색인종의 가난한 여인들과 아이들은, 대부분의 공동체들 속의 남자들보다 더 열악하게 살아가기 때문에, 부정적인 성차별과 연령별 세대 간의 요인들도 연관되어 있다. 한마디로 말해서, 인종, 계급, 연령, 성별이 모두 체계적으로 편견을 지닌 환경 관행들에 의해 교차하고 있다. 다른 공동체들은 다른 결과들로 고통을 겪는다. 그 트랙들에서 잘못된 쪽은 언제나 혹독한 현실을 겪어야 했다. 불의를 허락하는 것은 특권이며, 그 특권이 권력을 조직하는 방식이다. 특권을 지닌 사람들 대부분이 좋은 사람들이라는 것은 대체로 요점을 벗어난 것이다. 이것은 관행에 대한 것이지, 개인적인 인격과 덕목에 관한 것이 아니다.

이런 형태란 단지 미국적인 현상만은 아니다. 더 가난한 나라들과 그런 나라들 가운데서도 더 가난한 공동체들이, 흔히는 대부분 백인이 아닌 사회들과 공동체들이 세계적인 쓰레기 폐기장이 되고 있다. 이런 공동체들은 "자원의 재활용 장소들"과 "시궁창들"(쓰레기 처리장과 공해의 장소들) 역할을 하고 있다. 이런 공동체들은 지구의, 심지어 그들 자체의 지역에서도, 재난의 주된 **근원들**은 아니다. 주된 근원들은 사회경제적이며 인종적인 특권층에 있다. 그러나 이런 공동체들이 가장 취약한 것은, 구조적 죄가 작용하는 방식 때문이다.[4]

우리가 덧붙여야 할 것이라곤 예언자들이 주장하는 것은 이런 모든 것이

---

[4] A more extended discussion is found in the chapter on "Environmental Apartheid" in Rasmussen, *Earth Community, Earth Ethics* (Maryknoll, NY: Orbis, 1996), 75-89. The discussion draws, sometimes directly, on this chapter.

지구를 공경하는 신앙 자체의 실천을 위한 마땅한 의제라는 점뿐이다. 생명 공동체 전체에 영향을 주는 구조적인 죄를 다루는 것은 제자직(discipleship)의 과제다. 정의가 **피조물의 정의**로 인정을 받고 제도화되어야 한다.

환경정의 운동(EJ)은 또한 예언자적-해방적 전통들이 흔히 운동들로서는 가장 효과적이라는 사실을 예증하고 있다. 운동들이 보통 그 지도자들(예언자들로서의 정체성을 지닌)에 의해 기억되지만, 지도자들의 힘은, 잠재해 있든 혹은 조직되었든, 인민들의 힘(people power) 속에 존재한다.

세 명의 모범자들

앞에서 우리는 세 명의 인물들을 만났는데—디트리히 본회퍼(Dietrich Bonhoeffer), 마틴 루터 킹(Martin Luther King, Jr.), 그리고 모한다스 간디(Mohandas Gandhi)—그들은 20세기에 어떻게 예언자적-해방적 전통들에 따라 살아갔는지를 보여준다. 비록 킹과 본회퍼에게 대부분 주목을 할 것이지만, 간디는 그 두 사람 모두에게 예언자적인 인물이다.

우연의 일치가 참 놀랍다. 본회퍼와 킹은 모두 39살 4개월 나이에 죽었다. 두 사람 모두 4월에 죽었는데, 그들이 종식시키고자 했던 폭력의 희생자가 되었다. 둘 모두 참으로 애국자들이었는데, 그들의 나라를 위하여, 또한 나라 때문에 죽었다. 다른 예언자들과 마찬가지로, 그들은 각자 자신의 나라를 너무 사랑했기에, 그 잘못된 것들을 고백하고 괴로워했으며, 그 나라의 범죄들을 회개하고자 했고, 그 나라 자체의 최선의 약속에 걸맞게 살도록 나라와 사람들의 꿈을 실현하려고 했다. 둘 다 26살 나이에 운명적으로 개인적인 전환점을 맞았다. 킹에게는 몽고메리 버스승차 거부운동이 그를 이제 막 발생하고 있던 민권운동 속에 던져 넣었고, 본회퍼에게는 히틀러가 국가 총통으로 임명된 것이 그 당시 대학교의 젊은 교수를 값비싼 은총의 길로 들어서게 했다. (예언자들은 자신의 순간을 선택하지 않는다.) 대학원에 다니면서, 그들의 생애가 부르는 대로, 둘 다 강단과 설교단, 학교와 교회 사이를 왕복했다. 둘 다 세계의 시민들은 하나라는 사랑의 공동체의 에큐메니칼

(교회일치운동) 하고 국제적인 비전을 지녔고, 그리고 둘 다 평화와 정의를 예수의 길로 추구했다. 둘 다 산상수훈에서 비폭력의 영감을 얻었고, 또한 기독교 비폭력을 실제적으로 추구하기 위해서 힌두교인 간디와 그의 방법을 따랐다. 둘 다 간디의 친구인 성공회 신부 찰스 앤드루스(Charles Andrews)에게 다가갔다. 본회퍼는 앤드루스에게 청해서 간디가 자신을 인도에 초청하도록 초청장을 얻는 데 도움을 얻었고, 킹은 앤드루스에게 청해서 간디의 아이디어에 대한 그의 해설을 얻었다. 둘 다 자유주의 개신교 신학 속에서 박사학위를 얻었지만, 그 경향은 서로 달랐다(킹은 보스턴의 인격주의, 본회퍼는 쉴라이에르마허, 하르낙, 그리고 리츨 학파). 둘 다 자유주의 신학에 도전했고, 그 대신에 **십자가의 신학자들**(theologians of the cross)이 되었으니, 그 신학의 사랑과 정의의 윤리는 삶과 인간 본성에 대한 비극적인 견해를 포함하고 있다. 십자가를 바로 중심에 두고서, 둘 다 국가의 현행법과 경찰의 힘으로 뒷받침된 고위층들의 악과 타협하기를 맹렬하게 거부했다. 둘 다 안전한 곳에 남아 있을 수도 있었지만, 책임과 소명감 때문에 위험한 집으로 돌아왔다. 킹은 1954년 보스턴에서부터 짐 크로우(Jim Crow, 1876~1965년까지 존재한 법으로 공공장소에서 흑인/백인 분리와 차별을 규정한 법-역자주) 남부로, 본회퍼는 1939년 뉴욕시에서 베를린으로 돌아왔다. 둘 다 감옥에서 지내면서, 기독교 윤리의 고전이 된 책을 썼다. 마지막엔, 둘 다 느보산 꼭대기에 선 모세처럼, 자기가 들어가지 못할 약속의 땅을 전망했다. 이것이 바로 그가 암살당한 날 저녁에 외친 설교 속에 있는 킹의 이미지요, 또한 그의 마지막 시들 가운데 하나인 "모세의 죽음" 속에 나타난 본회퍼의 이미지였다. 둘 다 이제는 거룩한 장소들과 공공장소들에 세워진 조각상에 기억된 개신교의 성인들이다.

이런 우연의 일치들이 놀라운 것은 그들이 서로 다른 시대, 다른 대륙, 서로 다른 기독교 신앙전통들과 다른 교회들, 다른 문화들, 국가들, 교육, 상황, 그리고 인종에 속한 매우 다른 사람들이었기 때문이다. 만일 각자가 보편적인 인물이 되었다면, 그것은 각자가 그들이 좋아했던 "그 이상하고 작은 갈색 남자(간디-역자주)"5)처럼, 자신의 뒷마당에서 보편적이고, 그 자신의 사람들과 장소에 참되었기 때문이다.

이제 그 우연의 일치들과 차이들을 한두 걸음 더 깊이 들어가 보자. 우리가 발견할 수 있는 것은, 둘 다 각자가 그 중심에서는 사회성, 연대성, 관계성, 상호성, 사회적 생태학과 상호주의의 신학자라는 점이다. 두 사람 모두 공동체주의자인데, 그들은 **적대자를 포함한 타인들의 안녕**(wellbeing)도 그들 자신의 안녕과 마찬가지 도덕적 틀 안에 두고 있다. 자신과 타인의 이런 관계는 조시아 영의 "차등이 없는 운임"(no difference in the fare)[6]이란 말에 잘 나타나 있듯이 동등한 관계다. 그것은 또한 사회적 의미에서 심오한 생태적인 것이기도 한데, 다음과 같은 킹의 옥중서신에 잘 나타나 있다: "우리는 운명이란 단 한 벌의 옷을 입고, 상호관계성의 불가피한 연결망 속에 들어있다. 하나에게 직접적으로 영향을 주는 그 무엇도 다른 모두에게 간접적으로 영향을 준다."[7]

본회퍼는 그의 책 『공동생활』(*Life Together*)에서 거의 같은 말을 한다. 그의 주제는 모든 사회 모든 인간에 대한 것이 아니라, 특별히 기독교 공동체에 대한 것이다. 그러나 그에게는 세계의 현실과 하느님의 현실이 존재론적으로 서로 속에 참여하고 예수 그리스도 안에 그들의 중심을 갖고 있으므로, 그가 말하는 기독교 공동체는 더 광범위하게 적용된다. (이런 확장은 그가 전쟁 중에 쓴 『윤리학』[*Ethics*]에서 의식적으로 발전되었다.)[8]

기독교 공동체 속에서는, 모든 각자가 의존하고 있는 것이 각자 개인이

---

5) "The little brown saint of India" was King's affectionate term for Gandhi, likely taken from the title of F.B. Fisher's, *That Strange Little Brown Man, Gandhi* (New York: R. Long & R.R. Smith, 1932).
6) The title of Young's book on Bonhoeffer: Josiah Ulysses Young III, *No Difference in the Fare: Dietrich Bonhoeffer and the Problem of Racism* (Grand Rapids, Mich.: Eerdmans, 1998).
7) "Letter from Birmingham Jail," in James M. Washington, *A Testament of Hope: The Essential Writings of Martin Luther King, Jr.* (San Francisco: Harper & Row, 1986), 290.
8) Bonhoeffer's *Ethics* in vol. 6 of the *Dietrich Bonhoeffer Works, English Edition*.

한 사슬의 불가결한 연결고리인지 아닌지에 달렸다. 그 사슬은 심지어 가장 작은 연결고리가 다른 것들과 단단히 잡혀있을 때에만 끊어지지 않는다... 각각의 기독교 공동체는 약한 것이 강한 것을 필요로 할 뿐만 아니라, 강한 것도 약한 것이 없이는 존재할 수 없음을 알고 있어야 한다. 약한 것의 제거는 공동체의 죽음이다.9)

"약한 것의 제거는 공동체의 죽음"이란 말은 일반적인 사회-생태학적 진리가 아니다. 그것은 구체적이고 상황적인 진리다. 독일에서 (잡혀가지 않고) 남아있던 유태인들은 본회퍼가 쓰고 있을 때(1937년)엔 "약한 자들"로 불려졌다. 그들은 바이마르(Weimar) 헌법 아래에서 지니고 있었던 권리들을 박탈당했고, 그들의 재산 대부분을 몰수당했고, 그들의 사업은 배척당했고, 사람들은 비방을 받았다. "약한 자들"은 또한 "생명의 가치가 없는 생명"(lebensunwertes Leben, Life unworthy of life)이라고 이름 붙여진 사람들을 가리키는 말이기도 했다. 이들은 모든 종류의 인종차별적 의학 실험 대상이 된 유전적 혹은 신체적 장애를 지닌 사람들이기도 했다. 그들 가운데 많은 이들이 안락사(安樂死)를 당했다. 본회퍼에게는, 사슬이 그 연결고리들과의 연대를 유지하는 한 끊어지지 않는 것과 마찬가지로, 사슬의 끊어짐과 죽음은 전체 공동체의 죽음과 파손을 의미했다. 그것은 킹이 말한 "어느 한 곳의 불의는 모든 곳의 정의에 위협이 된다"(Injustice anywhere is a threat to justice anywhere.)라는 말과 존 던(John Donne)의 말을 인용하여 "어느 누구든 한 사람의 죽음은 나를 감소시킨다"(any man's death diminishes me.)10)는 뜻에 대한 본회퍼식 해석이라고 하겠다.

이런 공동체주의적 연대의 신학은 또한 변혁을 위한 에너지와 동기를 발생시키는 이 세상적인 신앙이기도 하다. 이런 변혁을 위한 수단들의 하나는 비폭력 저항인데, 그 목표는 권리가 박탈당한 자들에게 권리를 찾아주고,

---

9) Dietrich Bonhoeffer, *Life Together*, *DBWE* 5:95-96.
10) "Remaining Awake through a Great Revolution," a Passion Sunday sermon at the National Cathedral (Episcopal) in Washington, D.C., cited in Washington, *A Testament of Hope*, 269-70.

다른 사회정치적 질서를 세워주고, 그리고 미래의 세대들의 안녕을 마련해 주는 것, 즉 구조적 죄와 싸우기 위해 체제변혁을 일으키는 것이다.

상황

모든 예언적인 발언들은 아무리 널리 해당된다고 해도, 처음에는 당시의 중대한 문제들을 향한 발언이었다. 킹과 본회퍼의 경우에, 그 상황들은 어떤 점에서는 서로 달랐지만 다른 점에선 다르지 않기도 했다.

마틴 루터 킹의 지역 공동체주의(communalism)는 미국의 문화적 언어들의 하나, 즉 성서적이고 공화주의적 공동체주의자의 언어와 일치하는 것으로, 미국인들의 지배적인 언어, 즉 경제적 개인주의와 치료법의 개인주의에 반대가 되는 것이다. 『마음의 습관』(*Habits of the Heart*)이란 책에서는 이런 개인주의를 일러서 "쉐일라이즘"(Sheilaism)이라고 불렀는데, 이는 그녀 이름이 쉐일라(Sheila)라는 인터뷰에 응한 사람이, 결국 그녀의 종교는 그녀 자신이고 그녀의 삶일 뿐이라고 결정했기에 붙여진 말이다.[11] 킹 목사를 길러낸 흑인교회들과 예언자적 사회복음 사역은 모두 경제적 그리고 치료법의 개인주의에 물든 국가 안에서는 반문화적이고 소수자 전통들에 불과했다. 주변으로 밀려난 그들의 공동체들이, 그들 자체의 성서적 공화주의적 공동체주의의 독특한 문화를 지니고 있어서, 때가 무르익자 저항을 감행한 비옥한 터전을 제공했다.

본회퍼의 경우엔 다르다. 그는 히틀러가 권력의 자리에 오른 직후부터, 교회들의 형태와 영성이 새로운 독일의 도전을 감당할 수 없음을 알았다. 독일 개신교인들에겐 처음부터 낯선 새로운 수도원주의를 통해, 훈련된 삶 속에서 교회는 새롭게 태어날 필요가 있었다. 그것은 새로운 형성과 저항의 공동체가 될 것이었다. 그런 길은 특권에 익숙했던 교회, 궁정 설교자, 부르주아 문화의 담지자, 그리고 사회적 응집의 대행자 역할에 정착된 교회에게

---

11) See Robert Bellah, Richard Madsen, William M. Sullivan, and Ann Swidler, *Habits of the Heart: Individualism and Commitment in American Life* (Berkeley: University of California Press, 1985).

는 지극히 낯선 길이었다. 본회퍼의 공동체주의는 개인주의라는 지배적인 문화에 반대되는 것이 아니었지만, 킹 목사에게는 반대되는 것이었다. 독일인들은 **민족**(*das Volk*)을 위해서는 개인적인 희생을 하도록 길러준 강력한 집단적 정체성 의식을 지니고 있었다. 오히려, 본회퍼의 공동체주의는 공격을 해선 안 되었던 **문화적 기독교**(cultural Christianity)에 반대한 것이었다. 1934년에 그는 다음과 같이 쓰고 있다: "기독교는 폭력, 독단, 권력의 자만에 대한 혁명적 저항, 그리고 약자들에 대한 변호에 따라 서기도 하고 무너지기도 한다. 내가 느끼기로는 기독교는 이런 점들을 보여주는 행동을 너무 많이 하기보다 너무 적게 하는 편이다. 기독교는 그 자체를 조절하여 너무도 쉽게 권력을 숭배하게 되었다. 기독교는 지금보다 더 많은 충격과 공격을 세계에 주어야 한다. 기독교는 [...]12) 강한 자들의 잠재적인 도덕적 권리를 고려하기보다는 약한 자들을 위한 더 많은 지지를 해야 한다."13)

이런 말들은, 아무리 그들의 처지가 서로 달랐을지라도, 킹 목사도 그렇게 말했을 것이었다.

권리들과 저항

본회퍼와 킹 목사의 저항과 권리를 위한 그들의 투쟁은 사회에 대해 그들이 공유한 생태학적 인식에서 나왔다. 우리는 제2차 세계대전 이후로 인간의 권리들이 발전된 것에 너무도 익숙해졌기에, 본회퍼가 개신교 신학자들 가운데 인권을 거론한 첫 신학자의 하나였음을, 더구나 그의 저항과 그의 저서 『윤리학』 속에서 그 중심에 인권을 취급했다는 것을 알고 나면 놀랍다. 물론 킹 목사도 시민의 인권운동을 위한 투쟁을 구체화했다. 그리고 그런 투쟁은 존엄과 평등을 위한 흑인교회들의 100년간 투쟁 속에 뿌리를 둔 것이기에, 킹 목사와 "남부 기독자 지도력 회의"(SCLC, Southern Christian

---

12) Illegible insert.
13) Sermon for Evening Worship Service on 2 Corinthians 12:9, *DBWE* 13 (3/19): 402-3.

Leadership Council), 기타 민권운동 조직들이 거리에 나가서 또한 법정에서 일찍이 본 적이 없는 규모로 이런 투쟁을 벌였다. 교회들이 대규모로 대중과 함께 그리고 비폭력적 민권운동으로서 저항운동을 벌인 것은 킹 목사 이후의 현상이다. 물론 거기엔 선례들이 있었다—노동의 역사와 여성 참정권 투쟁운동을 생각해보라. 그러나 시민사회가 떠맡은 권리투쟁과 저항의 역사 속에서 그 문지방을 넘은 것은 엠메트 틸(Emmett Till)에게 가한 린치(사적인 형벌)와 로자 파크(Rosa Park)의 솔선 주도에 의한 결과로서, 그리고 간디의 비폭력적 대중 행동의 방법을 채택함으로써, 킹 목사와 그의 동조자들에 의해 이루어졌다. 그 결과로 시민권 법령과 투표권 법령이 통과되었다. 신앙의 공동체들이 근본적인 역할을 했다.

간디와 킹 목사 덕분에, 시민들에 의한 대중 저항은 다른 나라들에서도 일어났다. 킹 목사는 심지어 그의 중단되어 짧아진 생애 기간에도, 평화와 정의를 위한 국제적 운동의 투사로서 세계에 알려졌으니, 19643년 노벨평화상으로 인정되었듯이, 고향에서보다도 자기 나라 밖에서 더 존경을 받은 예언자의 또 다른 경우가 되었다.

짧게 말해서, 만일 우리가 지금 종교적 공동체주의와 그 실질적 중추가 좋은 신학이요 정책이라고 생각한다면, 만일 우리가 시민의 권리와 인간의 권리를 성취하는 것이 공동선이라고 생각한다면, 또한 만일 우리가 시민 불복종과 그 밖의 형태의 저항이 평화와 정의를 추구하는 합법적인 수단이라고 생각한다면, 간디, 킹, 그리고 본회퍼를 포함하여 수만 명이나 될 예언자들에게 솔직히 빚진 자들인 우리로서 그렇게 하는 것이다.

신학과 권력

만일 우리가 킹 목사나 본회퍼, 혹은 예언자적-해방적 전통들 속의 다른 어느 누구도, 신학을 중요시하는 신앙을 지킨 자들이라고 여기지 못한다면, 우리는 그들을 이해할 수 없을 것이다. 그들의 강력한 사회윤리는 강력한 신학적 윤리의 표현이다. 킹 목사는 역사 속에서 그 자신의 운동과 위치가

시대정신(*Zeitgeist*), 곧 중대한 역사적 순간을 움직이게 하는 영혼의 작용이라고 말할 수 있다. 그러나 그는 그 시대정신의 요청을 신학적으로 이해한 것이다. 이미 지적했듯이, 그의 신학적 중심은 미국 흑인의 예언자적 사회복음과 십자가 속에 있다. 그 신학적 중심은 성경, 무엇보다도 히브리 성서의 뒷받침으로 철저히 충만하였다. 비록 킹 목사가 그 자신의 전통 속의 많은 사람들이 믿고 있는 죽음 이후의 세계나 성서문자주의에서는 멀리 떨어져 갔지만, 그의 감정적인 에너지와 설교 전달 방식은 흑인 침례교인의 풍조를 띠고 있다.(변화된 그리고 긴장된 순간에서 신앙을 고쳐 만드는 것은 예언자 전통들의 또 다른 주된 표시다.)

킹 목사의 하느님은 그를 지원하고 도전하며, 위로해주는 살아있는 근원이신 인격적 하느님이다. 그는 이 하느님을 무엇보다도 예수와 그의 십자가 속에서 보고 있는데, 이와 나란히 같은 점이 본회퍼의 생애와 사상의 중심에서 예수 그리스도와의 강력한 개인적 관계에도 나타난다. 킹 목사의 운동의 활기는 그의 신학과, 그의 동료들의 신학에서 이끌어 온 것이며, 마찬가지로 본회퍼가 저항하는 교회를 찾고 군사 정치적 음모 속으로 나아간 것도 그의 그리스도를 공동체 속에서 그리고 공동체로서 이해함에서 나온 것이다. 이 두 사람은 모두 관계성과 상호성의 신학자들이었는데, 그들의 경건과 행위가 그들의 신학적인 윤리에 합치하는 신학자들로서 생각했다.14)

예언자적-해방적 전통들 속에 일관된 주제인 힘/권력(power)에 대해서는 어떤가? 두 사람 모두 권력(힘)을 떠나서는 악한 일들이 일어날 수 없음을 알고 있었다. 그리고 같은 이유로 힘을 떠나서는 선한 일도 일어날 수 없음도 알고 있었다: 힘을 떠나서는 아무것도 **일어날 수** 없다. 힘이란 존재 자체 속의 본질적인 에너지요, 모든 피조물들의 생기요, 건설과 파괴의 수단이다. 힘은 형성하고, 개혁하고, 변형시킨다. 만일 우리가 힘의 개인적인 그리고 사회적인 형태들에 주목한다면, 본회퍼와 킹 목사가 산들을 움직일 수

---

14) See the chapter, "Bearing the Cross and Staring Down the Lynching Tree: Martin Luther King Jr.'s Struggle to Redeem the Soul of America," in Cone, *Cross and the Lynching Tree*, 65-92.

있도록 도와줄 집단적 영성을 형성하고 동원하고자 한 것을 우리가 본다. 본회퍼의 경우엔, 사회 속의 힘이 지배 권력을 추구하려는 이기적인 경향성을 다루어야만 한다. 무엇 "위에" 힘을 행사하려는 지배 권력은 그것을 휘두르는 사람들을 다른 사람들과 분리시키고 공동선을 성취할 수 있는 유일한 종류의 관계성, 상호성을 깨트려버린다. 혹은, 달리 말해서, 지배적인 에고(ego)의 힘은 피조물 자체 속에 본질적으로 존재하는 상호의존성을 통해서 우리 모두가 그리스도 안에 함께 결속된 방식으로서의 사랑으로부터, 다른 사람들을 격리한다.

강력한 에고가 상호성을 와해시키는 것은 집합적 생명의 파괴적인 힘들 속에 사회적으로 표현된다. 본회퍼에게는 이것이 반유태주의와 인종차별주의 속에 무자비하게 드러난 것이었다. 즉, 현대 공학기술의 비인간적인 사용에서, 자본주의의 무자비한 형태들 속에서, 군사주의와 이데올로기의 권력을 포함한 공격적인 집단 주장에 근거한 일종의 안보조치 속에서, 그리고 거위걸음을 하는 나치주의와 낭만적인 전쟁과 산업의 정체성 속에 함께 나타난 방식들 속에 드러난 것이다.

킹 목사는 본회퍼가 열거한 사회적으로 파괴적인 권력 사용의 목록들에 쉽게 동의했을 것이다. 그러나 병행하는 현실들은 독일의 현실들이 아니라, 미국의 현실들이었다. 그 현실들은 체계적 인종차별주의로서 구조적인 죄악의 폭력이었고, 흑인 시민들에게도 연장된 대표성과 개혁의 민주적인 수단을 결여한 죄악, 모든 사람들에게 충분한 국가에서 부자들과 가난한 자들의 격차와 가난이란 죄악, 그리고 전쟁의 범죄성과 낭비란 죄악의 폭력이었다. "우리는 전 세계에서 거의 그 어떤 나라보다도 전쟁범죄를 더 많이 저질렀고, 나는 그것을 계속 떠들 작정이다"라고 그의 유명한 설교, "악대장이 되고 싶은 본능"(Drum Major Instinct)에서 외쳤다. "또한 우리는 전쟁을 중지하지 않는데, 이유는 한 국가의 자존심과 오만함 때문이다."[15] 마찬가지로 유명한 리버사이드 교회(Riverside Church, 뉴욕 맨해튼 소재 교회—역자주)에서 행한 "침묵을 깨야 할 때"(A Time to Break Silence)란 설교에서도, 그는 "오늘날

---

15) Cited from Washington, *A Testament of Hope*, 265.

세계에서 가장 큰 폭력의 제공자"로서,16) 베트남 전쟁에 휩쓸린 미국 정부를 지적했다.

전쟁의 폭력과 가난과 인종차별이란 폭력이 모두 한 통속이라고 그는 리버사이드 교회에서 설교함으로써, 예언자들이 구조적인 죄악에 대해 온통 마음을 쓰고 있다는 점을 보여주었다. 그가 베트남 전쟁에 대한 자신의 입장을 밝힌 첫 번째 이유는 그 전쟁에 온갖 폭력이 서로 연결된 때문이었다.

나와 그 밖의 사람들이 미국에서 벌여왔던 투쟁과 베트남 전쟁 사이에는 매우 명백하고도 쉽게 알아볼 수 있는 연관성이 있다. 몇 해 전에 그 투쟁에는 빛나는 순간이 있었다. 흑인과 백인 모두의 가난한 사람들에게 마치 가난에 대한 프로그램을 통해서, 진짜로 희망의 약속이 있는 듯이 보였다... 그런데 베트남 전쟁이 점점 확대되면서, 마치 사회에 대한 어떤 쓸데없는 정치적 장난감이 전쟁 때문에 미쳐버린 것처럼, 그 프로그램이 무너지는 것을 나는 지켜보았고, 베트남 전쟁과 같은 모험들이 사람들과 기술들과 돈을 어떤 악마적이고 파괴적인 흡입 튜브(suction tube)로 빨아들이기를 계속하는 한, 미국이 가난한 자들을 갱생시키는 데 필요한 재정과 에너지를 투자하지 않을 것임을 나는 알았다. 그래서 나는 점점 더 전쟁은 가난한 자들의 원수라고 보지 않을 수 없었고 그래서 그런 전쟁을 비난 공격하였다.17)

그리고 그 전쟁이 다른 이유들 때문에도 "우리나라의 영혼을 파괴하고 있는" 동안, 킹 목사는 이때부터 빈곤이란 물질적이며 도덕적 문제임을 결코 묵과하지 않았다. "적군 한 사람 죽이는 데 50만 달러를 낭비하면서도, 그 나라 시민 한 사람을 가난에서 구제하는 데 단지 50 달러를 쓰는 그런 나라는, 그 자체의 도덕적 모순들에 의해서 파괴되고 말 것이다"라고 그는 말했

---

16) Ibid., 232.
17) Martin Luther King Jr., "A Time to Break Silence," from Washington, *A Testament of Hope*, 232-33.

고, 묵시론적으로 덧붙이기를, "만일 곧 뭔가를 하지 않는다면, 최후의 심판의 커튼이 미국에 내려올 것을 나는 확신한다"고 했다.18)

당시는 와츠 봉기(Watts riots, 1965년 8월 로스앤젤레스 경찰의 인종차별에 항거한 유색인종 봉기, 34명 사망—역자주) 이후였고, 킹 목사는 시카고 북쪽에서 인권운동을 하고 있었는데, 그는 점점 더 말콤 X(Malcolm X)처럼, 미국의 꿈이 아니라 **미국의 악몽**을 말하기 시작했다. 그는 "남부 기독자 지도력 회의"(SCLC) 10주년 기념행사에서, "우리는 전체 사회에 대한 질문을 시작해야 한다"고 말했다. "우리는 인생이라는 시장터에서 낙심한 거지들을 도와주라고 요청받았다. 그러나 어느 날 우리는 거지들을 만들어내는 건물을 재건축해야 할 필요성을 깨달아야 한다. 그것은 이런 질문을 하라는 뜻이다. '누가 석유를 소유하고 있는가?... 누가 철광석 원광을 소유하고 있나?... 3분의 2가 물로 되어있는 세계에서 사람들이 물 값을 내야하는 것은 왜 그런가?'"19)

이리하여 킹 목사는 시민권 운동을 넘어서서 경제적 불평등, 대외정책, 외국에서의 억압, 그리고 자원에 대한 질문들에 대한 운동을 벌이게 되었다. 린든 존슨 대통령과의 역사적인 만남에서, 그는 선거권 법령이 정치적 권한 박탈을 다루었으니, 이제는 경제적 권한박탈을 다룰 때가 되었다고 대통령에게 말했다. 그러나 어떤 면에서는 킹 목사의 힘과 영향력이 최고조에 도달했을 때에도, 그와 그가 이끈 운동이 미국에서 계급을 타파하기에는 부족했다. 남부만 아니라 북부에서도 신성화된 계급분리가 지켜졌다. 『뉴욕커』(New Yorker) 잡지가 지적한대로, "킹은 사회가 근본적인 경제적 관계들을 위태롭게 하지 않은 채 단지 사회의 분노만 줄일 수 있는 불의한 것들에만 국한시키려는 경향이 있음을 파악하기 시작했다."20) "내게는 꿈이 있다"(I Have a Dream)라는 킹 목사의 유명한 연설이 "직업과 자유를 위한 행진"에서

---

18) As cited by James Cone, *Martin & Malcolm & America: A Dream or a Nightmare* (Maryknoll, NY: Orbis Books, 1991), 240.
19) "Presidential Address," SCLC Tenth Anniversary Celebration, August 16, 1967, Atlanta, Georgia, as cited by Cone, *Martin & Malcolm & America*, 224.
20) Ibid.

였음을 기억하는 사람은 별로 없다. 그럼에도 불구하고, 킹 목사는 이제 "우리의 투쟁은 진정한 평등을 위한 것이고, 이는 곧 경제적인 평등을 의미한다"고 멤피스의 흑인 청소 노동자들의 파업을 지지하기 위해 모인 군중들에게 말했다. 그 투쟁은 특히 "멤피스가 가난한 자들을 볼 수 있도록" 하려고 벌인 것이었다.21)

그것이 킹 목사의 마지막 투쟁이었다. 리버사이드 교회 연설을 한 뒤 정확히 1년이 지난 1968년 4월 4일, 로레인(Lorraine) 모텔의 발코니에 서 있던 그에게 치명적인 총격이 가해졌다.22)

이처럼 위대한 좋은 것과 고통스런 손실을 가져온 이런 권력 투쟁들은 킹 목사와 그가 이끈 운동의 부담이요 성취였다. 그러나 본회퍼와는 달리, 킹 목사는 지배적인 에고와 그 권력 남용에 초점을 둔 것이 아니다. 최소한 그는 그 운동들 속에서 미국 흑인들과 그 밖의 사람들에게 그렇게 하지 않았다. 킹 목사는 "악대장이 되고 싶은 본능"(Drum Major Instinct)이라는 설교에서 기번(Gibbons)의 『로마제국 쇠망사』(*Decline and Fall of the Roman Empire*)를 미국과 비교하면서, 그 유사점들에 두려움을 느낀다. 그러나 그는 즉시 말하기를, 이런 오만과 제국의 지배가 악대장이 되고 싶은 본능의 도착증이기는 하지만, 또한 여러분은 예수가

"너희는 제자리를 벗어났다. 너희는 이기적이다...."라고 말씀하셨기를 기대했겠지만, 예수님은 뭔가 전혀 다르게 말씀하십니다. 본질을 말하자면 이렇습니다. "오, 알겠다. 너희는 첫째가 되고 싶어 하는구나. 너희는 위대하게 되기를 원하는구나. 너희는 중요한 사람이 되고 싶어 하는구나. 암, 그렇게 되어야 하겠지. 만일 너희가 나의 제자들이 되려면, 너희는 그렇게 되어야지." 그러나 그는 우선순위를 재정립하십니다. 그리고 이렇게 말씀하셨습니다. "암, 그래야지. 그런 본능을 포기하지 말

---

21) From the excerpted portion of Taylor Branch, "*At Canaan's Edge,*" *Time*, January 9, 2006, 51.
22) "A Time to Break Silence."

아라. 만일 너희가 그것을 올바르게만 사용한다면, 그런 본능은 좋은 것이다. 만일 너희가 그런 본능을 왜곡하거나 타락시키지만 않는다면, 그건 좋은 본능이다. 그것을 포기하지 말라. 중요한 사람이 될 필요를 계속 느껴라. 첫째가 될 필요를 계속 느껴라. 그러나 나는 너희가 사랑에 첫째가 되기를 바란다. 나는 너희가 도덕적 탁월함에 첫째가 되기를 바란다. 나는 너희가 관대함에서 첫째가 되기를 바란다. 그게 바로 너희가 하기를 내가 바라는 것이다."[23]

요약하자면, 킹과 본회퍼 두 사람 모두에게, 어떤 평화나 어떤 정의를 이룩하는 데 힘은 근본적이다. 분노한 재능 있는 사람들 가운데서 특권적인 독일인의 하나인 본회퍼가 경계한 것은, "부도덕의 더 높은 질서(법적, 체제적 부도덕)"라고 라이트 밀스(C. Wright Mills)가 불렀던 것을 보여준 많은 집단적 형태들을 지배하려는 욕망과 강력한 에고이다. 킹 목사도 그 지배 방식을 충분히 잘 알고 있었다. 그는 모든 면에서 작동하고 있는 강력한 에고에 직면해 있었지만, 그의 주된 관심은 사람들로 하여금 거리로 나서서, "수세기 동안 마비시켰던 두려움을 벗어던지고,"[24] 가장 처리하기 힘든 사회적 질병들과 정면 대결하도록, 그들의 잠재적인 능력을 아직 충분히 잘 생각하지 못하는 사람들에게 힘을 부여하는 것이었다.

이와 관련해서, 킹 목사가 모한다스 간디(Mohandas Gandhi)에게서 배웠다고 말한 세 가지 교훈들 가운데서 첫 번째 것에 특별히 주목하라: "침묵의 동의는 도덕적 및 영적 자살로 인도한다."(The way of acquiescence leads to moral and spiritual suicide.) 그리고 그것은 킹 목사와 동일한 투쟁을 공유했던 이슬람 예언자 말콤 X(El-Hajj Malik El-Shabazz Malcolm X)의 메시지와도 일치함을 주목하라.[25] 그 밖의 다른 교훈들은, "폭력의 길은 살아남은 자들

---

23) Cited from Washington, *Testament of Hope*, 265.
24) Cone, *Cross and the Lynching Tree*, 66.
25) I add that the meaning of "prophet" here is not the same as its meaning in Islam. There the title is reserved for the last, or "Seal," of the prophets, the Prophet Muhammad, and for the prophets (messengers of God) named

에게 고통을, 그리고 파괴당한 자들에겐 잔학함을 남겨주며," "비폭력의 길은 구원과 사랑하는 공동체의 창조로 인도한다"26)는 것이었다.

    킹 목사의 핵심적인 신학 사상은, 인격적인 하느님과 그리고 십자가를 지는 사상인데, 개인적인 힘에 대한 그의 논의를 보강한다. 그에게는 인간의 인격이 무한한 가치를 지닌 것이다. 그의 대적자들을 포함한 모든 인간들의 존엄과 가치에 대한 확신에서 그는 결코 흔들린 적이 없었다. 본회퍼처럼, 그의 신학은 심지어 그의 적대자들이 악마적으로 행동했을 때에도 그들을 악마화하도록 허용하지 않았다.27) 우리가 위해서 기도하는 그들을 우리가 미워할 수는 없다고, 본회퍼는 그의 학생들에게 말했다.

    달리 말하면, 두 사람 모두에게 주입된 핵심적인 종교적 확신이, 악의적인 인종차별주의, 가난한 자들을 경멸하기, 홀로코스트를 낳은 바로 그런 관점들에 대항하게 하였다. 그들에게는, 어느 누구도 너무도 역겹고 너무도 용납할 수 없어서 인간의 자비심과 소속됨의 영역 밖에 두어야 한다는 것은 생각할 수도 없었다. 어느 누구라도 우리가 그들의 울부짖음을 들어줄 필요가 없고, 그들의 눈물을 존중해주지 않아도 되고, 혹은 그들의 존엄을 존중해주지 않아도 될 그런 사람은 없다. 심지어 그들이 다른 사람들과 자신들의 존엄을 짓밟아버리는 사람들일 경우에도 말이다.28) 모두가 생명의 영역 내부에 속해 있다.

---

    in the *Qur'an*. My use of "prophet" in this chapter is more general, a way to highlight motifs and work shared by strong faith-based reformers of nature-society. Specific religious traditions may or may not designate these articulate critics as "prophets," though many do.

26) Cited from "My Trip to the Land of Gandhi," in Washington, *Testament of Hope*, 25.
27) 참조. James H. Cone, *Cross and the Lynching Tree*; Cone, *Malcolm & Martin & America*; and the discussion of King in Gary Dorrien, *The Making of American Liberal Theology: Crisis, Irony, & Modernity, 1950-2005* (Louisville, KY: Westminster John Knox Press, 2006), 143-61.
28) This paragraph uses, for its commentary on King and Bonhoeffer, a paragraph of portions of Leonard Pitts Jr., "Bad Treatment of Gays Isn't the Holocaust; however....." in *Houston Chronicle*, Opinion, May 2, 2005.

왜 킹 목사와 본회퍼는 모두 힌두 금욕주의자인 간디에게 끌렸는가? 비폭력에 대한 공유된 믿음에도 불구하고, 각자는 확실히 서로 다른 이유들을 갖고 있다.

본회퍼와 간디

본회퍼에게 1933년의 위기—1월 30일에 히틀러가 국가 총통에 오르고, 이후 100일 동안에 나치(Nazi) 독재를 위한 길을 닦은 입법을 한 위기—는 기독교의 수사학과 국가가 지원하는 파시즘과 아리안(Aryan) 인종우월주의로 싸여진 국가주의자들의 요청에 대해, 독일의 개신교인들이 효과적으로 저항할 방법을 영적으로 형성하지 못했음을 분명히 깨닫게 해주었다. 혼돈의 시대에 국가와 그 권력에 복종하는 것이 교회와 사회 속에 깊이 새겨넣어졌다. 본회퍼는 어빈 슈츠(Erwin Sutz)에게 이렇게 쓰고 있다:

> 오늘날과 같은 때에는, 다음 세대의 목회자들을 전적으로 교회-수도원 학교에서 훈련시켜야 할 것이니, 그곳에선 순수한 이론, 산상수훈, 그리고 예배를 심각하게 취급해야 할 것이다. 이 세 가지 모두를 위해서는 이것이 대학과 현재의 상황 아래에선 불가능한 경우이기 때문이다. 국가에 의해 저질러지고 있는 그 무엇에 대해서도—이는 사실 공포로 귀결될 뿐이다—신학적으로 자제하고 침묵하는 것을 최후로 결별할 때다. "말 못하는 이들을 위해서 말하라."(Speak out for those who cannot speak.)[29] 이것이 바로 요즈음 성경이 우리에게 요청하는 최소한의 것임을 오늘날 교회 안에서 누가 아직도 기억하고 있는가?[30]

본회퍼는 이런 결점을 즉시 인정하고 다른 삶을 함께 살아갈 학생들을 모집하기 시작한다. 그의 동기는 두 가지다: 값비싼 제자도(discipleship)를

---

29) Proverbs 31:8.
30) *DBWE* 13:217.

독일 개신교가 적절히 형성할 것에 대해 철저한 검토, 그리고 독일에서 파시스트와 인종차별주의 방식이 탄생하기를 열광하는 것에 저항할 목회의 필요성 때문이다.

독일에서의 발전들은 신속하고 극적이었다. 1933년 2월에서 4월까지, 단 3개월 만에, 야만성과 잔학성의 체계적인 조직을 위한 거의 모든 법적 필요들이 나치 정당에 의해서 갖추어졌다. 오래지 않아서 모든 도덕적 행위는 불법이 되고, 모든 법적인 행동은 부도덕하게 되었다.

권리에 대한 관심과 저항을 발생시킨 즉각적인 상황은 교회 안팎에서 벌어진 유태인들에 대한 취급이었다. 즉, 세속적인 유태인들, 신앙을 지키는 유태인들, 유태계 기독교인들에 대해서 말이다. 본회퍼는 이렇게 쓰고 있다: "교회와 유태인에 대한 질문"이란 법이 공무행정의 재구성을 위한 법으로 통과되었다(4월 7일). 이런 입법은 비아리안인들(Non-Aryan)을 공무원 자리에서 추방하고, 인종적/민족적 차별을 그 땅의 법률 속에 기록했던 것이다.

이른바 유태인에 대한 질문(Jewish Question)은 본회퍼에게 **신분 고백**(*status confessionis*)을 요구하는 상황이다—신분 고백 속에서는 신앙의 중심적인 진리들이 위험에 처한다.31) 바로 여기에 교회가 **교회로서** 지녀야 할 특성에 대한 리트머스 시험이 있다고 그는 주장한다.

만일 교회가 교회다우려면, 어떤 행동들을 요구되는가? 그의 글에서는 국가의 불의에 대한 교회의 세 가지 가능한 대응책들을 약술하고 있다.

첫째, 교회는 비판자로서, 정당한 질서의 기준을 사용해서, 공적으로 국가의 행위가 합리적인지 여부를 물어야 한다. 국가의 국가로서의 고유한 역할은 질서를 지키고 정의를 베푸는 것이다.

---

31) See also *DBWE 12* (Berlin, 1932-33), Part 2, Document 14, Memorandum "The Jewish-Christian Question as *Status Confessionis*." It should be noted that even if Bonhoeffer acknowledges in this essay that the church is to help all victims, *status confessionis* for him concerns only whether or not the church will institute an Aryan paragraph and exclude "non-Aryan" members. Nowhere does he explicitly say that *status confessionis* arises in the state's treatment of non-Christian Jews.

두 번째 대응책은 불법적인, 즉 불의한 국가의 행동에 의한 희생자들을 돕는 것이다. 다시 말하지만, 유태인들을 처리하는 것이 시급한 문제이긴 하지만, 본회퍼의 주장은 너무 "많거나" 혹은 "너무 적은" 법들과 규칙들을 지니고 있는 국가 속에서, 자기들의 권리들을 박탈당한 사람들 누구에게나 해당되는 것이었다. 그러나 그 권리들에 대한—구체적으로는 그들의 권리 박탈에 대한—주장은 별로 공명을 얻지 못했다. 그럼에도 불구하고, 혹은 아마도 바로 그것 때문에, 본회퍼는 권리에 대한 그의 관심을 그의 후기 저작인 『윤리학』(*Ethics*) 속에 넣었는데, 그런 주제는 당시의 독일 신학자들 가운데서는 다루지 않았던 것이었다. 또한 그가 쓰기를, "예외 없이 모든 자연의 완전함의 토대"는 "자연의 생명"과 육신의 완전성이라고 한다. 그리고 왜 그럴까? "살아있는 인간의 육신은 항상 그이 자신, 혹은 그녀 자신이기 때문이다."32) "자연적 생명의 가장 원초적 권리는 외부의 의도적인 상해, 훼손, 살해로부터 몸을 보호하는 것"33)이라고 그는 말한다. "성폭력, 착취, 고문, 그리고 육체의 자유를 멋대로 박탈하는 것 등은 모두 창조될 때 인간에게 부여된 권리에 대한 심각한 침해다."34) 자연적 생명의 권리들은 "타락한 세상에서 창조주 하느님의 영광을 반영하는 것이다."35)

세 번째 교회의 책임은 국가를 무력화시킴으로써 이런 범죄들을 중단하도록 만드는 것이다. 여기에서 본회퍼는 국제적 에큐메니칼 연합이 집단적 결정을 내리고 행동을 취하라고 호소했다. 정권 교체(regime change)는 본회퍼 자신과 같은 한 개인 기독교인이 떠맡을 수 있는 절차가 아니었다. 마침내 지배 정권을 전복시키기 위한 군사 정치적 음모에 가담할 것을 그가 결심했을 때, 그는 교회 안에서의 자신의 명성과 평판을 내어놓는 것임을 잘 알고 있었다.36)

---

32) *DBWE* 6:214.
33) Ibid., 185-86.
34) Ibid., 214.
35) Ibid., 180.
36) Eberhard Bethge, *Dietrich Bonhoeffer: A Biography*, rev. ed. rev. and ed. Victoria J. Barnett (Minneapolis: Fortress Press, 2000), 275.

나치 세력의 처음 기간에는, 비록 독재 권력을 향한 길이 놀랍게도 짧은 시간 동안에 법적으로 닦여졌지만, 국가와 사회를 나치당의 정치 강령과 동조시키려는 시도가 모든 곳에서 아직 전적으로 성공적이지는 못했음을 기억하는 것이 중요하다. 이것이 바로 본회퍼가 쓴 평론이 나치당에 대한 교회의 대응에 관한 것이 아니었던 이유다: 그가 호소한 것은 국가와 국가의 책임들, 특히 아리안(Aryan) 입법의 문제에 대한 것이었다. 바이마르 공화국(Weimar Republic)의 끝자락과 나치 국가의 완전한 이행 사이의 여전히 다투고 있던 공간 속에서, 그리고 정당한 헌법을 가진 국가를 아직은 구출할 수도 있으리라는 희망 속에서, 본회퍼는 교회와 교회의 책임들에 호소했던 것이다. 국가를 본래적인 진정한 국가가 되게 하자. 그리고 만일 그렇지 않으면, 국가를 질서와 정의의 올바른 역할을 하도록 회복하자.

결정적으로 신학이 국가에 복종하는 것을 끝내기 위해, 그리고 말 못하는 사람들, 무엇보다도 유태인들을 위해서 목소리를 높여 말하기 위해서는, 교회와 그 너머에서 훈련된 기독교 저항운동을 필요로 한다. 이런 필요들이 그로 하여금 간디의 아쉬람(Ashram)에 관심을 갖게 했다. 간디도 예수와 그의 산상수훈의 열렬한 제자이고, 본회퍼는 복음 자체가 동양의 다른 말들과 행동들 속에서도 발견될 수도 있지 않을까 알고 싶어 했다. 그래서 그는 아쉬람에서 살면서 비폭력 제자도와 친밀한 공동체의 방책을 배우도록 초대를 받고자 했다.

본회퍼는 그가 원했던 초청장을 간디로부터 받았다. 그러나 그는 아쉬람에 가지 못했는데, 그 대신에 기독교 제자도를 가르치는 새로 생긴 학교에서 학생들을 훈련시키기 위해서, 핑켄발데(Finkenwalde) 신학교의 초청을 받아들여야 함을 느꼈다.

킹 목사와 간디

킹 목사는 인도에 갔다. 비록 인도의 독립과 간디의 죽음 이후에나 이루어진 것이지만 말이다. 그 방문은 "우리의[그와 아내 코레타Correta의] 삶에서 눈이 열리는 경험이자 가장 바쁘게 짜여진 것"37)이었다. 그의 간디에 대한 관심은 신학적인 것이다: 킹의 사랑하는 공동체(the Beloved Community)의 신학은 간디에게서 그 실천을 발견한다. 그러나 그의 사랑의 신학의 근원은 간디가 아니다. 킹이 몽고메리 버스승차 거부운동에 대해 말하면서, "그 운동을 이끈 기본적 철학"을 여러 가지로 말했는데, "비폭력 저항, 비협조, 그리고 수동적 저항"이라고 했다. 그러나 그는 계속해서 말하기를 "저항의 처음 몇 날엔 이런 표현 어느 것도 언급되지 않았다. 가장 자주 들린 표현은 기독교적 사랑이었다. 몽고메리의 흑인들로 하여금 당당한 사회적 행동에 나서도록 처음에 영감을 준 것은, 수동적 저항의 이론보다는 산상수훈이었다. 니그로들(negroes)을 뒤흔들어 사랑이란 창조적 무기를 가지고 저항하도록 한 것은 나사렛의 예수였다"라고 했다. 방법에 대해서는 이렇게 말했다: "사랑이 중심을 규정하는 사상이지만, 운동의 기술적 방법으로 떠오른 것은 비폭력 저항이었다. 그리스도가 영혼과 동기를 제공했고, 간디가 그 방법을 제공했다." 그러나 킹 목사는 또한 간디식의 운동 속에서 그가 예수와 산상수훈 속에서 본 것과 똑같은 사랑을 보았다.(우리가 간과하지 말아야 할 것은 이들 세 사람이 모두 예수와 산상수훈에38) 강력히 이끌렸고, 그리고 산상수훈은 지혜 전통에 속한 예언자적 가르침의 실체라는 사실이다.)

킹 목사는 여러 곳에서 이런 사랑에 대해 자세히 설명했는데, 그 가운데 하나가 몽고메리 버스승차 거부운동에서 행한 설명이다. 킹 목사는 특히 아가페(agape) 사랑을 길게 설명하면서 이렇게 말한다.

> 아가페는 공동체를 창조하고 보존하는 사랑입니다. 아가페는 사람들이 공동체를 파괴하려고 할 때에도 공동체를 주장합니다. 아가페는 공동체를 회복하기 위해서는 어디까지라도 기꺼이 가주는 것입니다. 그것은 공동체를 회복하기 위해서는 처음 한 마일 가고 나서 중단하지 않

---

37) King, "My Trip to the Land of Gandhi," in Washington, *Testament of Hope*, 24.
38) Matthew 5-7.

고, 두 번째 마일도 계속해서 가는 것입니다. 공동체를 회복하기 위해서라면, 그것은 기꺼이 용서하는 것인데, 일곱 번이 아니라, 일곱 번씩 일흔 번이라도 용서하는 것입니다. 공동체를 막아서고자 하는 모든 힘들에 대한 하느님의 승리의 상징이 바로 부활입니다. 성령이란 역사를 통하여 움직이고 있는 공동체를 창조하는 실재의 계속됨입니다.

    마지막 분석으로, 아가페는 모든 생명이 상호 연결되어 있다는 사실을 인정함을 뜻합니다… 우리가 그것을 무의식적 과정이라고 부르든, 비인격적인 브라만, 혹은 최고의 권능과 무한한 사랑을 지닌 인격적인 존재라고 부르든, 실재의 서로 단절된 모습들을 조화로운 전체로 모으는 일을 하는 창조적 힘이 우주 속에는 있는 것입니다.39)

    모든 피조물들에 나타난 이런 창조적 사랑을 통해 신학을 구성하고,40) 예수를 따르는 것은 고난과 고통을 의미할 것임을 이해한 킹 목사는, 억압받는 자들이 그들 나름대로 투쟁하기 위한 효과적인 수단을 발전시킬 방안으로 무엇보다도 비폭력에 관심을 가졌다. "억압받는 사람들이 자유를 위한 투쟁에서 사용할 가장 유력한 무기가 비폭력적 저항이라고 그 어느 때보다

---

39) All the direct quotations in this account of the bus boycott, Gandhi, and love are from King, *Stride toward Freedom: The Montgomery Story*, as excerpted in "An Experiment in Love," in Washington, *Testament of Hope*, 20.

40) Reinhold Niebuhr, too, was a theologian of the cross who made the norms of justice and *agape* love his core ethic. But see the important discussion of the differences of King and Niebuhr on agape in Cone, *Cross and the Lynching Tree*, 70–72. "Although Martin Luther King Jr. was strongly influenced by Reinhold Niebuhr, he had a difference take on love and justice because he spoke to and for powerless people whose faith, focused on the cross of Jesus, mysteriously empowered them to fight against impossible odds. In contrast to Niebuhr, King never spoke about *proximate* justice or about what was practically possible to achieve. That would have killed the revolutionary spirit in the African American community. Instead, King focused on and often achieved what Niebuhr said was impossible"(72).

더욱 확신에 차서, 나는 인도를 떠났다."41)

예언자적 전통 속에 있는 다른 사람들과 마찬가지로, 킹 목사는 실제적인 비폭력을 위해서는 **내면의 폭력성**을 제거할 필요가 있음을 알았다. 그것은 마음과 영혼과 정신의 새로운 습관을 필요로 한다. 『에보니』(*Ebony*) 잡지와의 인터뷰에서 그는 말하기를, "우리의 목표는 사랑의 공동체(beloved community)를 창조하는 것이고, 이는 우리의 영혼 속에서 질적인 변화, 우리의 삶 속에서 양적인 변화를 필요로 한다"42)고 했다. 여기에 변화된 사람들이 되기 위한 예언자적인 부름이 있다. 도덕적 상상력과 비폭력적 영성의 덕목을 떠나서는 사회 변혁을 위한 비폭력적 수단이 성공하지 못할 것이다. 내면적으로 그리고 외면적으로 함께 다루어져야 한다. "비폭력은 마음대로 입었다 벗었다 할 옷이 아니라, 그 자리가 심장 속에 있는 우리 존재의 불가결한 부분인 것"43)이라는 간디의 확신에 대해 킹 목사는 충분히 동의했다. 그러나 킹 목사는 흑인 교회들 속에서 이런 투쟁을 위한 수 세기에 걸친 영성의 형성을 이미 지니고 있었다. 그는 비폭력적인 힘의 구원하는 에너지(redemptive energy of nonviolent power)를 얻어낼 수 있는 **공동체와 운동**을 갖고 있었고, 또한 그의 천재적인 능력이 대중적인 비폭력 운동을 통해서 그것을 현실세계의 개혁에 동원하였다. 이리하여 그런 종류의 공동체와 운동이 없었던 본회퍼로서는 할 수 없었던 것을, 킹 목사는 간디의 수단을 통해서 이룩할 수 있었다. 더군다나, 그런 공동체와 운동은 위기 자체의 한복판에서 창조될 수는 없었고, 또 창조될 수도 없다. 개인적이든 집단적이든, 영혼의 방책(Soulcraft)은 오래 걸리고 서서히 진행되는 과정이다. 그것은 여러 세대를 걸리지만, 평화와 정의를 이룩하는 데는 국가의 방책(statecraft)과 마찬가지로 필수불가결한 것이다.

킹과 본회퍼의 공동체주의 윤리(communitarian ethic)는 본래부터 예언자

---

41) Ibid., 25.

42) King, "Nonviolence: The Only Road to Freedom," *Ebony*, October 1966, as cited in *Catholic Worker* 75, no.2 (March-April 2008): 1.

43) From Gandhi's 1948 writings as cited here from John Dear, "The Consistent Ethic of Life," July15, 200, available at www.persitentpeace.com.

적인 사랑의 윤리다. 모두가—자신과 타인—동일한 도덕적인 지시와 관심의 체계 속에 속해 있고, 하느님의 자녀로서 동일한 존엄성을 지니고 있다. 삶을 위해서 취약성(상처받기 쉬운 결함)을 공유하고 힘을 공유하는 것이 사랑의 궤도(운행)를 보호한다. 이중적 기준들을 사용하고, "그들"에 대한 "우리"의 특권을 위해 힘을 사용하고, 또한 우리의 죄와 그들의 죄를 위해서 "그들"을 희생시키는 것은 사랑의 궤도를 끊어버리고 공동체를 파괴한다. 공동체의 회복과 구조적인 정의를 위한 저항은 이처럼 평화 자체를 위해 필요한 것이다. 정의 없는 평화, 배상이 없는 용서, 희생이 없는 사랑, 이것들은 모두 "불가능한 것들"이다(Yom Kippur 예식).

혹은 달리 말해서, 킹과 본회퍼 모두는 치유의 힘으로서 선함(goodness)을 이해하고 있다. 조직된 선함의 힘(권능)은 감정이입(empathy)과 타인을 동등하게 여김에 근거한 도덕적 행위를 통해서 표현된다. 그것은 때로 저항의 형태를 띤다.44)

이런 저항은 하나의 수단이지 목표가 아니다. 본회퍼에게 저항이란 적어도 정권 교체(regime change)와 "다른 독일"(the other Germany)45)을 세워서, 전쟁과 독일의 범죄를 종식시키기 위한 수단이다. 킹 목사에게도, 저항이란 수단이지 목표가 아니다. 그것은 공동선을 둘러싸고 조직된 진정한 민주주의의 헌법적인 약속을 실현하고, 차별을 끝장내는 법을 강화하고 실천하기 위한 수단이다. 저항은 또한 모든 사람을 위한 품위 있는 삶의 꿈을 실현하기에 충분하도록, 경제적 불평등에 도전하고 일자리와 부를 창출하기 위한 수단이기도 하다. 여기에 킹 목사와 그 운동은 미국의 사회경제적 그리고 문화적 가치들의 전반적인 힘에 대항하게 되었는데, 그 운동이 미처 이를 반대할 준비가 되어있지 않았다. 미국에서는, 개인적인 성공, 소유권, 시장,

---

44) The power of goodness is available not only for resistance. Such power, inherent in creation itself, is available for all sectors of life. For a touching account of this in his family and culture, see Bonhoeffer's poem, "Powers of Good," in *Letters and Papers from Prison, DBWE* 8:400-401.
45) A phrase used to describe the Germany sought by the military-political conspiracy.

경제적인 힘이 인간의 연대, 상호성, 그리고 사회의 가장 취약한 구성원들의 안녕을 짓밟는 정도에 대하여, 그 운동은 미처 준비되어 있지 않았다. 재산의 사유화, 시장의 규제를 극대로 해체하기, 그리고 자유와 선택을 개인화하는 것이 함께 집중하여 자유, 평등성, 그리고 공동체의 균형을 이루는 고전적인 민주주의적 과제를 짓밟아버렸다. **소유와 자발적인 자선행위들의 신학**(theology of ownership and voluntary philanthropy)이 **사회성과 연대의 신학**(theology of sociality and solidarity)을 뒤엎어버렸다. 공동선은 개인들의 선과 그들의 선택들에 종속되고 말았다.

킹과 본회퍼가 죽고 난 뒤에 어떤 유산을 종교적 윤리에 남겼든, 그들은 간디와 함께, 말과 행동으로, 평화와 정의에 날카롭게 초점을 둔 **사회성과 연대의 생태학적 신학들**(ecological theologies of sociality and solidarity)을 우리들에게 남겨주었기에, 이제는 포괄적인 공동선을 위해 저항과 권리들을 수호하는 것이 종교적 윤리학의 중심에 있게 되었다. 예언자적 전통들 속에 있는 다른 것들과 함께, 정의와 힘(권력)은 둘 다 신앙에서 나오고 또한 신앙을 점검한다.

그러나 킹 목사가 말한 "세계라는 집"(the world house)[46]의 구성원으로서, 우리가 이제 어떻게 실현가능한 사회적 생태학을 집중할 것인가에, 위험에 처한 생태학을 더하자면, 땅(흙), 공기, 불(에너지), 그리고 물의 물리적인 생태학이야말로 그들이 우리들에게 남겨준 예언자적-해방적 과제이다.

본회퍼와 킹 너머의 간디

간디가 예수에게 끌린 것이 무엇이었든, 간디로 하여금 킹과 본회퍼를 넘어 "세계라는 집"(King)과 새로운 기조의 종교적 윤리를 위해 매우 중요한 방식으로 대처하게 만든 것은 그의 힌두교 정신이었다. 간디가 옹호한 힌두교 베다 철학의(Vedantic) 우주론은 무생물과 생물을 구별하는 선명한 존재

---

46) See the essay with this title in King's *Where Do We Go From Here, Chaos or Community?* (Boston: Beacon Press, 1967).

론적 경계들을 갖고 있지 않은 그런 방식으로 모든 실재가 연합되고 상호연결된 것으로 생각했다. 바위들과 강, 나무들도 존재 자체에 부여된 타고난 가치를 지닌 강력한 존재들이다.47) 간디는 젊은 시절부터 이것을 내면화하고, 비폭력과 "모든 존재들을 향한 경의를 표하는 정의"(respectful justice toward all beings)48)에 헌신한 생애 속에서 그것을 표현했다. 그는 목표를 "자기실현"(self-realization)이라고 말하곤 했지만, 그것은 서양 문화들 속에서는 (일부의 신비주의자들을 예외로 하고) 낯선 개념의 자기실현이었다. 자기실현은 생명 전체와 동일시하는 것이다. "나의 신조가 뜻하는 바는 나 자신을 생명과, 즉 살아있는 모든 것들과 동일시하는 것이고, 나는 대부분의 생명들과 하느님의 현존 앞에서 나누며 사는 것이다. **이런 생명 전체의 총합이 하느님이다.**(The sum-total of this life is God.)"49) "나는 인간의 근본적인 일치를 믿으며, 그런 점에서 살아있는 모든 것들과 일치를 믿는다."50) 그는 계속해서 말하기를, 그의 윤리는 "나로 하여금 유인원(ape)뿐 아니라, 말들, 양, 사자, 표범, 뱀과 전갈… 등과도 친척관계를 갖도록 주장할 뿐 아니라 요구한다. 나는 인간이라고 부르는 존재들만이 아니라 모든 생명들, 심지어 땅 위를 기어 다니는 그런 것들과도 형제관계 혹은 동일성을 실현하기를 원한다. 우리는 똑같은 하느님으로부터의 출신인 것을 주장한다."51) (간디는 그의 아쉬람에서는 나무를 자르거나 뱀을 죽이는 것을 허락하지 않은 것으로 널리 알려졌다.)

---

47) David L. Haberman, "Hinduism, Deep Ecology and the Universe Story," a paper given at the Yale Conference on the Journey of the Universe, March 23-26, 2011, 3. Used with permission.
48) Ibid., 3.
49) Ibid., 3-4. Haberman here is citing Gandhi as quoted in *The Deep Ecology Movement: An Introductory Anthology,* ed. Alan Drengson and Yuichi Inoue (Berkeley, CA: North Atlantic Books, 1995), 146.
50) Ibid., 4, quoting from M. Gandhi, *All Men Are Brothers* (Lausanne: United Nations Educational, Scientific and Cultural Organization, 1958), 118.
51) Gandhi, *All Men Are Brothers*, 119

간디의 종교 윤리 속에서 자기실현이란 이처럼 깨달은 사람은 모든 존재들 속에서 우주적인 자신을, 그리고 우주적인 자신 속에서 모든 존재들을 이해한 것이다. 그래서 깨달은 사람은 모든 존재들을 오만한 눈이 아니라, 평등한 눈으로 본다.(Bhagavad-Gita 6:29, "참된 요기[yogi]는 모든 존재들 속에서 나[Me]를 보고, 또한 나[Me] 속에서 모든 존재들을 본다. 진실로 자기실현을 한 사람은 모든 곳에서 나[Me], 동일한 최고의 주님[the same supreme Lord]를 본다.")52)

간디의 경우엔, 그런 포괄적인 생태권적 의식(ecospheric consciousness)이 그로 하여금 무엇보다도 사회정의 문제―카스트 제도와 식민지체계의 억압 등―를 다루게 하였고, 무기를 지니거나 사용할 특권이 없는 사람들의 편에 서는 영리한 계책으로서 뿐 아니라, 생명을 포함하는 방식으로서 비폭력에 헌신하는 길을 택한 것이다. 간디가 그의 사상의 "가장 근본적 토대"53)라고 부른 비이원론(non-dualism)인 "아드바이타"(*advaita*)에 대한 킹과 본회퍼 나름의 해석도 있지만, 간디의 비이원론에는 현대 서양 문화 속에 새겨져 있는 인간중심주의(anthropocentrism)가 없다. 간디에게는 인간이 다른 형태의 생명들보다 존재론적으로 우월하지 않다.54)

확대된 유산들

"여기에서부터 우리는 어디로 가는가, 혼돈인가 아니면 공동체인가?"라는 제목의 책에 쓴 발제 논문에서 킹 목사는 묻고 있다. 그가 암살당한 해에 출간된 그 책의 마감 논문은 "세계라는 집"(the World House)이라는 제목을 달고 있는데, 그는 이렇게 시작한다.

몇 해 전에 한 유명한 소설가가 죽었다. 그가 남긴 서류들 가운데 장차

---

52) *Bhagavad-gita as It Is*, Complete Edition (Los Angeles, CA: International Society for Krishna Consciousness, 1983), 337.
53) Gandhi, *All Men Are Brothers*, 118.
54) Haberman, "Hinduism, Deep Ecology and the Universe Story," 5.

쓸 이야기 줄거리들의 목록이 발견되었는데, 가장 강조된 것은 이러하다: "서로 멀리 떨어진 가족에게 그들이 함께 살아갈 집이 유산으로 남겨졌다." 이것이 인류가 맞이한 매우 큰 새로운 문제다. 우리는 커다란 집을 물려받았는데, 그 커다란 "세계라는 집"은 우리가 함께—백인과 흑인, 동양인과 서양인, 이방인과 유태인, 카톨릭과 개신교인, 모슬렘과 힌두—살아갈 집인데, 한 가족이 부당하게 사상, 문화와 이해관계로 갈라져 있지만, 우리가 다시 떨어져 살 수가 없기 때문에, 우리는 어떤 방식으로든 서로가 함께 평화 속에서 살아가기를 배워야 한다.55)

그는 거의 50여 년 전에 쓴 이 글에서, 우리 모두는 이웃들이라고 말한 세계화 과정을 놀랍게 묘사하고 있다. 그러나 그의 결론은 엄밀하게 물질적이 **아닌** 세계화의 차원을 강조한다. 또다시 예언자적인 주제를 소리치면서, 이 "세계라는 집" 속에서 "우리의 문제"는

우리는 내면적인 것들을 외부적인 것들 속에서 잃어버리도록 허락했다는 점이다. 우리는 수단이 목표를 훨씬 넘어서도록 허락했다. 그래서 많은 현대적인 삶은 소로우(Thoreau)가 표현한 구절 속에 요약된다: "발전되지 않은 목표에 발전된 수단." 이것은... 현대인들이 직면한, 깊이 뇌리를 떠나지 않는 문제다. 확대된 물질적인 권력은 그에 수반하는 영혼의 성장이 없으면 확대된 위험을 가져온다... 이 세계라는 집 속에서 창조적인 삶에 대한 우리의 희망은... 개인적 인격과 사회정의 속에서 삶의 도덕적 목표를 세우는 우리의 능력에 있다. 이런 영적 도덕적 새로운 깨우침이 없이는, 우리 자신들의 수단들을 잘못 사용하는 것 때문에 우리 자신들을 파괴하고 말 것이다.56)

---

55) Martin Luther King Jr., "The World House," *Where Do We Go from Here: Chaos or Community?*, 167.
56) Ibid., 172-73.

이것은 거의 책 끝에 나온다. 끝에서 두 번째 페이지 속에는 리버사이드 교회 설교문의 한 단락을 포함하고 있다: "가치들의 진정한 혁명은 결국, 우리가 바칠 충성들이 지역적 충성보다는 범기독교적인 충성이 되어야 한다는 뜻이다. 각 나라가 이제 각각의 개별적 사회들 속에서 최선의 것을 보전하기 위해서는, 인류 전체에 바칠 최우선의 충성을 발전시켜야 한다." 최후의 문장은 이렇다: "우리는 오늘날 아직도 선택의 여지가 있다. 즉, 비폭력적 공존이냐 폭력적 공멸이냐. 이것이 혼돈과 공동체 사이에서 선택할 인류의 마지막 기회가 될 것이다."[57]

예언자적-해방적인 용기의 모범으로서 킹 목사와 그 운동은 우리들에게 질문을 던진다: 그들의 20세기 투쟁의 유산은 어떻게 계속될 것인가?

이 질문에 대한 어떤 대답도 반드시 포함해야 할 것은, 킹과 본회퍼가 포함하지 않았던 것, 그러나 그들의 도덕적 감수성들로 보아서는, 포함하고 싶어 했을 것으로 여겨지는 것들이다: 즉, "사회적 질문"과 "생태학적 질문"의 병합, 인간과 인간을 넘어선 생명이 함께하는 공동체에 걸친 지구 행성의 고통이란 현실, 다른 이름으로는 "땅과 그 고난"이다.

예언자적-해방적 전통은 그 고난의 원인들을 찾아내려 하고, 그러기 위해서는 상세한 관찰 수단들을 사용한다. 사회과학이 사회를 이해하고 개혁하기 위한 중요한 수단을 이런 전통에 주었듯이, 마찬가지로 사회적 역사적 연구들과 결합한 생태학적 과학들이 도움을 준다. 몇 가지 실례를 들어보자.

윌리엄 리스(William Rees)와 마티스 왜커나겔(Mathis Wackernagel)이라는 캐나다 사람들이 인간의 경제가 자연의 경제에 끼친 지역적, 지방적, 국가적, 대륙적, 그리고 전 지구적 영향을 측정하기 위한 과학적 수단을 개척하고자 했다. 이런 영향들은 "생태 발자국"(ecological footprint)이라고 부를 것인데, 지정된 지역들에 해당하는 생태학적 자산들과 생태학적 부채들을 기록한다. 측정된 것은 "생명권(biosphere)과 비교한 인간 기업의 크기, 그리고 어느 정도로 인간이 생태학적으로 정도를 지나쳤냐이다. 지나치게 사용해서 실패하게 되는 것이 단기적으로 가능한 것은, 인간은 생태계가 매년 산출해준 것들

---

57) Ibid., 190-91.

에 의해 살아가기보다, 생태계 자원을 고갈시켜버릴 수 있기 때문이다."58) 간단히 말해, 지구상 어느 지역을 위한 지속가능성과 비지속가능성의 의미에 대한 과학적인 상세설명은 그 지역의 "생물생산능력"(biocapacity)에 실제 수요를 비교함으로써 주어질 수 있다.59) 이런 방식으로 하는 발자국 분석은 경제학자들과 비즈니스 세계가 편리하게 생략해버린 것—경제적 외부효과들—을 포함한다. 그리고 생태 발자국들은 경제적 외부효과들을 내면화하기 때문에, 가령 『월스트리트저널』보다 인간 경제의 더 정확한 모습을 얻어낼 수 있다. 나로서는 선택된 지역들, 도시들, 나라들의 변화하는 세부사항들을 다루지는 않을 것이지만, "거시적"(macro) 데이터를 보고하고자 한다: 1981년에서 1991년에 이르는 중간쯤에서 전 세계의 수요총량이 지속가능성에서 비지속가능성에로 문지방을 넘어섰다. 1963년에는 세계 수요량이 전 세계 생물생산능력의 절반 정도였다. 1985년경에는 그것들이 서로 엇비슷했다. 그러나 2002년에는 우리는 지구의 생물생산능력의 1.2배로 살고 있었고, 그 비율 숫자는 지속적으로 증가해왔다. 2010년에는 인간은 자연이 재생산하는 것보다 50%나 더 빠르게 자연의 도움을 사용해버렸다.60) 간단히 말해서, 우리는 자연이 이자로 산출해내는 것으로 살기보다는 자연의 절대로 필요한 원금을 써버리고 있었고, 그래서 킹 목사가 말하는 "세계라는 집"은 심각한 생태학적 부채에 빠져버렸다. 빈곤의 문제를 다루기 위해서는, 킹 목사가 말한 재구성이 미국 사회에서 필요하고, 동시에 다른 모든 것들의 건강이 달려있는 생명권과 대기권의 건강을 다루어야만 한다.

재레드 다이아몬드에 대해 말해 보자. 다이아몬드의 처음 책인 『총, 균, 쇠』(*Gun, Germ, and Steel*)는 "왜 백인들은 그토록 많은 선적 화물을 갖고 있는데, 우리는 그렇지 못한 것인가?"라고 물은 그의 파푸아 뉴기니 친구의

---

58) P. 1 of "Humanity's Footprint 1961-2002," available at www.footprint network.org/gfn_sub.p[hp?content=global_footprint.
59) This resource, "Global Footprint Network," is available at www.footprintnetwork.org.
60) See the *2010 Living Planet Report* of the World Wildlife Federation, available at www.footprintnetwork.org.

질문에 의해 자극되어 쓴 것이다. 다이아몬드는 토착 원주민들의 지성 혹은 유전자 속에는 그 대답이 들어있지 않음을 알았다. 그래서 그는 우리들 세계의 불평등에 대해 설명하기 시작했다. 지리(혹은 환경)와 역사의 역할이 바로 그 열쇠라고 그는 결론을 짓고 있는데, 이는 이것들이 초목과 동물들을 길들이는 데 역할을 했기 때문이었다. "총, 균, 쇠"와 함께 이런 것들이 지역들과 사람들을 정복하는 큰 형태였다. 그것들은 어떤 사회들과 문명들이 지닌 유리한 점을 설명하고, 또한 왜 그런 사회와 문명들이 다른 것들을 희생시켜서 일어나고 지배했는가를 설명한다.61)

그러나 왜 그토록 많은 것들이 실패하는지는 무엇으로 설명할까? 좀 더 신랄하게 지적하자면, 왜 그토록 많은 사회와 문명들이 그들의 힘과 숫자가 최고조에 가까웠을 때 무너져버리는가, 그것도 종종 매우 신속하게? 그 질문이 다이아몬드로 하여금 그의 두 번째 책 『붕괴』(*Collapse*)를 쓰게 만들었다. 경제와 사업의 대부분의 일들과는 달리, 그런 붕괴는 항상 경제, 형평성, 그리고 눈에 보이는 환경과 함께 복잡하고 역동적인 상호관계를 갖고 있다.

다이아몬드의 탐구는 근본적으로 도덕적인 것이다. 그가 알고 싶어 한 것은, 가진 자들과 못 가진 자들로 갈라진 세상의 불안정과 파괴성을 극복하는 과정 속에서 지구의 경제를 지속하도록 하는 데 역사의 교훈이 우리에게 무엇을 도와줄 수 있는가이다. "사회는 어떻게 실패나 성공을 선택하는가" (How Societies Choose to Fail or Succeed)라는 표현이 이런 도덕적 노력을 위해 다이아몬드가 말한 구절이다.62) 그것은 선택과 함께 사는 것, 생활방식 혹은 방식들에 대한 것이다.

"붕괴"(collapse)라는 말로 다이아몬드가 뜻하고자 한 것은, "연장된 기간과 상당한 지역에 걸쳐서, 인구와 그리고/혹은 정치적/경제적/사회적 복잡성(complexity)의 급격한 감소"63)다. "붕괴"는 감소의 극단적 형태다.

---

61) Jared Diamond, *Guns, Germs, and Steel: The Fates of Human Societies* (New York: W.W. Norton, 1997), passim.
62) The subtitle of *Collapse*.
63) Jared Diamond, *Collapse: How Societies Choose to Fail or Succeed* (New York: Viking, 2005), 3.

모든 붕괴의 경우에는, 황폐화된 환경이, 흔히 "의도하지 않은 생태학적 자살"(unintended ecological suicide)의 환경이,64) 항상 유일한 요인은 아닐지라도 하나의 요인은 되는데, 이는 가령 마야문명 같은 고대 문명의 붕괴든, 혹은 소비에트연방 같은 최근의 붕괴든 모두에 해당된다. (우리의 비옥한 초승달지역 논의에서도, 토양의 자멸을 도운 것이 비록 유일한 요인은 아닐지라도 대단히 중요한 요인이었다.)65) 거기에는 사람들이 의존하고 있는 생태학적 수용능력을 그들이 손상시키는 여덟 가지 과정들이 있다: "숲의 황폐화와 주거지의 파괴, 토양 문제들(부식, 염화, 토양 생식력의 손실), 물 관리의 문제, 과도한 사냥, 과도한 고기잡이, 외래생물이 토종생물에 주는 영향, 인구의 증가, 그리고 사람들 일인당 증대된 충격 등이다."66)

과거의 붕괴에서 어떤 형태로 조합되었든 모두 나타났던 이런 여덟 가지 과정에다, 다이아몬드는 현대의 산물인 새로운 네 가지 과정을 추가한다: 인간 때문에 일어나는 기후변화, 환경 속에 쌓여진 유독성 화학물질, 에너지 부족, 그리고 지구의 광합성 능력을 인간이 전폭적으로 이용함이 그것이다.67) (광합성 능력이란 광합성 과정에서 식물 이파리들이 탄소를 고정하는 최대 비율인데, 그 때문에 대기 속에 있는 탄소의 양에 영향을 준다.) 다이아몬드의 결론은, 이들 열두 가지 과정들 대부분이 "이 다음 몇 십 년 이내에 전 지구적으로 중대한 문제로 될 것이다. 우리가 그 때쯤에는 문제들을 해결하거나, 혹은 [세계의 3분의 2와] 제1세계 사회들의 토대를 무너뜨리게 될 것"68)이라고 한다. 그는 문명의 묵시론적 붕괴나 인류의 멸종을 예견하지는 않는다. 그보다 가능성이 있는 것으로는 "훨씬 낮은 생활수준, 만성적인 고도의 위험들, 그리고 우리가 지금 핵심적인 가치들로 여기는 것들이 손상된 미래다. 그런 붕괴는 여러 형태들을 띨 것인데, 가령 전 세계적으로 질병들의 만연, 혹은 궁극적으로는 환경의 자원들이 부족해서 촉발되는 전쟁들을

---

64) Ibid., 6.
65) See above.
66) Ibid., 6.
67) Ibid., 7.
68) Ibid.

예상할 수 있다."69)

다이아몬드는 결정론의 신봉자가 아니다. 그의 전반적인 목표는 붕괴로 이어질 황폐화와 불평등들을 어떻게 극복할 것인가를 배우는 것이다. 그의 연구에 근거해서, 그는 사회들의 대응을 접근하기 위한 틀을 제안한다: 사회들이 하는 다섯 가지 요인들이 그 길을 마련한다.

이미 지적했던 것이지만 모든 경우에 나타나는 것으로 그가 발견한 것 하나는, 스스로 발생하는 환경의 손상이다. 다른 것들은, 기후변화, 적대적인 이웃들, 호의적인 무역 파트너들, 그리고 사회들이 환경 문제들에 대응하는 방식들과 효과다. 그의 저서 『붕괴』(Collapse)에서는 이런 요인들을 측정 모눈(grid)으로 삼아서 오늘날 미국의 몬태나, 남부 캘리포니아, 그린랜드, 이스터 섬, 미국 남서부의 고대 푸에블로 사람들, 르완다, 도미니카 공화국, 아이티, 중국, 오스트레일리아, 네덜란드 등을 조사한다. 그의 냉정한 최종결론은 오늘날 그 복잡한 요인들 전체를 충분히 대처한 사회는 없다는 것이다. 이런 다이아몬드의 결론은 전 세계 발자국 연락망(Global Footprint Network)의 결론과 일치한다: "우리의 세계 사회는 현재 지속가능하지 않은 경로 위에 있다."70)

이처럼 지속가능하지 않은 경로를 발생시키는 요인들은 어떻게든 "결말이 날 것"이라고 다이아몬드는 말한다. "오직 한 가지 질문은 그것들이 우리가 선택하는 즐거운 방식으로 해소될 것이냐, 아니면 우리의 선택이 아닌 불쾌한 방식으로, 가령 전쟁, 계획적 대량학살, 아사, 전염병 만연, 사회들의 붕괴로 해소될 것이냐다. 그런 끔찍한 현상 모두가 역사를 통하여 인간에게 지역적으로 늘 있어왔지만, 환경의 퇴화, 인구 증가, 그리고 결과적으로 생겨나는 빈곤과 정치적 불안정과 더불어 그것들의 빈도가 증가한다."71)

마지막으로, 만일 누군가에게 다이아몬드가 고개를 끄덕여 동의한다면, 그건 네덜란드 사람들일 것이다. 그들은 전 세계가 이제는 하나의 **간척지**

---

69) Ibid.
70) Ibid., 498.
71) Ibid.

(polder)임을 누구보다도 더 잘 알고 있다. 간척지들은 네덜란드 사람들이 천년 동안 개간해온 해수면 이하의 땅들이다. 네덜란드의 지혜는 말한다: "당신은 원수와도 잘 어울려 지낼 수 있어야 한다. 왜냐하면 그는 아마도 당신의 간척지 이웃의 펌프를 작동시키는 사람일지도 모르기 때문이다." 그런 말을 다이아몬드에게 전해준 사람은 계속해서 말한다: "그리고 우리는 모두 함께 간척지 아래에 있다. 부자들만 제방 위에서 살고, 가난한 사람들은 해수면 이하 간척지 아래에서 사는 그런 처지가 아니다. 만일 제방과 펌프가 실패하면, 우리는 모두 함께 물에 빠져 죽는다." 그는 계속 이렇게 말한다: "만일 전 지구적인 온난화로 극지방 얼음이 녹아서 해수면이 상승하면, 그 결과는 세계 어느 나라보다도 네덜란드에게 더욱 심각할 것이다. 이미 너무도 많은 땅이 해수면 이하에 있기 때문이다. 그게 바로 네덜란드 사람들이 우리 환경에 대해 잘 알고 있는 이유다. 우리가 역사를 통해서 배운 것은 우리가 모두 똑같은 간척지에서 살고 있어서, 우리의 생존이 서로서로의 생존에 달려있다는 것이다."72) 킹과 본회퍼가 도덕적 생태학(moral ecology)이 신학적 윤리에 속한다고 말한 것이, 경험적인 현실세계의 상대를 갖고 있는 것 같다. 생태계 전체로서의 "세계라는 집"은 곧 하나의 간척지이다.

힘(권력)의 분석

어떤 여정을 선택하든, 지구를 공경하는 투쟁들 속에서 얻어진 지혜는 우리의 운명적 선택을 알려주어야 한다. 예언자적-해방적 전통들 속에는 힘(권력)에 대한 중요한 교훈들이 있다. 이런 것들 그리고 예언자들이 주장했던 힘에 대한 분석으로 이 장을 끝내고자 한다.

* 힘이 "무엇 위에 행사하는 힘"(power over), "무엇과 함께하는 힘"(power with), "무엇을 위한 힘"(power on behalf of)이기 이전에, 힘은 모든 존재의 에너지와 행위자에게 있는 "무엇을 할 수 있는 힘"(power to), 즉 피조

---

72) Ibid., 519-20.

물 자체의 힘이다. 이것이 뜻하는 바는, 힘이 없이는 아무것도 일어나지 않는다는 것, 악한 것도, 선한 것도, 모든 것이 일어나지 않는다는 것이다.

이런 가정을 가지고 시작하면, 힘에 대한 좋은 분석은 현재의 힘들의 종류를 구체적으로 지적한다: 그것은 누구를 위한 힘으로서 누구에게 있는 힘인가? 무엇 위에 행사하는 힘인가? 무엇과 함께 하는 혹은 무엇들 가운데 있는 힘인가? 무엇 안에 있는 혹은 무엇 안에서 나온 힘인가? 이런 것들을 통해서 어떤 종류의 인간/인간보다 더한/인간 이외의 힘의 혼합이 움직이는가? 그것은 평판만의 힘인가, 연립하는 힘인가, 소통하는 힘인가, 구조적 힘인가, 카리스마적 힘, 혹은 노래의 힘처럼 무슨 다른 형태의 힘인가? 그것은 은밀한 혹은 공공연한, 실제적인 혹은 잠재적인 힘인가? 간단히 말해서, 어떤 종류의 힘이 어떤 역동성으로 작용하며, 어떤 관계의 형태를 구성하고 있는가? 종교 윤리의 좋은 효과는 힘에 대해서 구체적인 것을 요구한다.

* 예언자적-해방적 전통들 속에서처럼, 신적인 것의 경험은 다른 관계들의 한 가지 차원이다. 마찬가지로 개인적, 공동체적, 도덕적-영적 힘도 정치적, 경제적, 그리고 다른 물질적 구조적 힘의 역학관계(power dynamics)이다. 영의 환경으로서 물질적 세계가 의미하는 바는, 힘의 분석이 처음부터 신학적-윤리적 방법에 속한다는 뜻이다. 공적인 윤리 속의 고전적 화제들, 가령 정부의 역할과 국가의 권력 같은 어떤 화제들을 담론이 끄집어낼 때 힘의 분석이 처음 나타나는 것은 아니다. 또한 그것은 어떤 생태사회학적 혹은 다른 문제가 과학으로 기술된 뒤에 처음 나타나는 것도 아니다. 힘에 대한 분석은, 선반에서 끌어내기를 기다리고 있는, 종교적 윤리학을 위한 부차적인 도구가 아니다. 그것은 방법의 체계적인 요소다.

* 이원적 사고(Binary thinking)는 보통 힘에 대한 좋은 분석의 가치를 떨어뜨린다. 이원적 사고가 그렇게 하는 것은, 가령 사랑과 힘 혹은 자유와 힘처럼, 윤리학에서 지극히 중요한 주제들을, 사적인 것과 공적인 것(이 자

체가 이원적인데)을 갈라놓는 도덕적 스펙트럼 위에서 양끝의 점들을 대조시켜 내거는 것으로써 한다. 좋은 분석은 공적인 것과 사적인 것, 깊이 개인적인 것과 널리 사회적인 것, 내적인 것과 외적인 것, 습관적인 것과 변칙적인 것, 가까운 것과 먼 것, 그리고 특히, 인간과 인간을 넘어선 것의 종합을 어찌하든 이룩한다. 힘에 대한 우리의 경험은 어린 시절 가정에서 시작된다. 친밀한 집단들 내부에서의 힘의 형태와 넓은 집단에서의 힘의 형태 사이에는 연결되는 것들이 있다. 이원적 사고는 이런 것들을 모호하게 만든다.

　* 우리는 생태사회학적 위치와 그것의 힘의 기반에 대해 스스로 의식해야 한다. 우리는 힘 자체와 특권들과 힘이 지닌 책임에 대한 우리의 인식과 견해를 위해서 힘의 위치가 의미하는 것을 묻는 데 충분히 자기 비판적이 되어야 한다. 우리는 다른 사람들의 관점들을 환영해야 한다. 힘의 모든 행사에 대한 사울 알린스키(Saul Alinsky)의 말은, "혼자는 시대에 뒤떨어진 얼간이다"(Solo is dodo.)라는 것이다.

　* 예언자적-해방적 전통들에 의해 알려진 힘의 분석에서는, 우리가 명백한 신학적 주장들 혹은 도덕적 원칙들로부터 시작하지 않고, 구체적 실천들로부터 시작한다. 생각 자체가 실천으로부터 나오고, 또한 사람의 실천 각각(생애의 일, 부모노릇하기, 가사를 돌봄, 시민으로서의 용무, 음악 만들기, 시를 짓기, 전쟁, 혹은 사랑 등)은 그 자체의 인식과 행동, 그 자체의 덕목들, 가치들, 그리고 의무를 발생시킨다. 신적인 힘을 포함해서, 힘에 대한 우리의 경험은 이런 실천들 속에 박혀있다. 그것들이 (신조들, 원칙들, 도덕적 아이디어들, 혹은 지성적인 전통들보다는) 힘에 대한 분석의 최초의 그리고 제1차적인 주제다.

　* 관행들을 분석하는 데는, "모세혈관들"(capillaries)[73])이 중요하지만, 종종 무심히 간과된다. 이것은 힘의 흐름 속에서 가장 멀리 떨어진 곳, 말단에 가서, 구체적인 관행들과 그곳에서의 결과들을 분석한다는 뜻이다. 우리

---

73) The term is Michel Foucault's in *Power/Knowledge: Selected Interviews and Other Writings 1972-1977*, ed. Colin Gordon (New York: Pantheon Books, 1980).

는 그것에 관해, "너희는 그 열매를 보고 그들을 알게 될 것이다"(마태복음 7:16)라는 확실한 권위로 갖고 있다. 우리는 힘의 중심부에 먼저 가서 그곳에서 지배적인 견해들을 조사하기보다는, 지구 행성의 토양, 공기, 물, 그리고 에너지를 포함한, 말단에서 나온 결과들로부터, 힘의 순환체계를 통하여 거꾸로 추적하여 그것이 어떻게 작동하는지를 배울 수 있다. 좋은 예언자적-해방적 종교 윤리는 누가 힘을 어떻게 휘두르는지에 관해 이미 당연시하는 확립된 사고를 뒤흔든다. 현재 힘의 정당화에 가장 완벽하게 공을 들인 사람들의 견해로부터 힘을 분석하는 것은 잘못이다. 어떻게 사태가 벌어졌고, 구성되었고, 형태를 이루었고, 완성되었는지에 초점을 맞춰야 한다. 가장 중요한 것은 사람들과 여타 피조물들이 무엇을 하고 무엇을 경험하느냐다.

　* 오직 생태사회학적 그리고 지구사회학적 관행들에 대한 다층적 분석만이 유효하다. 이런 관행들의 역사는 무엇인가? 언제부터 그것들이 일어났는가? 왜 그것들의 모습이 현재 모습인가? 그들로 인해서 누가 이익을 보았고, 누가 고통을 당하는가? 이런 관행들 속에서 힘의 평가는 무엇인가—누가 무슨 이유들 때문에 신뢰성과 목소리를 지니고 있나? 말로 하는 고도의 기술? 경제적 영향력? 비상한 기질? 위풍당당한 인품과 태도? 타협하는 능력? 인종의 역할은 무엇인가? 성별은? 계급은? 성적인 취향은? 육체적인 능력은? 문화와 종교적 신앙은? 공학기술과 그것의 영향은? 인간 이외의 자연의 수용능력과 조건들은? 부정적으로 말해서: 단일 요소에 대한 힘의 분석이 공통적인 추세지만, 그것은 충분하지 못하다.

　* 예언자적-해방적 윤리가 우선순위를 갖는다. 특별한 주목해야 하는 사람들은 생태사회학적 그리고 지구사회학적 위치 때문에 지배적인 힘을 공유하지 못하는 사람들, 그리고 권력남용의 결과로 취약하게 되는 사람들인데, 이들은 다른 계층에 있는 다른 사람들이 모르는 힘에 대해 무언가를 알고 있는 자들이다. 뒤 보아(Du Bois)가 "숨겨진 구석"(veiled corner)[74]이라고 부른 것, 즉 대부분의 사람들에게는 숨겨진 것으로부터, 그들 지배력의

---

74) W.E.B. Du Bois, *Darkwater: Voices from within the Veil* (Mineola, NY: Dover Publications, 1999).

부족함 때문에 고통을 당하는 자들은 특권을 지닌 자들이 보지 못하는 것을 본다. 두 번째의 우선순위는 결정이 내려짐으로써 가장 영향을 받는 자들에게서 듣는 것이다. 남들의 결정들에 대응하는 그리고 자기 결정을 내려야 하는 자들의 구체적인 경험은 무엇인가? 우리는 공정성이라는 명분으로 그 결정으로 인해 가장 영향을 덜 받는 사람들로 하여금 그 영향을 받는 사람들의 안녕을 "대표하도록" 하는 종교 윤리학의 전통들에 대해 질문을 제기해야만 한다. 이런 종류의 대표제는 때로 필요하며 심지어 불가피하기도 하다 (본회퍼처럼, 이미 말 못하게 된 사람들을 위해서 말하거나, 우리가 사례로 들었던 것처럼 황폐하게 된 토양을 위해 말하는 것처럼 말이다). 그러나 그 것은 항상 당사자들 자신이 말하는 것보다는 덜 바람직하다. 그들이 높은 지위에 있는 대변인을 필요로 하는 것보다는 그 당사자들이 자신들의 현장에서 스스로 말해서 그들(높은 지위에 있는 이들)로 하여금 듣게 만드는 것이 더 중요하다. 예언자적-해방적 윤리는 왜 그런 일이 일어나고 있느냐고, 만일 그렇지 않다면, 왜 안 그런지를 묻는다. 나로서 다만 덧붙이고 싶은 것은 간디 같은 인물들이 보인 힘은, 누구를 대신한 힘(power-on-behalf-of)이란 뜻을 지닌 "대표"(representation)의 힘이라기보다는 당사자들의 주장을 "조리 있게 다듬어 주장하는"(articulation)의 힘이었다는 점이다. 그런 인물들이 불러일으키는 힘은, 인민들로 하여금 모든 크고 작은 것들을 유통하는 하느님이 공유하는 힘을 자기들의 것처럼 주장하게 한다. 필리핀 농부들은 이것을 잘 표현했다: "우리는 우리가 기다려온 바로 그런 인민들이다!"

* 아무도 도덕적 비전이 20/20(시력의 표준 척도—역자주)인 사람은 없다. 그러나 함께라면 우리가 접촉한 짐승이 코끼리인지, 낙타인지, 땅돼지 (aardvark, 남아프리카산 개미핥기의 일종—역자주), 혹은 다른 그 무엇인지 이해할 수도 있으리라. 서로 다른 데도 함께 일하면, 분석에 정보를 주는 권력의 경험과 해석을 확대하고 높여준다. 우리 가운데 어느 누구도 홀로는 우리 모두만큼 현명하지 못하다. 그리고 우리 모두는 우리가 골고루 동질화되지 않을 때 더욱 현명하다.

* 언어 분석은 힘에 대한 분석에서 핵심이다. 앞에서 이미 거론했던 실

례를 다시 들자면, 지금까지 미국 역사상 가장 컸던 환경 재앙인 멕시코 만에서 BP(영국석유회사)의 원유 굴착기 폭발은 "유출"(spill)이었고, 지금도 그렇게 언급되고 있다. "유출"이—유감스럽도록 더러운 모양에 대한 온건한 말인데—한 편에 있으면, 다른 편에선 공격적인 공학기술적 문제해결이 있다. 여기에서는, 언어가 온건하지 않고, 폭력적이다. top kill, bottom kill, static kill, junk shot, choke kill, kill line 등(이런 단어들은 원유 유출을 틀어막기 위해 진흙, 콘크리트 등을 사용하는 유전에서 사용하는 말들이다—역자주). 더구나, 분출해서 나오는 원유 자체가 공격자요, 원유를 틀어막는 일을 하는 사람들이 공격자가 아니다. "귀신같은 괴물이 우리들에게 계속해서 나온다"75)고 한다. 여기서, 권력의 단어들 속에, 우리가 앞에서 만났던 전쟁과 산업의 정체성(war-and-industry identity)이 있다. 단어들과 이미지들에 자세한 주의를 기울이면 권력을 이해하는 열쇠인 언어들이 설명한다.

* 땅의 깊은 고통은 아무것에도 놀라지 말고, 악에 대해 주의하라는 뜻이다. 리처드 로티(Richard Rorty)가 하이데거(Heidegger)에 대해 논평한 말을 기억하는 것이 유용하다: 하이데거는 나치 당원이었고, "겁쟁이, 거짓말쟁이, 그리고 20세기의 가장 위대한 철학자였다."76) 또한 우리가 프리츠 하버(Fritz Haber)에게서 만날 존재의 비극적 성격을 잊어서도 안 된다.77) 권력은 부패한 것에만 주어지는 것이 아니다. 때로는 권력이 그저 뒤틀려서, 그 동기들이 돈으로 매수할 만큼 타락하기보다는 칭찬할 만한 때에도, 대재앙을 가져온다. 그리고 권력은 항상 애매하다. 권력의 여러 형태들—누구 위에 가하거나, 누구를 위하거나, 누구와 함께 하거나, 누구 속에 있거나—은 정의를 위해서도 불의를 위해서도 봉사한다. 그렇다고 모든 권력 형태들이 도덕적 동의어로 표현되지는 않는다. 그것이 뜻하는 바는 때로는 귀찮은 도덕적 복잡성이고, 그래서 월요일 아침의 놀라움(*Monday Mornings*는 미국 TV 의학 드라마인데, 월요일 아침회의에서 주임의사의 칭찬과 비난이 쏟아짐—역자주)을

---

75) *New Mexican*, August 5, 2010, A1, A8.
76) Quoted in L. S. Klepp, "Every Man a Philosopher-King," *The New York Times Magazine*, December 2, 1990, Section 6:57.
77) See above.

겪는다.

　* 특히, 예언자적-해방적 힘의 분석은 선함 자체의 유일한 운반수단으로서 힘을 이해한다. 단지 의심과 음모에만 맞춘 분석은 보통의 인간과 인간 이외의 것들이 이룩한 성과의 일상적인 좋은 것들(가령 사랑과 갱신의 힘, 혹은 씨앗의 힘)을 발견하지 못할 것이다. 그것은, 가령 빅토리아 역(Victoria Station—영국 런던의 기차역, 또한 짧은 연극이름—역자주)으로 살아서 도착하고, 빅토리아 역도 그가 원하는 모습대로이기를 바라는 것 같은,78) 그런 보통의 친절이 가져오는 놀라운 작용들 모두를 나타내 보이지 못한다. 힘의 분석의 목표는 비꼬는 사람을 북돋아주거나 도덕적 상대주의를 발생시키려는 것이 아니다. 그것은 피조물들의 번성을 위한 정의를 도와주려는 것이다.

그 다음엔…

　살아가기 힘들고 새로운 지구 행성 위에서, 전환의 시간 동안에, 피조물들이 번성하는 것은 계속적인 위기관리와 예언자적-해방적 재치와 상상력을 필요로 할 것이다. 그것은 또한 지혜를 요구하는데, 지혜(Wisdom)란 말은 이 장이나 다른 장들에서 때때로 나타나는 말이다. 그러나 통상 대화 속의 의미를 넘어서, "지혜"란 일련의 범인류적 도덕 전통들과, 특히 종교전통들 속의 저명한 인물로서 나타난다. 이제 우리는 지혜로 넘어가 보자.

---

78) An image from G.K. Chesterton, *The Man Who Was Thursday* (New York: G.P. Putnam's Sons, 1960), 10.

12장

지혜와 어리석음

우리가 살아가는 가운데서 잃어버린 삶은 어디에 있는가?
우리의 지식 가운데서 잃어버린 지혜는 어디에 있는가?
우리의 정보들 가운데서 잃어버린 지식은 어디에 있는가?
— T. S. Eliot[1]

진리는 하나뿐이나, 지혜로운 사람은 그것을 여러 이름들로 부른다.
— 힌두교 격언

지혜란 아마도 가장 성서적인 생태신학과 윤리학일 것이다. 피조세계는 지혜의 선생이다. 이에 비교해서 판단되는 인간의 책임들이 따른다.

여기 한 고대의 설명에 따른 지혜의 자서전이 있다.

(1) 지혜가 부르고 있지 않느냐? 명철이 소리를 높이고 있지 않느냐?
(2) 지혜가 길가의 높은 곳과, 네거리에 자리를 잡고 서 있다.
(3) 마을 어귀 성문 곁에서, 여러 출입문에서 외친다.
(4) "사람들아, 내가 너희를 부른다. 내가 모두에게 소리를 높인다."
(22) 주님께서 일을 시작하시던 그 태초에, 주님께서 모든 것을 지으시기 전에, 이미 주님께서는 나를 데리고 계셨다.
(23) 영원 전, 아득한 그 옛날, 땅도 생기기 전에, 나는 이미 세움을 받

---

1) T.S. Eliot, from "The Rock" (1934), *Collected Poems, 1909-1962* (New York: Houghton Mifflin Harcourt, 1963), 147.

557

았다.

(24) 아직 깊은 바다가 생기기도 전에, 물이 가득한 샘이 생기기도 전에, 나는 이미 태어났다.

(25) 아직 산의 기초가 생기기 전에, 언덕이 생기기 전에, 나는 이미 태어났다.

(26) 주님(YHWH)[2]께서 아직 땅도 들도 만들지 않으시고, 세상의 첫 흙덩이도 만들지 않으신 때이다.

(27) 주님께서 하늘을 제자리에 두시며, 깊은 바다 둘레에 경계선을 그으실 때에도, 내가 거기에 있었다.

(28) 주님께서 구름 떠도는 창공을 저 위 높이 달아매시고, 깊은 샘물을 솟구치게 하셨을 때에,

(29) 바다의 경계를 정하시고, 물이 그분의 명을 거스르지 못하게 하시고, 땅의 기초를 세우셨을 때에,

(30) 나는 그분 곁에서 창조의 명공이 되어, 날마다 그분을 즐겁게 하여 드리고, 나 또한 그분 앞에서 늘 기뻐하였다.

(31) 그분이 지으신 땅을 즐거워하며, 그분이 지으신 사람들(*adam*)을 내 기쁨으로 삼았다. (잠언 8:1-4, 22-31)[3]

이 자서전을 골라 뽑아온 잠언서(Proverb)는 땅이 형성되기도 전에 우주 속에서 별난 작용을 하며, 하느님과 잘 소통했던, 지혜의 오랜 전통에 속한다. 마찬가지로 욥기, 전도서, 아가서, 그리고 시편의 일부도, 다른 문서들의 여러 가닥들과 함께 그것들이 문서로 수집되기 오래 전에 이미 떠돌고 있었던 구두 전승(oral tradition)을 반영한다.

---

2) YHWH(야웨)는 하느님을 지칭하는 히브리어인데, 종종 "주님"(the Lord)으로 번역된다.
3) 잠언 8:1-4; 22-31은 William P. Brown이 그의 책 *The Seven Pillars of Creation: The Bible, Science, and the Ecology of Wonder* (New York and London: Oxford University Press, 2010), 164에서 번역한 것을 인용한다. 나는 그의 번역을 채택하였는데, 이는 그의 번역에 가까운 그의 논의를 나도 채택하기 때문이다.

지혜 전통들은 종교적 윤리와 지구의 치유에 대한 또 다른 명백한 접근 방식을 제공한다. 지혜의 말씀은, 우리가 가던 길에서 돌아서지 않으면, 사람들의 침해 방식들이 틀림없이 파멸을 가져올 것이라는 예언자들의 그런 날카로운 경고가 아니다. 그런 점에서, 지혜는 역사 속에 전혀 알려지지 않았던 조화들을 말하는 부풀려진 예언적 비전에 탐닉하지 않는다. 지혜는 어린아이들에게 독사의 굴에서 놀라고 하거나, 어린 양들에게 기대어 쉴 수 있는 사자를 발견하라고 권고하지 않는다.4) 지혜는 피조물들 속에서 대단한 아름다움과 조화를 발견하면서도, 모든 국가들이 전 지구적 평화를 누리면서 시온(Zion) 산으로 몰려올 것을 증거하지는 않는다.5) 그 대신에, 소피아(Sophia: 보통 지혜와 그것의 의인화를 뜻하는 그리스어)는 갈등과 차이들이 계속될 것이며 문제를 제기할 것임을 예상하고 있다. 그렇다면, 우리가 서로 따로 떨어져서 살 수가 없는데, 어떻게 함께 살아야 할 것인가?

지혜는 묵시론적인 마지막 때의 노래를 부르지도 않는다. 지혜가 예상하는 것은 피조물들과 땅은 그들의 창조주가 세워준 제한들 안에서 견뎌내고 있다는 것이다: "주님께서 구름이 떠도는 창공을 저 위 높이 달아매시고, 깊은 샘물을 솟구치게 하셨을 때에, 바다의 경계를 정하시고, 물이 그분의 명을 거스르지 못하게 하시고, 땅의 기초를 세우셨다"(잠언 8:28-29). "지혜를 얻는 것"은 우주적인 신비들을 해명하거나, 대격변의 사건들에 대한 기묘한 꿈을 해몽하는 것에 달려있지 않다. 그 대신, "지혜를 얻는 것"은 자연에 대하여 치밀하고 인내심 깊은 관찰을 필요로 하며, 또 그런 형태들을 살펴보고 어떻게 인간의 책임을 바로세울 것인가를 배우는 것이다. 피조물들의 기능과 역할은 주의를 기울이는 모든 사람들이라면 알 수 있다는 점, 그리고 인간의 능력은 자유롭고, 냉정하고 그리고 잘 행사할 수 있다는 점을 예상한다. 오직 하느님만이 온전히 진리이고, 오직 하느님만이 창조하고 우주의 로고스(Logos: 지성적으로 이해할 수 있는 원리)를 온전히 이해하기에, 어떤 진리도 하느님에게는 맞지 않는 것이 없으며 혹은 지혜의 길을 걷는 사람들에

---

4) 이사야 11:6을 암시한다.
5) 이사야 2:2

게는 금지되지 않는다. "진리는 하나뿐이나, 지혜로운 사람은 여러 이름들로 그것을 안다."6) 지혜가 "네거리"(교차로: 잠언 8:2)에서 부르고 있음에 유의하는 사람들은 이리하여 지식을 얻고, 신중하게 행동하며, 땅을 일구고 이를 지키는 그들의 사명을 온전히 행사할 수 있다.

간단히 말해, 묵시론적 종말의 고약한 냄새도, 전쟁터의 윤리도 지혜의 길을 나타내지는 않는다. 그 대신에, 젊은이나 늙은이가 얻는 건전한 지식 속에서는 확신이 넘친다. 자연에 대한 주의 깊은 분별력은 무엇이 생명에게 모두 필요한가를 밝혀준다. "우리"가 "그들"을 제거하고, 마을을 구하기 위해서 그것을 파괴하는 것은 필요하지도 않거니와 분별 있는 것도 아니다.7)

옛날의 현자들은 분별과 실제 적용기술을 가르쳤던 마을의 장로들, 궁중 과학연구자들, 철학자들이었는데, (상업, 통치 관리, 가정생활, 일상적인 삶의 모든 영역에서) 모두 가르치는 스승들이었다.8) 지혜로운 어버이들, 할아버지 할머니들, 숙모들과 숙부들, 그리고 어린이가 마땅히 걸어야 할 길로 그들을 길러내는 것을 감독하는 사람 누구라도 역시 지혜의 안내자들이었다. 상가 점원, 예술가, 음악가, 그리고 도예가도 역시 좋은 스승들이었다. 지혜를 전달하는 사람은 누구나 가능하다. 심지어 마을의 백치, 순진한 어린이, 바보취급 당하는 자, 놀고 있는 동물도 부지불식간에 지혜를 제공한다. 그리고 지혜문학의 한 종류로서, 세련되지 않은 민속 야담(野談)들도 지혜를 제공한다.(앞에서 논의한 *The Animal's Lawsuit against Humanity*도 지혜문학 수집에 속한다.) 이런 저런 방식으로 이런 것들 모두가 경험을 보호하려고 상세한 안목을 지니고 인간의 본성을 탐구한다.

성경의 지혜문학 학자인 노만 하벨(Norman Habel)은 이렇게 묻는다: "당

---

6) 이 장 첫머리에서 인용했던 힌두교의 격언.
7) 이는 베트남에서 격렬한 전투가 끝나고 나서 미군 사령관이 한 말을 에둘러 암시한다: "그건 부끄러운 일이었다. 그러나 마을을 구하기 위해서 우리는 그 마을을 파괴하지 않으면 안 되었다."
8) 이런 접근은 노만 하벨의 방식이다. "Earth-Mission: The Third Mission of the Church," in *Currents in Theology and Mission* 37, no. 2 (April 2010): 120-22. *Currents*에서 이 문제는 "Faith and Earthkeeping: A Tribute to the Environmental Ministry of David Rhoads"에 있다.

신은 일찍이 왜 개구리는 개미처럼 달리지 않고 개구리처럼 뛰어오르는지 의문을 가져본 적이 있는가? 당신은 일찍이 왜 어린 새는 뱀장어처럼 헤엄치지 않고 새처럼 날기를 배우려고 하는지에 대하여 매혹을 느껴본 적이 있는가?"9) 그게 바로 지혜의 현자들이 묻는 질문과 같은 것이다: 각 피조물의 본성은 무엇이며, 왜 그러하며, 또한 그것을 보고 우리는 무엇을 배울 수 있는가? 거기엔 어떤 본질적인 그리고 본능적인 구조, 어떤 내적인 충동이 있어서, 우리들 자신의 방법을 위한 통찰력을 전해주는가? 창조의 무한하고 신비한 작품이 우리의 삶을 위해 도움이 되는 교훈을 드러내는가?

그렇다면 지혜의 길들은 인간의 본성을 포함하여 자연을 이해한 방식들인 것이다. 인간의 지식, 인간의 기술, 그리고 인간의 행동에는 무거운 부담이 부여된다. 지혜의 길들은 통찰할 수 있다. 그것들을 위반하는 것은 중대한 인간적 손실을 낳는다.

지혜를 얻는 것으로 끝나는 것이 아니다. 지혜는 "그것을 잡고 있는 자들에게는 꾸준히 성장하는 나무"(잠언 3:18)인지라, 늘 새로워지고 늘 가지를 친다. 현명한 늙은이라 할지라도 미완성의 열려진 책으로 죽어간다. 그러나 지혜가 무한하다는 이유로 지혜를 추구하기를 중단해선 안 된다.

(1:2) 이 잠언은 지혜와 훈계를 알게 하며,
　　　명철의 말씀을 깨닫게 하며,
(1:3) 정의와 공평과 정직을 지혜롭게 실행하도록 훈계를 받게 하며,
(1:4) 어수룩한 사람을 슬기롭게 하여 주며,
　　　젊은이들에게 지식과 분별력을 갖게 하여 주는 것이니,
(1:5) 지혜 있는 사람은 이 가르침을 듣고 학식을 더할 것이요,
　　　명철한 사람은 지혜를 더 얻게 될 것이다.
(1:6) 잠언과 비유와 지혜 있는 사람의 말과
　　　그 심오한 뜻을 깨달아 알 수 있을 것이다.
(1:7) 주님(YHWH)을 경외하는 것이 지식의 근본이어늘,

---

9) Habel, "Earth-Mission: The Third Mission of the Church," 120.

어리석은 사람은 지혜와 훈계를 멸시한다.10) (잠언 1장)

보편적인 지혜

지혜전통들은 범인류적인 것이라, 모두에게 개방되어 있고 모든 문화들과 종교들 속에서 발견된다. 지혜는 결코 종파적이거나 비밀주의를 보이지 않는다. 지혜는 공통된 주제들을 지니고 있어서 보편적이다. 한 주제는 위에서 본 잠언 1:7의 주제의 하나인 깨달음이다. 분별력, 통찰력, 밝은 안목, 획득한 기술들, 그리고 세심함을 배우는 것이 이것의 일부다. 또한 우리 종족을 훨씬 넘어, 모든 생명의 존엄성과 가치에 대한 감각을 얻는 것도 그 일부다. 또 다른 주제는, 역시 모든 종교전통에 공통적인 것으로서, 변혁의 과정과 책임성을 배우는 과정의 일부로 고통과 희생이다. 지혜는 인간들이 서로 협력하면서 살 수 있다는 점을 확신하지만, 지혜는 또한 그런 관계들이 타락해서 상당한 대가를 치루는 회개를 필요로 한다는 점도 분명히 말한다. 또한 지혜를 위해서는, "정의 없는 평화, 배상 없는 용서, 그리고 희생 없는 사랑"은 "불가능한 것들"이다(Yom Kippur 예식문). 특히, 하느님(위의 인용문에서 YHWH)은 지혜전통에서는 결코 "도깨비 방망이 신"(deus ex machina), 즉 자신들의 의로운 삶에 자기만족을 하는 인간들을 곤란한 지경에서 일으켜 세워주는 구원자 하느님이 아니다. 오히려, 경외함(awe)—앞의 인용문 7절에선 "두려움"(fear)—속에 있는 모든 사람들에게는 신의 현현(나타남)이 가능해서, 모든 최선의 충만한 번성을 위해 노력하는 자들에게 힘을 준다. 거룩한 것의 이 땅에 내려온 현현과 신적인 능력에, 인간들은 다른 나머지 자연과 함께 참여한다. 다른 모든 것들과 함께 그들은 창조의 천재성과 생명을 향한 갈증에 도움을 받는다.

그러나 인간들은 자신들의 행동들에 대해 책임을 지는 생각하는 피조물들이다. 그들의 두뇌와 심장은 지혜의 경로들이다. 사회적 배움과 누적된

---

10) 나는 다시 William Brown이 *Seven Pillars of Creation*, 162에서 번역한 잠언 1장을 사용했다.

문화적 적응이 인간들을 다른 피조물과 구별시켜 놓은 것이다. 그렇다, 모든 피조물 배경에 있는 행위자는 하느님이고, 지혜는 하느님의 자식이자 동반자로서, 인간들로 하여금 창조의 선함, 아름다움, 경이로움을 받아들이도록 가르친다. 그러나 인간들을 위해, 신적인 행위자가 그들의 능력과 판단에 가담한다. 인간들은 선한 것을 원하고 그것을 할 수 있듯이, 그들의 선택들에 매우 잘못될 수도 있다. 우리가 지혜를 대리자가 아닌 안내자로 삼고 있는 그런 피조물이기에, 인간의 책임은 가능하면서도 강제로 위임된 것이다. 인간의 책임은 모든 지혜 전통에 걸쳐있는 하나의 빛나는 길이다.

지혜의 유형들

소피아(Sophia, 지혜)의 교훈 형태들은 상당히 다양하다. 그런 형태는 때로는 인생의 교훈을 가르치기 위한 말씀과 이야기들과 질문들이기도 하다. 그것들은 실제적이고, 이해하기 쉽고, 쉽게 기억되며, 함축적이고 요점을 말한다.

네가 태어날 때, 너는 울었고, 세상은 기뻐했다.
네가 죽을 때는, 세계가 울고 너는 기뻐하도록 그렇게 살아라.
— 흰 사슴(White Elk: 인디언 추장)

만일 남들이 행복하기를 네가 원한다면, 너의 자비심을 실천하라.
만일 네가 행복하기를 네가 원한다면, 너의 자비심을 실천하라.
— 달라이 라마

탐욕만한 뜨거운 불은 없다.
혐오만한 범죄는 없다.
이별만한 슬픔은 없다.
가슴의 굶주림만한 질병은 없다.

자유의 기쁨만한 기쁨은 없다.
네 안을 들여다보라. 잠잠하라.
두려움과 집착에서 벗어나라.
도(道) 안에서 살아가는 달콤한 기쁨을 알라.

— 붓다

너희들 가운데 누가 염려함으로써 네 생명을 단 한 시간이라도 더 늘일 수 있는가?

— 예수

과업을 완성하는 것은 네가 할 일이 아니지만, 그렇다고 그 과업의 일부에 참여하지 않을 만큼 네가 자유롭지도 않다.

— 유태인 선조들의 지혜

만일 당신이 만드신 세계를 우리가 사랑하지 않는다면, 숨어계신 거룩하신 존재여, 우리가 어떻게 당신을 사랑할 수 있으리오?

—찬송가 "Maker Eternal, Ruler of Creation" 작사자
Laurence Housman

이야기들은 가르치는 일의 좋은 방식이요, 또한 쉽게 기억된다.

제자들은 노자(老子)의 격언을 논의하는 데 열중하였다.
"아는 자들은 말하지 않고, 말하는 자들은 알지 못한다."

(知者弗言, 言者弗知—도덕경 56장: 역자주)

스승이 들어오시자, 그 말씀이 무슨 뜻이냐고 그들이 물었다.
스승이 "너희 가운데 누가 장미의 향기를 아느냐?"고 묻자
그들 모두가 안다고 말했다. 스승이 말씀하시길, "그것을 말로 해봐!"

그러자 그들 모두가 잠잠해졌다.

검은 발(Blackfoot—인디언 부족) 전사의 하나인 까마귀 발(Crowfoot)은 큰 질문을 던짐으로써 가르치는데, 보통의 기억할 만한 이미지를 제공하고는 더 이상 말을 하지 않는다.

산다는 것이 무엇인가?
그것은 한 밤에 개똥벌레 한 마리가 빛을 내는 반짝임이다.
그것은 한 겨울에 들소가 내뿜는 더운 김의 숨결이다.
그것은 풀 위에 스쳐가는 작은 그늘이어서, 해가 지면 사라진다.

흔히 지혜는 직설적 충고로서, 주변의 익숙한 것들로부터 그 이미지들을 차용하기 때문에 기억된다. 다음의 푸에블로 인디언 기도처럼 말이다.

좋은 것을 잡고 있어라, 설사 그게 한줌의 흙일지라도.
네가 믿는 걸 잡고 있어라, 설사 그게 홀로 선 한 그루 나무일지라도.
네가 해야 할 것을 잡고 있어라, 설사 그게 여기서 멀리 있다 해도.
네 생명을 잡고 있어라, 설사 그것을 떠나보내는 것이 더 쉬울지라도.
내 손을 잡고 있어라, 설사 언젠가 내가 너를 떠날지라도.[11]

다른 문장들은 다른 형태를 하고 다른 목적으로 봉사한다. 소논문들은 인생의 가장 어렵고 당혹스러운 경우들—질병, 재난, 호황과 불경기, 선과 악의 드라마—에 대처하기 위한 것인데, 이런 것들은 해결하기 힘든 질문들을 일으킨다. 도대체 왜 착한 사람들에게 나쁜 일들이 생기는가? 왜 간교한 사람들이 번성하는가? 모든 것은 헛된 수고일 뿐인가? 해 아래 새 것은 없는가? 여기에 지혜가 등장하는데, 이는 가혹한 현실과의 끝없는 논쟁을 통해,

---

[11] 예수가 말한 마태본문을 예외로 하고, 인용된 모든 문서는 www.sapphyr.net 에서 발견된 지혜의 모음들에서 인용한 것임.

설사 일시적인 것이라도, 매우 어렵게 얻은 통찰력인 것이다. 욥기(Job)는 이런 문학 종류의 옛날 고전이지만, 결코 유일한 종류는 아니다. 전도서(Ecclesiastes)를 쓴 유능한 경험주의자 코헬렛(Qoheleth)은 그런 영웅적 탐색을 했지만 단지 빈손으로 돌아왔다.12) "비록 좋은 순간들도 있긴 하지만, 인생은 참 엿 같다"(Life sucks!)고 말하는 것이 그가 발견한 것을, 좀 거칠기는 해도, 정확히 번역한 것이리라. 모든 시절과 경우를 위한 지혜가 있는데, 비록 비참하고 열매가 없는 것들일지라도, 그런 때를 맞춘 지혜가 있다.

대답을 얻을 수 없는 질문들과 씨름하는 대중적 속담들과 소논문들 사이에 나타나는 것들로는 기도들, 명상들, 비유들, 그리고 짧은 구절들이 있는데, 이런 것들은 반복해서 숙고함으로써 그때마다 교훈을 얻게 한다. 간디는 언젠가 일곱 가지 치명적인 사회 죄악들에 대한 지혜를 말했다:

원칙이 없는 정치
일함이 없이 번 재산
도덕이 없는 장사
양심이 없는 쾌락
인격이 없는 교육
인간성이 없는 과학
(그리고) 희생이 없는 예배13)

혹은 라인홀드 니버의 지혜는 앞의 3장에서 인용했었다:

할 만한 가치가 있는 것은 어느 것도 우리네 생애 기간 동안에 성취할 수가 없다. 그러므로 우리는 희망으로 구원받는다. 참되거나 아름답거나 선한 것들은 그 어느 것도 역사의 어떤 즉각적 상황에서는 완전히

---

12) See William Brown's discussion, "The Dying Cosmos," in *Seven Pillars of Creation*, 177-96.
13) From Mohandas Gandhi, "Young India," May 7, 1925.

이해되지 않는다. 아무리 덕이 높은 것이라도 우리가 행하는 그 무엇도 독자적으로 완성될 수는 없다. 그러므로 우리는 사랑으로 구원받는다. 아무리 덕이 높은 행동도 우리의 친구나 대적자의 입장에서 볼 때는 우리의 입장에서 볼 때와 똑같이 그렇게 높은 덕으로 여겨지는 것은 없다. 그러므로 우리는 마지막 형태의 사랑, 즉 용서로 구원받는다.[14]

명상을 위한 구절들 말고도, 쉽게 기억되는 이야기들에 교훈이 붙어 있거나 암시된 이야기들이 있다. 동화들, 민간 설화들, 온갖 종류의 어린이용 이야기들, 신들이나 여신들의 이야기들도 "효과적인 교훈을 얻는" 수단이다 (잠언 1:3). 도덕적 판단에는 "앱"(app)이 없으니, 그것들 대부분은 여러 방식으로 인격함양과 도덕 형성을 위한 교훈들을 지향한다. 종종 다음의 체로키(미국 인디언부족) 이야기(Cherokee Nation tale)에서처럼, 지혜는 노인에서 어린이에게로 전달되는데, 여기선 할아버지에서 손자에게 전해진 것이다:

할아버지가 소년에게 말했다. "내 안에서 싸움이 벌어지고 있는데, 그건 두 마리 늑대들 사이에서 벌어진 아주 끔찍한 싸움이란다."
손자는 이 말을 주의 깊게 들었다.
"늑대 한 마리는 악하고, 불행하고 못생겼단다. 그놈은 분노, 시기, 전쟁, 탐욕, 이기심, 슬픔, 죄책감, 원한, 열등감/우월감, 거짓된 자만, 추잡함, 그리고 오만함이다. 그는 거짓말, 허위, 두려움, 증오, 비난, 기근, 가난, 그리고 분열을 퍼뜨린단다."
"다른 늑대는 아름답고 착하지. 그는 상냥하고, 즐거워하고, 사랑스럽고, 존경할 만하고, 침착하고, 겸손하고, 친절하고, 호의적이고, 올바르고, 공정하고, 공감적이고, 너그럽고, 정직하고, 동정적이고, 감사해 하고, 용감하고, 고무적이고, 보통의 지혜를 넘어서는 깊은 비전에 성심성의를 다해 의지한다."

---

14) Reinhold Niebuhr, *The Irony of American History* (New York: Charles Scribner's Sons, 1952), 63.

손자는 할아버지가 방금 말한 것에 대해 잠시 깊은 생각에 잠겼다. 그리고 그는 소리쳤다: "오예!"(Oyee!, 인정하여서).

할아버지는 계속했다. "이와 똑같은 싸움이 네 안에서, 그리고 모든 인간들 안에서도 일어나고 있단다." 손자는 할아버지가 방금 말한 것에 대해 잠시 깊이 인정했다. 그리고 그는 마침내 외쳤다: "오예! 할아버지, 이 끔찍한 싸움에서 어느 늑대가 이기나요?"

할아버지는 대답하기를, "바로 네가 먹여 기른 늑대란다. 그 늑대가 틀림없이 이길 거야!"15)

지혜를 얻는 수단은 쉽게 기도의 청원이 되었을지도 모른다. 많은 지혜와 마찬가지로, 여기 예를 든 것들은 자연에서 스승을 발견한 것들이다.

땅이 나에게 조용히 하라고 가르친다.
— 마치 풀들이 아직도 새로운 빛과 함께 하듯이.
땅이 나를 고통스러워 하라고 가르친다.
— 마치 오래된 돌들이 기억과 함께 고통스러워 하듯이.
땅이 나에게 겸손을 가르친다.
— 마치 꽃들이 시작에서 겸손하듯이.
땅이 나에게 보살피라고 가르친다.
— 마치 어머니들이 자신들의 아기들을 기르듯이.
땅이 나에게 용기를 가르친다.
— 마치 홀로 서 있는 나무처럼 되라고.
땅이 나에게 한계가 있음을 가르친다.
— 마치 개미가 땅 바닥을 기어가듯이.
땅이 나에게 자유를 가르친다.
— 마치 하늘 높이 솟아오르는 독수리 같이.
땅이 나에게 용납하기를 가르친다.

---

15) 다소 개작한 문서, Native Wisdom 인용처 www.rainbowbody.net

― 마치 나뭇잎들이 가을이면 죽어가듯이.
땅이 나에게 갱신하기를 가르친다.
― 마치 씨앗들이 봄이면 돋아나듯이.
땅이 나에게 나 자신을 잊어버리라고 가르친다.
― 마치 녹은 눈이 그 삶을 잊어버리듯이.
땅이 내게 친절을 기억하라고 가르친다.
― 마치 마른 땅이 비가 오면 울듯이.

― 우테(Ute) 기도문16)

실천들

교훈의 형태는 단지 구전(口傳)이나 문자(文字)로만 되는 것은 아니다. 지혜의 가장 효과적인 매체는 반복되는 실천들인데, 이것이 방향과 의미를 주기 위해서 인간의 경험과 피조물들의 방식에서 뭔가 근본적인 것을 얻어내는 것이다.

안식일(安息日)을 지키는 실천이 이런 실례를 보여준다. 매주, 혹은 계절별, 혹은 연례행사로 축제, 그리고 시간과 의미에 제의적인 구별을 하는 것 등과 결부된, 많은 다른 종교적 실천들을 선택해도 좋을 것이다. 이 모든 것들의 강조점은 같다: 반복되는 실천들이 그 핵심이다. 혹은 아마도 잘 살았던 삶을 표시하기 위한 케른(cairn: 원추형 돌무덤―역자주)도 그렇다. 그것들은 인생의 다른 시대들과 단계들에서, 혹은 변경된 환경에서의 삶에, 새로운 혹은 갱신된 의미와 방향을 줌으로써 교훈한다. 죽을 날이 가까워지면서 운 좋게도 뒤돌아볼 긴 과거를 지닌 자들은 종종 그런 실천들을 감사와 깊은 만족으로 기억한다.

낸 체이스(Nan Chase)는 『반구』(*Hemisphere*) 잡지에 쓴 글 "고대의 지혜"(Ancient Wisdom)에서,17) 그녀가 발견한 것을 전해 주었는데, 그 발견이

---

16) Cited from Native American Wisdom, www.sapphyr.net.
17) *Hemispheres*, United Airlines In-Flight Magazine, July 1997 issue.

란 언제나 모든 사람, 모든 것을 바친 것에 대해 뉘우치기보다는 자랑스럽게 여기는 사회 속에서 안식일(Sabbath)의 건재함이다. 그런 열광적인 지역에서 안식일은 "어떤 종교를 실천하든(혹은 실천하지 않든) 관계없이, 누구에게나 해당되는 정신적 건강의 도구다." 그것은 "의무들의 맹렬한 공격을 중지시키고, 당신의 사회적 생활을 개선시키며, 집을 청소하고, 피곤해진 결혼을 갱생시키며, 영적 각성을 높여주고, 그리고 일의 생산성을 증가시켜주는데, 밤을 새워가면서 그것도 값을 치르지도 않고 한다." 이런 결과들이 사실이라면, 안식일은 히브리인들이 인류에게 베푼 가장 위대한 선물이라는 체이스의 결론이 놀라울 것 없다.

그녀의 안식일은 결혼상담소 사무실에서 시작되었다. 두 번째의 상담에서(그게 마지막이 되었다) 낸과 사울 체이스(Nan and Saul Chase)는 그들의 결혼생활을 개선하기 위해서 일주일에 하루를 쉬기로 작정했다. 의심할 수 없을 만큼 간단한 그 해결은—결혼과, 가족과, 곤경에 처한 삶에—실제로 효과를 냈다. 더구나, 그건 새로운 헌신의 약속들을 수반하지도 않았으니, 즉 정교한 예식들, 유태교 회당에 가서 기도를 하거나 공부할 시간을 낼 필요도 없었다. 그러나 그들은 안식일에 관한 신학을 함께 읽고, 고대의 지혜와 그것이 현대의 삶에도 해당됨에 매혹을 느끼게 되었다.

체이스가 안식일이 정신건강의 효과적 도구임을 발견한 것은 물론 중요하다. 그녀의 경력을 포함해서, 그녀의 삶은 이 고대의 실천에 의해 더 좋아졌다. 그녀의 어리석기 짝이 없는 주간들에 구원의 리듬이 스며들어왔고, 휴양과 좋은 식사들을 하는 휴식이 생겨났고, 그리고—아마 가장 중요하게도—결혼과 소중한 시간이 사라져가는 것 같았던 때에 그녀의 남편과 자녀들과 지내는 소중한 시간이 다시 생겨났다. 그녀가 행복한 증언을 다음과 같은 말로 끝낸 것은 전혀 이상할 것도 없다. "나는 내 주간의 휴일을 즐거움으로 기다린다. 매주 금요일 저녁 해가 지면, 나는 내 손목시계를 풀어놓고, 그리고 하루 밤과 낮 동안은 시간이 정지된다."

안식일을 실용주의적으로 그리고 세속적으로 사용한다는 이유로 낸 체이스(Nan Chase)를 비난하는 것은 참 멋없는 일이다. 건강함을 이끌어내는

"주간의 휴일"(weekly holiday)을 그녀가 갖고자 원한 것은 수백만 명의 그녀 동료들의 자아도취와 유아론(唯我論, solipsism)을 거울처럼 반영한 것이며, 심지어는 아마도 역사상 가장 반안식일적(anti-Sabbath)인 사회 속에서 올바른 구제책일지도 모른다. 결국, "좋은 삶"(good life)을 위해서는 하루 24시간을/일주일에 7일을/일 년에 365일을 얻어야 하고, 가져야 하고, 보내야만 하는 미친 짓에 대하여, 좋고도, 강력한, 매주 거듭하여 반문화적인 일시중지를 하는 것보다 더 건강한 것이 무엇이란 말인가?

그러나 "고대의 지혜"가 다시 태어난 것으로 여길지라도, 건강한 하루를 쉬는 것이 곧 진정한 안식일인가? 아마도 그럴 것이다. 만일 당연한 귀추로서, 그게 체이스로 하여금 몸의 휴식과 서로를 즐기는 것에서부터, 나아가서는 종교적 지혜의 종점인 하느님에 대한 찬미와 경이에로, 그리고 생명의 선물로 이어진다면 말이다.

그러나 체이스 가족이 이미 발견한 좋은 것 말고도 이를 넘어서서 인생에 대한 교훈을 주는 더 깊은 의미들이 있다. 결국, "안식일을 기억하고, 그것을 거룩하게 지켜라"는 명령 속에 있는 두 가지 기억할 것 가운데 첫 번째는 "창조의 사건들을 기억하라"(cher le'ma'aseh b'ereyshit)는 것이다. 자연의 질서에 대한 모든 간섭은 허용되지 않으며, 물질세계에 대한 인간의 가치 없이 잔인한 변혁에 해당하는, "땅을 갈고, 망치질하고, 운반하고, 불태우는 일"[18]은 금지된다. 장사하는 것은 생각조차도 하지 말라. "모든 일에서 손을 떼라"가 명령이다. 또한 뛰지 말고, 걸어라. 매우 느린 속도로 살펴보는 사람들에게는 세계들 속에서의 세계들이 그 자체들을 드러낸다. 우주의 장엄함은, 어떤 인간적 사용과는 별도로, 우주의 방식대로 감상해야 하고, 우리들 자신의 행동이 아닌 소속됨에 전적으로 의존하고 있음을 확연히 생각나게 하는 것으로 감상해야 한다. 모든 것들, 밝고 아름다운 것, 크고 작은 것, 현명하고 경이로운 것이 전부, 과거와 현재와 미래에 존재하는 모든 것들의

---

18) Dorothy C. Bass, "Keeping Sabbath," in *Practicing Our Faith: A Way of Life for a Searching People*, ed. Dorothy C. Bass (San Francisco: Jossey-Bass, 1997), 80.

창조주요 유지자인 "엘로헤이누"(*Eloheynu* = 우리의 하느님: 히브리어―역자주) 안에 있는 그것들의 근원에서 흘러나오는 것이다. 그러니 생명의 선물, 생명의 기쁨, 생명의 하느님에 대한 경이로움 속에 너 자신을 몰입하라. 기도하고, 토라를 읽고, 즐겨라. 랍비 아브라함 헤셀의 응답이 곧 지혜의 응답이다: "존재한다는 것만으로도 축복이요, 산다는 것만으로도 거룩하다."19)

그렇다면, 아마도 체이스 가족은 결국 옳았다. 만일 그들이 참으로 부요함을 발견한 것이 마침내 그들을 하느님 안에서 근원과 하느님을 조용히 찬미함에로 이끌었다면 말이다. 그러나 낸 체이스가 안식일을 감사히 여기는 것은 두 번째 기억을 포함하지는 않고 있는데, 그것은 "이집트에서 나온 것을 기억하라"(*zeycher le' tziyat mitzrayim*)는 것이다. 안식일은 출애굽 사건 이후(Post-Exodus)의 법령이다. 그것은 하느님의 백성들이 공정한 공동체를 형성하는 숭고한 목적에 동참자들로 선택된 것을 기억하는 것과 마찬가지로, 노예생활로부터의 해방 사건과, 세상에 만연한 반생명적인 힘들에 대항하여 투쟁하신 정열적인 하느님을 기억하는 것이다. 그들의 의로움은 역사를 자연과 결합한 구원 속에서 그들이 담당한 몫이다.

여기서 체이스 가족의 안식일은 지혜의 완전한 교훈에는 좀 모자란다. 그것은 영성을 정치와 경제로부터 분리시킨 것이다. 성경의 안식일과 지혜 속에서는 그런 분리가 없고, 예배와 기도를 정의를 위한 월요일의 일에서 격리함이 없고, 종교 전례와 일상적 자질구레한 일이나 필요들에서 격리함도 없다. 그런 분리가 생겨날 때는 언제든지, 그것이 하느님의 분노를 불러 일으킨다. 안식일의 하느님은 "시끄러운 종교 모임들"을 거절하고(아모스 5:23), 예언자를 불러 일으켜서 사람들에게 다시 한 번 더 종교 예식과 도덕은 같은 삶의 서로 다른 두 가지 표현임을 상기시킨다. 생명의 하느님 앞에서 경외와 놀라움을 표시하는 것(창조의 사건들을 기억하여)은, 생명을 거역하는 일들에 대해(이집트에서 나온 것을 기억하여) 격렬한 불만을 표시하는 것과 함께 결부되어 있다. 광대무변한 성은 우주들을 펼쳐내시고 모든 피조

---

19) Abraham Heschel, *I Asked for Wonder: A Spiritual Anthology*, ed. Samuel H. Dresner (New York: Crossroad, 1983), 65.

물의 세포들에게 그들의 과업을 부여하신 하느님은, 의롭게 세계를 변혁하라고 인간에게 명령하시는 거룩한 파토스를 지닌 하느님이시기도 하다. 내면의 영적인 영역, 사회적, 그리고 우주적 영역에 걸친 범위 안에서, 창조주(the Creator)는 구원하고, 구원주(the Redeemer)는 창조한다. 창조의 하느님과 해방의 하느님은 한 분이시다.

낸 체이스가 설명하는 안식일의 발견과 축하에서, 그녀는 옳았다. 안식일이 없기보다는 안식일을 실천하면서 우리는 모두 우리의 삶들을 더 잘 노래한다. 그리고 안식일은 모두에게 해당되는 히브리 민족의 위대한 선물이라는 그녀의 주장은 옳다. 그렇지만 망가진 세계 속에서는 아무도 온전할 수 없다. 그러니 안식일은 단지 개인적인 조절, 안심, 정신적 건강 혹은 항구(港口)에 불과한 것이 아니다. 그것은 나 자신을 넘어선 개혁을 생각하지 않고, 나머지 주간 동안 세계로 하여금 현재 그대로 있게 하지를 않는다.

혹은, 좀 달리 표현한다면, 안식일을 거룩하게 지키라는 명령들은 우리 자신들 좋으라고, 우리가 만들어낸 것이나 투사(projection)한 것이 아니다.[20] 안식일 명령은 우리의 목소리를 하느님의 목소리로 여겨서 단지 더 크게 듣는 것이 아니다. 확실히 안식일은 대중이 고통을 받고 있는 세계 속에서 매 주마다 사적인 고립영역을 얻는 것을 뜻하지 않는다. 안식일은 우리 자신들을 하느님에게 열어드림으로써 오는 생명의 지혜 말씀이다. 안식일과 그것을 지키라는 명령은 우리들 자신의 투사가 아니라, 창조와 창조의 하느님의 투사이다. 안식일을 거룩하게 지키는 것은 우리를 넘어서는 신비와 우리를 앞지르는 목적에 가담하는, **지구를 공경하는 실천을 매주 반복하는** 일이다. 다른 모든 지혜의 길들과 마찬가지로, 그것은 우리들 자신의 독특한 삶들의 열렬한 신비를 포함한다. 그것을 실천하는 것은 그렇지 않으면 그저 작은 세계들일 뿐인 것들 속으로 지혜가 교묘하게 스며드는 것이다. 그것은 매리 올리버(Mary Oliver)의 다음 질문을 대답하는 데 도움을 준다: "말해보시오. 당신의 하나뿐인 야생적이며 고귀한 생명을 가지고 당신이 하고자 계획하는

---

[20] I draw here upon my article, "Chase's Sabbath," in *The Living Pulpit* (April-June 1998): 20-21.

것이 무엇인지요?"21)

매리 올리버에 대해 말해보자면, 시는 지혜를 위한 공통적인 문학형태다. 위의 인용문을 끌어온 "여름날"(The Summer Day)은 고전적인 지혜: 위에서 인용한 주제들, 즉 자연에 대한 크고 작은 질문들과 치밀한 주의를 지닌 주제들은 올리버가 한 말들이다.

누가 세계를 만들었는가?
누가 백조와 흑곰을 만들었는가?
누가 메뚜기를 만들었는가?
이 메뚜기는, 내 생각에—
풀잎들 속에서 밖으로 날아올라서,
나의 땅에서 당분을 먹어치우는 것을 말하며,
그의 턱을 아래위로 움직이는 대신에 앞뒤로 움직이고—
그녀의 거대하고 복잡한 눈들로 주변을 살핀다.
이제 그녀는 가녀린 앞 팔들을 들어올려서,
그녀의 얼굴을 철저히 씻는다.
이제 그녀는 두 날개를 활짝 열어서, 떠나가 버린다.
나는 무엇이 진정 기도인지 모른다.
나는 어떻게 주의를 기울이며,
어떻게 풀 속으로 내려 앉아,
풀 속으로 무릎을 꿇어야만 할지,
어떻게 아무 일도 않고서도 축복을 받을지,
어떻게 들판을 쏘다녀야 할지 모르겠는데,
이런 것이 내가 하루 종일 하는 일들이다.
내게 말해주오, 그 밖에 무엇을 내가 했어야만 했는지요?

---

21) "The Summer Day." *House of Light* by Mary Oliver. Published by Beacon Press, Boston. Copyright @1990 by Mary Oliver. Reprinted by permission of the Charlotte Sheedy Literary Agency Inc.

모든 것이 결국엔 죽지 않는가요?
그리고 너무도 일찍 말이에요.
내게 말해주오, 당신의 하나뿐인 야생의 고귀한 생명을 가지고
당신이 하고자 계획하는 것이 무엇인지요?22)

지구헌장

지혜는 끝나지 않으며, 지혜의 형태들은 앞에서 인용한 것들—격언, 시들, 가르치기 위한 교훈들, 이야기들, 비유들, 명상들, 그리고 실천들—에만 국한되는 것도 아니다. 대부분의 지혜 보물들은 과거의 선물이지만, 모든 현재도 그 자체의 지혜를 발견해야 하고, 그 환경에 걸맞도록 자체의 구원을 이루어내야 한다. 그 형태들은 거의 동일할 것이다. 비록 서로 다른 저자들, 장소들을 지녔어도 말이다—새로운 놀이, 새로운 노래, 심지어 포스터, T셔츠들, 그리고 냉장고 문 위에 붙이는 쪽지들처럼.

그러나 지혜의 형태는 보다 더욱 야심차고 멀리 미치는 효과를 지니기도 할 것인데, 가령 국제법을 착실히 지키는 국제적 동의를 지향하는 범문화적 대화로서, 지구헌장(Earth Charter) 같은 것이 있다.23) 그 헌장은 지혜의 강력한 특징들을 지니고 있다. 그것은 산업문명보다 생태문명을 위한 실제적 지혜로서 형성되고 있는 중인 지혜(wisdom-in-the-making)의 중요한 실례이다.

공통적인 땅의 윤리와 인류의 하나됨을 바라는 지혜의 꿈은 최소한 히브리 예언자들, 공자(孔子), 부처(佛陀), 플라톤만큼이나 오래된 것이다. 아무도 그것을 놀랍게 여기지 않는다. 왜냐하면 종교는, 고대 철학들과 원주민들의 원초적 비전과 함께, 일관되게 담대히, "공동체"는 지구뿐만 아니라 우주를 포함한다고 주장해왔기 때문이다. **삼라만상이 하나의 공동체**(creation as a community)라는 **꿈은 오래된 꿈이자, 종교, 도덕, 형이상학의 기본 주장이었다.**

---

22) Ibid.

23) As a so-called soft law document, meaning that it is morally, rather than legally, binding on those who subscribe to it.

지구헌장은 지구의 꿈(공유된 윤리에 의해서 안내되는 하나의 포괄적 공동체로서의 지구의 꿈)에 속한다(*The Dream of the Earth*는 토마스 베리 신부가 1988년에 발표한 매우 중요한 저서로서, "신생대를 넘어 생태대를 향한 출애굽"을 처음 주장했다는 점에서 문명전환의 기념비적 저서이다—역자주). 그러나 거기엔 새로운 뜻밖의 전개가 있다. 가장 주목할 만한 것으로서는, 적어도 현대성의 자녀들을 위해서는, 이 책이 주장하는 것이다. 즉, 호모 사피엔스의 윤리를 지구가 요구하는 것들에서부터 이끌어내는 것, 그리고 생명의 전체 공동체가 도덕적 주장들, 즉 누구도 거부할 수 없는 도덕적 주장들을 지닌 담지자로 간주하는 것이다. "지구와 생명을 모든 다양성 그대로 존중하라"(Respect Earth and life in all its diversity.)24)는 것 자체가 분명한 지혜로서, 이 헌장의 기본 원칙이다. 그것은 "인권에 대한 보편적 선언"의 기초가 인간의 존엄성, 혹은 인간의 생명에 대한 존중인 것과 마찬가지다.

그러나 이처럼 인권선언과 지구헌장 사이에 그 기초가 서로 병행하는 데는, 지혜의 전통 속에서 창조를 이해하는 것에 맞추어진 도덕적 혁명을 그 안에 숨기고 있다. 그 헌장은 계몽주의가 현대 서양의 윤리학을 위해서 인간 주체에 초점을 맞춘 방향전환을 거부한다—그 전환은 현대 심리학, 철학, 경제학, 정치학, 과학, 그리고 산업패러다임 자체의 기술공학에 밑바탕을 이루고 있다. 비록 지구헌장의 언어는 치밀하고, 상호 협의로 이루어진 것이지 결코 대결적인 언어가 아님에도 불구하고, 지구헌장은 현재의 지배적인 관행들, 특히 생산과 소비의 형태들의 제도화된 인간중심주의에 대한 공격이다. "인간이, 광대하고 진화하는 우주의 일부"25)라고 말하는 것, 그리고 지구를 그 우주 속의 놀라운 지위(niche)로 간주하고 지구가 생명의 독특한 공동체의 소유자요 유지자이기 때문에 지구가 살아있다고 말하는 것은, 이미 자율적이며 초월적인 인간 주체를 제거하고, 현행 윤리의 기본 방향(orientation)을 뒤집는 것이다. 수많은 고대의 지혜와 마찬가지로, 지구헌장은 인간 행동의 생태학을 지구 자체의 경제 속에 위치시키고, 또한 인간의

---

24) Principle 1 from Section I of the charter, 2.
25) From the Preamble, the section "Earth, Our Home," I.

능력이 대규모 지배력을 자랑하면서 군림하여 뽐내는 것을 진정시킨다. 동시에 지구헌장은 모든 인간들의 존엄성, 그들의 자유, 평등, 그리고 존경받을 권리를 긍정한다. 만일 인간들이 "광대하고 진화하는 우주" 속에서 그들의 올바른 위치를 상정한다면, 인간의 경제를 지구의 경제에 조화시킬 수 있으리라는 것이 여기서 지혜가 예상하는 것이다.

또 다른 주제는 지구헌장이 말하는 지구 윤리를 지혜의 도덕적 범위에는 더 가깝게 두지만, 현재의 제도들과 습관들을 지배하는 도덕적 우주로부터는 멀리 둔다. 과학에서 지금 발생하고 있는 우주론들은, 그 안에서는 생명의 연결망이 멀리 떨어진 성운 우주들과 그리고 130억 내지 150억 년에 걸친 우주와 행성들의 진화를 포용하는데, 대부분의 현대 도덕적 관습들 속에서는 있을 자리가 거의 없다. 현대 도덕적 관습들은 여전히 우리를 생태학적으로 구별된 생물종으로 여기는데, 도덕적으로 말한다면, 심지어 생태-현대적 형식에서도 그렇게 여기고 있다. 지구헌장은 그렇지 않다.

지혜 자체와 마찬가지로, 지구헌장은 공동체로서의 지구(Earth as community)가 인간의 삶과 인간의 도덕적 행위자에게 무엇을 뜻하는가를 구체화시키고자 한다. 그것은 지배적인 인간의 자기(human self)에 집중하지 않고 분산시키고, 마지막 초고(원고)의 단어들로 말한다면, "산업공학기술 문명을 다시 발명"하는 것이나 다름없는 공통의 노력들을 요청함으로써, 그렇게 구체화시키고자 한다. 윤리학을 위해서 **지구 공동체를 제일 우선적으로 여기는 것**은, 적어도 현대에서는, 뜻밖의 새로운 전개인 것이다. 그것은 모두에게 기본적이며 모두를 위해 교훈적인 창조의 질서를 가지고, 자연과 사회를 함께 다루는 지혜의 공동체주의적인 이해인 것이다.

이것이 뜻하는 바는, 지구헌장은 지구 윤리이지, 환경 윤리는 아니라는 것이다. 생태학적인 통전성(ecological integrity)이 틀림없이 그 주제이기는 하지만, 그러나 생태학적 보호의 목표들, 가난을 근절시킴, 형평성을 위한 경제적 발전, 인간의 권리를 존중함, 민주주의, 평화 등이 상호의존적이고 불가분리적인 것들임을 그 헌장은 인정한다. 지구 위의 생명 전체가 그 영역이지, "환경"은 아니다.

지구헌장의 또 다른 주목할 만한 특성은 그 초안을 작성한 과정 자체다. 그 헌장은 1992년 리우에서 개최된 지구 정상회의(Earth Summit)를 정점으로 세워간 국제간 협상의 결과로 나올 예정이었다. 그러나 정부들이 서로 동의를 할 수 없었고, 그래서 그건 이루어지지 않았다. 그래서 1996년에 조직된 지구헌장위원회(Earth Charter Commission)는 전 지구적 시민사회가 주도하도록 결정했다. 사회의 모든 영역에 걸쳐서 모든 종류의 연합회와 공동체들에 의한 풀뿌리 참여를 통해, 일찍이 국제간 선언에 협력한 가장 포괄적인 과정으로 "인민들의 협정"(people's treaty)을 이루어냈다. 그러나 그것은 참된 협정이 아니었는데, 왜냐하면 그것은 각 정부의 수뇌들에 의해 협상되어 그들의 국가기관들에 의해 비준되지는 않았기 때문이다. 그러나 실질적으로는 그것이 국제연합(United Nations)을 통해, "유연한 법"(soft law) 문서로 보편적인 인정과 국제적 지원을 얻은 진정한 협정이어서, 그것에 찬동하는 자들에게는 도덕적인 구속력을 지닌다. 그 헌장은 또한 전 지구적 의식을 발전시키기 위한 교육적 방편이자 영감을 고무하는 문서로서, 청소년을 포함하여 지역으로부터 전 지구적, 사회적 분야들에 이르기까지, 모든 형태의 기관 조직들에 의한 행동을 위하여 교훈과 안내를 제공한다.

지구헌장의 생성에서 특별히 드러난 것은 그것이 범인류적 지구 윤리를 확립하려고 했던 이전의 노력들과 다른 점이다. 이전의 노력들은 밑바닥에서부터 발생되어 올라온 것은 거의 없었다. 보다 정확히 말하자면, 역사적으로 충분히 드러내지 못했던 목소리들을 포함시키려는 단호한 노력을 통해, 사회의 모든 분야에 걸쳐서 매우 많은 사람들이 참여해서 얻어진 것은 거의 없었다. 과거의 노력들은 훨씬 부족한 대표성을 지녔고, 그리고 어느 것도 공통의 목표들과 공유된 가치들을 위해 십 년 걸리는 초안과 재수정을 하도록 개방된 범문화적, 민주적 자문 과정을 거쳐서 수행된 것은 없었다. 그러나 곳곳마다 얼굴과 얼굴을 맞댄 회담은 물론, 전자기술의 국제화에 의해서 가능하게 된 그 헌장은, 사실상 모든 분야들의—정부, 기업, 학계, 다양하게 표현된 시민사회—전문가들에게는 물론 지역 공동체들과 생태지역들에게도 적합하도록 조절되어 생겨난 전 지구적 사회의 주목할 만한 사례인 것이다.

특히 그중에서도 세계의 종교들은 헌장의 축적된 지혜의 원천들이었다.

그래서 다음 두 가지 특질은 종교적 윤리에 대해 주목하도록 했다. 즉 지구 윤리에 대한 고대의 꿈을 실현하려는 노력으로 헌장이 지닌 대표와 행동의 높은 수준들, 그리고 생명의 전체 공동체와 그것의 기초로서 다양성을 존중하는 도덕적 우주가 그것이다. 지구헌장에 대한 스티븐 록펠러(Steven Rockefeller)의 간결한 요약이 이를 반영하고 있다: "상호의존성과 책임성은 지구헌장의 두 가지 기본적 주제들이다."26) (록펠러는 지구헌장위원회 초대 회장이었다.)

만일 지구헌장이 지구에서 일어나는 것과 그것을 다루는 현대의 방식들의 부적당함에 대한 대응이라면, 문제가 무엇인가? 지구헌장이 가정하고, 소중히 여기며, 현재의 힘들 때문에 성취하기 어려운 것을 추구하는 것이 무엇인가? 이런 형태들에서 잘 살아가지 못하게 막아서는 장애들이라고 여겨서 지혜가 직면하려고 하는 것은 무엇인가? 그것이 어디에서 전복적으로 위험한가? (*새로운 지혜는 처음에는 전복적인 것임을 기억하라*—노자, 예수, 부처의 가르침을 생각해보라.) 여기에선 멀리 영향을 주는 오직 한 가지 장애만 논의되었다: 즉 지구헌장이 말하는 민주주의와 세계화 자본주의 사이의 갈등 말이다.

전 지구적 자본주의의 방식들에 대한 용어는 "세계화"(globalization)란 말인데, 정보, 돈, 물자, 이미지, 아이디어, 그리고 사람들이 국가들과 문화들을 넘어 다니며 스며드는 운동으로, 이런 요소들을 단 하나의 지정학적 경제로 통합하기 위한 것이다. 운동선수들은 많은데 가장 지배적인 것들은 토마스 프리드만이 별명을 붙이기를 "스테로이드(steroids)를 맞은 회사들"27)이

---

26) Rockefeller as quoted in "Earth Charter Launched at The Hague," *Boston Research Center for the 21st Century Newsletter* 16 (Winter 2001): 12. Rockefeller, who had worked with Maurice Strong and Mikhail Gorbachev on the Earth Charter project since 1994, served as chair of the International Drafting Committee from 1997 to 2000, when the drafting was completed. (Communication to the author, September 8, 2011.)

27) Thomas L. Friedman, "Corporations on Steroids," *New York Times*, February 4, 2000, A29.

라고 한 것들이다.

지속가능한 발전에 대한 대부분의 논의는 기업자본주의가 세계화되는 경제를 가정하고 또한 그것이 활기를 띠게 하려고 한다. 지속가능한 발전이란 세계화 경제 둘레에 전 지구적 환경을 둘러싸게 만들고 경제와 환경이 모두 무한정 지속할 수 있도록 하는 것이다.

지구헌장도 지속가능한 발전이란 용어를 사용한다. 그러나 그 정신과 방향은 지속가능한 공동체와 더 잘 맞도록 한다. 지속가능한 공동체는 보완 원칙에 의거하여 일한다. 보완성(보조적인 성격)이란 경제와 환경이 지역 공동체와 생태지역을 어떻게 둘러싸고 있는지를 묻는다. 원칙적으로 보완성이란 도전과 문제꺼리들을 다루기 위해 항상 가장 적절한 "전체"를 찾는다. 그러나 그것은 지역 공동체들과 그 유용한 자질들을 가지고 지방 분권적 모습으로 시작한다. 만일 그들이 그런 유용한 자질들의 기본적 필요를 다룰 수 있다면, 더 이상 다른 경로를 추구하지 않는다. 만일 그들이 할 수 없다면, 즉 그들이 할 수 없는 때와 장소가 있으면, 그때서야 보다 포용적인 "전체"를 만들어내기 위해 노력을 기울인다. 축소되어가는 세계 속에서, 그런 전체는 쉽사리 국제적인 협력을 필요로 할 것이다. 그러나 보완성의 원칙은 항상 똑같다: 지역과 더불어 시작하고 그곳에서 사용가능한 자원들을 가지고 이른바 가장 낮은 적절한 수준에서 문제를 해결하는 것이다. 웨스 잭슨(Wes Jackson)의 표현을 빌리자면, 이것은 "그 장소의 기풍(분위기)과 상의함"인 것이다.

세계화의 기업자본주의로서 거대 경제와 거대 정치가 활력을 띠는 그런 지속가능한 발전과는 대조적으로, 지속가능한 공동체는 모든 것을 함께 혹은 일부라도 보존하고 창조하려는 노력을 한다. 생태지역 자체들이 인간 조직에 기본적이라고 보는 견해를 가지고 보다 지역적으로 보다 큰 경제적인 자체만족하게 만들기, 지역의 지식과 다양한 농작물을 사용하여, 지역 소유주와 노동자들의 손에 의하여, 그들 자신의 씨앗들을 지키고 그들 자신들의 생산물들로 초목과 흙을 처리할 능력을 지니기에 적당한 농업을 하기, 지역의 전통들, 언어, 문화들을 보전하기, 그리고 문화와 가치들을 세계적으로 획일화하는 것에 저항하기, 매일의 삶에서 거룩한 것을 걸러내어서 삶을 실용주의적으로 만드는 그런 생활방식 대신에, 종교생활과 거룩한 것의 의미를 되살려내기, 지배적인 소비주의 대신에 다른 방식으로 사회의 도덕적 기질을 수리하기, 지식을 포함하여 사물의 전면적 상품화에 저항하기, 상품들의 값에 지역적 그리고 세계적 환경을 위한 비용을 내부에 포함시키기, 그리고 생태계를 보호하고 지구를 배양하는 것을, 헌장의 언어로 말해서, "공동의 거룩한 신뢰"로 여기기 등이다.

이 모든 것이 전 지구적인 민주적 공동체이지, 토착적 지역적 공동체는 아니다. 그것은 "세계화"를 할 것이냐의 **여부**(whether)를 묻지 않고, **어떻게**(how) 세계화를 할 것인가를 묻는다. 그리고 지구헌장의 대답―민주적으로 도달한 민주적 공동체―은 전자 통신의 세계화에 의해 가능하게 된 전 세계에서 시민들의 인상적인 네트워킹(연결망)과 지구 행성에 대한 의식의 덕분에 이루어진 **전 지구적**(global) 공동체다. 지속가능한 공동체를 신봉하는 사람들은 "발전"보다는 이런 것을 마음에 두는데, 이는 그들이 기업들의 전 지구적 경제를 중심으로 지구 환경을 둘러싸려고 하지 않기 때문이다. "무엇이 차례대로의 수준에서―국지적, 지역적, 국가적, 그리고 세계적으로―건강한 공동체를 만들며, 또한 어떻게 우리는 건강한 경제와 환경 모두를 이룩할 수 있으며, 지구의 요구가 근본적인 것을 알게 할 수 있는가?"라고 그들은 묻는다. 그들이 주목하는 질문들은 세계화 자본주의가, 심지어 지속가능한 발전으로서도, 좀체 묻지 않는 질문들이다. 즉 무엇이 인간 공동체와 문화 사이의, 그리고 인간 이상의 세계와의 유대관계인가? 무엇이 삶의 건강하고도 구체적인 방식을 위한 그토록 근원적인 유대관계인가? 무엇이 문화적인 재산이며 생물학적인 재산이며, 사람들이 다른 생명 공동체와 함께 살아갈 장소들에서 그것들을 지속시켜 나갈 지혜는 무엇인가?

결론으로 요약해서 말하자면, 지구헌장은 현재에 형성 중인 지혜이며 또한 지구 행성의 삶을 축소시키는 세력들에 직면해서 그런 지혜를 요청하는 것이다. 지혜가 여기에서 서식처를 발견했다.[28]

---

28) 지구헌장의 문서와 많은 행동들에 대해선 www.EarthCharter.org

도덕적 비극

지속가능한 공동체를 위한 지구헌장과 그 밖의 수많은 노력들이 도덕적 비극과 삶의 모순들 및 뜻밖의 결과를 피할 수는 없다. 이런 것들을 충분히 여유 있게 다루지 못하는 지혜는 진정한 지혜가 아니며, 단지 유쾌하게 스스로를 돕는 것에 불과하다. "만물이 다 지쳐 있음을 사람이 말로 다 나타낼 수는 없다"(전도서 1:8)는 깊은 탄식과 외침을 포함하여, 인간의 모든 경험이 지혜 속에 본거지를 갖고 있다. "사람이 세상에서 아무리 수고한들, 무슨 보람이 있는가? 한 세대가 가고, 또 한 세대가 오지만, 세상은 언제나 그대로다"(전도서 1:3-4). 모든 것이 헛되다.

도덕적 비극은 모든 각자의 삶에서 일상적인 일이 아닐 경우에도 인간의 경험에 속한다. 심지어 도덕적 비극이 일상적인 일인 경우에도, 프리츠 하버(Fritz Haber)의 비극의 깊이에는 좀체 도달하지 못한다. 프리츠 하버는 1905년에서 1936년 사이에 노벨상 38개 가운데서 14개를 받은 독일 유태인들의 비범한 집단에 속했다. 그 집단은 하버의 가까운 친구인 알버트 아인슈타인을 포함하고 있다. 하버 자신은 1920년에 노벨상을 받았는데, "농업의 표준과 인류의 행복을 증진"시킨 공로였다. 카를 보쉬(Carl Bosch)와 함께 그에게 공로가 돌려진 것은 20세기에 가장 중요한 발명인, 질소(nitrogen) 고정을 합성한 발명이었다. 하버-보쉬 합성과정은 화학적 "파쇄기"인 열과 압력을 사용해서 공기 중에 있는 질소를 뽑아내어 암모니아를 합성하고 비료를 만들어냈다.29) 바클라브 스밀은, 만일 이 발명이 없었다면, 오늘날 땅위에 있는 사람들의 5분의 2는 살아있지 못했을 것이라고 말하는데, 이는 이 발명으로 인하여 기본 곡물—옥수수, 콩, 밀, 쌀 등—을 대량 생산할 수 있게 만들었기 때문이다.30) 그것은 잉여식량의 엄청난 증가를 의미했고, 중국을 포함한 어

---

29) Michael S. Northcott, *A Moral Climate: The Ethics of Climate Change* (Maryknoll, NY: Orbis, 2007), 244-45.
30) Michael Pollan, *The Omnivore's Dilemma: A National History of Four Meals* (New York: Penguin, 2008), 42. 전체 내용은 Vaclav Smil, *Enriching the Earth: Fritz Haber, Carl Bosch, and the Transformation of World*

떤 국가들에서는 흉년과 굶주림을 모면하게 만들었다 (1972년 중국이 서방에 국교를 개방한 뒤에 첫 번째로 주문한 것은 미국으로부터 13개의 대용량 비료공장을 도입 건설하는 것이었다). 그것은 또한 육류식품의 성장도 가능하게 만들었다. 마이클 폴란(Michael Pollan)은 심지어, 질소합성법의 발견은 "모든 것을―단지 옥수수 농장이나 식량체제뿐만 아니라 땅 위에서 살아가는 삶의 방식까지도―바꾸었다"고 말한다.31)

그 이유는 이렇다: 모든 생명은 질소, 즉 아미노산들, 단백질, 핵산을 생성하기 위한 자연의 구성요소로서 질소에 의존하고 있다. "생명을 구성하고 지속하게 하는 유전자 정보는 질소라는 잉크로 써진다." 과학자들은 "질소가 생명의 질(quality)을 제공하고, 탄소가 생명의 양(quantity)을 제공한다"32)고 말한다.

그러나 지구의 대기 중에 80%가 질소이지만, 그대로는 식물들과 동물들에게 아무 소용이 없다. 식물들의 뿌리 속에 있는 박테리아의 활동과 공중의 번개의 충격을 통해서 질소는 사용가능하게 되며, 그로 인해 공기 중의 질소 결합이 분해되고 비를 통해서 흙 속의 비료로 내려온다. 그러나 이것은 불안정하고 제한적인 과정이다. 이미 1900년에 유럽의 과학자들은 자연에서 일어나는 질소를 얻는 방법을 발견하지 못하면 "인간의 숫자는 곧 성장이 고통스럽게 멈추게 될 것"33)이라고 결정했다. 하버-보쉬 공정이 이룩한 것은 질소 원자들을 분리하여 수소(hydrogen) 원자들과 결합시키는 질소 고정법이었다. 그 공정의 열과 압력은 대량의 전기로 공급되었고, 수소는 기름, 석탄 그리고 요즈음엔 흔히 천연가스에 의해 공급된다.34) 이리하여 산업화된 농산물과 전례가 없는 인구증가를 가능하게 만들었다.

하버 자신은 우리가 지금 경험하는 그것의 결과들을 보지 못했다. 즉, 화석연료를 사용하고 산업화된 농업, 공장농업을 선호하여, 대부분의 전통

Food (Cambridge, MA: MIT Press, 2000)에서 인용함.
31) Pollan, *Omnivore's Dilemma*, 42.
32) Ibid.
33) Ibid., 43.
34) Ibid.

적 농업방식을 포기하고, 그 결과 대부분의 도시들과 시골의 샘들의 물속에 넘치는 질소와 바다 속에 흘러들어간 파생 질소들로 인한 죽음의 지역을 포함하여, 인간과 자연 속에 유해한 영향을 주게 된 결과 말이다. 태양 에너지에 완전히 의존했던 것에서 화석연료에 의존하는 것으로 전환함으로써 비료를 자루나 탱크 속에 넣어서 농부들로 하여금 오랜 세월동안 해온 생물학적 제한에서 어느 정도 벗어나게 했다. 농장은 더 이상 "다양한 종류들을 유지함으로써 자체의 비료를 만들고 보전할" 필요가 없어졌다.35) 그 대신에 농장은 합성비료를 사용함으로써 단일작물을 경작하는 것으로 전환하였다. 대규모의 경제와 기계적 효과를 지닌 산업 원리가 대체했다. 이런 모든 것이 식량의 연쇄를 "생물학의 논리로부터 산업의 논리로 전환하도록 했다… 오직 태양으로부터만 독점적으로 얻어먹는 대신에, 이제 인간은 석유(石油)를 빨기 시작했다"36)고 마이클 폴란은 결론지었다. 그 한 결과는 고갈된 토양들인데, 석유로 만든 비료들은 토양의 비옥함을 향상시키기보다는 식물의 성장에 직접 투여하는 것을 선호하기 때문이다.

하버의 상황은 제1차 세계대전이었고, 그래서 헌신적 애국자이자 과학자였던 그는 자기 국가의 전쟁 노력에 몰두했다. 독일이 질산염을 외국에서 수입해오던 것을 영국이 봉쇄하였을 때, 그는 질산염 합성을 통해 그의 조국(das Vaterland)이 폭탄을 계속 제조할 수 있게 하였다. 독일의 전쟁기계들이 프랑스의 참호들 속에서 흙투성이가 되었을 때, 하버는 그의 천재성을 독가스—암모니아와 염소로 만든—발전에 이바지했다. 그는 개인적으로 전쟁터에서 독가스 사용을 지휘했고 영웅이 되어 조국에 돌아왔는데, 철저하게 치욕을 당하고 패전한 나라에서는 아주 드문 업적이었다. 동료 화학자였던 그의 아내는 자기 남편이 전쟁에 공헌한 것에 넌더리가 나서 권총자살을 했다. 나중에 하버는 기독교로 개종했지만, 아리안(Aryan)족의 예외 없는 인종차별을 견딜 수 없어서 독일을 탈출하여 스위스로 도망했다. 완전히 절망한 끝에, 그는 바젤(Basel)의 호텔 방에서 죽었다.

---

35) Ibid., 45.
36) Ibid.

카를 프리드리히 본회퍼(Karl Friedrich Bonhoeffer)는 디트리히(Dietrich)의 큰형인데, 하버를 스승으로 삼았고, 하버와 마찬가지로 제1차 세계대전에 자진해서 군복무를 했다. "대전"이 끝나고 본회퍼(프리드리히)는 물리화학자로서 국제적 명성을 얻었고, 노벨상 수상자였던 오토 하안(Otto Hahn)과 프리츠 하버(Fritz Haber)와 함께 연구했다. 24살의 본회퍼는 베를린에 있는 유명한 카이저 빌헬름 연구소(Kaiser Wilhelm Institute)에서 하버의 조수가 되었고, 수소 원자에 대한 획기적인 연구로 평판을 얻었다. 그러나 본회퍼는 그의 "중수"(重水, heavy water)에 대한 연구를 중단했는데, 그것은 그의 친구들과 동료들 사이에서 상당히 중요한 흥미와 일의 대상이었던 일종의 핵융합장치로서, 대량살상 무기를 개발하는 것이라고 의심하게 되었기 때문이다. 제2차 세계대전이 임박했을 때, 본회퍼는 물리화학에서 전기화학으로 연구 분야를 바꾸었다. 한편 그의 친구이자 동료였던 오토 하안은 카이저 빌헬름 연구소에서 프리츠 쉬트라쓰만(Fritz Strassmann)과 합동으로 연구해서 계획된 원자핵분열의 처음인 우라늄 핵을 분열시키는 데 성공했다.(이것을 Niels Bohr가 1939년 초에 미국 Princeton에 4개월 체류하면서 보고했고, Enrico Ferme와 I.I. Rabi가 이 사건의 소식을 콜롬비아대학 물리학과에 가져와서 만하탄 프로젝트로 이어졌다.)

카를 프리드리히(그는 1945년 전쟁이 끝날 때까지 몇몇 유태인들을 자기 기관에 감추어 보호했던 의로운 이방인 역할을 했다)는 하버의 죽음을 듣고 나서, 하버의 추도식을 조직했고 추도사를 썼다. 나치의 교육문화부 장관은 강력하게 그의 추도사 읽는 것을 금지했다. 그러나 그는 사적인 장례 추모식을 강행했고, 공적인 사건으로서는 카를 프리드리히가 그의 동료인 오토 하안에게 그를 대신해서 서도록 부탁했다. 하안이 추도사를 읽었지만, 그것은 모두가 카를 프리드리히의 말이었다.

하버의 자녀들에게 보낸 카를 프리드리히의 편지는 이랬다: "나는 당신들의 존경하는 아버지의 죽음에 관한 신문의 뉴스를 이제 막 알게 되었다. 나는 너무도 놀라서 뭐라고 할 말을 모르겠다. 이 순간에 그가 사망한 것에 나는 매우 안타깝다! 내가 그에게서 받은 좋고 아름다운 것들 모두가 내게 되돌아와 생각나게 하는데, 나로서는 이 마지막 몇 해 동안 그를 돕기에는 우리가 너무 힘이 없었던 것에 대하여 괴로운 느낌을 억누를 수가 없다. 나는 그의 지혜와 선함을 항상 기억할 것이며, 내가 살아있는 동안에는, 우리 분야에서 그에 대한 기억을 살려 지녀가도록 하는 데 나의 힘이 닿는 한 최선을 다하겠다. 당신들의 아버지처럼 훌륭하고 특별한 분을 내 가까이에서 함께 했던 운명에 나는 감사하며, 언젠가는 독일이 얼마나 많이 그에게 신세를 졌으며, 또한 그에 대한 나의 느낌을 공개적으로 말할 기회가 있을 것으로 나는 희망한다. 나는 그의 무덤이 어디에 있는지도 모르기에, 나의 감사를 표시하는 꽃다발을 하버-린데 주소에 놓을 작정이다… 깊은 애도의 마음을 표시하면서, 카를 프리드리히 본회퍼."37)

여기 비극의 구름이 무겁게 드리워있다. 카를 프리드리히는 말하기를 이 순간에(1934년) 하버의 죽음을 유감으로 여기고 하버의 기억을 살려나가겠다고, 그리고 독일이 그 빛나는 애국자이자 과학자인 하버에게 빚진 것을 공개적으로 표현할 때를 기다리겠다고 했다. 그러나 하버가 이룩한 다른 발명품을 가지고 독일이 무슨 짓을 할지를, 이 순간 카를 프리드리히는 몰랐고, 하버는 알 수도 없었다. 프리츠 하버는 질소합성을 통하여 비료와 산업화된 농업을 가지고 수십억의 사람들을 위한 세계 식량을 주었을 뿐만 아니라, 또한 그는 지클론 비(Zyklon B), 시안화수소를 발명해서, 죽음의 수용소에서 홀로코스트에 그 자신의 동족들에게 사용하였다. 하버가 지클론 비를 발명한 것은 해충을 박멸하기 위해서였다. 나치스는 그게 바로 자신들이 하고 있던 일이라고 말했다.

이것은 노골적인 도덕적 비극이다. 좋은 의도를 지녔던 애국자, 빛나는 과학을 연구하는 빛나는 과학자였던 하버가 홀로코스트의 죽음의 수용소 독가스를 발명하여, 지속불가능한 농업과 지속불가능한 인구에 이르는, 지금은 의심스럽게 된 길을 내는 데 도움을 주었다.

---

37) Eberhard Bethge, "The Non-Religious Scientist and the Confessing Theologian," in *Bonhoeffer for a New Day: Theology in a Time of Transition,* ed. John de Gruchy (Grand Rapids, MI: Eerdmans, 1997), 43-44에서 재인용.

이런 도덕적 비극에는 구원이란 없다. 거기엔 무한한 슬픔과 동정심만 있을 뿐이다. 만일 종교적인 지혜가 나타난 곳이 있다면, 그건 이른바 서양 종교라고 부르는 것 속에 지배적인 **구원의 동기**(the motif of redemption)로서 나타나지 않는다. 즉, 구원을 이루려는 좋은 뜻이 어찌어찌 그 길을 내어서, 새로운 생명이 비극의 깊은 곳에서부터 어찌어찌하여 솟아나도록 그렇게 지혜가 나타나지는 않는다. 종종 그건 그렇게 나타나지는 않는다. 그 대신에, 흔히 동양 종교와 연관된 동기, 즉 늘 베푸는 자비의 삶 속에서, 비록 잊을 수는 없지만 그 자비 속에 싸여있는 **편만한 슬픔의 동기**(the motif of a pervasive sorrow), 부담스러워도 고통스럽게 끌어안는 슬픔을 지혜가 감내한다. 낙담한 마음은 낙담한 채 남았어도, 삶은 계속된다.

달리 말하자면, 고통, 죽음, 의미, 목적에 대한 완전한 합리적 설명은 없다. 과학도 신학도 최종적이고 만족할 만한 설명이란 과제를 감당하지 못한다. 그 대신에 삶에 대한 어떤 "예스"도 삶의 과정을 실존적으로 선택하고, 또한 그 선택을 불확실한 삶이 허락한 것으로 살아냄으로써 다가온다.38)

어리석음

지혜는 어리석음에 맞선다. 어리석음은, 예를 들어, 잘못 알고 틀린 늑대를 기르기, 혹은 노만 하벨(Norman Habel)이 "요셉 원칙"(the Joseph principle)이라고 부른 것—번영의 시간은 바로 궁핍함과 부족한 세상을 대비하는 시간이라는 것—을 무시하는 것이다.

파라오는 일곱 마리 살찐 암소들과 일곱 마리 야윈 암소들 꿈을 꾸었다. 야윈 암소들이 살찐 암소들을 잡아먹고도 여전히 야윈 채로 남아있다. 파라오의 궁전에서는 외부자인 요셉이 그 꿈을 해몽하여 기근의 전조라고 해석하고, 파라오에게 풍년일 때 양곡을 충분히 저장해서 흉년이 되어도 살아남을 수 있도록 대비하라고 설득했다. 그대로 되었고, 이집트는 곤궁해진 이웃

---

38) 이것들은 나의 말이지만, Steven Rockefeller가 Yale University에서 2011년 3월 23-26일에 거행된 Yale Conference of the Journey of the Universe에서 한 말에 의해 자극받았음.

들과 함께 재앙에서 구원되었다.39)

우리가 이집트의 이웃들처럼, 장차 다가올 기후변화가 아직 최악이 아닐 때를 (아마도 하벨의 고향 오스트레일리아가 최근에 그랬던 것을 제외하고!) 이용하여 다가오는 재앙에 대비하여 현재와 미래의 세대들이 준비하도록 하지 않으면, 우리는 어리석음을 선택하는 것이라고 하벨은 논평한다.

가장 큰 규모의 또 다른 어리석음은 이 책의 모든 페이지에 붙어 다니는 어리석음이다. 즉, 무한한 경제성장에는 한계가 있는지, 그리고 재앙을 되돌이킬 수 없는 임계점이 어디일 것인지를 보기 위해서, 거대하고 통제할 수 없는 지구 행성에 대한 실험을 감행하는 것에 대한 우리의 집단적인 고집 말이다. "불태워 버려라, 그리고 나서 배워라" 하는 것은 어리석은 충고다. 흙에 대한 석유의 경우도 그렇고(석유를 불태우고 나서 땅에서 배우라는 뜻—역자주), 많은 다년생 식물을 키우기보다는 몇몇 일년생 농작물들을 재배하는 것(몇몇 농작물을 위해 수많은 숲들을 불태워 땅을 개간하는 것—역자주)도 그렇다.

존 아담스(John Adams)는 그의 논문 "자연에 대한 차후의 거대한 긴급탈출을 회피하기"에서 또 다른 어리석은 방법을 논의했다. 긴급탈출(bailout)은 예방대책보다 더 많은 비용이 드는 것이 불가피하다고 그는 지적한다. "물을 정화하는 체계를 만드는 것이 자연의 수원지를 보호하는 것보다 훨씬 더 많은 비용이 든다." 그리고 "도시들을 재건하는 비용이 홍수와 폭풍우로부터 보호해주는 숲과 산호초를 보존하는 데 드는 비용과 비교해서 훨씬 비싸다."40) 수원지들이 더 이상 신선한 물을 제공하지 못하고, 숲이 더 이상 가뭄과 홍수를 방지해주지 못하며, 바다들이 더 이상 건강한 물고기를 제공해주지 못하게 되면, 정부들은 이런 기본적 물자들과 서비스를 제공해 줄 다른 방법들을 발견하지 않으면 안 된다. 대안의 길들은 흔히 훨씬 비싸고, 경쟁이 치열해지면서 잠재적 갈등을 동반하는 더 많은 어려움을 안고 있다. 그러나 "2010년에 전 지구적으로 천연자원들을 뽑아내어 사용하는 데 든

---

39) 창세기 41장
40) John S. Adams, "Heading Off Next Big Bailout—of Nature," *New Mexican,* March 21, 2010, B2.

비용이 자연을 보존하는 데 지출한 비용을 100 대 1로 압도했다."41) 이것은 만일 미친 짓이 아니라면, 바보 같은 짓이다. 지혜는 말하기를 "자연을 책임지기 시작할" 시간으로는 이미 늦었다고 한다.42)

지혜는 장소들에 거주한다

자연을 책임지는 지혜는 "장소(위치)들에 거주하는" 지혜라고, 더들리 패터슨(Dudley Patterson: 서부지역 아파치 인디언)은 키이트 바쏘(Keith Basso)에게 말한다. "그것은 마치 마르지 않는 물과 같다. 당신은 살아있기 위해서 물을 마실 필요가 있지 않은가? 아무렴, 당신은 또한 장소(위치)들로부터 마실 필요도 있다."43) "장소-세계들"(place-worlds)을 우리는 잘 알고 있는데,44) 정말로 "우리를 동여 묶고" 있는 것들(*religare*—religion: 종교)은 우리들에게 외부적 풍경(전망)들 못지않게 내면적 풍경(전망)들이 된다. 우리들의 터전인 지역의 땅, 공기, 불, 물, 그리고 빛의 유기적인 통합이 문화적 상징들과 은유들이 된다. 우리가 그것들과 의식적으로 혹은 무의식적으로 친하게 지내면서, 그것들은 우리의 전반적인 삶의 방식에 속하고 신성하고 신비한 능력을 띠게 된다. 우편번호와 주소보다 훨씬 더 많이, 장소-세계들은 우리가 그 위에서 살고, 움직이고, 그리고 육체적 존재를 갖고 있는 지구를 우리가 우리들 자신의 것으로 만드는 수단들인 것이다.

이렇게 우리들 자신의 것으로 만드는 것(appropriation)은 상호 호혜적인 것이다: 우리가 소속된 물리적 풍경들에 우리의 삶을 맡김에 따라, 그 풍경들도 우리의 기본적 경험과 인식의 일부가 된다. 우리는 그것들을 형성하고 그것들도 우리를 형성한다. 스코트 모마데이(N. Scott Momaday, Kiowa 인디

---

41) Ibid.
42) Ibid.
43) Keith Basso, *Wisdom Sits in Place: Landscape and Language among the Western Apache* (Albuquerque: University of New Mexico Press, 1996), 127에서 재인용.
44) 이 용어는 Basso가 *Wisdom Sits in Place* 도처에서 사용한 것임.

언)는 인간적 측면에서, "이런 상호작용은 일차적으로 상상의 문제인데 그것이 성격상 도덕적이다"45)라고 말한다. 즉, 상징적 의식을 지닌 피조물들이 그들의 물리적 세계와의 살아있는 관계를 해석하는 방식에 맞추어서 우리는 현재대로의 우리가 된다. 물리적인 풍경(전망)이 의미 있는 인간의 우주로 형성되어, 덕목, 가치, 그리고 의미를 지닌 것으로 된다.46) 우리의 장소(위치)에 대한 감각은 마음과 정신의 가까운 동반자이다.47)

물론 더들리 패터슨은 그렇다고 생각한다. 그의 말은 이렇게 이어진다: "당신은… 장소들로부터 마실 필요가 있다. 당신은 장소들에 대하여 모든 것을 기억할 필요가 있다. 당신은 그 장소 이름을 기억하기를 배워야 한다. 당신은 오래 전에 그곳에서 무슨 일이 일어났던가를 기억해야 한다. 당신은 그것에 대해 생각해야 하고, 생각하기를 계속해야 한다. 그러면 당신의 마음이 원활하게 날로 더욱 원활하게 될 것이다. 그러면 당신은 위험이 일어나기 전에 그것을 알게 될 것이다. 당신은 먼 길을 걷게 되고 오래 살게 될 것이다. 당신은 현명하게 될 것이다. 사람들이 당신을 존경할 것이다."48) 패터슨은 "장소의 기풍"을 개발하여(Jackson), 지구의 남아있는 것들을 소중히 여기고 그것들에서 지혜를 이끌어 낸다.

진정한 장소-세계들은 앞에서 논의했던 "안정된" 사회와 '오이코스' (*oikos*: 가정, 식구들, 거처)의 에토스(ethos)를 낳는데,49) 그 에토스는 인간의 특성과 행동을 형성하고 표현하는 것이다. 장소-세계란 뉴욕 사람들에겐 센트럴파크(Central Park: 맨해튼 중심부의 거대한 공원—역자주)요, 농부들에게는 들판이요, 패터슨에게는 오늘날의 애리조나 주 화이트 마운틴(the White Mountain)이다. 그러나 그 결과는 우리가 누구인가를 아는 것이니, 이는 우

---

45) Basso의 인용문, 64, in N. Scott Momaday, "Native American Attitudes to the Environments," in *Seeing with a Native Eye: Essays on Native American Religion*, ed. W. Capps (New York: Harper & Row, 1974), 80.
46) Basso, *Wisdom Sits in Place*, 40.
47) Ibid., 106.
48) Ibid., 127.
49) *oikos*의 차원에 대해서는 제5장에서 논의했음. "stable" "stability"에 대한 에토스는 같은 장에서 볼 수 있음.

리가 어디에 속하며 그리고 어떻게 거기에 "있음"을 우리가 알기 때문에 생겨난 것이다.

장소-세계들이 훼손되고 파괴되면 무슨 일이 일어날까? 불안정한 시대에, "지구 표면의 광범위한 부분들이 산업주의에 의해 황폐화된 때엔… 몇 군데 대륙들에서 토착민들이 그들의 고향땅에서 잔인한 불법침탈로 인해 강제로 뿌리 뽑히고… 미국의 토착 인디언 부족들이 현재 연방정부 집행기관들에 의해 통제되고 있는 성역(聖域)들을 영구히 보호하기 위해 중요한 법적 투쟁을 하면…, 철학자들과 시인들이 지리적인 국소지역들에 집착하는 것이 개인적 그리고 사회적 정체성들의 형성에 근본적 공헌을 한다고 주장하는 때엔… [그리고] '환경에 대한 깨달음'의 새로운 형태들이 과거보다 더 과격하게 입안되고 보다 절박하게 주창되는 때엔, 인간의 의미와 도덕적 세계에 무엇이 일어날까?"50) 기후변화가 경치와 계절들을 너무도 극단적으로 바꾸어버려서 우리가 본토라고 부르는 것이 더 이상 똑같이 보이고 느껴지지 않게 되면 무슨 일이 일어날까? 그 결과는 **"도덕적으로 문란한 풍경(전망)"** 이라고 윌리엄 드바이스는 쓰고 있는데, 도덕적으로 문란하다는 것은 그곳에서 장소의 일부로 살았고, 그 장소도 그들의 일부였던, 그런 사람들에게는 그들의 세계의 구성이 엄청난 변화들로 인해 그 장소의 의미가 없어질 것이기 때문이다.51) 거룩한 장소들(성역)이 무너지거나 사라져서 그 땅은 이상하거나 낯선 것으로 보일 것이다.

그러면 역설적으로, 지혜는 **항상** 장소에 거주한다는 바로 그 이유 때문에, 변화하고 있는 그리고 변한 장소의 기풍을 개발하고 그곳의 창조의 본래 모습을 새롭게 발견하는 것이 더더욱 의식적으로 절박하게 된다. 조상들의 특성과 행동을 형성했던 정착된 세계보다는, 거칠고 새로운 지구 행성 위에

---

50) The words are Basso's, drawing from the journal *Cultural Survival Quarterly*, in his *Wisdom Sits in Places*, 105.
51) William deBuys, *A Great Aridness: Climate Change and the American Southwest* (New York: Oxford University Press, 2011), 267. DeBuys is drawing on the work of Keith Basso: I am grateful to deBuys for pointing me to that work.

서 어려운 전환들을 겪는 불안정한 세계가 우리가 어떻게 살아가고 무엇을 가치 있게 여길 것인가를 배우기 위한 새로운 장소가 된다. "풍경(전망)을 다시 도덕화하는 것"(deBuys)52)이 죽음과 갱신에 필사적으로 달라붙어 있는 동안 새로운 정체성을 발견하고자 투쟁하는 사람들에게 집단적으로 종교적 문화적 과제가 된다. 낯선 땅에서 주님의 노래를 부르고, 각각의 현장을 행복에 알맞은 거룩한 의무를 지고 있다고 취급하며, "첫 번째 과업들을 다시 하는 것"(Baldwin)은 오직 그 과업들이 장소에 대해 심오하게 지속적인 의미를 포함할 경우에만 잘 될 것이다. 장소에 대한 의미는 지혜와 마찬가지로 계속하여 반복적으로 자연에서 듣고 배우는 그런 의미다.

그 다음엔 그리고 거의 마지막으로……

어떤 면에서 지혜는 우리를 한 바퀴 돌아 제자리에 데려온다. 윌리엄 브라운(William Brown)의 책 『창조의 일곱 기둥들』(*Seven Pillars of Creation*) 속에서 "지혜의 세계: 잠언 8:22-32 속의 무대인 우주"라는 탁월한 장을 마치는 페이지에서 다시 이 책 제1장 "피조물인 우리들"에 데려오는 주제들을 한데 모으고 있다.

지혜 전통들은 과학이라기보다는, 특히 현대과학보다는, 시에 더 가깝다. 그런 지혜의 대부분이 믿을 만한 지구과학의 검열을 통과하지는 못할 것이다. 이것은 고대의 지혜가 지구의 안정성과 변함없이 반복됨을 가정한 것들—움직이지 않게 자리 잡은 산들, 둘레를 막은 바다들, 여러 시대를 계속해서 같은 식물과 동물을 씨 뿌리고 수확하는 신뢰할 만한 계절 등—을 포함하기 때문이다. 우리가 알고 있는 지혜들이 수집되었을 때엔, 인간의 경험이 지구의 매우 다른 시대들(ages) 혹은 지구가 수십억 년 동안 활동한 것을 알지 못했었다. 훨씬 오래된 고대의 인습적인 지혜는 이런 점에 대해서는 지혜롭기보다는 바보 같았었다.

그러나 지혜가 과학과 공유한 확신은 창조가 "놀랍도록 지성적"이며,

---

52) Ibid.

우주는 그 공간과 시간에 걸쳐서 굉장한 균일성과 "법칙이 있는 규칙성들"을 지닌 "합리적인 질서를 보여주고 있다"는 점이다.53) 동시에 여기서 또한 지혜와 지구과학 및 우주의 과학이 같은 태도를 취하는데, 그것은 **우주 속에서의 인간의 위치는 거의 주목을 받지 못한다**는 점에서 그렇다. 그렇다. 지혜의 목적은 땅 위에서 오래, 잘 살아가라고 인간에게 교훈을 주려는 것이다. 그러나 브라운이 지적했듯이, 여기에 **인류 중심적인 원칙**(anthropic principle)은 **없다**. 우주는 영장류와 호모 사피엔스 계열에 잘 맞도록 설계된 것이 아니다. 오히려 그와는 달리, 창조의 원리는 "지혜로운"(sophic) 것이다. 우주는 "인간을 훨씬 넘어서 지혜를 위해, 지혜의 성장, 기쁨, 그리고 그 활동을 위해 절묘하고도 확고하게 만들어진 것이다. 우주는 호모 사피엔스가 출현하든 안 하든 관계없이 즐거운 가해성(可解性, intelligibility) 속에 존재한다."54) "지혜는 두 동반자를 갖고 있는데, 곧 하느님과 피조세계다."55) 당신과 나 그리고 우리들과 같은 종류는 그런 틀 안에 나타난 것이니, 저 한 구석에 있는 사랑스러운 일부요, 거대한 나무의 한 작은 가지이며, "당신의 위치는 여기"라는 말과 함께 커다란 화살표가 가리키는 한 점에 불과하다.

이처럼 우리가 속해 있는 피조세계의 즐거운 가해성(피조세계는 우리가 소유하도록, 또는 우리의 목적을 위해 우리에게 속해 있다는 생각보다는)은 우리가 우주적인 전개 속에서 "함께 묶여 있다"는 지혜를 다시 깨닫게 해준다.56) 모든 것들이 복잡한 상호연결성으로 소속됨 속에 태어난다(All is born to belonging as complex interconnectedness). 아인슈타인은 양자물리학에 의해 확인된 시간-공간에 걸친 그 연결들이 "으스스한 유령 같다(spooky)"고 했지만, 과학적으로는 그게 옳다. 물체들이 공간 속에서 매우 멀리 떨어져 있으면서도, 단 하나의 실체처럼 행동한다. 그것들은 서로 분리되어 있기보다는 서로 얽혀 있다. 고대의 시인들과 현대의 과학자들에게서 공통적으로 발견

---

53) Brown,, *Seven Pillars of Creation*, 168.
54) Ibid., 169.
55) Ibid., 176.
56) Ibid., 169. uses the Greek translation from the Septuagint (LXX) for Prov. 8:30: "I was beside him [God] binding together."

한 것이 바로 원초적 결속과 소속됨(primordial bonding and belonging)이다. (단테는 그게 바로 태양과 다른 별들을 움직이는 사랑이라고 불렀다.)57) 우주는 질서 있고 살아있다.

마지막으로, 지혜는 적응하는 도전에서 과학과 일치한다. 우리가 마땅히 겪어야 할, 또한 겪지 않으면 안 되는 길고도 어려운 전환을 우리가 만들어낼 수 있는가? 지혜와 과학이 주는 유일한 대답은 "우리는 할 수 있다"이다. 우리가 미래를 알 수 없으니, 그것으로 충분하다. "지혜를 얻는 것" 혹은 "지혜 속에서 성장하는 것"이, 진화론적 관점에서는 적응의 과정으로 일어나는 것이기 때문에, 우리는 할 수 있다. 지혜 속에서 성장하는 것은 "기능적 효율성"(functional efficacy)58)을 이룩하고 들어맞아 조화되도록 일어나기 때문에, 바로 다윈이 발견한 대로 "가장 강한 것들이 생존하는 것이 아니고, 가장 지적인 것들이 생존하는 것도 아니며, 변화에 가장 잘 적응하는 것들이 생존하는" 것이다.59) 또한 인간의 본성에는 이타적인 것과 이기적인 것이 항상 존재한다는 것, 그리고 마음을 황홀하게 하는 것은 유혹하기도 하고 속이기도 한다는 지식을 통해 지혜 속에서 성장하는 것이다.

그래서 지혜를 얻는 것이 인간들에게는 유전자 이상이다. 두뇌 이상이기도 하다. 그것은 집단적으로 문화적 혁신과 적응의 협동 및 집단적인 사회적 배움을 포함한 배움이다.

배우기, 지혜를 얻는 여러 각도의 비전을 필요로 하는데, 어떤 것은 과학에서나 일상생활에서나 현행 패러다임을 충분히 삐딱하게 봄으로써, 또 다른 방식의 획기적인 통찰을 제공하게 된다. 패러다임 밖에서 생각하는 것도 문화적 혁신과 적응에 속한다.

---

57) 단테(Dante)의 천국(Paradise) 마지막 부분.
58) Brown, *Seven Pillars of Creation*, 173. Brown takes from Jeffrey P. Schloss, "Wisdom Traditions as Mechanisms for Organismal Integration: Evolutionary Perceptives on Homeostatic Law of Life," in *Understanding Wisdom: Sources, Science, and Society*, ed. Warren S. Brown (Philadelphia: Templeton Foundation Press, 2000), 153-91.
59) See "The Ethic We Need," above.

설사 과학에서는 그렇지 않을 수도 있겠지만, 최소한 지혜에는 또 다른 것이 있다. 지혜를 얻는 것과 잘 들어맞아 조화되는 것, 좋은 판단과 적절한 행동("기능적 효율성")은 도덕적 종교적 가치평가를 포함한다. 땅 위의 존재들로서 성숙함과 좋은 판단을 하는 것은 도덕적 감성과 교양 있는 종교적 감수성을 기르는 것을 포함하는 다차원적 지성을 수반한다. 이런 것들은 인지적 지능을 가지고 사물들을 이해하는 것 이상이다. "의로움, 정의, 그리고 평등성뿐만 아니라, 효과적인 교훈을 얻는 것"은60)—"다른 말로, 참된 지혜를 길러내는 것은"—그 자체의 목표를 위해서 뿐만 아니라, 보기에 좋은 피조물에61) 속한 잘 살아가는 삶을 위해서도, 건전한 인식과 도덕과 신앙을 통합하는 것이다. 브라운은 잠언(箴言)을 이에 잘 해당되도록 요약했다: "지혜는 공동선과 공동의 하느님을 찾는다(Wisdom seeks both the common good and the common God.). 지혜는 모든 것들의 창조자에 대한 존경을 불러일으키고, '정의, 의로움, 그리고 평등'(잠언 1:3)을 길러낸다. 수많은 잠언들은 인생과 세계에 대한 여러 가지, 심지어 서로 모순되는 견해들을 제시하는데, 모두가 독자들의 비판적, 메타 인식적 지능을 발전시키도록, 즉 지혜를 발전시키고자 하는 것이다."62) **하느님에게 충성하는 것은 지구에게 충성하며 살아가는 것이다**(Fidelity to God lived as fidelity to Earth). 그렇게 되기를 간절한 마음으로 빈다.

---

60) Proverbs 1:3, Brown's rendition
61) 창세기 1:31.
62) Brown, *Seven Pillars of Creation*, 173-74.

13장

맺는 말

이런 말들은 읽어야 될 목록이 아니다.
이런 말들은 심지어 선포되어야 할 설교도 아니다.
이런 말들은 연주되어야 할 악보이며 실행해야 할 프로그램이다.
— John Dominic Crossan

우리들에게 노래 속으로 들어갈 용기를 주소서.
— Marty Haugen, "Gather Us In"[1]

전직 국무장관이었던 매들린 올브라이트(Madeline Albright)는 2006년 미국종교학회(American Academy of Religion)에서 말하기를, 21세기의 큰 주제들은 종교, 생태환경, 그리고 아시아의 경제가 될 것이라고 말했다.

대부분의 사람들은 가령 1990년이라면, 그 세 가지 큰 주제들 가운데서, 아시아의 경제—중국, 인도, 일본, 한국, 인도네시아, 말레시아, 타일랜드, 그리고 싱가포르의 경제—가 세 가지 큰 요인들에 속한다고 간주했을 것이다. 그러나 생태환경을 포함시킬 사람은 별로 없었을 것이다. 더군다나 종교가 그런 위치에 속한다고 생각했을 사람은 아무도 없었을 것이다.[2]

---

1) 첫 번째 인용문은 John Dominic Crossan, *The Historical Jesus: The Life of a Mediterranean Peasant* (New York: HarperCollins, 1992), xiii. Crossan이 참조한 것은 예수의 산상수훈이다. 두 번째 인용문은 Marty Haugen, *Gather Us In* (Chicago: GIA Publications)에 수집된 음악들 가운데 같은 타이틀의 노래 "Gather Us In"에서 온 것이다.
2) 아시아와 현대성에 대한 통찰력 있는 설명은 Patrick Smith, *Somebody Else's*

놀랍도록 도덕적인

다음 페이지들은 세 가지 가정들을 중심으로 쓴 것들이다.

첫째, "우리들의 전체 삶은 놀랍도록 도덕적이다."3) 어떤 의미에서는 늘 그래 왔다. 도덕적이란 호모 사피엔스(Homo sapiens)라는 피조물의 본성상 그런 것이다. 우리는 무도덕적(nonmoral)일 수는 없다. 선택, 습관들, 관점들, 경향성들, 기관들, 결정들, 의무들, 목표들, 행동들이 우리가 연주하는 악보와 우리가 실행하는 프로그램에 결정적인 역할을 한다(Crossan). 도덕은 아주 잘못될 수도 있고, 실제로 그러하기도 하지만, 그러나 도덕은 항상 나타나며 또 항상 필연적으로 수반된다.

그러나 이제 우리들의 삶은 두 번째 이유 때문에 놀랍도록 도덕적이다. 즉, 지구 행성 위에서 인간의 능력이 누적되어 결정적으로 나타난 것 때문에 도덕적이다. 우리는, 기후와 진화과정을 포함해서, 모든 것들에 영향을 준다, 심지어 일반적으로 사용하는 말인 "하느님의 행위들"(acts of God)도 인간 활동들의 엄청난 결과들로부터 더 이상 명백히 구별할 수 없게 되었다. 더욱 강해진 폭풍들, 산사태들과 눈사태들, 해수면의 상승, 가뭄과 대홍수, 계절들의 이동, 그리고 해충(害蟲)들과 질병의 이동—이것들은 마치 점증하는 인구와 필요가 그러하듯이 인간으로 말미암은 충격과 책임 밖이 아니라 그 안에 있다. 일상적인 결정들과 어느 정도만 의식하는 습관들이 전 지구적인 영향을 준다. 우리는 지구사회적인 피조물들이자 생물사회적 그리고 생태사회적 피조물들이다.

우리의 삶이 놀랍도록 도덕적인 세 번째 이유가 있다. 그것은 생활의 한 방식이 다른 생활방식에 꼭 양보해야만 할 때 택해야 할 적극적인 노력을 신뢰하는 것이다. 윤리학의 주제는 우리와 또 다른 생명들이 어떻게 생존하고 번성하느냐의 문제다. 그래서 전환점에 이르러서, 하나의 생활방식에서 다른 방식으로 전환할 시간이 개입하면, 도덕적 관성(慣性)이 더 이상 지탱하

Century: *East and West in Post-Western World* (New York: Random House, 2011)을 참조하라.
3) Henry David Thoreau, *Walden* (New York: W.W. Norton, 1992), 146.

지 못하게 되어, 현재의 도덕적 삶에 속한 모든 것들을 새롭게 다루어야만 한다—새로운 우주론, 인간의 성격과 행동에 대한 공동체의 재형성, 무엇이 도덕적으로 규범이 될 것인가에 대한 이해, 그리고 체제, 구조, 실천의 형성, 행동, 결과 등. 이런 모든 것들이 산업기술공학 시대에서 생태권적인 시대로 넘어갈 길이 세워지면서 인간의 책임에 속한 것들이다. 광범위한 영역에 걸쳐서 핵심에 이르기까지 그 위대한 광업(Great Work)은 도덕적인 것이다.

존 폴 레더라크는 이렇게 적절히 말한다: 전환점은 일반적인 것을 초월하는 각성의 지평을 요구한다. 그런 시간들에서는, 인간이 가는 길의 운명은 단지 "우리가 구상한 지배적인 정치, 경제, 그리고 사회적 구조들의 특수한 형태에만" 달려있지 않다. 그렇다고 인간의 운명이 "주로 인구증가, 환경의 퇴화, 천연자원들의 사용, 혹은 빈곤처럼 항상 존재하는 그리고 절박한 문제들에 대한 해답의 둘레만" 돌고 있는 것도 아니다. 그것은 또한 심지어 "폭력, 전쟁, 혹은 테러 등의 뿌리나 그 해결책을 찾는 속에서" 그 근본을 발견하는 것도 아니다. 더군다나 "몇 가지 좋은 소통의 기술, 새로운 편리하게 하는 방법들, 혹은 갈등을 해결하기 위해 가르칠만한 기교들"로도 효험은 없을 것이다. "이런 것들 각각이 중요하고, 또 우리가 당면한 핵심적 도전들을 나타내고 있기는 하지만" 그것들이 우리로 하여금 새롭고도 보다 인도적인 지평을 향하여 나가도록 하는 전환점을 만들 능력을 이룩하지는 못한다. 그것을 가능하게 하는 것은 "우리의 도덕적 상상력"이다.[4] 생태대의 삶에 알맞은 생활방식이 무엇일까 질문하게 하는, 도덕적 상상력이 가장 중요하다. 상상력을 포함하여, 인간의 존재와 행동의 전체는 놀랍도록 도덕적이다.

생존의 단위

이 작업의 두 번째 가정은 인간 사회의 생존 단위가 생태권(ecosphere)과 포괄적인 자연이라는 것이다. 우리의 근원, 우리의 지속되는 삶, 그리고 종

---

4) John Paul Lederac, *The Moral Imagination: The Art and Soul of Building Peace* (New York: Oxford University Press, 2005), 23.

착점이 다른 곳이 아닌 바로 이 안에서 하나의 소속 회원 됨 속에 있다. 우리의 소속됨은 생태권적이고 우주적이다. 종교들과 도덕들이 그것들(생태권, 우주)이 생동하는 중심들 가까이에서 이에 대한 책임을 지지 못하는 종교들과 도덕들은 이상하고 거짓되고 그리고 이제는 위험한 것들이다.

위험한 종교들과 도덕들은 노만 워즈바가 "화해 결핍 장애"(Reconciliation Deficit Disorder)라고 부른 것을 지속하도록 만드는데, 이런 장애는 두 가지 잘못된 믿음들에서 나온 것이다: (1) "하느님은 인간만을 돌본다는 믿음, (2) 피조물에 속한 회원자격이 무시되어도 사람들은 번성할 수 있다는 믿음."5)

첫 번째 믿음과는 대조적으로, 워즈바는 피조물들 전체가 하느님의 현존과 사랑의 대상이라는 근본적 확신을 강조한다. 하느님은 피조물들을 떠나서 "육체에서 분리되어 정해진 장소가 없는 그런 정신들과의 친교를 맺는 것을 구하지 않고," "화해한 피조물들 가운데 거하면서" 우주를 거룩한 거처로 삼아 그 속에서 편안히 계신다.6) 두 번째 믿음과 대조적으로, 워즈바는 우리가 처음 함께 시작한 것과 조화되는 진화론적 그리고 생태학적 책임에 집중하여 설명한다. 다른 모든 것들과 함께 우리는 소속된다. "산다는 것은 피조물의 모든 육체들과 합동하여 한 장소에서 한 몸 속에 있는 것이다."7)

이 책 『지구를 공경하는 신앙』은 이런 화해 결핍을 다루기 위해 여러 가지 규정 항목들을 사용해왔다: 우리의 도덕적 우주 안에서 모든 생명의 원초적 요소들에 집중하기, 우리의 모든 도덕적 종교적 추진력을 그것들이 지구를 공경하고 있느냐 여부의 엄중한 비판 기준으로 측정하기, 당장 눈에 보이고 손에 잡히는 것보다 실재에 주의를 집중하기인데, 아마도 이는 불교에서 말하는 정념(正念, mindfulness)과 깨달음의 방식으로 가장 잘 표현될 것이다. 현재의 실천들 속에서 상상하지 못하는 가능성들을 길러주는, 창조성과 초월성을 지닌 변화를 촉구하기, 경제학(economics)과 생태학(ecology)

---

5) Norman Wirzba, *Food and Faith: A Theology of Eating* (Cambridge: Cambridge University Press, 2011), 174.
6) Ibid.
7) Ibid., 175.

을 "생태경제"(eco-nomics)로 조화시킬 전환을 강조하기, 종교 공동체들의 수천 년 된 전통들이 지닌 자원들을 이용하여 현재의 도전들에 대해 지속가능한 방식으로 적응함으로써 새로운 미래를 위해 앞서나가는 제자들 공동체들을 육성하기, 우리를 뒤돌아볼 미래 세대의 눈들을 의식하면서 현재를 살아가기 등이다.

이런 모든 것들은 "존재에 동의하는 것"(consent to being)을 인간의 기본적인 자세로 당연하다고 여기는 것이다. 존재에 동의한다는 것은 생명의 승리를, 또한 생명의 지속과 갱신을 신뢰하는 것이다. 거기에서부터 전체의 좋은 것을 전망하면서, 제임스 구스타프슨의 말대로, "우리는 우리의 삶을 모든 것들에 대하여 관계를 맺되 그것들의 하느님과의 관계들에 적합한 방식으로 맺는다."[8] 이것에 대한 니콜라스 래쉬의 설명은 "우리가 모든 것을 보되 하느님이 그것들을 보는 방식으로 보기를 배우는 것이다: 무한한 이해, 흥미, 그리고 돌봄을 베풀 가치가 있는 것처럼 말이다."[9] 오랜 시대에 걸쳐 우리는 지구와 우주에 깊이 소속되어왔기 때문에, 우리는 또한 모든 것들에 대한 관계를 맺되 그들과 우리 자신들의 관계에 적합하도록 관계해야 한다고 말해야 할 것이다. 즉, 만일 어떤 형식으로든 인간중심주의가 불가피하다면—또한 사실 불가피한 것이, 우리는 단지 인간의 의식을 통해서 모든 것에 관계하기 때문이다—그런 인간중심주의는 존재에 동의하는 것으로 형성되고, 우리가 그것으로부터 분리될 수도 없고 분리되지도 않는 삶보다 더 큰 영역 속에 뿌리를 두어야 한다. 즉 자연과 자연의 하느님이란 영역 말이다.

이런 영역과 조화를 이루는 것은 여러 세대에 걸쳐 해야 할 과업이다. 그것은 전 지구적으로 확고한 소비주의 문명(대체로 그 실천에서 세속적이고 그리고 신비와 거룩함에는 별로 감각이 없는 문명)을 떠나서 생태학적으로 실천가능한 공동체들이 거주하는 생태 지역적 집단들의 세계로 나가는 것이다.

---

8) James M. Gustafson, *Ethics from a Theocentric Perspective, vol. 1, Theology of Ethics* (Chicago: University of Chicago Press, 1981), 113.
9) Nicholas Lash, *Believing Three Ways in the One God: A Reading of he Apostle's Creed* (Nortre Dame, IN: University of Notre Dame, 1992), 22.

공헌들

세 번째의 가정은 이렇다: 종교, 생태환경, 그리고 경제(아시아의 경제 그리고 다른 것이든), 이 세 가지의 상호작용은, 이것들이 우리의 삶 속에서 차지하는 위치 때문만이 아니라, 인간의 상상력과 책임에 결합되면, 그것이 공헌할 것 때문에도, 지금보다 더 나은 분석과 더 많은 주목을 받을 만하다는 점이다. 이 책의 제2부는 그것을 위한 하나의 시도였다.

1944년, 칼 폴라니는 자신이 살았던 세기의 나머지 수 십 년을 내다보고, 또 우리들의 세기를 들여다보았다:

> 시장의 기능이 인간들의 운명과 그들의 환경의 유일한 관리자, 사실상 심지어 구매력(purchasing power)의 사용과 허용량의 관리자가 되는 것을 허용하면, 그 결과는 사회의 붕괴를 가져올 것이다. 왜냐하면 이른바 "노동력"(labor power)이란 상품은, 무분별하게 사용되든, 심지어 사용되지 않고 남겨두더라고, 이것을 지니게 된 인간 개개인에게 영향을 주지 않고서는 마구 사용할 수가 없기 때문이다. 한 사람의 노동력을 처리하면서, 그가 속한 체제는 해당 작업에 배치되는 "사람"의 육체적, 심리적, 도덕적 존재를 부수적으로 처분하는 것이다. 문화적 기구들의 보호 덮개를 빼앗기고 나면, 인간들은 악덕, 남용, 범죄 그리고 기아(飢餓)를 통한 심각한 사회적 축출/재배치(social dislocation)의 희생자로서 죽게 될 것이다. 자연은 그 원소들로 축소 분해되고, 이웃들과 주변 경치들은 더럽혀지고, 강들은 공해로 오염되고, 군사적 보안은 위험하게 되고, 먹을 것과 원료들을 생산하는 능력은 파괴될 것이다.10)

폴라니가 이것을 본 것은, 산업공학기술시대의 위대한 변혁을 끝내버린 1950년대 변혁 이후가 아니라, 그 이전이었다. 그는 워싱턴 D.C. 와 뉴햄프

---

10) Karl Polanyi, *The Great Transformation: The Political and Economic Origins of Our Time* (Boston: Beacon Press, 2001: original ed., 1944), 76.

셔의 브레톤 우즈(Bretton Woods)에서 의도적인 선택이 내려졌던 바로 그때에 이것을 보았는데, 그 선택이란 전쟁에 기초한 경제를 가속화된 대량 소비의 경제로 전환하는 것이어서 그 속에서는 경제적 시간이 생물학적 시간을 추월하여 보다 빨리 달려가는 것을 운명적으로 배워버렸다.11)

이제는 설사 새로운 차축시대(Axial Age)는 아닐지라도, 또 다른 위대한 변혁이 기다리고 있는데, 이는 인간들이 생태문명을 창조하려고 하면서 인간이 살아갈 "놀라운 도덕적" 삶의 전체에 정성을 드리는 앞서가는 공동체들에 의해 도움을 받거나 인도될 것이다. 또한 종교공동체들은 공동의 좋은 이익을 위한 공동 작업에 재능과 솜씨들을 지니고 있다고 우리는 이미 말했다. 정말이지 종교들을 위한 가장 창조적인 순간들은 죽음과 갱신의 때들인데, 그게 바로 종교들이 그들 자체의 앞서가는 공동체들을, 그 가운데 일부는 지구를 공경하는 공동체들로 탄생시켰을 때인 것이다. 로버트 포그 해리슨이 정원 성소들(garden sanctuaries)에 대하여 말한 것을 약간 개작하자면, 그런 종교 공동체들은 "어둠의 힘들에도 불구하고, 혹은 그 속에서, 다시 인간화(rehumanization)를 하는 장소들이 된다."12)

그렇지만 그들이 공헌하는 것들은 무엇인가?

하느님을 믿는다는 것은 세계를 이대로는 믿지 않는다는 것이다. 그것은 세계를 믿지 않는 것이 아니라, 다만 "이대로의"(as it is) 세계를 믿지 않는 것이다. 우리가 갖고 있는 것은 나쁘게 되어버린 좋은 땅과 좋은 세계이지, 원래 나쁜 땅과 세계—마니교의 잘못(Manichean mistake)이 계속 주장하듯—가 아니다. 그리고 모든 생명 속에 하느님의 나타나심을 믿는 것은, 생명이 **존재할 것이요** 또한 번성할 것이라는 생태권의 끈질긴 주장에 의해 이미 태어난 것에게 "하나 더"(a more) 제공하는 것이다. 여기 하느님의 현현을 믿고, 지금 이대로의 세계의 필연성을 믿지 않는 것은, 지구를 공경하는 종교 윤리를 위한 가장 근사한 에너지와 근원이다. (궁극적인 에너지와 근원은 하느님

---

11) "Asceticism and Consumerism" 장의 논의를 참조.
12) Robert Pogue Harrison, *Gardens: An Essay on the Human Condition* (Chicago: University of Chicago Press, 2008), 71.

이다.) 여기에 성례전주의, 신비주의, 금욕주의, 예언자적-해방적 실천들, 그리고 지혜의 훈련된 방법들 속에 인간의 책임을 갱신하고 재형성하는 영적인 생활방식들이 있다. 그런 생활방식들은 전 지구적 소비주의와 기업자본주의를 특징짓는 무조건적인 실용주의적 편의주의 윤리에 대한 대안을 제공하는 방식으로 책임을 갱신하고 재형성한다.

확실히, 이런 노래들을 부르는 사람들 가운데 완전한 음계를 지닌 사람은 아무도 없다. 혹은, 이런 은유를 바꾸어서, 이런 전통들 가운데 오점이 없이 결백한 것은 하나도 없다. 예를 들어, 많은 예언자적-해방적 분파들은 여전히 그들의 사회정의 전통들의 인간중심주의를 극복해야 한다. 그들의 전통은 아직 참으로 피조물의 정의는 아니다.

기독교는 아직 진정으로 카톨릭적(보편적)이지 못하다는 시몬 베유의 불평을 회상하자면, 이런 모든 전통들의 너무 여러 흐름들이 그들의 우주론들(cosmologies) 속에서 여전히 우주(universe)를 빼놓고 있다. 그런 흐름들은 인간을 넘어선 생명의 경이로움과 불가피성에 익숙해진 사람들과 교착되어 있다. 몇 사람들은 심지어 "별들을 비웃기도" 하고(Heschel), 혹은 거대한 미국 삼나무 속에서 단지 목재만을 본다.

어떤 이들은 역시 토마스 머튼이 쓴 유혹을 알고 있다—즉, "조직된 것들은 복이 있나니"13)라는 행동가들의 수훈(垂訓) 아래 듣기보다는, "하찮은 곰상스러운 모습의 조상(彫像)을 만들면서, 관상생활을 한답시고 빈둥거리고 다닌다."14)

그러나 영혼의 금욕적 체육선수들, 즉 단순한 삶을 선택한 하느님의 선수들(athletes of God)은 소비주의라는 것이 허위라기보다는 오히려 정말 사치스런 삶을 살아서15) 왜소해진 자기(a diminished self)를 만들어낸 속임수의 창시자임을 강력히 폭로한다. 성례전주의적 상상력과 경건의 사람들은 그 자체로 "우주를 찬미하는 노래"(hymn of the universe)16) 속의 특별한 한 줄의

---

13) 앞에서 인용되었던, Jeffrey Stout의 책 제목
14) Annie Dillard의 *Pilgrim at Tinker Creek*, 276에서 재인용.
15) 헐리우드(Hollywood)에 대해서 이렇게 말한 것으로 여겨지는 H.L. Mencken에게 사과를 하면서.

가사라고 할 수 있는 세계 속에서, 즉 현대가 만들어낸 약탈당한 창고보다는 훨씬 가치가 있는 이 세계 속에서, 겸손, 돌봄, 경외감, 존경 등의 결정적인 도덕률들을 함양한다. 존재하는 것들과의 신비적인 합일은 땅을 파괴하고, 다른 것들을 파괴하고, 자기를 파괴하는 소외의 껍질을 하나씩 하나씩 벗겨 내고, 그리고 조용히, 결정적으로, 부드럽게, 다른 가능성을 살아내게 한다. 즉 탁월한 아름다움, 평온함 그리고 연대의 삶을 말이다. 참을성을 좀 덜 지니고 덜 조용한 예언자들은 치밀하게 구성된 권력이 생명 공동체를 위한 정의를 어떻게 무시하거나 촉진하는지를 폭로한다. 그들의 폭로는 "적용된 존경"(applied reverence)이다.17) 지혜는, 문화적 그리고 종교적 경험을 통해서, 창조 자체가 시도해보고 시험해본 방식들을 모아들이고, 그리고 그들의 연령, 국가, 신조가 무엇이든, 어느 누구나 그리고 모두의 계발 함양을 위해 그 보물들을 전달해 넘겨준다.

어떤 형태론에도 그렇지만, 이들 이상화된 형태들은 걸러지고 분류되어서 그들을 움직이는 논리, 하부구조, 그리고 유통을 표시하도록 한다. 형태들은 처음엔 단순화를, 그 후엔 과장을 하는 경향이 있다. 이에 비하면, 살아낸 삶은 그런 형태들이 통합되며 미묘한 차이가 있음을 발견한다. 전 세계에 걸쳐서, 다양한 토착민들의 수많은 실천들 속에서는 거룩한 우주와 그 우주에 소속되는 신비의 지혜를 전달하면서, 자연과 문화의 날카로운 이원성을 간단히 거부한다. 에큐메니칼 총대주교 바톨로뮤(Bartholomew)는 금욕주의, 신비주의, 그리고 성례전주의 등을 함께 고려함이 없이, 정통 기독교 제자도 방식만을 가르칠 수가 없었다. 모한다스 간디는 인도의 마을 문화에서 교훈을 얻어서, 해방의 목표들을 위해 강력한 힌두교 금욕주의를 사용했다. 도로시 데이(Dorothy Day)는 전쟁과 빈곤을 만드는 것에 저항하는 그녀의 비타협

---

16) 여기 참조한 것은 프랑스 사제요 고생물학자요, 로마 카톨릭 성례전주의자이며 땅에 대한 카톨릭 신비가인 피에르 드 샤르뎅(Pierre de Chardin) 신부의 책 제목이다. See Pierre Teilhard de Chardin, *Hymn of the Universe* (London: William Collins Sons, New York: Harper & Row, 1965).

17) The term of Kathleen Dean Moore as influenced by Rachel Carson. See Lisa H. Sideris and Kathleen Dean Moore, *Rachel Carson: Legacy and Challenge* (Albany: SUNY Press, 2008).

적인 예언자적 자세를 현장에 적용하여, 카톨릭 노동자들의 매일 미사의 성례전적인 경건함을 가지고 그것을 길러내었다. 틱낫한 스님의 참여불교 수행법은 그의 금욕적 조직과 신비적 명상을 지혜화 해방의 실례에 연합한다. 뉴욕 시장 사무실에서, 청소년들과 일을 하면서, 이브라임 압둘 마틴(Ibraim Abdul Matin)은 **"지구를 모스크로"**(the Earth as a Mosque) 여기고 이슬람을 "녹색 종교"(Green Deen)18)로 구체화하기 위해 (deen은 path or way of life: 아랍어로 종교의 뜻—역자주) 무슬림 제자도를 안내한다. 코네티컷 주의 아다마 농장(Adamah Farm)에서는 대학생 청년들에게 유기농업과 유태인 영성을 훈련시킨다. 미국에서 가장 큰 유태인 환경단체인 하존(Hazon)은 공동체가 지원하는 농업(Community Supported Agriculture)의 농장 네트워크를 갖고 있다.19)

여러 가지 방식의 유구한 전통들을 제자도의 교향곡(the symphony of discipleship)으로 조직화하는 것은 그 자체로 현명한 일이다. 지배적인 전통의 힘들은, 그 힘들 자체의 방책들에 내맡겨두면, 그대로 약점이 되어버린다. 예를 들어, 금욕주의자들, 신비가들, 그리고 성례전주의자들은 모두 덕성들의 유능한 학파들이다. 이들 각각은 나름대로 가슴들과 정신들을 움직여서 공감, 자비, 그리고 정의로운 행동들을 하게 만드는 특성에 작용할 힘들을 강조한다. 그러나 이렇게 근본적인 도덕적-영적 형성에 꼭 필요한 주의를 기울이는 것이, **"태도의 변화에 앞서는 행동의 변화"**가 진정 중요함에 직접 주목하도록 하는 치밀한 조직-형성과 현실 정치를 간과하는 경향이 있다. 그러면 도덕적 덕목이 그 덕목의 변혁을 일으키는 잠재능력을 실현하지 못한다. 이에 비하여, 예언자적-해방적 전통들은 일반적으로 제도적 정의를 덕 전통들(virtue traditions)보다 더 잘 "이행"한다. 그들은 체계적 실천을 통하여, 미덕이 언제나 해결방안을 발견할 것이라고 생각하지 않고서도, 도시(polis)와 가정(*oikos*)의 생활을 조직한다. 그러나 예언적인 전통들은 그들이

---

18) See Ibraim Abdul-Matin, *Green Deen: What Islam Teaches about Protecting the Planet* (San Frnacisco: Berrett-Kohler, 2010).

19) For a discussion of Adamah Farm and Hazon, see Fred Bahnson, *Soil and Sacrament: Four Seasons among the Keepers of the Earth* (forthcoming from Free Press).

꼭 필요로 하는 개성과 양심을 오랜 시간에 걸쳐 서서히 가르치는 것을 때로는 인내하지 못한다. 그들은 대학생들과 동맹회원들을 조직하지만, 아직 학교교육을 거치지 않은 사람들은 제외한다. 여기서 그 지혜는 더욱 현명하다. 그것이 전통으로서 자체 충족적이지는 못하지만, 지속적인 도덕 형성과 삶의 올바른 방식을 제도적으로 유지하는 방법 모두에 주의하는 방식으로, 자연과 유구한 전통으로부터 받아들인다.

달리 말하면, 지구를 공경하는 결과의 윤리(consequences ethics)와 의무의 윤리(duty ethics)는 덕의 윤리(virtue ethics)를 떠나서는 유지될 수 없는 것이다. 만일 소망하는 결과들과 도덕적 결론들에 대한 구조적인 그리고 전략적인 주의를 게을리 하면, 지구를 공경하는 덕의 윤리도 열매를 맺지 못할 것이다. 피조물의 정의는 이런 모든 전통들이 제공하는 도덕적인 힘을 필요로 한다. "기술공학적" 시대에서 "생태대"로의 길고도 어려운 전환에 알맞은 지구를 공경하는 생명의 길들은, 이런 전통들 전체에서 받아들일 것이다. 간단히 말해서, 새로운 시대인 인류세(Anthropocene)의 요구에 맞는 책임의 포괄적 윤리를 위해서는 이 모든 것들이 필요하다.

그런 윤리전통들은, 설사 그것들이 변색이 되어도, 버티고 설 자리들이다. 그 전통들은 종교가 제공하는 고집스럽고 헌신적인 애정을 유지하고 있다. 그것들은 우리의 삶에 활력을 공급하고 인도하는 데 필요한 문화들 사이의 그리고 종교들 사이의 자원들을 길러주는 도덕적-미학적 감정들을 제공한다. 특히 그런 전통들은 대부분의 종교들이 수천 년에 걸쳐서 공유한 보물들이며, 그런 자격으로 세계의 신앙들로 하여금 함께 소비주의, 실용주의, 소외, 억압, 그리고 어리석음에 대항하도록 중개를 해주었다. 이런 종류의 협력은 "위대한 과업"이 필요로 하는 공동체들에게 종교 전통들이 가져온 것들을 구체화한 것들인데, 가령 그들이 강조하는 것이 생태권이 받아야할 마땅한 대접에 합당한 정당한 기관들에 주목하는 생태정의라든지, 자연을 정복하려는 현대의 노력들을 철회하지만 적합한 인간의 조정을 철회하지는 않고, 적절한 관리를 하는 그런 돌보기, 혹은 이번에는 **우주애**(cosmophilia)와 **생명애**(biophilia)를 특징으로 하는 시민들로서, 다시 인간적이 되려는 도덕적 노력들로서의 생태영성 등이다. 이런 참여의 책략들 가운데 하나 혹은 다른 것, 혹은 몇 가지 혼합으로서든, 이 책 제2부의 깊은 전통들이 지속가능한 공동체들의 탄생 혹은 재탄생의 작업을 위한 도덕적-영적 에너지와 실제 내용을 제공한다.

특히, 그 깊은 전통들은 환원주의적 경제와 **실용적 정신**(utilitarian mind)과 대조되는 공감적인 혹은 동정적인 정신을 특징짓는 생각들과 언어를 제공한다. 상상력과 가능성으로 명백하긴 하지만, **공감적인 이해**(empathetic understanding)는, 이런 이해를 가능하게 하는 종교전통들과 마찬가지로, 인간의 철면피한 성격과 무지를 알고 있다. 그런 이해는 조심스러움과 겸손한 삶의 방식들을 권면한다. 그런 이해는 꿈을 꾸었고, 일했으며, 성공했고, 그리고 실패했던 사람들의 수천 년이 걸린 경험에서 배운 것이다. 그런 이해는 실재를 따로따로 격리된 부분들이 아닌 **상호의존적 전체**(interdependent wholes)로서 생각하고, 자연 경관과 문화가 함께 속해 있음을 알고 있다. 그런 공감적 이해는 우리들이 피조물들이라서, "모두가 죽기 마련이고, 잘못될 수 있고, 복잡한 방식으로 서로 관련된 피조물들의 세계 속에서 살고 있음을"[20] 받아들인다. 그런 이해는 우리들보다 먼저 다녀간 자들, 우리를 뒤따라 올 자들, 인간과 인간이 아닌 것들 모두에게, 우리가 책임을 져야 함을 알고 있다. 가장 중요한 것은, 그런 이해는 경제적 그리고 실용적 사고가 거의 묻지 않는 질문을 묻는다는 점이다: 즉, 어떻게 우리는 "사용해야만 할 것을 사용할 자격이 있게 되었는가?"[21]

지도자들

1932년에 하워드 베커는 전환하는 사회들 안에서의 인격 유형에 대한 연구를 했다. 그 연구는 "세속화"에 의해 유발되었으므로, 그것은 사회들

---

20) Wirzba, *Food and Faith*, 197.
21) Wendell Berry, "Two Minds," in *Citizenship Papers* (Washington, D.C.: Shoemaker and Hoard, 2003), 91, as cited by Wirzba, *Food and Faith*, 197. 나는 워즈바와 베리의 논의들을 이 책의 주제들을 반영하도록 개작했다.

속에서, 거의 변화하지 않는 거룩한 것들에 대한 예전의 이해와, 계몽주의 이후의 세속화되어가는 사회들 속에서 자유와 개방성의 보다 최근의 형태들을 비교했다.

그 결과는 많은 사람들에게 놀라운 것이었다. 어떤 사람들은 새로운 것들을 옹호하면서 더 오랜 전통들과의 결속을 포기했다는 것을 베커가 발견한 것은 별로 놀라운 일이 아니었다. 그들에게는 새로운 것들이 오래된 옛것들을 대체하였다. 그들은 현대의 자유를, 오직 자유만을, 원했다. 다른 사람들 가운데는 오래된 옛것들, 그리고 그들에겐 거룩한 것들에 매달려 있었고, 그래서 단지 새로운 질서 속에서 별 영향을 받지 않았고 그런 새로운 것들에 의해 따돌림을 당한 사람들도 있었다는 사실도 별로 놀라운 일이 아니었다.

놀라운 것은 전환의 시대에 가장 창조적인 지도력이 "**세속사회 속에서 거룩한 낯선 자들**"(sacred strangers in secular society, 베커의 표현)로부터 나왔다는 것이다. 그런 거룩한 낯선 자는 새로운 가능성들을 받아들였고, 심지어 그 일부를 만들어내기도 했으나, 그렇게 하면서도 옛날의 거룩한 질서들의 가치들, 의미들, 그리고 통찰들을 내버리지 않았다. 그런 "낯선 자들"은 그들 시대의 적절한 도전들에 대응하는 과정에서 옛날의 이해를 새로운 방식으로 다시 표현하였다. 사실상, 그런 낯선 자들이 알았던 전통들이 새로 일어나는 질서의 비전을 제공하기도 했다. 그런 거룩한 낯선 자들은 새로 일어나는 세속적 문화에 포획되지 않고, 그 안에 완전히 참여했다.[22]

우리가 대략 개요를 말한 심오하고도 공유된 전통들은 종교 공동체들을 가르쳐서 도덕적-영적 형성의 새로운 공동체들을 인도해나가는 데 필요한 거룩한 낯선 자들이 되도록 만든다. 이런 종교 공동체들은, 그들 자신의 우물에서 물을 길어내어, 삶의 보다 실행 가능성과 지속성 있는 방식에 필요한 앞서가는 공동체들을 만들도록 도와준다. 산업공학기술 문명의 흔들리는 터전 속에서, 제자도의 오랜 순종을 지닌 이런 공동체들은 유명했던 그리고

---

[22] This is the summation of Howard Becker, "Processes of Secularization: An Ideal-Typical Analysis with Special Reference to Personality Change as Affected by Population Movement," *Sociological Review* 24 (1932): 138-54, 266-86.

이제는 잊혀진 수많은 세대들의 좋은 일에 터전을 둔, 굳건한 입지의 장소들을 제공한다. 그것들은 그 소속 회원들에게 지속가능한 적응력을 지니도록 해준다. 역설적으로 세속사회 속에서 그런 거룩한 낯선 자들이 지구를 공경하는 신앙을 살아나갈 때, 그들은 지구 행성 속에서 가장 잘 조화되고, 편안한 사람들인 것이다. 그것의 원소들이 그들 자신의 원소들이다.

마지막 음조

우리는 노래로 시작했고, 또한 노래로 끝낸다.

베토벤 제9 교향곡에서 "환희의 송가"(Ode to Joy)의 마지막 음조는 그 송가나 그 교향곡의 최후 목표가 아니다. 그 음조의 의미는, 혹은 그 앞의 어느 것도, 목적론적인 것이 아니다. 그 의미는 그 음악 전체와 그 만들어짐(작곡) 속에 들어있다. 생명의 의미도 마찬가지로 그 생명을 살아냄에 있는 것이니, 이는 춤의 의미도 춤추는 속에 있는 것과 같다.23) 이 책이 말하고자 한 것은 단지 생명의 의미도 그 생명을 살아냄에 있음을, 그리고 지구를 공경하는 신앙 속에서, 많은 노래들 가운데 하나의 노래로, 수백만 변주곡들 가운데 우주의 찬미(the hymn of the universe) 속에서 살아냄에 있다는 점이었다. 그래서 우리는 초청과 청원의 말로 이제 끝내고자 한다: "우리에게 노래 속으로 들어갈 용기를 주소서"(Marty Haugen).

---

23) The comments to "Ode to Joy" were part of a conversation at the Yale conference accompanying the premiere of the film, "Journey of the Universe," March 24-26, 2011.

후주곡

우리는 우리의 조상들이 여행했던 세계들을 기억해야만 한다.
언제나 그들이 우리들에게 물려준 노래들을 간직하라.
우리들은 기도로 만들어졌음을 기억하라.
이제 우리는 사랑과 지혜의 포대기에 싸서 남겨둔다.
— Dine, 나바호 인디언

내 삶은 끝없는 노래 속에서 흘러간다, 이 땅의 탄식들 위에서
나는 비록 멀리서 울리는 찬송이지만,
새로운 창조를 축하하는 진짜 노래를 듣는다.[1]

직물예술가 니콜 던(Nicole Dunn)이 만들어 이 책 표지에 사용된 퀼트(Quilt)에 붙인 제목이 "예찬의 시점"(Adoration Point)이다. 그것은 종교 윤리에 알맞은 작품인데, 더구나 이 광야의 중심에는, 모든 문화들에 가장 인기 있는 종교적 상징인 생명나무가 있다. 이와 맞먹을 만한 다른 경쟁자들이라곤 다른 자연의 현상들, 거룩한 산들과 수정처럼 맑은 물이 흐르는 강들이 있다. 모든 것들이 예찬의 시점들이다.

종교전통들—신비주의, 예언자적-해방의 실천들, 금욕주의, 성례전주의, 지혜—에서 이끌어 오려는 이 책의 의도로서, 생명나무가 중심에 있기는 하지만, 주의 깊은 독자라면 뒤에 있는 십자가도 발견할 것이다. 그 이유는

---

1) 이것은 *Bright Jewels for the Sunday School* (New York: Biglow and Main), 1869 속에 실린 Robert Lowry의 것으로 추정한 찬송가 "How Can I Keep from Singing?"에서 인용한 것이다. 가사는 이렇게 계속된다: "No storm can shake my inmost calm, while to that rock I'm clinging; while love is Lord o'er heaven and earth, how can I keep from singing?"

작가가 가장 잘 알고 있는 전통으로부터 일하고 있기 때문만은 아니다. 더욱 중요한 이유는 어떻게 종교 윤리를 멜로디들의 접속곡으로, "노래들 중의 노래"로서 구현해보려는 이 책의 의도다. 노래 자체는 지구를 공경하는 신앙이지만, 그러나 그 표현은 수없이 많은 **노래들을** 통해 이루어진다. 어떻게 하면 우리가 가장 잘 알고 있는 전통 속에서 일하면서, 동시에 다른 것들에서도 받아들여서 우리의 목소리들이 협동하는 종교적 노력, 곧 교향곡이 되게 할 수 있을까? 표지에 그려 있는 십자가는 기독교를 규범적으로 제시하는 절묘한 방식이 아니다. 그것은 저자의 전통을 표시하고 또한 다른 신앙에 속한 다른 사람들을 초대하여 그들의 전통도 나란히 표현하고자 한 것이다. 다른 자료들에서 이끌어온 다른 노래도 여전히 그 중심에 생명나무를 갖고 있을 것인데, 그러나 초승달(이슬람의 상징—역자주), 메노라(Menorah: 유태교의 촛대—역자주), 불꽃, 깃털(아메리칸 인디언), 혹은 성배(카톨릭) 등은 옆에 비껴있고, 배경 속에도 있다. 다른 사람들이 지구를 공경하는 신앙을 그들 나름으로 표현하여 이끌어낸다면, 이 책은 성공할 것이다.

엘리 위젤과의 만남이 그 점을 잘 밝혀준다. 위젤이 디트로이트에 있는 기독교 목회자들에게 강연하도록 초대되었다. 그는 강연을 시작하면서, 히브리 성서를 열고 잠시 쉬었다가, 위를 향해 보면서 말하기를, "미리 분명히 해둘 것이 있습니다. 나는 여기 이곳에 계시는 어떤 사람도 유태교로 개종시키려고 하지 않을 것이며, 그리고 당신들이 나를 기독교로 개종시키려고도 하지 않으면 매우 감사하겠습니다. 내가 원하는 것은 나로서는 최선의 유태인이 되어서, 그래서 당신들도 최선의 기독교인들이 될 수 있기를 바라는 것입니다. 그럼 우리 함께 공부해 봅시다."[2]

"우리 함께 공부해 봅시다"가 이 책의 직접적 목표일뿐 아니라, 궁극적 목표일 것이니, 곧 각각의 독자는 다른 사람들의 경로들을 존중하면서, 모두가 지구를 공경하는 신앙을 위해 살아있는 전통들을 불러 모으기 위해서, 그녀/그 자신의 경로에서 이끌어내도록 하는 것이다.

---

2) Reported by Robin Meyers in *Saving Jesus from the Church* (San Francisco: HarperOne, 2009), 181.

참고문헌

논문들

2010 Living Planet Report. The World Wildlife Federation. At www.footprint network.org.

"A Buddhist-Christian Common Word on Structural Greed: A JointStatement," 4, available on the World Council of Churches website: www.oikoumene. org/resources/documents/wcc-programses/interreligious-dialogue-and-coo peration/interreligious-trust-and-respect/buddhist-christian-common-wor d-on-structural-greed.html.

"A Hen's Space to Roost." *New York Times*, Week in Review, August 15, 2010, 3.

"The Rich and the Rest: A Special Report on the Global Elite." *Economist*, January 22-28, 2011.

"An Evolutionary of Right and Wrong." *New York Times*, Science Times, October 31, 2006, D1-2.

"China, New Land of Shoppers, Builds Malls on Gigantic Scale." *New York Times*, Mary 25, 21005, A1, C7.

"Deep Under the Sea, Boiling Founts of Life Itself." *New York Times*, Science Times, September 9, 2003, F1,F4.

"Diminished Expectations." Review of Gideon Rachmans's *Zero-Sum Future* in *New York Times Book Review*, January 30, 2011, 19.

"Ecopsychology and the Deconstruction of Whiteness: An Interview with Carl Anthony." In *Ecopsychology: Restoring the Earth, Healing the Mind*, ed. Theodore Roszak, Mary E. Gomes, and Allen D. Kanner. San Francisco:

Sierra Club Books, 1995, 263-78.

"Environmental Apartheid." In Larry Rasmussen, *Earth Community, Earth Ethics.* Maryknoll, NY: Orbis Books, 1996, 75-89.

"Forget the Food Chain—Think Food Web." *New Mexican,* February 28, 2011, A-1, A-4.

"From the Editors." *Orion: Nature/Culture/Place,* January/February 2011, 1.

"Global Footprint Network." At www.footprintnetwork.org.

"The Holden Prayer." Morning Prayer(Matins). *The Lutheran Book of Worship,* Minneapolis: Augsburg Publishing House, 1978.

"How Can I Keep From Singing." A hymn attributed to Robert Lowry. In *Bright Jewels for the Sunday School.* New York: Biglow and Main, 1869.

"Humanity's Footprint 1961-2002." At www.footprintnetwork.org.

"Is 'Do Unto Others' Written into Our Genes?" *New York Times,* Science Times, September 18, 2007, D1

"Key Human Traits Tied to Shellfish Remains." New York Times, October 18, 2007, A6.

"Letter to the Churches." Appendix 1 of Wesley Granberg-Michaelson, *Redeeming the Creation, the Rio Earth Summit: Challenge to the Churches.* Geneva: WCC Publications, 1992.

"The New Monasticism Project." http:// www.newmonasticism.org.

"Principles of Environmental Justice." The First National Peaple of Color Environmental Leadership Summit on October 27, 1991, Washington, D.C. At www.ejnet.org/ej/principles.html.

"Promoting Tolerance & Compassion Through Religion in Schools." http:// www.brighthub.com/education/k-12/articles/69391.aspx.

"Saving Souls and Salmon." *New York Times Week in Review.* October 22, 2000, 5.

"Sine agua non." *Economist,* Aril 11, 2009.

"Study: Climate Change Threatens Key Crops." *New Mexican,* September 7, 2009, A-4.

"U .S. Cling to Climate Disbelief." *New Mexican,* September 26, 2011, A-5.

"Water Footprint." *The Living Planet Report 2008.* Gland, Switzerland: World Wildlife Fund, 2008.

"Water: A Global Innovation Outlook Report." IBM project online: www.ibm.com/ibm/gio/water.html.

"Welcome to the Anthropocene: Geology's New Age." *Economist*, May 28-June 3, 2011.

"Wonder and Restraint: A Rabbinic Call to Environmental Action." Lawrence Bush, ed., *Jewish Currents and Reconstructionist Today*. Accord, NY. At http://www.coejl.org/about/rabbinicletter_revfin.pdf.

Books

Abdul-Matin, Ibraim. *Green Deen: What Islam Teaches about Protecting the Planet*. San Francisco: Berrett-Koehler Publications, 2010.

Ackerman, Diane. "Worlds within Worlds." *New York Times*, December 4, 1995, sec.4.

Adams, John S. "Heading Off Next Big Bailout—of Nature." *New Mexican*, March 21, 2010, B2.

Angelou Maya. *A Brave and Startling Truth*. New York: Random House, 1995.

_____. *On the Pulse of Morning: An Inaugural Poem*. New York: Random House, 1993.

The Animals' Lawsuit against Humanity: A Modern Adaptation of an Ancient Animal Rights Tale. Trans. and adapted by Rabbi Anson Laytner and Rabbi Dan Bridge, ed. Matthew Kaufmann, intro. Seyyed Hossein Nasr, illus. Kulsum Begum. Louisville, KY: Fons Vitae Press, 2005.

Aristotle. *Nicomachean Ethics*. Trans. H. Rackam. Loeb Classical Library, vol.19. Cambridge: Harvard University Press, 1926; reprint ed., 1982.

Attenborough, Richard, *Gandhi*. The film script. at www.scribd.com/doc/45864526/Gandhi.

Auden, W.H. "First Things First," *Selected Poems*, Ed. Edward Mendelsohn. Expanded 2nd ed. New York: Random House, 2007.

Bahnson, Fred. *Soil and Sacrament: Four Seasons among the Keepers of the Earth*. Forthcoming from Free Press.

Baldwin, James. *Black on White: Black Writers on What It Means to be White*. Ed David R. Roediger. New York: Schocken Books, 1998.

_____. *Notes of a Native Son.* Boston, MA: Beacon Press, 1955.

_____. *The Price of the Ticket: Collected Nonfiction,* 1948-1985. New York: St. Matin's Press, 1985.

Barbier, Edward B. *Scarcity and Frontiers: How Economics Have Developed through Natural Resource Exploitation.* Cambridge: Cambridge University Press, 2011.

Bass, Dorothy C. "Keeping Sabbath," In *Practicing Our Faith: A Way of Life for a Searching People,* ed. Dorothy C. Bass, San Francisco: Jossey-Bass, 1997.

Basso, Keith. *Wisdom Sits in Places: Landscape and Language among the Western Apache.* Albuquerque: University of New Mexico Press, 1996.

Bateson, Gregory. *Steps to an Ecology of Mind.* New York: Random House, 1972.

Bauman, Whitney A., Richard R. Bohannon II, and Kevin J. O'Brien, eds. *Inherited Land: The Changing Grounds of Religion and Ecology.* Eugene, OR: Pickwick Publications, 2011.

Beauchamp, Tom L., and James F. Childress. *Principles of Biomedical Ethics.* New York: Oxford University Press, 1976.

Becker, Gary. *The Economic Approach to Human Behavior.* Chicago: University of Chicago Press, 1976.

Becker, Howard. "Process of Secularization: An Ideal-Typical Analysis with Special Reference to Personality Changes as Affected by Population Movement." *Sociological Review* 24 (1932): 138-54, 266086.

Bekoff, Marc. "Animal Passions and Beastly Virtues: Cognitive Ethology as the Unifying Science for Understanding the Subjective, Emotional, Empathic, and Moral Life of Animals." *Zygon* 41, no.1 (2006): 71-104.

Bell, Daniel. *The Cultural Contradictions of Capitalism.* New York: Basic Books, 1976.

Bellah, Robert, Richard Madsen., William M. Sullivan, and Ann Swidler. *Habits of the Heart: Individualism and Commitment in American Life.* Berkeley: University of California Press, 1985.

Bender, Thomas. *Community and Social Change in America.* New Brunswick, NJ: Rutgers University Press, 1978.

Berry, Thomas. "Conditions for Entering the Ecozoic Era." *Ecozoic Reader, The Center for Ecozoic Studies* 2, no.2 (Winter 2002).

―――――. *Evening Thoughts: Reflecting on Earth as Sacred Community*. San Francisco: Sierra Club Books, 2006.

―――――. *The Great Work: Our Way into the Future*. New York: Bell Tower, 1999.

Berry, Wendell. *Home Economics*. San Francisco: North Point Press, 1987.

―――――. "The Non-Religious Scientist and the Confessing Theologian." In *Bonhoeffer for a New Day: Theology in a Time of Transition*, ed. John de Gruchy. Grand Rapids, MI: Eerdmans, 1997.

Bialik, Hayim. *Songs from Bialik: Selected Poems of Hayim Nahman Bialik*. Trans. and adapted from the Hebrew by Atar Hadari. Syracuse, NY: Syracuse University Press, 2000.

Bingen, Hildegard of. *The Book of Divine Works*. In *Hildegard of Bingen: Mystical Writings*, ed. Fiona Bowie and Oliver Davis. New York: Crossroad, 1990.

Bingham, Sam. *The Last Ranch: A Colorado Community and the Coming Desert*. New York: Pantheon Books, 1996.

Birch, Bruce C., and Larry L. Rasmussen. *Bible and Ethics in the Christian Life*. Rev. and expanded ed. Minneapolis: Augsburg Fortress, 1989.

―――――. *The Predicament of the Prosperous*. Philadelphia: Westminster Press, 1978.

Black, Elk. *Black Elk Speaks*. New York: Pocket Books, 1972.

Blackmon, Douglas A. *Slavery by Another Name: The Re-Enslavement of Black Americans from the Civil War to World War II*. New York: Anchor Books, 2008.

The Blessing of the Waters at Ohkay Owingeh, 2009. Text made available to the author.

Bok, Derek. *The Politics of Happiness: What Government Can Learn from the New Research on Well-Being*. Princeton: Princeton University Press, 2011.

Bok, Sissela. *Exploring Happiness: From Aristotle to Brain Science*. New Haven: Yale University Press, 2011.

Bonhoeffer, Dietrich. "Basis Questions of a Christian Ethic." In *Dietrich*

Bonhoeffer Works, English Edition. Vol. 10. Minneapolis: Fortress Press, 2008.

_____. *Ethics. Dietrich Bonhoeffer Works, English Edition*. Vol. 6. Minneapolis: Fortress Press, 2005.

_____. *Letter and Papers from Prison. Dietrich Bonhoeffer Works, English Edition*. Vol.8. Minneapolis: Fortress Press, 2010.

_____. *Life Together. Dietrich Bonhoeffer Works, English Edition*. Vol. 5. Minneapolis: Fortress Press, 1996.

_____. "The Right to Self-Assertion." *Dietrich Bonhoeffer Works, English Edition*. Vol.11. Minneapolis: Fortress Press, 2012.

_____. "Sermon for Evening Worship Service on 2 Corinthians 12:9." *Dietrich Bonhoeffer Works, English Edition*. Vol.13. Minneapolis: Fortress Press, 2007.

_____. "Thy Kingdom Come! The Prayer of the Church-Community for God's Kingdom on Earth." *Dietrich Bonhoeffer Works, English Edition*. Vol.12. Minneapolis: Fortress Press, 2009.

Bonhoeffer, Dietrich, and Maria von Wedemeyer. *Love Letters from Cell 92*. Ed. Ruth-Alice Bismarck and Ulrich Kabitz. Trans. John Brownjohn. Nashville: Abingdon Press, 1995.

Borgman, Albert. *Real American Ethics: Taking Responsibility for Our Country*. Chicago: University of Chicago Press, 2006.

_____. *Technology and the Character of Contemporary Life*. Chicago and London: University of Chicago Press, 1984.

Branch, Taylor. "At Canaan's Edge." *Time*, January 9, 2006, 51.

Branson, Roy. "Apocalyptic and the Moral Imagination." Proceedings from "Bioethics: Old Models and New," Loma Linda University, November 1986.

Briens, Paul, Mary Gallway, Douglas Hughes, Azfar Hussain, Richard Law, Michael Myers, Michael Neville, Roger Schlesinger, Alice Spitzer, and Susan Swan, eds. *Reading About the World*. 3rd ed. Vol.2. Fort Worth, TX: Harcourt College Publishers, 1999.

Brooks, David. "The Responsibility Deficit." *New York Times*, September 24, 2010, A25.

Brown, Lester R. "The New Geopolitics of Food." *Foreign Policy* (May-June

2011):55-62.

Brown, Peter G., and Geoffrey Garver. *Right Relationship: Building a Whole Earth Economy.* San Francisco: Berrett-Koehler Publishers, 2009.

Brown, William P. *The Seven Pillars of Creation: The Bible, Science, and the Ecology of Wonder.* New York and London: Oxford University Press, 2010.

Brubaker, Pamela K., Rebecca Todd Peters, and Laura A. Stivers, eds. *Justice in a Global Economy.* Louisville, KY: Westminster John Knox Press, 2006.

Buber, Martin. *Paths in Utopia.* Boston: Beacon Press, 1958.

Buckley, William, Jr. *God and Man at Yale: the Superstitions of "Academic Freedom,"* Chicago: Regnarey/Gateway, 1977.

Bullard, Robert D. "Decision Making." In *Faces of Environmental Racism: Confronting Issues of Global Justice,* ed. Laura Westra and Bill E. Lawson. 2nd ed. New York: Rowman & Littlefield, 2001, 4-9.

Bush, George W. "Second Inaugural Address," January 20, 2005. At: Inaugural Address of Presidents, at Bartleby.com.

Chapple, Christopher. "Janism, Life, and Environmental Ethics." Paper presented at the Yale Journey of the Universe Conference, March 2011. Used with permission.

Chesterton, G. K. *The Man Who Was Thursday.* New York: G. P. Putnam's Sons, 1960.

Childs, Craig. *The Secret Knowledge of Water.* New York: Little, Brown, 2000.

Chryssavgis, Fr. John, ed. *Cosmic Grace, Humble Prayer: The Ecological Vision of the Green Patriarch Bartholomew* I. Grand Rapids, MI: Eerdmans, 2003.

Commission for Racial Justice. *Toxic Waste and Race in the United States.* New York: United Church of Christ, 1987.

Connant, Jennet. *109 East Palace.* New York: Simon & Schuster, 2005.

Cone, James H. *The Cross and the Lynching Tree.* Maryknoll, NY: Orbis Books, 2011.

_____. *Risks of Faith: The Emergency of a Black Theology of Liberation.* Boston: Beacon Press, 1999.

_____. "Whose Earth Is It, Anyway?" In *Earth Habitat: Eco-Injustice and the Church's Response,* ed. Dieter Hessel and Larry Rasmussen. Minneapolis: Fortress Press, 2001, 23-32.

Costello, Anthony, et al. "Managing the health effects of climate change," *Lancet* 373 (May 16, 2009): 1693-1733.

Cover, Virginia. "Dietrich Bonhoeffer: A Wealth of Themes." Unpublished paper, 18.

Crosby, Alfred W. *The Columbian Exchange*. Westport, CT: Greenwood Press, 1974.

_____. *Ecological Imperialism: The Biological Expansion of Europe, 900-1900*. Cambridge: Cambridge University Press, 1986.

Crossan, John Dominic. *The Historical Jesus: The Life of a Mediterranean Peasant*. New York: HarperCollins, 1992.

Crouter, Richard. *Reinhold Niebuhr: On Politics, Religion and Christian Faith*. New York: Oxford University Press, 2010.

Daly, Herman E., and John B. Cobb Jr. *For the Common Good: Redirecting the Economy toward Community, the Environment, and a Sustainable Future*. Boston: Beacon Press, 1989.

Dante, Alghieri. *Paradiso*. Trans. Robert Hollander and Jean Hollander. New York: Anchor Books, 2007.

Darwin, Charles. *The Descent of Man and Selection in Relation to Sex*. New York: Random House, 1936; original publication 1871.

_____. *On the Origin of Species*. New York: D. Appleton, 1869.

Davison, Aiden. *Technology and the Contested Meanings of Sustainability*. Albany: State University of New York Press, 2001.

deBuys, William. *A Great Aridness: Climate Change and the Future of the American Southwest*. Oxford and New York: Oxford University Press, 2011.

de Chardin, Pierre Teilhard. *Hymn of the Universe*. London: William Collins Sons; New York, Harper & Row, 1965.

DeLisio, Therese. *Stretching the Sacramental Imagination in Sacramental Theology, Liturgy, and Life: A Trinitarian Proposal for a Cosmologically Conscious Age*. Ph.D. thesis, Union Theological Seminary, New York, 2007.

Descartes, Rene. *Discourse on the Method of Rightly Conducting the Reason, and Seeking Truth in the Science*. Chicago: Open Court Publishing Company, 1927.

Diamond, Jared. *Collapse: How Societies Choose to Fail or Succeed*. New

York: Viking, 2005.

―――――. *Guns, Germs, and Steel: The Fates of Human Societies.* New York: W. W. Norton, 1997.

Diener, Ed, and Martin E. P. Seligman. "Beyond Money: Toward an Economy of Well-Being." *Psychological Science in the Public Interest* 5, no.1 (2004): 18–19.

Dillard, Annie. *Pilgrim at Tinker Creek: A Mystical Excursion into the Natural World.* New York: Bantam Books, 1975.

―――――. *Pilgrim at Tinker Creek: A Mystical Excursion into the Natural World.* New York: HarperCollins Perennial Classics, 1998.

Dobson, Andrew. *Green Political Thought.* 3rd ed. New York: Routledge, 2000.

―――――. *Justice and the Environment: Conceptions of Environmental Sustainability and the Dimensions of Social Justice.* London and New York: Oxford University Press, 1998.

Doherty, Alex, and Robert Jensen. "A World in Collapse?" The New Left Projec, at: http://www.newleftproject.org/index.php/site/articlecomments/a-world-in-collapse/.

Dorrien, Gary. *The Making of American Liberal Theology: Crisis, Irony, and Modernity, 1950–2005.* Louisville, KY: Westminster John Knox Press, 2006.

Dostoyevsky, Fyodor. *The Brothers Karamazov.* Trans. Richard Pevear and Larissa Volokhonsky. New York: Alfred A. Knopf, The Everyman Library, 1927.

Douglass, Frederick. "West India Emancipation." August 3, 1857 address in Canandaigua, New York. At http://www.blackpast.org.

Douthwaite, Richard. *The Growth Illusion.* Totnes, UK: Green Books, 1999.

Drengson, Alan, and Yuichi Inoue, eds. *The Deep Ecology Movement: An Introductory Anthology.* Berkeley, CA: North Atlantic Books, 1995.

Du Bois, W. E. B. *Darkwater: Voices from within the Veil.* Minneola, NY: Dover Publications, 1999.

―――――. *The Souls of Black Folks.* New York: New American Library, 1960; original publication, 1903.

Dubos, Rene. *A God Within: A Positive Philosophy for a More Complete Fulfillment of Human Potentials.* New York: Charles Scribner's Sons, 1972.

Dunn, Rob. Every *Living Thing: Man's Obsessive Quest to Catalog Life, from Nano-bacteria to New Monkeys*. New York: Collins Books, 2009.

Durning, Allen T. *How Much Is Enough?* London: Earthscan, 1992.

The Earth Charter. At www.earthcharter.org.

Eaton, Heather. "Reflections on Water: Ecological, Political, Economic, and Theological." Available at http://www.nccecojustice.org/downloads/water/Reflections-on-Water.pdf.

Eck, Diana. *Encountering God: From Bozeman to Banaras*. Boston: Beacon Press, 1993.

Einstein, Albert. As first cited in "Atomic Education Urged by Einstein," *New York Times*, May 25, 1946 and quoted a month later by Michael Amrine in "The Real Problem Is in the Heart of Man," *New York Times Magazine*, June 23, 1946.

Eliade, Mircea. *The Sacred and the Profane: The Nature of Religion*. New York: Harper Torchbooks, 1959.

Eliot, T. S. *Four Quarters*. "Little Gidding." New York: Ballantine Books, 1966.

⎯⎯⎯⎯. "The Rock." *Collected Poems, 1909-1962*. New York: Houghton Mifflin Harcourt, 1963.

Engels, Frederick. "Outlines of a Critique of Political Economy." In Karl Marx. *The Economic and Philosophic Manuscripts of 1844*, as cited in *Marx and Engels on Ecology*, ed. Howard Parsons. Westport, CT: Greenwood Press, 1977.

The Epic of Gilgamesh. In *World Mythology: An Anthology of the Great Myths and Epics*. Lincolnwood, IL: Donna Rosenberg National Textbook, 1986.

Erhard, Nancie. "To Love the Earth Fiercely." *Union Seminary Quarterly Review: Festschrift for Larry L. Rasmussen* 58, nos. 1-2 (2004): 120-31.

Erling, Maria, and Mark Granquist. *The Augustana Story*. Minneapolis: Fortress Press,

Fisher, F. B. *That Strange Little Brown Man, Gandhi*. New York: R. Long & R. R. Smith, 1932.

Flannery, Tim. *Now or Never: Why We Must Act Now to End Climate Change and Create a Sustainable Future*. New York: Atlantic Monthly Press, 2009.

Focolare Movement. Information from http://www.focolare.us/

Foucault, Michel. *Power/Knowledge: Selected Interviews and Other Writings 1972-1977.* Ed. Colin Gordon. New York: Pantheon Books, 1980.

Fox, Matthew. Interviewed by Jeffrey Mishlove on "Creation Spirituality" for the program. *Thinking Allowed, Conversation on the Leading Edge of Knowledge and Discovery.* At http://www.intuition.org/txt/fox.htm

Frank, Phillip. *Einstein: His Life and Times.* New York: Alfred A. Knopf, 1947.

Friedman, Thomas L. "Connecting Nature's Dots." *New York Times Week in Review,* August 23, 2009, 8.

_____. "Corporations on Steroids." *New York Times,* February 4, 2000, A29.

_____. "Drilling in the Cathedral." *New York Times,* March 2, 2003: A23.

_____. *Hot, Flat, and Crowded.* New York: Farrar, Straus & Giroux, 2008.

Fukuyama, Francis. "The Great Disruption: Human Nature and the Reconstitution of Social Order." *Atlantic Monthly* 283, no.5 (May 1999): 55-80.

Gandhi, Mohandas. *All Men Are Brothers.* Lausanne: United Nations Educational, Scientific and Cultural Organization, 1958.

_____. "Young India." May 7, 1925.

_____. 1948 writings as cited from John Dear, "The Consistent Ethic of Life." July 15, 2008. At www.persistentpeace.com.

Gates of Repentance: The New Union Prayerbook for the Day of Awe. New York: Central Conference of American Rabbis, 1978.

Gilkey, Langdon. *Maker of Heaven and Earth: The Christian Doctrine of Creation in the Light of Modern Knowledge.* Garden City, NY: Doubleday, 1959.

_____. *Nature, Reality, and the Sacred: The Nexus of Science and Religion.* Minneapolis: Augsburg Fortress, 1993.

_____. *Shantung Compound.* New York: Harper & Row, 1966.

Global Innovation Outlook, cover page, at http://www.ibm.com/ibm/fio/water.html.

Gold, Lorna. "The Roots of the Focolare Movement's Economic Ethic." *Journal of Markets and Morality* 6, no.1 (Spring 2003):1-14.

Goodenough, Ursula, and Terrence W. Deacon. "From Biology to Consciousness to Morality." *Zygon* 38, no.4 (December 2003): 805.

Goodman, Walter. "God and Politics: Nothing New under the American Sun." *New York Times Week in Review,* September 10, 2000, 4.

Gottlieb, Roger. "The Transcendence of Justice and the Justice of Transcendence: Mysticism, Deep Ecology, and Political Life." *Journal of the American Academy of Religion* 67, no.1 (1999): 149-66.

Gould, Stephen Jay. "This View of Life." *Natural History* 12 (1992): 19.

Greenberg, Irving. "Cloud of Smoke, Pillar of Fire: Judaism, Christianity, and Modernity after the Holocaust." In *Auschwiz: Beginning of a New Era?* ed. Eva Fleishner. New York: KTAV, 1974.

Gregory of Nyssa. *The Making of Man.* Cited in Francis M. Young, "Adam and Anthropos." *Vigiliae Christianae* 37, no.2 (1983): 118.

Groenfeldt, David. "Reinventing Water Management." Unpublished paper presented at the Third International Conference of the International Society for the Study of Religion, Nature, and Culture (ISSRNC). Amsterdam, July 23-26, 2009. Used with permission.

Gustafson, James M. *Ethics from a Theocentric Perspective.* Vol. 1: Theology and Ethics. Chicago: University of Chicago Press, 1981.

Habel, Norman. "Earth-Mission: The Third Mission of the Church." *Currents in Theology and Mission* 37, no.2 (2010):120-22.

Haberman, David L. "Hinduism, Deep Ecology and the Universe Story." A paper given at the Yale Conference on the Journey of the Universe, March 23-26, 2011. Used with permission.

Hall, Douglas John. "Against Religion: The Case for Faith." *Christian Century* 128, no.1 (January 11, 2011):32.

Hammarskjold, Dag. *Markings.* Trans. Lief Sjoeberg and W. H. Auden. New York: Alfred Knopf, 1964.

Harris, Sam. *The Moral Landscape: How Science Can Determine Human Values.* New York: Free Press, 2010.

Harrison, Beverly Wildung. *Justice in the Making.* Louisville, KY: WJK Press, 2004.

_____. *Making the Connections*. Boston: Beacon Press, 1985.

Harrison, Robert Pogue. *Garden: An Essay on the Human Condition.* Chicago: University of Chicago Press, 2008.

Hart, John. *What Are They Saying about Environmental Theology?* Mahwah, NJ: Paulist Press, 2004.

Haugen, Marty. "Gather Us In." In the musical collection of the same title, *Gather Us In*. Chicago: GIA Publications, n.d.

Havel, Vaclav. "Address of the President of the Czech Republic, His Excellency Vaclav Havel, on the Occasion of the Liberty Medal Ceremony." Philadephia, July 4, 1994. Made available by the Czech Republic Mission, New York Ciy.

Hawken, Paul. *Blessed Unrest: How the Largest Movement in the World Came into Being and Why No One Saw It Coming*. New York: Viking Press, 2007.

_____. "Commencement Address to the Class of 2009." University of Portland, May 3, 2009. At http://www.paulhawken.com/paulhawken-frameset.html.

Hayek, F. A. *The Road to Serfdom: Texts and Documents*. Ed. Bruce Caldwell. Chicago: University of Chicago Press, 2007, original 1944.

Heifetz, Ronald. *Leadership Without Easy Answers*. Cambridge, MA: Belknap Press, 1994.

Hemisphere. United Airlines In-Flight Magazine, July 1997.

Herbert, Bob. "Looking Back at an Ugly Time." *New York Times*, February 24, 2003, A17.

Herman, Judith Lewis. *Trauma and Recovery*. New York: Basic Books, 1992.

Hertzberg, Hendrik. "The Talk of the Town." *New Yorker*, March 17, 2003.

Heschel, Abraham. *I Asked for Wonder: A Spiritual Anthology*. Ed. Samuel Dresner. New York: Crossroad, 1983.

Hessel, Dieter. "The Church Ecologically Reformed." In *Earth Habitat: Eco-Injustice and the Church's Response*, ed. Dieter Hessel and Larry L. Rasmussen. Minneapolis: Fortress Press, 2001, 185-206.

Hiebert, Theodore. *The Yahwist's Landscape: Nature and Religion in Early Israel*. New York: Oxford University Press, 1996.

His All Holiness Ecumenical Patriarch Bartholomew. "Ascesis and Consumption." In *Cosmic Grace and Humble Prayer*, ed. Fr. John

Chryssavgis. Grand Rapids, MI: Eerdmans, 2003.
──────. *Encountering the Mystery*. New York: Doubleday, 2008.
──────. "Our Indivisible Environment." *Wall Street Journal*, October 25, 2009. http://online.wsj.com/article/SB10001424052748704500604574485340 504345488.html.
Hurlbut, William. "From Biology to Biography." *New Atlantis: A Journal of Technology and Society* 3 (2003):50.
Ibn 'Al-Arabi. *The Bezels of Wisdom*. Mahwah, NJ: Paulist Press, 1980.
In Congress, July 4, 1776, the Unanimous Declaration of the Thirteen United States f America.
Ingham, Richard. "Act Now on Floods, Drought, Says Forum." *Age (Australia)*, March 18, 2009.
Jackson, Wes. *Consulting the Genius of the Place*. Berkeley, CA: Counterpoint Press, 2010.
──────. "Where We Are Going." *The Land Institute*. N.d. At www.andInstitute.org.
James, Robert Rhodes, ed. *Winston S. Churchill: His Complete Speeches 1897-1963*. Vol.7. New York: Chelsea House, 1974.
Jefferson, Thomas. "Commerce between Master and Slave." In Paul Leicaster Ford, *Works of Thomas Jefferson. Federal Edition*. Vol. 4. 1782.
Jenkins, Willis. *Ecologies of Grace: Environmental Ethics and Christian Theology*. New York: Oxford University Press, 2008.
Jensen, Derrick. "Forget Shorter Showers: Why Personal Change Does Not Equal Political Change." *Orion* (July/August 2009): 18-19.
──────. "The Tyranny of Entitlement." *Orion* (Janary/February 2011): 10
John Paul II. *Evangelium vitae (The Gospel of Life)*. Washington, DC: United States Catholic Conference Office of Publishing and Promotion Services, 1995.
Johnson, John. "Spatial Delivery." *New Mexican*, June 6, 2009, D1-2.
Kahl, Brigitte. Fraticide and Ecocide: Rereading Genesis 2-4." In *Earth Habitat: Eco-Injustice and the Church's Response*, ed. Dieter Hessel and Larry L. Rasmussen. Minneapolis: Fortress Press, 2001.
Kant, Immanuel. *Lectures on Ethics*. Trans. Louis Infield. New York: Harper

Torchbooks, 1963.
Kaufman, Frederick. "The Flood Bubble: How Wall Street Starved Millions and Got Away with It." *Harper's* 321, no.1022 (2010):28.
Keynes, John Maynard. *Essays in Persuasion.* New York: W. W. Norton, 1963.
King, Martin Luther, Jr. "The Current Crisis in Race Relations." In Washington, *A Testament of Hope: The Essential Writings of Martin Luther King, Jr.* San Francisco: Harper & Row, 1986.
_____. "An Experiment in Love." In *Stride toward Freedom: The Montgomery Story.* In James M. Washington, *A Testament of Hope.*
_____. "Letter from Birmingham Jail." In Washington, *A Testament of Hope.*
_____. "My Trip to the Land of Gandhi." In Washington, *A Testament of Hope.*
_____. "Nonviolence: The Only Road to Freedom." *Ebony,* October 1966.
_____. "Presidential Address." SCLC Tenth Anniversary Celebration. Cited by James Cone. *Martin & Malcolm & America.* Maryknoll, NY: Orbis Books, 1991.
_____. Remaining Awake through a Great Revolution." In Washington, *A Testament of Hope.*
_____. "A Time to Break Silence." Cited by James Cone, *Malcolm & Martin & America.* Maryknoll, NY: Orbis Books, 1991.
_____. *Where De We Go from Here, Chaos or Community?* Boston: Beacon Press, 1968.
Klepp, L. S. "Every Man a Philosopher-King." *New York Times Magazine,* December 2, 1990, sec. 6.
Kluger, Jeffrey. "What Makes Us Moral." Science section of Time, December 3, 2007, 55.
Kolbert, Elizabeth. "The Sixth Extinction?" *New Yorker,* May 25, 2009.
Kristof, Nicholas D. "Our Beaker Is Starting to Boil." *New York Times Week in Review,* July 18, 2010 10.
Lane, Belden C. *The Solace of Fierce Landscapes: Exploring Desert and Mountain Spirituality.* New York: Oxford University Press, 1998.

Lane, Robert E. *The Loss of Happiness in Market Democracies.* New Haven and London: Yale University Press, 2000.

Lasch, Christopher. *The True and Only Heaven: Progress and Its Crisis.* New York: W. W. Norton, 1991.

Lasch, Nicholas. *Believing Three Ways in the One God: A Reading of the Apostle's Creed.* Notre Dame, IN: University of Notre Dame, 1992.

Leach, William. *Land of Desire.* New York: Vintage Books, 1993.

Lederach, John Paul. *The Moral Imagination: The Art and Soul of Building Peace.* New York: Oxford University Press, 2005.

Ledgard, J. M. "Revolution From Within." *New York Times Book Review,* Feb. 13, 2011. 1, a review of Nelson Mandela, *Conversations with Myself,* David James Smith, *Young Mandela,* and Richard Stengel, *Mandela's Way.*

Lehman, Paul. *Ethics in a Christian Context.* New York: Harper & Row, 1963.

Leopold, Aldo. *A Sand County Almanac.* New York: Ballantine Books, 1966.

Levertov, Denise. "Annunciation." *The Door in the Hive.* New York: New Directions, 1984.

_____. "Beginners." *Candles in Babylon.* New York Review of Books 48, no. 10.

Lilla, Mark. "The President and the Passions." The Way We Live Now, *New York Times Magazine,* December 19, 2010.

Lindsey, Brink. *The Age of Abundance: How Prosperity Transformed America's Politics and Culture.* New York: Collins/HarperCollins, 2007.

Logan, William Bryant. Dirt: *The Ecstatic Skin of the Earth.* New York: W.W. Norton, 1995.

Lovejoy, Arthur. *The Great Chain of Being.* New Brunswick, NJ: Transaction Press, 2009; original publication 1936.

Luther, Martin. "Confession Concerning Christ's Supper." In Martin Luther, "The Sacrament of the Body and Blood of Christ—Against the Fanatics." In *Martin Luther's Basic Theological Writings,* ed. Timothy Lull. Minneapolis: Augsburg Fortress, 2005.

_____. *Lectures on Genesis. Luther's Works I.* Ed. Jaroslav Pelikan. St. Louis: Concordia, 1958.

_____. "That These Words of Christ. 'This Is My Body', etc. Still Stand

Firm against the Fanatics." *Luther's Works 37.* Minneapolis: Augsburg Fortress.

Lutheran Book of Worship. Minneapolis: Augsburg, 1979.

Lyell, Charles. *Principles of Geology.* New York: Penguin Books, 1997; original publication 1830.

Macy, Joanna. "Letters." At www.joannamacy.net.

Maguire, Daniel C. *A Moral Creed for All Christians.* Minneapolis: Fortress Press, 2005.

_____. "Whom the Gods Would Destroy, They First Make Myopic." *Union Seminary Quarterly Review* 63, nos. 1-2 (2006): 67-83.

_____. *Whose Church? A Concise Guide to Progressive Catholicism.* New York: New Press, 2008.

Maguire, Daniel C., and Larry L. Rasmussen. *Ethics for a Small Planet.* Albany: State University of New York Press, 1998.

Marsh, Charles. *The Earth as Modified by Human Action.* New York: Charles Scribner, Armstron, 1874. Cited in William Ashworth, *The Economy of Nature: Rethinking the Connection between Ecology and Economics.* New York: Houghton Mifflin, 1995.

Martin-Shramm, James, and Robert Stivers. *Christian Environmental Ethics: A Case Method Approach.* Maryknoll, NY: Orbis, 2003.

Marx, Karl. *Capital: A Critique of Political Economy.* Vol.1. Trans. Samuel Moore and Edward veling and ed. Frederick Engels. New York: International Publishers, 1967.

_____. Capital. In *Karl Marx: A Reader,* ed. Jon Elster. Cambridge: Cambridge University Press, 1986.

_____. *The Communist Manifesto. Intro.* Stefan T. Possony. Chicago: Henry Regnery, 1954.

_____. *The Economic and Philosophical Manuscripts of 1844.* In *Marx and Engels on Ecology,* ed. Howard L. Parsons. Westport, CT: Greenwood Press, 1977.

_____. *Grundrisse.* In *Karl Marx: A Reader,* ed. Joh Elster. Cambridge: Cambridge University Press, 1986.

Marx, Karl, and Friedrich Engels. *The Communist Manifesto.* New York:

Norton Critical Edition, 2003; from the English edition edited by Friedrich Engels, 1888.

McDonough, William, and Michael Braungart. "The Next Industrial Revolution." *Atlantic Monthly,* October 1998.

McFague, Sallie. Super, *Natural Christians: How We Should Love Nature.* Minneapolis: Fortress Press, 1997.

McIntosh, Alastair. *Soil and Soul: People versus Corporate Power.* London: Aurum Press, 2001.

McKibben, Bill. "Duty Dodgers." *Orion,* July/August 2010, 11.

_____. *Eaarth: Making a Life on a Tough New Planet.* New York: Times Books, 2010.

_____. "Multiplication Saves the Day: How Just a Few of Us Can Rescue the Planet." *Orion* (November/December 2008): 18-19.

McNeill, J. R. *Something New under the Sun: An Environmental History of the Twentieth Century World.* New York: W. W. Norton, 2000.

Mead, Margaret. *Earth Day address to the United Nations,* March 22, 1977. Cited by Louise Jones, *Environmentally Responsible Design: Green and Sustained Design,* Hoboken, NJ: John Wiley, 2008. At http://www.earthsite.rg/mead77.htm.

The Meaning of the Noble Koran. At www.pdf-koran.com.

Meeks, M. Douglas. *God the Economist: The Doctrine of God and the Political Economy.* Minneapolis: Augsburg Fortress, 1989.

Melville, Herman. *Moby-Dick or The Whale.* New York: Modern Library, 1992; original published in 1851.

Merton, Thomas. *Conjectures of a Guilty Bystander.* London: Sheldon Press, 1965,

Meyers, Robin R. *Saving Jesus from the Church.* SanFrancisco: HarperOne, 2009.

Midgeley, Mary. "Duties Concerning Islands." In *Environmental Ethics,* ed. Robert Elliot. New York: Oxford University Press, 1995).

Miller James. "Connecting Religion and Ecology." Unpublised paper, used with permission.

_____. "Ecology, Aesthetics and Daoist Body Cultivation." Unpublished paper and with permission.

Milton, John. *Paradise Lost.* 2nd ed. New York: W.W. Norton, 1993; original published in 1674.

Mithen, Steven. *The Singing Neanderthals: The Origins of Music, Language, Mind and Body.* Boston: Harvard University Press, 2008.

Moe-Lobeda, Cynthia. "Christian Ethics toward Earth-honoring Faiths." *Union Seminary Quarterly Review: Festschrift for Larry L. Rasmussen,* ed. Daniel Spencer and James Martin-Schramm 58, nos. 1-2 (2004).

Momaday, N. Scott. "Native American Attitudes to the Environment." In *Seeing with a Native Eye: Essays on Native American Religion,* ed. W. Capp. New York: Harper & Row, 1974, 79-85.

Montaigne. Cited by Anthony Robinson. "Articles of Faith." *The Seattle PI,* January 9, 2009. At http://www.seattlepi.com/ocal/395457-faith10.ml.

Morgenthau, Robert. Address cited from U.S. Department of State, Proceedings and Documents of the United Nations Monetary and Financial Conference, Bretton Woods, New Hampshire, July 1-22, 1944, Vol.1.

Morris, Ian. *Why the West Rules—For Now: The Patterns of History, and What They Reveal about the Future.* New York: Straus & Giroux, 2010.

Morton, Frederic. *Crosstown Sabbath: A Street Journey through History.* New York: Grove Press, 1987.

Nakashima Brock, Rita, and Rebecca Ann Parker. *Saving Paradise: How Christianity Traded Love of This World for Crucifixon and Empire.* Boston: Beacon Press, 2008.

Native American Wisdom. At www.sapphyr.net.

Native Wisdom. At http://www.rainbowbody.net.

Nemesius of Emesa. "On the Nature of Man." In *The Library of Christian Classics.* Vol.4. *Cyril of Jerusalem and Nemesius of Emesa.* Ed. Wm. Telfer. Philadelphia: Westminster Press, 1955.

The New Grove Dictionary of Music and Musicians. Vol. 3. Ed. Stanley Sadie. New York: Macmillan, 1980.

The New Oxford American Dictionary. 2 nd ed. New York: USA Oxford University Press, 2005.

Niebuhr, H. Richard. *The Purpose of the Church and its Ministry: Reflections on the Aims of Theological Education.* New York: Harper & Row, 1956,

Niebuhr, Reinhold. *The Children of Light and the Children of Darkness.* New York: Charles Scribner's Sons, 1944.

_____. *The Irony of American History.* New York: Charles Scribner's Sons, 1952.

_____. *Moral Man and Immoral Society.* New York: Charles Scribner's Sons, 1932.

_____. *The Nature and Destiny of Man.* New York: Charles Scribner's Sons, 1943.

Northcott, Michael S. *A Moral Climate: The Ethics of Climate Change.* Maryknoll, NY: Orbis, 2007.

Nowak, Martin A., with Roger Highfield. *Supercooperators: Altruism, Evolution, and Why We Need Each Other to Succeed.* New York: Free Press, 2011.

Obama, Barack. "All This We Will Do." *New York Times,* January 21, 2009, P 2.

Oleksa, Michael. *Orthodox Alaska: A Theology of Mission.* Crestwood, NJ: St. Vladimir's S. *A Theology of Mission.* Crestwood, NJ: St. Vladimir's Seminary Press, 1992.

Oliver, Mary. "The Summer Day." *House of Light.* Boston: Beacon Press, 1990.

Owen, David. "The Efficiency Dilemma: *If Our Machines Use Less Energy, Will We Just Use Them More?* New Yorker, December 20 and 27, 2010, 79.

Paz Octavio. "Poetry and the Free Market." *New York Times Book Review,* December 8, 1991, sec.7.

Phillips, Kevin. *American Theocracy: The Perils and Politics of Radical Religion, Oil, and Borrowed Money in the 21 st Century.* New York: Viking Penguin, 2006.

Pitts, Leonard, Jr. "Bad Treatment of Gays Isn't the Holocaust; however....." *Houston Chronicle,* Opinion, May 2, 2005.

Plato. *Phaedrus and Letters VII and VIII.* Trans. Walter Hamilton. New York: Penguin, 1986.

_____. *The Republic.* Trans. G.M.G. Gruge. 2 nd rev. ed. Baltimore: Penguin Books, 1974.

_____. *The Timaeus and Critas of Plato*. Trans. Thomas Taylor. New York: Kessinger, 2003.

Pocket World in Figures: 2011 Edition. London: Economist, 2011

Polanyi, Karl. *The Great Transformation: The Political and Economic Origins of Our Time*. Boston: Beacon Press, 2001; originally published, 1944.

Pollan, Michael. *The Omnivore's Dilemma: A Natural History of Four Meals*. New York: Penguin, 2008.

Potts, Rick. *Humanity's Decent: The Consequences of Ecological Instability*. New York: William Morrow, 1996.

Queenborough, Simon A., and Liza S. Comita. "Should Ecological Science Be Ethical?" *Union Seminary Quarterly Review* 53, nos. 1-2; 18-25.

Ralston, Holms, III. "Saving Creation: Faith Shaping Environmental Policy." *Harvard Law and Policy Review* 4 (2000): 121. At www.EcoJusticeNow.org.

Ramphal, Shridath. *Our Country, the Planet: Forging a Partnership for Survival*. Washington, DC: Island Press, 1992.

Rasmussen, Larry L. "Bishop Moses and the Trees." In *Frontiers of African Christianity: Essays in Honor of Inus Daneel*, ed. Greg Cuthbertson, Hennie Pretorius, and Dana Roberts. Pretoria: University of South Africa Press, 2003.

_____. "Chase's Sabbath." *Living Pulpit* (April-June 1998): 20-21.

_____. "Drilling in the Cathedral." DIALOG: *A Journal of Theology* 42, no.3 (2003): 202-25.

_____. *Earth Community, Earth Ethics*. Maryknoll, NY: Orbis, 1996.

_____. "Earth-honoring Asceticism and Consumerism." *Crosscurrents* 57, no.4 (2009): 498-513.

_____. "Give Us Word of the Humankind We Left to Thee: Globalization and Its Wake." *EDS Occasional Papers*, no.4, August 1999.

_____. "The Integrity of Creation." *Annual of the Society of Christian Ethics* 15, no. 1 (1995): 167-71.

_____. "Luther and a Gospel of Earth." *Union Seminary Quarterly Review* 51, nos. 1-2 (1997): 1-28.

_____. "Moral Community and Moral Formation." In *Ecclesiology and Ethics: Costly Commitment*, ed. Thomas F. Best and Martin Robra. Geneva: World Council of Churches, 1995, 105-11.

_____. "Resisting Eco-Injustice. Watering the Garden." In *Resist! Christian Dissent for the 21 st Century*, ed. Michael G. Long. Maryknoll, NY: Orbis, 2008, 127-30.

_____. "Shaping Communities." In *Practicing Our Faith: A Way of Life for a Searching People*, ed. Dorothy Bass. Ist ed. San Francisco: Jossey-Bass, 1997. 2 nd ed., 2009.

Rauschenbusch, Walter. *Christianity and the Social Crisis*. New York: Macmillan, 1907.

Rawls, John. *A Theory of Justice*. Boston: Bellknap Press of Harvard University Press, 1972.

Renick, Timothy. "Pursuing Happiness," *Christian Century* 128, no.1 (January 11, 2011): 22-26.

Rilke, Rainer Maria. Sonnet 12, *The Sonnets to Orpheus: First Series*. Trans. A. Poulin Jr. In *Duino Elegies and the Sonnets to Orpheus*. New York: Mariner, 2007.

Rockefeller, Steven. "Earth Charter Launched at Hague." *Boston Research Center for the 21 st Century Newsletter*. UK: Echo Library, 2007; original publication 1894.

Rohr, Richard. "Why Does Psychology Always Win?" *Sojourners* 20 (November 1991): 14.

Roosevelt, Theodore. *The Winning of the West: From the Alleghenies to the Mississippi, 1769-1776*. Middlesex, UK: Echo Library, 2007; original publication 1894.

Rosen, William. *The Most Powerful Idea in the World: A Story of Steam, Industry, and Invention*. New York: Random House, 2010.

Ross, Edward Alsworth. *Social Control: A Survey of the Foundations of Order*. New York: Macmillan, 1901.

Rostow, Walter. *The Stages of Economic Growth: A Non-Community Manifesto*. Cambridge: Cambridge University Press, 1960.

Rousseau, Philip. *Pachomius: The Making of a Community in Fourth-Century Egypt*. Berkeley: University of California Press, 1975.

Roy, Arundhati. Outlook India. "The Trickle-down Revolution." At http://www.outlookindia.com/article.aspx?267040.

Ruether, Rosemary Radford. "Sisters of Earth: Religious Women and Ecological Spirituality." *The Witness*, May 2000.

Ruffing, Janet R.S.M., ed. *Mysticism and Social Transformation*. Syracuse, NY: Syracuse University Press, 2001.

Safina, Carl. "The View from Lazy Point." Cited by Dominique Browning, "Delicate Planet," *New York Times Book Review*, January 16, 2011.

Sagan, Carl. *A Pale Blue Dot*. Public lecture, Cornell University, October 13, 1994. At http://bigskyastroclub.org/pale-blue-dot.html.

Samuel, Wolfgang W.E. German Boy: A Child in War. New York: Random House, 2001.

Sandel, Michael. "Competing American Traditions of Public Philosophy." *Ethics and International Affairs* 20 (Fall 1997). New York: Carnegie Council on Ethics & International Affairs Newsletter.

_____. *Justice: What's the Right Thing to Do?* New York: Farrat, Straus & Giroux, 2009.

Sanderson, Michael. "Crunching the Data for the Tree of Life." *New York Times*, February 10, 2009, D1.

Schell, Orville. "The Final Conflict." *New York Times Book Review*, December 12, 2012.

Schloss, Jeffrey P. "Wisdom Traditions as Mechanisms for Organismal Integration: Evolutionary Perspective on Homeostatic Laws of Life." In *Understanding Wisdom: Source, Science, and Society*, ed. Warren S. Brown. Philadelphia: Temple Foundation Press, 2000, 153-91.

Scitovsky, Tibor. *The Joyless Economy: The Psychology of Human Satisfaction*. Rev. ed. New York: Oxford University Press, 1992.

Segrest, Mab. *Born to Belonging: Writings on Spirit and Justice*. New Brunswick, NJ: Rutgers University Press, 2002.

Shiva, Vandana. *Biopiracy: The Plunder of Nature and Knowledge*. Toronto: Between the Lines Press, 1997.

Shorto, Russell. *Descartes' Bones: A Skeletal History of the Conflict between Faith and Reason*. New York: Doubleday, 2008.

Shostak, Seth. "Take Us to Water." *Good* (Summer 2009).

Shubin, Neil. *Your Inner Fish: A Journy into the 3.5 Billion-Year History of *the Human Body.* New York: Random House, First Vintage Books, 2009.

Shulevitz, Judith. "Time and Possibilities," a review of James L. Kugel, *In the Valley of the Shadow: On the Foundation of Religious Belief. New York Times Book Review,* February 12, 2011, 22.

Sideris, Lisa H. and Kathleen Dean Moore. *Rachel Carson: Legacy and Challenge.* Albany, NY: SUNY Press, 2008.

Singer, Peter. "Navigating the Ethics of Globalization." *Chronicle of Higher Education,* October 11, 2002. Cited from http://chronicle.com/article/Navigating-the-Ethics-of/28293.

Singh, Simon. "Even Einstein Had His Off Days." *New York Times Week in Review,* January 2, 2005, 9.

Sittler, Joseph. "An Open Letter." March 7, 1984. The Joseph A. Sittler Archives, Lutheran School of Theology at Chicago. http://www.josephsittler.org/.

_____. "A Theology of Earth." In *Worldviews, Religion, and the Environment: A Global Anthology,* ed. Richard C. Foltz. Belmont, CA: Wadsworth/Thomson, 2003.

Slater, Philip. *The Pursuit of Loneliness: American Culture at the Breaking Point.* Boston: Beacon Press, 1970.

Smil, Vaclav. *Enriching the Earth: Fritz Haber, Carl Bosch, and the Transformationn of World Food.* Cambridge, MA: MIT Press, 2000.

Smith, Adam. *An Inquiry into the Nature and Causes of the Wealth of Nations.* New York: Modern Library, 1994; original published 1776.

_____. *The Theory of Moral Sentiments.* Ed. D. D. Raphael and A.L. Macfie. Oxford: Clarendon Press, 1976.

Smith, Christian. *Moral, Believing Animals: Human Personhood and Culture.* New York: Oxford University Press, 2003.

Smith, Patrick. *Somebody Else's Century: East and West in a Post-Western World.* New York: Random House, 2011.

Soelle, Dorothee. *The Silent Cry: Mysticism and Resistance.* Minneapolis: Fortress Press, 2001.

Speth, James Gustave. *The Bridge at the Edge of the World: Capitalism, the Environment, and Crossing from Crisis to Sustainability.* New Haven: Yale University Press, 2008.

_____. "Towards a New Economy and a New Politics." *Solutions*, Issue no.5. At http://thesolutionsjournal.com.

St. Augustine. *City of God*. Trans. Henry Bettenson. New York: Modern Library Classics, 2000.

_____. *The City of God*. Trans. Henry Bettenson. New York: Penguin Classics Edition, 1984.

_____. Sermon 169.4. Cited by Johannes Van Oort. At http://home.um.edu.mt/philosophy/activities.html.

St. Francis. *Canticle of the Sun*. Ed. Betty Buchanan. Middleton, WI: A-R Editions, 2006.

St. Patrick. "I Bind unto Myself Today." *The Lutheran Book of Worship*. Minneapolis: Augsburg, 1979.

Standing Bear, Chief Luther. Cited from Native American Wisdom. At www.sapphyr.net.

Steffen, W.L., et al. *Global Change and the Earth System*. Berlin and New York: Springer, 2004.

Stern, Fritz. *Einstein's German World*. Princeton University Press, 1999.

Stiglitz, Joseph E. "Of the 1%, by the 1%, for the 1%." *Vanity Fair*, April 14, 2011. At http://www.vanityfair.com/society/features/2011/05/top-one-percent-201105.

Stout, Jeffrey. *Blessed Are The Organized: Grassroots Democracy in America*. Princeton: Princeton University Press, 2010.

Sturm, Douglas. "Faith, Ecology, and the Demands of Social Justice: On Shattering the Boundaries of Moral Community." In *Religious Experience and Ecological Responsibility*, ed. Donald A. Crosby and Charley D. Hardwick. Vol.3, *American Liberal Religious Thought*. New York: Peter Lang, 1996.

Swimme, Brian. *The Awakening Universe*. A film by Neal Rogin. At www.AwakeningUniverse.com.

Swimme, Brian, and Thomas Berry. *The Universe Story: From the Primordial Flaring Forth to the Ecozoic Era*. San Francisco: HarperSanFrancisco, 1992.

Swimme, Brian Thomas, and Mary Evelyn Tucker. *Journey of the Universe*. New Haven: Yale University Press, 2011.

Taylor, Barbara Brown. Leaving Church: *A Memoir of Faith.* New York: HarperSanFancisco, 2006.

Taylor, Charles. "Canadian Is Awarded Spirituality Prize." *New York Times,* March 15, 2007, A20.

Thich Nhat Hanh. *The World We Have: A Buddhist Approach to Peace and Ecology.* Berkeley, CA: Parallax, 2008.

Thistlethwaite, Susan. Interview with Madeline Albright at the 2006 meeting of the American Academy of Religion, Washington, D.C.

Thoreau, Henry David. "An Address to All Intelligent Men." Part of a review by Thoreau, "Paradise (To Be) Regained," of J.A. Etzler, *The Paradise within the Reach of All Men, Without Labor, by Powers of Nature and Machinery; An Address to All Intelligent Men.* In *The Writings of Henry David Thoreau.* Vol.4, *Cape Cod and Miscellanies.* Boston: Houghton Mifflin, 1906, 280-305.

_____. *Walden.* New York: W.W. Norton, 1992.

Thurman, Howard. *The Search for Common Ground: An Inquiry into the Basis of Man's Experience of Community.* Richmond: Friends United Press, 1986.

Toedt, Heinz Eduard. *Authentic Faith: Bonhoeffer's Theological Ethics in Context.* Trans. David Stassen. Grand Rapids, MI: Eerdmans, 2007.

Torres-Fleming, Alexei. Presentation in the Series on Environmental Racism. Unpublished paper, Union Theological Seminary, September 17, 2002.

Townes, Emilie M. *Womanist Ethics and the Cultural Production of Evil.* New York: Palgrave Macmillan, 2006.

Trible, Phyllis. *God and the Rhetoric of Sexuality.* Philadelphia: Fortress Press, 1978.

Troelsch, Ernst. *The Social Teaching of the Christian Churches.* Vol. 2, Trans. Olive Wyon. Chicago: University of Chicago Press, 1981.

Tucker, Mary-Evelyn. "The Alliance of World Religions and Ecology." *SGI Quarterly: A Buddhist Forum for Peace, Culture, and Education* no.61 (July 2010)

Tucker, Mary Evelyn, and John Grim. "The Greening of the World's Religions." *Religious Studies News* (May 2007).

Turkle, Sherry. *Alone Together: Why We Expect More from Technology and*

Less from Each Other. New York: Basic Books, 2011.

Twain, Mark. *Autobiography of Mark Twain.* Vol. I, Ed. Harriet Elinor Smith and other editors of the Mark Twain Project. Berkeley: University of California Press, 2010.

Twentieth Century Fund Study. Cited by Lizabeth Cohen in "A Consumers' Republic: The Politics of Mass Consumption in Postwar America," *Miller Center Report* 19, no.1 (winter 2003).

Udall, Randy. "The Big Bonfire." *High Country News,* December 21, 2009, 21.

Ullmann, Walter. *Medieval Papalism: The Political Theories of the Medieval Papalists.* Political Science no. 36. London: Routedge Library Editions, 2009.

United Church of Santa Fe Whole Earth Covenant. United Church of Santa Fe.

U. S. Catholic Bishops. *Renewing the Earth—An Invitation to Reflection and Action in Light of Catholic Social Teaching.* Washington, DC: U.S. Catholic Conference, November 14, 1991.

Walzer, Michael. "The Idea of Civil Society." *Dissent* (Spring 1991).

_____. *Spheres of Justice.* New York: Basic Books, 1983.

Water in Religion. At http://www.africanwater.org.

Weber, Max. *The Protestant Ethic and the Spirit of Capitalism.* Trans. Talcott Parsons, New York: Charles Scribner's Sons, 1958; original published in German 1904.

Well, Smith. *Gravity and Grace.* Trans. Arthur Wills. Lincoln: University of Nebraska Press, 1952.

_____. *Two Moral Essays.* Wallingford, PA: Pendle Hill, 1981.

_____. *Waiting for God.* Trans. Emma Craufurd. New York: G.P. Putnam's Sons, 1951.

West, Cornel. *Prophesy Deliverance! An Afro-American Revolutionary Christianity.* Philadelphia: Westminster Press, 1982.

West, Geoffrey, "Thinking Big." *New Mexican,* November 13, 2007, C1.

Whitman, Walt. *Leaves of Grass.* At www.Bartleby.com.

Wilkinson, Richard, and Kate Pickett. *The Spirit Level: Why Greater Equality Makes Society Stronger.* New York: Bloomsbury Press, 2009.

Will George F. Review of Brink Lindsey. T*he Age of Abundance: How*

Prosperity Transformed America's Politics and Culture. New York Times Book Review, June 10, 2007, 16.

Williamson, Thad, David Imbroscio, and Gar Alperowitz. *Making a Place for Communiy: Local Democracy in a Global Era.* New York: Routledge, 2002.

Wilson, David Sloan. "The Origin of Religions, From a Distinctly Darwinian View." *New York Times,* December 24, 2002, F2.

Wilson, E. O. *Consilience: The Unity of Knowledge.* New York: Knopf, 1998.

_____. *The Future of Life.* New York: Random House, 2003.

Wilson-Hargrove, Jonathan. *God's Economy: Redefining the Health and Wealth Gospel.* Grand Rapids, MI: Zondervan Press, 2009.

Wirzba, Norman. *Food and Faith: A Theology of Eating.* Cambridge: Cambridge University Press, 2011.

Wisdom Collection. At www.sapphyr.net.

Wolfe, Alan. *Whose Keeper? Social Science and Moral Obligation.* Berkeley, Los Angeles, London: University of California Press, 1989.

Yoder, John Howard. *Body Politics: Five Practices of the Christian Community before the Watching World.* Harrisonburg, VA: Herald Press, 2001.

Young, Josiah Ulysses, III. *No Difference in the Fare: Dietrich Bonhoeffer and the Problem of Racism.* Grand Rapids, MI: Eerdmans, 1998.

Zakaria, Fareed. "Fueling the Future." Review of Daniel Yergin, *The Quest: Energy, Security and the Remaking of the Modern World. New York Times Book Review,* September 25, 20111, 15.

Zimmer, Carl. "Our Microbimes, Ourselves," *New York Times, Sunday Review,* December 4, 2011, 12.

_____, "You Are Here." Review of Richard Dawkins, *The Ancestor's Tale: A Pilgrimage to the Dawn of Evolution. New York Times Book Review,* October 17, 2004, 30.